Die Bonus-Seite

Ihr Vorteil als Käufer dieses Buches

Auf der Bonus-Webseite zu diesem Buch finden Sie zusätzliche Informationen und Services. Dazu gehört auch ein kostenloser **Testzugang** zur Online-Fassung Ihres Buches. Und der besondere Vorteil: Wenn Sie Ihr **Online-Buch** auch weiterhin nutzen wollen, erhalten Sie den vollen Zugang zum **Vorzugspreis**.

So nutzen Sie Ihren Vorteil

Halten Sie den unten abgedruckten Zugangscode bereit und gehen Sie auf **www.galileocomputing.de**. Dort finden Sie den Kasten **Die Bonus-Seite für Buchkäufer**. Klicken Sie auf **Zur Bonus-Seite / Buch registrieren**, und geben Sie Ihren **Zugangscode** ein. Schon stehen Ihnen die Bonus-Angebote zur Verfügung.

Ihr persönlicher **Zugangscode**: uwjt-ckh7-n4a5-gfpe

<openbook>

Anja Ebersbach, Markus Glaser, Radovan Kubani

Joomla! 1.6

Das umfassende Handbuch

Der Versionssprung von 1.5 zu 1.6 scheint nur klein zu sein, bringt aber umfangreiche Änderungen und neue Funktionen mit sich. Joomla! wird noch funktionsreicher, performanter und sicherer. Unser Standardwerk bietet eine umfassende Einführung in Installation, Funktionsumfang und Betrieb von Joomla!. Darüber hinaus werden auch professionelle Themen wie Websitemigration, Entwicklung von Erweiterungen und Datensicherung detailliert dargestellt.

ca. 910 S., 4. Auflage, mit DVD, 39,90 €
ISBN 978-3-8362-1616-6, August 2011

www.galileocomputing.de/2390

Ebersbach, Glaser, Kubani

Joomla! 1.6 für Einsteiger

ca. 300 S., 2. Auflage, mit DVD, 19,90 €
ISBN 978-3-8362-1615-9, April 2011

www.galileocomputing.de/2391

Video-Training

Probe-Lektionen im Web!

Daniel Koch

Joomla!-Templates

DVD, Windows, Mac und Linux,
ca. 8 Stunden Spielzeit, 39,90 €
ISBN 978-3-8362-1768-2, März 2011

www.galileocomputing.de/2870

Video-Training

André Wösten

Joomla! 1.6

Das umfassende Training

Mit diesem Training gelingt Ihnen der Einstieg in Joomla! 1.6! Ihr Trainer führt Sie Film für Film durch die Installation von Joomla! und zeigt Ihnen unzählige praktische Beispiele, die Sie direkt auf Ihre eigene Website anwenden können. Sie lernen, wie Sie Formulare erstellen, Templates anpassen und Ihren Webauftritt individuell gestalten. Auch professionelle Themen wie Konfiguration und Erweiterungen kommen nicht zu kurz.

DVD, Windows, Mac und Linux,
ca. 10 Stunden Spielzeit, 29,90 €
ISBN 978-3-8362-1702-6, Juni 2011

www.galileocomputing.de/2520

Nicolai Schwarz

Drupal 7

Das Praxisbuch für Ein- und Umsteiger

Praktisch und verständlich begleitet Sie dieses Buch auf dem Weg zu Ihrer Website mit Drupal. Lassen Sie sich begeistern von der Leistungsfähigkeit des Systems! Auch ein Umstieg kann sich lohnen, denn in der Version 7 ist das preisgekrönte CMS Drupal mit zahlreichen überzeugenden Funktionen ausgestattet worden. Nicolai Schwarz zeigt Ihnen, wie Sie das System installieren und die zahlreichen Module nutzen, um eine Website ganz nach Ihren Vorstellungen zu erstellen.

ca. 400 S., mit CD, 29,90 €
ISBN 978-3-8362-1344-8, Mai 2011

www.galileocomputing.de/2009

Peter Müller

Websites erstellen mit Contao

Peter Müller stellt mit vielen Praxisbeispielen Installation, Konfiguration und Administration von Contao vor. Sein unnachahmlicher Stil verspricht schnellen Lernerfolg und Unterhaltung auf jeder Seite. Noch nie hat das Erlernen eines CMS so viel Spaß gemacht und ging so leicht von der Hand!

Das Buch wird angehenden Contao-Entwicklern hilfreich zur Seite stehen. eStrategy

536 S., 2010, mit DVD, 34,90 €
ISBN 978-3-8362-1651-7

www.galileocomputing.de/2441

Björn Teßmann, Astrid Zanier

xt:Commerce

Das Praxishandbuch

Das Buch vermittelt einen tiefen Einblick in die Welt des E-Commerce. WebmasterPro

479 S., 2010, mit CD, 39,90 €
ISBN 978-3-89842-786-9

www.galileocomputing.de/1206

t3n *Empfehlung!*

Alexander Steireif, Rouven A. Rieker

Magento

Schritt für Schritt zum professionellen Webshop mit Magento. PHP Magazin

416 S., 2010, mit DVD, 29,90 €
ISBN 978-3-8362-1613-5

www.galileocomputing.de/2393

SEO, Social Media, JavaScript, jQuery, Contao

Sebastian Erlhofer

Suchmaschinen-Optimierung

Das umfassende Handbuch

Das Standardwerk von Sebastian Erlhofer zur Suchmaschinen-Optimierung bietet Grundlagenwissen zur Arbeitsweise von Google und Co. und zeigt in einem umfangreichen Praxisteil, wie Ihr Internetauftritt optimiert werden kann.

Empfehlung der Redaktion!
Werben & Verkaufen

692 S., 5. Auflage 2011, 39,90 €
ISBN 978-3-8362-1659-3

www.galileocomputing.de/2447

Komplett in Farbe

Anne Grabs, Karim-Patrick Bannour

Follow me!

Erfolgreiches Social Media Marketing

Die beiden Social-Media-Experten zeigen Ihnen, dass es für Unternehmen jeder Branche und jeder Größe interessant ist, in Social Media aktiv zu werden. Folgen Sie der Erfolgsstrategie der Autoren: Was ist Social Media? Wie gehen Sie damit um? Welche Schritte müssen in welcher Reihenfolge erfolgen? Welche Gefahren drohen und wie können Sie diese Gefahren minimieren? Die Autoren liefern Ihnen praktische Tipps mit zahlreichen Best Practices.

ca. 400 S., 24,90 €
ISBN 978-3-8362-1672-2, März 2011

www.galileocomputing.de/2467

Esther Düweke, Stefan Rabsch

Erfolgreiche Websites

Suchmaschinen-Optimierung, Online-Marketing, Usability

Das Buch gibt Antworten auf die großen Fragen der Verbesserung des eigenen Webauftritts: Wie nutze ich alle Marketing-Kanäle? Wie verbessere ich die Suchmaschinen-Präsenz meiner Site? Wie gestalte ich die Benutzerführung? Zahlreiche Praxisbeispiele zeigen Ihnen anschaulich den Weg zu einer besseren Webpräsenz. Inkl. SEO, SEM, Online-Marketing, Affiliate-Programme, Google AdSense, Web Analytics, Social Media Marketing, E-Mail-, Newsletter-, Video- und Mobile-Marketing u. v. m.

ca. 800 S., mit DVD, 34,90 €
ISBN 978-3-8362-1652-4, März 2011

www.galileocomputing.de/2442

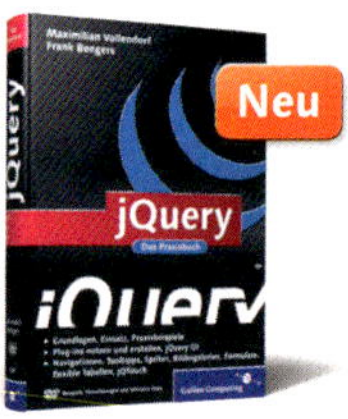

Frank Bongers, Maximilian Vollendorf

jQuery – Das Praxisbuch

- Grundlagen, Einsatz, Praxisbeispiele
- Professionelle Techniken, Effekte und Animationen
- Plug-ins nutzen und eigene Plug-ins erstellen

Mit jQuery kann man zaubern. Auch JavaScript-Muffel kommen mit dem Framework schnell zu Ergebnissen, die sich sehen lassen können. Dieses Buch zeigt Ihnen, wie Sie die Funktionen von jQuery effektiv auf Ihren Webseiten einsetzen können.

Das Buch führt praktische Beispiele an, durch die, mit ein wenig jQuery, umfangreiche JavaScript-Passagen abgelöst werden können. Auch komplexere Ansätze wie die Verwendung von Ajax und JSON werden erläutert.
Der Webdesigner

582 S., 2010, mit DVD, 34,90 €
ISBN 978-3-8362-1288-5

www.galileocomputing.de/1925

Christian Wenz

JavaScript

Das umfassende Handbuch

Neben einer gründlichen Einführung finden Sie in diesem Buch unzählige praktische Beispiele, die Sie direkt für eigene Projekte nutzen können. In dieser Auflage wurde das Kapitel zu jQuery deutlich erweitert, neu hinzugekommen sind die Themen Ajax Performance und Ajax Best Practices. Außerdem finden Sie alle Neuerungen von Silverlight 4 und ASP.NET 4.

Das Buch wird zu einem treuen Wegbegleiter. Von den ersten Schritten in JavaScript bis hin zu fortgeschrittenen Aufgaben.
eStrategy

837 S., 10. Auflage 2010, mit DVD, 39,90 €
ISBN 978-3-8362-1678-4

www.galileocomputing.de/2481

Video-Training

Probe-Lektionen im Web!

Christian Wenz

JavaScript

Das umfassende Training

DVD, Windows, Mac und Linux, ca. 9 Stunden Spielzeit, 39,90 €
ISBN 978-3-8362-1748-4, Ende März 2011

www.galileocomputing.de/2842

Video-Training

Probe-Lektionen im Web!

Michael Herzog

Webseiten erstellen mit TYPOlight. Auch aktuell zu Contao

DVD, Windows, Mac und Linux, 2010, 8 Stunden Spielzeit, 39,90 €
ISBN 978-3-8362-1636-4

www.galileocomputing.de/2419

PHPmagazin
Buchtipp!

Stefan Reimers, Gunnar Thies

PHP 5.3 und MySQL 5.5

Das umfassende Handbuch

- Grundlagen, Anwendung, Praxiswissen
- Objektorientierung, Sicherheit, MVC, inkl. CakePHP
- Fortgeschrittene MySQL-Techniken, Web 2.0, Datenbank-Tuning

Das Buch richtet sich an ambitionierte Einsteiger und fortgeschrittene Entwickler, die umfangreiches Grundwissen in der Datenbankentwicklung und Programmierung mit PHP erhalten möchten. Der Autor bietet Ihnen eine praxisorientierte Einführung in Techniken, Arbeitsweisen und Werkzeuge für Ihre datenbankgestützte Webseite mit PHP und MySQL.

Das Buch ist für jeden geeignet, der bereits PHP- und MySQL-Erfahrungen sammeln konnte oder das Entwickeln von Webanwendungen von Grund auf erlernen möchte. [...] Während das Buch Anfängern Schritt für Schritt die Thematik näherbringt, hält es für Fortgeschrittene und Profis jede Menge Tipps bereit und stellt ein exzellentes Nachschlagewerk dar.
PHP Magazin

1085 S., 3. Auflage 2010, mit CD, 39,90 €, ISBN 978-3-8362-1645-6
www.galileocomputing.de/2428

PC WELT
Buchtipp!

Thomas Theis

Einstieg in PHP 5.3 und MySQL 5.5

Für Programmieranfänger geeignet

Das Buch ist eine gelungene Einführung in die Erstellung dynamischer Websites mit PHP und MySQL. Alle Themenbereiche werden durch klar strukturierte Beispiele anschaulich im Praxiseinsatz erläutert. Auf rund 600 Seiten vermittelt der Autor das nötige Grundwissen um Websites mit Dynamik und Interaktivität zu versehen.
PC WELT zur Vorauflage

ca. 614 S., 7. Auflage, mit CD, 24,90 €
ISBN 978-3-8362-1739-2, März 2011
www.galileocomputing.de/2687

Probe-Lektionen im Web!

Video-Training

Benjamin Bischoff

PHP 5.3 und MySQL 5.1

Das Training für Einsteiger

Meistern Sie die ersten Schritte zum Webprogrammierer! Sie suchen einen besonders anschaulichen und gut erklärten Einstieg in die Programmierung mit PHP und MySQL? Ihr Trainer Benjamin Bischoff zeigt Ihnen Film für Film mit vielen kleinen Übungen und alltagstauglichen Beispielen, wie Sie Ihre ersten eigenen Skripte schnell und sicher programmieren.

Ein gelungenes Videotraining!
Mediavalley

DVD, Win, Mac, Linux, 2009
8:30 Stunden Spielzeit, 29,90 €
ISBN 978-3-8362-1329-5
www.galileocomputing.de/1977

Carsten Möhrke

Besser PHP programmieren

Handbuch professioneller PHP-Techniken

Für fortgeschrittene und professionelle PHP-Programmierer ist dieses Buch ein zuverlässiger und praxisnaher Begleiter.
grafiker.de

828 S., 3. Auflage 2009, mit DVD, 39,90 €
ISBN 978-3-8362-1139-0
www.galileocomputing.de/1670

Heiderich, Matthies, Dahse, fukami

Sichere Webanwendungen

Das Praxisbuch

Sucht man Hilfe zu geeigneten Schutzmaßnahmen, so wird man in diesem Werk fündig!
IT-DIRECTOR

644 S., 2009, 39,90 €,
ISBN 978-3-8362-1194-9
www.galileocomputing.de/1784

Sascha Kersken

Apache 2

Das umfassende Handbuch

Viele Kapitel können unabhängig voneinander gelesen werden, so eignet sich das Buch sogar zum direkten Nachschlagen.
IT-DIRECTOR

947 S., 3. Auflage 2009, mit DVD, 44,90 €
ISBN 978-3-8362-1325-7
www.galileocomputing.de/1972

Koch, Otto, Rüdlin

Recht für Grafiker und Webdesigner

Ausgabe 2011

Verträge, Schutz der kreativen Leistung, Selbstständigkeit, Versicherungen, Steuern

417 S., 9. Auflage 2011, 49,90 €
ISBN 978-3-8362-1705-7
www.galileodesign.de/2524

Elisabeth Wetsch

Einstieg in CSS

2., aktualisierte Auflage

438 S., 2. Auflage 2010, mit DVD, 19,90 €
ISBN 978-3-8362-1466-7

www.galileocomputing.de/2199

Video-Training

Thomas Kötter

Einstieg in CSS

Webseiten layouten und gestalten

DVD, Windows, Mac, Linux, 2008,
7 Stunden Spielzeit, 29,90 €
ISBN 978-3-8362-1212-0

www.galileocomputing.de/1822

Buchtipp!

Dirk Jesse

CSS-Layouts

Praxislösungen mit YAML 3.0 – Inkl. Einsatz in TYPO3

452 S., 2. Auflage 2008, mit DVD und Referenzkarte, 34,90 €, ISBN 978-3-8362-1135-2

www.galileocomputing.de/1669

Video-Training

Bernhard Stockmann

CSS in der Praxis

Das umfassende Training

DVD, Windows, Mac und Linux,
ca. 9 Stunden Spielzeit, 39,90 €
ISBN 978-3-8362-1723-1, April 2011

www.galileocomputing.de/2552

Komplett in Farbe

Empfehlung!

Corina Rudel, Ingo Chao

Fortgeschrittene CSS-Techniken

Inkl. Debugging und Performance-Optimierung

- CSS-Prinzipien verstehen und sicher anwenden
- Analyse und Fehlerbehebung von CSS-Layouts
- Verschachtelte Navigationslisten, Mehrspaltenlayouts, Typografie u. v. m.

In drei umfangreichen und reich illustrierten Teilen zeigen Ihnen die beiden Autoren Corina Rudel und Ingo Chao die Vielfalt der CSS-Prinzipien anhand von vielen Kurzbeispielen, stellen kompetent den Umgang mit Inkonsistenzen in modernen Browsern dar und vermitteln professionelle Debugging-Techniken.

Reich bebildert und mit der schon von anderen Galileo-Lehrbüchern bekannten Info-Sidebar mit Insider-Tipps und -Tricks wird dieses Werk zu einer tollen Hilfe für alle, die bereits erste Erfahrungen mit CSS gemacht haben und sich für höhere Aufgaben berufen fühlen. grafiker.de

Ein sehr gutes Buch, seine eigenen Fähigkeiten weiter zu entwickeln. Das Buch ist definitiv für Webdesigner und -entwickler zu empfehlen. WebmasterPro

436 S., 2. Auflage 2010, mit DVD, 39,90 €, ISBN 978-3-8362-1426-1

www.galileocomputing.de/2148

Kai Laborenz

CSS

Das Handbuch für die Praxis

Endlich findet sich das vollständige Wissen zu CSS und Co. in einem Band. Einsteiger erhalten eine fundierte Einführung, professionelle Webentwickler einen Überblick über alle CSS-Technologien und Praxislösungen für CSS-Layouts sowie Tipps, um aus dem täglichen Webeinerlei herauszukommen. Zahlreiche aktuelle Themen wie HTML5 und CSS3, CSS-Transitions, objektorientiertes CSS, JavaScript-Fallbacks, mobiles Webdesign mit CSS sowie viele Praxisbeipiele machen das Buch zu einem unentbehrlichen Werk für die tägliche Arbeit.

ca. 900 S., 6. Auflage, 39,90 €
ISBN 978-3-8362-1725-5, Juli 2011

www.galileocomputing.de/2556

Komplett in Farbe

Manuela Hoffmann

Modernes Webdesign

Gestaltungsprinzipien, Webstandards, Praxis

Ein Wegweiser für modernes Webdesign, der gleichzeitig Praxis, Anleitung und Inspiration liefert. Die Grafikerin und Webdesignerin Manuela Hoffmann (pixelgraphix.de) führt Sie von der Idee über erste Entwürfe bis hin zur technischen Umsetzung mit HTML und CSS. Inkl. Vorlagen und Templates für Photoshop und WordPress.

Dieses Buch greift alle wichtigen Themen des Webdesigns auf und beschreibt den vollständigen Entwicklungsprozess von der ersten Idee bis zur fertigen Website. dotnetpro 08/2010

397 S., 2. Auflage 2010, mit DVD, 39,90 €
ISBN 978-3-8362-1502-2

www.galileodesign.de/2244

Video-Training

Thomas Kötter

Modernes Webdesign mit CSS

Kreative Praxislösungen für moderne Webseiten

Probe-Lektionen im Web!

- CSS und HTML lernen durch Zuschauen und Mitmachen
- Eigene Designs für Magento und WordPress erstellen
- Zahlreiche Webdesign-Tipps von CSS-Profi Thomas Kötter

Die Ideen-Fundgrube für Kreative! Mit diesem Video-Training erfahren Sie, wie Sie Ihre Webseiten zukunftsfähig halten und modern gestalten. Thomas Kötter zeigt Ihnen anhand zahlreicher Web-Projekte, wie Sie Design-Ideen mit CSS, (X)HTML und JavaScript umsetzen. Lernen Sie, wie Sie Ihre Webtexte lesbar gestalten, attraktive Bildergalerien und Navigationen entwerfen und eigene Designs für WordPress- und Magento-Seiten erstellen.

In neuneinhalb Stunden werden dem Zuschauer weiterführende Inhalte vermittelt, die sich an den fortgeschrittenen Programmierer richten. Thomas Kötter geizt nicht mit Tipps und vermittelt die Inhalte in einer leicht verständlichen und strukturierten Form. Digital Production

DVD, Windows, Mac, Linux, 2010, 9 Stunden Spielzeit, 39,90 €, ISBN 978-3-8362-1496-4

www.galileocomputing.de/2238

Komplett in Farbe

Heiko Stiegert

Modernes Webdesign mit CSS

Schritt für Schritt zur perfekten Website

- Von den Grundlagen zum perfekten Seitenlayout
- Schritt für Schritt zu Weblog, Firmen-Website und Online-Shop
- Inkl. Navigationen, Bildergalerien, Formulare, Diagramme, Mikroformate u. v. m.

In ausführlichen Praxisworkshops zeigt Ihnen dieses Buch, wie Sie moderne und professionelle Webdesigns standardkonform mit CSS realisieren. Die zahlreichen Profi-Tipps und -Tricks lassen garantiert keine Frage offen!

ca. 410 S., mit DVD, 39,90 €
ISBN 978-3-8362-1666-1, Mai 2011

www.galileodesign.de/2455

Probe-Lektionen im Web!

Video-Training

Jonas Hellwig

Webdesign mit Photoshop

Webseiten erstellen und gestalten mit Photoshop

Sie wollen anspruchsvolle, moderne Webseiten mit Photoshop gestalten? Jonas Hellwig, bekannt für seine ausgefallenen, spritzigen Designs, zeigt Ihnen, wie Sie Photoshop als Webdesigner effizient einsetzen. Erleben Sie den Profi bei der Arbeit und lassen Sie sich inspirieren für zeitlose, spannende Webdesigns.

DVD, Windows und Mac,
ca. 11 Stunden Spielzeit, 39,90 €
ISBN 978-3-8362-1582-4, Ende März 2011

www.galileodesign.de/2349

Richard Beer, Susann Gailus

Adobe Dreamweaver CS5

Das umfassende Handbuch

731 S., 2010, mit DVD, 39,90 €
ISBN 978-3-8362-1567-1

www.galileodesign.de/2338

Nick Weschkalnies, Sven Gasser

Adobe Flash CS5

Das umfassende Handbuch

895 S., 2010, mit DVD, 49,90 €
ISBN 978-3-8362-1564-0

www.galileodesign.de/2335

Hauser, Kappler, Wenz

Das Praxisbuch ActionScript 3

Aktuell zu Adobe Flash CS5

702 S., 2010, mit DVD, 39,90 €
ISBN 978-3-8362-1565-7

www.galileodesign.de/2336

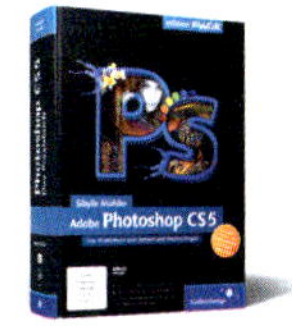

Sibylle Mühlke

Adobe Photoshop CS5

Das umfassende Handbuch

1178 S., 2011, komplett in Farbe,
mit DVD und Referenzkarte, 49,90 €
ISBN 978-3-8362-1586-2

www.galileodesign.de/2353

facebook **www.facebook.com/GalileoPressVerlag**

Thomas Theis

Einstieg in Python

Ideal für Programmieranfänger geeignet

Sie möchten Python lernen? Mit diesem Buch schaffen Sie es! Anhand von anschaulichen Beispielen werden Sie Schritt für Schritt mit den Grundlagen, aber auch mit fortgeschritteneren Themen wie Oberflächen-, Datenbank- und Internetprogrammierung vertraut gemacht. Selbst wenn Sie noch keine Programmierkenntnisse haben, wird Ihnen der Einstieg in Python spielend gelingen!

443 S., 3. Auflage, mit CD, 24,90 €
ISBN 978-3-8362-1738-5, Ende März 2011

www.galileocomputing.de/2640

Johannes Ernesti, Peter Kaiser

Python 3

Das umfassende Handbuch

Egal, ob Sie erst anfangen, mit Python zu arbeiten oder bei Ihrer Arbeit etwas nachschlagen möchten – in diesem Buch finden Sie alles, was Sie zu Python wissen müssen. Angefangen mit einer Einführung in die Sprache bietet es eine Sprachreferenz, die Beschreibung der Standardbibliothek und ausführliche Informationen zu professionellen Themen. Dabei wird ausführlich auf die wesentlichen Unterschiede zwischen Python 3 und früheren Versionen eingegangen. Wenn Sie bisher noch mit Python 2.x arbeiten, helfen Ihnen die Autoren bei der Migration Ihrer bestehenden Projekte.

788 S., 2. Auflage 2009, mit CD, 39,90 €
ISBN 978-3-8362-1412-4

www.galileocomputing.de/2124

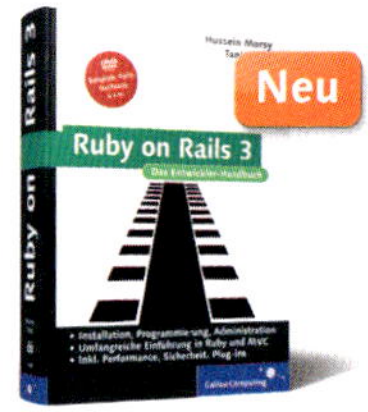

Hussein Morsy, Tanja Otto

Ruby on Rails 3

Das Entwickler-Handbuch

Praxisbezogen und verständlich zeigt Ihnen dieses Buch, wie Sie die umfangreichen Möglichkeiten von Rails 3.1 effizient für Ihre eigenen Projekte nutzen. Es ist perfekt auf die Bedürfnisse von Entwicklern abgestimmt und bietet Ihnen zur optimalen Einarbeitung mehrere »Realworld«-Beispiele, an denen Sie sich orientieren können. Damit sich auch Quereinsteiger schnell zurechtfinden, enthält das Buch zudem eine Einführung in die Programmiersprache Ruby.

ca. 800 S., 2. Auflage, mit DVD, 39,90 €
ISBN 978-3-8362-1490-2, April 2011

www.galileocomputing.de/2231

database pro
Buchtipp!

Jürgen Sieben

Oracle PL/SQL

Das umfassende Handbuch

- Performante und skalierbare Anwendungen mit PL/SQL
- Trigger, Stores Procedures, Oracle Packages
- Datensicherheit und Konsistenz, PL/SQL in der Datenbank-Administration u. v. m.

Mit diesem umfassenden Handbuch finden Sie alles, was Sie benötigen, um mit PL/SQL den maximalen Nutzen für Ihren Anwendungsfall zu finden. Dafür sorgen die gründliche Einführung in Aufbau und Syntax von PL/SQL, hilfreiche Anregungen zum Einsatz und zur Verbesserung Ihres Codes sowie ausführliche Workshops mit Praxisbezug.

881 S., 2010, 69,90 €,
ISBN 978-3-8362-1452-0

www.galileocomputing.de/2183

Andreas Wenk, Till Klampäckel

CouchDB

Das Praxisbuch für Entwickler und Administratoren

In diesem Buch erfahren Sie alles über die beliebte NoSQL-Datenbank CouchDB. Anhand zahlreicher Beispiele lernen Sie den sicheren Umgang mit der RESTful API der CouchDB. Außerdem erfahren Sie alles über Map/Reduce, Show und List Functions, Administration, Replikation, Skalierung, CouchApps und viele weitere Themen rund um die CouchDB.

ca. 320 S., 34,90 €
ISBN 978-3-8362-1670-8, Mai 2011

www.galileocomputing.de/2462

database pro
Buchtipp!

Throll, Bartosch

Einstieg in SQL

Verstehen, einsetzen, nachschlagen

Dieses Buch unterstützt die Leser dabei, den Sprachumfang von SQL zu verstehen, und vermittelt das nötige Wissen, um das Instrumentarium von SQL richtig nutzen zu können.
databasepro

325 S., 4. Auflage 2011, mit CD und Referenzkarte, 24,90 €, ISBN 978-3-8362-1699-9

www.galileocomputing.de/2514

PHPmagazin
Buchtipp!

Thomas Pfeiffer, Andreas Wenk

PostgreSQL 8.4

438 S., 2010, 39,90 €
ISBN 978-3-8362-1346-2

www.galileocomputing.de/2008

Die Fotogenres…
Unsere Fotoschulen
Christian Westphalen
Die große Fotoschule
Digitale Fotopraxis
Jacqueline Esen
Digitale Fotopraxis
Rezepte für bessere Fotos
Sandra Bartocha, Markus Botzek
Die Fotoschule in Bildern
Naturfotografie
Die Fundgrube
Kameratechnik,
Kamera-Handbücher für Anspruchsvolle
Holger Haarmeyer
Christian Westphalen
Das Kamerahandbuch
Canon EOS 60D
Ihre Kamera im Praxiseinsatz
Besser fotografieren und filmen mit der Canon EOS 60D
Richtig fotografieren lernen per Video-Training
Video-Training
Live am Set mit Harald Wickel
Digitale Fotopraxis
Panoramafotografie
Der Fotokurs für eindrucksvolle Panoramabilder
LEHR-Programm gemäß §14 JuSchG
Galileo Design
Alle Bücher & Video-Trainings, kostenlose Videos, Foto-Podcast u.v.m.

Stefan Pröll, Eva Zangerle, Wolfgang Gassler

MySQL

Das Handbuch für Administratoren

Galileo Press

Liebe Leserin, lieber Leser,

MySQL pur – dieses Versprechen lösen Stefan Pröll, Eva Zangerle und Wolfgang Gassler mit diesem Handbuch voll und ganz ein. Die ausgewiesenen Datenbanken-Experten zeigen Ihnen, was hinter MySQL steckt und geben Ihnen viele praktische Tipps und Tricks für den professionellen Einsatz von MySQL an die Hand. Architektur, Verwaltungswerkzeuge, Rechtemanagement, Indexstrukturen, gespeicherte Programme, Programmierschnittstellen – hier erfahren Sie, wie MySQL funktioniert!

Und noch an einen anderen wichtigen Punkt haben die Autoren gedacht: Bei der Arbeit mit Datenbanken können die unterschiedlichsten Probleme auftreten – bis hin zum Verlust unternehmenskritischer Daten. Damit Sie mögliche Fehler frühzeitig erkennen und beheben lernen, haben die Autoren eine Beispieldatenbank für Sie aufgebaut, an der Sie ausgiebig und sicher testen können. Diese Datenbank finden Sie in zwei Varianten auf der Buch-DVD: eine mit kleinerem Umfang für den schnellen Upload und die große Version mit mehr als einer Million Datensätze. Warum so viele? Weil sich manche Schwierigkeiten erst bei sehr großen Datenmengen zeigen – und die wollen Sie sicher nicht erst feststellen, wenn die Datenmenge in Ihren Datenbanken anwächst.

Ich bin sicher, dass Sie mit diesem Buch die richtige Wahl getroffen haben – sollten Sie Fragen, Wünsche, Anregungen, Lob oder Kritik haben, wenden Sie sich an mich. Fragen zum Inhalt des Buches leite ich gern an die Autoren weiter.

Viel Spaß beim Lesen und viel Erfolg mit MySQL wünscht Ihnen

Ihr Sebastian Kestel
Lektorat Galileo Computing

sebastian.kestel@galileo-press.de
www.galileocomputing.de
Galileo Press · Rheinwerkallee 4 · 53227 Bonn

Auf einen Blick

Der Name Galileo Press geht auf den italienischen Mathematiker und Philosophen Galileo Galilei (1564–1642) zurück. Er gilt als Gründungsfigur der neuzeitlichen Wissenschaft und wurde berühmt als Verfechter des modernen, heliozentrischen Weltbilds. Legendär ist sein Ausspruch *Eppur si muove* (Und sie bewegt sich doch). Das Emblem von Galileo Press ist der Jupiter, umkreist von den vier Galileischen Monden. Galilei entdeckte die nach ihm benannten Monde 1610.

Lektorat Sebastian Kestel, Anne Scheibe
Fachgutachten Stefan Reimers
Korrektorat Annette Lennartz, Bonn
Cover Barbara Thoben, Köln
Typografie und Layout Vera Brauner
Herstellung Steffi Ehrentraut
Satz Typographie & Computer, Krefeld
Druck und Bindung Bercker Graphischer Betrieb, Kevelaer
Coverbilder oben: © pixeltrap – fotolia.com; links unten: © Rainer Grothues – fotolia.com; rechts unten: © Godfried Edelman – istockphoto

Dieses Buch wurde gesetzt aus der Linotype Syntax Serif (9,25/13,25 pt) in FrameMaker.

Gerne stehen wir Ihnen mit Rat und Tat zur Seite:
sebastian.kestel@galileo-press.de bei Fragen und Anmerkungen zum Inhalt des Buches
service@galileo-press.de für versandkostenfreie Bestellungen und Reklamationen
britta.behrens@galileo-press.de für Rezensions- und Schulungsexemplare

Bibliografische Information der Deutschen Nationalbibliothek
Die Deutsche Nationalbibliothek verzeichnet diese Publikation in der Deutschen Nationalbibliografie; detaillierte bibliografische Daten sind im Internet über *http://dnb.d-nb.de* abrufbar.

ISBN 978-3-8362-1715-6

1. Auflage 2011

Inhalt

Vorwort

Da Sie dieses Buch aufgeschlagen haben, haben Sie mit großer Wahrscheinlichkeit bereits von MySQL gehört. In diesem Buch geht es um eines der erfolgreichsten und weit verbreitetesten Open-Source-Softwareprojekte der Welt. MySQL ist ein vollwertiges Datenbankmanagement-System, das nicht nur im Allgemeinen kostenlos für alle Betriebssysteme verfügbar ist, es ist zudem relativ einfach zu bedienen. Doch wozu dann ein eigenes Buch, wenn die Software doch so einfach zu bedienen ist? Der angemerkte einfache Umgang mit MySQL setzt voraus, dass Sie wissen, wo Sie welche Einstellungen vornehmen müssen. Nun könnten Sie sich durch die frei verfügbare englischsprachige Dokumentation im Umfang von mehreren tausend Seiten quälen. Oder Sie wählen die smarte Alternative: Sie haben sich richtig entschieden! Schließlich lesen Sie bereits dieses Buch, herzlichen Glückwunsch!

Damit Sie so schnell wie möglich sicher im Umgang mit MySQL werden, bietet dieses Buch ein umfangreiches und realistisches Praxisbeispiel, anhand dessen die wichtigsten Kniffe, Tipps und Tricks erklärt werden.

Für wen ist dieses Buch gedacht?

MySQL ist ein sehr weit verbreitetes Datenbanksystem, das in den verschiedensten Szenarien erfolgreich eingesetzt werden kann. Wie Sie das meiste aus MySQL herausholen können, lernen Sie in diesem Buch. Vorwiegend richtet sich das vorliegende Administrationshandbuch an Einsteiger und Fortgeschrittene. Aber gleichgültig, ob Sie Datenbanken-Einsteiger sind oder schon Erfahrungen mit MySQL gesammelt haben, ja sich vielleicht sogar schon zu den Profis zählen können: In diesem Buch werden Sie viel Neues lernen! Dasselbe gilt natürlich auch für Umsteiger von anderen Datenbankmanagementsystemen.

Das Besondere an diesem Buch ist das umfassende Praxisbeispiel, anhand dessen alle Kapitel und die darin enthaltenen Befehle genau erläutert werden. Wir sind der Meinung, dass ein interessantes und reales Praxisbeispiel besser ist als eine öde Schritt-für-Schritt-Anleitung. Das bedeutet jedoch auch, dass Sie an manchen Stellen selbst gefordert sind, da wir eine gewisse Eigeninitiative voraussetzen. Getreu dem Motto **learning by doing**, werden Sie MySQL immer besser kennenlernen, indem Sie die Entwicklung des vorgestellten Szenarios selbst nachvollziehen werden. Wir sind überzeugt, dass Sie so viel mehr lernen und sicherer im Umgang mit dem Datenbanksystem MySQL werden, als wenn Sie zu sehr an die Hand genommen werden. Doch keine Bange, auf der mitgelieferten DVD finden Sie die notwendigen Daten, um jederzeit neu anfangen zu können, falls Sie sich mal einen gröberen Schnitzer leisten.

Konventionen

In diesem Buch gibt es ein paar wenige Konventionen, welche die Lesbarkeit erhöhen. So werden sämtliche Befehle durch dieses `Format` hervorgehoben, damit Sie schneller erkennen können, dass es sich um eine Anweisung für den MySQL-Server bzw. für Ihr Betriebssystem handelt.

Eingaben, die für den MySQL-Server gedacht sind, tätigen Sie mit dem sogenannten MySQL-Client, einem Kommandozeilen-Programm, in das Sie die Befehle eintippen können, um mit dem Server zu interagieren. Alle kürzeren oder längeren Befehlssequenzen sind in Listings als Code-Auflistungen angegeben. Jene Befehle, die Sie innerhalb dieses Clients eingeben müssen, werden durch die Eingabeaufforderung (engl. *prompt*) `mysql>` hervorgehoben. Oftmals können die Eingaben für den Client aus Platzgründen nicht in einer Zeile eingegeben werden. Ein solcher Zeilenumbruch wird durch diesen Pfeil `->` dargestellt. Dadurch wird ausgedrückt, dass dieser Befehl noch nicht abgeschlossen ist und daher noch fortgesetzt wird. Diese Pfeile dürfen Sie nicht selbst eingeben. Der MySQL-Client schreibt diese Pfeile selbstständig nach einem Zeilenumbruch. In Listing 1 sehen Sie ein Beispiel für das Format, das in diesem Buch für MySQL-Befehle verwendet wird.

```
mysql> SELECT vorname, nachname FROM passagier
    -> WHERE passnummer = 'P137884';
```

Listing 1 Ein MySQL-Befehl

Die MySQL-Befehle selbst sind immer in `GROSSBUCHSTABEN` gehalten, damit Sie diese leichter von Benutzereingaben unterscheiden können. Jene Kommandos, die Sie in der Kommandozeilenumgebung eingeben müssen, werden durch den Linux-Prompt `bash#` eingeleitet. Dadurch sehen Sie auf den ersten Blick, für welche Umgebung der Befehl vorgesehen ist. Ein Beispiel für einen Konsolen-Befehl sehen Sie in Listing 2.

```
bash# mysqladmin ping
```

Listing 2 Ein Konsolen-Befehl

Besondere Formatierungsübereinkünfte gelten auch für die Referenz am Ende dieses Buches, in der Sie alle besprochenen Befehle und Kommandos vollständig aufgelistet finden.

Der Aufbau dieses Buches

Dieses Buch ist in drei Teile gegliedert: »Erste Schritte«, »Administration« und »Programmierung«. Der erste Teil enthält die Grundlagen zu Datenbanken im Allgemeinen und dem Datenbanksystem MySQL im Speziellen. Dabei lernen Sie nicht nur den Datenbankentwurf kennen, sondern erhalten auch eine Einführung in die Theorie von Datenbanken, die für das Verständnis der darauf aufbauenden Kapitel wichtig ist. Die Modellierungstechniken, die Sie hier kennenlernen werden, können Sie natürlich auch bei anderen Datenbankmanagementsystemen einsetzen. Durch diese Techniken lernen Sie eine einheitliche Sprache kennen, die für die Kommunikation mit allen an der Entwicklung eines Datenbank-Projekts beteiligten Personen wichtig ist. Nur wenn alle Beteiligten mit denselben Begriffen auch dieselben Sachverhalte beschreiben, kann ein Projekt erfolgreich umgesetzt werden. Dazu zählt jedoch nicht nur das notwendige Vokabular, sondern auch eine eigene grafische Darstellungsform (sogenannte ER-Diagramme), mit deren Hilfe auf den ersten Blick Zusammenhänge ersichtlich werden. Dieses Beschreibungswerkzeug wird auch von Hilfsprogrammen direkt angewendet, weshalb dies auch für die Arbeit mit MySQL notwendig ist.

Dieser Teil enthält ebenfalls ein Schnellstart-Tutorial, in dem Sie die wichtigsten Befehle kennenlernen, um mit MySQL grundlegend arbeiten zu können. Nach diesem Kapitel sind Sie in der Lage, die Datenbanken selbst samt ihren Tabellen, in denen letztendlich die Daten gespeichert werden, anzulegen und zu verwalten. Außerdem stellt dieser Teil das praxisnahe Flughafenszenario vor, das sich durch das gesamte Buch zieht und einen nachvollziehbaren Rahmen für die unterschiedlichsten Aufgaben bietet. Sie lernen in diesem Abschnitt, wie Sie die Anforderungen an ein Datenbanksystem herausarbeiten und umsetzen können. Auf der DVD zu diesem Buch finden Sie einen sehr umfangreichen Datensatz, mit dem Sie auf realistische Weise den Umgang mit MySQL testen können. Dieses Daten-Set für das Flughafenszenario enthält mehrere Millionen Datensätze und ist daher gut geeignet, um Tests und Optimierungsmaßnahmen durchzuführen.

Der zweite Teil, »Administration«, beschäftigt sich mit der Installation und der Wartung von MySQL. Hier lernen Sie nicht nur, wie Sie MySQL optimal an Ihre Anforderungen anpassen können, sondern auch wie Sie MySQL aktuell halten können. Des Weiteren lernen Sie mit der Replikation eine interessante Möglichkeit kennen, wie Sie MySQL im Hochverfügbarkeits-Bereich und somit auch im High-Performance-Bereich einsetzen können. Wie Sie Ihre Anfragen möglichst effizient gestalten können, lernen Sie ebenfalls in diesem Teil. Ein sehr wichtiger Aspekt dieses Teils ist auch die Absicherung der Datenbanken und der damit verbundenen Benutzerverwaltung.

Im dritten und letzten Teil, »Programmierung«, werden Sie lernen, mit MySQL zu programmieren, um so auch spezielle Anforderungen geschwindigkeitsoptimiert umzusetzen. Mit gespeicherten Programmen lassen sich viele Probleme sehr elegant lösen. Da MySQL in den meisten Fällen als Daten-Backend für Software-Programme dient, lernen Sie hier ebenfalls, wie Sie mit den unterschiedlichsten Programmiersprachen auf den Datenschatz einer MySQL-Installation zugreifen können.

Abgerundet wird dieses Buch durch eine umfangreiche Referenz, in der Sie alle im Buch besprochenen Befehle samt Syntax und Kurzbeschreibung vorfinden. Diese Befehle sind übersichtlich nach Themen geordnet, wodurch Sie sich schneller zurechtfinden werden. Natürlich enthält dieses Buch auch einen Index, in dem Sie alle wichtigen Begriffe und Befehle nachschlagen können und somit schnell finden werden.

Die DVD zum Buch

Auf der beliegenden DVD finden Sie nicht nur alle Versionen der aktuellen, stabilen Version 5.5 von MySQL für Windows, Mac und Linux, sondern auch im Buch vorgestellte Skripte und Tools, die Sie sofort einsetzen können.

Im Verzeichnis *FlughafenDB* finden Sie die Beispieldatenbank mit dem Fughafenszenario. Diese bildet das Herzstück dieses Buches, denn sie ermöglicht es Ihnen, alle Befehle, Tricks und Tools sofort anhand einer vollwertigen Datensammlung auszuprobieren. Die darin enthaltenen Flug-, Passagier- und Buchungsdaten sind möglichst realistisch gehalten. Sie finden zwei Versionen der Daten des Flughafenszenarios auf dieser DVD. Diese unterscheiden sich im Umfang der enthaltenen Daten. Während Sie die kleine Ausgabe sehr schnell importieren können, dient die große Version mit einigen Millionen Datensätzen besonders zum Testen von Optimierungen und Tuning-Maßnahmen. Wie Sie diese Daten importieren können, erfahren Sie in Abschnitt 4.2, »Die Beispieldatenbank auf der Buch-DVD«.

Die Webseite zum Buch

Unter der Web-Adresse *www.mysqladmin.at* finden Sie aktuelle Informationen rund um dieses Buch, Kontaktmöglichkeiten und Neues rund um MySQL.

Die Autoren

Dipl.-Ing. Stefan Pröll, Jahrgang 1983, studierte in Innsbruck und Madrid Informatik und spezialisierte sich dabei im Masterstudiengang auf Datenbanken und Informationssysteme. Während seines Studiums hat er mehrere Praktika im In- und Ausland bei internationalen Organisationen und Unternehmen im Bereich Wissenschaftskommunikation, Webentwicklung und Datenbankadministration absolviert. Seit 2009 lebt er in Wien, wo er Wirtschaftsingenieurswesen an der Technischen Universität Wien als zweites Masterstudium studiert und zusätzlich im Bereich der Linux-Serveradministration bei privaten Unternehmen gearbeitet hat. Seit 2011 ist er außerdem wissenschaftlicher Mitarbeiter bei einem auf IT-Sicherheit spezialisierten Forschungszentrum. In seiner Freizeit treibt er gelegentlich Sport (Badminton, Jogging) hört leidenschaftlich gerne Soul-, Funk- und Jazzmusik, geht ins Theater und reist, wann immer die Zeit es zulässt.

Dipl.-Ing. Eva Zangerle studierte Informatik an der Universität Innsbruck in Österreich. Dabei spezialisierte sie sich während ihres Masterstudiums im Bereich von Datenbanken. In ihrer Masterarbeit entwickelte sie neue Techniken, um komplexe Datenstrukturen, wie graph-basierte Wissensdarstellungen, in Datenbanken optimiert zu verarbeiten. Seit 2007 arbeitet sie als wissenschaftliche Mitarbeiterin am Lehrstuhl für Datenbanken und Informationssysteme am Institut für Informatik der Universität Innsbruck. Dabei beschäftigt sich ihre Forschung und Lehre mit der Entwicklung von neuen Methoden zur Personalisierung – sogenannten Recommender-Systemen – und der damit verbundenen intelligenten Datenspeicherung. Die von ihr entwickelten Techniken und Verfahren wurden bereits auf zahlreichen internationalen Konferenzen veröffentlicht.

Neben der Forschung und Lehre von neuartigen Datenbanksystemen setzt Eva Zangerle aber bereits seit 2002 auf MySQL, mit dem sie zahlreiche erfolgreiche Projekte im universitären Umfeld realisierte.

Wolfgang Gassler (Dipl.-Ing. Informatik) absolvierte das Informatikstudium an der Universität Innsbruck in Österreich und ist seit 2007 wissenschaftlicher Mitarbeiter in der Forschungsgruppe Datenbanken und Informationssysteme an der Universität Innsbruck. Er beschäftigt sich in seiner Forschung mit neuen Datenbanktechnologien und neuartigen Verfahren zur optimierten Wissens-Speicherung und Analyse.

Seit 1999 arbeitet er mit dem Datenbanksystem MySQL – damals in der Version 3.21 – und der zu dieser Zeit in Tirol/Österreich beinahe unbekannten Programmiersprache PHP in der Version 3. Seit dieser Zeit, als einer der ersten PHP-Entwickler in Tirol, ist er in zahlreichen Softwareprojekten – vorrangig in den Bereichen Web & Mobile – bis heute als Entwicklungsleiter oder in beratender Funktion tätig.

Die Verbindung zwischen Forschung und Wirtschaft ist ihm ein großes Anliegen und so arbeitet er auch heute noch neben seiner wissenschaftlichen und lehrenden Tätigkeit an der Universität Innsbruck an Projekten in der Wirtschaft.

TEIL I
Erste Schritte

Datenbanken sind die unsichtbaren Helden der elektronischen Datenverarbeitung, der Datenverwaltung und des Internets. Sie speichern und verarbeiten Informationen und stellen diese zuverlässig wieder zur Verfügung.

1 Datenbanken – eine allgemeine Einleitung

Datenbanken spielen eine herausragende Rolle in der modernen IT-Landschaft. Kaum eine Anwendung kommt ohne sie aus. Sie sind der unsichtbare Motor des modernen Internets, wie wir es heute kennen. Das folgende Kapitel stellt die Entwicklung von Datenbanksystemen im Allgemeinen vor, zeigt aktuelle Anwendungs- und Einsatzgebiete auf und beschreibt, welche Leistungen ein Datenbanksystem ausmachen – und warum Datenbankmanagementsysteme unverzichtbar für uns geworden sind.

Im zweiten Teil dieses Kapitels dreht sich alles um MySQL, das erfolgreichste Open-Source-Datenbanksystem der Welt und dessen Entstehungsgeschichte und Eigenschaften.

1.1 Grundlagen von Datenbanken

Menschen lieben Daten. Überall dort, wo Menschen arbeiten, fallen Daten an. Daten, die gespeichert, verarbeitet und wieder abgerufen werden müssen. Aus diesem Grund sind Datenbanken aus der modernen Welt nicht mehr wegzudenken. Der folgende Abschnitt soll einen kurzen Überblick über die geschichtliche Entwicklung von Datenbanken bieten.

1.1.1 Die Geschichte von Datenbanken

Seit der Erfindung der Schrift zeichnet die Menschheit Daten auf, um diese auch späteren Generationen verfügbar zu machen. Nur durch die Errungenschaft, einmal gewonnene Erkenntnisse auch für die Nachwelt zu erhalten, war der technische Fortschritt in dieser Geschwindigkeit möglich. Doch was hat das mit Datenbanken zu tun?

Während mangels geeigneter Datenerfassungsgeräte früher auf handgeschriebene Listen und Tabellen zurückgegriffen werden musste, nahm im Zuge der Industrialisierung die Verbreitung von halb- und vollautomatischen Geräten zur Speicherung von Daten stark zu und trieb somit die Entwicklung der Vorgänger moderner Datenbanksysteme mit an.

Bald waren die Datenmengen händisch nicht mehr zu erfassen und machten automatisierte Verfahren notwendig, um der Datenmenge Herr zu werden. Als Vorläufer von Datenbanken kann die *Lochkartentechnologie* gesehen werden. Diese Maschinen ermöglichten das maschinelle Verarbeiten von vielen gleichartigen Daten. Erst durch diese mechanische Errungenschaft konnten datentechnische Großereignisse wie Volkszählungen biblischen Ausmaßes überhaupt erst bewältigt werden.

Durch diese Erfindung weiteten sich die Anwendungsgebiete der mechanischen Datenverarbeitung immer weiter aus, da immer mehr Daten archiviert und verarbeitet werden konnten. Da kam die Entwicklung der digitalen Informationsverarbeitung gerade recht, denn sie erlaubte es, Daten noch schneller zu verarbeiten, als die mechanischen Vorgänger Löcher zu stanzen vermochten. Dennoch war es noch ein weiter Weg, bis Datenbanken auch als solche bezeichnet werden konnten. Bis dahin war die Struktur der zu speichernden Informationen gewissermaßen durch die Hardware vorgegeben. Ein Lochkartenlesegerät konnte nur genau jene Lochkarten lesen, für die es auch gebaut worden war. Die Lochkarten selbst waren meist für genau einen Zweck – zum Beispiel für eine Volkszählung – entworfen worden und für eine andere Aufgabe, zum Beispiel die Verwaltung einer Bibliothek – völlig ungeeignet.

Erst mit der Entwicklung digitaler Rechner konnten sich auch Datenbanken als solches weiterentwickeln. Das Speichern einmal digitalisierter Daten bot ganz neue Möglichkeiten, mit Daten umzugehen und diese weiterzuverarbeiten. Es gab und gibt unzählige Einsatzbereiche für Rechner und immer noch kommen neue hinzu. Mit der voranschreitenden Entwicklung der Computer, von hausgroßen Rechneranlagen bis zum Personal Computer, entwickelten sich auch Datenbanken immer weiter. Je größer der verfügbare Speicherplatz wurde, desto größer wurden die Datenbanken, welche die anwachsende Datenfülle speicherten.

Doch was ist eine *Datenbank* eigentlich? Unter einer Datenbank versteht man eine Sammlung von zusammengehörenden Daten, die für eine bestimmte Aufgabe gespeichert und wieder abgerufen werden sollen. Heutzutage sind damit meist Daten in elektronischer Form gemeint. Um diese Daten elektronisch abspeichern, verarbeiten und wieder ausgeben zu können, wird eine Verwaltungssoftware benötigt, die eben diese Aufgaben auf Geheiß des Anwenders übernimmt. Diese Art von Software wird als *Datenbankmanagementsystem* bezeichnet. Im allgemeinen Sprachgebrauch werden die Begriffe Datenbank und Datenbankmanagementsystem zwar oft synonym verwendet, bezeichnen aber tatsächlich unterschiedliche Dinge.

Die Datenbank an sich ist lediglich die Sammlung der Datensätze, samt zusätzlichen Informationen über die Daten. Diese Informationen über die Daten sind selbst wiederum ebenfalls Daten. Daten, die selbst wiederum Daten beschreiben, also Daten über Daten, werden auch als Metadaten bezeichnet. Dabei handelt es sich zum Beispiel um Informationen wie den Datentyp, die Gültigkeitsdauer des Datensatzes und dergleichen.

Die Datenbank selbst stellt keine Möglichkeiten zur komfortablen Bearbeitung und Verwaltung der Datensätze bereit. Diesen Part übernimmt – neben vielen anderen Aufgaben – das Datenbankmanagementsystem, doch dazu mehr im folgenden Abschnitt. Dieses System ist die einheitliche und einzige Schnittstelle zwischen der Datenbank selbst und dem Anwender, der mit der Datenbank interagieren möchte. Ein Datenbankmanagementsystem kann zudem aus mehreren Datenbanken bestehen bzw. diese beinhalten.

1.1.2 Moderne Datenbanken und Datenmodelle

Die Anfänge elektronischer Rechenmaschinen waren wie so viele technologische Entwicklungen militärischen Ursprungs. Als die Rechner jedoch immer kleiner und günstiger wurden, begann sich auch die private Industrie immer mehr für Computer zu interessieren, da nicht nur die Rechner selbst, sondern auch der notwendige Speicher immer leistungsfähiger wurde. Durch die neuen Impulse der Zusammenarbeit militärischer wie privater Institutionen wurden *Modelle* entwickelt, um die Datenspeicherung für allgemeine Zwecke zu ermöglichen.

Ein Modell beschreibt, wie die Daten innerhalb der Datenbank organisiert werden. So entstand Mitte der 1960er Jahre das *hierarchische Datenbankmodell*, mit dessen Hilfe Datensätze in einer baumartigen Struktur angeordnet werden konnten. Eine Struktur gibt die Form vor, wie Daten gespeichert werden. Sie können sich die Struktur eines Datenbankmodells wie eine Schablone vorstellen, in welche später die Daten eingepasst werden. Um mit einem solchen System arbeiten zu können, mussten Anwender sehr genau über Interna des Datenbanksystems Bescheid wissen.

Kurz darauf entstand das *Netzwerkdatenbankmodell*, das bereits eine Unterscheidung zwischen der Datenbeschreibungssprache und der Datenmanipulationssprache beinhaltete. Das Netzwerkdatenbankmodell lieferte daher die theoretische Grundlage für moderne Datenbankmanagementsysteme.

Der nächste Entwicklungsschritt war das *relationale Datenbankmodell*, das um 1970 von Edgar Codd erfunden wurde und bis heute das wichtigste Datenbankmodell darstellt, das sich derzeit im Einsatz befindet. Dieses Modell stellt Daten in Tabellen dar und setzt diese zueinander in *Beziehung*. Diese Beziehungen zwischen den Tabellen werden auch als *Relationen* bezeichnet. Durch die Art und Weise, wie diese Daten zueinander in Beziehung stehen, lassen sich Sachverhalte der realen Welt innerhalb einer Datenbank abbilden. Details über Relationen finden Sie in Kapitel 2, »Datenbankmodellierung«.

Datenbanken, die das relationale Datenbankmodell einsetzen, werden konsequenterweise als *relationale Datenbankmanagementsysteme* (*RDBMS*) bezeichnet. MySQL setzt ebenfalls das relationale Datenbankmodell ein und ist daher auch ein RDBMS. Über welche Eigenschaften das relationale Datenbankmodell verfügt und warum dieses Modell so erfolgreich ist, wird in den folgenden Abschnitten noch ausführlich behandelt.

Durch das relationale Datenbankmodell gelang die Trennung der *Struktur* der Datensätze – der Abbildung eines Konzepts der realen Welt – von der Art und Weise, wie die Daten tatsächlich physisch auf dem Speichermedium abgelegt werden. Dieser Schritt war ein Meilenstein in der Entwicklung moderner Datenbanksysteme, denn von nun an mussten die Anwender nicht mehr genau über die konkrete Speichertechnik Bescheid wissen, sondern nur mehr über die Struktur und das Konzept der Daten, die sie abfragen und speichern wollten. Daher hat die Idee des relationalen Datenbankmodells viel zur Vereinfachung der Arbeit mit Datenbanken beigetragen.

Im Bereich der Datenbanken drängt sich der Vergleich mit einer Bibliothek auf, in der Bücher (Daten) systematisch (Modell) abgelegt sind. Jedes Buch ist mit einem eigenen Datensatz im Katalog der Bibliothek vermerkt. Darin finden sich Eigenschaften wie ISBN, Titel und Autoren zu jedem Werk. Die Ablage der Bücher erfolgt nach einem ganz bestimmten System, damit diese auch wieder aufgefunden werden können. Wenn Sie sich ein Buch ausleihen möchten, müssen Sie nicht zwingend wissen, wie der Bibliothekskatalog organisiert ist. Diese Aufgabe übernimmt der Bibliothekar, der genau weiß, in welchem Regal er ein bestimmtes Werk vorfindet. In diesem Beispiel übernimmt der Bibliothekar die Aufgaben des relationalen Datenbankmanagementsystems. In der Ausleihe können Sie den Bibliothekar nach einem bestimmten Werk fragen, das er dann für Sie in den Regalen der Bibliothek suchen wird. Je genauer Sie Ihre Suchanfrage formulieren können, umso schneller wird der Bibliothekar das gesuchte Werk finden, wichtig ist lediglich, dass Sie und der Bibliotheksangestellte dieselbe Sprache sprechen. Sie müssen sich verständigen können, um Ihr Ziel zu erreichen.

Die Sprache, die für die Interaktion mit relationalen Datenbanken eingesetzt wird heißt *Structured Query Language* (SQL). Sie ist ein allgemeines Werkzeug, mit dem Befehle formuliert werden, die auch für Personen ohne technischen Hintergrund relativ leicht erlern- und anwendbar sind. Die Structured Query Language ist eine sehr mächtige Sprache, mit deren Hilfe das Speicherschema der Daten definiert, Daten in der Datenbank gespeichert und auch wieder abgerufen werden können. SQL ermöglicht jedoch nicht nur die Beschreibung des Datenschemas und wie gespeicherte Datensätze eingefügt, geändert und gelöscht werden können. Die Sprache SQL ermöglicht zudem sehr komplexe Abfragen, indem die Beziehungen der gespeicherten Daten ausgenutzt werden können. Die Sprache selbst ist ein universelles Werkzeug, das für sämtliche Interaktionen mit dem Datenbankmanagementsystem eingesetzt wird. Viele Datenbanksysteme »sprechen« daher SQL. Was Sie mit SQL in Kombination mit MySQL alles umsetzen können, erfahren Sie unter anderem in Kapitel 3, »Schnellstart-Tutorial«.

Nach und nach wurden weitere Datenbankmodelle entwickelt, um verschiedenen Anforderungen Rechnung zu tragen. So ist zum Beispiel das objektorientierte Datenbankmodell die Reaktion auf neue Errungenschaften in der modernen Softwareentwicklung, in der das objektorientierte Programmierparadigma Einzug gehalten hatte. *Objektorientierte Datenbanken* übernehmen Konzepte wie Objekte, Klassen, Vererbung und Kapselung und ermöglichen die direkte Zusammenarbeit mit objektorientierten Programmiersprachen, da die von Programmen erzeugten Objekte direkt in der Datenbank abgelegt werden können. Diese Art von Datenbankmanagementsystemen konnte sich jedoch nie wirklich durchsetzen und hat nur in Nischen Anwendung gefunden.

Zwischen dem relationalen Datenbankmodell und dem objektorientierten Datenbankmodell gibt es noch eine Hybridform – das *objektrelationale Datenbankmodell*. Dabei handelt es sich um relationale Datenbanksysteme, die um bestimmte Fähigkeiten erweitert wurden, die dem objektorientierten Paradigma entlehnt sind. Zu den Vorteilen dieses Modells zählt vor allem die Möglichkeit, benutzerdefinierte Datentypen anzulegen und Eigenschaften von Datensätzen weiter zu vererben. Dadurch ist das Datenmodell selbst sehr flexibel, und bestehende Datenstrukturen können wiederverwendet werden. Die Daten selbst sind jedoch weiterhin in relationalen Tabellen und nicht als eigene Objekte in der Datenbank gespeichert. Dieses Modell hat sich jedoch kaum etabliert.

Es gibt noch eine Vielzahl weiterer Datenbankmodelle, die für aktuelle Systeme im Einsatz sind. Dazu zählen zum Beispiel *XML-Datenbanken*, die Daten als XML-Dokumente abspeichern. Eine weitere aktuelle Entwicklung sind sogenannte *NoSQL-Datenbanken*, welche Daten nicht ausschließlich relational in fest vorgegebenen *Tabellenschemas* ablegen und auch nicht ausschließlich auf SQL, sondern auf anderen Beschreibungssprachen basieren. Es gibt noch weitere Differenzierungen, die nicht nach dem eingesetzten Modell, sondern nach dem Einsatzzweck der Datenbanken vorgenommen werden. Dazu zählen beispielsweise *deduktive Datenbanken*, die durch das Ableiten von Regeln neues Wissen aus vorhandenen Daten generieren können, *mobile Datenbanken*, die speziell für tragbare Endgeräte geeignet sind, und verteilte Datenbanken. All diese Entwicklungen sind für spezielle Einsatzszenarien angepasst und verfügen ebenfalls über eigene Modelle.

1.1.3 Vorteile

Doch wozu benötigt man überhaupt Datenbanken? Könnten Daten nicht einfach in Dateien oder Tabellen abgespeichert werden, schließlich ist ein Datenbankmanagementsystem doch auch nur eine Schnittstelle zu Dateien, denn die Datenbank selbst ist auch auf der Festplatte – wie alles dort – in Dateien gespeichert. Der Gedanke klingt zunächst vielleicht plausibel. Angenommen, Sie sind in einem Verein für die Mitgliederverwaltung zuständig. Für jedes Mitglied erfassen sie den Namen und die Adresse, das Geburtsdatum und weitere persönliche Details. Das ist auch bei vielen Mitgliedern kein Problem, denn schließlich müssen die Daten auf jeden Fall mindestens einmal erfasst werden. Die Daten von neuen Vereinskollegen fügen Sie einfach am Ende der Datei hinzu, die Angaben zu ausgetretenen Mitgliedern löschen Sie, und Änderungen bearbeiten Sie sowieso direkt in der Datei.

Stellen Sie sich nun vor, dass in der Vereinssitzung beschlossen wird, zukünftig beim monatlichen Vereinstreffen jenen Mitgliedern ein Ständchen zu singen, die im laufenden Monat Geburtstag gefeiert haben. Dazu bittet Sie der Vorstand um eine Liste. Als vereinsinterner Datenadministrator suchen Sie nun monatlich all jene Kollegen in Ihrer Datei, deren Geburtsmonat in den vorgegebenen Zeitraum passt und kopieren jene Zeilen der Datei in eine neue Datei. Das Schöne an dieser Methode ist, dass Sie jede dieser monatlichen Dateien im nächsten Jahr wieder verwenden können, wenn Sie die Liste immer aktuell gehalten haben. Ihre Methode ist effektiv, aber nicht effizient, da dadurch Daten doppelt – man sagt auch *redundant* – abgelegt werden. Nämlich einmal in der ursprünglichen Gesamtliste und ein weiteres Mal in den monatlichen Änderungen. Obwohl Festplattenspeicher gegenwärtig sehr günstig zu haben ist, ist das doppelte Ablegen von Daten jeglicher Art ein großes Problem, da dies zu Inkonsistenzen führen kann. Wann immer sich ein Datensatz in einer Datei ändert, müssen diese Änderungen in alle anderen Kopien nachgezogen werden, wodurch der Aufwand weiter vergrößert wird. Zusätzlich ist diese Methode äußerst fehleranfällig, da nun mehrere Dateien in der exakt gleichen Art und Weise aktualisiert werden müssen.

Dasselbe Problem tritt immer dann auf, wenn nicht nur eine Liste von allen Mitgliedern in der gegebenen Reihenfolge benötigt wird, sondern eine aufbereitete Darstellungsform der vorhandenen Daten. Selbst bei sehr einfachen Aufgaben ist der Einsatz einer einfachen Datei völlig ungeeignet. Jede neue Sichtweise auf die Daten macht eine komplette Restrukturierung der vorhandenen Daten notwendig. Da stößt jeder noch so fleißige Verein bald an seine Grenzen.

Wenn Sie nun einwerfen, dass gängige Tabellenverarbeitungsprogramme genau für solche Aufgaben geeignet sind, haben Sie teilweise recht. Doch bei komplexeren Aufgaben, wie der Filterung nach speziellen Eigenschaften der Datensätze, Kombinationen aus unterschiedlichen Datenquellen und der Automatisierung von Routineaufgaben übersteigt der Aufwand, den die Wartung solcher Tabellen benötigt, bald deren Nutzen. Die meisten Tabellenverarbeitungsprogramme sind nicht oder nur sehr eingeschränkt mehrbenutzerfähig, weswegen Sie sich die Arbeit auch nur schwer mit Kollegen aufteilen können, ohne sich gegenseitig bei der Arbeit einzuschränken oder zu stören. Datenbanken dienen nicht nur zur Speicherung und Verarbeitung einfacher Listen und Tabellen. Es gibt eine Vielzahl weitaus komplexerer Anwendungsfälle, in denen solche einfachen Mechanismen nicht mehr ausreichen.

Auch im Internet spielen Datenbanken eine herausragende Rolle. Durch die weite Verbreitung dieses relativ jungen Mediums wurde die Datenbanktechnik letztendlich unersetzlich. Inzwischen kann mit Fug und Recht behauptet werden, dass Datenbanken das Rückgrat des World Wide Webs sind. Nicht nur, dass Datenbanken zur Namensauflösung im Domain Name System (DNS) eingesetzt werden, die für jede Browseranfrage benötigt wird, sondern sie sind auch im Hintergrund von dynamischen Webseiten im Einsatz. Ohne diese Technologie gäbe es keine personalisierten Webseiten, keine Onlineshops, keine Foren und Blogs und auch keine sozialen Netzwerke. Spätestens durch diese Entwicklung wird die Bedeutung moderner Datenbankmanagementsysteme offensichtlich.

Ganze Industrien und Wirtschaftszweige verlassen sich auf Datenbanken, die Anwendern auf Anfrage Informationen zur Verfügung stellen. Dazu zählen zum Beispiel sämtliche Onlineshops sowie praktisch alle Online-Reservierungssysteme, wie sie von Fluglinien und Reisebüros eingesetzt werden, als auch alle Webdienste, die ihren Usern dynamisch generierte Inhalte zur Verfügung stellen. Diese Inhalte sind in einer Datenbank gespeichert und werden je nach den Bedürfnissen der Anwender abgefragt und aufbereitet. Die Registrierung auf einer Webseite hat oftmals den Grund, dass das System Benutzer eindeutig erkennen und ihnen somit personalisierte Inhalte zur Verfügung stellen kann. Wenn Sie sich nun für Ihre Lieblingsseite registrieren, kann das System Ihnen genau jene Themen auf die Startseite des Webportals liefern, für die Sie sich brennend interessieren. Basierend auf statistischen Daten, die auch von anderen Usern gesammelt wurden, erfahren Sie beispielsweise auch von Themen, für die sich Menschen mit einem ähnlichen Profil ebenfalls interessiert haben. Die Daten dazu sind in Datenbanken gespeichert und jederzeit in beliebiger Kombination abrufbar. Genau *das* ist die Stärke von Datenbanksystemen.

Die digitale Datenverarbeitung durchdringt unser alltägliches Leben mehr, als uns bewusst ist, und Datenbanken stellen die Schlüsseltechnologie für all diese Errungenschaften und auch für die Schattenseiten der digitalen Datenspeicherung zur Verfügung. Der Grund für den Erfolg von Datenbanken ist schnell erklärt: Datenbanken verarbeiten Daten unglaublich schnell.

Zusammenfassung der Vorteile

- Datenbanken speichern Daten zuverlässig, schnell und systematisch und stellen diese in sehr hoher Geschwindigkeit wieder zur Verfügung, sofern das zugrunde liegende Datenmodell hinreichend optimiert ist.
- Der Zugriff auf verschiedenste Daten in relationalen Datenbanksystemen erfolgt aufgrund einheitlicher Standards. Die Abfragesprache SQL ermöglicht komplexe Abfragen von unterschiedlichsten Datenbeständen und hängt nicht von der Beschaffenheit der Daten, die gespeichert werden sollen, an sich ab.
- Zusätzlich erhöhen Datenbanksysteme die Flexibilität und die Möglichkeiten der Datenbearbeitung enorm. So können Datenbestände für die unterschiedlichsten Fragestellungen herangezogen werden, da sich die Daten nach Belieben kombinieren und weiterverarbeiten lassen.
- Aufgrund spezieller Datenstrukturen – den Indizes – erfolgt der Zugriff auf Daten im Normalfall außerordentlich schnell. Es gibt spezielle Suchalgorithmen für die unterschiedlichsten Aufgaben, und Datenbankmanagementsysteme lassen sich sehr vielseitig auf benötigte Anforderungen hin optimieren. Selbst Millionen von Einträgen können so in Sekundenbruchteilen durchsucht werden.
- Datenbanksysteme sind eine Möglichkeit zur Abstraktion. Der Anwender muss nicht über konkrete Interna Bescheid wissen, sondern er kann sich ganz auf die Logik der zu speichernden Daten konzentrieren. Der Datenbankadministrator legt das Design des Datenbankenschemas fest. Dadurch bestimmt er, wie die Tabellenstrukturen aussehen und die Beziehungen der Tabellen untereinander gestaltet sein müssen.

- Auch Programme können transparent auf Datenbanken zugreifen. Datenbanken bieten einheitliche Schnittstellen, mit deren Hilfe mit verschiedensten Programmiersprachen auf reichhaltige Datenschätze zugegriffen werden kann.

1.1.4 Einsatzgebiete

Im folgenden Abschnitt werden typische Einsatzgebiete von MySQL vorgestellt. Prinzipiell lässt sich sagen, dass es heute kaum mehr Bereiche gibt, in denen keine Datenbanken eingesetzt werden. Die Einsatzszenarien von Datenbankmanagementsystemen sind vielfältig, und Sie können MySQL in den unterschiedlichsten Szenarien erfolgreich verwenden.

Online Transaction Processing

Datenbanken dienen nicht nur der einfachen Speicherung von statischen Daten, sondern spielen ihre Stärken insbesondere bei sich häufig ändernden Daten aus, die nahezu in Echtzeit bereitgestellt werden müssen. Ein klassisches Beispiel dafür ist das weltumspannende Bankennetzwerk. Wann immer Sie Ihre Bankkarte einsetzen, um Geld abzuheben, damit im Internet einzukaufen oder elektronisch im Geschäft zu bezahlen, überprüft ein Datenbanksystem die Gültigkeit der Karte, die Kontostände und den Abhebungsrahmen und führt gegebenenfalls sofort die Abbuchung durch.

Für einen Buchungsvorgang sind mehrere Schritte notwendig: Zunächst muss geprüft werden, ob Sie berechtigt sind, mit dieser Karte Geld abzubuchen, und ob der eingegebene PIN-Code korrekt ist. Danach wird Ihr Kontostand um den Einkaufsbetrag verringert, und das Konto des Verkäufers wird um denselben Betrag erhöht. Diese Schritte werden zusammengefasst und als Transaktion bezeichnet. Nur wenn alle Zwischenschritte erfolgreich durchgeführt wurden, gilt die Transaktion an sich als erfolgreich. Die Überprüfung dieser Schritte erfolgt online – also prompt –, weswegen diese Art des Datenbankeinsatzes als Online-Transaction-Processing (OLTP) bezeichnet wird. Bei dieser Art von Transaktion kommt es neben der möglichst hohen Geschwindigkeit vor allem auf die Korrektheit und die Sicherheit der Daten an, damit ihr Geld weder verschwinden noch sich ohne Grund vermehren kann. Diese Art der Datenverarbeitung ist weit verbreitet.

Online Analytical Processing

Im Gegensatz zum bereits genannten OLTP hat das *Online Analytical Processing* (OLAP) die Datenanalyse und Auswertung zum Ziel. Wenn Sie im Supermarkt einkaufen, werden ebenfalls mehrere datenbankgestützte Aufgaben durchgeführt. Zum einen wird der Lagerbestand für jedes von Ihnen gekaufte Produkt angepasst, zum anderen werden die Umsätze in der Buchhaltung automatisch erfasst. Außerdem weiß Ihr Supermarkt nun, welche Produkte Sie besonders gerne gemeinsam einkaufen (beispielsweise Chips und Bier); und falls Sie eine Kundenkarte besitzen, kann das System gleich den Werbeflyer für den kommenden Monat zusammenstellen (auf dem Chips besonders günstig angepriesen werden, der erhöhte Bierpreis jedoch tunlichst nicht beworben wird).

Stellen Sie sich die vorher genannten Transaktionen eines Supermarkts vor. Bei einer großen Supermarktkette mit vielen Filialen in Ihrer Region fällt an einem vorweihnachtlichen Einkaufssamstag eine unglaubliche Menge an Daten an, die genauestens analysiert werden will, um das Kundenverhalten zu untersuchen. Dabei dienen die einzelnen Transaktionen als Grundlage für das Erstellen eines Gesamtbildes, um so vorherrschende Trends in der Gesamtheit der Daten und der Veränderungen dieser Daten erkennen zu können. Anhand der gewonnenen Datensätze durch das OLAP können nun genaueste Analysen über umgesetzte Waren erstellt und dadurch zukünftige Budgets, die Warenhaltung und viele weitere wertvolle Daten mehr durchgeführt werden. Zusätzlich lassen sich so Trends erkennen, die vorher unbekannt waren. Dieses Anwendungsprinzip von Datenbanken ist somit ein wichtiges Werkzeug betrieblicher Informationssysteme, der sogenannten Business Intelligence.

Da sehr viele einzelne Datensätze zu aussagekräftigen Kennzahlen zusammengefasst werden müssen, kommen Aggregatfunktionen zum Einsatz. Diese verdichten große Mengen zusammengehörender Daten zu einer einzelnen Maßzahl, aufgrund deren Basis das Management eines Betriebs Entscheidungen treffen kann. MySQL unterstützt alle wichtigen Aggregatfunktionen, wie das Minimum/Maximum in einer Reihe von Werten, Summenbildung, Durchschnittswerte und viele statistische Funktionen.

Backend für Web-Auftritte

Der Großteil moderner Webseiten besteht nicht mehr aus handgeschriebenen HTML-Dateien, sondern aus *dynamisch generierten Inhalten*, die je nach Benutzeranfrage automatisch zu darstellbaren Webseiten zusammengefügt werden. Diese Inhalte werden in Datenbanken gespeichert und individuell abgerufen. Die Technik bietet enorme Vorteile gegenüber statischen Seiten, da die Inhalte von der Struktur getrennt gespeichert und somit in immer neuen Konstellationen wiederverwendet werden können.

Praktisch alle Onlineshops setzen Datenbanken ein, in denen Informationen über die zu verkaufenden Produkte gespeichert sind. Die Datensätze enthalten sämtliche Beschreibungen über das Produkt, den aktuellen Preis, den Lagerbestand und vieles mehr. Zusätzlich sind die Produkte in Kategorien eingeordnet. Verwendet ein potenzieller Kunde das vorgegebene Menü auf der Webseite, um den Warenkatalog zu durchstöbern, werden Anfragen an das Datenbankmanagementsystem gestellt. Typische Produktmenüs bilden meistens Produktkategorien ab, in denen ähnliche Produkte zusammengefasst sind. Anhand der aktuell gewählten Kategorie wird eine Anfrage an das DBMS gestellt, das daraufhin eine Liste von passenden Produkten zurückliefert. Das Webportal generiert anhand dieser Liste eine Ansicht von Produkten. Selbstverständlich können Kunden auch nach Begriffen oder konkreten Produkten suchen. Auch in diesem Fall beantwortet die Datenbank Anfragen und stellt dynamisch Ergebnismengen zusammen, die den Anforderungen des Kunden entsprechen.

Doch nicht nur für die Abfrage von Daten, die dann auf Webseiten dargestellt werden, kommen Datenbanken zum Einsatz. In den letzten Jahren hat sich vielerorts im Web auch eine soziale Komponente durchgesetzt, das sogenannte Web 2.0, das Anwender nicht nur zum Konsumenten, sondern auch zum Produzenten macht, indem User ihre Meinung zum Beispiel zu Produkten auf der Webseite hinterlassen können. In Form von Kommentaren oder Bewertungen können Benutzer eines Onlineshops ihre persönliche Erfahrung zu einem Produkt kundtun. Auch diese Information wird in der Datenbank gespeichert und mit dem Produkt, auf das sich die Meinung bezieht, verknüpft. All diese Informationen werden zusammen mit dem Kundenprofil, den Artikeln, für die er sich interessiert hat, den tatsächlichen Einkäufen und vorhandenen Rechnungen im Hintergrund von der Datenbank verwaltet und stehen so dem Anbieter zur Verfügung.

Nachrichtenportale funktionieren nach einem ähnlichen Prinzip. Die Inhalte der Meldungen sind in verschiedene Ressorts eingeteilt. Je nachdem, für welche Art von Informationen sich ein User interessiert, werden diese Meldungen unterschiedlich kombiniert und für den User aufbereitet. Ist der Anwender bei der Portalseite registriert, kann er direkt auf der Startseite mit jenen Meldungen begrüßt werden, die seinen Interessen entsprechen und zu seinem Nutzerprofil passen. Dasselbe gilt natürlich auch allgemein für *Blogs*, *Content-Management-Systeme*, *Foren* und dergleichen. Die Datenbank stellt die Inhalte dynamisch bereit.

Informationssysteme

Datenbanken sind besonders für eine Aufgabe geschaffen: das möglichst *schnelle* Auffinden von Informationen. Datensätze bestehen aus verschiedenen Datenfeldern mit verschiedenen Formaten und Eigenschaften. Zum Beispiel werden Zeitangaben in einem speziellen Datumstyp gespeichert. Solche und andere Eigenschaften können Datenbankmanagementsysteme ausnutzen, um besonders schnell nach diesen zu suchen. Dazu wird ein sogenannter Datenbankindex angelegt, der ähnlich wie das Stichwortverzeichnis in einem Buch dazu dient, Datensätze, die ein bestimmtes Kriterium erfüllen, besonders schnell aufzufinden. Das Besondere daran ist, dass dieser Index nicht zur Datenbasis selbst gehört, sondern losgelöst von dieser als eigenständiges *Nachschlagewerk* existiert.

Ein Telefonbuch ist beispielsweise ein Index von Personen und den Telefonnummern, unter denen diese Personen erreichbar sind. Wenn Sie einen Freund anrufen wollen, finden Sie dessen Nummer schnell, da die Namen alphabetisch geordnet sind. Sie schlagen das Telefonbuch in der Mitte auf und entscheiden, ob der Nachname alphabetisch vor oder nach der aufgeschlagenen Seite auffindbar sein muss. Sie nähern sich dem Namen an, indem sie den Teilbereich des Telefonbuchs erneut halbieren und so fortfahren, bis Sie den Namen ihres Freundes gefunden haben. Dieses Verfahren nennt sich binäre Suche, und wenn Sie sich nicht ungeschickt anstellen, sind Sie nach nur wenigen Schritten am Ziel angelangt.

Doch was, wenn Sie in Ihrer Jackentasche einen Zettel mit nur einer Telefonnummer finden und den dazugehörenden Namen herausfinden wollen, zum Beispiel von der Bekanntschaft von gestern Abend? Dann müssen Sie, da das Telefonbuch nach Namen sortiert ist, jede Seite und jeden Eintrag einzeln durchgehen und das kann sehr viel Zeit in Anspruch nehmen.

Eine Datenbank kann jedoch mehrere, verschiedene Indizes anlegen, zum Beispiel auch nach der Telefonnummer in aufsteigender Reihenfolge, und ist somit nach nur wenigen Schritten beim richtigen Namen angelangt. Vorausgesetzt, Sie haben die richtige Telefonnummer erhalten.

Das Suchen und Auffinden beschränkt sich jedoch nicht nur auf die textuelle Suche. Ein junges, jedoch sehr populäres Einsatzgebiet ist das Indizieren von Geo-Koordinaten, wie sie bei sämtlichen Kartografiesystemen zum Einsatz kommen. So lassen sich Orte von besonderem Interesse in der Nähe eines gegebenen Ausgangspunkts schnell auffinden, kürzeste Distanzen zwischen Städten berechnen und viele weitere Aufgaben lösen, die Sie davor bewahren, sich zu verlaufen. Weitere Informationen und Details finden Sie in Abschnitt 9.2.8, »GIS und raumbezogene Indizes«.

1.1.5 Anforderungen an ein Datenbankmanagementsystem

Wie Sie im vorigen Abschnitt über die Einsatzgebiete von Datenbanksystemen gelesen haben, müssen Datenbanksysteme eine Vielzahl von verschiedenen Aufgaben bewältigen. Um diesen Problemstellungen gerecht zu werden, gibt es Anforderungen an relationale Datenbankmanagementsysteme, die erfüllt werden müssen. Der Erfinder des relationalen Datenbankmodells – Edgar Codd – hat dreizehn Regeln definiert,[1] welche diese Anforderungen festlegen bzw. eine relationale Datenbank definieren. Die wichtigsten dieser Regeln werden im folgenden Abschnitt zusammengefasst. Es gilt zu beachten, dass diese Regeln ein ideales Datenbanksystem beschreiben. Kein DBMS kann all diese Regeln zu 100 % erfüllen.

Datenabstraktion

Der Hauptzweck von Datenbanken ist die Verwaltung von sehr vielen Daten. Diese müssen zuverlässig auf dem Dateisystem des *Datenbankservers* gespeichert werden und jederzeit abrufbar sein. Der Datenbankserver ist jener Rechner, auf dem die Software des Datenbankmanagementsystems läuft. Wie genau das System die Daten physisch auf das Speichermedium schreibt, wird durch das Datenbanksystem vor dem Benutzer verborgen (Regel 8), da er für die Verwaltung der Daten nicht wissen muss, wie das genau geschieht. Ein DBMS realisiert daher immer auch eine *Abstraktion*. Auch um den Zugriff auf die gespeicherten Daten oder die Erstellung eines Indexes, um Daten wiederzufinden, muss sich der Anwender nicht direkt kümmern, das übernimmt ebenfalls das Datenbanksystem.

Damit ein Datenbankmanagementsystem wie MySQL als relationales Datenbankmanagementsystem (RDBMS) bezeichnet werden kann, muss es alle internen Verwaltungsaufgaben mit den genannten relationalen Methoden ausführen können (Regel 0). Details zum relationalen Datenbankmodell erfahren Sie noch im Laufe der Einleitung. Der Anwender muss sich daher nur mit dem abstrakten Modell befassen.

Datenbanksysteme werden zur Lösung von realen Problemen eingesetzt. Dazu muss der Anwender ein solches Problem so beschreiben, dass es in ein Datenmodell übersetzt werden kann. Ein solches Modell beschreibt also einen konkreten Vorgang abstrakt, mithilfe einer definierten Beschreibungssprache. Wie diese Aufgabe dann intern vom Datenbanksystem umgesetzt wird, ist noch nicht festgelegt. Die *Repräsentation der Daten* ist auch davon unabhängig (Regel 9).

Als Modell dient bei MySQL das relationale Datenbankmodell, das die einzelnen Entitäten in tabellarische Schemas (Regel 1) zusammenfasst und diese untereinander in Beziehung setzt. Jede einzelne Zeile einer Tabelle muss dabei eindeutig identifizierbar sein (Regel 2), damit sie auch wieder aufgefunden werden kann. Jede Zeile besteht aus mindestens einer Spalte. Eine solche Spalte, die auch als Attribut bezeichnet wird, nimmt die Werte in sich auf. Kann für einen Eintrag in

1 Diese Regeln werden oft als die zwölf Regeln von Codd bezeichnet, da diese von 0 bis 12 nummeriert sind.

einer Zeile bzw. Spalte kein eindeutiger Wert angegeben werden, so kann diese Zelle der Tabelle in vielen Fällen leer gelassen werden. Dabei ist jedoch wichtig, dass dieser leere Wert (der als NULL bezeichnet wird), vom Datenbanksystem richtig interpretiert wird (Regel 3). Schließlich ist es ein großer Unterschied, ob ein Wert schlicht nicht bekannt ist, oder ob dieser fehlt.

Für das Einfügen, Löschen und Ändern der Datensätze muss ein relationales Datenbanksystem Funktionen zur Verfügung stellen (Regel 7), nur so können die Daten auch eingeben und verwaltet werden. Zudem muss das System auch verschiedene Operationen unterstützen, damit Sie mit den Daten auch arbeiten können. Diese Operationen sind mengenorientiert und basieren auf der relationalen Algebra. Sie werden diese in der Einführung noch kennenlernen. Die Eigenschaften des Datenbanksystems samt allen Tabellen werden im sogenannten Data Dictionary gespeichert (Regel 4), der selbst wiederum eine Tabelle ist. Für alle Interaktionen mit dem Datenbanksystem wird eine Abfragesprache, beispielsweise SQL, verwendet (Regel 5).

Datenintegrität

Die Tabellen und damit die Daten innerhalb einer Datenbank sind nicht für sich isoliert gespeichert, sondern stehen in Beziehungen zueinander. An diese Beziehungen können Bedingungen geknüpft sein, die jederzeit eingehalten werden müssen (Regeln 10, 11 und 12). Unter *Datenintegrität* versteht man, dass die Datenbasis sich jederzeit in einem korrekten, das heißt *konsistenten*, Zustand befindet. Die bekanntesten Integritätsbedingungen sind Fremdschlüsselbeziehungen. Trigger können ebenfalls dazu eingesetzt werden, solche Integritätsbedingungen einzuhalten. Auch diese Technologie lernen Sie in diesem Buch kennen (siehe Abschnitt 11.6).

Vermeidung von Redundanzen und Inkonsistenzen

In der Datenverarbeitung stellen Datensätze in doppelter und mehrfacher Ausführung ein großes Problem dar, da sie schnell zu einem *inkonsistenten Datenbestand* führen können. Sie sollten Sie daher im Allgemeinen vermeiden, da das Erhalten von mehreren Kopien desselben Objekts erstens eine Speicherplatzverschwendung darstellt und sich zweitens bei Aktualisierungen beinahe zwangsläufig Fehler einschleichen, deren Ursache im Nachhinein nicht mehr behoben werden können. Ein gutes *Datenbankdesign* vorausgesetzt, verfügen Datenbanksysteme über Mechanismen, um unnötige Mehrfachabspeicherungen und sich daraus ergebende Ungereimtheiten im Datenbestand zuverlässig zu vermeiden. Wie ein solides Datenbankenschema entworfen wird, wird in Abschnitt 2.4, »Datenbankdesign«, beschrieben.

Redundanzen lassen sich jedoch nicht immer vermeiden, insbesondere wenn es auf eine sehr hohe Anfrageleistung ankommt. Die Mehrfachabspeicherung erlaubt nämlich unter bestimmten Umständen eine deutliche Erhöhung der Abfragegeschwindigkeit. Daher handelt es sich immer um einen Tradeoff zwischen Effizienz und Geschwindigkeit der Anfragebeantwortung. Mehr dazu finden Sie in Kapitel 9, »Anfrageoptimierung«.

Paralleler Zugriff, Transaktionen und Mehrbenutzerbetrieb

Moderne Datenbanksysteme sind immer *Mehrbenutzersysteme*. Das bedeutet, dass mehrere Anfragen verschiedener Benutzer gleichzeitig verarbeitet werden können, ohne dass sich diese Datenbankabfragen gegenseitig stören. Das ist wichtig, da eine Datenbank oft eine Vielzahl von Anfragen *gleichzeitig* bearbeiten können muss und die Anwender nicht lange auf die Beantwortung ihrer Anfragen warten sollen.

Man stelle sich ein weltweites Banksystem vor, bei dem immer nur ein Kunde zu einem bestimmten Zeitpunkt Geld abheben kann. Wird Geld von einem Konto auf ein anderes transferiert, kann dieser Prozess nur entweder ganz oder gar nicht durchgeführt werden. Es darf keinen unvollständigen bzw. nicht abgeschlossenen Geldtransfer geben. Daher fasst man die dazu notwendigen Schritte in eine Reihenfolge von Einzelschritten zusammen, die als *Transaktion* bezeichnet wird. Die so zusammengefassten Operationen können nur entweder alle gemeinsam erfolgreich abgeschlossen werden, oder die Transaktion gilt als fehlgeschlagen. Innerhalb eines solchen Blocks von einzelnen Schreib- und Leseoperationen gilt daher das Prinzip alles oder nichts. Nur wenn alle Schritte für sich erfolgreich durchgeführt wurden, dürfen die Veränderungen am Datenbestand dauerhaft gespeichert werden. Damit durch *konkurrierende Schreibvorgänge* kein Durcheinander in der Datenbasis entsteht, arbeitet MySQL mit einem Sperrensystem, das in Abschnitt 5.3.3, »Lock-Management«, ausführlich vorgestellt wird.

Datensicherheit und Datenschutz

Eng mit der Parallelität eines Datenbanksystems ist auch die Anforderung der *Datensicherheit* verbunden. Da mehrere Personen dasselbe Datenbanksystem gleichzeitig verwenden können, ist die Behandlung von Benutzerrechten eine äußerst wichtige Anforderung an Datenbanksysteme. Nicht alle Benutzer dürfen auch alle Daten, die im System gespeichert sind, einsehen, denn sie gehören unterschiedlichen Nutzergruppen an. In einer Firma sind die Gehaltslisten zum Beispiel nur von der Personalabteilung einsehbar, nicht aber für die Lagerverwaltung. Diesen Nutzergruppen müssen Benutzerrechte zugewiesen werden können, die eine bestimmte Granularität aufweisen. In MySQL kann genau festgelegt werden, welcher Benutzer auf welche Datenbanken und Tabellen zugreifen kann und welche Operationen er auf diesen Daten ausführen darf.

In diesem Zusammenhang spricht man auch von verschiedenen Sichten (Views) (Regel 6) auf das System. Darunter versteht man, dass Daten je nach Anforderung unterschiedlich aufbereitet werden können, unter anderem auch anhand der gesetzten Benutzerrechte. Näheres dazu finden Sie in Kapitel 10, »Sicherheit«.

Backup und Recovery

Kein System ist fehlerfrei, und somit muss immer mit der Möglichkeit eines Systemcrashs gerechnet werden. Damit ein solcher Absturz der Datenbanksoftware nicht alle Daten *unwiederbringlich* vernichten kann, verfügen Datenbanksysteme über Schutzmechanismen, mit deren Hilfe zumindest der Großteil der gespeicherten Datensätze wiederhergestellt werden kann.

Die vorbeugende Variante wird als *Backup* bezeichnet. Ein Datenbankmanagementsystem muss die Möglichkeit bieten, regelmäßig Sicherungen aller Daten anlegen zu können und diese im Bedarfsfall auch wieder zurückspielen zu können. Wie Sie mit MySQL Backups anlegen und diese auch wieder herstellen können, ist in Abschnitt 7.4, »Richtig sichern – Backups und Strategien«, genau erklärt.

Tritt ein Systemfehler, ein Stromausfall oder ein Hardwaredefekt auf, so muss auch unter diesen Umständen die Konsistenz der Datenbasis gewahrt bleiben, denn auch nach einem Systemabsturz dürfen keine inkorrekten Daten in der Datenbank vorhanden sein. Stellen Sie sich vor, während einer Banküberweisung kommt es zu einem Stromausfall im Rechenzentrum und das zu überweisende Geld wäre im digitalen Nirvana verschwunden. Solche Szenarien müssen unter allen Umständen verhindert werden. Dazu bietet MySQL sogenannte *Recovery*-Verfahren, die anhand von Log-Dateien und Schnappschüssen den Zustand der Datenbank wiederherstellen können. Die Funktionsweise dieses datentechnischen Rettungsrings in Form von Backups erfahren Sie in Abschnitt 7.4 »Richtig sichern – Backups und Strategien«.

1.2 MySQL

MySQL ist ein relationales Datenbankmanagementsystem. Es handelt sich dabei nicht nur um irgendein Datenbanksystem unter vielen, sondern laut dem markigen Slogan der Unternehmenswebseite um »die populärste Open-Source-Datenbank der Welt«[2]. Ob MySQL wirklich so erfolgreich ist und was es so besonders macht, erfahren Sie in den folgenden Abschnitten.

Zuerst stellen wir die Features und Eigenschaften von MySQL vor. Danach werden die verschiedenen Versionen dieses relationalen Datenbanksystems und deren Vor- und Nachteile im Abschnitt 1.2.3, »Open Source und Lizenzen«, näher betrachtet. Im selben Abschnitt erfolgt auch ein kurzer Überblick über Open-Source-Software im Allgemeinen und das duale *Lizenzmodell* im Speziellen, da dies auch von MySQL eingesetzt wird. Den Abschluss des einleitenden Kapitels bildet die Geschichte über die Entstehung des Datenbanksystems.

1.2.1 Einleitung und Vorstellung

Das Datenbankmanagementsystem, um dessen Administration es in diesem Buch geht, trägt den offiziellen Namen *MySQL Community Server* und wird oft einfach als MySQL bezeichnet. Darunter versteht man die Open-Source-Version, die kostenlos von der Webseite des Herstellerunternehmens *Oracle* (früher MySQL AB) heruntergeladen werden kann. Innerhalb dieses Buches ist immer die MySQL Community Server Edition gemeint, wann immer von MySQL die Rede ist.

Der Name MySQL besteht aus dem Vornamen (My) der Tochter des Co-Gründers Monty Widenius und der Abkürzung SQL, die wenig überraschend für Structured Query Language steht. Die offizielle Aussprache von MySQL lautet übrigens »Mei Ess Kuh Ell«, und nicht »Mei-sikwel«, wie man aufgrund der offiziellen Aussprache des Standards SQL annehmen könnte. Das Maskottchen von MySQL – ein Delphin – hört auf den Namen *Sakila*.

Die Features von MySQL

Einer der Hauptvorteile von MySQL ist die einfache Bedienung des Systems. Wie Sie im Laufe dieses Buches noch sehen werden, ist MySQL verglichen mit Konkurrenzprodukten trotz seines großen Funktionsumfangs und trotz seiner Leistungsfähigkeit einfach zu erlernen. Zusätzlich werden Sie sehen, dass Sie schnell und unkompliziert Hilfestellungen zu Fragen finden werden, da MySQL erstens ein von der Community betreutes Open-Source-Projekt ist und zweitens auch von der Firma selbst sehr gut dokumentiert wird. In den meisten Fällen können Sie sich sicher sein, dass ein Problem, über das Sie eventuell gestolpert sind, bereits bekannt ist und eine Lösungsbeschreibung im Internet nur darauf wartet, von Ihnen entdeckt zu werden. Wie Sie MySQL innerhalb nur weniger Minuten herunterladen und installieren können, erfahren Sie in Abschnitt 3.3, »MySQL

2 *http://www.mysql.de/about/*

installieren«. Sie werden überrascht sein, wie schnell sie eine laufende Version von MySQL benutzen können.

MySQL ist ein äußerst vielseitiges und flexibles Datenbankmanagementsystem. Es wurde in den Sprachen *C* und *C++* geschrieben und ist daher auf fast allen gängigen Plattformen verfügbar, die einen C- beziehungsweise C++-Compiler zur Verfügung haben. Doch keine Angst, im Normalfall müssen Sie MySQL nicht selbst kompilieren. Für die am weitesten verbreiteten Betriebssysteme liegt die Software als vorkompilierte Binärdatei vor, die Sie nur noch herunterladen und installieren müssen. Details dazu erfahren Sie in Kapitel 6, »Manuelle Installation, Plugins und Upgrades«. Die Möglichkeit, MySQL sowohl auf einem Windows-PC als auch auf einem Mac sowie auf allen gängigen Serversystemen wie den meisten UNIX-Derivaten, zu denen auch GNU/Linux[3] zählt, zu installieren und einzusetzen, trägt zur großen Verbreitung von MySQL bei.

MySQL ist ein *Client-/Server-System*. Darunter versteht man ein Konzept der Arbeitsteilung von Computersystemen. Auf dem Server läuft MySQL als *Prozess* (Dämon), der auf Anfragen von Clients wartet. Auf den Clients selbst läuft keine Datenbank. Sie warten lediglich auf die Beantwortung ihrer Anfragen durch den Server und bearbeiten diese dann selbstständig weiter. Es ist die besondere Architektur von MySQL, die aus verschiedenen Schichten besteht, die für die hohe Flexibilität von MySQL und dessen vielseitige Anwendungsfälle verantwortlich ist. Details über die Bestandteile und deren Funktionsweise erfahren Sie in Kapitel 5, »Architektur«.

MySQL selbst ist nicht besonders anspruchsvoll, was seine Arbeitsumgebung angeht. Es lässt sich sogar auf älterer Hardware installieren und betreiben. Natürlich darf man sich keine Höchstleistungen auf einem veralteten System erwarten, doch die Anforderungen, die MySQL an ein System stellt, sind gering. So können Sie MySQL zum Beispiel in Embedded-Umgebungen mit wenig Rechenleistung genauso einsetzen wie in Großrechnern, wie sie etwa in Datawarehouse-Lösungen üblich sind, die sehr viel Rechenpower zur Verfügung stellen. MySQL ist auch in dieser Hinsicht äußerst flexibel und lässt sich sehr gut skalieren, es wächst mit seinen Anforderungen mit.

Doch MySQL ist nicht nur unterschiedlichen Einsatzgebieten gewachsen, sondern es bietet auch eine äußerst flexible Möglichkeit, Daten je nach Anforderungen unterschiedlich zu verwalten. MySQL speichert Ihre Daten mithilfe einer sogenannten *Storage-Engine*. Dabei handelt es sich um jene Softwaremodule, die sich um die konkrete Speicherung der Daten kümmern und viele weitere wichtige Eigenschaften festlegen. Je nachdem, welche konkreten Anforderungen Sie

3 Wird oft einfach auch als Linux bezeichnet.

an Ihre Datenbankanwendung haben, kann beispielsweise die Sicherheit Ihrer Daten einen höheren Stellenwert haben als die Geschwindigkeit, mit der Sie auf diese Daten zugreifen können. Dies können Sie durch die Wahl einer geeigneten Storage-Engine festlegen.

MySQL unterstützt verschiedene Storage-Engines, die Sie je nach vorliegendem Einsatzszenario auswählen können. Da MySQL einen modularen Aufbau verfolgt, können Sie für Ihre Daten unterschiedliche Storage-Engines wählen. Die verschiedenen Storage-Engines bieten unterschiedliche Funktionen. Sie können je nachdem, ob beispielsweise Geschwindigkeit oder Transaktionssicherheit für Sie wichtiger ist, entscheiden, welche Storage-Engine eingesetzt werden soll. Diese Wahl können Sie für jede Tabelle einzeln treffen, was eine Besonderheit von MySQL ausmacht. In Abschnitt 5.4 werden die einzelnen Storage-Engines, ihre Einsatzfelder sowie ihre Vor- und Nachteile ausführlich dargestellt und im Detail erklärt.

MySQL eignet sich sowohl für kleine, private Projekte, etwa um ihre persönlichen Daten zu verwalten, als auch für geschäftskritische Großprojekte, in denen es auf *Hochverfügbarkeit und Hochleistung* ankommt. MySQL ist der Motor vieler bekannter Firmenauftritte im Netz und als Datenspeicher, der mit einer unglaublichen Datenmenge fertig wird, äußerst erfolgreich im Einsatz. Hätten Sie gewusst, dass zum Beispiel eine der meistfrequentierten Webseiten der Welt, Wikipedia, auf MySQL setzt? Erreicht wird die außergewöhnliche Leistungsfähigkeit unter anderem durch *Indextechniken*, *Optimierungen* und *Replikation*. Datenbankindizes dienen dem schnellen Suchen und Sortieren der Datensätze. Optimierungen befassen sich mit der möglichst effizienten Abfrage der Ergebnismenge, und unter Replikation versteht man die mehrfache Datenabspeicherung zur Leistungs- und Sicherheitssteigerung eines Datenbanksystems auf mehreren Rechnern. Lassen Sie sich von diesen Begriffen nicht abschrecken! Sie werden darüber in Kapitel 8 noch ausführlich lesen.

MySQL kann in Kombination mit so gut wie allen aktuellen Programmiersprachen eingesetzt werden, egal ob C, C++, Java oder PHP. Somit ist es höchst komfortabel, das Datenbanksystem über Schnittstellen in Softwareprojekten zu nutzen. Die vielfältigen Funktionen, die in MySQL bereits integriert sind, können so oft vom Programmcode selbst auf das Datenbanksystem ausgelagert werden und Ihre Anwendungen erheblich beschleunigen. Wie Sie MySQL mit verschiedenen APIs und Programmiersprachen nutzen können, ist in Kapitel 12, »Softwareentwicklung mit MySQL« ausführlich erläutert.

Zusammenfassung

Hier noch einmal die Vorteile von MySQL im Überblick:

- einfach zu erlernen und zu bedienen
- flexibel und vielseitig
- skalier- und anpassbar
- hochleistungsfähig
- hochverfügbar
- stabil
- sicher
- einsatzerprobt
- Open Source
- günstig in der Anschaffung
- ständige Weiterentwicklung durch die Firma und die Community

1.2.2 Die Geschichte von MySQL

MySQL erblickte 1995 das Licht der Welt und wurde von den beiden Schweden David Axmark und Allan Larsson und dem Finnen Michael Widenius, nach dessen Tochter das System benannt ist, ins Leben gerufen.[4] In den 1980er Jahren arbeitete Wildenius bei einem schwedischen Telekommunikationsunternehmen und entwickelte dort ein Tool zur Kommunikation mit einem Datenbankenvorläufer (UNIREG). Dieses System sprach eine sogenannte ISAM-Speicher-Engine an, mit deren Hilfe sehr effizient auf in Dateien gespeicherte Informationen zugegriffen werden konnte. Etwa zur selben Zeit wurde SQL populär und es gab auch schon einige Datenbanksysteme, welche diese Sprache einsetzen. Eines dieser Systeme war *mSQL*, das jedoch noch keine ausgereiften Zugriffsstrukturen besaß. Die Idee von Wildenius war es, die Vorteile seines Systems (effizientes Auffinden von Datensätzen) mit der einfacheren Bedienung und der Flexibilität von mSQL zu verbinden.

Da sich beide Projekte aber aufgrund unterschiedlicher Entwicklungsstadien nicht so einfach kombinieren ließen, implementierte Wildenius kurzerhand ein eigenes System, das er aber zu mSQL kompatibel gestaltete. Dieses neue Projekt trug den Namen – Sie ahnen es bereits – MySQL. Durch die Ähnlichkeit der beiden Systeme waren zum einen Drittanbietertools verfügbar, außerdem wurde

4 *http://dev.mysql.com/doc/refman/5.6/en/history.html*

potenziellen Umsteigern der Wechsel zu MySQL erleichtert. Im Jahr 1995 war es so weit, das Unternehmen MySQL AB[5] wurde gegründet,[6] und im Jahr darauf erschien auch die erste (interne) Version der Software. Im Oktober 1996 erschien bereits die Version mit der Nummer 3.11.1 für das Betriebssystem Solaris, wenig später folgte die Version für Linux. Von da an ging die Entwicklung stetig voran und immer neue Features wurden hinzugefügt.

Da die Entwickler selbst viel mit Open-Source-Werkzeugen und -Programmen arbeiteten, hatten sie sich von Anfang an entschieden, MySQL ebenfalls unter dieses Paradigma zu stellen und jedermann frei und offen zur Verfügung zu stellen. Diese Entscheidung hat sicherlich – neben dem technischen Know-how – zum überwältigen Erfolg des Datenbankmanagementsystems beigetragen.

Doch die Entwickler sind sich einem weiteren Prinzip treu geblieben: MySQL sollte innerhalb von 15 Minuten nach dem Herunterladen installiert und einsatzbereit sein. Auch diese Vorgabe trägt mit Sicherheit zu der weiten Verbreitung von MySQL bei, da dieser Grundsatz bis heute gültig ist. Wie Sie im Installationskapitel sehen werden, haben Sie in wenigen Minuten ein lauffähiges System zur Hand, das Sie für die unterschiedlichsten Zwecke einsetzen können.

Inzwischen hat sich MySQL zu einem sehr ausgereiften System entwickelt, das über viele leistungsfähige Eigenschaften verfügt. Jeder Versionsschritt brachte neue Features mit sich, und inzwischen kann sich MySQL durchaus mit den großen, kommerziellen Datenbanksystemen messen – oft ist es der Konkurrenz auch haushoch überlegen. Aktuell trägt MySQL die Versionsnummer 5.6. Diese Version dient diesem Buch als Ausgangspunkt.

Auch die Sprache SQL selbst wird – wenn auch gemächlich – weiterentwickelt. Ursprünglich wurde SQL im Unternehmen IBM in den frühen 1970er Jahren entwickelt und reifte im Laufe der Jahre zu einem internationalen Standard heran. Die aktuelle Sprachversion, die auch MySQL einsetzt, lautet SQL3.

Die Übernahmen von Sun und Oracle

Ursprünglich wurde die Software vom Unternehmen MySQL AB entwickelt, welches von den drei Gründern Axmark, Widenius und Larsson ins Leben gerufen wurde. In den letzten Jahren ging immer wieder ein Rauschen durch den virtuellen Blätterwald, als Gerüchte über den möglichen Kauf von MySQL durch Sun Microsystems die Runde machten.

---

5 AB steht für Aktiebolag, die schwedische Form der Aktiengesellschaft.

6 *http://dev.mysql.com/tech-resources/interviews/david-axmark.html*

Diese Gerüchte bestätigten sich dann 2008, der Riese Sun schluckte MySQL AB.[7] Für eine Milliarde Dollar wollten die beiden Unternehmen symbiotisch fusionieren. Sun hatte bis dato keine eigene nennenswerte Datenbankanwendung in seinem Softwarestack, ist dafür aber mit seinen Frameworks und Programmen in großen Rechenzentren weit verbreitet. Diesen noch fehlenden Datenbankbereich könnte MySQL durch die Übernahme erschließen, so die Überlegung damals.

Die nächste Überraschung ließ nicht lange auf sich warten, denn im April 2008 kaufte einer der größten Datenbankhersteller der Welt – Oracle – den Serverspezialisten Sun,[8] und schluckte so MySQL gleich mit – als Beifang quasi. Bei Oracle hatte man bereits länger ein Auge auf das Open-Source-Projekt geworfen, denn schon vorher mischte der Datenbankengigant Oracle mit, als er 2005 einen Kooperationspartner von MySQL kaufte.[9]

Da Oracle selbst auf Datenbanken spezialisiert ist, war die Sorge groß, dass das Ende von MySQL nun endgültig gekommen wäre. Denn welcher Hersteller eines kommerziellen Produkts möchte nicht gerne die Konkurrenz loswerden, die ihr Produkt in einer ähnlichen Sparte kostenlos anbietet. Doch für Oracle bietet MySQL die Möglichkeit, sein Portfolio um ein weiteres Open-Source-Projekt zu erweitern, schließlich umfasst dieses schon – wie bereits erwähnt – InnoDB und auch Berkeley DB[10] sowie weitere Projekte. Bisher gibt es daher wenig Grund zur Sorge, denn inzwischen schreiben wir das Jahr 2011, und MySQL ist nach wie vor eines der beliebtesten Systeme und bei Weitem das erfolgreichste Datenbankprojekt im Open-Source-Sektor.

Versionen von MySQL

Die aktuelle Version von MySQL trägt die Versionsnummer 5.6. Wenn Sie auf der Downloadseite von MySQL den Community Server herunterladen möchten, sehen Sie, dass die Versionen noch genauer angegeben sind. Zum Zeitpunkt des Schreibens an diesem Buch war dies beispielsweise die Version 5.6.2[11]. Wie Sie sehen können, besteht das Versionierungschema von MySQL-Releases aus drei Zahlen und einem Suffix.

Die erste Ziffer bezeichnet die Hauptversion des Servers, sie wird nur dann erhöht, wenn sich das Dateiformat, also grundlegende Eigenschaften, wie Daten

7 *http://www.heise.de/open/artikel/Da-kommt-zusammen-was-zusammengehoert-221434.html*

8 *http://www.oracle.com/us/corporate/press/018363*

9 *http://www.oracle.com/innodb/index.html*

10 *http://www.oracle.com/sun/sun-faq.pdf*

11 Im Juli 2011 lag diese Version nur als Development-Version vor und war noch nicht als Release Candidate freigegeben.

abgespeichert werden, ändert. Die zweite Ziffer steht für den Release Level und steigt mit neu eingeführten Features an. Zusammengenommen mit der Hauptversion ergeben diese beiden Ziffern die Nummer der Release-Serie. Die dritte Ziffer kennzeichnet die Versionsnummer innerhalb einer Release-Serie und wird bei kleineren Änderungen hochgezählt.

Das Suffix kann entweder als Alpha, Beta oder RC angegeben werden und bezeichnet das Entwicklungsstadium der Software. Alpha-Versionen sind noch nicht ausgiebig getestet und noch offen für Änderungen, im Gegensatz dazu sind Beta-Versionen bereits vollständig getestet, und es werden keine Änderungen in der Feature-Liste mehr akzeptiert. Die höchste Entwicklungsstufe ist RC, der Release Candidate, und bezeichnet weitgehend stabile Versionen. Ist kein Suffix angegeben, dann handelt es sich bei der vorliegenden Version um ein stabiles Produktions-Release, das für den geschäftskritischen Einsatz empfohlen wird.

Zusätzlich dazu gibt es noch das sogenannte Developer Release, das die neuesten Features der aktuellen Entwicklungen beinhaltet. Diese Version ist im Allgemeinen nur für den Testbetrieb gedacht und um neue Funktionen testen zu können. Es wird nicht empfohlen, Development-Versionen in Produktivumgebungen einzusetzen. Da die aktuelle Version 5.6 von MySQL zum Zeitpunkt des Schreibens dieses Buches noch nicht als stabile Version verfügbar war, diente die Developer-Version dennoch als Grundlage für alle Beispiele, um alle Features der neuesten Entwicklungen vorstellen zu können.

1.2.3 Open Source und Lizenzen

MySQL ist eines der bekanntesten Open-Source-Softwareprojekte, doch was bedeutet das eigentlich?

Als Autor besitzt man an seinen Werken das Urheberrecht, welches das geistige Eigentum des Autors schützt. Das gilt für alle Werke, egal ob es sich bei einem Werk um einen Buchtext, wie diesen hier, um Musiknoten oder eben auch um Software handelt. Der Programmierer einer Software, oder eben auch ein ganzes Unternehmen, welches die Software entwickelt, ist der Urheber dieses Programms und hat damit das Recht, über die Verwendung seines Produkts zu bestimmen. Die Vergabe bestimmter Nutzungsrechte ist mithilfe von Lizenzen geregelt, die genau festlegen, welche Rechte ein Lizenznehmer einer Lizenz damit zugestanden bekommt. Der Lizenznehmer muss nicht per se für die Lizenz bezahlen, bei Open-Source-Projekten werden diese meist kostenfrei vergeben.

Man unterscheidet bei Software generell zwischen *Closed Source* und *Open Source*. Erstere wird auch als proprietäre Software bezeichnet, und man versteht darunter Programme, deren Quellcode nicht veröffentlicht wird. Solche Programme sind nicht notwendigerweise, aber meistens kostenpflichtig. Ein Lizenznehmer hat in diesem Fall keine Möglichkeit, die Funktionsweise eines Programms genau zu studieren und gegebenenfalls an seine Bedürfnisse anzupassen. Diese Einschränkung ist nicht nur technischer Natur, schließlich können die meisten Programme dekompiliert werden, sondern oftmals ist es laut Lizenzvertrag sogar ausdrücklich verboten.

Das Gegenteil davon ist Open-Source-Software, die – wie der Name schon andeutet – unter einer Lizenz steht, bei welcher der Quellcode offen, das heißt lesbar zur Verfügung steht. Open-Source-Software wird im Deutschen auch als freie Software bezeichnet, wobei die Betonung auf der Freiheit der Lizenznehmer liegt und nicht auf dem Preis. Es gibt eine Vielzahl verschiedener Lizenzmodelle im Bereich der freien Software, die das Wort Freiheit oftmals unterschiedlich auslegen oder betonen. Eine der am weitesten verbreiteten und auch wichtigsten Open-Source-Lizenzen ist die GNU General Public License, unter der auch MySQL in der Community-Version vertrieben wird. Daher wird dieses Modell im nächsten Abschnitt genauer vorgestellt, da es für Sie wichtig ist, um sich für die richtige Version von MySQL zu entscheiden und zu evaluieren, welches Lizenzmodell für Ihre Projekte das richtige ist.

GNU General Public License

Die GNU General Public License wird auch als GPL bezeichnet und ist ein Lizenzmodell für freie Software. Das GNU in diesem Namen steht für »Gnu is not Unix« und es handelt sich dabei um ein rekursives Akronym, da der Buchstabe G selbst wiederum für GNU steht. Das GNU-Projekt wurde Anfang der 1980er Jahre gegründet und hat bis heute zum Ziel, die Zusammenarbeit von Programmierern und Kreativen weiter zu fördern und deren Werke unter eine offene Lizenz und somit der Allgemeinheit zur Verfügung zu stellen, ohne den Urheber seiner Rechte zu berauben. Der Initiator dieses Lizenz-Projekts war Richard Stallman, der die gemeinnützige Free Software Foundation (FSF) gegründet hat, die sich zum Ziel gesetzt hat, freie Software zu fördern.

Neben dieser Stiftung existieren noch weitere Interessensgemeinschaften, wie beispielsweise die Open Source Initiative, welche Ende der 1990er Jahre von Eric Raymond ins Leben gerufen wurde, um den Gedanken frei verfügbarer Software besser zu vermarkten. Der Hintergrund ist, dass das Wort »free« im Englischen nicht nur »Freiheit«, sondern auch »kostenlos« bedeutet. Da aber Open-Source-Produkte nicht zwangsläufig kostenlos sein müssen, ist der Begriff der Free Software teilweise irreführend und für Unternehmen eventuell abschreckend.

Die Verbreitung des Quellcodes einer Software bietet viele Vorteile. Obwohl-Open Source-Software auch kommerziell vertrieben werden kann, ist das meistens nicht der Fall. Die Software ist überwiegend auch kostenlos verfügbar und kann somit risikolos ausprobiert und getestet werden. Erweist sich ein Projekt als erfolgreich und nützlich, wächst der Nutzerkreis und zieht dadurch auch immer mehr Entwickler an, die das Projekt mit ihrer Mitarbeit weiter vorantreiben und somit verbessern. Der Quellcode ist für jedermann verfügbar und darf ausdrücklich nach Belieben angepasst und verändert werden, solange die Referenz auf den Urheber und die eingesetzte Lizenz erhalten bleibt. Durch diese Veränderungen erweitert sich oftmals der Funktionsumfang und somit wächst der Anwenderkreis erneut, wodurch die Software selbst vielseitiger werden kann.

Auch beugt die internationale Zusammenarbeit von Entwicklern mit unterschiedlichen technischen Hintergründen der Betriebsblindheit vor, da durch die Arbeitsteilung komplexe Abläufe aus verschiedensten Blickwinkeln betrachtet werden. Das führt dazu, dass im Allgemeinen Bugs sehr schnell entdeckt und auch behoben werden, da der Quellcode von vielen unabhängigen Entwicklern eingesehen wird. Diese Unabhängigkeit wirkt sich außerdem auch auf die Sicherheit der Software aus, denn die Entwickler kontrollieren sich zwangsläufig gegenseitig.

Das duale Lizenzmodell

Wie bereits eingangs erwähnt wurde, wird das Datenbanksystem MySQL unter zwei verschiedenen Lizenzen angeboten. Je nachdem, welche Anforderungen Sie an MySQL haben, müssen Sie sich für die kostenlose Community Edition von MySQL oder die kommerzielle Variante MySQL entscheiden.

Da die Open-Source-Version von MySQL unter der GPL-Lizenz steht, müssen Sie, falls Sie selbst ein Softwareprojekt entwickeln, welches auf MySQL aufbaut, dieses wiederum unter die GPL stellen. Das bedeutet, dass auch der von Ihnen entwickelte Code öffentlich und frei zugänglich sein muss. Falls Sie Ihren Code jedoch nicht der Allgemeinheit zur Verfügung stellen wollen und Sie trotzdem MySQL in Ihr Softwareprojekt integrieren wollen oder müssen, dann ist die kommerzielle Variante die richtige Version für Sie. Diese Version steht nicht mehr unter der GPL und zwingt Sie daher auch nicht, den Quellcode Ihrer Anwendung ebenfalls unter die GPL zu stellen. Zusätzlich sind Support-Pakete inkludiert, durch die Sie professionelle Unterstützung und weitere Vorteile von Oracle erhalten.

Durch die Übernahme von Oracle wurde das kommerzielle Lizenzmodell vereinheitlicht und vereinfacht.[12] Nach wie vor gibt es von der kommerziellen Version

12 *http://blogs.oracle.com/mysql/2010/11/get_the_facts_mysql_licensing_and_pricing.html*

die Varianten MySQL Standard Edition[13] sowie die MySQL Enterprise Edition[14]. Diese beiden Produkte unterscheiden sich im Umfang der mitgelieferten Tools zur Überwachung und zur Analyse Ihrer MySQL-Installationen. Zusätzlich dazu wird noch MySQL Cluster[15] angeboten, das sich an kommerzielle Anbieter mit Bedarf an verteilten Datenbanken und mit der Anforderung an Hochverfügbarkeit und Hochgeschwindigkeit richtet. Eine allgemeine Übersicht über die kommerziellen Produkte finden Sie auf der MySQL-Homepage.[16]

Gemeinsam ist allen drei kommerziellen Versionen von MySQL, dass seit der Übernahme durch Oracle nun alle Versionen für den kommerziellen Einsatz ein umfangreicheres Supportpaket beinhalten und diese Angebote vereinheitlicht wurden. Die Preise werden pro Jahr und pro Server berechnet, wobei die Preise zusätzlich nach der Anzahl der CPUs pro Server gestaffelt sind. Ab vier CPUs pro Server erhöht sich der Preis. Ob Ihre CPU mehrere Kerne enthält ist dabei unerheblich, für MySQL zählen die Sockel, nicht die Anzahl der Kerne.

Falls Ihr Projekt weder kommerziell ist noch unter der GPL, sondern unter einer anderen Free and Open Source Lizenz steht, können Sie MySQL Client Libraries unter bestimmten Voraussetzungen trotzdem einsetzen. Da die MySQL Client Libraries selbst unter der GPL stehen, dürften Sie diese nicht einsetzen, ohne Ihre eigene Software ebenfalls unter die GPL zu stellen. Die sogenannte FOSS License Exception[17] ist eine Ausnahme, die es Ihnen erlaubt, die Client Libraries zu verwenden, auch wenn Ihre Software unter einer Lizenz steht, die nicht kompatibel zur GPL sein sollte. Eine Liste der erlaubten Lizenzen finden Sie ebenfalls unter dem oben genannten Link.

1.3 Zusammenfassung

In dieser Einführung haben sie die Grundlagen von Datenbanksystemen und deren Entwicklung kennengelernt. Im Laufe der rasanten Entwicklung der Datenbanktechnologie, kamen verschiedene Datenmodelle zum Einsatz, die sich mehr oder weniger bewährt haben. Das relationale Datenbankmodell konnte sich aufgrund seiner praktischen Eigenschaften weitgehend durchsetzen. Details über dieses Modell erfahren Sie im nächsten Kapitel.

13 *http://www.mysql.com/products/standard/*

14 *http://www.mysql.com/products/enterprise/*

15 *http://www.mysql.com/products/cluster/*

16 *http://www.mysql.com/products/*

17 *http://www.mysql.de/about/legal/licensing/foss-exception/*

Für Datenbanksysteme gibt es eine Vielzahl von Einsatzszenarien, die kurz vorgestellt wurden. MySQL ist für alle diese Aufgaben sehr gut geeignet, da es ein sehr vielseitiges relationales Datenbankmanagementsystem ist. Im restlichen Kapitel haben Sie über die Entstehungsgeschichte von MySQL gelesen und eine Einführung in die Welt der Open-Source-Software erhalten. Im folgenden Kapitel geht es nun mit dem Schnellstart-Tutorial weiter, in dem Sie »hands on« mit MySQL arbeiten werden.

Dieses Kapitel behandelt die Grundlagen der Datenbankmodellierung. Sie lernen, wie Sie jene Anforderungen, die Sie an Ihre Datenbankanwendung stellen, identifizieren, abstrahieren und sowohl im Modell als auch in der Datenbank umsetzen können.

2 Datenbankmodellierung

Am Anfang einer jeden Datenbankanwendung steht immer der Entwurf des zugrunde liegenden Datenbankmodells. In diesem Kapitel lernen Sie die notwendigen Schritte kennen, mit denen Sie ein Konzept in ein passendes Datenbankmodell umsetzen können. Sie werden anhand eines praktischen Anwendungsbeispiels sehen, wie Sie die notwendigen Phasen erfolgreich durchlaufen, und so alle Aspekte, von den Vorüberlegungen bis hin zum konkreten Datenbankenschema in MySQL, nachvollziehen können.

2.1 Einführung in den Datenbankentwurf

Datenbanken werden zur Lösung und Unterstützung von vielschichtigen Aufgaben und Problemen eingesetzt. Überall dort, wo viele Daten anfallen, die geordnet und strukturiert aufbewahrt und zuverlässig verfügbar sein müssen, werden diese Systeme eingesetzt. Denken Sie beispielsweise an die Personalverwaltung, die Buchhaltung oder auch an die Lagerlogistik. Datenbanken sind dazu gedacht, Vorgänge der realen Welt in einem Schema abzubilden, mithilfe dessen bestimmte Aufgaben umgesetzt werden können. MySQL ist ein sogenanntes relationales Datenbanksystem, für das bestimmte Anforderungen gelten, wie sie in Kapitel 5, »Architektur«, ausführlich dargestellt werden. Sofern es nicht anders betont wird, handelt es sich auch bei allgemeinen Beschreibungen immer um diesen Datenbankentyp.

Damit Datenbanken der Aufgabe der Abbildung gerecht werden, müssen kleine Ausschnitte der Umwelt *abstrahiert* und in eine einheitliche Darstellungsform umgewandelt werden. Unter diesem Vorgang der *Abstraktion* versteht man das Modellieren eines Prozesses der realen Welt mithilfe eines Datenbankenmodells. Ein solcher Ausschnitt der Umwelt kann beispielsweise die Adress- und Mitgliedsverwaltung eines Vereins, das Management eines Unternehmens oder das

Betreiben eines Newsportals im Web sein. Der Datenbankentwurf beschäftigt sich also mit der Frage, wie ein Ausschnitt der Wirklichkeit in einer Datenbank abgebildet werden kann.

Die Schwierigkeit der Abstraktion besteht darin, alle relevanten Eigenschaften, die einen bestimmten Ausschnitt der Wirklichkeit ausmachen, zu identifizieren und in ein konzeptionelles Schema zu übertragen. Wie der Name andeutet, beschreibt ein konzeptionelles Schema die zugrunde liegende Idee, nicht jedoch die konkrete Ausprägung eines Objekts der realen Welt. Abstraktion ist daher immer eine Verallgemeinerung und dient der Vereinfachung komplexer Sachverhalte. Der Datenbankentwurf besteht aus mehreren Phasen, die für die Modellierung notwendig sind. Diese werden nun vorgestellt.

2.1.1 Anforderungsanalyse

Die Grundlage eines soliden *Modellentwurfs* ist es, die Anforderungen und den eigentlichen Sinn und Zweck des Einsatzes eines Datenbankmanagementsystems zu analysieren und sich klar zu machen, welche Aspekte eines Ausschnitts der realen Welt überhaupt abgebildet werden müssen, also welche Ausschnitte relevant für die Modellierung in einer Datenbank sind. Oftmals sind diese Abbildungen Geschäftsprozesse eines Unternehmens, die abstrahiert werden sollen. Diese Geschäftsprozesse werden in den allermeisten Fällen durch eine Software abgebildet, die den Benutzer bei seiner täglichen Arbeit unterstützt.

Die Datenbank selbst ist Teil dieses Softwaresystems und speichert die abstrahierten Objekte der abgebildeten Modellwelt ab. Unter Objekten versteht man in diesem Kontext jene Gegenstände oder Sachverhalte, die durch den Vorgang der Abstraktion mittels einer allgemeineren Beschreibung im Datenbanksystem gespeichert werden sollen. Diese Objekte sind für die Software dauerhaft verfügbar. Die Software bzw. der Anwender können neue Objekte anlegen, vorhandene verändern und nicht mehr benötigte Daten aus der Datenbank löschen. Damit diese Objekte adäquat umgesetzt werden können, müssen diese vom Benutzer bzw. von den Softwareentwicklern in einer Art und Weise beschrieben werden, die vom Datenbankmanagementsystem verstanden wird.

Zuallererst müssen Sie daher, gemeinsam mit Ihren Mitarbeitern und Kollegen Informationen sammeln, welche Anforderungen genau von Ihrem Datenbankmanagementsystem umgesetzt werden müssen. Innerhalb dieses Prozesses erstellen Sie ein strukturiertes Dokument, in dem Sie alle Funktionen und Methoden festhalten, die von Ihrem System bereitgestellt werden sollen. Wichtig ist hierbei, dass all die Punkte, die Sie sich notieren, nachvollziehbar und vollständig sind. Ob Sie dabei spezielle Tools, Mindmaps, Karteikarten oder ein gewöhnliches Word-Dokument einsetzen, bleibt ganz allein Ihnen überlassen, solange Sie alle Aspekte sorgfältig spezifizieren.

Wenn Sie sich an das sehr einfach gehaltene Motivationsbeispiel aus dem ersten Kapitel erinnern, dann muss ein Datenbanksystem die Anforderungen der Vereinsverwaltung unterstützen. Dazu müssen die notwendigen Objekte abstrahiert werden. In dem Beispiel handelt es sich bei diesen Objekten um die Daten der Vereinsmitglieder. Die Datensätze müssen, neben weiteren Informationen, mindestens den Namen und das Geburtsdatum der Mitglieder abbilden können. Des Weiteren muss das System grundlegende Funktionen wie das Einfügen, Bearbeiten und Löschen von Mitgliedsdaten beherrschen.

Die Beschreibung dieser und weiterer Anforderungen kann rein textuell, auch ohne Formalismus erfolgen. Wichtig ist nur, dass Sie all jene Informationen festhalten, die Ihr Datenbanksystem später aufnehmen und verarbeiten soll. Um diesen Vorgang an einem etwas komplexeren Beispiel zu demonstrieren, wird im späteren Teil dieses Kapitels das Szenario einer Flughafenverwaltung vorgestellt, anhand dessen Sie diesen Vorgang nachverfolgen können.

2.1.2 Konzeptioneller Datenbankentwurf

Der nächste Schritt der Datenbankmodellierung ist der *konzeptionelle Datenbankentwurf*. Ziel dieser Phase ist es, die während der Anforderungsanalyse gewonnenen Erkenntnisse unabhängig von der konkreten Implementierung in einem Datenbankentwurf darstellen zu können. Die im vorherigen Schritt gewonnenen Informationen über die gewünschten Fähigkeiten des Datenbanksystems werden im konzeptionellen Entwurf oder Design mithilfe eines Modells genauer beschrieben und in einer unmissverständlichen Form spezifiziert. Auch hier ist die eigentliche Wahl des Datenbanksystems, das letztendlich zum Einsatz kommen wird, noch irrelevant, da ein solches Modell unabhängig von der konkreten Umsetzung ist. In diesem Schritt übersetzen Sie die in der Anforderungsanalyse erstellte Liste von Aufgaben und Fähigkeiten, die Ihr Datenbankmanagementsystem umsetzen muss, in ein standardisiertes Datenbankmodell.

Damit die Beschreibung der gewonnenen Anforderungen einheitlich erfolgen kann, werden unterschiedliche Modellierungsverfahren eingesetzt. Diese Verfahren erlauben eine genauere Beschreibung der mithilfe des Datenbanksystems zu lösenden Aufgaben. Das bekannteste dieser Modelle ist sicherlich das *Entity-Relationship-Modell* (ER-Modell), das im Laufe des Kapitels noch detailliert beschrieben wird.

Sprechende Namen

Wenn Sie während des Modellentwurfs beginnen, Ihre Entitäten und deren Eigenschaften festzulegen, sollten Sie bereits hier »sprechende Namen« für alle Bezeichner wählen. Das bedeutet, dass andere Mitarbeiter und Kollegen bereits am Namen einer Datenbank bzw. an den Bezeichnern einer Tabelle, einer Funktion oder Variablen erkennen können sollen, was das betreffende Objekt für eine Funktion erfüllt. Vermeiden Sie auf jeden Fall nichtssagende Bezeichnungen wie »tabelle1« oder »testDB«, denn Sie werden in wenigen Wochen nicht mehr wissen, was die betreffende Tabelle bzw. Datenbank ursprünglich bezwecken sollte. Wählen Sie daher aussagekräftige Bezeichner, auch wenn das eventuell mehr Schreibarbeit bedeutet.

Entscheiden Sie sich außerdem, ob Sie für Ihre Bezeichner und Kommentare die englische oder deutsche Sprache wählen möchten. Mischen Sie aber keine Sprachen, denn das führt zu Missverständnissen und ist verwirrend. Apropos Kommentare: Verwenden Sie Kommentare so oft und ausführlich wie möglich!

2.1.3 Logischer Datenbankentwurf

Ist das grundlegende Modell aus dem konzeptionellen Entwurf fertiggestellt, dann folgt als nächste Phase der *logische Datenbankentwurf*. Darunter versteht man die Modellierung des zuvor entworfenen Schemas mithilfe jenes Datenbankmanagementsystems, das zum Einsatz kommen soll. In diesem Fall ist das hier MySQL als DBMS und SQL als Data Definition Language (DDL). Ab diesem Modellierungsschritt ist der Modellentwurf nicht mehr unabhängig von der konkreten Modellierung, da hier die Entscheidung für ein konkretes System – in diesem Fall MySQL – bereits gefallen ist. In dieser Entwurfsphase erfolgt auch die Umsetzung in das relationale Datenmodell, das Gegenstände aus der realen Welt in Tabellen und Beziehungen zwischen Tabellen, sogenannte Relationen, übersetzt. Hier erfolgt also die Übersetzung des unabhängigen ER-Modells in jene Sprache, die von MySQL verstanden werden kann. Dieser Transformationsschritt vom konzeptionellen Modell in das logische Modell kann entweder manuell oder automatisch durch Tools geschehen. In diesem Buch erfolgt diese Umwandlung manuell, damit wir auf die Feinheiten in diesem Schritt eingehen können. Mehr dazu erfahren Sie in Abschnitt 2.3, »Das relationale Datenbankmodell«.

2.1.4 Physischer Datenbankentwurf

In der vierten und letzten Phase des Datenbankentwurfs geht es um den *physischen Datenbankentwurf* und damit um die Art und Weise, wie die Daten konkret auf der Hardware des Datenbankservers durch das DBMS gespeichert werden. Diese Phase dient unter anderem der Performancesteigerung, indem die Besonderheiten von Daten- und Indexstrukturen sowie die Eigenheiten des Serverbetriebssystems und der Hardware analysiert und ausgenutzt werden, um die

Leistung zu erhöhen. Details zum Datenbanktuning finden Sie in Kapitel 9, »Anfrageoptimierung«.

2.1.5 Der Datenbankentwurf im Überblick

Die vier Phasen des Datenbankentwurfs lauten:

1. Anforderungsanalyse
2. konzeptioneller Entwurf
3. logischer Entwurf
4. physischer Entwurf

Diese vier Schritte müssen nicht streng nacheinander durchlaufen werden. Vielmehr handelt es sich dabei um ein *iteratives Vorgehensmodell*, bei dem Sie immer wieder in bereits durchlaufene Phasen zurückspringen und Ihr Modell weiter verfeinern können. Je weiter der Entwicklungsprozess jedoch fortgeschritten ist, desto aufwendiger werden diese Änderungen. Daher sollte jeder Phase besondere Aufmerksamkeit gewidmet werden, um zeit- und kostenintensive Überarbeitungen zu vermeiden. Natürlich müssen Sie insbesondere bei der Anforderungsanalyse und beim konzeptionellen Design intensive Rücksprache mit Ihrem Team halten, damit Sie alle Aspekte berücksichtigen können, die Ihnen selbst vielleicht verborgen sind. In Abbildung 2.1 sehen Sie diese vier Phasen schematisch dargestellt.

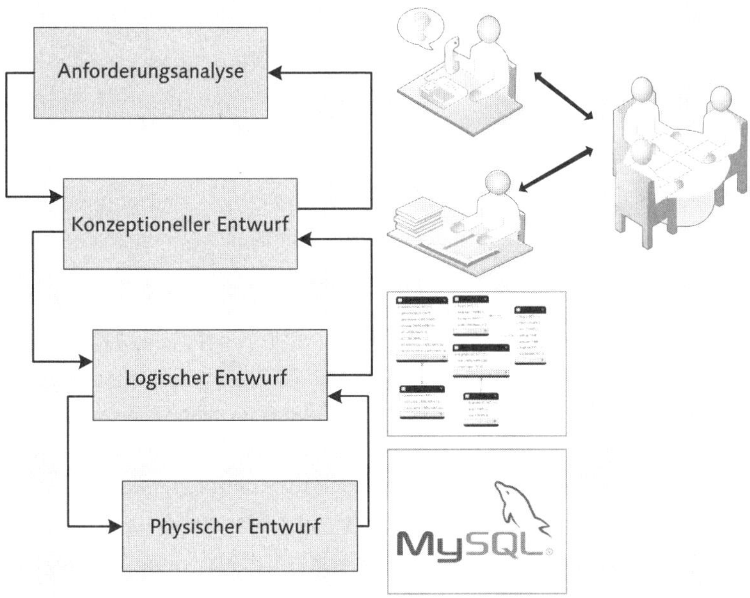

Abbildung 2.1 Die vier Entwurfsphasen

2.2 Ein konkretes Beispiel: Flughafenverwaltung

Um die Begriffe, die für das Verständnis und das Design von Datenbanken notwendig sind, besser erklären zu können, wird im Folgenden ein *praxisnahes Beispiel* herangezogen. Es dient dazu, die Fachtermini einzuführen und gleich anhand einer konkreten Problemstellung zu erklären. Als Beispiel wird uns die Verwaltung eines Flughafens mithilfe einer MySQL-Datenbank dienen. Im Laufe der folgenden Kapitel wird dieses Beispiel immer weiter ausgebaut und verfeinert.

Stellen Sie sich die Verwaltung eines großen internationalen Flughafens vor. Flughäfen sind die Drehscheiben des internationalen Personen- und Güterverkehrs und aus unserem Alltag nicht mehr wegzudenken. Es handelt sich dabei um ein komplexes Unternehmen, das verschiedenste Geschäftsregeln umsetzen muss, um erfolgreich und sicher wirtschaften zu können. Dazu gehören neben verschiedensten Geschäftsprozessen, wie der Verwaltung der Mitarbeiter, das Ticket- und Buchungssystem, die Protokollierung aller Starts und Landungen und vieles mehr, so auch sämtliche Informationsflüsse zwischen diesen Systemen. Um dieser Fülle an Informationen Herr zu werden, werden zu einem Großteil Datenbanksysteme eingesetzt, welche diese Daten in ihrem Datenbankenschema speichern. Dieses Datenbankenschema legt demnach die genaue Struktur fest, also welche Eigenschaften in welcher Form gespeichert werden und wie die verschiedenen Elemente eines Modells zueinander in Beziehung stehen.

Stellen Sie sich vor, in Ihrer Stadt wird ein neuer Flughafen gebaut. Er soll zukünftig als die zentrale Achse für den aufstrebenden Tourismus, die Geschäftswelt und für den Güterverkehr Ihrer Region dienen. Ein derart komplexes Unternehmen wie ein internationaler Flugplatz ist auf eine effiziente und leistungsfähige IT-Infrastruktur angewiesen, um den vielen Aufgaben gerecht zu werden. Sie als Datenbankdesigner und Datenbankadministrator in Personalunion werden mit der Umsetzung des Datenbanksystems für diesen Flughafen betraut. Sogleich machen Sie sich daran, die Anforderungen für eine Flughafenverwaltungs-Datenbank herauszuarbeiten. Der Flugplatz ist nicht nur wichtige Drehscheibe, sondern auch ein beliebter Arbeitgeber in der Region, der für viele Angestellte einen sicheren Arbeitsplatz bereitstellt. Ihr Design muss daher neben den Aspekten des Flugbetriebes auch die Anforderungen einer Personalverwaltung erfüllen, denn die Mitarbeiter sind verschiedenen Aufgaben wie Verwaltung, Bodenpersonal, Luftpersonal oder Sicherheitspersonal zugeordnet. Auch deren Daten sollen mit Ihrem Datenbanksystem verwaltet werden.

Für das Management der komplexen Abläufe an einem Flughafen müssen Sie selbstverständlich alle Bereiche abdecken, die mit dem Tagesgeschäft an sich –

den Flügen – zusammenhängen. Daher müssen nicht nur die Flüge, die den Flughafen anfliegen, sondern auch sämtliche startenden Maschinen erfasst werden. Doch damit nicht genug. Um die Start- und Landezeiten an den internationalen Flugverkehr anpassen und optimieren zu können, muss in Ihrer Datenbank ein vollständiger Flugplan vorhanden sein. Auch dieser wird mit Ihrem System verwaltet. Die Flüge werden ebenfalls mit der Datenbank verwaltet, indem jeweils eine eindeutige Flugnummer, Start- und Landeflughafen und weitere Details festgehalten werden.

An dem Flughafen operieren mehrere Fluglinien, die diesen Flugplatz als Heimatflughafen verwenden, von dem aus sie ihre Flüge abwickeln. Dazu gehört neben der Verwaltung der Fluglinien natürlich auch ein System für die Erfassung der Flotte jeder Fluglinie. Da Sie den lokalen Flugplatz auch im Internet präsentieren wollen, stellen Sie eine Webseite mit dynamischem Inhalt zur Verfügung, die nicht nur den Flugplatz selbst, sondern auch die einzelnen Flugzeuge der Fluglinien beschreibt.

Doch was wäre ein neuer Flughafen ohne Kunden? Daher müssen Sie alle Passagiere samt ihren Daten im System erfassen. Aus diesem Grund ist die Passagierliste ein weiteres zentrales Element für die Verwaltung des Flughafens mit dem Datenbanksystem. Schließlich werden hier sämtliche Daten der Passagiere – von Vorname bis E-Mail-Adresse – erfasst und geprüft.

Diese Passagiere können Flüge buchen, eine wichtige Funktion, die unbedingt von Ihrem System erfüllt werden muss. Auch hier müssen Sie viele Details berücksichtigen. Mehr dazu erfahren Sie, nachdem das relationale Datenbankenmodell vorgestellt wurde.

2.3 Das relationale Datenbankenmodell

Das *relationale Datenbankmodell* ist die theoretische Grundlage von sehr vielen aktuellen Datenbankmanagementsystemen, und es wird auch bei MySQL eingesetzt. Das relationale Datenbankmodell basiert auf der *relationalen Algebra*, die selbst wiederum auf der mathematisch exakt definierten *Mengentheorie* aufbaut. Das ist wichtig, denn durch das robuste mathematische Fundament lassen sich die Abfrageoperationen auf beweisbare Operationen der Mengenlehre zurückführen und liefern daher korrekte Ergebnisse. Da detaillierte Kenntnisse des mathematischen Formalismus jedoch nicht zwingend notwendig sind, um gute Datenbankdesigns zu entwickeln, greifen wir nun auf die anschaulichere Darstellung von Relationen als Tabellen zurück. Im Folgenden werden die Begriffe *Tabelle* und *Relation* daher synonym benutzt.

2.3.1 Tabellen, Spalten und Zeilen

Wie Sie bereits wissen, werden Gegenstände aus der realen Welt in Tabellen nachempfunden. So wie Sie zum Beispiel auch in den Tabellen eines Tabellenkalkulationsprogramms wie Microsoft Office Excel oder OpenOffice Calc zusammengehörige Datensätze erfassen, werden in einer Datenbank ebenfalls Daten in einer *Tabelle* zusammengefasst, die über gemeinsame Eigenschaften verfügen. Eine Tabelle stellt Daten, die in einem Zusammenhang stehen, zueinander in Beziehung – sie setzt sie in Relation zu einander. Eine Datenbank bündelt diese Tabellen zu einer Einheit, eine Tabelle kann nicht für sich alleine, ohne Datenbank existieren. Beachten Sie, dass der Begriff der Datenbank nicht gleichbedeutend mit dem Datenbankmanagementsystem MySQL ist, sondern ein Teil dessen.

Eine Tabelle ist eine zweidimensionale Datenstruktur, die aus Zeilen und Spalten besteht. Jede Tabelle hat einen eindeutigen Namen, den Bezeichner (engl. *Identifier*). Dieser Bezeichner wird allgemein auch *Tabellenname* genannt, und er muss innerhalb einer Datenbank eindeutig sein. Zwei Tabellen innerhalb ein und derselben Datenbank dürfen also keinen identischen Bezeichner haben. Eine Tabelle besteht aus mehreren Spalten, die selbst wiederum alle einen eigenen Bezeichner haben.

Passnummer	Vorname	Nachname	Geburtsdatum	Anschrift
P12345678	Ada	Betha	28.11.1984	Adresse 1
P12233445	Edgar	Zetmann	17.07.1982	Adresse 2
P11122233	Gabriel	Deltram	12.01.1983	Adresse 3
P12345123	Jonas	Kapper	01.03.1980	Adresse 4
P54321123	Etha	Thees	21.08.1979	Adresse 5

Tabelle 2.1 Passagiertabelle

Betrachten Sie das obige Beispiel für eine Tabelle im Flughafenszenario (Tabelle 2.1). Diese Tabelle stellt einen Ausschnitt der Passagierliste für einen Flug dar und ist daher ein zentrales Element für die Flugverwaltung. In der ersten Zeile befinden sich die Tabellenüberschriften, die gleichzeitig die Spaltennamen darstellen. Jede dieser Spalten steht für eine Eigenschaft des abzubildenden Objekts – in diesem Fall ist dieses Objekt ein Passagier. Diese Eigenschaften werden auch als *Attribute* bezeichnet, und sie fassen jene Informationen über konkrete Passagiere zusammen, die für die Verwaltung des Flughafens notwendig sind. In diesem Ausschnitt sind diese Attribute die eindeutige Passnummer, der Vor- und der Nachname des Passagiers sowie dessen Geburtsdatum und die Anschrift.

Eine Reihe oder Zeile in einer Tabelle steht für die Abbildung eines konkreten Objekts aus der realen Welt innerhalb der Datenbank. Ein Passagier besteht aus der *Tabellenperspektive* aus Attributen wie Passnummer, Vor- und Nachname und weiteren persönlichen Details eines wirklichen Passagiers. Beispielsweise ist die Zeile mit der Passnummer P12233445, dem Vornamen Edgar und dem Nachnamen Zetmann, dem Geburtsdatum 17.07.1982 sowie der Anschrift ein kompletter *Datensatz*, der genau einen Passagier beschreibt und im Normallfall genau einmal innerhalb einer Tabelle vorhanden ist, er ist also eindeutig. Datensätze werden auch als *Tupel* bezeichnet. In diesem konkreten Beispiel wird diese Eindeutigkeit durch den Bezug auf die Passnummer dargestellt, die weltweit genau ein einziges Mal für eine Person vergeben wird. Obwohl zwei Passagiere denselben Namen tragen, werden sie anhand der Passnummer unterschieden. Für Datenbanksysteme ist es von entscheidender Wichtigkeit, dass ein Datensatz eindeutig von allen anderen Datensätzen unterscheidbar ist – wie sonst sollten Verwechslungen zwischen verschiedenen Passagieren vermieden werden, wenn nicht jeder einzelne eindeutig identifizierbar wäre.

Eine *Datenbank* selbst umfasst mindestens eine Tabelle. Selbstverständlich kann eine Datenbank nicht nur eine, sondern beliebig viele Tabellen umfassen, solange diese voneinander unterscheidbar sind und daher eindeutige Bezeichner aufweisen. Außerdem muss natürlich auch noch genügend Speicherplatz auf dem Server zur Verfügung stehen.

Die Darstellung von Daten in Tabellen und deren Zusammenfassung in Datenbanken hat einen triftigen Grund. Wie bei allen Anwendungen in der Informatik ist auch hier die Mathematik nicht weit. Denn auch diese anschauliche Darstellungsform hat ihre Entsprechungen im mathematischen Formalismus. So werden Tabellen als Relationen, Spalten als Attribute und Zeilen als Tupel bezeichnet. Das Ziel dieses Formalismus ist es, mathematische Operationen der Mengenlehre auf die Daten der Tabelle anwenden zu können. Die Konsequenzen dafür sind weitreichend, wenn es zum Beispiel um die Verbindung mehrerer Tabellen (Kreuzprodukt), um Sortierreihenfolgen oder Schlüssel geht. Wann immer es nötig sein sollte, erfahren Sie davon in den jeweiligen Abschnitten. Auch wenn dieses Hintergrundwissen nicht zwingend für den praxisnahen Entwurf von Datenbankenmodellen notwendig ist, wird es Ihnen leichter fallen, wenn Sie den Begriffen hier schon einmal begegnet sind.

2.3.2 Schlüssel identifizieren Datensätze

Wie Sie im vorangegangenen Abschnitt bereits erfahren haben, ist es für das Datenbankmanagementsystem unerlässlich, die einzelnen Datensätze voneinander unterscheiden zu können. Daher hat jede Datenbank innerhalb eines DBMS einen eindeutigen Namen, jede Tabelle innerhalb der Datenbank besitzt ebenfalls einen eindeutigen Bezeichner und jede Spalte innerhalb der Tabelle ist ebenfalls eindeutig benannt, sofern diese Spalte nicht als Schlüssel dient. Auch der Inhalt der Tabellen – jeder einzelne Datensatz – muss eindeutig sein. Nur durch eindeutige Datensätze kann sichergestellt werden, dass es zu keinen Verwechslungen kommt, was im realen Leben zu fatalen Folgen führen kann. Stellen Sie sich vor, jemand mit nicht ganz so weißer Weste hätte zufällig denselben Namen wie Sie, und das System rät nun, wer von Ihnen beiden am Flughafen den Sicherheitscheck passieren möchte ...

Um solche Fehler zu vermeiden, verlassen sich Datenbanken lieber gar nicht auf »Ratespielchen«, sondern setzen auf das Konzept von *Schlüsseln*. Ein Schlüssel identifiziert die Zeile einer Tabelle eindeutig durch einen oder mehrere Werte. Diese Werte werden so gewählt, dass sie alleine oder auch in Kombination nur ein einziges Mal innerhalb einer Tabelle vorkommen können. Dadurch wird sichergestellt, dass es keine Zweifel gibt, welcher Datensatz gemeint sein könnte. Wie wir beim vorherigen Beispiel schon gesehen haben, reicht bei Passagieren die Kombination aus Vor- und Nachname nicht aus, um sicherzustellen, dass ein Passagier eindeutig identifizierbar ist. Auch wenn Sie einen ausgefallenen Namen haben, kann Ihnen niemand garantieren, dass nicht noch jemand Eltern mit einem Hang zur kreativen Namensfindung hatte. Anders sieht es mit der Passnummer aus. Da diese von staatlicher Seite nur genau einmal vergeben wird, schützt sie vor Verwechslungen. Die Passnummer ist daher ein Attribut, das als Schlüssel geeignet ist.

Somit ist es wichtig, Attribute zu finden, die als Schlüssel eingesetzt werden können, denn dadurch sind Verwechslungen per Definition ausgeschlossen. Zahlen eignen sich für diesen Zweck hervorragend, da sie auch automatisch vergeben werden können. So kann für jeden neuen Eintrag die nächsthöhere Nummer zugewiesen werden, sobald ein neuer Eintrag angelegt wird. Aus diesem Grund werden oftmals *künstliche Schlüssel* vergeben, wie Sie im späteren Tutorial noch sehen werden. Dieser Mechanismus wird sehr häufig eingesetzt, da dieser leicht zu handhaben ist und von MySQL unterstützt wird. Generell können für Schlüssel nicht nur einzelne Attribute – wie oben nur die Passnummer –, sondern auch Kombinationen von Attributen verwendet werden, solange diese Kombination als Gesamtheit eindeutig ist.

2.3.3 Die relationale Algebra

Nachdem Sie im einleitenden Teil von Abschnitt 2.3 schon mit den grundlegenden Begriffen der relationalen Datenbanken in Berührung gekommen sind, folgt nun eine exaktere Definition. In der Einleitung haben Sie gelernt, dass Sie sich

Relationen als Tabellen vorstellen können. Der Begriff der Relation stammt aus der *relationalen Algebra*, einem Teilgebiet der Mathematik. Mithilfe der relationalen Algebra können Anfragen an das definierte Datenbankenschema gestellt werden. Sie stellt verschiedenste Operationen bereit, die selbst wiederum Teilmengen bzw. Ergebnismengen zurückliefern, die beinahe beliebig kombiniert und verknüpft werden können. Die relationale Algebra arbeitet demnach nicht mit einzelnen Zahlen, sondern mit Mengen bzw. Teilmengen. Sie können sich eine Tabelle auch als Menge im mathematischen Sinn vorstellen, deren Elemente die einzelnen Datensätze sind. Auf diese Menge werden verschiedene Operationen angewendet, die als Ergebnis ebenfalls eine Menge zurückliefern. Diese Ergebnismengen sind wiederum Ausschnitte oder Kombinationen der Ausgangstabellen. Der folgende Abschnitt soll einen kurzen Überblick über die Materie der relationalen Algebra vermitteln.

Eine *Relation* bezeichnet eine Beziehung zwischen Dingen, die etwas gemeinsam haben. Dabei werden verschiedene Eigenschaften eines Objekts – die Attribute – zusammengefasst. Diese Attribute haben jeweils bestimmte Wertebereiche, um bestimmte Informationen in sich aufnehmen zu können. Analog zu den Tabellen entspricht ein Attribut einer Spalte innerhalb einer Tabelle. Innerhalb einer Spalte stehen lauter Daten, die denselben Wertebereich aufweisen. Eine Relation besteht daher aus einer Kombination von Attributen, genauso wie eine Tabelle aus mehreren Spalten besteht.

Um einen *Schlüssel* für Ihre Datenbanktabelle zu finden, müssen Sie jene Attribute finden, die für sich alleine oder zusammengenommen jeden einzelnen Datensatz eindeutig identifizieren.

In dieser Tabelle wird ein Passagier beispielsweise eindeutig durch die Passnummer, den Vor- und den Nachnamen bestimmt. Diese drei Attribute legen einen Passagier eindeutig fest. Das Geburtsdatum selbst hängt von den ersten drei Attributen ab. Erst durch diese drei Daten gemeinsam wird das Geburtsdatum eindeutig, da es im obigen Beispiel zwei Passagiere mit demselben Geburtsdatum gibt. Diese Abhängigkeit von Attributen wird als *funktionale Abhängigkeit* (engl. *functional dependency*) bezeichnet und ist ein zentraler Begriff der relationalen Algebra. In Abschnitt 2.5, »Normalformen«, wird er Ihnen erneut begegnen.

Die drei Attribute Passnummer, Vorname und Nachname werden auch als *Superschlüssel* bezeichnet, da diese jeden Datensatz eindeutig bestimmen. Doch auch wenn die Bezeichnung Superschlüssel hervorragend klingt, so ist diese Kombination von Schlüsseln noch nicht ideal. Wie Ihnen sicher schon aufgefallen ist, kann jeder Datensatz nämlich nicht nur durch diese drei Attribute identifiziert werden, sondern es ist viel weniger notwendig. Selbst eine Kombination von Passnummer und Vorname oder auch eine von der Passnummer mit dem Nachnamen sind ein eindeutiger Schlüssel. All diese Teilkombinationen werden als *Schlüsselkandidaten* bezeichnet, da sie als potenzielle Schlüssel eingesetzt werden können. Doch sind diese beiden ebenfalls nicht minimal, weil es noch einen einfacheren Schlüssel gibt: die Passnummer. Sie allein reicht aus, um jeden Passagier eindeutig in der Passagierliste wiederzufinden. Die einfachste und kürzeste aller Kombinationen von Attributen, die alle Datensätze voneinander unterscheidbar macht, wird als *Primärschlüssel* bezeichnet.

In diesem Beispiel ist diese Erkenntnis trivial, weil Passnummern für jeden Menschen individuell und eindeutig vom Staat vergeben werden. Im Allgemeinen gilt es jedoch immer den minimalsten (kleinsten) aller eindeutigen Schlüssel zu finden, und das ist nicht immer so einfach wie in diesem Beispiel. Es gibt auch Fälle, in denen Sie selbst keinen eindeutigen Schlüssel vergeben können oder wollen. Wenn Sie zum Beispiel eine Adressverwaltung planen, wie sie für eine Kundenverwaltung eingesetzt wird, dann haben Sie vermutlich kein eindeutiges Schlüsselattribut zur Verfügung, von dem Sie sicher sein können, dass es nur genau ein einziges Mal auftritt. Diese Eindeutigkeit ist, wie bereits erörtert wurde, jedoch notwendig, um die Datensätze zuverlässig voneinander unterscheiden zu können. In diesen Fällen können sie sich mit einem *künstlichen Primärschlüssel* behelfen, den das System selbstständig und automatisch vergibt. Ein solcher künstlicher Primärschlüssel könnte beispielsweise eine Kundennummer sein, die automatisch vom System vergeben wird. Auch MySQL unterstützt die automatische Vergabe von Schlüsseln, in dem neu angelegt Datensätze fortschreitend durchnummeriert werden. Dadurch stellt das System sicher, dass jeder Datensatz anhand dieses künstlichen Schlüssels unterschieden werden kann. Wie Sie eine solche Schlüsselspalte definieren können, erfahren Sie in Abschnitt 2.4.2, »Entitäten«.

Mithilfe der relationalen Algebra wird auch die Art und Weise definiert, wie die Datensätze aus der Datenbank wiedergewonnen werden können. Wie Sie sich vorstellen können, ist es von herausragender Bedeutung, diesen Mechanismus exakt beschreiben zu können, um einmal gespeicherte Daten auch zuverlässig auslesen zu können, denn ohne diese Funktion wären Datenbanken schwarze Löcher, in die Daten zwar hinein-, jedoch nie wieder herausgelangen können.

Zwei der grundlegenden Operationen sind die *Projektion* und die *Selektion* von Daten. Unter einer Projektion versteht man die Einschränkung der Ergebnismenge auf ausgewählte Spalten einer Tabelle. Angenommen, Sie planen eine Werbeaktion, innerhalb derer Sie Kunden zu ihrem Geburtstag besondere Vergünstigungen per Post schicken möchten. Dann interessiert Sie besonders Anschrift und natürlich das Geburtsdatum der Kunden, nicht aber ihre Passnummer. Anstatt nun alle Spalten aus der Tabelle auszulesen, beschränken Sie sich nun auf den Vor- und den Nachnamen, das Geburtsdatum sowie die Anschrift der Kunden. Der Übersichtlichkeit halber, fassen wir hier die genaue Adresse in nur einer Spalte – der Anschrift – zusammen.

Diese Projektion wird in der Literatur oftmals mithilfe des griechischen Buchstabens π, dem Pi, gekennzeichnet. Formal wird folgende Schreibweise angegeben:

$\pi_{Attribute}\ (Tabelle)$

Dabei werden jene Attribute, die ausgewählt werden sollen, hinter den Operanden π geschrieben und die Tabelle, aus der die Daten stammen, in Klammern angeführt.

Im konkreten Beispiel lautet die Projektion für den Vor- und Nachnamen, das Geburtsdatum sowie die Anschrift daher

$\pi_{Vorname,\ Nachname, Geburtsdatum,\ Anschrift}\ (Passagierliste)$

um damit jene Spalten anzugeben, die für eine spezielle Anfrage benötigt werden. Dabei müssen selbstverständlich jene Attribute, die angegeben werden, auch in der Relation vorhanden sein. Mithilfe der Projektion können also neue Tabellen aus bereits vorhandenen Datentabellen erzeugt werden, indem manche Spalten weggelassen werden.

Die Ergebnistabelle enthält nun nur mehr jene Spalten, die für diese Anfrage relevant sind. Die Projektion blendet also nicht benötigte Spalten einfach aus.

Passnummer	Vorname	Nachname	Geburtsdatum	Anschrift
P12345678	Ada	Betha	28.11.1984	Adresse 1
P12233445	Edgar	Zetmann	17.07.1982	Adresse 2
P11122233	Gabriel	Deltram	12.01.1983	Adresse 3
P12345123	Jonas	Kapper	01.03.1980	Adresse 4
P54321123	Etha	Thees	21.08.1979	Adresse 5

Tabelle 2.2 Die gesamte Beispieltabelle

Aus der gesamten Beispieltabelle Tabelle 2.2 erhalten wir nach der Projektion folgende Teilansicht in Tabelle 2.3.

Vorname	Nachname	Geburtsdatum	Anschrift
Ada	Betha	28.11.1984	Adresse 1
Edgar	Zetmann	17.07.1982	Adresse 2

Tabelle 2.3 Die Spalte mit der Passnummer fehlt nun und gehört somit nicht zur Ergebnismenge.

Vorname	Nachname	Geburtsdatum	Anschrift
Gabriel	Deltram	12.01.1983	Adresse 3
Jonas	Kapper	01.03.1980	Adresse 4
Etha	Thees	21.08.1979	Adresse 5

Tabelle 2.3 Die Spalte mit der Passnummer fehlt nun und gehört somit nicht zur Ergebnismenge. (Forts.)

Während bei der Projektion die Auswahl der gewünschten Daten vertikal erfolgt (einzelne Spalten werden ausgewählt), handelt es sich bei der Selektion um eine horizontale Beschränkung der Ergebnismenge. Mithilfe der Selektion können einzelne Zeilen einer Relation ausgewählt bzw. ausgeblendet und somit in die Ergebnismenge aufgenommen bzw. weggelassen werden. Um bei dem Geburtstagsaktionsbeispiel zu bleiben, sollen nur jene Passagiere ausgewählt werden, deren Geburtstag nach Juni liegt, um nur jene Passagiere zu bewerben, deren Geburtstag innerhalb des kommenden halben Jahres eintritt. Selektionen werden meist mit dem griechischen Buchstaben σ, dem kleinen Sigma, gekennzeichnet, darauf folgen eine Liste der Selektionsbedingungen und die Angabe der Tabelle mit den Daten, die in runden Klammern erfolgt:

$\sigma_{Selektionsbedingung}\ (Tabelle)$

Das folgende Beispiel zeigt diese Auswahl am Beispiel der Passagiertabelle:

$\sigma_{Geburtsdatum\ >\ Juni}\ (Passagierliste)$

Auch hier wird nach dem Operatorsymbol σ erneut eine Eigenschaft angegeben, die von der gesuchten Ergebnismenge erfüllt werden muss. Dadurch werden nur jene Zeilen bzw. Datensätze (*Instanzen*) einer Relation ausgewählt, die das Einschränkungskriterium erfüllen. Jene Datensätze, die das gesuchte Filterkriterium nicht erfüllen, werden ausgelassen.

Diese beiden Operationen lassen sich selbstverständlich kombinieren, denn nur durch die Verschachtelung von verschiedenen Operationen sind komplexere Abfragen möglich. Auch hier ist der gezeigte Formalismus der relationalen Algebra sehr intuitiv und eingängig. Wenn Sie nun alle Adressen jener Passagiere ausgeben möchten, die ab Juni Geburtstag haben, dann lässt sich diese Anfrage wie folgt formulieren:

$\sigma_{Geburtsdatum\ >\ Juni}\ (\pi_{Vorname,\ Nachname, Geburtsdatum,\ Anschrift}\ (Passagierliste))$

Wie in der Mathematik allgemein üblich, wird jener Ausdruck zuerst abgearbeitet, der in der innersten Klammer geschrieben steht. Wie Sie gleich noch sehen werden, kann diese Anfrage auch umgekehrt gestellt werden, indem zuerst die

Selektion durchgeführt wird. In diesem Beispiel wird demnach zuerst die Anfrage auf die vier Spalten Vorname, Nachname, Geburtsdatum und Anschrift eingeschränkt, siehe Tabelle 2.4.

Vorname	Nachname	Geburtsdatum	Anschrift
Ada	Betha	28.11.1984	Adresse 1
Edgar	Zetmann	17.07.1982	Adresse 2
Etha	Thees	21.08.1979	Adresse 5

Tabelle 2.4 Die selektierte Passagiertabelle

Das Ergebnis enthält nun nur mehr jene Datensätze, die beide Kriterien – sowohl jene der Selektion als auch der Projektion – erfüllen. Natürlich ist diese Vorgehensweise nicht die einzige Möglichkeit, zu beschreiben, welche Daten aus der Datenbank ausgesucht werden sollen. So ließe sich zum Beispiel auch die Reihenfolge der Projektion und der Selektion vertauschen, wodurch Sie zum selben Ergebnis gelangen. Führen Sie beispielsweise zuerst die Selektion aus, indem Sie nur die passenden Geburtsdaten auswählen, erhalten Sie das Zwischenergebnis aus Tabelle 2.5.

Passnummer	Vorname	Nachname	Geburtsdatum	Anschrift
P12345678	Ada	Betha	28.11.1984	Adresse 1
P12233445	Edgar	Zetmann	17.07.1982	Adresse 2
P54321123	Etha	Thees	21.08.1979	Adresse 5

Tabelle 2.5 Selektion

Die anschließend erfolgende Projektion blendet die nicht benötigte Spalte mit der Passnummer aus, und das Ergebnis ist mit dem Resultat des vorigen Beispiels identisch, siehe Tabelle 2.6.

Vorname	Nachname	Geburtsdatum	Anschrift
Ada	Betha	28.11.1984	Adresse 1
Edgar	Zetmann	17.07.1982	Adresse 2
Etha	Thees	21.08.1979	Adresse 5

Tabelle 2.6 Projektion

Obwohl sich die Reihenfolge der Operatoren in diesem Beispiel nicht auswirkt, kann die Art und Weise, ob zuerst Zeilen oder zuerst Spalten eliminiert werden, sehr wohl Auswirkungen auf die Leistung einer Datenbank haben. Die beiden Operationen der Selektion und der Projektion sind von zentraler Bedeutung.

Zusätzlich dazu gibt es noch eine Vielzahl von weiteren Operatoren, die in der relationalen Algebra mithilfe der Mengenlehre definiert sind und die im Datenbanksystem MySQL implementiert wurden. Dazu zählen beispielsweise die *Vereinigung* (∪, *Union-Operator*) oder auch der *Durchschnitt* (∩, *Disjunktions-Operator*, wird von MySQL nicht direkt umgesetzt). Die Konzepte hinter diesen Methoden sind aufgrund ihrer exakten Definition dieselben wie in der Mengenlehre, sie werden von MySQL konsequent umgesetzt.

2.3.4 Joins

Eine Gruppe sehr wichtiger Operationen ist jene der *Joins* (dt. *Verbund*). Sie erlauben es, verschiedene Tabellen anhand unterschiedlicher Kriterien miteinander zu verknüpfen und dadurch Informationen aus verschiedenen Tabellen zu vereinen und anhand verschiedener Kriterien zu filtern. Joins sind neben der Selektion und der Projektion von zentraler Bedeutung für relationale Datenbanken. Angenommen, die Flughafenverwaltung setzt verschiedene Tabellen ein. Die Flugtabelle enthält alle Informationen über eine bestimmte Flugverbindung, wie in Tabelle 2.7 gezeigt.

Flugnummer	Abflug	Ziel	Fluglinie
1111	MUC	JFK	Lufthansa
2222	IBK	VIE	Austrian
3333	FRA	BER	SAS
4444	ROM	VIE	Alitalia

Tabelle 2.7 Flugtabelle

Im Buchungssystem des Flughafens sind alle Buchungen einzeln erfasst. Sie enthalten die Passnummer des Passagiers sowie die Flugnummer des gebuchten Fluges, siehe Tabelle 2.8.

Passnummer	Flugnummer	Sitzplatz	Preis
P12345678	2222	3E	39.0
P12233445	4444	24B	49.0
P12345123	1111	17A	99.0
P54321123	3333	33C	99.0

Tabelle 2.8 Buchungstabelle

Wenn Sie nun herausfinden möchten, welche Passagiere nach Wien (VIE) fliegen und wie diese Passagiere mit Vor- und Nachnamen heißen, dann kommen Sie mit keiner der beiden Tabellen allein ans Ziel. Die Aufgabe besteht nun darin, zuerst die Passagiertabelle mit der Buchungstabelle zu kombinieren, um danach das Ergebnis mit der Flugtabelle abzugleichen. Wie Sie sicher schon erkannt haben, ist es definitiv notwendig, die Buchungstabelle mit der Passagiertabelle über das Attribut Passnummer zu vergleichen, da die Passnummer jeden Passagier eindeutig identifiziert und dieses Attribut in beiden Tabellen vorkommt. Dadurch stellen Sie sicher, dass Sie die richtigen Kombinationen von Passagieren mit ihren Buchungen auswählen.

Das Symbol für den *Verbund* ist in der relationalen Algebra wie folgt definiert: $\bowtie$, und die Operation verbindet jene Zeilen miteinander, die denselben Attributwert in beiden Tabellen in der entsprechenden Spalte haben. Die Schreibweise für diese Operation lautet:

$Tabelle\ A \bowtie_{A.Attribut\ =\ B.Attribut} Tabelle\ B$

Es werden die zu verbindenden Tabellen und die Attribute, anhand derer die Verknüpfung erfolgt, angegeben. In diesem konkreten Beispiel sind das jene Zeilen der Tabellen »Passagiere« und »Buchungen«, die über eine identische Passnummer verfügen. Mithilfe der Formel aus der relationalen Algebra kann diese Zwischenmenge bestimmt werden:

$Passagiertabelle\ P \bowtie_{P.Passnummer\ =\ B.Passnummer} Buchungen\ B$

In dieser Formel werden *Aliasse* für die Tabellennamen verwendet. P ist die Abkürzung der Passsagiertabelle und B analog für die Buchungstabelle. Diese Abkürzungen werden dazu verwendet, jene Spalte anzugeben, anhand derer die beiden Tabellen verbunden (gejoint) werden. Diese Abkürzungen sind hier notwendig, da beide Tabellen eine Spalte haben, die den gleichen Bezeichner trägt: Passnummer. Der Term $_{\mathrm{P.Passnummer\ =\ B.Passnummer}}$ gibt an, dass jene Zeilen zusammengehören, deren Passnummern identisch sind.

Mathematisch gesehen ist ein Join das *Kreuzprodukt* der zwei Tabellen. Dabei werden alle möglichen Kombinationen gebildet. Da jedoch nicht alle Möglichkeiten sinnvoll sind – schließlich sollen nur jene ausgegeben werden, deren Passnummern identisch sind – werden jene Zeilen verworfen, die das angegebene Join-Kriterium nicht erfüllen.

Die Tabelle 2.9 zeigt die Kombination beider Tabellen, wobei die zusammengehörenden Zeilen nun in einer einzigen Zeile der Ergebnistabelle bzw. Menge zusammengefasst wurden.

Passnummer	Vorname	Nachname	FlugNummer	Sitzplatz	Preis
P12345678	Ada	Betha	2222	3E	39.0
P12233445	Edgar	Zetmann	4444	17A	49.0
P12345123	Jonas	Kapper	1111	33C	99.0
P54321123	Etha	Thees	3333	24B	99.0

Tabelle 2.9 Die gejointe Tabelle

Mithilfe dieser Zwischentabelle (Tabelle 2.9) ist es nun möglich, anhand der Flugnummer in Kombination mit der Flugtabelle auf die Zieldestinationen zu schließen. Der Übersicht wegen eliminieren wir die Spalten Sitzplatz und Preis noch mit einer Projektion und erhalten:

$PassagierBuchung = \pi_{Passnummer,\ Vorname,\ Nachname,\ Flugnummer}$

$(Passagiertabelle\ P \bowtie_{P.Passnummer\ =\ B.Passnummer} Buchungen\ B)$

Das Zwischenergebnis dieses Joins (gekennzeichnet durch das =) wird in der Formel mit »PassagierBuchung« bezeichnet und liefert folgende Tabelle (Tabelle 2.10).

Passnummer	Vorname	Nachname	Flugnummer
P12345678	Ada	Betha	2222
P12233445	Edgar	Zetmann	4444
P12345123	Jonas	Kapper	1111
P54321123	Etha	Thees	3333

Tabelle 2.10 Zwischenergebnis des Joins

Dieses Ergebnis müssen wir nun mit der Flugtabelle joinen, damit die Information über den Zielflughafen verknüpft werden kann. Dazu wählen wir wieder ein eindeutiges Kriterium, das beide Tabellen gemeinsam haben. In diesem Fall ist die Spalte Flugnummer der richtige Kandidat für ein Verbundkriterium. Die Formel der relationalen Algebra lautet nun:

$PassagierBuchungFlug = PassagierBuchung\ PB \bowtie_{PB.Flugnummer\ =\ F.Flugnummer} Flug\ F$

Mit dieser Formel werden all jene Zeilen der Zwischentabelle des vorigen Ergebnisses mit jenen Zeilen der Flugtabelle verbunden, die über eine identische Flugnummer verfügen. Das Ergebnis bekommt den Bezeichner PassagierBuchungFlug zugewiesen. Da die Flugnummer selbst ein eindeutiges Attribut ist, erhalten wir das korrekte Ergebnis der Form:

Passnummer	Vorname	Nachname	Flugnummer	Abflug	Ziel	Fluglinie
P12345678	Ada	Betha	2222	IBK	VIE	Austrian
P12233445	Edgar	Zetmann	4444	ROM	VIE	Alitalia
P12345123	Jonas	Kapper	1111	MUC	JFK	Lufthansa
P54321123	Etha	Thees	3333	FRA	BER	SAS

Tabelle 2.11 Gejointe Tabellen Passagier, Buchung und Flug

Als letzten Schritt in diesem Beispiel fehlt noch die Selektion, die das Ergebnis auf den gewünschten Zielflughafen VIE einschränkt:

$PassagierBuchungFlugVIE = \sigma_{Ziel\ =\ VIE}\ (PassagierBuchungFlug)$

Diese Projektion liefert nun die Spalten Vorname, Nachname und Ziel

$\pi_{Vorname,\ Nachname,\ Ziel}\ (PassagierBuchungFlugVIE)$

in die folgende Ergebnistabelle. Sie enthält die Namen jener Passagiere, die eine Buchung nach Wien (VIE) vorliegen haben, wie in Tabelle 2.12 dargestellt.

Vorname	Nachname	Ziel
Ada	Betha	VIE
Edgar	Zetmann	VIE

Tabelle 2.12 Das Ergebnis

Ohne diese Zwischenschritte ist die Formel etwas komplexer. Wenn Sie sie jedoch von der innersten Klammer nach außen lesen, ist sie weit weniger furchteinflößend:

$\sigma_{Ziel\ =\ VIE}\ ((\pi_{Passnummer,\ Vorname,\ Nachname,\ Flugnummer}\ (Passagiertabelle\ P \bowtie_{P.Passnummer\ =\ B.Passnummer}\ Buchungen\ B)) \bowtie (_{PB.Flugnummer\ =\ F.Flugnummer}\ Flug\ F))$

Die relationale Algebra erlaubt es, durch einen einfachen Formalismus, Abfragen genau zu beschreiben. Dadurch ist es möglich, das Verhalten von Datenbanken zu definieren. Diese eindeutige Definition ist unerlässlich, da ein und dieselbe Abfrage auf denselben zugrunde liegenden Tabellen immer dasselbe Ergebnis liefern müssen. Das solide Fundament der Mengenlehre bietet diesen Grundsatz, und daher ist es wichtig, sich diese Grundlagen vor Augen zu führen. Obwohl die Hintergründe der relationalen Algebra für das Verständnis der Arbeitsweise von Datenbanken interessant und sinnvoll sind, werden Sie diesem Formalismus in MySQL nicht direkt begegnen. Spätestens, wenn Sie sich jedoch an die Anfrageoptimierung machen, werden Sie das hier angeeignete Wissen wieder benötigen.

2.4 Datenbankdesign

Das *Datenbankdesign* beschäftigt sich mit der Gestaltung der Tabellen für die Daten und mit den Beziehungen dieser Tabellen untereinander. In diesem Schritt wird die Aufgabe, für die das Datenbanksystem eingesetzt werden soll, abstrahiert und in eine eigene Sprache übersetzt. Diese Beschreibungssprache werden Sie in diesem Abschnitt kennenlernen. Ausgehend von der abstrakten Beschreibung ist es leichter, die Vorgaben korrekt im Datenbanksystem Ihrer Wahl – hier also MySQL – zu implementieren.

2.4.1 Das ER-Diagramm

Da MySQL das relationale Datenbankmodell einsetzt, gilt es, Objekte – die *Entitäten* – der realen Welt zu identifizieren und die Eigenschaften dieser Objekte, die sie in Ihrer Datenbank festhalten möchten, herauszuarbeiten. Alle jene Objekte mit gemeinsamen Eigenschaften – die *Attribute* – werden später in einer Tabelle zusammengefasst, wobei die Spalten einer solchen Tabelle den gemeinsamen Eigenschaften entsprechen. Zwischen den Entitäten bestehen Zusammenhänge, die durch Beziehungen ausgedrückt werden. Diese Beziehungen – die Relationships – werden ebenfalls zwischen den Tabellen hergestellt. Diese Verknüpfungen werden mit Fremdschlüsseln realisiert, die Sie im vorigen Abschnitt bereits kennengelernt haben.

Damit Kunden, Entwickler und Datenbankdesigner eine gemeinsame Sprache sprechen können, gibt es verschiedene Beschreibungssprachen für die Modellierung. Eine der bekanntesten grafischen Beschreibungssprachen ist das *Entity-Relationship-Modell* (ER-Modell), das bereits in den 1970er Jahren erfunden und später immer wieder verfeinert wurde. Es handelt sich dabei um eine grafische Beschreibung der Beziehungen zwischen den Tabellen einer Datenbank. Es besteht grundlegend aus den drei genannten Elementen:

- *Entitäten* (Objekte bzw. Tabellen)
- *Beziehungen* (zwischen Tabellen über ihre Attribute)
- *Attribute* (Eigenschaften bzw. Spalten)

Entitäten sind jene Objekte der realen Welt, die eindeutig identifiziert werden können und abstrahiert werden sollen. Sie enthalten all jene Eigenschaften, die das reale Objekt ausmachen. In ER-Diagrammen werden diese Entitäten durch Rechtecke dargestellt. Diese Entitäten stehen in Beziehungen zueinander, die Abhängigkeiten und allgemeine Zusammengehörigkeit ausdrücken. Die Art der Beziehung wird auch als *Funktionalität* bezeichnet und im folgenden Abschnitt erläutert. Diese Beziehungen zwischen den Entitätsklassen werden mithilfe von Rauten dargestellt, welche diese miteinander verbinden. Zusätzlich gibt es noch Attribute, die sowohl die Entitätsklassen als auch die Beziehungen genauer beschreiben.

Das Beispiel der Flughafenverwaltung soll das verdeutlichen. Für die grafische Darstellung aller Entitäten, Beziehungen und Attribute wird das kostenlose Tool MySQL Workbench von Oracle eingesetzt. Alle folgenden Grafiken wurden damit erstellt. Das Werkzeug dient jedoch nicht nur zum Malen von schönen Bildern. Es handelt sich dabei um eine sehr umfangreiche und mächtige Softwarelösung, die im Datenbankendesign sehr hilfreich ist. Welche Möglichkeiten Ihnen *MySQL Workbench* bietet, erfahren Sie in Abschnitt 7.8.1. Hier geht es vorerst noch um die theoretischen Hintergründe.

2.4.2 Entitäten

Wenn Sie die Beschreibung des Flughafenszenarios erneut durchlesen, werden Ihnen einige Bereiche auffallen, die in sich abgeschlossen sind und deren Daten zusammengehören. Die Hauptaufgabe eines Flughafens ist die Verwaltung von Flügen. Daher ist es ein guter Rat, Flüge als Einheit zusammenzufassen. Ein Flug besteht aus einer Reihe von Eigenschaften bzw. Daten: Flugnummer, Fluglinie, Abflugzeit, Ankunftszeit und weiteren Informationen. Die Tabelle »flug« wird mit einem ER-Diagramm dargestellt (Abbildung 2.2). Die Attributnamen sind in diesem Beispiel schon an ein reales Datenbankdesign angepasst.

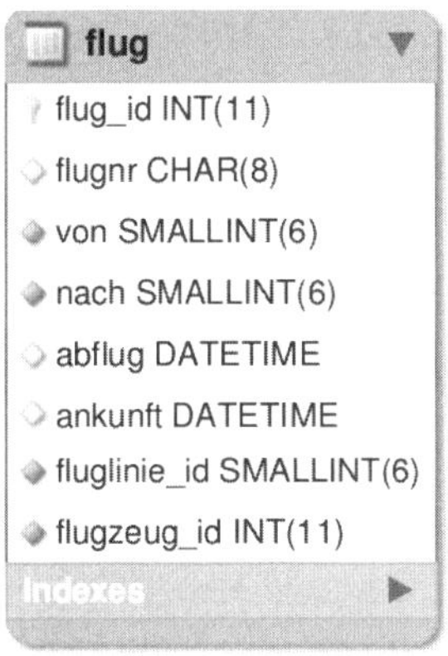

Abbildung 2.2 ER-Diagramm der Tabelle »flug«

Wie Sie sehen können, ist die Entität `flug` als Rechteck dargestellt. Eine solche *Entität* entspricht einer eigenen Tabelle innerhalb des Datenbankenschemas, die grafische Darstellung dient zur Veranschaulichung des Modells.

Innerhalb des Kästchens befinden sich die Attribute, die hier bereits ihren endgültigen Datentyp zugewiesen haben. Was diese Werte genau bedeuten, ist noch nicht so wichtig, das erfahren Sie in Kapitel 4, »Einführung in die Beispieldatenbank«. Wichtig ist hier aber, dass Sie erkennen, wie die vorher festgelegten Eigenschaften zu einer Einheit zusammengefasst werden. In diesem Beispiel ist ein Flug ein solches Objekt, das durch die einzelnen Attribute beschrieben wird. Die Zusammengehörigkeit dieser Attribute wird mithilfe des Entitätssymbols im ER-Diagramm dargestellt. Die in dem rechteckigen Kästchen dargestellte Entität trägt den Namen `flug`. Diese Bezeichnung ist im Titel des Kästchens dargestellt und dient auch der zugrunde liegenden Tabelle als Bezeichner.

Unterhalb der Titelleiste sind alle Attribute aufgelistet, welche einen Flug beschreiben. In diesem Beispiel zählen dazu eine eindeutige Flug-ID namens `flug_id`. Sie dient zur Identifizierung eines Fluges und wird von anderen Tabellen später referenziert werden, zum Beispiel bei der Flugbuchung. In der Grafik erkennen Sie vor der Attributbezeichnung `flug_id` ein kleines gelbes Schlüsselsymbol. Dabei handelt es sich um das Symbol für den Primärschlüssel. Dieser Primärschlüssel gibt an, dass jeder einzelne Flug, der später in dieser Tabelle gespeichert werden soll, durch ihn eindeutig unterschieden werden kann. Es kann daher keine zwei Flüge mit einer identischen `flug_id` innerhalb der Tabelle geben. Dieses unscheinbare Symbol ist daher von großer Wichtigkeit für diese Tabelle.

Rechts neben der Attributbezeichnung sehen Sie eine Abkürzung in Großbuchstaben. Dabei handelt es sich um den Datentyp, der für die Speicherung der Flugnummer eingesetzt werden soll. In diesem konkreten Beispiel der Flugnummer wird `INTEGER` als Datentyp gewählt, die Kurzschreibweise lautet `INT`. Mithilfe dieses Typs werden Ganzzahlen gespeichert. Darauf folgt das Attribut `flug_nr`, das vom Datentyp `CHAR` ist und achtstellige Zeichenketten in sich aufnehmen kann. Eine Flugnummer (`flug_nr`) besteht aus der internationalen Fluglinienbezeichnung, dem *IATA-Code*, der zwei Zeichen für das Kürzel der Fluglinie vorsieht, sowie aus einer bis zu fünfstelligen Nummer, die individuell vergeben wird.

Das nächste Attribut, die Spalte `von`, verfügt im Gegensatz dazu über den Datentyp `SMALLINT`, was bedeutet, dass das Attribut ganzzahlige Werte in sich aufnimmt. Im Unterschied zu `INT` nimmt der Datentyp `SMALLINT` jedoch nur Zahlen, die kleiner als 65535 sind, in sich auf. `INT` hingegen kann Zahlen bis zu 4294967295 speichern. `SMALLINT` hat daher einen kleineren Wertebereich und benötigt daher auch weniger Speicherplatz. Doch dazu später mehr. Genauso verhält es sich mit der spiegelbildlichen Spalte `nach` der Tabelle »flug«. Diese beiden Attribute stellen Beziehungen zu dem Abflugs- bzw. Ankunftsflughafen her und enthalten eine ebenfalls eindeutige Nummer, die in der Flughafentabelle definiert wird.

Danach folgen zwei Attribute zur Speicherung der Abflugs- und Ankunftszeit, inklusive dem jeweiligen Datum. Beide Attribute – sowohl `abflug` als auch `ankunft` – sind daher vom Datentyp `DATETIME`. Die Verknüpfung mit der Fluglinientabelle erfolgt über das Attribut `fluglinie_id`, das erneut vom Typ `SMALLINT` ist. Das letzte Attribut dieser Tabelle ist jenes des eingesetzten Flugzeugs namens `flugzeug_id`, mit dessen Hilfe die Beziehung zur Flugzeugtabelle hergestellt wird. Dieses Attribut ist vom Typ `INT`, das für ganzzahlige Werte verwendet wird.

Die Tabelle »flug« ist nun vollständig spezifiziert. Sie besteht aus den acht genannten Attributen, der Primärschlüssel ist die ID `flug_id`, und die Bezeichnung lautet wie im Titel: `flug`. Die sehr übersichtliche Darstellung mittels ER-Diagramm kann man sich gedanklich sehr leicht als Tabelle vorstellen. Die Tabelle selbst enthält natürlich noch keine Daten. Diese werden erst später eingefügt, wenn die Erstellung des Modells abgeschlossen ist.

Ein Diagramm nur mit der Flugtabelle ist allerdings wenig hilfreich. Daher wird das Diagramm immer weiter ausgebaut, bis es das gesamte Szenario der Flughafenverwaltung beschreibt. Als Nächstes sollen diese Flüge von Passagieren gebucht werden können. Diese einfache Aussage liefert gleich Rückschluss auf zwei Objekte, die jeweils in einer eigenen Entität zusammengefasst werden können: Passagiere und Buchungen. Die folgende Grafik zeigt die Tabelle der Buchungen, die nach demselben Prinzip angelegt wird: Zuerst identifizieren Sie das konkrete Objekt, das Sie modellieren wollen. In diesem Fall ist das die Flugbuchung. Als Nächstes legen Sie die Attribute fest, deren Werte Sie innerhalb dieser Tabelle speichern wollen. Dazu zählen in diesem Szenario die folgenden Attribute bzw. Spalten: `flug_id`, `sitzplatz`, `passagier_id`, `preis` sowie eine intern vergebene Nummerierung der Buchungen `buchung_id`. Bei diesem letzten Attribut handelt es sich um einen künstlichen Primärschlüssel, den MySQL automatisch durch Hochzählen vergibt. Die zu dieser Tabelle gehörende ER-Entität ist in der folgenden Abbildung 2.3 dargestellt.

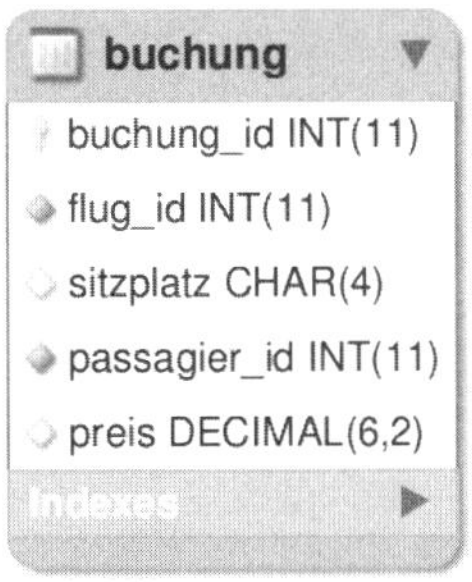

Abbildung 2.3 ER-Diagramm der Buchungstabelle

Mit diesen fünf Attributen kann festgehalten werden, für welchen Flug eine Buchung erfolgt ist. Die Attribute haben wieder je einen Datentyp zugeordnet bekommen. Die Buchungsidentifikationsnummer (`buchung_id`), die Flugidentifikationsnummer (`flug_id`) und `passagier_id` sind vom Datentyp `INT`, sie beinhalten demnach Ganzzahlenwerte. Die Spalte Sitzplatz ist vom Typ `CHAR`, also ein String-Typ, der vier Stellen in sich aufnehmen kann. Die Anzahl der Stellen wird in Klammern nach der Datentypdefinition angezeigt. Das vierte Attribut `preis` nimmt Dezimalzahlen in sich auf. Die beiden Ziffern 4 und 2 geben an, dass die Dezimalzahl insgesamt sechs Stellen aufnehmen kann, wobei zwei dieser Stellen Nachkommastellen sind. Der teuerste Flug, der in diesem Szenario angeboten werden kann, kostet damit höchstens 9999,99 €.

Wie Sie bei der Erstellung der ersten Tabelle »flug« bereits gesehen haben, erlaubt die Flugnummer den eindeutigen Rückschluss auf genau einen bestimmten Flug. Um mit einem Flugzeug mitfliegen zu können, benötigen Sie einen Sitzplatz, weswegen das nächste Attribut genau diesen Wert in sich aufnimmt. Ein Sitzplatz darf innerhalb eines Flugzeuges für einen konkreten Flug nur ein einziges Mal vergeben werden.

Wenn Sie nun beide Tabellen betrachten, dann fällt Ihnen sicherlich auf, dass beide Tabellen eine Spalte bzw. ein Attribut mit demselben Namen besitzen. Natürlich ist die Vergabe eines identischen Namens in zwei unterschiedlichen Tabellen legitim, schließlich muss nur innerhalb einer Tabelle Eindeutigkeit bei den Spaltennamen herrschen. Dennoch zeigt allein die Namensgebung hier einen Zusammenhang zwischen den beiden Tabellen an, der gedanklich bereits getroffen wurde. Eine Flugbuchung bezieht sich immer auf einen konkreten Flug, für den ein Ticket gekauft wurde. Zwischen den Tabellen »flug« und »buchung« besteht daher eine Beziehung. Es gibt verschiedene Arten von Beziehungen, die im Folgenden vorgestellt werden.

2.4.3 Beziehungen

Mit den Beziehungen im Bereich der Datenbanken verhält es sich wie mit Beziehungen im realen Leben: Es gibt einseitige, wechselseitige und gegenseitige Beziehungen. Je nach Beziehungstyp müssen verschiedene Abhängigkeiten beachtet werden.

Beziehungen zwischen Entitäten werden durch ihre Attribute festgelegt. Die Anzahl der Entitäten, auf die sich ein Attribut bezieht, wird mit der *Kardinalität* angegeben. Eine Kardinalität gibt also an, auf wie viele konkrete Datensätze einer zweiten Tabelle sich ein Datensatz der ersten Tabelle beziehen kann.

Der einfachste Fall einer Beziehung ist die sogenannte 1:1-Beziehung. Sie tritt dann auf, wenn ein Element einer Entität genau einem Element einer anderen Entität zugeordnet wird. Hier bezieht sich jedes Element einer Tabelle auf ein Element einer anderen Tabelle und umgekehrt. Im mathematischen Sinne entspricht diese Beziehung einer *bijektiven* Abbildung, die jedem Attribut der Ursprungstabelle genau ein Attribut der Zieltabelle zuordnet und umgekehrt. Im Allgemeinen tritt dieser Beziehungstyp nur sehr selten auf. Das hat den Grund, dass 1:1-Beziehungen nur dann notwendig sind, wenn eine Tabelle mit sehr vielen Attributen in zwei Teiltabellen unterteilt werden soll. Anderenfalls könnten alle Attribute zweier Tabellen, die in diesem Beziehungstyp miteinander stehen, in einer Tabelle zusammengefasst werden, da es offenbar immer genau zwei korrespondierende Datensätze gibt. Beide Tabellen verweisen durch deren Primärschlüssel auf die jeweils andere Tabelle. Für jede Zeile der ersten Tabelle, gibt es genau eine passende Zeile in der zweiten Tabelle und umgekehrt. Daher könnte man diese beiden Tabellen auch genauso gut zusammenfassen, so dass alle Daten in nur einer einer einzigen Tabelle stehen. Das Aufteilen wird auch als vertikale Partitionierung bezeichnet und dient vor allem der Leistungssteigerung und der Vereinfachung von Datenbankenschemas. Details zur Partitionierung mit MySQL finden Sie in Abschnitt 9.4. Der Vollständigkeit halber wird die 1:1-Beziehung im Folgenden trotz ihrer relativ geringen Bedeutung kurz vorgestellt.

Die Tabelle mit den Passagierdaten hat viele Attribute, für die Abfertigung werden jedoch nur wenige Details eines Passagiers benötigt. Dazu zählen die Passnummer, der Vor- und der Nachname eines Passagiers. Daher ist es sinnvoll, die Passagierdaten aufzuteilen, da beispielsweise beim Boarding nur die Stammdaten benötigt werden, nicht jedoch die weiteren Details. Eine Tabelle »passagier« enthält durch diese Partitionierung die grundlegenden Daten der Passagiere, die bei jedem Buchungs- und Boardingvorgang benötigt werden. Eine zweite Tabelle »passagierdetails« enthält die weiteren Daten, die nur während des Bestellvorgangs notwendig sind. Dazu zählen beispielsweise erweiterte Informationen wie das Geburtsdatum, das Geschlecht, die Telefonnummer und die E-Mail-Adresse der Passagiere.

Der Zusammenhang zwischen den beiden Tabellen kann mithilfe des ER-Diagramms grafisch dargestellt werden. Es gibt für die Darstellung der verschiedenen Beziehungsarten unterschiedliche Notationen, die etwas unterschiedlich aussehen, aber dieselbe Bedeutung haben. Zu den bekanntesten Notationen zählen die *Chen-Notation*, *UML-Klassendiagramme* (Unified Modeling Language), *IDEF1X* (Integration Definition for Information Modeling) und die *Krähenfuß-Notation*. Die Verwendung einer bestimmten Notation ist Geschmackssache, Sie sollten sich jedoch auf eine Methodik festlegen. In diesem Buch wird die sogenannte Krähenfuß-Notation eingesetzt, da sie sehr weit verbreitet und auch die voreingestellte Standardnotation der MySQL Workbench ist. Die folgende Grafik Abbildung 2.4 zeigt diese 1:1-Beziehung zwischen der allgemeinen Passagiertabelle und den Passagierdetails.

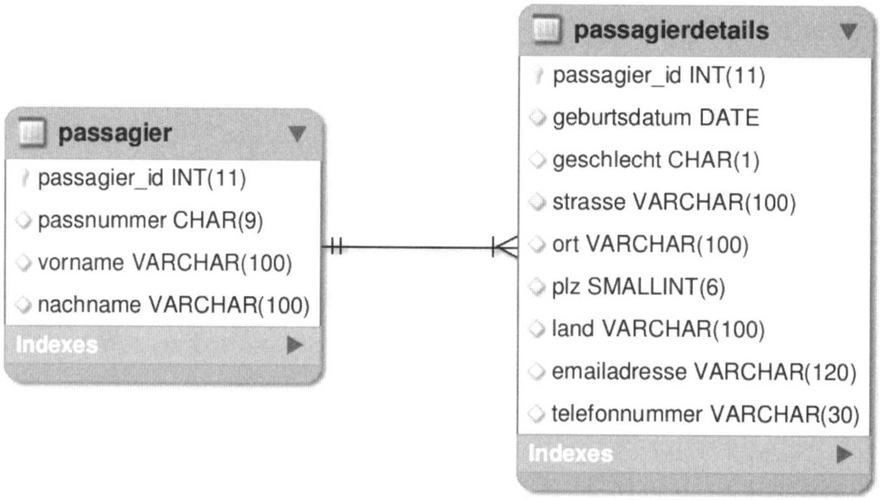

Abbildung 2.4 Relation zwischen der Passagier- und der Passagierdetails-Tabelle in der Krähenfuß-Notation

Im einleitenden Beispiel wurde für die Identifizierung eines Passagiers dessen Passnummer verwendet. In der konkreten Datenbank wurde die Tabelle der Passagierdaten jedoch um einen künstlichen Schlüssel, eine automatisch vergebene Zahl, erweitert. Dieses neu eingeführte Attribut `passagier_id` dient von nun an als Primärschlüssel für Passagierdaten. Somit erfolgt die Verknüpfung der Haupttabelle mit der Detailtabelle über deren Primärschlüssel `passagier_id`.

Die Linie zwischen den beiden Entitäten symbolisiert den Zusammenhang. Sobald zwei Objekte des Datenbankenschemas im ER-Diagramm durch eine Linie miteinander verbunden sind, stehen sie zueinander in Beziehung. Besonders interessant sind die beiden Enden einer solchen Linie. Am Ende dieser Linie findet sich die Information über die sogenannte Kardinalität einer Beziehung. Diese besagt, wie viele Ausprägungen des Beziehungspartners eine Zeile der Entität referenzieren kann. Sie gibt demnach Aufschluss, um welchen der vier Beziehungstypen es sich im konkreten Fall handelt. Folgende Beziehungstypen gibt es zwischen den Entitäten (Abbildung 2.5).

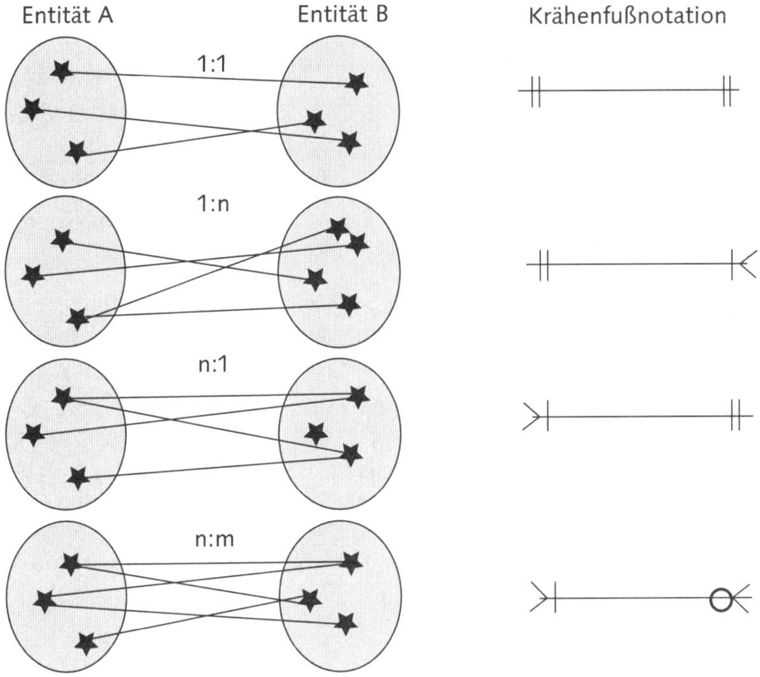

Abbildung 2.5 Beziehungstypen

Wie Sie in Abbildung 2.5 erkennen können, befindet sich auf der Seite der Entität mit der Kardinalität 1 immer ein senkrechter Strich auf der Linie. Dieser symbolisiert, dass jene Entität genau einmal an einer Beziehung beteiligt ist. Auf der Seite mit der Kardinalität n befinden sich drei kleine Striche, die namengebend an Krähenfüße erinnern und somit angeben, dass diese Entität mehrmals an einer Beziehung beteiligt sein kann. Befindet sich vor dem Krähenfuß ein senkrechter Strich, dann bedeutet dies, dass diese Entität mindestens einmal vorkommen muss und beliebig oft beteiligt sein kann. Der Kreis symbolisiert eine 0 und sagt aus, dass diese Entität optional ist. Sie kann, muss aber nicht an einer Beziehung beteiligt sein.

Doch wie wird diese Information aus dem Diagramm herausgelesen und was bedeutet dies für das Datenbankmodell? Im Fall der 1:1-Beziehung ist diese Frage leicht beantwortet: Beide Entitäten beziehen sich jeweils auf genau ein Element der jeweils anderen Entität. Konkret bedeutet das hier, dass jeder Passagier in der Tabelle »passagier« genau einen Eintrag in der Tabelle »passagierdetails« haben muss und genau auf diesen verweist. Dargestellt wird diese Größenordnungsangabe durch die zwei kleinen senkrechten Striche neben dem Kästchen der Entität selbst. In dieser kompakten Darstellung steckt jedoch noch mehr Information, als

Sie auf den ersten Blick vielleicht annehmen. Die durchgezogene Linie zwischen den beiden Entitäten Passagier und Passagierdetails drückt aus, dass es sich bei dieser Beziehung um eine sogenannte *identifizierende Beziehung* handelt. Das bedeutet, dass die Ausprägung der *existenzabhängigen Entität* von der existenzgebenden Entität abhängt. In diesem Fall können die Passagierdetails nur dann existieren, wenn es auch den dazugehörenden Passagier gibt. Dadurch wird sichergestellt, dass es keine verwaisten Datensätze gibt, und somit werden Karteileichen in der Tabelle »passagierdetails« automatisch vermieden.

Wie bereits einleitend erwähnt wurde, stehen Relationen in den seltensten Fällen in 1:1-Beziehungen zueinander. Viel häufiger treten 1:n- bzw. n:1-Beziehungen auf. Diese Kardinalität sagt aus, dass ein Datensatz aus einer Entität sich auf mehrere Datensätze der anderen beteiligten Entität beziehen kann. Ob es sich nun um eine 1:n- oder n:1-Beziehung handelt, hängt von der Betrachtungsseite ab. Dieser Beziehungstyp sagt aus, dass ein Datensatz einer Entität sich auf beliebig viele Datensätze der zweiten Entität beziehen kann.

Im Beispiel der Flugbuchung verhält es sich beispielsweise so, dass jede Buchung sich auf genau einen konkreten Flug bezieht, der gebucht werden soll. Eine eindeutige Buchung, die aus Sitznummer, Preis, Passagier-ID und Flug-ID besteht, bezieht sich auf einen ebenso eindeutigen Flug, der selbst wiederum weitere Attribute in sich zusammenfasst. Betrachten Sie diese Beziehung jedoch von der Seite des Fluges, dann erkennen Sie, dass jeder Flug von mehreren Buchungen gebucht werden kann, denn das Flugzeug sollte möglichst voll besetzt werden, um wirtschaftlich betrieben werden zu können. Ein solcher Sachverhalt wird durch 1:n-Beziehungen ausgedrückt.

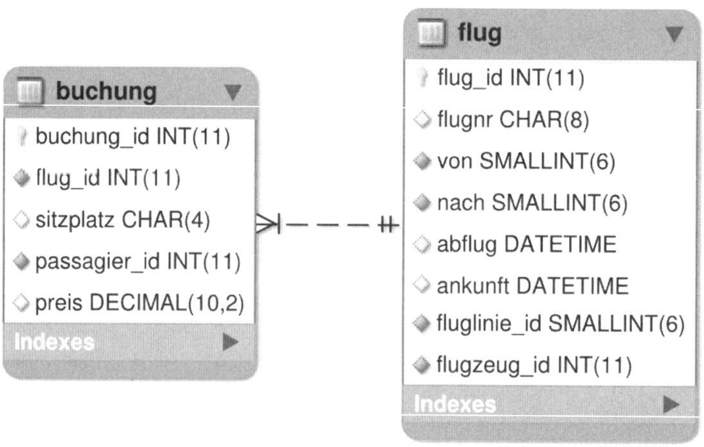

Abbildung 2.6 Beziehung zwischen Buchung und Flug

Wie Sie in Abbildung 2.6 erkennen können, befindet sich auf der Seite der Flug-Entität das Symbol mit den zwei senkrechten Strichen für die Beziehungskardinalität der Größe 1. Das Symbol für den mehrfachen Beziehungstyp ist diese Gabelung, die auch an Krähenfüße erinnert. Gelesen wird auch hier wieder von der Ausgangsentität, hier der Flugtabelle, in Richtung Buchungstabelle. Man sagt »ein Flug hat mehrere Buchungen«. In dieser Beziehung dürfen nicht nur beliebig viele, sondern auch keine Buchungen auftreten. Sie erkennen das an den Krähenfüßen auf der Seite der Buchungen. Da die Linie zwischen den beiden Entitäten durchgezogen ist, handelt es sich auch hier um eine sogenannte identifizierende Beziehung zwischen Flug und Buchung. Sie erkennen das daran, dass der Primärschlüssel der Buchungstabelle auch der Primärschlüssel der Flugtabelle ist. Hier wird ein Fremdschlüssel eingesetzt, mit dem sich die Buchungstabelle auf die Flugnummer bezieht. Dadurch wird sichergestellt, dass eine Buchung nur dann existieren kann, wenn auch ein passender Flug existiert. Würde versucht werden, eine Buchung einzutragen, für die keine Flugnummer in der Flugtabelle existiert, würde MySQL das bemerken und die Eintragung dieser Buchung verweigern. Dadurch wird sichergestellt, dass die Daten sich stets in einem konsistenten Zustand befinden. Die 1:n-Beziehung ist, wie bereits erwähnt, eine *symmetrische Beziehung*. Es hängt nur vom Betrachtungswinkel ab, ob es sich dabei um eine 1:n- oder um eine n:1-Beziehung handelt. Sie können daher zu einem einzigen Beziehungstyp zusammengefasst werden und werden von nun an in diesem Buch als *1:n-Beziehung* bezeichnet.

Der dritte und letzte Beziehungstyp n:m steht für jene Art von Relationen im relationalen Datenbankmodell, bei denen die Entitäten mehrfache Beziehungen miteinander eingehen können. Im Gegensatz zur 1:n-Beziehung beziehen sich jedoch beide Entitäten auf mehrere Ausprägungen (das heißt Zeilen) der Partner-Entität. Konkret bedeutet das, dass für jeden Eintrag in der Tabelle A mehrere mögliche Einträge in Tabelle B existieren können und umgekehrt. Diese besondere Beziehungsform kann nicht direkt durch das relationale Datenbankmodell umgesetzt werden. Das liegt daran, dass es keine mehrfachen Zeilen bzw. Ausprägungen ein und desselben Datensatzes geben kann. Die geforderte Eindeutigkeit wäre sonst nicht mehr gegeben. Daher bedient man sich des Tricks der *Zwischentabelle*.

Im Beispielszenario wurden bereits die Tabellen »flug« und »buchung« vorgestellt. Zwischen diesen beiden Tabellen besteht eine 1:n-Beziehung, die den Zusammenhang zwischen der Buchung und einem bestimmten Flug verdeutlicht. Zwischen den Tabellen »passagier« und »buchung« besteht ebenfalls eine solche 1:n-Beziehung. Es fehlen jedoch noch die Verknüpfungen zwischen den Flugbuchungen und den Personen, die diese Flüge letztendlich buchen und auch bezahlen sollen.

Dazu müssen die Tabellen »passagier« und »flug« miteinander in Beziehung gesetzt werden. Die Überlegung ist hier, dass jeder Passagier mehrere Flüge buchen kann. Wichtig ist hierbei, dass damit unterschiedliche Flüge gemeint sind. Eine Person kann also mehrere unterschiedliche Flüge buchen. Umgekehrt verhält es sich genauso, wie Sie bereits bei der Relation zwischen Flug und Buchung gesehen haben. Neu ist hier die Erkenntnis, dass diese Information noch mit den Passagierdaten verknüpft werden muss. Es ist nun jedoch nicht möglich, die Tabellen »passagier« und »flug« direkt miteinander zu verknüpfen, da die Primärschlüssel beider Tabellen jeweils nur genau einmal vorkommen dürfen, wie es der Definition von Primärschlüsseln entspricht (siehe Abschnitt 2.3).

Die Lösung besteht nun in der Auflösung der n:m-Beziehung zwischen den Tabellen »flug« und »passagier« in zwei 1:n-Beziehungen. Diese beiden 1:n-Relationen, müssen wiederum in einer sogenannten Zwischentabelle aufgelöst werden. In Abbildung 2.7 sehen Sie die das Ergebnis.

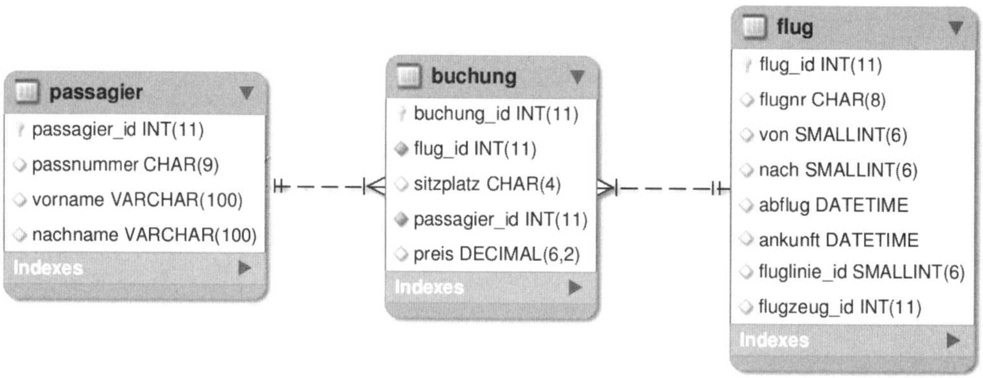

Abbildung 2.7 m:n-Beziehung

Eine solche Zwischentabelle hat mindestens zwei Spalten, in denen die Primärschlüssel als Fremdschlüssel gespeichert werden. Das mag sich nun etwas verwirrend anhoren, doch das dahinterliegende Konzept ist leicht zu verstehen. Die beiden Tabellen »passagier« und »flug« haben jeweils einen Primärschlüssel. Dieser Primärschlüssel dient als eindeutige Identifikation der Tabelleneinträge und muss daher in jeder Tabelle jeweils einzigartig sein. In der Tabelle »passagier« gibt es nur genau einen Eintrag pro `passagier_id` und auch die Flüge sind durch ihre `flug_id` eindeutig identifiziert. Die Aufgabe ist es nun, den Passagieren jene Flüge zuzuordnen, die sie buchen wollen und dann auch bezahlen müssen. Daher müssen diese Tabellen mithilfe ihrer Primärschlüssel verbunden werden.

Doch warum kann man nicht einfach den Primärschlüssel der Flugtabelle direkt in die Passagiertabelle übernehmen? Es ist nicht möglich, einfach die Flugnummern für getätigte Buchungen in die Passagiertabelle direkt aufzunehmen, da Passagiere mehrere Flüge buchen können müssen. Stellen Sie sich vor, der Passagier mit der `passagier_id` 123451234 möchte diese Woche nach Berlin und in der Woche darauf nach Zürich fliegen. Diese Möglichkeit muss das Modell umsetzen können. Versuchen Sie nun, die Information über die Flüge (die `flug_id`) in die Passagiertabelle mit aufzunehmen, dann existieren zwei Zeilen mit ein und derselben `passagier_id`, da der Passagier zwei (unterschiedliche) Flüge gebucht hat. Dies widerspricht aber dem grundlegenden Primärschlüssel- oder Eindeutigkeitsprinzip, das für relationale Datenbanken von herausragender Bedeutung ist.

Auch das Erweitern des Primärschlüssels von dem einen Attribut der `passagier_id` auf einen zusammengesetzten Schlüssel, der aus `passagier_id` und `flug_id` besteht, ist keine Lösung. Zwar hätten Sie so die Eindeutigkeit der Schlüssel wiederhergestellt, da jede Zeile nun durch die Kombination aus `passagier_id` und `flug_id` identifiziert wird. Doch nun hätten Sie das Problem, dass sie keine Passagierdaten von Kunden mehr speichern können, die noch keine Buchung vorgenommen haben. In diesem Fall hätten Sie zwar eine `passagier_id` für die Identifikation des Kunden zur Verfügung, Es wäre jedoch kein Wert für die `flug_id` vorhanden. Ein Schlüssel darf jedoch niemals leer sein. Auch diese Erklärung ist einleuchtend, da Sie zwei leere Schlüssel nicht voneinander unterscheiden könnten und daher auch hier wieder gegen die Definition eines Primärschlüssels verstoßen würden.

Natürlich gilt auch hier wieder die Symmetrie der n:m-Beziehung. Ebenso wenig ist es möglich, die `passagier_id` der Passagiertabelle als weiteres Attribut in die Tabelle der Flüge aufzunehmen. Hier handelt es sich um genau dieselben Probleme, da mit einem Flug jeweils mehrere Passagiere befördert werden sollen. Auch hier kann nicht auf einen zusammengesetzten Primärschlüssel ausgewichen werden.

Eine Lösung für dieses Problem ist die bereits erwähnte Zwischentabelle. Dabei handelt es sich um eine Behelfstabelle, die im einfachsten Fall nur dazu dient, Kombinationen von Primärschlüsseln zu speichern. Diese Primärschlüssel der Tabellen »passagier« und »flug« sind in der Zwischentabelle Fremdschlüssel. Ein Fremdschlüssel ein Verweis auf den Primärschlüssel einer anderen Tabelle. Der Vorteil ist hierbei, dass ein Fremdschlüssel in einer Tabelle nicht zwingend eindeutig sein muss. Oftmals besitzt eine Zwischentabelle einen eigenen Primärschlüssel, der innerhalb der Zwischentabelle selbst eindeutig sein muss. Meistens jedoch dienen die Fremdschlüssel der Tabellen als zusammengesetzter Primärschlüssel der Zwischentabelle. Das folgende Beispiel in Tabelle 2.13 soll das verdeutlichen, die Passagier- und die Flugtabelle sind der Übersichtlichkeit halber vereinfacht dargestellt.

passagier_id	Vorname	Nachname
1234567890	Ada	Betha
1122334455	Edgar	Zetmann
1234512345	Jonas	Kapper
5432112345	Etha	Thees

Tabelle 2.13 Passagiertabelle (vereinfacht)

flug_id	Abflug	Ziel	Fluglinie
1111	MUC	JFK	Lufthansa
2222	IBK	VIE	Austrian
3333	FRA	BER	SAS
4444	ROM	VIE	Alitalia

Tabelle 2.14 Flugtabelle (vereinfacht)

Wenn Sie nun die Buchungen abbilden möchten, dann benötigen Sie dazu eine Zwischentabelle, in der sowohl die Primärschlüssel der Tabelle »passagier« als auch jene der Tabelle »flug« als Attribute gespeichert werden. Diese Zwischentabelle drückt die n:m-Beziehung zwischen den beiden Tabellen aus und beschreibt diese Relation genauer.

Damit Zwischentabellen in ER-Diagrammen schnell erkannt werden können, bekommen sie häufig Bezeichner zugewiesen, die das englische Verb »has« enthalten. Dadurch wird die Mehrfachbeziehung hervorgehoben. Wenn Sie eine solche Beziehung mit der mit MySQL Workbench erzeugen, nennt die Software eine solche Zwischentabelle automatisch »flug_has_passagier«. Betrachten wir nur jene Attribute, welche die m:n-Beziehung abbilden, ergibt sich folgende Zwischentabelle für die Buchungen:

passagier_id	flug_id
1234567890	3333
1234512345	1111
1122334455	2222
1234567890	4444
5432112345	2222

Tabelle 2.15 Zwischentabelle: flug_has_passagier

Eine Zeile der Zwischentabelle enthält nun eine Kombination der Primärschlüssel der Passagier- und der Flugtabelle. Dieses Paar verrät Ihnen beispielsweise, dass der Passagier mit der `passagier_id` 1234567890 zwei Flüge gebucht hat, da diese `passagier_id` in der Tabelle angeführt ist. Die `passagier_id` ist jedoch kein Primärschlüssel der Zwischentabelle mehr, sondern nur ein Fremdschlüssel. Daher kann diese Nummer mehrmals auftreten. Ebenso verhält es sich mit der Flugnummer, so dass jeder Flug von mehreren Passagieren gebucht werden kann. Gemeinsam bilden diese beiden Attribute den kombinierten Primärschlüssel der Tabelle 2.15.

Natürlich bestehen nicht nur paarweise Beziehungen zwischen zwei Entitäten, sondern alle Elemente eines Modells sind miteinander verbunden. Dadurch ergibt sich die genaue Struktur des Datenbankmodells, die Sie durch das ER-Diagramm visualisieren können. Das ER-Modell ist daher ein sehr wichtiges Werkzeug, um das Gesamtbild des Datenbankenschemas darstellen und um auch darüber sprechen zu können. Abhängigkeiten zwischen den verschiedenen Tabellen sind auf die Art sofort zu erkennen und erlauben dadurch weitere Verfeinerungen und Performance-Optimierungen, wie Sie später noch anhand des Praxisbeispiels sehen werden.

Diese Art von Diagrammen müssen Sie nicht händisch zeichnen, um danach das Datenbankenschema in MySQL eingeben zu können. MySQL bietet mit seiner Workbench ein sehr praktisches und leistungsstarkes Tool, mit dessen Hilfe Sie sowohl zuerst das Modell grafisch entwerfen können oder auch ein bestehendes Datenbankenschema automatisch in ein ER-Modell umwandeln können. Die Erstellung eines Skripts mit den SQL-Befehlen anhand des grafischen Modells wird als *Forward-Engineering* bezeichnet. Die andere Richtung, bei der anhand existierender Tabellen das grafische ER-Modell erzeugt wird, nennt man *Reverse-Engineering*. Bei dieser Technik importiert die Software MySQL Workbench die vorhandenen Datenbanken und Tabellen einer Installation und verwandelt die geparsten Tabellenbeschreibungen in ein ER-Modell. Beide Techniken bieten große Vorteile, da sich manche Zusammenhänge erst offenbaren, wenn eine grafische Repräsentation des Modells verfügbar ist, und da auch der Entwurf eines passenden Modells wesentlich intuitiver erfolgen kann als es über die Modellierung mit der abstrakten Datenbeschreibungssprache gelingt.

2.5 Normalformen

In diesem Abschnitt lernen Sie zu guter Letzt die *Normalformen* kennen, die für das Datenbankdesign und damit für die Überlegungen, welche Tabellen für Ihr Modell notwendig sind, von großer Bedeutung sind. Wie Sie bereits wissen, dienen Datenbanken dazu, Daten in eindeutiger Form abzuspeichern. Dazu gehört auch, dass es keine Redundanzen – also keine doppelten oder mehrfachen Kopien – eines Datensatzes geben sollte. Zum einen verschwenden Kopien Speicherplatz, der insbesondere in den Anfängen der Computertechnik ein rares und auch kostbares Gut war. Der zweite, viel wichtigere Grund für diese Einschränkung liegt jedoch in der notwendigen Eindeutigkeit der Daten begründet. Gibt es mehrfache Datensätze, dann müssen bei einer Änderung eines solchen Datensatzes alle weiteren Kopien sofort und dauerhaft ebenfalls abgeändert werden, damit alle Datensätze, die das gleiche Objekt abbilden sollen, auch wirklich dieselben Daten beinhalten. Ist dies nämlich nicht der Fall, dann ist es nicht mehr möglich, festzustellen, welcher Datensatz denn nun der richtige ist – es treten Inkonsistenzen auf. Solche Inkonsistenzen werden auch als Anomalien bezeichnet. Es gibt drei verschiedene Arten von Anomalien:

- *Einfügeanomalie*: Es sind nicht für alle Attribute bereits Werte vorhanden. Beispielsweise gibt es zwar schon Passagierdaten, aber noch keine konkreten Flugzeiten, da der Flug noch zu weit in der Zukunft liegt. Es kann daher noch keine Buchung angelegt (eingefügt) werden, da keine Fremdschlüsselbeziehung zu der Flugtabelle möglich ist. Das Einfügen der Buchung scheitert daher.
- *Löschanomalie*: Das Gegenteil der Einfügeanomalie. Hier wird, anstatt einzelne Daten zu löschen, gleich der ganze Datensatz entfernt, da die Informationen nicht unabhängig voneinander sind. Das betrifft beispielsweise die Tabelle mit den Passagierdetails. Wenn Sie hier die Kindtabelle löschen, wird der Eintrag in der Elterntabelle gleich mit gelöscht, sofern Sie keine Vorkehrungen getroffen haben.
- *Änderungsanomalie*: Sie tritt dann auf, wenn Daten redundant in einer Tabelle bzw. Datenbank gespeichert sind und nicht konsistent (das heißt bei allen Daten gleichzeitig) geändert werden. Somit haben Datensätze, die eigentlich den gleichen Wert haben sollten plötzlich unterschiedliche Werte.

Normalformen beschreiben bestimmte Eigenschaften, die von einem Datenbankenschema erfüllt werden müssen, damit Inkonsistenzen so gut wie möglich verhindert werden können. Außerdem dienen sie dazu, dass gewisse Standards beim Datenbankdesign eingehalten werden, die für relationale Datenbanken wichtig sind. Dazu zählt zum Beispiel die Vorgabe, dass jede Entität in einer eigenen Tabelle abgebildet wird. Wie Sie schon im grundlegenden Flughafenszenario gesehen haben, wird jedes Objekt der realen Welt, das in der Datenbank abgebildet werden soll, durch eine einzelne Tabelle beschrieben. Das erhöht die Übersichtlichkeit für Datenbankentwickler und Administratoren und erleichtert es zudem, die Relationen zwischen diesen Objekten besser erkennen zu können. Normalformen bieten für diese Aufgabe genau definierte Anforderungen, anhand derer überprüft werden kann, ob ein Modell formal für die Anwendung innerhalb eines relationalen Datenbanksystems geeignet ist.

Wie schon die zwölf Anforderungen an Datenbanksysteme wurden auch die Normalformen hauptsächlich vom Datenbankenpionier Edgar Codd herausgearbeitet. Es gibt verschiedene Normalformen, die aufeinander aufbauen und jeweils restriktiver werden. Im restlichen Teil dieses Abschnitts werden die wichtigsten Normalformen kurz und praxisnah vorgestellt. Damit die Beispiele leicht verständlich sind, werden die zuvor eingeführten Tabellen etwas abgeändert, um exemplarisch die möglichen Fehler und Probleme aufzuzeigen.

2.5.1 Erste Normalform

Die *erste Normalform (1NF)* legt fest, wie ein Datensatz bzw. dessen abzuspeichernde Werte strukturiert sein sollen. Sie besagt, dass die Wertebereiche der Attribute atomar sind. Das bedeutet, dass eine Zelle weder zusammengesetzte Werte, noch weiter aufteilbare Daten enthalten darf. In einer Zelle einer Spalte wird daher nur genau ein einziger Wert gespeichert. Der Datentyp dieses Wertes wird bereits bei der Definition der Tabelle festgelegt. MySQL stellt verschiedenste Datentypen bereit, wie zum Beispiel Ganzzahlen (Integer), Datumsangaben oder auch Zeichenketten. Durch diese Festlegung auf genau einen atomaren Datentyp kann MySQL überprüfen, ob der eingetragene Wert für dieses Attribut zulässig ist, sobald ein neuer Wert eingetragen oder aktualisiert wird. Das erhöht die Datenkonsistenz, da keine Werte eines völlig falschen Typs eingetragen werden können, ohne dass dem Datenbanksystem das auffallen würde. Die erste Normalform ist daher eine Voraussetzung dafür, dass eine Tabelle mit einem relationalen DBMS wie MySQL verwaltet werden kann.

Die Tabelle 2.16 entspricht noch nicht der ersten Normalform, es ist nur eine einfache Liste. Sie enthält sowohl Passagier- als auch Flugdaten.

Name	Flug
Ada Betha	Flugnr: LK1122, Von: IBK, Nach: MUC, Abflug: 10:00, Ankunft: 11:15
Edgar Zetmann	Flugnr: AA0815, Von: VIE, Nach: FRA, Abflug: 16:30, Ankunft: 20:00
Gabriel Deltram	Flugnr: AA4455,Von SBG, Nach ROM, Abflug: 21:15, Ankunft 23:45
Hermann Lambert	Flugnr: AA0815, Von: VIE, Nach: FRA, Abflug: 16:30, Ankunft: 20:00

Tabelle 2.16 Die zu normalisierende Tabelle

Was hier auffällt ist insbesondere die Spalte »flug«. Hier befinden sich unterschiedliche Arten von Informationen in einer Zelle, wie zum Beispiel die Flugnummer, Abflugs- oder Ankunftsflughäfen und die Abflugzeiten. Für diese unterschiedlichen Daten bieten Datenbanksysteme wie MySQL verschiedene Datentypen für die Speicherung an, doch dazu später mehr.

Außerdem treten manche Werte mehrfach auf, wie zum Beispiel die Flugdaten der beiden Passagiere mit demselben Reiseziel. Solche Wiederholungen von Werten sind nicht nur unübersichtlich. Eine solche Spalte birgt auch die Gefahr von auftretenden Inkonsistenzen, sobald ein Wert geändert wird. Ändert sich beispielsweise die Abflugzeit des Fluges nach Frankfurt, dann muss diese Zeitplanänderung bei allen Einträgen aktualisiert werden. Geschieht das nicht, ist es unmöglich, festzustellen, welche Zeit nun die richtige ist.

Damit diese Tabelle in die erste Normalform überführt werden kann, müssen zuerst alle Datentypen atomar gestaltet werden. Das bedeutet, dass in einer Spalte nur Daten, die dem der Spalte zugeordneten Datentyp entsprechen, enthalten sein dürfen. Dazu werden neue Spalten eingeführt, welche die Daten einheitlich in sich aufnehmen können. Für die Spalte »Flug« bietet es sich an, je eine neue Spalte für die Flugnummer, Abflugs- und die Ankunftszeit sowie je eine für den Abflugs- und auch den Ankunftsort anzulegen. Hier wurden die Zeiten in Stunden und Minuten sowie für die Orte als Zeichenketten angegeben. Die Namensspalte muss nicht gezwungenermaßen in Vor- und Nachnamen eingeteilt werden, es bietet sich jedoch an.

Vorname	Nachname	Flugnummer	Abflugszeit	Ankunftszeit	Abflugsort	Ankunftsort
Ada	Betha	LK1122	10:00	11:15	IBK	MUC
Edgar	Zetmann	AA0815	16:30	20:00	VIE	FRA
Gabriel	Deltram	AA4455	21:15	23:45	SBG	ROM
Hermann	Lambert	AA0815	16:30	20:00	VIE	FRA

Tabelle 2.17 Die neue Fluginformationstabelle in erster Normalform

Das Überleiten der Ursprungstabelle in die erste Normalform machte es notwendig, einige neue Spalten zu definieren. Nun befindet sich in jeder Zelle nur noch ein einziger Wert, und alle Werte einer Spalte sind nun vom selben Datentyp. Die Tabelle wurde somit erfolgreich in die erste Normalform überführt.

2.5.2 Die zweite Normalform

Die *zweite Normalform* ist eine Erweiterung der ersten Normalform, da sie auf ihr aufbaut, denn eine Tabelle in zweiter Normalform baut auf einer in erster Normalform vorliegenden Tabelle auf. Sie wird dann eingesetzt, wenn Schlüssel nicht nur aus einem einzigen, sondern aus mehreren Attributen bestehen. Solche Schlüssel werden auch als zusammengesetzte Schlüssel bezeichnet. Um diese Normalform zu verstehen, betrachten Sie erneut die Fluginformationstabelle (Tabelle 2.17). Hier dienen die drei Attribute Vorname, Nachname und Flugnummer exemplarisch als *zusammengesetzter Schlüssel*. Als realer Primärschlüssel ist diese Kombination natürlich nicht geeignet, da selbstverständlich auch zwei Personen mit dem identischen Namen im selben Flugzeug sitzen könnten. Für dieses Beispiel hier soll dieser Schlüssel jedoch genügen, da er im gewählten Beispiel eine Buchung durch Namen und Flugnummer eindeutig identifiziert.

Betrachten Sie nun die Spalten »Abflugszeit«, »Ankunftszeit«, »Abflugsort« und »Ankunftsort«. Sie werden feststellen, dass diese vier Attribute nichts mit dem Vornamen und dem Nachnamen eines Passagiers zu tun haben. Diese vier genannten Attribute sind selbst keine Schlüsselattribute und hängen ausschließlich von der Flugnummer, also einem Teil des Schlüssels ab. Das kann zu Problemen führen, denn angenommen, die Passagiere Lambert und Zetmann stornieren ihre Flüge, dann geht die Information über den Flug mit der Flugnummer AA0815 vollständig verloren, obwohl diese Daten unabhängig vom Passagier sind. Auch bei Änderungen müssten so mehrere Zeilen aktualisiert werden.

Als Lösung für dieses Problem bietet sich an, die Flugdaten selbst in eine eigene Tabelle auszulagern. Im Zuge dieser Umgestaltung bietet es sich ebenso an, die Passagiertabelle mit einem vernünftigen Primärschlüssel auszustatten. Hierzu führen Sie in der Passagiertabelle als eine neue Spalte (ein neues Attribut) eine Identifikationsnummer namens `passagier_id` ein, siehe Tabelle 2.18. Diese Nummer wird für jeden neu angelegten Kunden automatisch vom System vergeben und ist eindeutig.

passagier_id	Vorname	Nachname
1234567890	Ada	Betha
1122334455	Edgar	Zetmann
9876543210	Gabriel	Deltram
9122151234	Hermann	Lambert

Tabelle 2.18 Passagierdatentabelle mit künstlichem Schlüssel

Flugnummer	Abflugszeit	Ankunftszeit	Abflugsort	Ankunftsort
LK1122	10:00	11:15	IBK	MUC
AA4455	21:15	23:45	SBG	ROM
AA0815	16:30	20:00	VIE	FRA

Tabelle 2.19 Flugtabelle

Um nun diese beiden Tabellen miteinander zu verknüpfen, wird eine Zwischentabelle eingesetzt, die Sie in Tabelle 2.20 sehen können.

passagier_id	Flugnummer
1234567890	LK1122
1122334455	AA0815
9876543210	AA4455
9122151234	AA0815

Tabelle 2.20 Zwischentabelle »passagier_id_has_flug«

Diese Tabelle enthält jene Kombinationen von Passagieren und Flügen, für die eine Buchung besteht.

Sie erhalten nun drei Tabellen, die alle der zweiten Normalform entsprechen, da jeder Primärschlüssel nur mehr jene Attribute identifiziert, die auch *funktional* von ihm *abhängig* sind. Der neue Primärschlüssel in der Flugtabelle ist nun die Flugnummer. In der Zwischentabelle bilden die Flugnummer und die Passagiernummer einen zusammengesetzten Primärschlüssel. Da jede Tabelle, die in zweiter Normalform (2NF) vorliegt, die daher auch der 1NF entspricht, erfüllen auch alle Tabellen diese Kriterien.

2.5.3 Die dritte Normalform

Auch die *dritte Normalform* baut auf der vorangegangenen, der zweiten Normalform, auf. Zusätzlich zur zweiten Normalform dürfen in der 3NF keine sogenannten *transitiven Abhängigkeiten* mehr vorhanden sein. Die Transitivität (lat. *Übergang*) ist ein Begriff aus der Mathematik und drückt einen indirekten Zusammenhang zwischen Elementen einer Relation aus. Darunter versteht man den Fall, dass ein Attribut B von einem Attribut A abhängt. Ein drittes Attribut C, das ebenfalls in derselben Tabelle steht, hängt jedoch nur von Attribut B ab, nicht von Attribut A direkt. Es besteht jedoch eine indirekte Abhängigkeit, denn C hängt somit transitiv von A ab. Ein solcher Zusammenhang wird als transitiv bezeichnet. Um eine Verletzung der dritten Normalform zu demonstrieren, wird die in Tabelle 2.19 gezeigte Flugdatentabelle um Attribute zur Fluglinie wie folgt erweitert:

Flugnummer	Abflugs-zeit	Ankunfts-zeit	Abflugs-ort	Ankunfts-ort	Fluglinie	Terminal
LK1122	10:00	11:15	IBK	MUC	Lufthansa	A
AA4455	21:15	23:45	SBG	ROM	Austrian	D
AA0815	16:30	20:00	VIE	FRA	Austrian	D

Tabelle 2.21 Erweiterte Flugtabelle

Der Primärschlüssel ist hier immer noch die Flugnummer. Die neu eingeführten Attribute sehen Sie im rechten Teil der Tabelle 2.21. Das Attribut `Fluglinie` hängt in diesem Beispiel von der Flugnummer ab, da eine Fluglinie bestimmte Flüge durchführt. Das zweite neue Attribut – `Terminal` – hängt jedoch nicht mehr direkt von der Flugnummer ab, sondern nur von der Fluglinie, die selbst kein Schlüssel in dieser Tabelle ist. Hier können Sie sehen, dass die Fluglinie (B) von der Flugnummer (A) abhängt, also A -> B und dass die Terminalbezeichnung (C) von der Fluglinie abhängt. In diesem Fall also B -> C. Daraus lässt sich schließen, dass gilt A -> B -> C und dass somit eine transitive Abhängigkeit zwischen der Flugnummer (A) und dem Terminal (C) besteht. Durch eine derartige Abhängigkeit entstehen erneut redundante Einträge in der Tabelle, da sich die Terminalbezeichnung wiederholen kann.

Daher ist es sinnvoll, auch diese Beziehung in getrennte Tabellen auszulagern und somit Redundanzen zu vermeiden. Dazu wird die neue Tabelle Fluglinie eingeführt und ebenfalls um eine automatisch vergebene Nummerierung erweitert, siehe Tabelle 2.22.

Fluglinie_id	Fluglinie	Terminal
1	Lufthansa	A
2	Austrian	D

Tabelle 2.22 Fluglinientabelle

Die neue Tabelle der Flüge kann nun um die Details zur Fluglinie reduziert werden, wie Sie in Tabelle 2.23 sehen können.

Verbunden werden diese beiden Tabellen erneut durch eine Zwischentabelle (Tabelle 2.24), welche die Beziehungen zwischen den Primärschlüsseln der beiden Tabellen darstellt.

Flugnummer	Abflugszeit	Ankunftszeit	Abflugsort	Ankunftsort
LK1122	10:00	11:15	IBK	MUC
AA4455	21:15	23:45	SBG	ROM
AA0815	16:30	20:00	VIE	FRA

Tabelle 2.23 Flugtabelle

Flugnummer	Fluglinie
LK1122	1
AA4455	2
AA0815	2

Tabelle 2.24 Zwischentabelle »flugnummer_has_fluglinie«

Der Unterschied zur zweiten Formalform ist hier, dass die zweite Normalform immer bei zusammengesetzten Schlüsseln zum Einsatz kommen sollte, wo sich Nicht-Schlüsselattribute auf Teilmengen eines solchen zusammengesetzten Schlüssels beziehen. Die dritte Normalform schließlich löst indirekte Abhängigkeiten – transitive Beziehungen – auf. Beide Normalformen sind einander jedoch ähnlich.

Die 3NF ist sehr weit verbreitet und kommt bei praktisch allen Datenbankmodellen, die m:n-Beziehungen abbilden müssen, zum Einsatz. Die im letzten Beispiel vorliegende 1:n-Beziehung wurde hier zu Demonstrationszwecken mithilfe einer Zwischentabelle aufgespalten.

Normalformen sind von zentraler Bedeutung

Auch wenn die hier vorgestellten Normalformen etwas sehr theoretisch anmuten mögen, soll an dieser Stelle nochmal auf deren Wichtigkeit hingewiesen werden. Im Allgemeinen sollten Sie darauf achten, dass Sie Ihr Modell in die dritte Normalform überführen, um Redundanzen und Inkonsistenzen weitgehend zu vermeiden. Allerdings bedeutet eine stark normalisierte Tabelle immer einen Geschwindigkeitsverlust, da hier viele Joins auftreten können. In seltenen Spezialfällen kann eine denormalisierte Tabelle daher notwendig sein, da die Abfragen hier schneller abgearbeitet werden können.

2.5.4 Weitere Normalformen

Es gibt noch weitere Normalformen, welche Datenbankenschemas in noch feiner granulierte Einheiten zerlegen. Dazu gehört beispielsweise die Boyce-Codd-Normalform (BCNF) und die vierte Normalform bis hin zur sechsten Normalform.

Auch diese weiteren Normalformen dienen dazu, die Gefahr von Anomalien durch sich wiederholende Datensätze zu vermeiden. Auch die BCNF und auch die vierte, fünfte und sechste Normalform bauen jeweils aufeinander auf und führen weitere Tabellen und Regeln ein.

Diese erweiterten Normalformen finden jedoch fast nur in Spezialanwendungen und in der akademischen Welt Verwendung, da sie die Komplexität von Datenbankmodellen stark erhöhen. Nicht nur das Überführen in diese Normalformen ist aufwendiger und komplizierter, auch die Datenbankanfragen selbst werden stark verzweigt und vielschichtig. Je mehr Tabellen miteinander verknüpft (durch Joins verbunden) werden müssen, desto aufwendiger werden Anfragen und desto mehr Tabellen und Daten müssen in den Speicher geladen werden. Das wirkt sich natürlich überaus negativ auf die Anfragegeschwindigkeit und die Leistungsfähigkeit der Datenbank aus. Daher raten wir Ihnen, sich im Allgemeinen auf die dritte Normalform zu beschränken.

2.6 Zusammenfassung

In diesem Kapitel haben Sie den Datenbankenwurf kennengelernt. Anhand des Beispielszenarios wurden die theoretischen Grundlagen eingeführt, auf denen relationale Datenbanksysteme wie MySQL basieren.

Die relationale Algebra liefert das mathematische Fundament, das notwendig ist, um die Operationen und Anfragen eindeutig zu definieren. Als wichtigste Operationen haben Sie die Selektion und die Projektion kennengelernt. Mithilfe dieser beiden Methoden lassen sich Daten aus den Tabellen wieder gewinnen und Sie haben gesehen, dass es notwendig ist, diese Methoden genau festzulegen, damit Sie bei einer Anfrage an genau die gleichen Daten auch wieder dieselben Ergebnisse erhalten.

Ein weiterer wichtiger Abschnitt beschäftigte sich mit der Modellierung von Datenbanken mithilfe des ER-Diagramms. Die wichtigsten Bestandteile eines solchen sind die Entitäten, die den Tabellen in der Datenbank entsprechen. Diese Objekte haben Eigenschaften, welche sie auszeichnen. Diese Eigenschaften werden als Attribute bezeichnet. Die Entitäten stehen in Beziehungen zueinander und werden durch diese miteinander verknüpft. Diese Kombination von Entitäten, Attributen und Relationen stellt das Kernkonzept von relationalen Datenbanksystemen dar und wird mithilfe des ER-Diagramms grafisch veranschaulicht.

Für ein solides Datenbankdesign sind bestimmte Regeln notwendig, die als Normalformen bezeichnet werden. Es gibt sie in unterschiedlich strengen Ausprägungen, und sie alle bauen aufeinander auf. Die erste Normalform ist dabei die

Grundvoraussetzung, damit ein Datenmodell mit dem relationalen Datenbankenmodell, wie MySQL eines ist, überhaupt umgesetzt werden kann. Sie haben gelernt, wie Sie schrittweise die dritte Normalform für Ihr Design erreichen können, in dem Sie bestimmte Regeln umsetzen und das Modell weiter verfeinern. In der folgenden Liste sehen Sie noch einmal die drei vorgestellten Normalformen und deren Grundregeln im Überblick:

- Erste Normalform: Alle Attribute sind atomar.
- Zweite Normalform: Jedes Attribut, das nicht selbst ein Primärschlüssel ist, muss vollständig von diesem abhängen. Der Wert eines Nicht-Schlüsselattributs wird durch den Wert des Primärschlüssels festgelegt. Es gibt keine Abhängigkeiten von Teilen eines zusammengesetzten Schlüssels.
- Dritte Normalform: Alle Attribute dürfen ausschließlich und nur vom Primärschlüssel abhängen. Es darf keine transitiven Abhängigkeiten geben.

Sie müssen Ihr Tabellendesign mithilfe dieser drei Normalformen überprüfen, um dadurch Anomalien beim Einfügen und Löschen zu vermeiden. Erst durch die dritte Normalform können Sie verhindern, dass Daten redundant und somit anfällig für Änderungsfehler gespeichert werden. Genauso verhält es sich beim Löschen aus Tabellen, die nicht normalisiert wurden. Hier lauert die Gefahr von Datenverlust!

Das Parade-Paradigma: Learning by doing!
Man wird nicht nur aus Fehlern klug,
auch Beispiele erleichtern den Einstieg ungemein.

3 Schnellstart-Tutorial

Bisher haben Sie das theoretische Modell, das hinter einem Datenbanksystem wie MySQL steht, kennengelernt. Nun geht es ans Eingemachte! Ein Vorsatz der MySQL-Entwickler ist es, dass MySQL trotz aller Features einfach installierbar ist. Innerhalb von 15 Minuten soll MySQL einsatzbereit sein (Hartgesottene schaffen es auch in weniger als 15 Sekunden[1]). In den folgenden Abschnitten lernen Sie, wie Sie MySQL innerhalb von wenigen Minuten installieren und einsetzen können. Außerdem sehen Sie, wie Sie die Beispieltabellen des Flughafenszenarios anlegen können. Sind Sie bereit?

3.1 MySQL herunterladen

Das Open-Source-Projekt MySQL finden Sie auf der eigenen deutschsprachigen Webseite *www.mysql.de*. Wenn Sie dort dem Link *Downloads (GA)* folgen, gelangen Sie zur Übersichtsseite der verschiedenen Varianten und Versionen von MySQL. Je nach Einsatzgebiet und Anforderungen können Sie sich hier für die Community Server Version[2], die Enterprise Edition oder das MySQL Cluster entscheiden sowie weitere Tools beziehen. In diesem Buch wird die kostenlos verfügbare Community Edition eingesetzt. Folgen Sie hier dem Downloadlink[3]. Auf der folgenden Seite, die leider nur auf Englisch verfügbar ist, finden Sie die Auswahlmöglichkeit für Ihr Betriebssystem. Aktuell wird MySQL Community Server für folgende Plattformen angeboten:

---

1 *http://blogs.mysql.com/gmax/2007/10/19/introducing-the-15-seconds-rule/*

2 Zum Zeitpunkt des Schreibens dieses Kapitels (Juli 2011) war die Version 5.6 noch nicht als GA-Version verfügbar. Sie finden die aktuellste Version daher im Bereich Development Releases auf derselben Seite. Sobald die Version 5.6 als Release Candidate veröffentlicht ist, finden Sie diese unter den GA-Downloads.

3 *http://dev.mysql.com/downloads/mysql/*

- Microsoft Windows
- Linux
- Mac
- FreeBSD

Da es sich bei MySQL um ein Open-Source-Projekt handelt, steht selbstverständlich auch der *Quellcode* zur Verfügung. Daher können Sie bei Bedarf MySQL auch selbst *kompilieren*, wenn Sie ein exotischeres Betriebssystem Ihr Eigen nennen, für das es nicht standardmäßig schon sogenannte *Binaries* (vorkompilierte, ausführbare Dateien) gibt. Auf der Homepage wird anhand des User Agents Ihres Browsers im Normalfall bereits Ihr Betriebssystem vorausgewählt. Gleichzeitig schlägt Ihnen das Portal auch die aktuellste, stabile Version von MySQL zum Download vor. Sollten Sie an einer früheren oder einfach an einer anderen Version der Software interessiert sein, finden Sie den Link *Looking for previous GA versions?* im rechten Teil der Webseite.

3.2 Minimale Systemanforderungen

MySQL stellt relativ geringe Anforderungen an das System, auf dem es installiert werden soll. Trotzdem benötigen Sie zuallererst ein Betriebssystem, das von MySQL unterstützt wird. Für eine Installation unter Windows benötigen Sie mindestens Windows 2000, alle späteren Versionen, einschließlich Windows 7 werden unterstützt. Für zusätzliche Tools, wie etwa die MySQL Workbench, benötigen Sie außerdem das *.NET Framework*, doch dazu später mehr. Auch unter Linux und Mac werden alle gängigen und aktuellen (Kernel-)Versionen unterstützt. Prinzipiell lässt sich MySQL auf jedem System selbst kompilieren, auf dem ein C++-Compiler zur Verfügung steht und auf dem *POSIX-Threads*[4] implementiert sind.

Die *Hardwareanforderungen* selbst sind völlig vom vorgesehenen Einsatzzweck abhängig. Solange Sie über ein aktuelles Betriebssystem verfügen und mindestens 200 MB freien Festplattenspeicher für die Installation erübrigen können, können Sie MySQL problemlos installieren. Die Leistungsfähigkeit von MySQL hängt jedoch von vielen verschiedenen Faktoren ab. Generell hängt diese von der zu speichernden Datenmenge ab und davon, wie viele Anfragen von MySQL beantwortet werden müssen. Wie allgemein in der Servertechnik üblich, kommt es hier vor allem auf den bereitgestellten Speicher (RAM) an, über den das Betriebssystem verfügen kann.

4 Threads sind Ausführungsstränge eines Prozesses. Sie werden für die gleichzeitige Ausführung von Programmen eingesetzt.

Alle aktuellen Betriebssysteme besitzen eine Art Auslagerungsdatei, auf die zurückgegriffen wird, wenn dem System der Arbeitsspeicher ausgeht. Diese Auslagerungsdatei (unter Linux Swap genannt), liegt auf der Festplatte, die naturgemäß viel mehr Speicherplatz als das wesentlich teurere RAM bietet.

Leider sind Festplatten aber auch deutlich langsamer. Die Zugriffszeit auf aktuelle Festplatten beträgt in etwa 10 ms[5], während die Zugriffszeit auf den Hauptspeicher lediglich 10 ns[6] beträgt. Auf RAM kann also eine Million Mal schneller zugegriffen werden. Daher bemerken Sie es naturgemäß sofort, wenn Ihr System zu swappen beginnt und häufig benötigte Daten jedes Mal von der Festplatte geladen werden müssen. Gelangt das Betriebssystem in diesen Zustand, kann das gesamte System schnell unbrauchbar werden, da es viel zu langsam auf Anfragen reagiert und zu lange für die Abarbeitung bestehender Aufgaben benötigt. Aus diesem Grund sollten Sie gerade beim Arbeitsspeicher nicht sparen und Ihr System üppig damit ausstatten.

Wie viel RAM Sie genau installieren sollen, kann Ihnen leider niemand exakt vorhersagen. Das hängt vom eingesetzten Betriebssystem und natürlich von der Auslastung des Gesamtsystems ab. Natürlich sind diese Anforderungen erneut vom Einsatzzweck abhängig. Als Backend einer simplen Webanwendung hat MySQL einfachere Aufgaben zu bewältigen als im Hochleistungsbereich, wenn es beispielsweise bei Multiuser-Analysetools mit riesigen Datenmengen zurechtkommen muss.

MySQL benötigt außerdem die Unterstützung des Netzwerkprotokolls *TCP/IP*, was bei allen aktuellen Betriebssystemen automatisch der Fall ist. Mithilfe dieses Protokolls können Clients, die auf anderen Maschinen laufen, Kontakt zu Ihrem MySQL-Server herstellen, sofern dies benötigt wird. Betreiben Sie MySQL dagegen lokal, so wird standardmäßig auf sogenannte Sockets zurückgegriffen, über die Sie in Abschnitt 6.3.1, »Die Syntax der Konfigurationsdatei«, noch mehr erfahren werden. Sind diese bescheidenen Grundvoraussetzungen erfüllt, sollte die Installation von MySQL keinerlei Probleme bereiten.

3.3 MySQL installieren

In den folgenden Abschnitten wird die *Grundinstallation* von MySQL für Betriebssysteme erklärt. Dabei handelt es sich jeweils um die grundlegendste Konfiguration, damit Sie sofort loslegen können. Prinzipiell besteht eine MySQL-Installation aus zwei Komponenten: dem *Server* selbst und dem *Client*, mit dessen

5 Millisekunden: Eine Millisekunde entspricht 0,001 Sekunden (Tausendstelsekunde).

6 Nanosekunden: Eine Nanosekunde entspricht 0,000 000 001 Sekunden (Milliardstelsekunde).

Hilfe Sie den Server steuern können. Im Normalfall werden beide Bestandteile automatisch installiert. Die Installation unter Windows, Linux und Mac ist denkbar einfach! Springen Sie einfach zum jeweiligen Abschnitt, in dem die Einrichtung unter Ihrem Betriebssystem beschrieben wird.

Bemerkungen zur Schnellinstallation

MySQL ist unter allen gängigen Betriebssystemen im Normalfall sehr einfach zu installieren. Egal, ob Sie auf Windows, Linux oder Mac OS setzen, für alle Systeme gibt es benutzerfreundliche Installationsassistenten, die Sie durch die Installation führen. Sollten Sie dennoch auf Probleme stoßen, kann das oftmals daran liegen, dass bereits eine frühere Version von MySQL installiert ist. Entfernen Sie daher alle bereits vorhandenen Installationen der Software, bevor Sie mit der Neuinstallation beginnen.

Das Datenbanksystem wird sehr häufig in Serverumgebungen eingesetzt. Da Linux-Webserver eine sehr hohe Verbreitung haben, sind alle von nun an vorgestellten Beispiele in diesem Buch unter Linux-Distributionen getestet worden. Die für die Administration relevanten Befehlssequenzen werden in den allermeisten Fällen direkt über die MySQL Eingabekonsole eingegeben. Diese unterscheidet sich bei allen unterschiedlichen Betriebssystemvarianten nicht und ermöglicht es so, sich auf die wesentlichen Besonderheiten zu konzentrieren und nicht auf betriebssystemspezifische Darstellungen Rücksicht nehmen zu müssen.

3.3.1 Schnellinstallation unter Windows

Die Installation des MySQL Community Servers ist unter Windows denkbar einfach. In den folgenden Beispielen wird von der aktuellen Version des Betriebssystems – Windows 7 – ausgegangen. Die Einrichtung unter früheren Ausgaben des Microsoft-Betriebssystems ist jedoch nahezu identisch und im Allgemeinen selbsterklärend.

Wie bereits einleitend erklärt wurde, gibt es für Windows eigene Binärdistributionen. Diese sind für die Installation unter Windows vorbereitet und seit der MySQL-Version 3.21 verfügbar. Auf der Downloadseite von MySQL finden Sie verschiedene Versionen für Ihre Ausgabe von Microsoft Windows. Im Allgemeinen können Sie zwischen der *32-* und der *64-Bit*-Version wählen. Falls Sie nicht wissen, welchen Systemtyp Sie installiert haben, können Sie das unter Windows 7 herausfinden, indem Sie in der Systemsteuerung auf den Bereich SYSTEM UND SICHERHEIT und dann auf SYSTEM klicken. Dort wird Ihnen der Systemtyp angezeigt. Alternativ können Sie auch die [Windows]-Taste und die [Pause]-Taste gleichzeitig drücken, um dasselbe Fenster zu öffnen.

Auf der Downloadseite können Sie außerdem zwischen dem Installerpaket und einem ZIP-Archiv wählen. Für den schnellen Einstieg wählen Sie das MSI Installerpaket, das zu Ihrer Systemarchitektur (32 oder 64 Bit) passt, und laden es herunter. Dieses Paket enthält alle notwendigen Dateien und den passenden Installationsassistenten für Ihre Windows-Version. Dieser Assistent bietet eine praktische Benutzeroberfläche, wie Sie sie von anderen Softwareinstallationen her kennen.

Nachdem Sie das etwas über 120 MB große Paket heruntergeladen haben, können Sie es per Doppelklick ausführen. Achten Sie darauf, dass Sie MySQL mit einem Konto mit *Administratorberechtigungen* installieren. Während der Installation werden spezielle Rechte benötigt, etwa zum Anlegen der Serversoftware als Systemdienst. Nach der Installation können Sie mit MySQL auch mit einem normalen Benutzerkonto arbeiten. Falls Sie Windows 7 benutzen, werden Sie zu gegebenem Zeitpunkt darauf hingewiesen, dass erweiterte Rechte benötigt werden.

Nachdem Sie die Sicherheitswarnung bestätigt haben, die bei jeder Installation eines Programms, das Sie aus dem Internet bezogen haben, erscheint, werden Sie vom Startbildschirm des Installationsbildschirms begrüßt. Nachdem Sie diesen mit einem Klick auf die Schaltfläche NEXT bestätigen, gelangen Sie zur Lizenzbedingung, der *EULA* (End-User License Agreement). Dabei handelt es sich, wie bereits erwähnt, um die *GNU General Public License*[7] in der Version 2, die Sie auch auf der Projekt-Homepage oder in der deutschen (inoffiziellen) Übersetzung[8] im Internet finden können. Sie müssen diese Vereinbarung durch die Aktivierung des Häkchens akzeptieren, wie Sie in Abbildung 3.1 erkennen können.

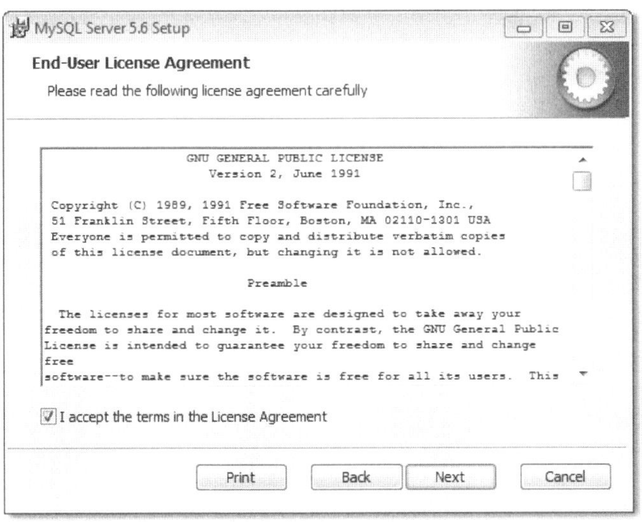

Abbildung 3.1 Lizenzvereinbarung

7 *http://www.gnu.org/licenses/old-licenses/gpl-2.0.html*

8 *http://www.gnu.de/documents/gpl-2.0.de.html*

Nach einem erneuten Klick auf die Schaltfläche NEXT gelangen sie zur Installationsauswahl (Abbildung 3.2), innerhalb der Sie festlegen können, welchen Funktionsumfang und mit welchen Einstellungsdetails Sie den MySQL-Server installieren möchten. Hier in diesem Schnellstart-Tutorial entscheiden Sie sich bitte für die Variante mit der sprechenden Bezeichnung TYPICAL. In Kapitel 6, »Manuelle Installation, Plugins und Upgrades«, erfahren Sie später, wie Sie MySQL an Ihre speziellen Bedürfnisse anpassen können. Für die grundlegenden Beispiele sind die Standardeinstellungen jedoch bereits ausreichend.

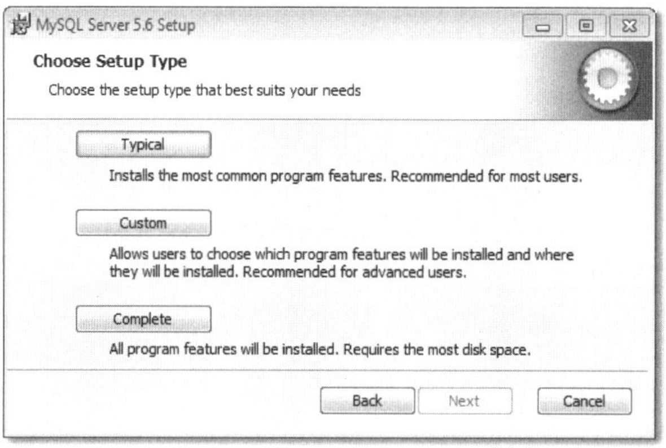

Abbildung 3.2 Installationstyp

Nachdem Sie durch einen Klick auf den genannten Button Ihre Auswahl bestätigt haben, werden Sie vom Installer aufgefordert, die eigentliche Installation durch einen erneuten Klick auf den Knopf INSTALL zu starten. Falls Sie ebenfalls Windows 7 einsetzen, kann es sein, dass Windows Sie mit einer Warnmeldung konfrontiert:

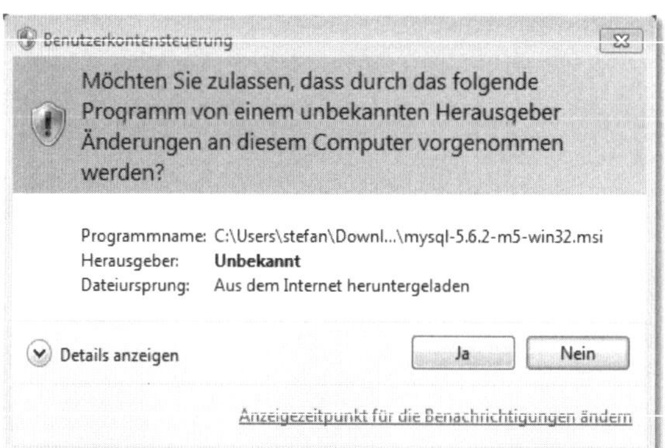

Abbildung 3.3 Sicherheitswarnung

Diese Warnmeldung können Sie getrost bestätigen. Im nächsten Schritt werden die Dateien auf die Festplatte kopiert, was einige Minuten in Anspruch nehmen kann. Darauf folgen einige Werbeschaltungen, die Sie dezent auf die Prämienangebote der Software verweisen. Diese können Sie durch Klicks auf die Schaltfläche NEXT zur Kenntnis nehmen.

Falls Sie Windows 7 einsetzen, erfolgt hier der Hinweis auf die erweiterten Benutzerrechte, die MySQL während der Installation benötigt. Bestätigen Sie daher den Warndialog wie in Abbildung 3.4 entsprechend.

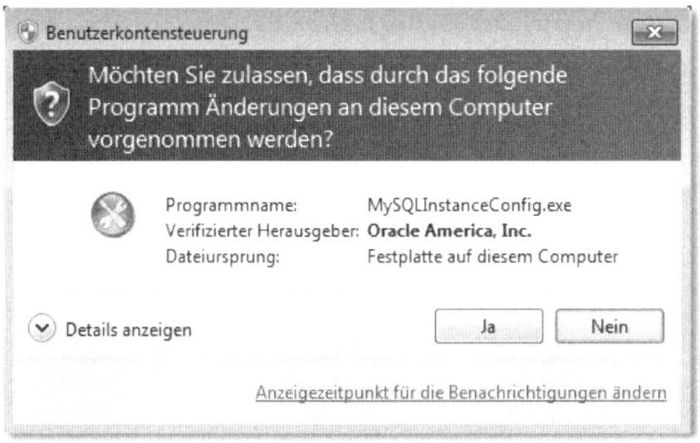

Abbildung 3.4 Warnhinweis beim Setup

Nach dieser Bestätigung ist MySQL auf Ihrem System installiert. Nun folgt die Einrichtung der Datenbanksoftware, die durch den MySQL Server Instance Configuration Wizard geführt wird.

Eine konkrete Installation einer Datenbank auf einem Computersystem wird allgemein als *Instanz* (engl. *Instance*) bezeichnet, da diese durch die benötigten, benutzerdefinierten Einstellungen an die Anforderungen des Systems angepasst wird. Im Detailkapitel folgen, wie gehabt, die spezielleren Einstellungen, die für den Produktivbetrieb optimal sind.

Im ersten Menü des Konfigurationsassistenten können Sie sich zwischen der Standardkonfiguration und den detaillierteren Einstellungen entscheiden. Wählen Sie auch hier wieder die Standardeinstellungen aus Abbildung 3.5.

Nach der Bestätigung gelangen Sie zu den Starteinstellungen für MySQL unter Windows (siehe Abbildung 3.6). Sie können MySQL entweder als eigenständige Anwendung installieren oder als windowseigenen *Dienst*. Der Unterschied ist, dass Dienste im Hintergrund – quasi unsichtbar – laufen, während eigenständige Anwendungen auf Ihrem Desktop sichtbar erscheinen.

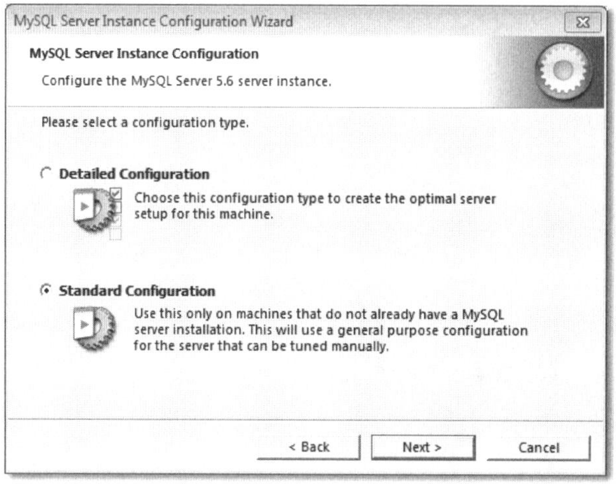

Abbildung 3.5 Konfigurationsumfang

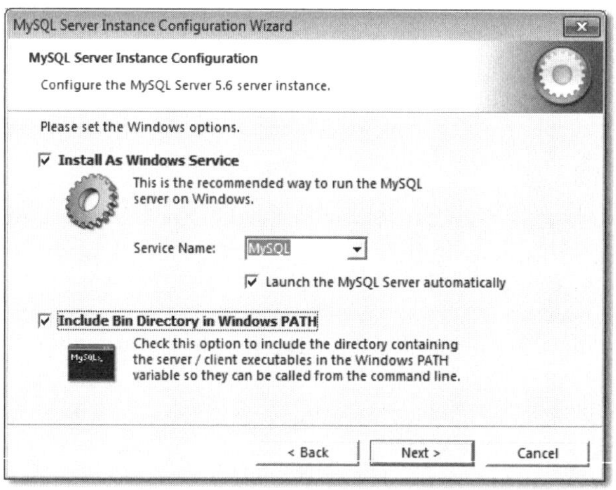

Abbildung 3.6 Starteinstellungen

Wenn Sie sich – wie in der Abbildung dargestellt, außerdem für den automatischen Start entscheiden, dann wird MySQL zukünftig bei jedem Systemstart automatisch im Hintergrund mit gestartet werden. Das ist natürlich sehr komfortabel, weswegen diese Installationsart auch für dieses Schnellstart-Tutorial geeignet ist.

Wenn Sie MySQL als eigene Anwendung installieren, müssen Sie selbst dafür Sorge tragen, dass das Datenbankmanagementsystem auch läuft. Ein Vorteil der manuellen Variante ist jedoch, dass MySQL, wenn es nicht läuft, natürlich auch keine Ressourcen benötigt, im Gegensatz zum Serverdienst, der ständig mitläuft und auf Anfragen wartet. Bei den heutigen Systemen ist dieser Ressourcenunterschied jedoch nicht mehr so entscheidend. Den Namen des MySQL-Dienstes können Sie entweder aus der Liste wählen oder frei angeben. Er dient nur dem raschen Erkennen im Task-Manager für Ihren Komfort.

Die Option INCLUDE BIN DIRECTORY IN WINDOWS PATH, die Sie bitte ebenfalls auswählen, legt fest, ob der Ordner mit den ausführbaren Dateien zu den Systemvariablen von Windows hinzugefügt werden soll oder nicht. Dieser Ordner enthält jene Tools und Programme, mit denen Sie mit dem DBMS MySQL kommunizieren werden. Die meisten dieser Tools sind kommandozeilenbasiert. Sie werden daher vom Terminal bzw. von der Eingabeaufforderung aus gesteuert. Wenn Sie diese Option auswählen, dann kennt Windows diese Tools quasi beim Namen, und Sie müssen nicht immer den gesamten Pfad zu diesem Verzeichnis auf Ihrer Festplatte angeben.

Nachdem Sie diese Einstellungen bestätigt haben, gelangen Sie zu den grundlegenden Sicherheitseinstellungen für MySQL. Es gibt standardmäßig immer einen speziellen Benutzer, der »root« genannt wird. Der Rootuser ist jener Benutzer, der mit den meisten Benutzerrechten ausgestattet ist. Er wird auch oft als Superuser bezeichnet, da er den uneingeschränkten Zugriff auf alle Funktionen eines Systems hat. Im Fall von MySQL ist das ebenfalls jener Benutzer, der sämtliche Informationen der Datenbanken einsehen, verändern und löschen darf. Dieses Konto ist daher sehr mächtig, und aus diesem Grund sollten Sie es mit einem sicheren Passwort schützen. Ein sicheres Passwort besteht aus mindestens sechs Zeichen, wobei Groß- und Kleinbuchstaben, Zahlen und Sonderzeichen vorkommen sollen. Ein solches Passwort geben Sie hier ein und bestätigen es durch die erneute Eingabe.

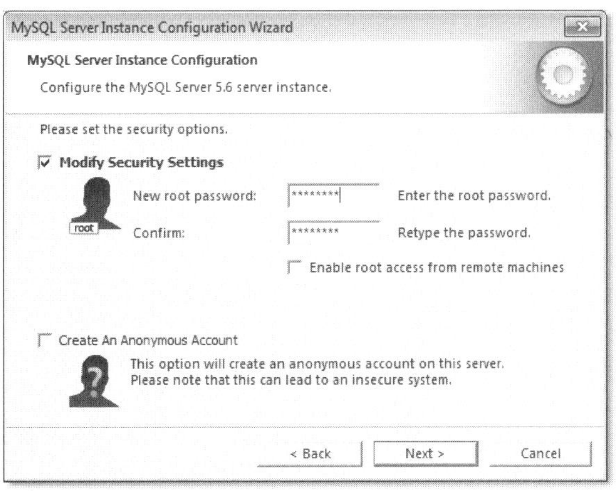

Abbildung 3.7 Sicherheitseinstellungen

Die Unteroption Enable root access from remote machines sollten Sie nicht aktivieren. Durch diese Einstellung kann sich der allmächtige Benutzer »root« auch von anderen Computern über das Netzwerk bzw. das Internet bei dem installierten MySQL-System anmelden. Da wir im Schnellstart-Tutorial keinen entfernten Datenbankzugriff benötigen und das Freischalten dieser Option ein potenzielles Sicherheitsrisiko darstellt, verzichten Sie besser darauf. Auch die zweite Option – Create An Anonymous Account – sollten Sie aus Sicherheitsgründen ebenfalls nicht aktivieren, da ansonsten gar keine Benutzerauthentifizierung, also auch kein Passwort, zum Einloggen benötigt wird. Ein Klick auf Next schließt die Benutzereinrichtung ab.

Das war auch schon der letzte Schritt. Und wenn Sie die folgende Abfrage zum Einrichten noch mit der Schaltfläche Execute bestätigen, dann werden die gewählten Optionen in die Konfigurationsdatei geschrieben, und der Dienst wird gestartet, sofern Sie diese Option ausgewählt haben. Danach sehen Sie zuerst einmal nichts, denn der MySQL-Dienst läuft im Hintergrund. Wenn Sie nun aber einen Blick in den Task-Manager werfen (Strg + Alt + Entf), dann sehen Sie, wie in Abbildung 3.8 dargestellt, dass der Dienst läuft: Sie haben MySQL erfolgreich installiert!

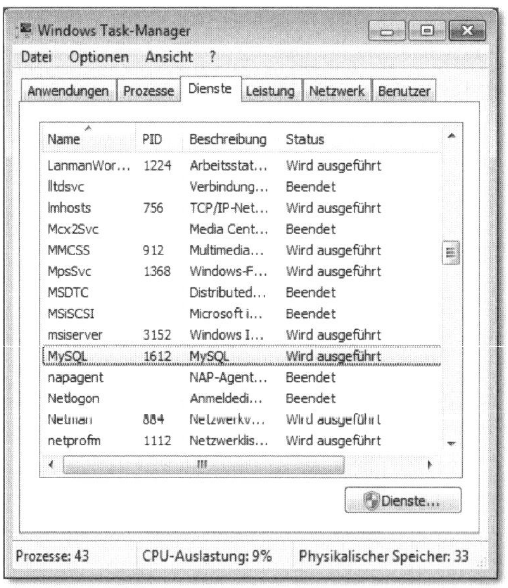

Abbildung 3.8 Der MySQL-Prozess im Task-Manager

MySQL wurde durch diese wenigen Schritte erfolgreich eingerichtet. Wie Sie auf die Datenbank zugreifen können und wie Sie sich mit der grundlegenden Bedienung vertraut machen, erfahren Sie in Kapitel 7, »MySQL administrieren«.

3.3.2 Schnellinstallation unter Linux

Auch unter GNU Linux lässt sich das DBMS MySQL äußerst einfach installieren. Im Folgenden sehen Sie die Installation exemplarisch für die am weitesten verbreiteten Distributionen des deutschsprachigen Raums: Ubuntu[9] und openSUSE[10] sowie als Beispiel für eine Distribution ohne grafische Oberfläche Debian[11]. Alle Beispielinstallationen wurden in den aktuellsten Betriebssystemversionen getestet. Da diese frisch installiert wurden und keine Anpassungen vorgenommen wurden, kann es bei Ihnen zu geringfügigen Abweichungen in der Darstellung kommen.

Ubuntu

Seit seinem Start im Jahr 2004 konnte Ubuntu Linux seine Verbreitung enorm steigern. Dazu tragen vor allem seine einfache Bedienung und die hervorragende Community bei, die zu allen möglichen Fragen und Problemen mit Rat und Tat zur Seite steht.

Getestet wurde die Installation für dieses Buch unter der Version Ubuntu 10.10 (genannt Maverick Meerkat). Standardmäßig kommt unter Ubuntu die Desktopumgebung *Gnome* zum Einsatz, unter der Sie mit dem Standardpaketmanager *Synaptic* neue Software ganz einfach installieren können. Starten Sie die Paketverwaltung, indem Sie auf das entsprechende Symbol im Menü SYSTEM • SYSTEMVERWALTUNG • SYNAPTIC PAKETVERWALTUNG auswählen. Sie werden aufgefordert, Ihr Passwort für Änderungen am System einzugeben und gelangen dann zum Hauptfenster der Paketverwaltung.

Geben Sie dann im Suchfeld den Paketnamen mysql-server ein, und bestätigen Sie die Eingabe. Wie Sie hier in Abbildung 3.9 sehen können, ist in der Liste nur die Version 5.1 verfügbar. Das liegt daran, dass es die Version 5.6 zum Zeitpunkt des Schreibens dieses Buches noch nicht in die offiziellen Paket-Repositories geschafft hat und auch die Vorgängerversion 5.5 noch nicht in den Repositories eingepflegt war. Sobald aber die neue Version verfügbar ist, werden Sie vom Paketmanager darüber informiert. Wenn Sie die aktuellste Version, die erst als Developer Version angeboten wird, installieren möchten, springen Sie gleich zum Abschnitt 6.1, »Von neuen Quellen – My SQL selbst kompilieren und installieren«.

9 *http://www.ubuntu.com*
10 *http://www.opensuse.org*
11 *http://www.debian.org*

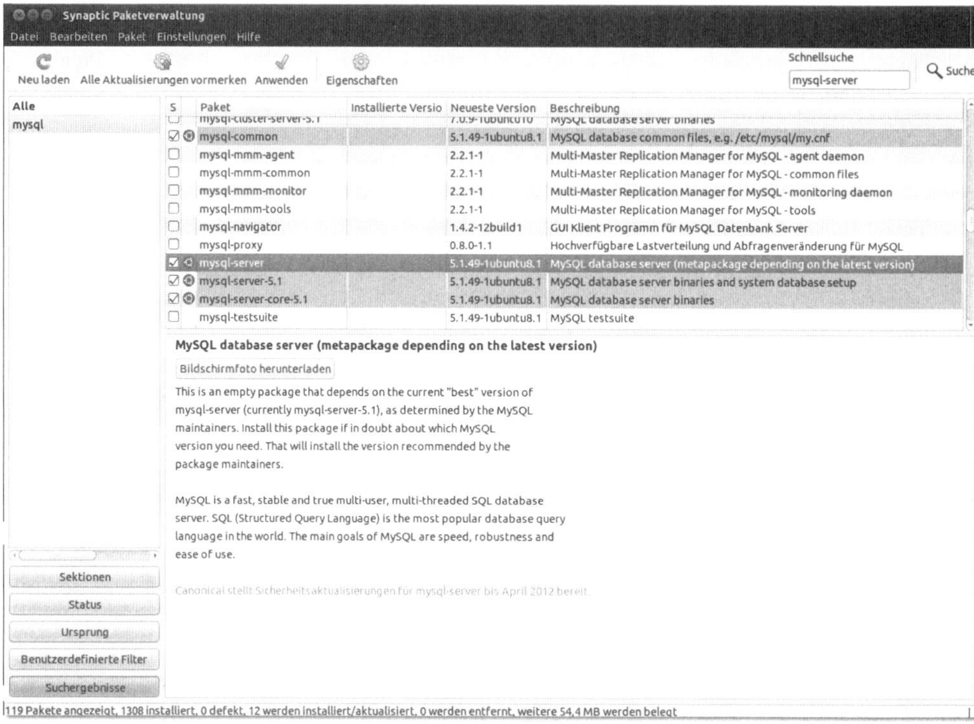

Abbildung 3.9 Synaptic Paketverwaltung

Nachdem Sie das Paket MySQL-Server ausgewählt haben, löst Synaptic automatisch alle Abhängigkeiten von anderen Programmen und Tools auf und installiert diese gleich mit. Das ist der große Vorteil von Paketmanagern. Nach einem Klick auf die Schaltfläche ANWENDEN lädt die Software alle benötigten Pakete herunter und richtet diese automatisch ein. Während der Installation werden Sie von der Setuproutine nach dem Passwort für den Root-Nutzer gefragt, der alle Rechte innerhalb von MySQL besitzt und somit allmächtig ist. Wählen Sie hier ein sicheres Passwort! Die Installation läuft danach selbsttätig zu Ende.

Auch hier merken Sie vorerst nichts. Erst ein Blick in die Liste der laufenden Prozesse verrät Ihnen, ob der MySQL-Server nun auch läuft. Öffnen Sie dazu ein Terminal-Fenster über das Menü ANWENDUNGEN • ZUBEHÖR • TERMINAL, und geben Sie folgenden Befehl aus Listing 3.1 für die Ausgabe der Prozessliste (`ps ax`) und die Filterung des Prozessnamens mysql (`grep mysql`) ein, die *Pipe* | verbindet beide Befehle.

```
bash# ps ax | grep mysql
```

Listing 3.1 Prozessliste anzeigen und nach MySQL filtern

Der Teil `bash#` ist der Kommandozeilenpromt. Den müssen Sie nicht eingeben. Sie sollten nun zwei Zeilen, ähnlich wie in Listing 3.2, angezeigt bekommen. Die erste Zeile enthält den MySQL-Serverprozess. Die zweite zeigt den `grep`-Aufruf selbst an:[12]

```
1508 ?        Ssl    1:00 /usr/sbin/mysqld
9860 pts/2    S+     0:00 grep mysql
```

Listing 3.2 Die Ausgabe der Prozessliste

Die ersten vier Spalten sind hier nicht von Belang, wichtig ist, dass Sie einen Verweis auf den *MySQL-Daemon* vorfinden, denn dabei handelt es sich um den laufenden MySQL-Server-Prozess. Sie erkennen hier am Suffix *d*, dass es sich bei dem Programm um einen Systemdienst handelt. Sofern Sie diese Zeile sehen, haben Sie MySQL erfolgreich installiert.

openSUSE

OpenSUSE ist eine ebenfalls sehr weit verbreitete und ausgereifte Linux-Distribution, die vollkommen auf Open-Source-Software aufsetzt. Auch hier gibt es eine sehr große Community, die den Einstieg und auch den professionellen Betrieb durch ihr kollektives Wissen enorm erleichtert. OpenSUSE verwendet ein eigenes Paketmanagement-Tool namens *YaST(Yet another Setup Tool)*, das die Einrichtung von zusätzlicher Software deutlich vereinfacht. Sie finden YaST im ANWENDUNGSSTARTER unter dem Reiter RECHNER.

Nachdem Sie Ihr Passwort für die Änderungen am System angegeben haben, startet das Menü, und Sie können im linken Bereich SOFTWARE auswählen. Klicken Sie dann im rechten Teil des Fensters den Menüpunkt NEUE SOFTWARE INSTALLIEREN ODER LÖSCHEN doppelt an. Daraufhin öffnet sich die Paketverwaltung, und Sie können im Register SUCHEN den Paketnamen mysql-community-server angeben und auf SUCHEN klicken.

Je nach gewählter Installationsart des Betriebssystems ist der MySQL-Server eventuell bereits installiert, was Sie an dem kleinen Häkchen neben dem Paketnamen erkennen. Wenn der MySQL Community Server bereits installiert ist, sind Sie hier schon fertig und können zum nächsten Abschnitt springen. Wie Sie auch in Abbildung 3.10 sehen, befindet sich in den Paketquellen noch nicht die aktuellste Version, sondern lediglich die Version 5.1 von MySQL. Hier wurde die aktuellere Version seitens openSUSE noch nicht in die offiziellen Quellen aufgenommen, auch die Vorgängerversion 5.5 fehlt hier noch.

12 Da dieser Aufruf selbst den String »mysql« enthält.

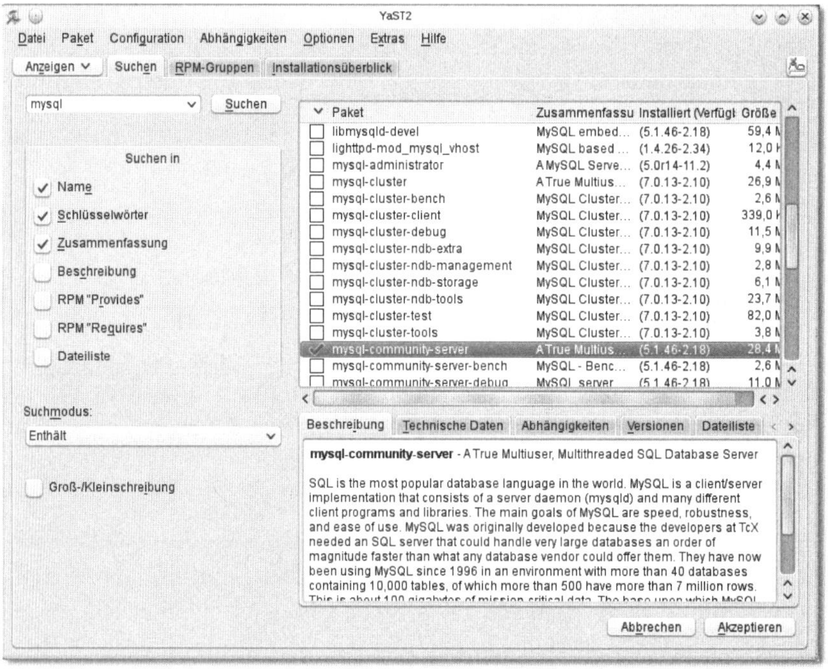

Abbildung 3.10 YaST – OpenSUSE Paketmanagement-Tool

Sobald jedoch die Version 5.6 in die Paketquellen integriert wurde, wird Sie das System über mögliche Updates informieren. Wenn Sie gleich die Version 5.6 einrichten möchten, können Sie das manuell durchführen. Details dazu finden Sie im übernächsten Abschnitt.

Sollte MySQL noch nicht installiert sein, setzen Sie den Haken neben den Paketnamen, und klicken Sie auf AKZEPTIEREN. Daraufhin lädt YaST alle benötigten Pakete herunter und richtet diese automatisch ein. OpenSUSE startet den neu eingerichteten Serverdienst nicht automatisch. Das können Sie jedoch leicht selbst vornehmen. Starten Sie dazu ein Terminal-Fenster aus dem ANWENDUNGSSTARTER unter PROGRAMME • SYSTEM • TERMINAL. Da es sich bei MySQL um einen Systemdienst handelt, muss dieser mit Superuserrechten gestartet werden. Wechseln Sie dazu mittels `su` in das Root-Konto ihrer Linux-Installation. Nachdem Sie das Systempasswort angegeben haben, geben Sie folgenden Befehl aus Listing 3.3 ein:

```
bash#/etc/init.d/mysql start
```

Listing 3.3 Den MySQL-Dienst starten

Dadurch wird das Startskript für MySQL aufgerufen. Beim ersten Mal weist MySQL Sie darauf hin, dass noch kein Root-Passwort für das Datenbanksystem gesetzt wurde. Das können Sie mit folgendem Befehl nachholen, der gleichzeitig die Installation grundlegend absichert. Geben Sie diesen Befehl aus Listing 3.4 ebenfalls als »root« in der Konsole ein:

```
bash#/usr/bin/mysql_secure_installation
```

Listing 3.4 Die Installation absichern

Das Skript fragt Sie nach dem aktuellen Passwort der MySQL-Installation. Da noch keines angelegt wurde, drücken Sie hier einfach [↵] und bestätigen mit `Y`, dass Sie ein neues Passwort anlegen möchten. Danach geben Sie ein sicheres Passwort zweimal ein und bestätigen es jeweils mit der [↵]-Taste. Das Skript fragt als Nächstes, ob anonyme User entfernt werden sollen. Beantworten Sie diese Frage mit `Y`, und bestätigen Sie erneut. Als Nächstes müssen Sie ebenfalls mit `Y` die Frage bestätigen, ob der entfernte Zugriff (`remote root login`) abgestellt werden soll. Damit verhindern Sie, dass sich (böswillige) Nutzer von anderen Rechnern aus als Hauptnutzer »root« anmelden können. Die nächste Frage dreht sich um die Beispieldatenbanken, die Sie mit `n` beantworten, da wir diese vorerst noch behalten möchten. Als Letztes bestätigen Sie die Frage mit `Y`, ob die Privilegientabellen (engl. *privilege tables*) jetzt neu geladen werden sollen. Damit werden alle Änderungen sofort aktiv.

Zu guter Letzt können Sie mit folgendem Befehl aus Listing 3.5 überprüfen, ob MySQL läuft:

```
bash#ps ax | grep mysql
```

Listing 3.5 Den MySQL-Prozess anzeigen

Dieser Befehl filtert eine Liste aller Prozesse nach dem Prozessnamen `mysql`. Wenn Sie mindestens zwei Ergebniszeilen erhalten, dann läuft MySQL. Herzlichen Glückwunsch!

MySQL über die Kommandozeile installieren

Wenn Sie keine grafische Oberfläche wie KDE oder Gnome verwenden, können Sie MySQL auch ganz einfach über die *Kommandozeile* installieren und einrichten. Dies ist standardmäßig auf Servern der Fall, da hier meistens nur ein textbasierter Zugriff über ein Terminal möglich und auch keine grafische Benutzeroberfläche notwendig ist. Prinzipiell gibt es dafür drei Möglichkeiten:

- Installation mithilfe eines Paketmanagers
- Einrichtung des allgemeinen Binärpakets
- Kompilierung des Quellcodes mit anschließender Einrichtung

In diesem Schnellstart-Tutorial wird nur die erste Variante mittels Paketmanager vorgestellt. Die etwas aufwendigere Einrichtung mithilfe der beiden anderen Varianten lernen Sie in Kapitel 6, »Manuelle Installation, Plugins und Upgrades«, kennen. Für alle Linux-Distributionen steht der Paketmanager auch unter der jeweiligen Kommandozeile zur Verfügung. Die Installation erfolgt auch hier kinderleicht.

Installation unter OpenSUSE

Wechseln Sie auf die Kommandozeile, und loggen Sie sich mittels `su` als »root« ein. Bestätigen Sie diesen Wechsel mit dem Administratorpasswort. Danach weisen Sie den Paketmanager `zypper` an, das Paket `mysql-community-server` zu installieren, wie in Listing 3.6 zu sehen ist:

```
bash# zypper in mysql-community-server
Daten des Repositorys laden ...
Installierte Pakete lesen ...
Paketabhängigkeiten auflösen ...
Die folgenden NEUEN Pakete werden installiert:
  mysql-community-server mysql-community-server-client
2 neue Pakete zu installieren.
Gesamtgröße des Downloads: 7,9 MiB. Nach der Operation werden
zusätzlich 28,7 MiB belegt.
Fortfahren? [j/n/?] (j): j
Paket mysql-community-server-client-5.1.46-2.18.i586 wird abgerufen
(1/2), 151,0 KiB (343,0 KiB entpackt)
Abruf: mysql-community-server-client-5.1.46-2.18.i586.rpm [fertig]
Installation von: mysql-community-server-client-5.1.46-2.18 [fertig]
Paket mysql-community-server-5.1.46-2.18.i586 wird abgerufen
(2/2), 7,7 MiB (28,4 MiB entpackt)
Abruf: mysql-community-server-5.1.46-2.18.i586.rpm [fertig (2,6 MiB/s)]
Installation von: mysql-community-server-5.1.46-2.18 [fertig]
```

Listing 3.6 Installation unter OpenSUSE

Wie Sie sehen, installiert der Paketmanager `zypper` automatisch die Client-Anwendung mit. Mit folgendem speziellen Befehl für OpenSUSE können Sie überprüfen, ob MySQL läuft:

```
bash# rcmysql status
Checking for service MySQL:        unused
```

Listing 3.7 Status des MySQL-Prozesses

Nachdem hier die Ausgabe `unused` lautet, müssen Sie den Dienst noch händisch starten. Das geschieht mittels des Befehls aus Listing 3.8:

```
bash# rcmysql start
```

Listing 3.8 Den Dienst starten

Ein erneuter Aufruf der Statusabfrage wie in Listing 3.9 liefert nun ein positives Ergebnis:

```
bash# rcmysql status
Checking for service MySQL:        running
```

Listing 3.9 Den Status anzeigen

Installation unter Debian/Ubuntu

Die Installation unter Debian-basierten Linux-Disbritutionen ist ebenso einfach. Öffnen Sie ein Terminal, und wechseln Sie in das Root-Konto Ihres Sytems. Dazu geben Sie unter Debian `su` ein bzw. unter Ubuntu `sudo -i`, und danach geben Sie Ihr Root-Passwort an. Anschließend können Sie MySQL mithilfe des Paketmanagers `apt` installieren, wie Sie in Listing 3.10 sehen können:

```
bash# apt-get install mysql-server
```

Listing 3.10 Installieren mittels apt

Unter Ubuntu müssen Sie gar nicht erst in das Benutzerkonto von »root« wechseln. Stellen Sie einfach dem Installationsbefehl noch ein sudo voran, wie in Listing 3.11 gezeigt:

```
bash#  sudo apt-get install mysql-server
```

Listing 3.11 Installieren mit sudo und apt

Auch hier werden weitere Pakete je nach Bedarf gleich mit installiert. Auch der textbasierte Installer fragt Sie nach einem Root-Passwort, das Sie für den Administratorzugang festlegen müssen. Bei Debian wie auch bei Ubuntu wird der MySQL-Prozess automatisch gestartet. Ob er wirklich läuft, überprüfen Sie mit dem Befehl aus Listing 3.12:

```
bash# ps ax | grep mysql
```

Listing 3.12 Die Prozessliste filtern

Sie sollten eine Zeile mit dem Verweis auf `mysqld` vorfinden. Sollten Sie dagegen nur eine Zeile mit dem Befehl `grep` vorfinden, müssen Sie den Dienst noch händisch mit dem Befehl aus Listing 3.13 starten:

```
bash# /etc/init.d/mysql start
```

Listing 3.13 Den MySQL-Dienst manuell starten

RPM-basierte Distributionen (Fedora, RedHat und weitere)

Wenn Sie eine Distribution, die das *RPM*-System verwendet, einsetzen, ist die Installation ebenfalls sehr einfach zu bewerkstelligen. Auch hier müssen Sie wieder die richtige Version auswählen, die zu Ihrem Kernel und dessen Architektur passt. Das Namenschema der Downloads zeigt Ihnen dabei, für welchen Linux-Kernel (aktuell wird häufig die Version 2.6 eingesetzt) und für welche Betriebssystemarchitektur (32 oder 64 Bit) die MySQL-Version vorgesehen ist. Falls Sie ebenfalls ein 32-Bit-System mit dem 2.6er Kernel einsetzen, laden Sie sich die folgenden zwei RPMs herunter, wobei das erste Paket die Serverkomponente und das zweite die Client-Komponente enthält:

MySQL-server-5.6.2_m5-1.linux2.6.i386.rpm

MySQL-client-5.6.2_m5-1.linux2.6.i386.rpm

Nachdem beide Downloads abgeschlossen sind, können Sie diese als Rootuser mit den Befehlen aus Listing 3.14 installieren:

```
bash# rpm -i MySQL-server-5.6.2_m5-1.linux2.6.i386.rpm
bash# rpm -i MySQL-client-5.6.2_m5-1.linux2.6.i386.rpm
```

Listing 3.14 RPM-Installation des Servers und des Clients

3.3.3 Schnellinstallation unter Mac OS

Auch unter dem Betriebssystem aus dem Hause Apple ist die Installation des Datenbankmanagementsystems äußerst einfach und elegant gelöst. Seit den Versionen ab Mac *OS X 10.2.x* (Jaguar) gibt es einen praktischen Installer, der Sie durch die Installation führt.

Um das Installationspaket zu bekommen, gehen Sie auf die Downloadseite[13] der MySQL-Webpräsenz, und wählen Sie dort die für Sie passende Version. Auch hier können Sie wieder anhand des Dateinamens des Downloads erkennen, für welche Mac OS X-Version das entsprechende Paket gedacht ist, indem Sie das für Ihre Architektur (32 oder 64 Bit) ausgelegte DMG-Archiv wählen. Die Datei mit dem Namen *mysql-5.6.2-m5-osx10.6-x86.dmg* sagt beispielsweise aus, dass es sich bei diesem Download um die Developer-Version 5.6.2-m5 von MySQL handelt, die für Mac OS X in der Version 10.6 mit einem 32-Bit-Prozessor geeignet ist.

13 *http://dev.mysql.com/downloads/mysql/*

Laden Sie nun die für Sie passende Version herunter, und packen Sie das Archiv per Doppelklick aus. Der daraus resultierende Ordner enthält diejenigen Dateien, die in Abbildung 3.11 dargestellt sind.

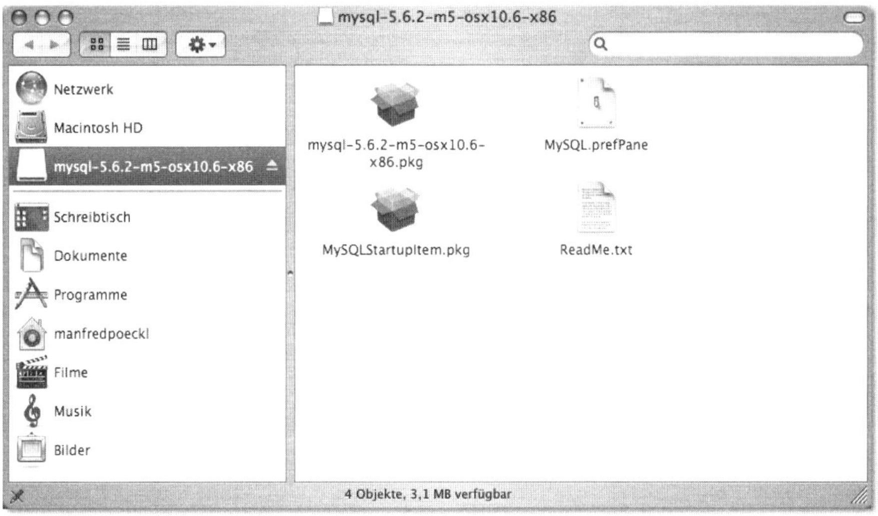

Abbildung 3.11 Das entpackte DMG-Archiv von MySQL auf einem Mac

Starten Sie nun das in diesem Ordner enthaltene Installationspaket *mysql-5.6.2-m5-osx10.6-x86.pkg* durch einen weiteren Doppelklick. Danach öffnet sich der Installationsassistent, wie Sie in der folgenden Abbildung 3.12 sehen.

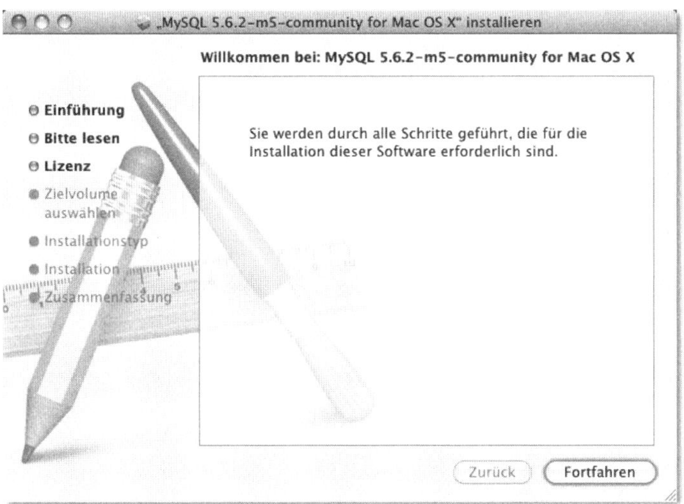

Abbildung 3.12 Der Installationsassistent

Dieser leitet Sie durch den gesamten Installationsprozess von MySQL und fordert Sie im Großen und Ganzen nur auf, die einzelnen Dialoge zu bestätigen. Nachdem Sie die Lizenz akzeptiert haben, können Sie noch den Speicherort auswählen, siehe Abbildung 3.13.

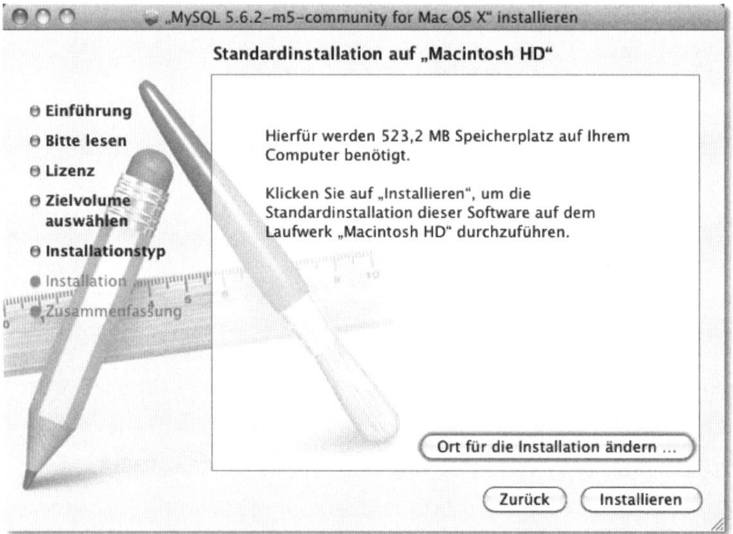

Abbildung 3.13 Installationsort wählen

Nachdem Sie auch diesen Schritt bestätigt haben, läuft die Installation durch, und Sie haben MySQL erfolgreich installiert!

Installieren Sie anschließend noch das Paket *MySQLStartupItem.pkg*, ebenfalls per Doppelklick. Diese Installationsroutine richtet die Startskripte ein, mit denen Sie MySQL bequemer starten können. Außerdem richtet dieses Skript auch den automatischen Start von MySQL mit Ihrem Mac OS X mit ein. Nachdem dieser Schritt abgeschlossen ist, können Sie den MySQL-Dienst manuell selbst starten. Öffnen Sie dazu ein Terminal-Fenster, und geben Sie folgenden Befehl ein:

```
terminal# sudo /Library/StartupItems/MySQLCOM/MySQLCOM start
```

Listing 3.15 Start-Skripte einrichten

Nachdem Sie Ihr Passwort eingegeben haben, startet MySQL und ist somit einsatzbereit. Zukünftig wird der Dienst, wie erwähnt, automatisch gestartet.

3.3.4 Zusammenfassung der Installation

MySQL ist mittlerweile auf allen verbreiteten Plattformen vertreten und lässt sich dort bequem installieren. Nachdem Sie diesen Abschnitt erfolgreich abgeschlossen haben, geht es nun endlich praktisch los!

3.4 Endlich loslegen – MySQL ausprobieren

Nachdem Sie sich durch den theoretischen Teil durchgekämpft und auch die Installation spielend hinter sich gebracht haben, ist es nun an der Zeit, jene Software auszuprobieren, mit der Sie sich von nun an intensiv und praxisnah beschäftigen werden. In diesem letzten, betriebssystemabhängigen Abschnitt sehen Sie, wie Sie die einzelnen Konsolen aufrufen bzw. darin MySQL ansprechen können und wie Sie häufige Stolpersteine, die anfangs auftreten können, überwinden. Im Installationsabschnitt wurde bereits gezeigt, wie Sie MySQL als Dienst einrichten und notfalls das erste Mal manuell starten. Von jetzt an gehen wir davon aus, dass MySQL als Dienst bereits läuft und Sie somit direkt starten können. Los geht's!

Öffnen Sie die *Kommandozeile* bzw. das *Terminal*, das in Ihrem Betriebssystem zur Verfügung steht. Unter Windows finden Sie die EINGABEAUFFORDERUNG unter dem Startmenüpunkt ZUBEHÖR, und unter Linux öffnen Sie einfach ein Terminal-Fenster. Geben Sie nun einfach den Konsolenbefehl `mysql` ein, und drücken Sie [↵]. Falls Sie die in Abbildung 3.14 dargestellte Fehlermeldung begrüßt, müssen Sie den Installationsordner von MySQL noch zu der *Umgebungsvariablen* `PATH` hinzufügen.

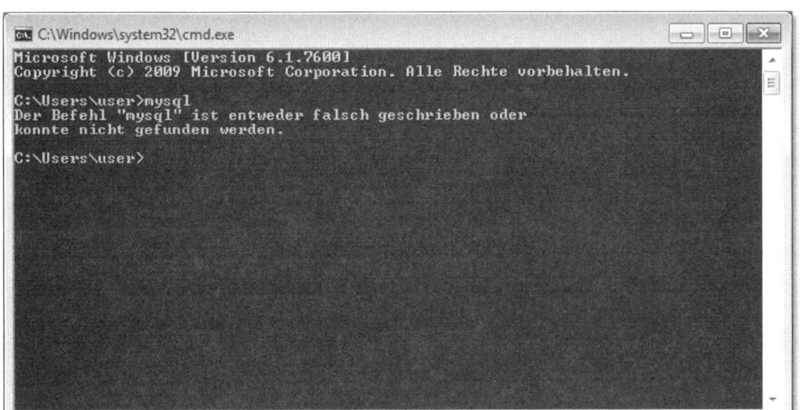

Abbildung 3.14 Windowskonsole mit Fehlermeldung

Gehen Sie dazu in die Systemeigenschaften, indem Sie mit der rechten Maustaste im Explorer auf COMPUTER klicken und dann EIGENSCHAFTEN auswählen. Hier finden Sie unter dem Reiter ERWEITERT den Button UMGEBUNGSVARIABLEN. Im folgenden Dialog können Sie den Pfad zu Ihrer MySQL-Installation und deren Unterverzeichnis *bin* der Umgebungsvariablen `PATH` hinzufügen, indem Sie diesen an den letzten Eintrag mit einem Semikolon getrennt anfügen. Im Standardfall lautet dieser Pfad *C:\Program Files\MySQL\MySQL Server 5.6\bin*.

Auch unter Linux und Mac OS[14] kann es vorkommen, dass der Aufruf von MySQL mit derselben Fehlermeldung quittiert wird. Ist dies der Fall, dann fehlt auch hier der Eintrag in der Pfadvariablen `PATH`. Um den Installationsort der Variable hinzuzufügen, lassen Sie sich zuerst die aktuellen Werte mittels des Befehls aus Listing 3.16 anzeigen,

```
bash# echo $PATH
```

Listing 3.16 Die Umgebungsvariable PATH ausgeben

und Sie erhalten eine Ausgabe wie die folgende in Listing 3.17:

```
bash# /usr/local/sbin:/usr/local/bin:/usr/sbin:/usr/bin:/sbin:/bin:/
usr/games
```

Listing 3.17 Der Inhalt von PATH

Kopieren Sie diesen Pfad, und fügen Sie auch hier den für Ihr System passenden Speicherort des bin-Verzeichnisses der MySQL-Installation hinzu, indem Sie einen Doppelpunkt als Trennzeichen voranstellen. Die nun vollständigen Pfadangaben speichern Sie erneut in der Variablen `PATH` und stellen diese mittels `export` dem System zur Verfügung, wie in Listing 3.18 dargestellt:

```
bash# PATH=/usr/local/sbin:/usr/local/bin:/usr/sbin:/usr/bin:/sbin:/
bin:/usr/games:/opt/speicherort/MySQL/bin
bash# export PATH
```

Listing 3.18 PATH erweitern

Nachdem Sie die Umgebungsvariable angepasst haben, können Sie in jedem Terminal den MySQL-Client durch den Befehl `mysql` aufrufen. Sollten Sie beim zweiten Versuch die Fehlermeldung aus Listing 3.19 zu Gesicht bekommen, bedeutet das, dass der MySQL-Serverdienst noch nicht läuft.

---

14 Gilt jeweils für Bash-basierte Terminals. Falls Sie ein anderes Terminal einsetzen, entnehmen Sie den Speicherort für Umgebungsvariablen bitte der jeweiligen Dokumentation.

```
bash# mysql
ERROR 2002 (HY000): Can't connect to local MySQL server through
socket '/tmp/mysql.sock' (2)
```

Listing 3.19 Der Server-Dienst läuft nicht.

Sehen Sie dazu in Abschnitt 3.3, »MySQL installieren«, nach, wie Sie MySQL als Dienst unter Ihrem Betriebssystem hinzufügen können, oder installieren Sie die Software gegebenenfalls neu und achten während der Installation darauf, die Option für den automatischen Start als Dienst auszuwählen.

Die von hier an folgenden Beschreibungen sind weitgehend betriebssystemunabhängig. Egal, ob Sie MySQL unter Windows, Mac oder Linux installiert haben, alle folgenden Operationen werden innerhalb der Textkonsole von MySQL selbst ausgeführt. Sie unterscheidet sich daher kaum und ist unter allen Systemen per Textmodus verfügbar. Sie erkennen den MySQL-Client-Prompt an der Zeichenfolge `mysql >`. Sollten sich dennoch Unterschiede oder Besonderheiten ergeben, werden wir Sie selbstverständlich darauf hinweisen.

Wenn Sie nun erneut versuchen, sich mit dem Befehl `mysql` Zugang zum Server zu verschaffen, erhalten Sie mit großer Wahrscheinlichkeit die Fehlermeldung aus Listing 3.20:

```
bash# mysql
ERROR 1045 (28000): Access denied for user 'user'@'localhost'
(using password: NO)
```

Listing 3.20 Login-Versuch ohne Benutzernamen und Passwort

Das liegt daran, dass der Aufruf von `mysql` ohne Parameter den Benutzernamen und dessen Login verwendet, der gerade beim Betriebssystem angemeldet ist. Während der Installation wurde jedoch ausschließlich für den Benutzer mit dem Namen »root« ein Konto angelegt. Daher können Sie sich nicht verbinden, ohne diesen Benutzerzugang zu verwenden. Um sich nun wirklich einzuloggen, geben sie folgende Parameter aus Listing 3.21 mit an:

```
bash# mysql -u root -p
```

Listing 3.21 Anmeldung mit Benutzernamen und Kennwort

Der Parameter `u` steht für den Benutzernamen (username), den Sie mit »root« angeben. Der zweite Parameter `p` legt fest, dass Sie ein Passwort bereitstellen werden. Wenn Sie nach diesem Befehl die [↵]-Taste drücken, werden Sie von

MySQL nach Ihrem Passwort gefragt, das Sie nach der Eingabe ebenfalls mit [↵] bestätigen. Nun sollte Sie folgender Prompt[15] aus Listing 3.22 begrüßen:

```
bash# mysql -u root -p
Enter password:
Welcome to the MySQL monitor.  Commands end with ; or \g.
Your MySQL connection id is 1
Server version: 5.6.2-m5-log Source distribution

Copyright (c) 2000, 2010, Oracle and/
or its affiliates. All rights reserved.
Oracle is a registered trademark of Oracle Corporation and/or its
affiliates. Other names may be trademarks of their respective
owners.
Type 'help;' or '\h' for help. Type '\
c' to clear the current input statement.
mysql>
```

Listing 3.22 Erfolgreiches Login

Herzlichen Glückwunsch, Sie haben sich erfolgreich bei MySQL mithilfe des Command-Line-Tools angemeldet! Sie erkennen am Eingabeprompt `mysql>`, dass MySQL auf Eingaben wartet. Doch was nun? Der nun folgende Abschnitt bietet Ihnen eine Mini-Einführung in die wichtigsten MySQL- bzw. SQL-Befehle, mit deren Hilfe Sie mit dem System interagieren können. Sie lernen, wie Sie Datenbanken und Tabellen anlegen und löschen, damit Sie das darauffolgende Beispielszenario gleich während des Lesens ausprobieren und nachvollziehen können.

3.5 Übersicht der wichtigsten Befehle

Wenn Sie dem Installationskapitel gefolgt sind, dann haben Sie nun Zugang zu einem unberührten Datenbankmanagementsystem der Marke MySQL. Der folgende Abschnitt zeigt die grundlegenden Befehle für den Umgang mit dem System. Wenn Sie sich noch nicht gut mit MySQL auskennen, lesen Sie diesen Abschnitt in Ruhe durch. Andernfalls können Sie schon zum nächsten Kapitel springen.

Ganz leer ist auch ein frisch installiertes System nie, denn die Systeminformationen selbst sind ebenfalls von Haus aus in einer eigenen Datenbank gespeichert.

15 Unter dem Prompt versteht man jenen Text in der Kommandozeile, der auf eine Interaktion mit dem Anwender hinweist. Häufig wird dieser durch den blinkenden Cursor angegeben.

Melden Sie sich, wie oben beschrieben, als »root« bei MySQL an, und geben Sie den Befehl `SHOW DATABASES`ein. Sie müssen diese Befehlsfolge nicht in Großbuchstaben eintragen, diese Schreibweise empfiehlt sich aber, um Befehle deutlich von Daten abheben zu können.

Wie Sie sich bereits denken können, listet dieser Befehl alle vorhandenen Datenbanken auf. Im Ursprungszustand ergibt sich folgende Liste aus Listing 3.23:

```
mysql> SHOW DATABASES;
+--------------------+
| Database           |
+--------------------+
| information_schema |
| mysql              |
+--------------------+
2 rows in set (0.00 sec)
```

Listing 3.23 Verfügbare Datenbanken abfragen

Sie haben hier mittels des Befehls eine Anfrage an MySQL gestellt, welche mit einer Ausgabetabelle beantwortet wird. Unter MySQL werden alle Befehle mit dem Semikolon `;` abgeschlossen und mit [↵] bestätigt. Im theoretischen Kapitel 2, »Datenbankmodellierung«, haben Sie gesehen, dass sämtliche Interaktionen mit einem Datenbanksystem über Relationen, also Tabellen, funktionieren. Daher sind auch die Datenbanken, die in einer MySQL-Instanz vorhanden sind, in einer Tabelle gespeichert.

In der obigen Darstellung sehen Sie den Namen der Ergebnistabelle (»Database«) als Beschriftung der Ausgabe und die Elemente der Ergebnismenge darunter aufgelistet (»information_schema«, »mysql«). Unterhalb der Ausgabe sehen Sie, wie viele Elemente die Ergebnismenge enthält (`2 rows`) und wie lange die Anfrage gedauert hat.

Es gibt also von Haus aus zwei Datenbanken. In der Datenbank »information_schema« speichert MySQL alle Informationen über alle anderen vorhandenen Datenbanken. Man bezeichnet solche Daten auch als Metadaten. Die zweite Datenbank »mysql« enthält die Zugriffsberechtigungen für sämtliche Benutzer und Objekte der Datenbank. Auch diese Datenbank ist essenziell für den Betrieb, doch dazu später mehr.

3.5.1 Datenbanken anlegen und löschen

Eine eigene Datenbank legen Sie mithilfe der `CREATE`-Anweisung an, die einen sehr einfachen Aufbau hat. Anweisungen werden generell auch als *Statements* bezeichnet. Mit dem Befehl aus Listing 3.24 erstellen Sie eine eigene Datenbank namens »BeispielDB«, innerhalb derer Sie Tabellen anlegen können:

```
mysql> CREATE DATABASE BeispielDB;
Query OK, 1 row affected (0.00 sec)
```

Listing 3.24 Eine Datenbank erzeugen

Sie erkennen den Erfolg Ihrer Anfrage an der Rückmeldung `Query OK, 1 row affected` von MySQL. Um sich selbst noch einmal zu vergewissern, dass die neue Datenbank auch wirklich angelegt wurde, können Sie sich erneut alle Datenbanken mittels `SHOW DATABASES` anzeigen lassen. Sie erhalten das zu erwartende Ergebnis aus Listing 3.25:

```
mysql> SHOW DATABASES;
+--------------------+
| Database           |
+--------------------+
| information_schema |
| BeispielDB         |
| mysql              |
+--------------------+
3 rows in set (0.00 sec)
```

Listing 3.25 Die neue Datenbank anzeigen

Die Namen von Datenbanken, die Sie anlegen und von allen Objekten innerhalb der Datenbank generell, werden Bezeichner genannt. Details dazu finden Sie im grauen Kasten. Ob dabei zwischen Groß- und Kleinschreibung unterschieden wird, hängt vom zugrunde liegenden Betriebssystem ab. Im Allgemeinen wird in UNIX-Umgebungen, zu denen auch Linux gehört, sehr wohl zwischen Groß- und Kleinbuchstaben unterschieden. Unter Windows und Mac hingegen nicht. Um Irrtümer zu vermeiden, sollten Sie stets einheitliche Bezeichner vergeben und auch bei der identischen Schreibweise bleiben.

Bisher haben Sie lediglich eine leere Datenbank angelegt. Um diese nun verwenden zu können, müssen Sie die frisch angelegte »BeispielDB« als aktuelle Datenbank setzen. Es kann pro Sitzung immer nur eine Datenbank gleichzeitig genutzt werden. Um eine Datenbank als aktiv zu setzen, verwenden Sie den Befehl `USE` aus Listing 3.26.

```
mysql> USE BeispielDB;
Database changed
```

Listing 3.26 Eine Datenbank aktivieren

Nun wurde die Datenbank »BeispielDB« als aktiv gesetzt, und alle ausgeführten Befehle beziehen sich damit so lange auf diese Datenbank, bis zu einer anderen Datenbank gewechselt wird.

Vollständige Qualifier

Die verschiedenen Objekte (Datenbanken, Tabellen und Spalten einer Tabelle) müssen eindeutige *Bezeichner* aufweisen, damit MySQL weiß, auf welches Objekt Sie sich mit einem Befehl beziehen. So können beispielsweise Tabellen nur dann denselben Namen haben, solange sich diese Tabellen in unterschiedlichen Datenbanken befinden.

Wenn Sie jedoch Datenbank- und Tabellennamen auf einmal angeben, spricht man von einem *vollständig qualifizierten Identifier*, da dieser innerhalb der gesamten MySQL-Instanz eindeutig ist. Beispielsweise ist `` `BeispielDB`.`Testtabelle` `` ein solcher vollständig qualifizierter Identifier, da es nur eine Datenbank mit dem Namen »BeispielDB« und innerhalb dieser Datenbank nur eine einzige Tabelle mit dem Namen »Testtabelle« geben kann.

Sie trennen den Tabellennamen vom Bezeichner der Datenbank einfach mit einem Punkt (.), die Bezeichner selbst können Sie optional mit dem rückwärts geneigten Hochkomma (`) einfassen. Mit dem bereits vorgestellten `USE`-Befehl können Sie auf diese ausgeschriebene Schreibweise verzichten, was viel Schreibarbeit spart. Allerdings sind alle nach diesem Befehl folgenden Kommandos immer auf die aktuell gewählte Datenbank bezogen.

Um eine Datenbank zu löschen, genügt der sehr einfache, aber **gefährliche** Befehl aus Listing 3.27:

```
DROP DATABASE BeispielDB;
```

Listing 3.27 Eine Datenbank löschen

Aber Achtung! MySQL löscht die angegebene Datenbank sofort und ohne nachzufragen. **Es gibt auch keine Möglichkeit innerhalb von MySQL diesen Vorgang rückgängig zu machen.** Sie müssen sich daher wirklich sicher sein, dass Sie die benötigte Datenbank mit all ihren Tabellen und auch allen darin enthaltenen Daten nicht mehr benötigen oder dass Sie ein vollständiges Backup zur Verfügung haben. Datenbanken, die Sie mittels `DROP` löschen, sind sonst unwiderruflich verloren!

3.5.2 Tabellen anlegen, Daten einfügen und löschen

Um sich die Tabellen der aktuell aktivierten Datenbank aufzulisten, geben Sie den folgenden Befehl aus Listing 3.28 ein:

```
mysql> SHOW TABLES;
Empty set (0.00 sec)
```

Listing 3.28 Die Tabellen anzeigen

Wie erwartet, befinden sich in der neu angelegten Datenbank noch keine Tabellen. Damit sich das ändert, müssen Sie eine neue Tabelle mit ihren Spalten definieren. Das tun Sie mit dem Statement CREATE TABLE. In einer Tabelle werden Objekte der realen Welt abstrahiert und auf ihre wesentlichen Merkmale hin reduziert. Häufig werden Kundendaten mit Datenbanken verwaltet. Daher könnte eine Tabelle zum Speichern von Passagierdaten einer Flughafenverwaltung in MySQL so, wie in Listing 3.29 angegeben, aussehen:

```
mysql> CREATE TABLE passagier (
   -> passagier_id INT NOT NULL auto_increment,
   -> passnummer CHAR(9) NOT NULL,
   -> vorname VARCHAR(100) NOT NULL,
   -> nachname VARCHAR(100) NOT NULL,
   -> PRIMARY KEY (passagier_id),
   -> UNIQUE pass_unq (passnummer)
) ENGINE=InnoDB DEFAULT CHARSET=latin1;
```

Listing 3.29 Die Passagiertabelle anlegen

Mit dem Statement CREATE TABLE passagier weisen Sie MySQL an, eine neue Tabelle mit dem Bezeichner passagier zu erzeugen. Auch hier gilt wieder, dass auf die Groß- und Kleinschreibung abhängig vom Betriebssystem Rücksicht genommen werden muss oder nicht. Verwenden Sie daher stets eindeutige Namen. In diesem Buch werden alle Bezeichner – also Datenbanken und Tabellennamen sowie Variablen – durchgehend kleingeschrieben, während MySQL-Befehle in Großbuchstaben abgesetzt werden. Nach dem Tabellennamen folgt die sich öffnende Klammer, die den Block der Attribute – der Spalten – ankündigt. Nun werden durch Kommata getrennt, alle Spalten der gewünschten Tabelle aufgelistet.

Jede dieser Spalten hat einen innerhalb der Tabelle eindeutigen Bezeichner, dem ein passender Datentyp folgt. Das erste Attribut im obigen Beispiel ist die passagier_id, welche als *künstlicher Primärschlüssel* dient. Sie erkennen die Primärschlüssel-Eigenschaft an der später festgelegten Anweisung PRIMARY KEY (passagier_id). Dieses Attribut ist vom Typ INT, der niemals undefiniert (NOT NULL) sein darf und automatisch vom System hochgezählt wird (auto_increment). Genaueres zu NULL-Werten erfahren Sie im Kasten auf Seite 122.

Der Datentyp INT dient zum Speichern von Ganzzahlen. Es gibt verschiedene Datentypen, mit denen Sie Ganzzahlen speichern können, je nachdem, wie groß diese Ganzzahlen sein sollen. MySQL reserviert daraufhin unterschiedlich viel Speicher. In Tabelle 3.1 sehen Sie eine Übersicht der ganzzahligen Datentypen. Einen Überblick über alle Datentypen finden Sie in der Referenz am Ende dieses Buches.

Datentyp	Bytes	Minimum (mit und ohne Vorzeichen)	Maximum (mit und ohne Vorzeichen)
TINYINT	1	–128	127
		0	255
SMALLINT	2	–32768	32767
		0	65535
MEDIUMINT	3	–8388608	8388607
		0	16777215
INT	4	–2147483648	2147483647
		0	4294967295
BIGINT	8	–9223372036854775808	9223372036854775807
		0	18446744073709551615

Tabelle 3.1 Datentypen und deren Speicherbedarf

Die nächste Spalte nimmt Passnummern in sich auf und trägt daher den sprechenden Namen passnummer. Dieses Attribut hat den Datentyp CHAR (Character, Satzzeichen). Ganz allgemein lässt sich sagen, dass sich die Wahl eines möglichst passenden Datentyps entscheidend auf die Leistungsfähigkeit der Datenbankanwendung auswirkt. Datentypen können ineinander umgewandelt werden, was auch oftmals automatisch geschieht, falls die Umwandlung für MySQL eindeutig möglich ist. Je weniger dieser Transformationen jedoch nötig sind, desto höher ist die Anfrageleistung der Datenbank, da sie sich weniger um Umrechnungen und Formatanpassungen kümmern muss.

Der Datentyp CHAR wird verwendet, um Zeichen in einem String fester Länge zu speichern. Diese Länge geben Sie nach dem Datentyp in Klammern an, oben sehen Sie die Länge (9). Der String passnummer hat neun Stellen, er kann also neun Zeichen aufnehmen. Geben Sie weniger Zeichen an, so werden die überschüssigen Stellen am Ende des Strings durch Leerzeichen ersetzt, die bei der Abfrage abgeschnitten werden. Längere Strings werden je nach Einstellung entweder abgeschnitten oder führen zu einem Fehler. Jede Stelle dieses Strings benötigt beim CHAR-Typ im Standardfall genau ein Byte[16]. Egal, ob die Stelle nun besetzt ist oder nicht (bzw. in Wirklichkeit ein Leerzeichen in sich trägt). Dieser Datentyp eignet sich daher insbesondere für Felder, deren Länge Sie im Vorhinein wissen, wie zum Beispiel bei einer Passnummer.

Was Sie ebenfalls wissen, ist, dass Passnummern weltweit eindeutig vergeben werden – jede Passnummer darf nur genau ein einziges Mal vorkommen. Daher muss sichergestellt werden, dass diese wichtige Eigenschaft auch von dem Datenbankenschema abgebildet wird. Dies geschieht mit der Anweisung `UNIQUE pass_unq (passnummer)`, wodurch alle Werte in dieser Spalte nur ein einziges Mal enthalten sein dürfen, auch wenn diese Spalte nicht als Primärschlüssel dient. Natürlich hätten Sie auch dieses Attribut als Primärschlüssel definieren können, es bietet sich geradezu an. Jedoch ist es in Bezug auf die Geschwindigkeit bei Anfragen vorteilhaft, hier Zahlenwerte zu verwenden.

Ein sehr ähnlicher Datentyp wie CHAR ist VARCHAR. Wie sie bereits am Namen erahnen können, ist dieser Datentyp variabel, wobei damit die Länge gemeint ist. Die Attribute `vorname` und `nachname` haben beide diesen Datentyp und bei beiden ist die Länge mit jeweils hundert Zeichen angegeben. Die allgemein mögliche Maximallänge für VARCHAR-Felder liegt bei etwa 65.535, die tatsächlich verfügbare Maximallänge hängt jedoch vom verwendeten Zeichensatz ab. Die Länge, die Sie ebenfalls in Klammern hinter dem Datentyp angeben, beschreibt die im konkreten Fall gewählte Maximallänge für diese Spalte und beträgt in diesem Fall 100 Zeichen. Werden weniger als diese angegebenen Zeichen benötigt, so wird beim VARCHAR kein Speicherplatz verschwendet. Im Gegensatz zum CHAR-Datentyp werden bei VARCHAR-Feldern keine am Ende des Strings stehenden Leerzeichen entfernt, da diese auch nicht aufgefüllt werden.

Was es mit NULL auf sich hat

MySQL verwendet wie viele Datenbanksysteme eine sogenannte dreiwertige *(ternäre) Logik*, bei der Statements entweder wahr, falsch oder undefiniert sein können. Die klassische Aussagenlogik kennt im Gegensatz dazu nur das zweiwertige System, bei dem eine Aussage entweder wahr oder falsch sein kann. Es gibt kein ›weiß nicht‹ und auch kein ›vielleicht‹ als Antwort auf eine Aussage. MySQL muss diese dritte Option, das Undefinierte jedoch zulassen, um auch das Fehlen eines Werts anzeigen zu können. Daher gibt es das spezielle Schlüsselwort NULL, das eben diese Abwesenheit eines Werts ausdrückt.

16 Abhängig vom tatsächlich gewählten Zeichensatz.

Die Angabe von NOT NULL bei der Erzeugung einer Tabelle bedeutet, dass kein Wert dieser Spalte jemals den Wert NULL, also undefiniert bzw. nicht vorhanden, annehmen darf. Das wird Ihnen dadurch vom Datenbanksystem MySQL garantiert. Die Angabe von NULL bzw. DEFAULT NULL erlaubt im Gegensatz dazu fehlende Werte explizit. Weitere Informationen zur ternären Logik finden Sie in Abschnitt 11.5.3, »Ablaufsteuerung und konditionale Anweisungen«.

Neben diesen sehr grundlegenden Datentypen für Zeichenketten und Ganzzahlen stehen noch die verschiedensten Arten zur Verfügung, beispielsweise für die sehr häufig benötigten Kommazahlen (Fließkommazahlen) in unterschiedlichen Genauigkeiten, sowie spezielle Datentypen für Text, Binärdaten, Geodaten und viele andere mehr. Diese Datentypen werden, falls sie im Beispiel eingesetzt werden, noch gesondert vorgestellt und werden auch in der Referenz im hinteren Teil des Buches genau beschrieben.

Nachdem Sie nun die ersten Datentypen kennengelernt haben und Ihre erste Tabelle angelegt haben, können Sie sich mit SHOW TABLES; alle Tabellen innerhalb der aktiven Datenbank anzeigen lassen:

```
mysql> SHOW TABLES;
+---------------------+
| Tables_in_BeispielDB |
+---------------------+
| passagier           |
+---------------------+
1 row in set (0.00 sec)
```

Listing 3.30 Alle Tabellen anzeigen

Als Resultat erhalten Sie eine Liste aller Tabellen, hier also die Beispieltabelle »passagier«. Um sich erneut die Struktur zu Gemüte zu führen, können Sie den Befehl DESCRIBE ausführen. Das Statement wurde mit \G statt mit dem Semikolon abgeschlossen, um die Ausgabe vertikal zu formatieren.

```
mysql> DESCRIBE passagier \G
*************************** 1. row ***************************
  Field: passagier_id
   Type: int(11)
   Null: NO
    Key: PRI
Default: NULL
  Extra: auto_increment
*************************** 2. row ***************************
  Field: passnummer
   Type: char(9)
```

```
   Null: NO
    Key: UNI
Default: NULL
  Extra:
```

Listing 3.31 Die Ausgabe von DESCRIBE (Ausschnitt)

Sie erhalten eine übersichtliche Darstellung aller Spalten (Attribute) Ihrer Tabelle und der verwendeten Datentypen, des `NULL`-Verhaltens und weitere Informationen.

Die gesamte Tabelle können Sie, ähnlich wie auch die gesamte Datenbank, mit dem Befehl `DROP TABLE` löschen (Listing 3.32):

```
mysql> DROP TABLE passagier;
Query OK, 0 rows affected (0.00)
```

Listing 3.32 Eine Tabelle löschen

Aber **Achtung**! Auch hier gilt, dass es weder Rückfragen noch Widerherstellungsmöglichkeiten gibt. Sobald Sie [↵] drücken (und sich nicht vertippt haben), wird die Tabelle mitsamt allen darin enthaltenen Daten sofort gelöscht! Also seien Sie auch mit diesem Befehl vorsichtig.

3.5.3 Datensätze anlegen, abfragen und löschen

Nachdem Sie nun sowohl Datenbanken als auch einfache Tabellen anlegen und löschen können, lernen Sie nun, wie Sie überhaupt Daten in eine Tabelle eintragen können. Datensätze werden unter MySQL mit dem Statement `INSERT INTO` angelegt. Diesem wichtigen Befehl folgt die Angabe der Tabelle, in die Daten eingefügt werden sollen, sowie eine Aufzählung all jener Spalten dieser Tabelle, in die Daten eingetragen werden. Dazu geben Sie in Klammern die Spaltennamen an, für die Sie Daten einfügen möchten.

Beachten Sie, dass Sie die Spalte `passagier_id` nicht angeben müssen. Da Sie bei der Definition der Tabelle festgelegt haben, dass diese Spalte automatisch hochgezählt (`auto_increment`) wird, trägt MySQL automatisch einen Wert dafür ein. Wichtig ist ebenfalls, dass all jene Spalten, die mit dem Schlüsselwort `NOT NULL` definiert wurden, nicht leer bleiben dürfen.

Nach dem Schlüsselwort `VALUES` folgt eine Liste der einzutragenden Daten. Im konkreten Beispiel lautet dieses Statement wie folgt:

```
mysql> INSERT INTO passagier
   -> ( passnummer, vorname, nachname)
   -> VALUES ('P12345678','Ada','Betha');
```

Listing 3.33 Einen Datensatz einfügen

Nach dem Tabellennamen »passagier« folgt die Aufzählung aller Spaltennamen, durch Kommata getrennt. Danach folgt die Liste der `VALUES`, also der einzutragenden Werte. Die Reihenfolge der Werte muss der Reihenfolge der Spaltennamen entsprechen. MySQL ordnet diese intern in jener Folge an, in der die Attribute beim Erzeugen der Tabelle angegeben wurden. Daher führt auch die folgende Eingabe zu einem korrekten Ergebnis:

```
mysql> INSERT INTO passagier
   -> ( vorname, passnummer, nachname)
   -> VALUES ('Gabriel', 'P11122233','Deltram');
```

Listing 3.34 Daten in unterschiedlicher Reihenfolge einfügen

Zahlenwerte können Sie ohne Anführungsstriche angeben. Stimmt die Anzahl der Werte nicht mit der Anzahl der angegebenen Spalten überein, oder sind die Datentypen nicht kompatibel, warnt Sie MySQL mit einer Fehlermeldung und bricht den Vorgang ab.

```
mysql> INSERT INTO passagier
   -> (passnummer, vorname, nachname)
   -> VALUES ('P12233445','Zetman');
ERROR 1136 (21S01): Column count doesn't match value count at row 1
```

Listing 3.35 Fehlermeldung, nachdem ein Wert zu wenig angegeben wurde

Hier wurde beispielsweise der Nachname des Passagiers nicht in der Werteliste angegeben. MySQL bemerkt den fehlenden Wert und bricht mit einer Fehlermeldung ab. Ähnlich verhält es sich, wenn Sie einen »falschen« Wert angeben, sprich wenn Sie einen Datentyp bereitstellen, den MySQL nicht automatisch in den der Tabellendefinition für diese Spalte umwandeln kann. Das folgende Beispiel aus Listing 3.36 löst zwei Warnungen aus:

```
mysql> INSERT INTO passagier
   ->(passagier_id,passnummer,vorname,nachname)
   -> VALUES ('Etha','P54321123',3,'Thees');
Query OK, 1 row affected, 1 warning (0.01 sec)
```

Listing 3.36 Warnungen bei einem falschen Datentyp

Hier wurde versucht, den Vornamen einer Passagierin in die Spalte für die `passagier_id` einzutragen, die jedoch vom Typ `INT` ist. MySQL reagiert daher mit einer Warnung. Sie können sich diese Warnmeldung mit dem Befehl `SHOW WARNINGS` ausgeben lassen, siehe Listing 3.36:

```
mysql> SHOW WARNINGS;
+--------+------+--------------------------------+
|Level   |Code  | Message                        |
+--------+------+--------------------------------+
| Warning| 1366 | Incorrect integer value: 'Etha' |
|        |      | for column 'passagier_id' at   |
|        |      | row 1                          |
+--------+------+--------------------------------+
```

Listing 3.37 Warnungen bei falschen Datentypen

Die erste Warnung weist Sie darauf hin, dass das Format des Werts für die erste Spalte nicht korrekt war. Obwohl MySQL keinen Fehler, sondern lediglich eine Warnung anzeigt, wurde dieser Datensatz nicht eingetragen. Aus diesem Grund sollten Sie Warnungen immer sorgfältig nachgehen und überprüfen, ob die Eingaben Ihrem Vorhaben entsprechen.

3.5.4 Datensätze abfragen und anzeigen

Zu guter Letzt können Sie die eingegebenen Daten noch mithilfe des Befehls `SELECT` abfragen. Dazu geben Sie mithilfe der `FROM`-Klausel jene Tabelle an, für die Sie sich interessieren. Zusätzlich müssen Sie direkt nach dem `SELECT`-Statement noch jene Spalten angeben, die Sie angezeigt haben möchten (Projektion). In seiner einfachsten Form genügt es, den *Wildcard Operator* * zu verwenden, um alle Spalten in die Ergebnismenge aufzunehmen. Der Befehl `\G` am Ende dieses Statements bewirkt übrigens eine übersichtlichere Darstellung des Ergebnisses in *vertikaler Auflistung*. Sie können diese Formatierung überall statt des abschließenden Semikolons einsetzen.

Wenn Sie alle Beispielwerte korrekt eingegeben haben, sehen Sie eine Ergebnisliste wie die in dem Ausschnitt in Listing 3.38:

```
mysql> SELECT * FROM passagier \G
**************** 1. row ****************
passagier_id: 1
passnummer: P12345678
vorname: Ada
nachname: Betha
**************** 2. row ****************
```

```
passagier_id: 2
passnummer: P54321123
vorname: Etha
nachname: Thees
2 rows in set (0.00 sec)
```

Listing 3.38 Eine Abfrage mit eingeschränkten Spalten

Natürlich ist das nur ein sehr einfaches Beispiel zur Abfrage aller Datensätze aus einer einzigen Tabelle und soll hier nur der Veranschaulichung dienen.

3.5.5 Zusammenfassung

In diesem Abschnitt haben Sie die allerwichtigsten Befehle in ihrer einfachsten Variante kennengelernt. Sie dienen zum

- Anlegen
- Einfügen
- Editieren
- Löschen

von Datenbanken, Tabellen und Daten und werden Ihnen immer wieder begegnen. Natürlich sind die Kommandos, die im täglichen Administratoralltag eingesetzt werden, deutlich komplexer als diese Beispiele, die lediglich zum Einstieg erwähnt werden sollten.

Praxisnahe Beispiele bereiten Sie auf die Umsetzung konkreter Anforderungen und die Lösung realer Probleme vor. Das folgende Szenario wird Sie durch dieses Buch begleiten.

4 Einführung in die Beispieldatenbank

Nachdem Sie MySQL erfolgreich installiert und ausprobiert haben, wird in diesem Kapitel das Flughafen-Beispielszenario aus Kapitel 2, »Datenbankmodellierung«, in die Praxis umgesetzt. Dazu wird das Szenario weiter verfeinert und an reale Bedingungen angepasst.

Anhand dieser Anforderungen werden alle Praxisbeispiele in diesem Buch erklärt, da es mithilfe eines einheitlichen Szenarios einfacher ist, den Überblick zu behalten und sich auf die wesentlichen Konzepte zu konzentrieren. Auf der beigefügten DVD finden Sie einen sehr umfangreichen Datensatz mit realistischen Beispieldaten. Mithilfe dieser Daten können Sie alle Beispiele in diesem Buch testen. Wie Sie diese Beispieldatenbank samt der Daten in Ihre MySQL-Installation importieren können, erfahren Sie am Ende dieses Kapitels.

4.1 Die Datenbank für das Szenario anlegen

Als Beispiel dient das Modell eines kleinen, internationalen Flughafens, der mithilfe eines Datenbanksystems verwaltet werden soll. Alle später folgenden administrativen Aufgaben bauen auf diesem Beispiel auf. In realen Szenarien kommt natürlich immer auch eine mehr oder weniger komplexe Softwarekomponente zum Einsatz, denn das DBMS ist in den seltensten Fällen das einzige System, mit dem direkt interagiert wird.

Es stellt sich daher immer die Frage, welche Aufgaben und Routinen von der Anwendung und welche von der Datenbank übernommen werden. Hier gibt es verschiedene Meinungen, die zu mehr oder weniger heftigen (fundamentalistisch anmutenden) Diskussionen zwischen Softwareentwicklern und Datenbankadministratoren (DBA) führen können. Die komplette Geschäftslogik der zugrunde liegenden Prozesse lässt sich zwar selten als Gesamtheit im Datenbanksystem abbilden, doch wurden in letzter Zeit auch hier die Systeme immer komplexer und leistungsfähiger. Insbesondere die Kontrolle über die Daten, die Konsistenz, die Sicherheit und die Integrität werden häufig ausschließlich vom DBMS übernommen und überwacht. Die Software muss sich daher nicht um Integritätsbedingungen, die richtigen Konvertierungen von Datentypen und viele andere Aufgaben kümmern, sondern hat nur eine abstrahierte Sicht auf die Daten. Das erhöht die Sicherheit und auch die Leistungsfähigkeit des gesamten Systems, da weniger Daten zwischen den Komponenten ausgetauscht werden müssen.

In diesem Buch geht es natürlich ausschließlich um die Umsetzung mithilfe von MySQL, weswegen alle abbildbaren Prozesse auch direkt in der Datenbank umgesetzt werden.

Im Wesentlichen muss das Datenbanksystem das Anlegen, Auslesen, Aktualisieren und Löschen von den Einträgen aller Tabellen unterstützen. Diese vier Operationen werden oftmals mit der Abkürzung *CRUD* bezeichnet, wobei damit *Create*, *Read*, *Update* und *Delete* gemeint sind. Diese Aktionen sind mindestens notwendig, um Daten anlegen und manipulieren zu können. Sie gelten daher für alle Objekte der realen Welt, die in der folgenden Auflistung zu sehen sind:

- Passagierdaten
- Fluglinien
- Flugbewegungen (Flüge)
- Flugplan
- Flughäfen
- Buchungen
- Flugzeuge
- Mitarbeiter
- Wetterdaten
- Fluglog-Daten

Erzeugen Sie zuerst eine leere Datenbank namens »FlughafenDB«, welche später alle Tabellen in sich aufnimmt. Wechseln Sie danach, wie in Listing 4.1 angegeben, in diese Datenbank, um diese als aktiv zu setzen.

```
mysql> CREATE DATABASE FlughafenDB;
use FlughafenDB;
```

Listing 4.1 Anlegen der Flughafen Datenbank

Um Flughäfen abspeichern zu können, legen Sie die folgende Tabelle aus Listing 4.2 an:

```
mysql> CREATE TABLE flughafen (
    -> flughafen_id SMALLINT NOT NULL auto_increment,
    -> iata CHAR(3) DEFAULT NULL,
    -> icao CHAR(4) NOT NULL,
    -> name VARCHAR(50) NOT NULL,
    -> PRIMARY KEY (flughafen_id),
    -> INDEX name_idx (name),
    -> UNIQUE iata_unq (iata),
    -> UNIQUE icao_unq (icao)
    -> )
    -> ENGINE=InnoDB DEFAULT CHARSET=latin1;
```

Listing 4.2 Die Flughafentabelle

Das in Listing 4.2 dargestellte `CREATE`-Statement beschreibt die Struktur der Tabelle, mit deren Hilfe verschiedene Flughäfen des Szenarios gespeichert werden. Jeder Flughafen hat eine eindeutige Nummer, die intern von MySQL durch die Angabe von `auto_increment` automatisch erfolgt. Jeder neue Eintrag in dieser Tabelle erhält eine eindeutige Nummer zugewiesen, die in aufsteigender Reihenfolge vergeben wird. Die anderen Felder enthalten internationale Flughafencodes, die eindeutig sein müssen. Diese Eigenschaft erzwingen Sie durch die Angabe des Schlüsselworts `UNIQUE`. Der Primärschlüssel wird ebenfalls gleich festgelegt.

Im theoretischen Kapitel 2, »Datenbankmodellierung«, haben Sie bereits die ER-Modellierung kennengelernt, die konkrete Darstellung der Flughafentabelle sieht wie Abbildung 4.1 aus. Mit `INDEX name_idx (name)` legen Sie fest, dass MySQL eine Indexstruktur auf die Spalte »name« legt, mit deren Hilfe Abfragen nach dem Namen eines Flughafens wesentlich beschleunigt werden. Details zu Indizes finden Sie in Abschnitt 9.2, »Indexstrukturen«.

Nachdem Sie die einzelnen Felder und deren Eigenschaften festgelegt haben, legen Sie noch die sogenannte *Storage-Engine* fest. Eine Storage-Engine bestimmt, wie MySQL die Daten auf der Festplatte ablegt, und bietet verschiedene Features an, die Sie in Abschnitt 5.4 noch detailliert kennenlernen werden. In diesem Fall wurde die `InnoDB Storage Engine` ausgesucht. InnoDB zählt zu den wichtigsten und häufigsten Storage-Engines, die für besonders anspruchsvolle Aufgaben eingesetzt wird. Details dazu erfahren Sie in Abschnitt 5.4, »Storage-Engines«.

Zu guter Letzt setzen Sie noch den verwendeten Standard-Zeichensatz (`DEFAULT CHARSET`) auf `latin1`. Dadurch teilen Sie MySQL mit, mit welchem Zeichensatz die Daten in der Tabelle gespeichert werden sollen. Ein Zeichensatz legt fest, wie die Bits der Daten interpretiert werden sollen. Er wirkt sich unter anderem auch auf die Sortierreihenfolge der Daten einer Tabelle aus. Der hier verwendete

Zeichensatz Latin1[1] ist ein weit verbreiteter Standard zur Kodierung eines Zeichens mit 8 Bit. Er wird oft standardmäßig eingesetzt.

Zeichensätze und Collations

Unterschiedliche Sprachen verwenden verschiedene Buchstaben, Zeichen und Symbole. Damit Daten nicht nur mit jenen Buchstaben und Ziffern abgespeichert werden, die beispielsweise im englischen oder deutschen Zeichenvorrat vorhanden sind, unterstützt MySQL eine Vielzahl von unterschiedlichen Zeichensätzen (engl. *character set*), mit denen nicht nur Währungssymbole oder Sonderzeichen, sondern auch (für Europäer) exotischere Schriften und Satzzeichen in den Tabellen abgespeichert werden können. Diese Schriftzeichen werden intern – wie alle Daten in Computersystemen – durch Binärzahlen abgebildet. Zeichensätze legen nun fest, welche Bitfolge für welches konkrete Symbol oder Zeichen in einer bestimmten Sprache steht.

Die zwei am weitesten verbreiteten Zeichensätze sind Latin1 (ISO 8859-1) und UTF8 (Unicode). Der Latin1-Zeichensatz ist bereits sehr umfangreich und kann für alle Zeichen europäischer Sprachen eingesetzt werden. Asiatische Zeichen umfasst dieser Standard beispielsweise jedoch nicht. UTF8 hingegen ist weitaus umfangreicher und kann so gut wie alle auftretenden Schrift- und Sonderzeichen in 650 Sprachen abbilden. Wenn Sie keine spezielleren Sonderzeichen speichern müssen, sollten Sie Ihre Daten in Latin1 abspeichern. MySQL unterstützt eine Vielzahl weiterer Zeichensätze. Sie können sich die auf Ihrem Server verfügbaren Zeichensätze mit dem Befehl `SHOW CHARACTER SET` anzeigen lassen.

Eine weitere Einstellung, die Zeichensätze betrifft, ist die sogenannte Collation (dt. *Sortierfolge*). Diese legt fest, wie beispielsweise Umlaute bei Sortierungen eingeordnet werden oder wie zwischen Groß- und Kleinschreibung unterschieden werden soll. Die am weitesten verbreitete Sortierfolge für Latin1 heißt `latin1_swedish_ci`, und sie sorgt dafür, dass die Zeilen in der für deutsch- und englischsprachige Personen üblichen Sortierung ausgegeben werden. Das bedeutet beispielsweise, dass Umlaute nach dem korrespondierenden Vokal eingeordnet werden, wie folgendes Beispiel zeigt:

```
+--------+
| Obst   |
+--------+
| Aepfel |
| Apfel  |
| Äpfel  |
+--------+
```

Die Standardsortierfolge für UTF8 heißt `utf8_swedish_ci`. Falls Sie sich über den Bezeichner `swedish` wundern: Dieser hat historische Gründe, die mit dem Ursprungsland von MySQL zusammenhängen.

Um sich alle möglichen Sortierfolgen ausgeben zu lassen, verwenden Sie den Befehl `SHOW COLLATION`. Sie erhalten eine Liste aller verfügbaren Collations. Das Suffix `ci` (case insensitive) bedeutet, dass nicht zwischen Groß- und Kleinschreibung unterschieden wird, während `cs` (case sensitive) hierbei sehr wohl unterscheidet.

1 Der offizielle Standard lautet ISO 8859-1.

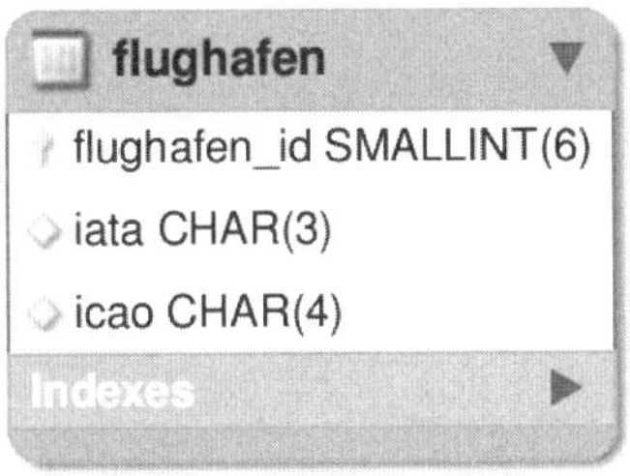

Abbildung 4.1 Die Flughafentabelle

Eine wesentliche Aufgabe der Flughafendatenbank ist das Erfassen von Passagieren im System. Auch hier wird eine künstliche Identifikationsnummer verwendet. Natürlich könnte hier auch die ebenfalls eindeutige Passnummer eingesetzt werden. Jedoch können Sie für die künstliche ID einen ganzzahligen Wert verwenden, was für MySQL leichter und damit performanter zu bewerkstelligen ist. Diese Nummer dient somit als Primärschlüssel. Das bedeutet, dass jede `passagier_id` nur ein einziges Mal in der Tabelle »passagier« auftauchen darf. Da MySQL mitgeteilt wird, dass dieses Attribut der Primärschlüssel ist, müssen Sie sich um diese Bedingung nicht selbst kümmern; MySQL nimmt sich dieser Aufgabe an. Sie erkennen an dem kleinen Schlüsselsymbol vor dem Attributnamen, ob ein Attribut einer beliebigen Tabelle ein Primärschlüssel ist.

Da auf den Flugtickets nur der Vorname und der Nachname aufgelistet sind, werden die restlichen Passagierdaten in einer eigenen Tabelle erfasst. Diese beiden Tabellen sind durch eine 1:1-Beziehung miteinander verbunden. Wie Sie aus den vorangegangenen Kapiteln schon wissen, sind 1:1-Beziehungen oft künstlicher Natur, denn es könnten genauso gut alle Details zusammen in einer Tabelle gespeichert werden. Da jedoch beispielsweise beim Boarding nur die grundlegenden Passagierinformationen abgerufen werden, gibt es aus Geschwindigkeitsgründen eine eigene Tabelle für alle Stammdaten eines Passagiers. So muss nicht bei jedem Passagier beim Boarding erneut auf eine sehr große Tabelle zurückgegriffen werden. Die `passagier_id` in der Tabelle »passagierdetails« ist der Fremdschlüssel, der auf den Primärschlüssel der Passagiertabelle zeigt. Auch hier kümmert sich MySQL um die *referentielle Integrität* der Daten. Das bedeutet, dass nur dann Daten in die Detailstabelle eingetragen werden können, wenn auch ein entsprechender Primärschlüsseleintrag in der Haupttabelle steht.

Als Nächstes legen Sie die Passagiertabellen an, die erste dieser beiden Tabellen kennen Sie bereits.

```
mysql> CREATE TABLE passagier (
    -> passagier_id INT NOT NULL auto_increment,
    -> passnummer CHAR(9) NOT NULL,
```

```
   -> vorname VARCHAR(100) NOT NULL,
   -> nachname VARCHAR(100) NOT NULL,
   -> PRIMARY KEY (passagier_id),
   -> UNIQUE pass_unq (passnummer)
   -> )ENGINE=InnoDB DEFAULT CHARSET=latin1;

mysql> CREATE TABLE passagierdetails (
-> passagier_id INT NOT NULL,
-> geburtsdatum DATE NOT NULL,
-> geschlecht CHAR(1) DEFAULT NULL,
-> strasse VARCHAR(100) NOT NULL,
-> ort VARCHAR(100) NOT NULL,
-> plz SMALLINT NOT NULL,
-> emailadresse VARCHAR(120) DEFAULT NULL,
-> telefonnummer VARCHAR(30) DEFAULT NULL,
-> PRIMARY KEY (passagier_id)
-> )ENGINE=InnoDB DEFAULT CHARSET=latin1;
```

Listing 4.3 Die Passagiertabelle wird angelegt

Nachdem beide Passagiertabellen angelegt wurden, müssen Sie noch die Fremdschlüsselbeziehung herstellen. Da Sie eine Beziehung zwischen zwei Tabellen nur dann herstellen können, wenn Sie bereits beide Tabellen angelegt haben, müssen Sie diesen Schritt separat ausführen. MySQL bietet dazu einen wichtigen Befehl an, mit dem Sie bestehende Tabellen verändern und an neue Gegebenheiten oder Anforderungen anpassen können. Dieser Befehl heißt `ALTER TABLE` (dt. *Tabelle ändern*). Sie können diesen Befehl verwenden, um Spalten hinzuzufügen oder zu verändern bzw. zu löschen. Unter anderem können Sie damit jedoch auch Schlüssel anlegen oder entfernen. Um nun eine Fremdschlüsselbeziehung herzustellen, müssen Sie der Tabelle, die sich auf eine andere Tabelle bezieht, einen Fremdschlüssel als Referenz auf jene Tabelle angeben. Dazu müssen Sie die Tabelle im Nachhinein erweitern, wie in Listing 4.4 dargestellt:

```
mysql> ALTER TABLE passagierdetails
   -> ADD FOREIGN KEY (passagier_id) REFERENCES
   -> passagier(passagier_id) ON DELETE CASCADE;
```

Listing 4.4 Fremdschlüsselbeziehungen herstellen

Dadurch entsteht eine Verbindung zwischen diesen beiden Tabellen, durch welche die *referentielle Integrität* garantiert werden kann.

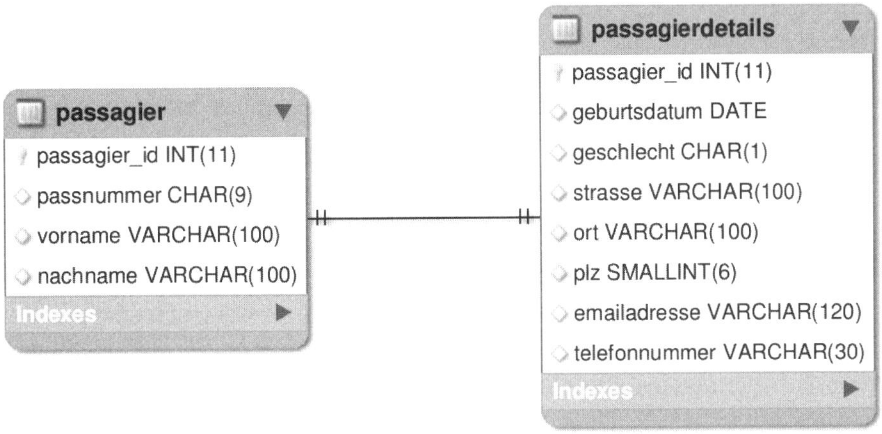

Abbildung 4.2 Die Passagierdatentabellen und deren 1:1-Beziehung

Eine weitere Anforderung an diese beiden Tabellen ist es, dass wann immer der Eintrag in der Haupttabelle gelöscht wird, auch der gesamte Fremdschlüsseleintrag mit gelöscht wird, damit keine Karteileichen entstehen können. Dieses Löschverhalten können Sie mithilfe von sogenannten *Constraints* (dt. *Beschränkungen*) umsetzen. Einmal definiert, achtet MySQL akribisch auf deren Einhaltung. In diesem Fall werden abhängige Einträge gleich mit gelöscht, wenn der Eintrag mit dem referenzierten Primärschlüssel in der anderen Tabelle gelöscht wird. Sie erkennen diese Eigenschaft an dem Zusatz `ON DELETE CASCADE` bei der Definition des Fremdschlüssels im obigen Beispiel aus Listing 4.4.

Für die Flugbuchungen gibt es eine eigene Tabelle. Für jeden Passagier wird pro Buchung ein neuer Datensatz angelegt. Zudem wird hier auch die Tatsache abgebildet, dass sich in jedem Flugzeug mehrere Passagiere befinden können. Auch hier kommen wieder *Constraints* zum Einsatz, die dafür sorgen, dass kein Flug überbucht wird. Jeder Flug verfügt über eine maximale Kapazität an Passagieren, die nicht überschritten werden darf. Bei jeder Buchung soll vorher geprüft werden, ob noch Plätze frei sind, bevor die Buchung dann endgültig in der Datenbank gespeichert werden kann. Auch diese Beschränkung können Sie realisieren, doch dazu später mehr.

Als Erstes legen Sie die Buchungstabelle an und fügen die Fremdschlüsselbeziehung zur Passagiertabelle hinzu, wie in Listing 4.5 angegeben:

```
mysql CREATE TABLE buchung (
    -> buchung_id INT NOT NULL auto_increment,
    -> flug_id INT NOT NULL,
    -> sitzplatz CHAR(4) DEFAULT NULL UNIQUE,
    -> passagier_id INT NOT NULL,
```

```
    -> preis DECIMAL(10,2) NOT NULL,
    -> PRIMARY KEY(buchung_id),
    -> INDEX (flug_id),
    -> INDEX (passagier_id)
    -> ENGINE=InnoDB DEFAULT CHARSET=latin1;
mysql> ALTER TABLE buchung
    -> ADD FOREIGN KEY (passagier_id)
    -> REFERENCES passagier(passagier_id) ON DELETE
    -> CASCADE;
```

Listing 4.5 Buchungstabelle anlegen und Fremdschlüssel hinzufügen mit ALTER TABLE

Da es sich bei den meisten Flügen um Linienflüge handelt, gibt es eine eigene Tabelle, in welcher der Flugplan abgespeichert wird. Sie enthält alle Flüge, die regelmäßig an bestimmten Wochentagen zu festgelegten Zeiten verkehren. Diese Tabelle enthält eine Spalte für jeden Wochentag, an dem ein bestimmter Flug zur angegebenen Uhrzeit startet. Die Spalte eines jeden Wochentags ist vom Typ `TINYINT` mit der Länge 1. Mit dieser Nummer wird gespeichert, ob an diesem Wochentag ein regelmäßiger Flug angeboten wird. Falls es an einem Tag einen Flug mit der angegebenen Destination gibt, hat diese Spalte den Wert `1`, andernfalls den Wert `0`. Dadurch sind sehr schnelle Abfragen möglich. Das Schema des Flugplans sehen Sie in Listing 4.6:

```
CREATE TABLE flugplan (
    -> flugnr CHAR(8) NOT NULL,
    -> von SMALLINT NOT NULL,
    -> nach SMALLINT NOT NULL,
    -> abflug TIME NOT NULL,
    -> ankunft TIME NOT NULL,
    -> fluglinie_id SMALLINT NOT NULL,
    -> montag TINYINT(1) DEFAULT 0,
    -> dienstag TINYINT(1) DEFAULT 0,
    -> mittwoch TINYINT(1) DEFAULT 0,
    -> donnerstag TINYINT(1) DEFAULT 0,
    -> freitag TINYINT(1) DEFAULT 0,
    -> samstag TINYINT(1) DEFAULT 0,
    -> sonntag TINYINT(1) DEFAULT 0,
    -> PRIMARY KEY (flugnr),
    -> INDEX (von),
    -> INDEX (nach),
    -> INDEX (fluglinie_id)
    -> ) ENGINE=InnoDB DEFAULT CHARSET=latin1;
```

Listing 4.6 Die Flugplantabelle

Die grafische Darstellung dieser Tabelle sehen Sie in Abbildung 4.3.

Abbildung 4.3 Der Flugplan als ER-Diagramm

Eine der wichtigsten Tabellen ist die Flugtabelle. Sie enthält alle Flüge, mit den dem Flugplan entsprechenden Abflugzeiten, die einem konkreten Datum zugeordnet sind:

```
mysql> CREATE TABLE flug (
    ->      flug_id INT NOT NULL auto_increment,
    ->      flugnr CHAR(8) NOT NULL,
    ->      von SMALLINT NOT NULL,
    ->      nach SMALLINT NOT NULL,
    ->      abflug DATETIME NOT NULL,
    ->      ankunft DATETIME NOT NULL,
    ->      fluglinie_id SMALLINT NOT NULL,
    ->      flugzeug_id INT NOT NULL,
    ->      PRIMARY KEY (flug_id),
    ->      INDEX (von),
    ->      INDEX (nach),
    ->      INDEX (fluglinie_id),
    ->      INDEX (flugzeug_id)
    -> ) ENGINE=InnoDB DEFAULT CHARSET=latin1;
Query OK, 0 rows affected (0.05 sec)
```

Listing 4.7 Die Flugtabelle wird erzeugt

Diese Tabelle aus Listing 4.7 enthält verschiedene Indizes, die mit dem Keyword `INDEX` auf verschiedene Spalten gelegt werden. Sie dienen dazu, die Suche in diesem Attributfeldern zu beschleunigen. Sie werden hier speziell für die Fremdschlüssel auf andere Tabellen benötigt, da MySQL diese natürlich möglichst schnell auffinden muss, um die Integritätsbedingungen zu überprüfen. Sie müssen diese Indizes explizit angeben. Mehr über Indizes erfahren Sie in Abschnitt 9.2.

Die Fremdschlüssel selbst legen Sie wiederum mit dem Befehl `ALTER TABLE` an, jedoch erst nachdem alle noch fehlenden Tabellen dieses Beispiels angelegt wurden. Fremdschlüssel müssen logischerweise immer auf bereits existierende Tabellen verweisen. Nachdem Sie mithilfe des Befehls `ALTER TABLE` die Fremdschlüsselangabe im Nachhinein zu jeder Tabelle hinzufügen können, ist die Reihenfolge, in der Sie Tabellen anlegen, nicht wichtig. Wenn Sie die Fremdschlüsselbedingungen direkt bei der Erzeugung der Tabellen angeben, was ebenfalls möglich ist, kann es sonst vorkommen, dass Sie auf eine noch nicht existierende Tabelle verweisen und dadurch eine Fehlermeldung erhalten.

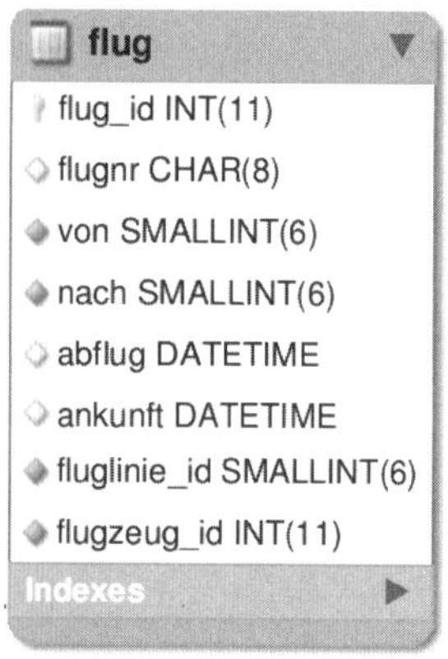

Abbildung 4.4 Die Flugtabelle

Die Flüge werden von Fluglinien bereitgestellt, welche ebenfalls über verschiedene Eigenschaften verfügen, wie Sie in Abbildung 4.4 sehen können. Verwenden Sie das Statement aus Listing 4.8, um diese Fluglinientabelle anzulegen:

```
mysql > CREATE TABLE fluglinie (
   -> fluglinie_id SMALLINT NOT NULL auto_increment,
   -> iata CHAR(3) NOT NULL,
   -> firmenname VARCHAR(20) DEFAULT NULL,
   -> heimat_flughafen SMALLINT NOT NULL,
   -> PRIMARY KEY (fluglinie_id),
   -> UNIQUE (iata),
```

```
    -> INDEX (heimat_flughafen)
) ENGINE=InnoDB DEFAULT CHARSET=latin1;
```

Listing 4.8 Die Fluglinientabelle anlegen

Jede Fluglinie bedient die von ihr angebotenen Flüge mit den Flugzeugen ihrer Flotte. Jeder Flug wird mit einem bestimmten Flugzeug mit unterschiedlichen Kapazitäten durchgeführt. Die Tabelle, in der die Flugzeuge gespeichert werden, sehen Sie in Listing 4.9:

```
mysql > CREATE TABLE flugzeug (
    -> flugzeug_id INT NOT NULL auto_increment,
    -> kapazitaet MEDIUMINT unsigned NOT NULL,
    -> typ_id INT NOT NULL,
    -> fluglinie_id INT NOT NULL,
    -> PRIMARY KEY (flugzeug_id)
    -> ) ENGINE=InnoDB DEFAULT CHARSET=latin1;
```

Listing 4.9 Tabellen für Flugzeuge

Es gibt exakte Beschreibungen zu jedem Flugzeugtyp, die mithilfe einer Volltextsuche durchsucht werden können. Sie sehen diese Tabelle in Listing 4.10:

```
mysql> CREATE TABLE flugzeug_typ (
    -> typ_id INT(11) NOT NULL AUTO_INCREMENT,
    -> bezeichnung VARCHAR(50) DEFAULT NULL,
    -> beschreibung TEXT,
    -> PRIMARY KEY (typ_id),
    -> FULLTEXT KEY bezeichnung_full
    -> bezeichnung, beschreibung)
    -> ) ENGINE=MyISAM DEFAULT CHARSET=latin1;
```

Listing 4.10 Die Flugzeugtypentabelle

Dabei handelt es sich um ausführliche textuelle Beschreibungen, wie sie auf den Webseiten der Flughafenunternehmen eingesetzt werden. Diese Texte enthalten ausführliche Informationen über die vorhandene Flotte. Das Besondere an dieser Tabelle ist, dass sie einen sogenannten *Volltextindex* zur Verfügung stellt, mit dem die gesamten Texte durchsucht werden können. Dieser Volltextindex wird in Abschnitt 9.2.9 vorgestellt und bietet besondere Funktionen, wie zum Beispiel die *natürlichsprachliche Suche*, welche die Ähnlichkeit eines Suchbegriffs mit vorhandenen Themen ausnutzt und so auch ungenaue oder vage Suchbegriffe ermöglicht. Auch dieses Feature wurde seit der Version 5.1 von MySQL stark erweitert.

Fluglinien haben immer einen Heimatflughafen, an dem sie ihren Standort haben. Durch diese Verknüpfung wird die Relation zur Flughafentabelle realisiert. Die Flughafentabelle ist mit Detailentitäten verbunden, die weitere Informationen liefern. So enthält die Tabelle »flughafen_geo« ebenfalls alle Flughäfen, speichert jedoch deren geografische Koordinaten. Diese GIS-Informationen dienen zum Auffinden des nächstgelegenen Flughafens, ausgehend von einem bestimmten Standort. Diese Möglichkeit ist eines der neuesten Features von MySQL und wird in Abschnitt 9.2.8 behandelt. Diese Tabelle legen Sie an, wie in Listing 4.11 angegeben:

```
mysql> CREATE TABLE flughafen_geo (
   -> flughafen_id SMALLINT NOT NULL,
   -> name VARCHAR(50) NOT NULL,
   -> stadt VARCHAR(50) DEFAULT NULL,
   -> land VARCHAR(50) DEFAULT NULL,
   -> breite DECIMAL(11,8) NOT NULL,
   -> laenge DECIMAL(11,8) NOT NULL,
   -> geolokation point NOT NULL,
   -> INDEX (flughafen_id),
   -> SPATIAL KEY idx_geolokation (geolokation)
   -> ) ENGINE=MyISAM DEFAULT CHARSET=latin1
```

Listing 4.11 Die Tabelle für die geografischen Daten

Des Weiteren werden aktuelle Wetterdaten von Messstationen am Flughafengelände gespeichert und somit aufgezeichnet. Legen Sie dafür die folgenden Tabellen an, wie in Listing 4.12 gezeigt:

```
CREATE TABLE wetterdaten (
   -> datum DATE NOT NULL,
   -> zeit TIME NOT NULL,
   -> station INT(11) NOT NULL,
   -> temp DECIMAL(3,1) NOT NULL,
   -> feuchtigkeit DECIMAL(4,1) NOT NULL,
   -> luftdruck DECIMAL(10,2) NOT NULL,
   -> wind DECIMAL(5,2) NOT NULL,
   -> wetter ENUM('Schneefall-Nebel',
   -> 'Schneefall','Regen','Regen-Schneefall',
   -> 'Nebel-Regen','Gewitter','Nebel',
   -> 'Regen-Gewitter') NOT NULL,
   -> windrichtung SMALLINT NOT NULL,
   -> PRIMARY KEY (datum, zeit, station)
   -> ) ENGINE=MyISAM DEFAULT CHARSET=latin1;
```

Listing 4.12 Die Wettertabelle

Die dargestellte Wetter-Datentabelle beinhaltet eine Spalte namens »wetter« mit dem speziellen Datentyp ENUM (von engl. *enumeration*, was Aufzählung bedeutet). Dabei handelt es sich um einen Datentyp, der nur die in Klammern angegebenen Vorgabewerte annehmen darf. In Abbildung 4.5 sehen Sie die beiden Tabellen abgebildet.

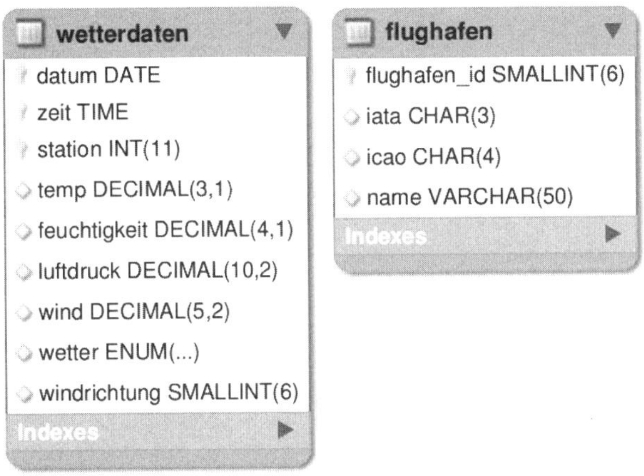

Abbildung 4.5 Die Tabellen »flughafen« und »wetterdaten«

Die nächste Tabelle enthält alle geänderten Daten zu Flügen, die für die Auswertung der Flugbewegungen wichtig sind und daher gespeichert werden müssen. Alle Änderungen von Flügen werden hier erfasst und dienen als Log-Buch. Diese Tabelle enthält alle geplanten und die tatsächlichen Abflugsorte und -zeiten sowie alle Informationen über Änderungen der Flugnummer oder des eingesetzten Flugzeugs. Auch der Benutzername des Mitarbeiters, der die Änderung durchgeführt hat, wird hier abgespeichert. Die Tabelle ist aufgebaut, wie in Listing 4.13 gezeigt:

```
CREATE TABLE flug_log (
    -> datum DATETIME NOT NULL,
    -> benutzer VARCHAR(100) NOT NULL,
    -> flug_id INT NOT NULL,
    -> flugnr_alt CHAR(8) NOT NULL,
    -> flugnr_neu CHAR(8) NOT NULL,
    -> von_alt SMALLINT NOT NULL,
    -> nach_alt SMALLINT NOT NULL,
    -> von_neu SMALLINT NOT NULL,
    -> nach_neu SMALLINT NOT NULL,
    -> abflug_alt DATETIME NOT NULL,
    -> ankunft_alt DATETIME NOT NULL,
    -> abflug_neu DATETIME NOT NULL,
```

```
    -> ankunft_neu DATETIME NOT NULL,
    -> flugzeug_id_alt INT NOT NULL,
    -> flugzeug_id_neu INT NOT NULL,
    -> fluglinie_id_alt SMALLINT NOT NULL,
    -> fluglinie_id_neu SMALLINT NOT NULL,
    -> kommentar VARCHAR(200)
    -> ) ENGINE=InnoDB DEFAULT CHARSET=latin1;
```

Listing 4.13 Das Flug-Log

Als ER-Diagramm lässt sich die Tabelle wie in Abbildung 4.6 darstellen.

Abbildung 4.6 Log-Tabelle

Zu guter Letzt gibt es noch eine Tabelle für die Daten der Flughafenmitarbeiter, die an dem fiktiven Flughafen beschäftigt sind. Diese Tabelle enthält ausführliche Informationen über die Mitarbeiter und ihre Zugangsdaten für die elektronischen Systeme, die am Flughafen eingesetzt werden. Sie sehen diese Tabelle in Listing 4.14:

```
CREATE TABLE mitarbeiter (
   ->  mitarbeiter_id int(11) NOT NULL AUTO_INCREMENT,
   ->  vorname VARCHAR(100) NOT NULL,
   -> nachname VARCHAR(100) NOT NULL,
```

```
-> geburtsdatum DATE NOT NULL,
-> geschlecht CHAR(1) DEFAULT NULL,
-> strasse VARCHAR(100) NOT NULL,
-> ort VARCHAR(100) NOT NULL,
-> plz SMALLINT NOT NULL,
-> land VARCHAR(100) NOT NULL,
-> emailadresse VARCHAR(120) DEFAULT NULL,
-> telefonnummer VARCHAR(30) DEFAULT NULL,
-> gehalt DECIMAL(8,2) DEFAULT NULL,
-> abteilung enum('Marketing',
->'Buchhaltung','Management','Logistik',
-> 'Flugfeld') DEFAULT NULL,
-> benutzername varchar(20) DEFAULT NULL,
-> passwort char(32) DEFAULT NULL,
-> PRIMARY KEY (mitarbeiter_id),
-> UNIQUE benutzer_unq (benutzername)
-> ) ENGINE=InnoDB DEFAULT CHARSET=latin1;
```

Listing 4.14 Die Mitarbeitertabelle

In einem letzten Schritt werden noch die Fremdschlüsselbeziehungen hergestellt. Sie stellen letzten Endes die Beziehungen zwischen den Tabellen dar. Dazu setzen Sie den Befehl `ALTER TABLE` ein. Die Reihenfolge, in der Sie die folgenden Befehle absetzen, ist nicht von Belang, da inzwischen alle Tabellen angelegt wurden.

```
mysql> ALTER TABLE buchung
   -> ADD FOREIGN KEY flug_flug (flug_id) REFERENCES
   -> flug(flug_id;
mysql> ALTER TABLE buchung ADD FOREIGN KEY
   -> passagier_passagier (passagier_id) REFERENCES
   -> passagier(passagier_id);
```

Listing 4.15 Einfügen der Fremdschlüssel in die Buchungstabelle

In Listing 4.15 werden die Beziehungen zur Tabelle »flug« mit den Tabellen der Flughäfen, der Fluglinien und Flugzeuge hergestellt. Die folgenden Statements `ALTER TABLE` fügen die Fremdschlüssel für die Flugtabelle hinzu:

```
mysql > ALTER TABLE flug
   -> ADD FOREIGN KEY von_flughafen (von)
   -> REFERENCES flughafen(flughafen_id);
mysql > ALTER TABLE flug
   -> ADD FOREIGN KEY nach_flughafen (nach)
   -> REFERENCES flughafen(flughafen_id);
mysql > ALTER TABLE flug
```

```
   -> ADD FOREIGN KEY fluglinie_fluglinie (fluglinie_id)
   -> REFERENCES fluglinie(fluglinie_id);
mysql > ALTER TABLE flug
   -> ADD FOREIGN KEY flugzeug_flugzeug (flugzeug_id)
   -> REFERENCES flugzeug(flugzeug_id);
```

Listing 4.16 Fremdschlüssel für die Tabelle der Flüge

Das Statement in Listing 4.17 legt den Zusammenhang zwischen der Geografietabelle »flughafen_geo« und der Flughafentabelle an.

```
mysql> ALTER TABLE flughafen_geo
   -> ADD FOREIGN KEY (flughafen_id) REFERENCES
   -> flughafen(flughafen_id);
```

Listing 4.17 Flughafengeografie und die Beschreibung der Flughäfen

Die folgenden Statements stellen analog zum vorigen Beispiel die restlichen Fremdschlüsselbeziehungen her:

```
mysql> ALTER TABLE flugplan
   -> ADD FOREIGN KEY von_flughafen (von)
   -> REFERENCES flughafen(flughafen_id);
mysql> ALTER TABLE flugplan
   -> ADD FOREIGN KEY nach_flughafen (nach)
   -> REFERENCES flughafen(flughafen_id);
mysql> ALTER TABLE flugplan
   -> ADD FOREIGN KEY fluglinie_fluglinie (fluglinie_id)
   -> REFERENCES fluglinie(fluglinie_id);
mysql> ALTER TABLE fluglinie
   -> ADD FOREIGN KEY heimat_flughafen
   -> (heimat_flughafen)
   -> REFERENCES flughafen(flughafen_id);

mysql> ALTER TABLE passagierdetails
   -> ADD FOREIGN KEY passagier_passagier (passagier_id)
   -> REFERENCES passagier(passagier_id) ON DELETE
   -> CASCADE;
```

Listing 4.18 Die restlichen Fremdschlüsselbeziehungen

Das gesamte ER-Diagramm und damit die grafische Darstellung des Flughafen-Schemas sind in Abbildung 4.7 dargestellt.

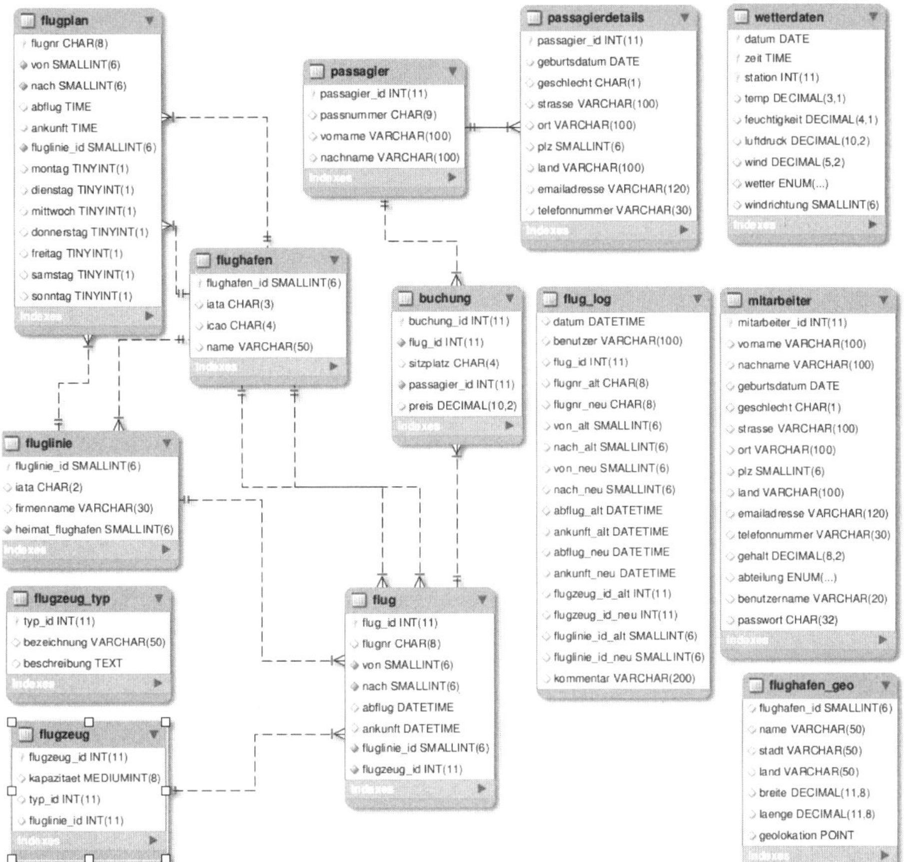

Abbildung 4.7 Das Flughafenmodell

4.2 Die Beispieldatenbank auf der Buch-DVD

Diesem Buch liegt eine DVD bei, die alle Beispiele als SQL-Skripte für MySQL enthält. Diese Beispiele sind in Ordnern nach Kapiteln sortiert. Im Verzeichnis *FlughafenDB* finden Sie die SQL-Skripte, auf denen dieses Tutorial basiert. Dort gibt es die Datei *FlughafenSchema.sql*, mit deren Hilfe Sie das gezeigte Datenbankenschema in Ihre MySQL-Installation laden können.

Legen Sie dazu die DVD des Buches in Ihr DVD-Laufwerk ein, und führen Sie den folgenden Befehl aus Listing 4.19 durch. Achten Sie dabei darauf, dass Sie den für Ihr System angepassten Pfad verwenden. Linux und Mac verwenden Schrägstriche (/, engl. *slashes*):

```
mysql> SOURCE /media/dvdrom/FlughafenSchema/FlughafenSchema.sql
```

Listing 4.19 Laden des Schema-Files unter Linux und Mac

Unter Windows müssen Sie umgekehrte Schrägstriche (\, engl. *backslashes*) einsetzen. Falls Sie das Betriebssystem von Microsoft einsetzen, nehmen Sie den folgenden Befehl aus Listing 4.20, und ersetzen Sie gegebenenfalls den Laufwerksbuchstaben D durch jenen, den Ihr DVD-Laufwerk zugewiesen hat:

```
mysql> SOURCE D:\FlughafenDB\FlughafenSchema.sql
```

Listing 4.20 Einspielen des Schemas unter Windows

Durch diesen Befehl lassen sich SQL-Statements und MySQL-Befehle, die in einer gewöhnlichen Textdatei gespeichert sind, so aufrufen, als ob Sie jeden einzelnen dieser Befehle in der Datei selbst eingetippt hätten. Das erspart Ihnen natürlich sehr viel Tipparbeit, und somit können Sie die in der Datei ausgelagerten Befehle in einem Rutsch an das MySQL-DBMS weiterreichen.

Da das Laden eines sehr großen Daten-Sets auch auf einem schnellen Rechner relativ viel Zeit in Anspruch nehmen kann (durchaus mehrere Stunden!), befinden sich auf der DVD zwei komplette Beispieldatensätze in unterschiedlichem Umfang.

Falls Sie die Datenbank »FlughafenDB« noch nicht angelegt haben, importieren Sie am besten das Flughafen-Schema mit dem Befehl aus Listing 4.19, falls Sie Linux bzw. Mac verwenden, oder für Windowssysteme den Befehl aus Listing 4.20. Alternativ können Sie auch einfach eine leere Datenbank anlegen, wie in Listing 4.21 gezeigt:

```
mysql> CREATE DATABASE FlughafenDB;
```

Listing 4.21 Die Flughafen-Datenbank manuell anlegen

Aktivieren Sie nun innerhalb des MySQL-Clients die Datenbank »FlughafenDB« mit dem Befehl aus Listing 4.22:

```
mysql> USE FlughafenDB;
```

Listing 4.22 Die Datenbank »FlughafenDB« aktivieren

Wenn Sie nun den Beispieldatensatz unter Linux bzw. Mac mit dem Befehl aus Listing 4.23 laden oder unter Windows mit dem Befehl aus Listing 4.24 importieren, werden die Tabellen in beiden Fällen neu angelegt.

```
mysql> SOURCE /media/dvdrom/FlughafenDB/BeispielDatenSet_klein.sql
```

Listing 4.23 Das kleinere Beispieldaten-Set unter Linux oder Mac importieren

```
mysql> SOURCE D:\FlughafenDB\BeispielDatenSet_klein.sql
```

Listing 4.24 Das kleinere Beispieldaten-Set unter Windows importieren

Um das sehr umfangreiche große Daten-Set zu laden, verfahren Sie wie in Listing 4.23 (Linux) bzw. Listing 4.24 (Windows), verwenden jedoch den Dateinamen *BeispielDatenSet_gross.sql*. Da das Importieren des großen Daten-Sets wie bereits erwähnt sehr lange dauern kann, sollten Sie es gegebenenfalls über Nacht laden. Das kleinere Daten-Set ist jedoch in einigen Minuten importiert, wenn Sie über eine aktuelle Hardware verfügen.

4.3 Hilfe bei der Arbeit mit MySQL

4.3.1 Fehlermeldungen und Warnungen

Falls während des laufenden Betriebs von MySQL ein Fehler auftreten sollte, informiert Sie das System darüber mithilfe von Fehlercodes (engl. *error code*) und eines sogenannten `SQLSTATE`-Codes. Der `error code` ist speziell von MySQL und nicht auf andere Datenbanksysteme übertragbar. Dabei handelt es sich um eine Zahl. Der zweite Code, der `SQLSTATE`-Code, ist hingegen standardisiert nach ANSI SQL und daher auch bei anderen Datenbanksystemen ein allgemein festgelegter Rückgabewert. Bei diesem `SQLSTATE`-Code handelt es sich um eine fünfstellige Zeichenkette. Die ersten beiden Zeichen dieses `SQLSTATE`-Codes haben eine besondere Bedeutung. Dabei stehen diese beiden Zeichen für:

- 00 – kein Fehler
- 01 – Warnung
- 02 – nicht gefunden (Ende der Daten bei Cursors, siehe Abschnitt 11.5.5)
- xx – Fehler

Alle `SQLSTATE`-Codes, die nicht mit 00, 01 oder 02 beginnen, zeigen also einen Fehler an. Im Beispiel in Listing 4.25 wurde exemplarisch versucht, eine Tabelle mit einem Namen anzulegen, der bereits von einer anderen Tabelle als Bezeichner genutzt wird:

```
mysql> CREATE TABLE flug(flugNummer INT);
ERROR 1050 (42S01): Table 'flug' already exists
```

Listing 4.25 Ein Fehler ist aufgetreten.

Wie Sie sehen, liefert Ihnen MySQL die interne Fehlernummer (`1050`), den `SQLSTATE`-Fehlercode (`42S01`) sowie eine Beschreibung (`Table 'flug' already exists`) zurück. Details zu Fehlercodes finden Sie in der Referenz am Ende dieses Buches.

Um sich die letzte Fehlermeldung anzeigen zu lassen, verwenden Sie den Befehl aus Listing 4.26:

```
mysql> SHOW ERRORS;
+-------+------+---------------------------+
| Level | Code | Message                   |
+-------+------+---------------------------+
| Error | 1050 | Table 'flug' already exists |
+-------+------+---------------------------+
```

Listing 4.26 Den letzten Fehler ausgeben

Der Mechanismus für Warnungen funktioniert auf sehr ähnliche Weise. Legen Sie beispielsweise eine Tabelle an, die über eine Spalte verfügt. In dieser Spalte sollen Wörter mit einer Länge von maximal drei Zeichen gespeichert werden:

```
mysql> CREATE TABLE kurze_woerter( wort varchar(3));
```

Listing 4.27 Beispieltabelle anlegen

Wenn Sie nun, wie in Listing 4.28, ein Wort mit zu vielen Zeichen einfügen, erhalten Sie keine Fehlermeldung, sondern lediglich eine Warnmeldung zurück:

```
mysql> INSERT INTO kurze_woerter VALUES('vier');
Query OK, 1 row affected, 1 warning (0.00 sec)
```

Listing 4.28 Eine Warnung wird ausgegeben.

Um sich nun diese Warnmeldung anzeigen zu lassen, verwenden Sie den Befehl `SHOW WARNINGS`, dessen Wirkung in Listing 4.29 dargestellt ist:

```
mysql> SHOW WARNINGS;
+---------+------+----------------------------------------+
| Level   | Code | Message                                |
+---------+------+----------------------------------------+
| Warning | 1265 | Data truncated for column 'wort' at row 1 |
+---------+------+----------------------------------------+
1 row in set (0.00 sec)
```

Listing 4.29 Die Warnung anzeigen

Wenn Sie sich den Inhalt der Tabelle nun ansehen, werden Sie feststellen, dass MySQL einfach das letzte Zeichen abgeschnitten hat, da dieses zu lang für den gewählten Datentyp war.

```
mysql> SELECT * FROM kurze_woerter;
+------+
| wort |
+------+
| vie  |
+------+
```

Listing 4.30 Die Ausgabe der Tabelle

Wie Sie in Listing 4.30 sehen, sollten Sie auch Warnungen Beachtung schenken, denn oftmals sind Warnungen eben nicht nur Hinweise über Vernachlässigbares, sondern sie können auch durchweg gravierende Folgen nach sich ziehen.

4.3.2 Online-Manual und weitere Anlaufstellen

Das sehr umfassende Online-Manual[2] enthält Informationen zur Syntax, zu Einstellungen, zu Befehlen und Variablen in sehr großem Umfang. Leider ist diese sehr gute Referenz für aktuelle Versionen lediglich in englischer Sprache verfügbar.

Neben dieser Informationsquelle verfügt MySQL auch über ein sehr praktisches integriertes Hilfe-System. Auch dieses ist leider nur auf Englisch verfügbar, liefert aber sehr schnell Informationen zu Befehlen oder Parametern, wenn Sie auf die Schnelle etwas Spezielles nachschlagen möchten. Um sich die Kommandozeilenoptionen für den MySQL-Client anzeigen zu lassen, verwenden Sie den Befehl aus Listing 4.31:

```
bash# mysql --help
```

Listing 4.31 Die Client-Hilfe anzeigen

Für Hinweise zur Syntax können Sie das integrierte Manual des Clients befragen. Verwenden Sie dazu das Schlüsselwort `help`, gefolgt vom Namen des Befehls. Um sich beispielsweise die Details zum Befehl `ALTER TABLE` anzeigen zu lassen, verwenden Sie den Aufruf aus Listing 4.32:

```
mysql> help ALTER TABLE
```

Listing 4.32 Die Hilfe zum Befehl ALTER TABLE anzeigen

2 *http://dev.mysql.com/doc/refman/5.6/en/*

Um alle möglichen Befehle anzuzeigen, geben Sie einfach nur `HELP` ein, wie in Listing 4.33 gezeigt. MySQL gibt Ihnen daraufhin eine Liste mit allen verfügbaren Befehlen zurück.

```
mysql> HELP
```

Listing 4.33 Alle verfügbaren Befehle anzeigen

4.4 Zusammenfassung

In diesem ersten Teil des Buches wurde ein allgemein verständliches, praxisnahes Beispiel vorgestellt, anhand dessen die eigentlichen Administrations- und Verwaltungsaufgaben erläutert wurden. Sie haben gelernt, wie Sie eine textuelle Beschreibung in ein relationales Modell und dieses wiederum in ein konkretes Datenbankenschema für MySQL übersetzen können.

Ausgehend von der Beschreibung des Szenarios wurden die Anforderungen an das Datenbanksystem vorgestellt. Diese Art der Anforderungsanalyse wird Ihnen bei jedem Datenbankenprojekt begegnen, da durch diesen Schritt der eigentliche Zweck und die Aufgaben, die von dem DBMS erfüllt werden sollen, festgelegt werden.

Der darauffolgende Schritt ist die Umsetzung dieses Modells mithilfe des konkreten Datenbankmanagementsystems – in diesem Fall MySQL. Sie haben gesehen, wie Sie die Datenbank an sich innerhalb von MySQL mit `CREATE DATABASE` anlegen und wie Sie die darin enthaltenen Tabellen mit `CREATE TABLE` erzeugen können. Je nach Attribut kommen die unterschiedlichsten Datentypen zum Einsatz, welche die jeweiligen Daten in sich aufnehmen. Im Schnellstart-Tutorial wurden Ihnen die wichtigsten und am weitesten verbreiteten Datentypen bereits vorgestellt. Dazu gehören beispielsweise `INT`, `DATETIME`, `CHAR` oder `VARCHAR`.

Des Weiteren haben Sie gesehen, wie beispielsweise Primärschlüssel-Definitionen mit `PRIMARY KEY` definiert werden, haben den Umgang mit `NULL`-Werten kennengelernt und Vorgabewerte mit `DEFAULT` angelegt. Durch den Einsatz dieser wenigen Befehle konnten Sie bereits die grundlegenden Einschränkungen anlegen. Diese Einschränkungen sind wichtig, damit das Einfügen von unrichtigen oder ungeeigneten Daten so weit wie möglich vermieden werden kann.

Ein weiterer wichtiger Aspekt war das Anlegen von Fremdschlüsselbeziehungen mittels des Keywords `FOREIGN KEY`. Durch diese Technik werden Tabellen untereinander verknüpft. Hierbei wird jedoch nicht nur eine logische Verknüpfung der Tabellen hergestellt, sondern es werden dadurch auch Integritätsbedingungen angelegt. Das bedeutet, dass ein Datensatz einer Tabelle, die auf einen anderen Datensatz referenziert, nicht unabhängig von diesem existieren kann.

Zusätzlich haben Sie gelernt, wie Sie Tabellen mithilfe des Statements `ALTER TABLE` im Nachhinein verändern und somit an neue Bedürfnisse anpassen können. Im konkreten Beispiel haben Sie diesen Befehl eingesetzt, um die vorher beschriebenen Fremdschlüsselbeziehungen anzulegen, ohne die Erstellungsreihenfolge der Tabellen zu berücksichtigen.

Zu guter Letzt gab es einen Überblick über das gesamte Modell mithilfe des ER-Diagramms. Durch die ausführliche Beschreibung konnten Sie sehen, wie Sie ein solches Modell umsetzen und auch lesen und interpretieren können.

Nachdem Sie nun die Grundlagen von MySQL ausgiebig kennengelernt bzw. wiederholt haben, sind Sie nun bereit für die spezielleren Themen, mit denen Sie in Ihrem Administratorenalltag immer wieder in Berührung kommen werden.

Durch das umfangreiche Beispieldaten-Set können Sie alle Befehle und Kommandos ausgiebig testen! Los geht's!

TEIL II
MySQL-Administration

Wie funktionieren Datenbanken unter der Haube? Diese Frage und weitere technische Details werden in diesem Kapitel zur Architektur von MySQL behandelt.

5 Architektur

Datenbanken speichern ihre Daten optimiert und zuverlässig ab. MySQL verwendet dazu, wie viele andere Datenbanken auch, das *relationale Datenbankmodell* (siehe Kapitel 2, »Datenbankmodellierung«). Dieses Modell hat sich seit den 1970er Jahren am Markt durchgesetzt und wird heute von allen großen Datenbankherstellern verwendet. Zusammen mit diesem Modell hat sich auch eine allgemeine Architektur für relationale Datenbanken etabliert. So weisen beinahe alle am Markt verfügbaren relationalen Datenbanken eine sehr ähnliche Architektur auf, die teilweise heute noch auf die erste relationale Datenbank *System R* zurückgeht.

5.1 Einführung

Im Folgenden werden wir die Architektur eines relationalen Datenbanksystems näher beschreiben. Es handelt sich dabei um eine abstrakte Sicht auf die eigentliche Architektur, um den Ablauf in einem relationalen Datenbanksystem besser verstehen zu können.

5.1.1 Teile einer Datenbank – das Fünf-Schichten-Modell

Die wichtigsten fünf Schichten einer relationalen Datenbank werden in Abbildung 5.1 dargestellt. Oft spricht man daher auch vom *Fünf-Schichten-Modell* einer Datenbank, das wir nun näher behandeln werden.

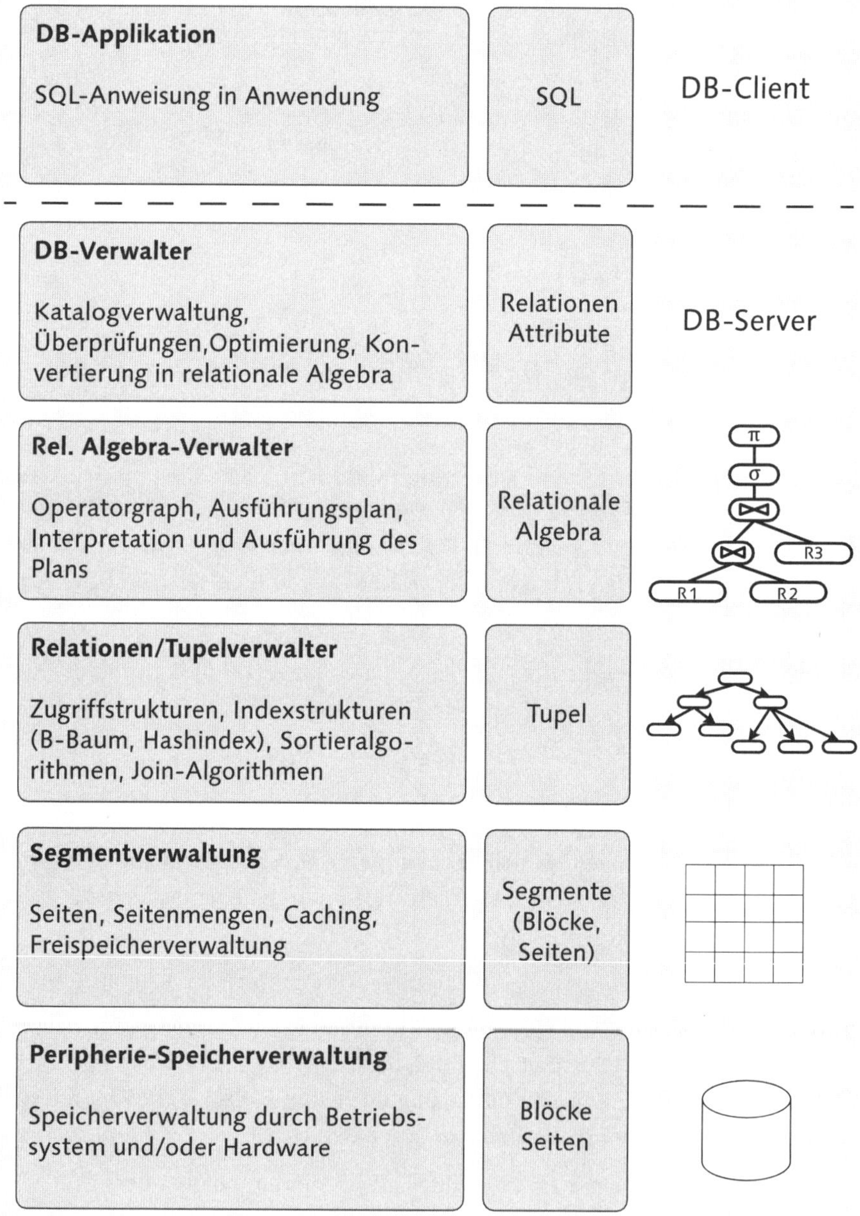

Abbildung 5.1 Fünf-Schichten-Modell eines Datenbanksystems

Datenbankapplikation

Beginnen wir mit der Erstellung einer SQL-Anweisung in einer Applikation. Diese Applikation kann in einer beliebigen Programmiersprache erstellt sein und verbindet sich über den eingebundenen Datenbank-Client zum Datenbankserver. Der Datenbank-Client übernimmt dabei die gesamte Kommunikation mit dem Datenbankserver und stellt ein Interface in der jeweiligen Programmiersprache für den Programmierer zur Verfügung. Nähere Details zu den Interfaces in verschiedenen Programmiersprachen erhalten Sie in Kapitel 12, »Softwareentwicklung mit MySQL«.

Die von der Anwendung erstellte SQL-Anweisung wird anschließend über die aufgebaute Verbindung zwischen Datenbank-Client und Datenbankserver zur Verarbeitung an den Server gesendet.

Datenbankverwaltung

In der ersten Schicht des Datenbankservers wird die eintreffende SQL-Anweisung verarbeitet und überprüft. Diese Überprüfung beinhaltet die korrekte Syntax der Anweisung, aber auch die Kontrolle, ob die angesprochenen Tabellen und Attribute der Anweisung überhaupt in der Datenbank vorhanden sind. Dazu hat die Datenbankverwaltung Zugriff auf den sogenannten *Katalog* eines Datenbanksystems, in dem die Schemadaten aller Datenbanken und Tabellen abgelegt werden.

Wurde diese Überprüfungen erfolgreich durchgeführt, wird die SQL-Anweisung in eine interne Repräsentation konvertiert. Meist ist diese Repräsentation die *Relationale Algebra*, die Sie bereits in Teil 1, »Erste Schritte«, kennengelernt haben. Wie Sie bereits wissen, ist die relationale Algebra das mathematische Fundament der relationalen Datenbanken und dient daher für weitere Umformungen und Optimierungen der ursprünglichen SQL-Abfrage.

Für diese Optimierung zeichnet der sogenannte Optimierer verantwortlich und erstellt für die SQL-Anweisung einen optimierten Ausführungsplan mithilfe der Rechenregeln der relationalen Algebra. Dabei werden statistische Werte der Tabellen verwendet, um zum Beispiel `JOIN`-Reihenfolgen zu verändern und die Ausführungszeit einer Abfrage möglichst kurz zu halten.

Gerade in diesen Teil der Datenbank fließt in modernen Datenbanksystemen enorme Entwicklungszeit, da ein guter Optimierer die Performance des gesamten Datenbanksystems stark beeinflussen kann. Der entstandene optimierte Ausführungsplan wird in Form eines *Operatorgraphen* dargestellt. Den Operatorgraphen lernen Sie in der Beschreibung der nächsten Schicht noch genauer kennen.

Relationale-Algebra-Verwaltung

Auf dieser Ebene wird der von der Datenbankverwaltungsebene erhaltene Ausführungsplan verarbeitet und interpretiert. Der Ausführungsplan wird im Normalfall durch einen Operatorgraphen übergeben. Dieser Graph beinhaltet die nötigen Teiloperationen einer Abfrage in bereits optimierter Reihenfolge. Betrachten Sie die beispielhafte SQL-Abfrage aller Buchungen der Passagiere mit dem Nachnamen »Maier« in Listing 5.1. Zusätzlich abgefragt bzw. ausgegeben (Projektion) werden Vorname, Nachname und die Flugnummer des gebuchten Flugs.

```
mysql> SELECT vorname, nachname, flugnr FROM
    -> Buchung JOIN passagier USING (passagier_id)
    -> JOIN flug USING (flug_id)
    -> WHERE nachname = 'Maier';
```

Listing 5.1 Beispielabfrage aller Buchungen der Passagiere »Maier«

Die Abfrage in Listing 5.1 kann zuerst in die relationale Algebra umgeformt werden, wie in Listing 5.2 angegeben. Aus dieser relationalen Form lässt sich nun sehr einfach der Operatorgraph erstellen, den Sie in Abbildung 5.2 (links) sehen. Der Operatorgraph besteht dabei aus denselben Operationen wie die Darstellung in der relationalen Algebra in Listing 5.2.

Zusätzlich wird aber durch die Baumform eine genaue Abarbeitungsreihenfolge angegeben. So wird zum Beispiel zuerst der `JOIN` zwischen der Tabelle »buchung« und der der Tabelle »passagier« berechnet. Die resultierende Menge wird anschließend mit der Tabelle »flug« gejoint. Erst am Ende wird die Selektion angewendet, die jene Datensätze aus der Ergebnismenge filtert, die zu den Passagieren mit dem Nachnamen Maier gehören. Im letzten Schritt wird die Projektion angewendet, und alle Spalten, bis auf die benötigten mit Vorname, Nachname und Flugnummer, werden aus dem Ergebnis entfernt.

Hier die Darstellung von Listing 5.1 in Relationaler Algebra:

$$\pi_{vorname,nachname,flugnr}\ \sigma_{nachname=Maier}\ buchung \bowtie passagier \bowtie flug$$

Der rechte Operatorgraph in Abbildung 5.2 liefert genau dieselbe Ergebnismenge wie der linke Baum, stellt jedoch eine verbesserte Variante der Abarbeitungsreihenfolge dar. Der Optimierer hat bei dieser Abfrage richtig erkannt, dass die Selektion direkt auf der Passagiertabelle die Zwischenergebnisse stark reduziert. In der linken Variante werden alle Zeilen der Buchungstabelle mit der Passagiertabelle gejoint. Dies können gerade bei großen Tabellen, wie auch der Buchungstabelle, sehr schnell Hunderttausende resultierende Datensätze werden, die dann noch weiter gejoint werden müssen.

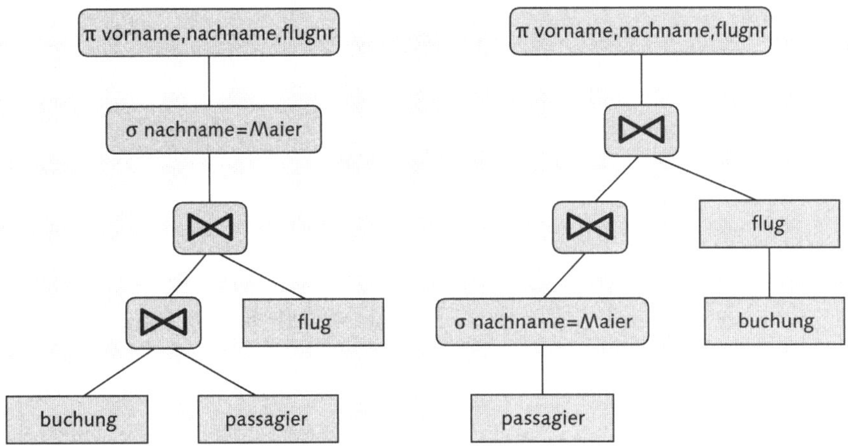

Abbildung 5.2 Operatorgraph (links), optimierter Operatorgraph (rechts)

In der linken Variante werden erst am Schluss alle Datensätze, die nicht von Passagieren mit dem Namen Maier stammen, entfernt. Es müssen also auf dem Weg Hundertausende Zwischenergebnisse im Speicher gehalten werden, obwohl die Endergebnismenge vermutlich nur ein paar hundert Buchungen der Passagiere »Maier« enthält.

Wird im Gegensatz dazu, wie in der rechten Abarbeitungsreihenfolge, die Selektion nach unten zur Relation `passagier` »gedrückt«, können bereits frühzeitig sehr viele Buchungen ausgeschlossen werden und müssen nicht weiter verarbeitet werden. Die Abfrage muss daher statt Hunderttausender Datensätze nur wenige hundert bearbeiten und kann daher in einem Bruchteil der benötigten Zeit der linken nicht-optimierten Variante durchgeführt werden.

Die jeweils durch den Optimierer schnellste berechnete Variante wird durch den Operatorgraphen an die Relationale-Algebra-Verwaltungsschicht weitergegeben, die anschließend die Abarbeitung gemäß der übergebenen Reihenfolge übernimmt. Um die einzelnen Operationen aus dem Ausführungsplan durchzuführen, muss auf die Daten zugegriffen werden. Dieser Zugriff erfolgt über die darunterliegende Tupelverwaltungsschicht.

Relationen-/Tupelverwaltung

In dieser Schicht werden die Zugriffsstrukturen auf die eigentlichen Datensätze, die Tupel, realisiert. Die darüberliegenden Schichten müssen daher nicht genau wissen, wie die Daten physikalisch organisiert sind und wie sie gespeichert werden. Zum Beispiel wissen die oberen Schichten nicht, wie eine Selektion technisch durchgeführt wird. Die technische Realisierung obliegt der Relationen- und Tupelverwaltung, die genau über die physikalische Struktur Bescheid weiß. Diese Schicht bietet für die oberen Schichten daher eine sogenannte abstrahierte Sicht auf die Daten mit der Möglichkeit, die nötigen Operationen aus einem Operatorgraph durchzuführen.

Wie Sie bereits in 1.1.2, »Moderne Datenbanken und Datenmodelle«, gelesen haben, war eine der größten Neuerungen der relationalen Datenbanken die Trennung zwischen der Struktur der Daten und der eigentlichen physikalischen Speicherung der Daten. Diese Trennung erfolgt genau in der Relationen- und Tupelverwaltungsschicht. In dieser Schicht sind daher auch die physikalischen Realisierungskonzepte, wie zum Beispiel die Indeximplementierung durch den B-Baum oder Hashindex oder die Implementierung von Sortieralgorithmen relevant. Die Algorithmen arbeiten dabei auf sogenannten Segmenten, die in der folgenden Schicht verwaltet werden.

Segmentverwaltung

Die Segmentverwaltung organisiert die Gruppierung der Daten in sogenannten Segmenten. Ein Segment ist eine Zusammenfassung von einzelnen Tupeln (Datensätzen) in einer Speichereinheit. Die Größe eines Segments entspricht daher meist der Größe einer logischen Einheit des Speichermediums, in die das Speichermedium seinen Speicherplatz unterteilt. In der Realität sind dies Plattenblöcke von Festplatten oder Speicherseiten des Hauptspeichers, die immer »in einem Rutsch« vom Speichermedium geladen werden können. Um den Speicherplatz möglichst gut auszunutzen, werden daher in dieser Schicht die noch verfügbaren Segmente verwaltet oder gelöschte Segmente wieder für die Speicherung neuer Daten zugeordnet.

Die eigentliche physikalische Speicherung erfolgt in der nächsten Schicht auf einem Sekundärspeicher (zum Beispiel Festplatte). Um den Zugriff zu beschleunigen, wird zusätzlich auf dieser Schicht noch ein Cache realisiert, der die Segmente zwischenspeichert. Liegt ein Segment im schnellen Cache (Hauptspeicher) vor, muss dieses Segment nicht mehr von der sehr langsamen Festplatte (Sekundärspeicher) geladen werden. Daher spricht man bei dieser Schicht auch oft vom *Buffer-Management*, da die Daten (Segmente) über den Cache gebuffert (zwischengespeichert) und verwaltet werden.

Peripherie-Speicherverwaltung

Die Peripherie-Speicherverwaltung wird einerseits im Betriebssystem durch den Festplatten- oder Sekundärspeicher-Treiber und dessen Optimierungen realisiert, andererseits durch den Controller der Hardware. Zum Beispiel wird bei der Verwendung einer Festplatte jeweils eine Verwaltungseinheit im Controller der Festplatte und im Treiber des Betriebssystems verwendet. Diese Verwalter können zusätzliche Optimierungen, wie zum Beispiel Caches, beinhalten. Die endgültige physikalische Speicherung auf meist magnetischen oder optischen Medien wird im letzten Schritt in dieser Schicht realisiert.

Das Fünf-Schichten-Modell kann als allgemeingültige abstrakte Architektur eines relationalen Datenbanksystems verstanden werden, das vor allem dabei hilft, die Funktionsweise eines Datenbanksystems zu verstehen. Eine Abfrage durchläuft dabei alle Schichten von oben nach unten. Die Resultate, also die Daten selbst, durchlaufen ebenfalls alle Schichten und werden von der untersten Schicht von Schicht zu Schicht bis ganz nach oben transferiert.

Die reale Implementierung eines Datenbanksystems weicht natürlich von dieser Einteilung in fünf Schichten ab und stellt sich in der Realität als wesentlich komplexer dar. Vor allem diverse Aspekte einer Datenbank, die sich meist auf mehreren Schichten befinden, wie das Transaktionsmanagement, das Logging, das Locking und das Sicherheitsmanagement, werden im Fünf-Schichten-Modell nur am Rande betrachtet. Dennoch ist das Fünf-Schichten-Modell immer noch bestens geeignet, um den groben konzeptionellen Ablauf in einem Datenbanksystem zu erklären und an die Architektur eines Datenbanksystems heranzuführen.

Die Unterschiede zwischen dem Fünf-Schichten-Modell und dem konkreten Aufbau von MySQL bzw. dessen vorhandenen Schichten und Modulen werden wir im nächsten Abschnitt genauer beleuchten.

5.1.2 MySQL-Architektur

Im letzten Abschnitt haben Sie die Fünf-Schichten-Architektur relationaler Datenbanksysteme kennengelernt. Auch in MySQL finden sich diese abstrakten Schichten wieder. Dennoch unterscheidet sich jedes relationale Datenbanksystem in einigen Bereichen vom Fünf-Schichten-Modell.

Betrachten wir nun die abstrakte Architektur des MySQL-Servers, wie sie in Abbildung 5.3 zu sehen ist. Sie werden dabei einige Teile des Fünf-Schichten-Modells wiederfinden. Die Abarbeitung einer SQL-Anweisung umfasst dabei wiederum die Übertragung zum Server, die Optimierung und Verarbeitung über eine Zugriffsschicht auf die physikalischen Daten.

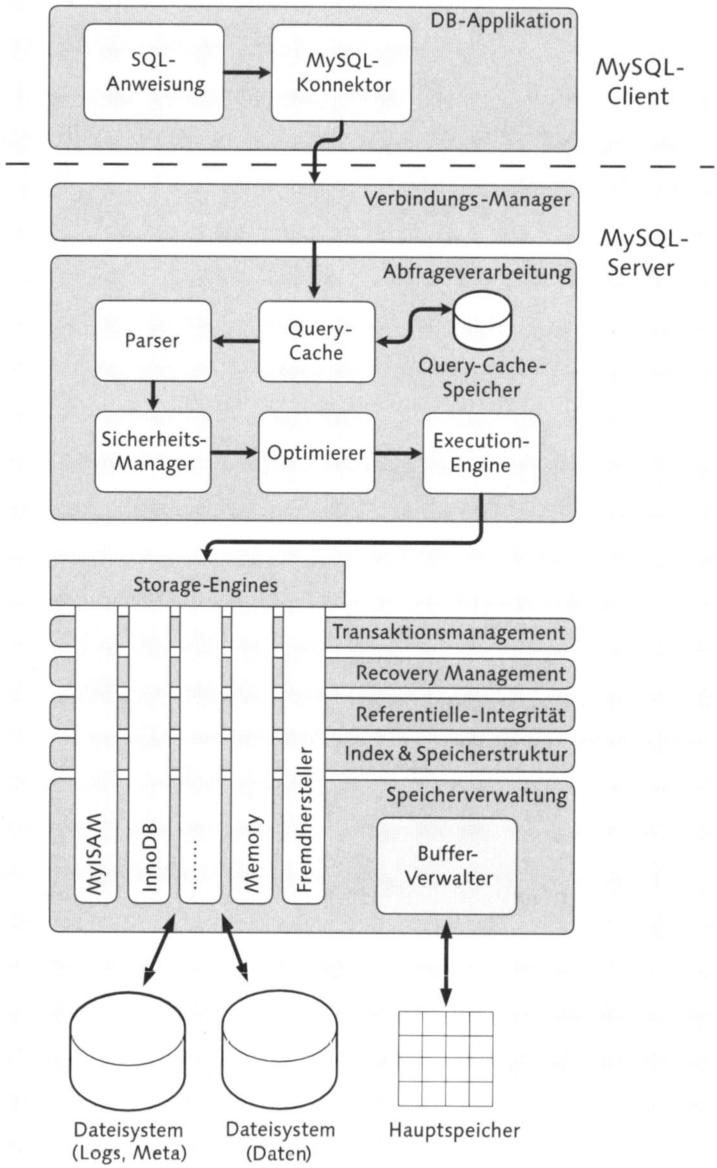

Abbildung 5.3 MySQL-Serverarchitektur

Den größten Unterschied haben Sie vermutlich bereits erkannt: das modulare Storage-Engine-Plugin-Konzept von MySQL. Es ist eine der großen Stärken von MySQL und übernimmt die Aufgaben der drei untersten Schichten des Fünf-Schichten-Modells. Der große Vorteil besteht in der Modularität, da für verschiedene Anwendungszwecke auch vollständig verschiedene Storage-Engines mit unterschiedlichen Leistungsmerkmalen eingesetzt werden können. Details und weitere Informationen zu Storage-Engines erhalten Sie später in Abschnitt 5.4.

Datenbankapplikation

Beginnen wir aber zunächst wieder mit der ersten Schicht, der Datenbankapplikation, in der eine SQL-Anweisung erstellt wird. Über einen sogenannten *Konnektor* (engl. *Connector*) einer Bibliothek, die in die Anwendung eingebettet wird, kann sich die Applikation mit der Datenbank verbinden. Diese Konnektoren stehen für die meisten Programmiersprachen zur Verfügung und werden in Kapitel 12, »Softwareentwicklung mit MySQL«, noch ausführlich behandelt. Über diese aufgebaute Verbindung, die vom Verbindungs-Manager auf der Serverseite verwaltet wird, kann die Anwendung nun die SQL-Anweisung zur Bearbeitung an den MySQL-Server senden.

Verbindungs-Manager

Der Verbindungs-Manager stellt die Schnittstelle des MySQL-Servers zur Außenwelt dar. Über diese Schnittstelle wird die gesamte Kommunikation bzw. der Datentransfer zwischen einem Datenbank-Client bzw. Konnektor und dem MySQL-Server abgewickelt. Dieser übernimmt natürlich die Authentifizierung beim Verbindungsaufbau, verwaltet aber auch bestehende Verbindungen und die dazu benötigten Ressourcen.

Abfrageverarbeitung

Die Abfrageverarbeitung stellt eines der wichtigsten Module in MySQL dar und übernimmt die gesamte Verarbeitung einer SQL-Anweisung, die über eine bestehende Verbindung angenommen wurde.

Im ersten Schritt wird der Text der SQL-Anweisung im *Parser* geparst, also in kleine Stücke zerlegt und analysiert. Ist die Abfrage bereits früher ausgeführt worden und das Ergebnis im *Query-Cache* noch vorrätig, entfällt dieser Schritt, und das Ergebnis kann sofort ohne weitere Bearbeitung zurückgeliefert werden. Anschließend werden Sicherheitsüberprüfungen durchgeführt und festgestellt, ob der aktuelle Benutzer die Abfrage überhaupt in dieser Form durchführen darf. Sind diese Überprüfungen ohne Berechtigungsprobleme durchgeführt worden, wird die Abfrage an den *Optimierer* übergeben, der die schnellste Abarbeitungsreihenfolge, den Ausführungsplan, errechnet.

Mit diesem Plan kann die sogenannte *Execution-Engine* (dt. *Ausführer*) das Resultat der Abfrage mithilfe der darunterliegenden Storage-Engine berechnen. Eine genauere Beschreibung der Abfrageverarbeitung und vor allem des Optimierers finden Sie in Abschnitt 5.2.2.

Storage-Engines

Das modulare Storage-Engine-Konzept ist das Herzstück von MySQL, das auch für die gesamte physikalische Speicherung der Daten verantwortlich ist. Bisher wurde nur auf der Ebene der SQL-Abfragen gearbeitet. In den Storage-Engines wird nun an die eigentlichen Daten Hand angelegt – sie übernehmen die gesamte Speicherung der Daten und den strukturierten Zugriff auf die Daten.

Eine Storage-Engine ist ein abgeschlossenes Modul, das Sie über die Plugin-Architektur in MySQL einbinden können. Das Modul übernimmt dabei die gesamte Speicherung von Tabellen und bietet auch einen strukturierten Zugriff auf die Daten für die Abfrageverarbeitungsschicht an. Unterstützt eine Storage-Engine auch erweiterte Konzepte, wie zum Beispiel Transaktionen oder referentielle Integrität (Foreign Keys), werden auch diese Konzepte in der Storage-Engine selbst umgesetzt.

Auch die genaue Struktur der gespeicherten Daten wird von der Storage-Engine selbst bestimmt. So können Storage-Engines auch unterschiedliche Indexstrukturen verwenden oder eigene Recovery-Maßnahmen für den Fall eines Crashes beinhalten. Auch die Optimierung durch den Einsatz von Caches bzw. Buffern obliegt der Storage-Engine selbst, da nur diese über die genaue Struktur der gespeicherten Daten verfügt. Alle anderen Schichten von MySQL, wie zum Beispiel die Abfrageverarbeitungsschicht, kennen die physikalische Speicherstruktur nicht.

Der große Vorteil liegt dabei genau in dieser Abgeschlossenheit einer Storage-Engine. Diese muss sich nur an die Schnittstellen von MySQL halten, die interne Umsetzung der Storage-Engine können Sie hingegen beliebig wählen. Somit können Sie auch neue Entwicklungen auf Speicherebene, zum Beispiel eine neue Art von Indexstruktur, sehr schnell in MySQL verwenden. Dazu muss nur die Storage-Engine die neue Indexstruktur implementieren. Die Abfrageverarbeitungsschicht in MySQL benötigt kein »Wissen« über die neue Indexstruktur, da diese nur allgemeingültige Schnittstellen der Storage-Engine verwendet.

Durch diese Abgeschlossenheit lassen sich Storage-Engines auch beliebig austauschen. Sogar während des laufenden Betriebs können Sie Storage-Engines wechseln. Auch können Sie für jede Tabelle eine beliebige Storage-Engine angeben. Dies hat den großen Vorteil, dass Sie je nach Anwendungsszenario eine andere Storage-Engine am selben System verwenden können. So haben wir zum Beispiel für die Tabelle »flug« unseres Flughafenbeispiels die Storage-Engine InnoDB gewählt, die referentielle Integrität garantiert. Hingegen haben wir für die Volltextsuche über alle Flugzeugbeschreibungen die Storage-Engine MyISAM verwendet, da diese bereits einen Volltextindex und eine leistungsfähige Volltextsuche (siehe Abschnitt 5.4.3, »MyISAM«) beinhaltet.

Die Storage-Engines InnoDB und MyISAM sind die zwei meist verwendeten Storage-Engines von MySQL und werden auch bereits bei einer Standardinstallation mitgeliefert. Es existieren aber zahlreiche weitere Storage-Engines, die teilweise auch bereits mit MySQL mitgeliefert werden. Aber auch am kommerziellen Markt wächst die Zahl an spezialisierten Storage-Engines für spezielle Einsatzzwecke (zum Beispiel Business-Intelligence). Eine Übersicht über die wichtigsten Engines und ihre Eigenschaften, Vorteile und Nachteile finden Sie in Abschnitt 5.4, »Storage-Engines«.

5.2 Abfrageverarbeitung

Wie im vorherigen Kapitel beschrieben, stellt die *Abfrageverarbeitung* in MySQL neben dem Konzept der Storage-Engines die wichtigste Komponente dar. In dieser Schicht wird eine ankommende SQL-Abfrage verarbeitet, überprüft, optimiert und dann mithilfe der darunterliegenden Storage-Engines ausgeführt bzw. die Resultatdaten abgefragt. Diese Abfolge ist in Abbildung 5.4 grafisch dargestellt. Die drei wichtigsten Komponenten im Bereich der Abfrageverwaltung sind der Query-Cache, der Optimierer und die schlussendliche Ausführung (*Execution-Engine*). Die Ausführung wird bereits teilweise von den Storages-Engines übernommen und kann daher je nach Storage-Engine variieren. In diesem Kapitel behandeln wir die drei genannten Bereiche nun im Detail.

5.2.1 Der Query-Cache – das Kurzzeitgedächtnis von MySQL

Vielleicht fragen Sie sich bei dieser Überschrift, wie eine Datenbank ein Kurzzeitgedächtnis besitzen kann. Betrachten Sie das Beispiel in Listing 5.2. Die SQL-Abfrage soll dabei alle Passagiere ausgeben, die im Nachnamen »meier« und im Vornamen »ryan« enthalten. Die erste Ausführung benötigt 0.10 Sekunden, während die erneute Ausführung mit 0.00 Sekunden angegeben wird. Nun stellt sich die Frage, wie MySQL plötzlich dieselbe Abfrage in Bruchteilen der Zeit bewältigen kann.

```
mysql> SELECT * FROM passagier WHERE nachname LIKE '%meier%'
    -> AND vorname LIKE '%ryan%';
+--------------+------------+---------+----------------+
| passagier_id | passnummer | vorname | nachname       |
+--------------+------------+---------+----------------+
|        21795 | P124805    | Ryan    | Johanningmeier |
```

```
|        22835 | P125845    | Ryan     | Kohlmeier      |
|        33609 | P136619    | Ryan     | Plackemeier    |
+--------------+------------+----------+----------------+
3 rows in set (0.10 sec)
mysql> SELECT * FROM passagier WHERE nachname LIKE '%meier%'
    -> AND vorname LIKE '%ryan%';
+--------------+------------+----------+----------------+
| passagier_id | passnummer | vorname  | nachname       |
+--------------+------------+----------+----------------+
|        21795 | P124805    | Ryan     | Johanningmeier |
|        22835 | P125845    | Ryan     | Kohlmeier      |
|        33609 | P136619    | Ryan     | Plackemeier    |
+--------------+------------+----------+----------------+
3 rows in set (0.00 sec)
```

Listing 5.2 Hintereinander-Ausführung mit Query-Cache

Dieses Verhalten ist weder ein Fehler noch Zauberei, sondern geht genau auf dieses Kurzzeitgedächtnis – den *Query-Cache* – zurück. Er speichert kürzlich abgefragte SQL-Anweisungen inklusive Ergebnismengen ab und ist dem eigentlichen Kern von MySQL (siehe auch Abbildung 5.3) vorgelagert. Wird nun eine Abfrage an den MySQL-Server gesendet, die bereits im Query-Cache liegt – also bereits kürzlich ausgeführt wurde – so kann das Ergebnis direkt aus dem Query-Cache gelesen werden und die Abfrage muss nicht in den nachfolgenden Modulen weiter abgearbeitet werden. Dieser Datenfluss ist in Abbildung 5.4 dargestellt.

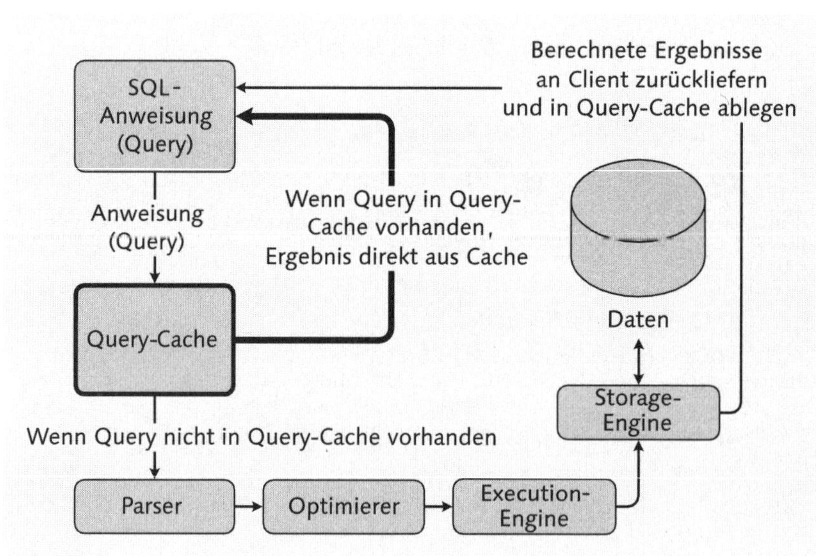

Abbildung 5.4 Datenfluss der Ergebnisse mit aktivem Query-Cache

Der große Vorteil liegt in der schnellen Behandlung von häufig auftretenden Abfragen, ohne dabei die Abfrage durch alle folgenden Module, bestehend aus Parser, Optimierer, Execution-Engine bis hin zur Festplatte, bearbeiten zu lassen, da das Ergebnis bereits im Query-Cache liegt. Der Query-Cache liegt im Hauptspeicher und kann somit sehr schnell angesprochen werden. Wie im Beispiel in Listing 5.2 gezeigt, kann der Query-Cache Abfragen extrem beschleunigen und viel Zeit einsparen.

Funktionsweise und Besonderheiten des Query-Caches

Wie Sie in Abbildung 5.4 sehen können, ist der Query-Cache auch dem Parser vorgeschaltet. Es wird also möglichst früh überprüft, ob eine SQL-Anweisung (Query) bereits im Cache vorliegt. Im Gegensatz zu anderen Caches von anderen Datenbankherstellern speichert der Query-Cache nicht die errechneten Ausführungspläne ab, sondern die resultierenden Ergebniszeilen zu einer Abfrage. Dadurch kann bei einem Treffer im Cache die gesamte nachfolgende Abarbeitung durch Parser, Optimierer usw. entfallen, da die Ergebnisse direkt an den Client zurückgesendet werden können. Beachten Sie, dass der Query-Cache nur prüft, ob eine zu 100 % identische SQL-Anweisung bereits im Cache liegt. Wird nur eine Kleinigkeit an der Query geändert, zum Beispiel die Reihenfolge der Attribute, wird die Query als unterschiedlich interpretiert, obwohl diese semantisch gleich ist und dieselben Ergebnisse liefern würde. Die Anweisungen in Listing 5.3 werden daher vom Query-Cache als verschieden eingestuft. Um den Query-Cache, der die Querys Byte-weise vergleicht, möglichst optimiert zu nutzen, müssen Sie darauf achten, dass die Abfragen möglichst identisch sind und sich auch nicht in Details, wie zum Beispiel Leerzeichen, unterscheiden.

```
mysql> SELECT * FROM passagier WHERE nachname LIKE '%meier%'
    -> AND vorname LIKE '%ryan%';
mysql> SELECT * FROM passagier WHERE vorname LIKE '%ryan%'
    -> AND nachname LIKE '%meier%';
```

Listing 5.3 Für den Query-Cache unterschiedliche SQL-Anweisungen

Die Anweisungen müssen jedoch nicht nur zu 100 % übereinstimmen, sondern müssen auch eine gewisse Form aufweisen. Alle Querys, auf die einer der folgenden Punkte zutrifft, werden ebenfalls nicht im Query-Cache gespeichert:

- Die Abfrage enthält nicht-deterministische Funktionen, wie zum Beispiel `NOW()`.
- Die Abfrage ist Teil einer anderen Abfrage (Subselect, Subquery).
- Die Abfrage enthält Variablen.

- Die Abfrage greift auf System-Datenbanken, wie zum Beispiel »mysql« oder »INFORMATION_SCHEMA«, zu.
- Die Abfrage verwendet temporäre Tabellen
- Die `SELECT`-Anweisung beinhaltet keine Tabellen (zum Beispiel `SELECT 3+4`).
- Die Ausführung der Anweisung führt zu Warnungen.
- Es werden Tabellen abgefragt, auf denen der Benutzer Berechtigungen nur auf Spaltenebene besitzt.

Wird eine Anweisung nach den oben angeführten Kriterien als »cachebar« eingestuft, werden das Ergebnis und die zugehörige Query im Cache abgelegt. Bei jedem Eintreffen einer neuen Abfrage wird dann überprüft, ob diese eventuell schon im Cache vorliegt. Selbstverständlich können die Ergebnisse nicht auf unbestimmte Zeit ausgeliefert werden, da sich in der Zwischenzeit eventuell an den betroffenen Tabellen etwas geändert haben könnte und daher eine Abfrage nicht mehr aktuelle oder falsche Ergebnisse liefern könnte. Aus diesem Grund werden bei jeder Änderung einer Tabelle automatisch alle Querys im Cache, die jene Tabelle oder eine Sicht (siehe Abschnitt 11.8) auf jene Tabelle betreffen, auch aus dem Cache gelöscht.

Aus dieser Vorgehensweise ergibt sich auch die Tatsache, dass der Query-Cache in einer Standardinstallation deaktiviert ist. Denken Sie nur an ein Szenario, bei dem in einer Tabelle sehr viel geändert wird. Dadurch würden gespeicherte Querys durch die ständigen `UPDATE`-Anweisungen sofort wieder gelöscht werden und die ständige Speicherung von Ergebnissen im Cache würde zusätzliche Zeit und Ressourcen in Anspruch nehmen, ohne dabei wieder Zeit einzusparen. Werden im Gegensatz dazu hauptsächlich Lesezugriffe durchgeführt, wie zum Beispiel bei einem Content-Management- oder Blog-System im Internet, kann ein Query-Cache enorme Geschwindigkeitsvorteile erzielen. Überlegen Sie daher immer gut, ob sich die Aktivierung (siehe folgenden Abschnitt »Einstellungen und Status des Query-Caches«) des Query-Caches auch positiv auswirkt.

Wenn Sie einmal trotz aktivierten Query-Caches die Aufnahme einer Anweisung in den Cache verhindern wollen, können Sie das Caching-Verhalten mit dem Zusatz `SQL_NO_CACHE` unterdrücken, wie in Listing 5.4 angegeben:

```
mysql> SELECT SQL_NO_CACHE * FROM passagier
    -> WHERE vorname = 'Ryan';
```

Listing 5.4 Aufnahme in Query-Cache verhindern

Eine andere Möglichkeit besteht darin, den Query-Cache nur auf Anweisung hin zu aktivieren. Stellen Sie dazu die Variable `query_cache_type` auf `DEMAND` (siehe Einstellungen im folgenden Abschnitt »Einstellungen und Status des Query-Caches«), und geben Sie bei allen Querys, die in den Cache geladen werden sollen, das Schlüsselwort `SQL_CACHE` an , wie in Listing 5.5 gezeigt. So können Sie selbst entscheiden, bei welchen Abfragen ein Caching einen Geschwindigkeitsvorteil bringt und der oben erwähnte Effekt des ständigen Speicherns und wieder Löschens der Ergebnisse vermieden wird.

```
mysql> SELECT SQL_CACHE * FROM passagier WHERE vorname = 'Ryan';
```

Listing 5.5 Anweisung zur Aufnahme der Query in den Query-Cache

Im folgenden Abschnitt lernen Sie auch, wie Sie die Auslastung eines Query-Caches und dessen Nutzung überwachen können, um so besser entscheiden zu können, ob der Einsatz des Query-Caches einen Geschwindigkeitsvorteil mit sich bringt oder nicht.

Einstellungen und Status des Query-Caches

Der Query-Cache ist in MySQL standardmäßig deaktiviert. Alle Einstellungen des Query-Caches können Sie über die jeweiligen Variablen, wie in Listing 5.6 angegeben, einsehen. Die erste Variable `have_query_cache` gibt an, ob das Query-Cache-Modul überhaupt in Ihrer MySQL-Installation verfügbar ist, und sollte im Normalfall auf `YES` gestellt sein.

```
mysql> SHOW VARIABLES LIKE '%query_cache%';
+------------------------------+---------+
| Variable_name                | Value   |
+------------------------------+---------+
| have_query_cache             | YES     |
| query_cache_limit            | 1048576 |
| query_cache_min_res_unit     | 4096    |
| query_cache_size             | 0       |
| query_cache_type             | ON      |
| query_cache_wlock_invalidate | OFF     |
+------------------------------+---------+
```

Listing 5.6 Variablen des Query-Caches

Ob der Query-Cache gerade aktiv ist, können Sie über dessen Größe `query_cache_size` und die Variable `query_cache_type` feststellen. Ist der Wert der Größe (size) `0`, so ist der Query-Cache deaktiviert. Aktivieren können Sie den Query-Cache, indem Sie dessen Größe erhöhen.

In Listing 5.7 setzen wir die Größe des Query-Caches auf 50 MB, wobei dieser Wert in Byte angegeben wird. Geben Sie mit `SHOW WARNINGS` die Warnungen auf jeden Fall aus, bzw. prüfen Sie nach dem Setzen der Variablen durch den Befehl SHOW VARIABLES, wie auch in Listing 5.7 gezeigt, ob die Größe korrekt gesetzt wurde. Im Beispiel wird der Wert von 50 MB leicht angepasst, da MySQL intern mit vorgegebenen Blockgrößen von 1024 Bytes arbeitet. Der Query-Cache verfügt nun über ca. 50 MB zur Speicherung von SQL-Abfragen bzw. deren Resultatmengen.

Im Fall eines Überlaufs des Caches – wenn ein Ergebnis gespeichert werden soll, obwohl der Cache bereits voll ist – wird das Ergebnis von jener Abfrage gelöscht, deren Verwendung bzw. Abruf am längsten zurückliegt.

```
mysql> SET GLOBAL query_cache_size=50000000;
Query OK, 0 rows affected, 1 warning (0.00 sec)
mysql> SHOW WARNINGS \G
*************************** 1. row ***************************
  Level: Warning
   Code: 1292
Message: Truncated incorrect query_cache_size value: '50000000'
mysql> SHOW VARIABLES LIKE 'query_cache_size';
+------------------+----------+
| Variable_name    | Value    |
+------------------+----------+
| query_cache_size | 49999872 |
+------------------+----------+
```

Listing 5.7 Größe des Query-Caches einstellen

Sollten Sie den Query-Cache vollständig deaktivieren wollen, ändern Sie neben der Größe des Caches aus Geschwindigkeitsgründen auch die Variable query_cache_type auf 0 bzw. OFF.

Eine weitere wichtige Variable ist query_cache_wlock_invalidate, die standardmäßig auf OFF steht. Dies bedeutet, dass Clients auch Resultate aus dem Cache erhalten, wenn auf der betroffenen Tabelle eine Schreibsperre gesetzt wurde. Ist diese Variable auf ON gestellt, werden bei der Anforderung einer Schreibsperre auf einer Tabelle sofort alle mit jener Tabelle verbundenen Querys aus dem Cache gelöscht. Dies entspricht dem normalen Verhalten, da auch SELECT-Anweisungen normalerweise auf Tabellen mit Schreibsperre keinen Zugriff erhalten und Daten lesen können. Ist dieses sichere Verhalten für Sie relevant, ändern Sie die Variable query_cache_wlock_invalidate auf ON.

Um den aktuellen Status bzw. Statistiken zum Query-Cache zu erhalten, können Sie mithilfe des Befehls in Listing 5.8 weitere Informationen über alle Statusvariablen, die mit Qcache beginnen, abrufen.

```
mysql> SHOW STATUS LIKE 'Qcache%';
+-------------------------+----------+
| Variable_name           | Value    |
+-------------------------+----------+
| Qcache_free_blocks      | 1        |
| Qcache_free_memory      | 49990936 |
| Qcache_hits             | 6        |
| Qcache_inserts          | 4        |
| Qcache_lowmem_prunes    | 0        |
| Qcache_not_cached       | 3        |
| Qcache_queries_in_cache | 0        |
| Qcache_total_blocks     | 1        |
+-------------------------+----------+
```

Listing 5.8 Anzeige des aktuellen Status des Query-Caches

Diese Statistikwerte helfen Ihnen dabei, die Effizienz Ihres Query-Caches zu überprüfen bzw. zu beurteilen. `QCache_free_blocks` gibt die Anzahl der freien Blöcke an, `QCache_free_memory` den freien Speicher in Bytes und `QCache_total_blocks` alle vorhandenen Blöcke. Sollten bei Ihnen zu Beginn jeweils nur ein Block angegeben sein, ist dies ein normales Verhalten, da zu Beginn ein großer Block allokiert wird. Erst im Laufe der Zeit wird dieser durch die Fragmentierung in weitere Blöcke unterteilt.

Wie viele Querys bereits gesamt eingefügt wurden, sehen Sie anhand der Variablen `QCache_inserts`, während `Qcache_lowmem_prunes` die Anzahl an verdrängten Querys durch die begrenzte Größe des Caches angibt. Wie oft eine Query aus dem Cache geladen werden konnte, können Sie an der Variablen `Qcache_hits` ablesen. `Qcache_not_cached` gibt an, wie viele Anfragen nicht im Cache gefunden werden konnten, und `Qcache_queries_in_cache` gibt die aktuelle Anzahl an derzeit gespeicherten Querys im Cache an.

Wenn Sie nun diese Statistiken über einen gewissen Zeitraum überwachen und die einzelnen Werte in Verbindung setzen, können Sie die Effizienz Ihres Query-Caches analysieren bzw. darauf reagieren. Ist zum Beispiel `Qcache_lowmem_prunes` sehr hoch (also ein großer Anteil der `QCache_inserts`) und `QCache_free_memory` eher im unteren Bereich oder sogar `0`, dann sollten Sie die Größe des Caches erhöhen. Auch die Variable `QCache_inserts` sollten Sie überwachen, da das Einfügen von Ergebnissen immer viel Zeit in Anspruch nimmt. Im Vergleich zu `Qcache_hits` sollte die Einfügerate möglichst klein gehalten werden. Viele Treffer (`hits`) und wenig Einfügeoperationen (`inserts`) sind das beste Rezept für Geschwindigkeit. Andernfalls ist es eventuell sogar ratsamer, den ganzen Query-Cache zu deaktivieren oder eine `DEMAND`-Strategie (siehe vorherigen Abschnitt

»Funktionsweise und Besonderheiten des Query-Caches«) zu fahren, bei der Sie nur gewisse Querys in den Query-Cache laden.

Eine andere Schraube, über die Sie eventuell noch die Performance erhöhen können, sind die Variablen (siehe Listing 5.8) `query_cache_limit` und `query_cache_min_res_unit`. Die minimale Größe eines Blocks wird durch `query_cache_min_res_unit` angegeben, während `query_cache_limit` die minimale Größe einer Ergebnismenge angibt, damit diese überhaupt im Cache abgespeichert wird. Haben Sie sehr viele Querys mit sehr kleinen Ergebnismengen, kann die Verringerung dieser Werte die Performance erhöhen und die Fragmentierung verringern.

Um Ihre Analyse von einem frischen Query-Cache aus zu beginnen, helfen Ihnen die zwei folgenden Befehle. Beachten Sie, dass der Befehl `FLUSH` aus Listing 5.9 bei der Verwendung auf den Query-Cache nicht wie üblich den Neuaufbau bedeutet, sondern eine Speicher-Defragmentierung des Query-Caches durchführt. Den Befehl zum Leeren eines Query-Caches finden Sie in Listing 5.10.

```
mysql> FLUSH QUERY CACHE;
```

Listing 5.9 Defragmentieren des Query-Caches

```
mysql> RESET QUERY CACHE;
```

Listing 5.10 Leeren des Query-Caches

Auch wenn die erwähnten Werte und Statistiken sehr hilfreich sind, ist jedoch zu bemerken, dass Sie allein anhand dieser Werte noch keine sicheren Aussagen über die Effizienz treffen können. Werden wenige, aber dafür sehr aufwendige Querys »gecached«, kann ein Query-Cache auch trotz schlechter Statistikwerte durchaus sinnvoll sein und die Performance erhöhen. Prüfen Sie daher neben den Statistikwerten auch immer mit anderen Werkzeugen, die in Kapitel 7, »MySQL administrieren«, vorgestellt werden, die allgemeine Performance Ihres Systems.

5.2.2 Der Optimierer – die Intelligenz von MySQL

Wie der Name des Optimierers bereits verrät, verfolgt dieser Teil von MySQL die Optimierung der Abarbeitung einer SQL-Anweisung. Der Optimierer stellt das Herzstück eines Datenbanksystems dar und ist bei kommerziellen Herstellern eines der bestgehüteten Geheimnisse. Auch bei jeder neuen Version von MySQL wird der Optimierer verbessert und erhöht dadurch meist die allgemeine Geschwindigkeit von MySQL. Der Optimierer besteht dabei aus sehr vielen mathematischen Formeln, die mithilfe von gesammelten Statistiken während des

Betriebs Ihres MySQL-Servers dynamisch für jede eintreffende Abfrage die bestmögliche Abarbeitungsstrategie errechnet. Eine bessere Abarbeitungsreihenfolge (Ausführungsplan) kann so Abfragen, die oft Stunden benötigen, auf wenige Minuten oder sogar Sekunden reduzieren.

Wir wollen Sie aber weder mit mathematischen Formeln noch mit komplexen Strategien belasten und werden daher in diesem Abschnitt nur ein paar Grundregeln von Optimierern erläutern, damit Sie die grundlegende Funktionsweise des Optimierers besser nachvollziehen können.

Grundlage des Optimierers ist die Darstellung der zu optimierenden Abfrage in einer internen Repräsentation. Diese Repräsentation kann, wie bereits erwähnt, die relationale Algebra, ein Operatorgraph oder ein ähnliches internes Format sein. Um die einzelnen Optimierungsschritte besser visualisieren zu können, beschreiben wir diese anhand des Operatorgraphen, den Sie bereits in der Einführung kennengelernt haben. Die relationale Algebra definiert hierbei die möglichen mathematischen Umformungen, die auf einen Operatorgraph angewendet werden können. Betrachten Sie die sehr einfache Abfrage in Listing 5.11. Bereits bei dieser Anfrage entstehen mehrere Ausführungsmöglichkeiten, von denen Sie einen Auszug in Abbildung 5.5 sehen.

```
mysql> SELECT buchung_id,flug_id FROM buchung JOIN flug
    -> USING(flug_id) WHERE flug_id = 5;
```

Listing 5.11 Einfache SQL-Abfrage mit JOIN

Die Aufgabe des Optimierers ist es nun, aus all diesen möglichen Ausführungsplänen den besten auszuwählen. Diese Aufgabe ist alles andere als trivial und benötigt viel Rechenleistung. Die Möglichkeiten steigen zusätzlich mit der Anzahl der Joins, die in einer Abfrage verwendet werden. Bereits bei kleinen Abfragen können so Hunderte möglicher Ausführungspläne entstehen. Nun könnte man zwar in endlicher Zeit einen optimalen Ausführungsplan berechnen, doch kann diese hochkomplexe Berechnung aller Möglichkeiten mehrere Minuten, wenn nicht sogar Stunden in Anspruch nehmen.

Die durch eine schnelle Abarbeitung gewonnene Zeit wird durch die lange Berechnung zunichte gemacht und kann die Gesamtdauer einer Abarbeitung sogar um ein Vielfaches verlängern. Sie müssen daher einerseits auf mathematische Tricks und Statistiken zurückgreifen und zusätzlich eine Abwägung zwischen der benötigten Zeit für den Optimierer und der eingesparten Zeit für die Abfrage treffen. Sie sehen also, dass der Optimierer eine gewisse Art von Intelligenz haben muss, um die höchstmögliche Gesamtzeitersparnis aus jeder Abfrage herauszuholen.

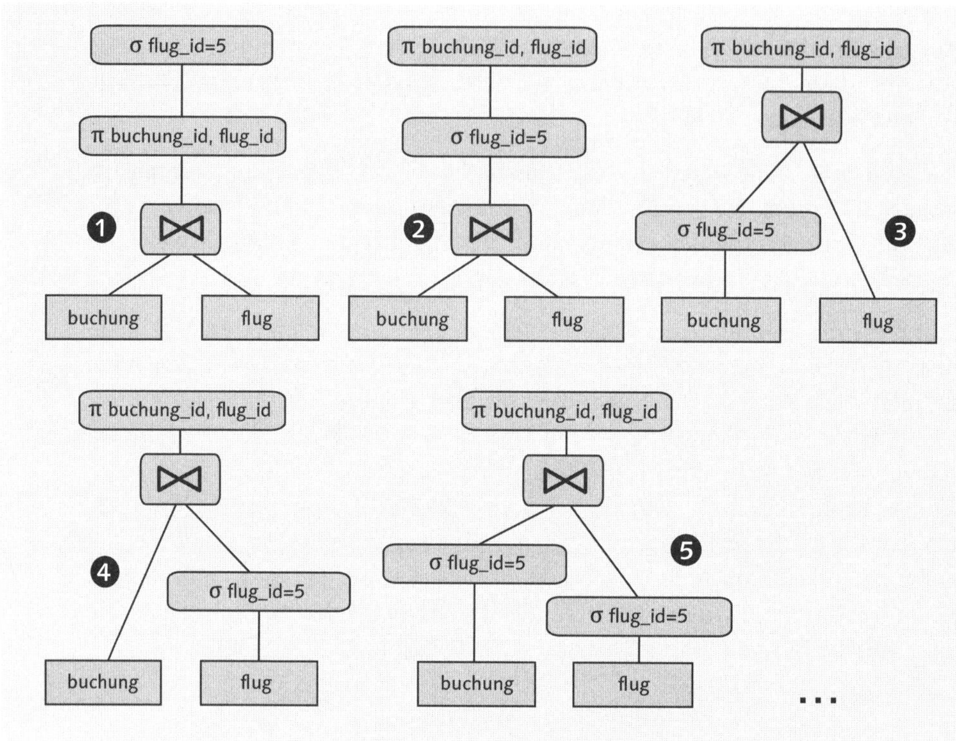

Abbildung 5.5 Mögliche Ausführungspläne der Abfrage aus Listing 5.11

Obwohl der Optimierer möglichst automatisch abläuft und keiner Konfiguration bedarf, besteht die Möglichkeit, zwei Einstellungen über Variablen zu treffen, wie in Listing 5.12 angegeben. Normalerweise müssen Sie diese Variablen nicht verstellen, bei Abfragen mir sehr vielen Joins kann jedoch die Reduzierung der Suchtiefe `optimizer_search_depth`, die die Anzahl der berechneten Möglichkeiten beeinflusst, die Berechnungen des Optimierers beschleunigen. Die Option `optimizer_prune_level` gibt an, ob der Optimierer bereits frühzeitig gewisse Pläne durch statistische Abschätzungen verwerfen kann. Diese Einstellung sollten Sie nur in wirklichen Ausnahmefällen deaktivieren.

```
mysql> SHOW VARIABLES LIKE 'optimizer%';
+------------------------+-------+
| Variable_name          | Value |
+------------------------+-------+
| optimizer_prune_level  | 1     |
| optimizer_search_depth | 62    |
+------------------------+-------+
```

Listing 5.12 Einstellungen des Optimierers

Zusätzlich können Sie noch einzelne Optimierungsstrategien aktivieren und deaktivieren, wobei Sie hier bereits tiefe Kenntnisse über MySQL besitzen sollten, die über den Rahmen dieses Buches hinausgehen.

Ob der Optimierer zu langsam arbeitet, können Sie durch die Verwendung des Profilers (siehe 7.9.2, »Profiling«) feststellen. Sollte dies wirklich einmal aufgrund spezieller Abfragen der Fall sein, gehen Sie sehr vorsichtig mit Änderungen um, da diese natürlich alle anderen Abfragen auch betreffen. Eine Einstellung, die eine bestimmte Abfrage optimiert, kann gleichzeitig die Ausführungszeiten zahlreicher anderer Abfragen stark erhöhen. Analysieren Sie daher jede Änderung am besten mit dem Profiler auf einem Testsystem, und übernehmen Sie die Änderungen erst nach ausführlichen Tests in das Live-System.

Wie bereits erwähnt, basiert der Optimierer auch auf sehr vielen mathematischen und statistischen Berechnungen und Regeln. Eine exemplarische Regel wäre zum Beispiel Selection Push-Down, also das Hinunterdrücken von Selektionen. Betrachten Sie wieder die SQL-Abfrage aus Listing 5.11 bzw. die Ausführungspläne in Abbildung 5.5. Der Ausführungplan ❶ führt die Selektion `flug_id=5` nach dem Join aus. Dies bedeutet, dass zuerst der Join über die gesamten Tabellen »buchung« und »flug« durchgeführt werden muss. Wie in Tabelle 5.1 angeführt, ergibt alleine der Join ohne Einschränkung ca. 37 Millionen Zeilen (alle Buchungen des großen Beispieldaten-Sets) als Zwischenergebnis. Erst dann werden auf diesen 37 Millionen kombinierten Zeilen die Buchungen des Fluges mit der `flug_id=5` ausgewählt.

Teil der Anweisung	Geladene Zeilen
`flug`	~ 300.000
`buchung`	~ 37.000.000
`flug JOIN buchung USING (flug_id)`	~ 37.000.000
`WHERE flug_id=5`	22

Tabelle 5.1 Zwischenergebnisse ohne Selection Push-Down

Drückt man nun jedoch die Selektion `flug_id=5` wie in Ausführungsplan ❹ in Abbildung 5.5 nach unten, wird bereits in der Tabelle »flug« nur der Flug mit der `flug_id=5` ausgewählt. Der Join muss daher nur noch in der Buchungstabelle nach Buchungen zum zugehörigen Flug suchen. Daher werden auch nicht mehr 37 Millionen Zeilen durchsucht, sondern nur die 22 zugehörigen Zeilen (mithilfe des Indexes) ausgewählt. Das Zwischenergebnis des Joins beläuft sich daher nur mehr auf 22 Zeilen, wie auch in Tabelle 5.2 gezeigt.

Teil der Anweisung	Zeilen
`flug WHERE flug_id=5`	1
`buchung`	~ 37.000.000
`flug JOIN buchung USING (flug_id)`	22
`WHERE flug_id=5`	22

Tabelle 5.2 Zwischenergebnisse mit Selection Push-Down

Kleine Änderung, große Wirkung: Bereits diese kleine Änderung der Selektion kann die Berechnungen von über 37 Millionen Zeilen auf 22 Zeilen bei nur einer Abfrage reduzieren. Es gibt zahlreiche derartige Regeln, die natürlich auch noch wesentlich komplexer sein können. Sie können aber bereits hieran erkennen, wie ein Optimierer arbeitet.

Um nun aber die richtigen Regeln und die richtigen Optimierungsschritte anzuwenden, werden Statistiken über die Tabellen verwendet. Diese Statistiken werden laufend im Hintergrund aktualisiert und angepasst. Basierend auf diesen Statistiken kann der Optimierer zum Beispiel erkennen, in welcher Reihenfolge das Datenbanksystem bzw. die Execution-Engine Joins bearbeiten soll. Zum Beispiel haben wir im oben genannten Beispiel automatisch zuerst die Tabelle »flug« behandelt. Für einen Menschen ist dies sofort ersichtlich, da bei einer Selektion `flug_nr=5` auf der Tabelle »flug« nur eine Zeile selektiert wird. Doch wie viele Ergebnisse erhalten Sie bei einem Aufruf der Abfrage aus Listing 5.13 nach allen Passagieren aus Wien?

```
mysql> SELECT * FROM passagierdetails WHERE ort = 'Wien';
```

Listing 5.13 Alle Passagiere aus Wien

Genau für diesen Zweck sammelt MySQL statistische Informationen, um gewisse Abfragen einschätzen zu können und damit optimierte Ausführungspläne zu errechnen. Gerade bei Join-Reihenfolgen sind derartige statistische Informationen sehr wichtig. Betrachten Sie das bereits bekannte Beispiel in Listing 5.14:

```
mysql> SELECT vorname,nachname,flugnr FROM
    -> buchung JOIN passagier USING (passagier_id)
    -> JOIN flug USING (flug_id)
    -> WHERE nachname = 'Maier';
```

Listing 5.14 Beispielabfrage aller Buchungen der Passagiere »Maier«

Wird hier eine Join-Reihenfolge `buchung-flug-passagier`, wie in Tabelle 5.3 gezeigt, angewendet, werden dafür ca. 37 Millionen Zwischenergebnisse benötigt, da zuerst `buchung JOIN flug` mit ca. 37 Millionen Zeilen berechnet wird und erst dann mit der Tabelle »passagier« mit nur drei Einträgen (mit Namen Maier) »gejoint« wird. Die viel bessere Reihenfolge `passagier-buchung-flug`, bei der zuerst `passagier JOIN buchung` mit ca. 2.000 Zeilen und anschließend die 2.000 zugehörigen Zeilen aus der Tabelle »flug« über den Index berechnet werden, ist in der Gesamtlaufzeit natürlich um ein Vielfaches schneller.

Tablle / Zwischenergebnis	Zeilen
`passagier as p WHERE nachname = 'Maier'`	3
`buchung as b`	~ 37.000.000
`flug as f`	~ 300.000
`b JOIN f`	~ 37.000.000
`p JOIN b`	~ 2.000

Tabelle 5.3 Ergebnisse der einzelnen Anweisungen

Die von MySQL gespeicherten Statistiken werden regelmäßig automatisch im Hintergrund aktualisiert. Sie können diese aber auch manuell neu erstellen lassen. Nutzen Sie dazu für MyISAM-Tabellen und InnoDB-Tabellen den Befehl `ANALYZE TABLE`, wie in Listing 5.15 gezeigt. Beachten Sie, dass die zu analysierende Tabelle für die Zeit der Analyse eine Sperre erhält und daher keine Schreibzugriffe erlaubt sind.

```
mysql> ANALYZE TABLE flug;
+-----------------+---------+----------+----------+
| Table           | Op      | Msg_type | Msg_text |
+-----------------+---------+----------+----------+
| FlughafenDB.flug | analyze | status   | OK       |
+-----------------+---------+----------+----------+
```

Listing 5.15 Neuerstellung der Statistiken der Tabelle »flug«

Wie Sie in diesem Abschnitt gesehen haben, ist der Optimierer ein hochkomplexes Modul und für die Ausführungsgeschwindigkeiten von Abfragen von hoher Bedeutung. Sie können aber auch selbst dem Optimierer helfen, indem Sie Reihenfolgen beeinflussen und Abfragen schon bei der Erstellung selbst optimieren. Alle Informationen dazu erhalten Sie in Abschnitt 9.3, »Optimierung von Anfragen«.

5.2.3 Execution Engine – der Arbeiter von MySQL

Die Execution-Engine (Ausführer) ist verantwortlich für die Abarbeitung des optimierten Ausführungsplans. Sie arbeitet dabei Hand in Hand mit den Storage-Engines, da diese die eigentlichen Daten verwalten und den Zugriff realisieren. Alle Storage-Engines müssen daher die »Sprache« der Execution-Engine sprechen bzw. ein standardisiertes Interface für die Execution-Engine zur Verfügung stellen.

Die Execution-Engine kann so zum Beispiel Einträge in Indexstrukturen lesen oder eine Storage-Engine anweisen, nach einem Eintrag mit einem speziellen Attribut unter der Zuhilfenahme eines Indexes zu suchen. Wie genau diese Suche dann funktioniert bzw. wie der Index verwendet wird, entscheidet die Storage-Engine, das muss der Execution-Engine nicht bekannt sein.

Welche Storage-Engines in MySQL verfügbar sind und welche Eigenschaften und Besonderheiten diese aufweisen, erfahren Sie im Detail in Abschnitt 5.4, »Storage-Engines«.

5.3 Transaktionen und Nebenläufigkeit

Transaktionen und Nebenläufigkeit stellen zentrale Konzepte von Datenbanken dar. Sie ermöglichen es, dass Hunderte von Benutzern gleichzeitig auf den Daten operieren können, ohne sich dabei in die Quere zu kommen. Zudem steigert die Möglichkeit, Operationen nicht nur seriell ausführen, sondern auch parallel abarbeiten zu können, den Durchsatz einer Datenbank um ein Vielfaches.

Betrachten Sie unser Flughafenbeispiel. In diesem Szenario muss das Datenbanksystem Tag für Tag Tausende von Flugbuchungen und Umbuchungen bewältigen. Stellen Sie sich vor, die Flughafendatenbank könnte zu jedem Zeitpunkt nur genau eine Anfrage bearbeiten. Damit würde eine lange »Warteschlange« an abzuarbeitenden Abfragen entstehen. Dies könnte für Kunden bedeuten, dass deren Flugbuchung in der Warteschlange ganz hinten angestellt wird und diese dann schlimmstenfalls einige Stunden (bis zur Abarbeitung aller vorangestellten Abfragen) warten müssten, bis der Flug wirklich gebucht – und damit in die Datenbank eingetragen – wäre.

Nebenläufigkeit und damit die Möglichkeit, dass mehrere Benutzer gleichzeitig auf den gleichen Daten operieren können, stellt die Lösung dieses Problems dar. Daher möchten wir Ihnen im folgenden Abschnitt die damit verbundenen Konzepte näherbringen und auch erklären, wie MySQL diese Konzepte umsetzt und welche Möglichkeiten das mit sich bringt.

5.3.1 Nebenläufigkeit

Die parallele Ausführung mehrerer Datenbankoperationen ist ein wichtiger Faktor für die Performance einer Datenbank. Rufen Sie sich nochmals das oben angeführte Beispiel in Erinnerung. Eine parallele Ausführung von Buchungen und anderen Operationen auf der Flughafendatenbank verhindert genau jenes Szenario, in dem Flugbuchungen unter Umständen Stunden dauern könnten.

Falls zwei oder mehrere Benutzer auf dem gleichen Datenstamm operieren, kann allerdings der Fall auftreten, dass beide Benutzer gleichzeitig die exakt gleichen Daten bearbeiten. Solche (unerwünschten) *Verzahnungen von Operationen* können zu Fehlern und Unbeständigkeiten führen. Betrachten Sie dazu das Beispiel einer Bank in Abbildung 5.6.

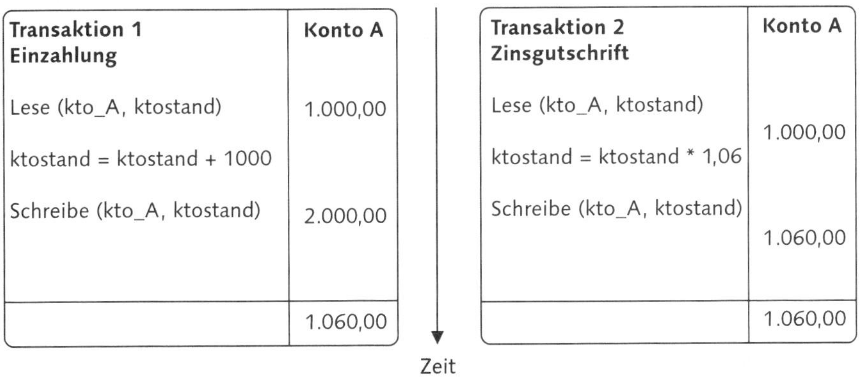

Abbildung 5.6 Verzahnte Transaktionen

Dieses Beispiel zeigt zwei Prozesse (im Weiteren »Transaktionen« genannt), die gleichzeitig den Kontostand von Konto A ändern wollen. Dabei wird in Transaktion 1 eine Gutschrift von 1.000 € auf dem Konto durchgeführt, und Transaktion 2 fügt dem Konto eine Zinsgutschrift von 6 % hinzu.

Nun passiert Folgendes: Transaktion 1 liest den Kontostand durch ein `SELECT`-Statement aus, addiert die 1.000 € einer Einzahlung hinzu und schreibt dann diesen erhöhten Kontostand (2.000 €) wieder in die Datenbank (`UPDATE`-Befehl). Gleichzeitig liest allerdings Transaktion 2 bereits vor der Schreiboperation von Transaktion 1 den Kontostand aus und addiert eine Zinsgutschrift. Diesen erhöhten Wert, 1.060 €, schreibt Transaktion 2 in weiterer Folge wieder in die Datenbank und überschreibt dabei den bereits von Transaktion 1 erhöhten Kontostand. In diesem Beispiel gehen folglich 940 € für den Kunden verloren. Dieses Phänomen wird auch *Lost Update* genannt.

Es ist klar ersichtlich, dass Nebenläufigkeit – also das parallele Ausführen von Befehlen – zu Problemen führen kann, da Benutzer oftmals auf die gleichen Daten zugreifen und diese unter Umständen gleichzeitig manipulieren. Dabei kann der Fall auftreten, dass beide Benutzer den gleichen Wert lesen, darauf Berechnungen durchführen und den »alten« Wert mit diesem neu berechneten Wert überschreiben. So ist es möglich, dass die Benutzer gegenseitig die Ergebnisse überschreiben und so ein inkorrekter Wert daraus resultiert.

Weitere solcher möglichen Probleme werden Sie im Verlauf dieses Kapitels noch kennenlernen. Um dieses Problem zu lösen, wurden in Datenbanken *Transaktionen* eingeführt, die im folgenden Abschnitt behandelt werden.

5.3.2 Transaktionen

Eine *Transaktion* besteht aus einer Menge von einzelnen Datenbankoperationen (zum Beispiel `SELECT`- oder `UPDATE`-Anweisungen), die eine logisch zusammenhängende Einheit bilden. Ein Beispiel dafür wären der Buchungsvorgang am Flughafen oder eine Überweisung auf ein Konto. Eine Transaktion wird somit nur als Ganzes ausgeführt und darf dabei nicht unterbrochen werden. Eine Unterbrechung der Ausführung dieser Befehle kann einen inkonsistenten Datenbankzustand zur Folge haben (zum Beispiel ein falscher Kontostand wie in Abbildung 5.6 gezeigt).

Die einfachste Lösung für dieses Problem wäre, wenn alle Transaktionen strikt hintereinander ausgeführt werden würden. So könnten Transaktionen nie durch andere Transaktionen gestört werden. Allerdings ist dieses serielle Konzept – wie bereits erwähnt – nicht realisierbar, da die Performance des Systems stark unter der seriellen Abarbeitung der Transaktionen leidet. Daher bedienen sich Datenbanken einiger Tricks, um Transaktionen trotzdem parallel abarbeiten zu können, da Transaktionen insbesondere dann wichtig sind, wenn Systeme von mehreren Benutzern gleichzeitig bedient werden. So verhindern Transaktionen bzw. die sichere Handhabung dieser durch das Datenbankmanagementsystem, dass sich die Operationen der einzelnen Benutzer gegenseitig beeinflussen und so zu inkonsistenten und fehlerhaften Datenbeständen führen.

Um den Begriff einer Transaktion genau spezifizieren zu können, müssen zunächst die Anforderungen an eine solche Transaktion festgelegt werden. Aus der Sicht eines Datenbanksystems sind Transaktionen an folgende Anforderungen gebunden, die allgemein als die *ACID-Eigenschaften* bezeichnet werden. Das Akronym ACID steht dabei für folgende Begriffe:

- *Atomarität* (atomarity) – eine Transaktion stellt eine atomare Einheit, bestehend aus Datenbankoperationen dar. Eine solche atomare Verarbeitungseinheit wird entweder vollständig oder gar nicht ausgeführt. Tritt also während der Ausführung der Befehle einer Transaktion ein Fehler auf, müssen die bereits ausgeführten SQL-Befehle rückgängig gemacht werden und die Transaktion kann gegebenenfalls nochmals neu ausgeführt werden.

- *Konsistenz* (consistency) – die Ausführung einer Transaktion führt die Datenbank von einem konsistenten Zustand in einen anderen konsistenten Zustand über. Falls ein solcher konsistenter Endzustand nicht erreicht wird, wird die gesamte Transaktion rückgängig gemacht, um so wieder einen konsistenten Zustand zu erreichen. Das Beispiel in Abbildung 5.6 hat nach der parallelen Ausführung beispielsweise keinen konsistenten Zustand erreicht, da Geld »verloren« gegangen ist.
- *Isolation* (isolation) – eine Transaktion wird in einem »virtuellen Einbenutzerbetrieb« ausgeführt. Dies bedeutet, dass jede Transaktion so ausgeführt wird, als wäre sie die einzige aktive Transaktion im gesamten System. Diese Anforderung besagt grundsätzlich, dass keine Transaktion durch andere Transaktionen beeinflusst und gestört wird bzw. dass sie während der Ausführung eventuelle Änderungen anderer laufender Transaktionen nicht sehen kann.
- *Dauerhaftigkeit* (durability) – eine vollständig und erfolgreich ausgeführte Transaktion muss persistent in der Datenbank gespeichert sein. Dies bedeutet, dass auch im Fall eines Fehlers (zum Beispiel bei einem Absturz des Servers) alle Änderungen, die durch abgeschlossene Transaktionen und bestätigte Transaktionen durchgeführt wurden, in der Datenbank gespeichert sind.

Im Folgenden lernen Sie den Aufbau und die Handhabung von Transaktionen in MySQL näher kennen.

MySQL-Storage-Engines und -Transaktionen

MySQL stellt mit InnoDB eine Storage-Engine zur Verfügung, die Transaktionen beherrscht. Diese Engine ermöglicht es, Transaktionen zu verwenden, und stellt die korrekte Ausführung dieser sicher. Diese Funktionalität wird allgemein auch als *Transaktionssicherheit* benannt. Alle anderen Storage-Engines einer Standardinstallation stellen keine Transaktionssicherheit zur Verfügung. Die folgenden Ausführungen beziehen sich daher nur auf InnoDB.

Grundsätzlich ist eine Transaktion immer dreigeteilt:

1. Beginn der Transaktion
2. Operationen, die Teil der Transaktion sind
3. Ende der Transaktion

Wie Sie diese Bestandteile genau definieren und welche Möglichkeiten Sie dabei haben, werden Sie im folgenden Abschnitt lernen.

Eine Transaktion in MySQL kann auf zwei verschiedene Arten erzeugt werden:

Zum einen können Sie mittels der Schlüsselwörter `START TRANSACTION`, `BEGIN` oder `BEGIN WORK` eine neue Transaktion öffnen. Im Anschluss können Sie die Operationen, die Teil der Transaktion sein sollen, festlegen. Ein Beispiel dafür sehen Sie in Listing 5.16. Dabei wird eine Transaktion explizit mittels `START TRANSACTION` begonnen, danach werden Daten manipuliert und abschließend wird die Transaktion mittels eines Commits abgeschlossen. Näheres zum Beenden von Transaktionen erfahren Sie in Kürze.

```
mysql> START TRANSACTION;
mysql> SELECT COUNT(*) FROM buchung WHERE flug_id = 15090;
+----------+
| COUNT(*) |
+----------+
|      239 |
+----------+
mysql> INSERT INTO buchung(flug_id, sitzplatz,
    -> passagier_id, preis)
    -> VALUES (15090, '34A', 38, 429.00);
mysql> COMMIT;
```

Listing 5.16 Erstellen einer Transaktion mit `START TRANSACTION`

Beachten Sie, dass Änderungen erst nach dem Commit wirklich durchgeführt werden und für alle Benutzer sichtbar sind.

Eine weitere Methode zum Erzeugen einer Transaktion ist zum anderen das Deaktivieren des Autocommit-Modus (siehe auch grauer Kasten auf Seite 184). Nachdem Sie den Autocommit-Modus deaktiviert haben, können Sie die zur Transaktion gehörigen Befehle anführen. In Listing 5.17 finden Sie das Beispiel aus Listing 5.17, wobei dieses Mal der Autocommit-Modus deaktiviert wurde.

```
mysql> SET AUTOCOMMIT = 0;
mysql> SELECT COUNT(*) FROM buchung WHERE flug_id = 15090;
+----------+
| COUNT(*) |
+----------+
|      239 |
+----------+
mysql> INSERT INTO buchung(flug_id, sitzplatz,
    -> passagier_id, preis)
    -> VALUES (15090, '34A', 38, 429.00);
mysql> COMMIT;
mysql> SET AUTOCOMMIT = 1;
```

Listing 5.17 Transaktion mittels Deaktivieren des Autocommit

Sie haben nun gesehen, wie Sie Transaktionen beginnen können und dass Sie nach dem Öffnen der Transaktion die darin enthaltenen Befehle anführen können. Nun müssen Sie die Transaktion noch beenden. Im Allgemeinen können Transaktionen auf zwei verschiedene Arten beendet werden:

- `COMMIT` – dieser Befehl beendet die Transaktion. Mit dem erfolgreichen Commit einer Transaktion sind die dadurch durchgeführten Änderungen permanent in der Datenbank gespeichert und für alle anderen Transaktionen sichtbar.
- `ROLLBACK` – dieser Befehl signalisiert, dass die Ausführung der Transaktion fehlgeschlagen ist, und MySQL macht auf Ihren Wunsch hin alles rückgängig. Nur so kann ein konsistenter Zustand der Datenbank garantiert werden. Beachten Sie allerdings, dass DDL-(Data-Definition-Language-)Statements, wie zum Beispiel ein `DROP DATABASE`, `CREATE DATABASE` oder `DROP` bzw. `ALTER TABLE`, nicht rückgängig gemacht werden können.

Sowohl beim Commit, als auch beim Rollback können Sie nach dem eigentlichen Befehl Optionen anführen. So können Sie mittels des Schlüsselwortes `[NO] RELEASE` festlegen, ob die Verbindung zum Server nach der Beendigung dieser Transaktion beendet wird (`RELEASE`) oder nicht (`NO RELEASE`). Das Schlüsselwort `AND [NO] CHAIN` definiert, ob direkt im Anschluss an die aktuelle Transaktion eine neue Transaktion gestartet wird (`CHAIN`) oder nicht (`NO CHAIN`). Das Verhalten des `COMMIT`- und des `ROLLBACK`-Befehls kann mit der Systemvariablen `completion_type` festgelegt werden. Standardmäßig ist `NO CHAIN` voreingestellt.

In MySQL gibt es zudem noch einige Befehle, die Transaktionen automatisch beenden. Das Verwenden dieser Statements kommt einem `COMMIT` gleich, sofern beim Ausführen des Statements kein Fehler aufgetreten ist. Ist doch ein Fehler aufgetreten, wird automatisch ein `ROLLBACK` durchgeführt. Zu diesen Befehlen gehören:

- DDL-Statements
- Befehle zur Datenbankadministration (Zugriffe auf die Datenbank »mysql«) wie `CREATE USER`, `GRANT` etc.
- Transaktions- und Sperren-Statements, wie zum Beispiel `START TRANSACTION`, `LOCK TABLES`, `UNLOCK TABLES` etc. Transaktionen in MySQL dürfen nicht verschachtelt sein. Um dies sicherzustellen, wird mit dem Aufruf dieser Statements die aktuelle Transaktion implizit beendet.
- Laden von Daten mittels `LOAD DATA` und `LOAD DATA INFILE`
- analytische Statements, wie `ANALYZE TABLE`, `CACHE_INDEX`, `OPTIMIZE TABLE` etc.

MySQL und Autocommit

Bei einer Standardinstallation des MySQL-Servers ist der *Autocommit-Modus* automatisch aktiviert. Dieser bewirkt, dass jeder einzelne Befehl in einer »Mini-Transaktion«, die nur aus einem Befehl besteht, ausgeführt wird und die Transaktion automatisch nach dem Befehl von MySQL beendet bzw. commited wird. Sie können zwar Transaktionen und deren zugehörige Befehle verwenden, diese werden dann aber ignoriert und nicht sicher umgesetzt. Um dies zu umgehen und schlussendlich eigene Transaktionen mit mehr als einem Befehl zu definieren, müssen Sie zunächst diesen Autocommit-Modus ausschalten. Das können Sie auf zwei verschiedene Arten tun, die im Folgenden näher beschrieben werden:

- Der Autocommit-Modus wird implizit durch die Befehle `START TRANSACTION`, `BEGIN` oder `BEGIN WORK` beendet und nach dem `COMMIT` oder `ROLLBACK` der Transaktion wieder aktiviert.
- Den Autocommit-Modus können Sie auch explizit beenden, was dazu führt, dass Sie die Operationen der Transaktion manuell committen müssen. Sie deaktivieren den Autocommit-Modus in MySQL mit dem Befehl `SET AUTOCOMMIT = 0`, wie Sie in Listing 5.17 sehen.

Alle Statements, die nach der Deaktivierung des Autocommits ausgeführt werden, müssen manuell abgeschlossen werden. Dies können Sie in Listing 5.17 sehen. Darin wird zunächst der Autocommit-Modus deaktiviert, die nachfolgenden Befehle werden dann manuell committed.

Vergessen Sie dabei nicht, den Autocommit-Modus nach der Ausführung der Transaktion wieder zu aktivieren.

Savepoints

Die Storage-Engine InnoDB stellt für die verfeinerte Handhabung von *Rollbacks* (Rückgängigmachen von Befehlen, die in einer Transaktion bereits ausgeführt wurden) das Konzept von *Savepoints* zur Verfügung. Dabei können innerhalb einer Transaktion ein oder mehrere Savepoints (Abschnitte) definiert werden. Sie können also die Transaktion in Unterbereiche aufteilen, die Sie einzeln zurücksetzen können. Savepoints können Sie mittels des Befehls in Listing 5.18 erzeugen. Ein solcher Savepoint ermöglicht es Ihnen, ein Rollback bis zu diesem Punkt durchzuführen und somit alle Änderungen seit diesem Zeitpunkt (Savepoint) rückgängig zu machen. Den Befehl dazu sehen Sie in Listing 5.19.

```
SAVEPOINT bezeichner_savepoint
```

Listing 5.18 Erzeugen eines Savepoints

```
ROLLBACK TO SAVEPOINT bezeichner_savepoint
```

Listing 5.19 Rollback zu einem Savepoint

Das Beispiel in Listing 5.20 zeigt ein Szenario, in dem in einer Transaktion ein Rollback zum Savepoint `sp1` durchgeführt wird. Nach der Erzeugung des Savepoints wird ein Update durchgeführt, in dem ein Wert in der Tabelle geändert wird. Im Anschluss wird ein `ROLLBACK TO SAVEPOINT sp1` durchgeführt. Die Ausgabe des Tabelleninhalts nach dem Rollback zeigt, dass die Tabelle wieder jene Werte enthält, die auch zum Zeitpunkt der Savepoint-Erzeugung enthalten waren.

```
mysql> START TRANSACTION;
mysql> SELECT COUNT(*) FROM buchung WHERE flug_id = 15090;
+----------+
| COUNT(*) |
+----------+
|      239 |
+----------+
mysql> SAVEPOINT sp1;
mysql> INSERT INTO buchung(flug_id, sitzplatz,
    -> passagier_id, preis)
    -> VALUES (15090, '34A', 38, 429.00);
mysql> SELECT COUNT(*) FROM buchung WHERE flug_id = 15090;
+----------+
| COUNT(*) |
+----------+
|      240 |
+----------+
mysql> ROLLBACK TO SAVEPOINT sp1;
mysql> SELECT COUNT(*) FROM buchung WHERE flug_id = 15090;
+----------+
| COUNT(*) |
+----------+
|      239 |
+----------+
```

Listing 5.20 Beispiel eines Rollbacks zu einem Savepoint

Savepoints können mittels des Befehls in Listing 5.21 auch wieder gelöscht werden:

```
RELEASE SAVEPOINT bezeichner_savepoint
```

Listing 5.21 Release Savepoint

Beachten Sie allerdings, dass es nicht möglich ist, die Änderungen *zwischen* zwei Savepoints zu löschen. Ein Savepoint ermöglicht lediglich ein Rückgängigmachen aller Änderungen ausgehend vom aktuellen Zeitpunkt bis zu einem bestimmten Savepoint (Zeitpunkt).

Isolationslevel

Sie haben bereits die ACID-Eigenschaften kennengelernt und gesehen, dass der Begriff der *Isolation* festlegt, dass eine Transaktion nicht von anderen Transaktionen beeinflusst werden kann und deren Änderungen auch nicht sehen kann.

Sogenannte *Isolationslevel* bestimmen nun genauer, wie das Lese- und Schreibverhalten verschiedener Transaktionen voneinander abgegrenzt wird. Das bedeutet, dass dadurch festgelegt wird, welche Daten von der eigenen, aber auch anderen nebenläufigen Transaktionen gelesen werden können. Zu diesem Zweck sind im SQL-Standard vier verschiedene Level festgelegt, auf die im Folgenden näher eingegangen wird:

- Read Uncommitted
- Read Comitted
- Repeatable Read
- Serializable

Den Isolationslevel können Sie einerseits für den gesamten Server bestimmen, andererseits aber auch für einzelne Verbindungen festlegen, wie Listing 5.22 zeigt:

```
SET SESSION TRANSACTION ISOLATION LEVEL READ UNCOMMITTED
```

Listing 5.22 Festlegung des Isolationslevels für die Verbindung

Analog können Sie den Isolationslevel global für den MySQL-Server festlegen, wie Listing 5.23 zeigt:

```
SET GLOBAL TRANSACTION ISOLATION LEVEL READ UNCOMMITTED
```

Listing 5.23 Festlegung des Isolationslevels für den gesamten MySQL-Server

Der aktuell eingestellte Isolationslevel wird durch die Variable `tx_isolation` abgerufen, wie Listing 5.24 zeigt. Darin wird zunächst der lokale und dann der globale Isolationslevel abgefragt:

```
mysql> SHOW GLOBAL VARIABLES LIKE 'tx_isolation';
+---------------+------------------+
| Variable_name | Value            |
+---------------+------------------+
| tx_isolation  | READ-UNCOMMITTED |
+---------------+------------------+
```

```
mysql> SHOW LOCAL VARIABLES LIKE 'tx_isolation';
+---------------+------------------+
| Variable_name | Value            |
+---------------+------------------+
| tx_isolation  | READ-UNCOMMITTED |
+---------------+------------------+
```

Listing 5.24 Abfrage des aktuell eingestellten Isolationslevels

READ UNCOMMITTED

`READ UNCOMMITTED` – dieser Isolationslevel ist der am wenigsten einschränkende Level, da keine Isolation von Transaktionen erfolgt. Daher ist es allen Transaktionen zu jedem Zeitpunkt erlaubt, auch noch nicht committete Daten anderer Transaktionen zu lesen. Ein solches Verhalten kann sogenannte *Dirty Reads* zur Folge haben. Dies sind Leseoperationen auf Daten, die noch nicht bestätigt in der Datenbank gespeichert sind und somit unter Umständen durch ein Rollback noch rückgängig gemacht werden können.

Betrachten Sie dazu das Beispiel in Listing 5.25, bei dem zwei Verbindungen parallel auf der Tabelle »buchung« arbeiten. Die beiden Verbindungen lassen sich durch die Prompt-Bezeichner `conn1>` bzw. `conn2>` in der Eingabeaufforderung leicht unterscheiden. In dem Listing wird für beide Verbindungen der Isolationslevel mit `READ UNCOMMITTED` festgelegt. Danach starten beide Verbindungen jeweils eine Transaktion. Darin fügt `conn1` eine neue Buchung ein. Nach dieser Operation fragt `conn2` die Anzahl der Buchungen auf diesen Flug ab (beispielsweise um zu prüfen, ob die Kapazitätsgrenze des Flugzeugs bereits erreicht ist). Diese Leseoperation wird auf Daten durchgeführt, die noch nicht persistent in der Datenbank geschrieben sind, da noch kein `COMMIT` erfolgt ist. Es erfolgt also ein Dirty Read. Im Anschluss führt `conn1` ein Rollback durch, wodurch die zuvor getätigten Änderungen rückgängig gemacht werden. Eine weitere Abfrage der Daten durch `conn2` führt in weiterer Folge dazu, dass wieder die ursprüngliche Anzahl an Buchungen zurückgegeben wird.

```
conn1> SET SESSION TRANSACTION ISOLATION LEVEL
    -> READ UNCOMMITTED;
conn2> SET SESSION TRANSACTION ISOLATION LEVEL
    -> READ UNCOMMITTED;

conn1> START TRANSACTION;
conn2> START TRANSACTION;

conn1> INSERT INTO buchung(flug_id, sitzplatz,
    -> passagier_id, preis)
    -> VALUES (15090, '34A', 38, 429.00);
```

```
conn2> SELECT COUNT(*) FROM buchung WHERE flug_id = 15090;
+----------+
| COUNT(*) |
+----------+
|      240 |
+----------+
conn1> ROLLBACK;

conn2> SELECT COUNT(*) FROM buchung WHERE flug_id = 15090;
+----------+
| COUNT(*) |
+----------+
|      239 |
+----------+
```

Listing 5.25 Beispiel eines Dirty Reads (Isolationslevel READ UNCOMMITTED)

READ COMMITTED

Der nächste Isolationslevel, `READ COMMITTED`, ist bereits restriktiver als `READ UNCOMMITED`. Bei diesem Isolationslevel können andere Transaktionen stets nur bereits committete Daten lesen, und somit können keine Dirty Reads auftreten. Dieses Verhalten hat allerdings auch zur Folge, dass unter Umständen Daten gelesen werden, die von einer aktuell laufenden Transaktion bereits geändert wurden und nach deren `COMMIT` persistent in der Datenbank geschrieben sind. Ein solches Verhalten kann zu Problemen führen, da unter Umständen veraltete Daten verarbeitet werden.

Betrachten Sie dazu das Beispiel in Listing 5.26. Darin wird gezeigt, dass beim Isolationslevel `READ COMMITTED` nur committete Daten von anderen Transaktionen gelesen werden können. So kann `conn2` erst nach dem `COMMIT` von `conn1` die geänderten Werte abfragen und erhält bei zwei identischen Abfragen in der gleichen Transaktion zwei verschiedene Resultate. Dieses Phänomen wird als *Non-repeatable Read* bezeichnet.

```
conn1> SET SESSION TRANSACTION ISOLATION LEVEL READ COMMITTED;
conn2> SET SESSION TRANSACTION ISOLATION LEVEL READ COMMITTED;

conn1> START TRANSACTION;
conn2> START TRANSACTION;

conn1> INSERT INTO buchung(flug_id, sitzplatz,
    -> passagier_id, preis)
    -> VALUES (15090, '34A', 38, 429.00);
```

```
conn1> SELECT COUNT(*) FROM buchung WHERE flug_id = 15090;
+----------+
| COUNT(*) |
+----------+
|      240 |
+----------+

conn2> SELECT COUNT(*) FROM buchung WHERE flug_id = 15090;
+----------+
| COUNT(*) |
+----------+
|      239 |
+----------+

conn1> COMMIT;

conn2> SELECT COUNT(*) FROM buchung WHERE flug_id = 15090;
+----------+
| COUNT(*) |
+----------+
|      240 |
+----------+
```

Listing 5.26 Beispiel eines Non-repeatable Reads (Isolationslevel READ COMMITTED)

REPEATABLE READ

REPEATABLE READ – dieser Level verhindert inkonsistente und »dirty« Leseoperationen (und damit auch Lost Updates). Dies wird erreicht, indem festgelegt wird, dass jede Transaktion immer nur jene Daten lesen kann, die beim ersten Lesevorgang innerhalb der Transaktion bereits konsistent in der Datenbank vorhanden waren. Ein solches Verhalten hat zur Folge, dass ein mehrfaches Abfragen stets das gleiche Resultat produziert. Doch auch dieses Verfahren hat immer noch einen Nachteil: So ist es mit dieser Technik möglich, dass Daten gelesen werden, die durch eine Löschoperation einer laufenden Transaktion zum Lesezeitpunkt nicht mehr vorhanden sind – sogenannte Phantom-Reads. REPEATABLE READ ist der *Standardisolationslevel* von MySQL.

In Listing 5.27 wird gezeigt, dass bei einem Isolationslevel REPEATABLE READ eine Transaktion stets nur jene Daten lesen kann, die auch zum Zeitpunkt der ersten Leseoperation bestätigt in der Datenbank gespeichert werden. So löscht conn1 eine Buchung, jedoch ist dies für conn2 nicht sichtbar. Sie können dies an den unveränderten COUNT(*)-Werten in conn2 erkennen. So ist es sogar noch möglich, die Daten zur bereits gelöschten Buchung im Detail auszulesen. Diese gelesenen Daten werden auch durch ein Commit einer anderen Transaktion auf die gelesenen Daten nicht geändert. Diese Änderungen scheinen nicht auf, da diese zum Zeitpunkt der ersten Leseoperation noch in der Datenbank gespeichert waren.

```
conn1> SET SESSION TRANSACTION ISOLATION LEVEL
    -> REPEATABLE READ;
conn2> SET SESSION TRANSACTION ISOLATION LEVEL
    -> REPEATABLE READ;

conn1> START TRANSACTION;
conn2> START TRANSACTION;

conn2> SELECT COUNT(*) FROM buchung WHERE flug_id = 15090;
+----------+
| COUNT(*) |
+----------+
|      240 |
+----------+

conn1> DELETE FROM buchung WHERE buchung_id = 1417418;
conn1> SELECT COUNT(*) FROM buchung WHERE flug_id = 15090;
+----------+
| COUNT(*) |
+----------+
|      239 |
+----------+

conn2>  SELECT COUNT(*) FROM buchung WHERE flug_id = 15090;
+----------+
| COUNT(*) |
+----------+
|      240 |
+----------+

conn1> COMMIT;

conn2>  SELECT COUNT(*) FROM buchung WHERE flug_id = 15090;
+----------+
| COUNT(*) |
+----------+
|      240 |
+----------+
conn2> SELECT * FROM buchung WHERE buchung_id = 1417418;
```

```
+------------+----------+-----------+---------------+---------+
| buchung_id | flug_id  | sitzplatz | passagier_id  | preis   |
+------------+----------+-----------+---------------+---------+
|    1417418 |    15090 | 34A       |            38 | 429.00  |
+------------+----------+-----------+---------------+---------+
```

Listing 5.27 Beispiel eines Phantom-Reads (Isolationslevel REPEATABLE READ)

SERIALIZABLE

SERIALIZABLE – dies ist die am stärksten einschränkende Isolationsstufe, da sämtliche Update-Operationen verhindert werden, falls andere Transaktionen die Daten bereits gelesen haben. Dieser Isolationslevel führt sämtliche Transaktionen so aus, als würden sie seriell (hintereinander) ausgeführt werden. Dies wird realisiert, indem die zu ändernden Zeilen für Leseoperationen gesperrt werden. Sämtliche Schreiboperationen müssen das Lösen dieser Sperre abwarten, bevor die Updates durchgeführt werden können. Ein Update ist also erst möglich, wenn die Leseoperationen abgeschlossen und die entsprechenden Sperren aufgehoben wurden. Somit können weder Dirty Reads, noch Non-repeatable Reads oder Phantom-Reads auftreten.

Die vier verschiedenen Isolationslevel und ihre Auswirkungen sind in Tabelle 5.4 nochmals zusammengefasst.

	Dirty Reads	Non-repeatable Reads	Phantom-Reads
Read Uncommitted	✓	✓	✓
Read Committed	X	✓	✓
Repeatable Read	X	X	✓
Serializable	X	X	X

Tabelle 5.4 Übersicht der Isolationslevel und möglicher Probleme

XA-Transaktionen

Eine spezielle Art von Transaktionen stellen XA-Transaktionen dar, die es Ihnen ermöglichen, Transaktionen auch über die Grenzen Ihrer MySQL-Installation hinweg zu realisieren. Ein Beispiel dafür wäre die Einbindung eines Kreditkartensystems zur Bezahlung in den Buchungsvorgang. Dabei wird mittels einer Transaktion die Buchung so lange gesperrt, bis die Zahlung erfolgreich durchgeführt wurde, bzw. falls die Bezahlung fehlschlägt, wird ein Rollback durchgeführt.

XA-Transaktionen können auch andere Applikationen oder Datenbanken in gemeinsame Transaktionen einbinden und so die ACID-Eigenschaften für Transaktionen über mehrere Systeme hinweg sicherstellen. Die in MySQL implementierten XA-Transaktionen basieren auf dem von Open Group[1] vorgeschlagenen Standard mit dem Titel »Distributed Transaction Processing: The XA Specification«[2].

Zur Durchführung solcher Transaktionen ist es notwendig, dass ein Teilnehmer an der Transaktion der Koordinator der Transaktion ist. Dieser wartet so lange, bis alle Teilnehmer an der Transaktion ihr »ready« gesendet haben und damit bekannt geben, dass sie bereit für die Ausführung der Transaktion sind (alle Sperren wurden gesetzt, alle benötigten Ressourcen sind verfügbar). Sobald alle Teilnehmer ihr Okay gegeben haben, veranlasst der Koordinator den Beginn der Transaktion. Die Verwendung solcher XA-Transaktionen kann sich allerdings negativ auf die Performance Ihres Systems auswirken und ist in MySQL nur für die Storage-Engine InnoDB verfügbar.

5.3.3 Lock-Management

Eine Sperre in MySQL dient dazu, den exklusiven Zugriff auf eine Ressource sicherzustellen. *Sperren* (*Locks*) blockieren die betreffenden Tabellen bzw. Zeilen für Schreib- und/oder Lesezugriffe. Sie werden einerseits dazu verwendet, den korrekten Ablauf von Transaktionen sicherzustellen, und andererseits, um bei nicht transaktionssicheren Storage-Engines eine Verzahnung mit anderen Prozessen zu verhindern. So kann der korrekte Ablauf mehrerer SQL-Statements trotzdem sichergestellt werden. Doch Achtung: Sperren verursachen auch Probleme, wie Sie im Folgenden sehen werden.

Ein *Deadlock* ist jene Situation, in der zwei Prozesse gegenseitig auf eine Ressource (zum Beispiel eine Tabelle) warten. Das Problem dabei ist, dass beide Prozesse gegenseitig die Ressourcen blockieren. Stellen Sie sich folgendes Szenario vor: Prozess P1 besitzt bereits Schreibrechte auf Tabelle R1, hat diese gesperrt und benötigt zur Beendigung seiner Berechnung zusätzlich die Schreibrechte auf der Tabelle R2. Prozess P2 besitzt bereits die Schreibrechte auf Tabelle R2, hat diese gesperrt und benötigt zur Beendigung seiner Berechnung zusätzlich Schreibrechte auf Tabelle R1.

Dieses Szenario ist in Abbildung 5.7 nochmals skizziert. Dabei stellen die Prozesse Transaktionen dar und die Ressourcen sind beispielsweise Tabellen, auf die Sperren gesetzt werden. Die beiden Prozesse P1 und P2 blockieren sich gegenseitig, da beide Prozesse erst mit dem Erhalt dieser Ressource beendet werden können. Würde MySQL nicht einschreiten, würden beide Prozesse »ewig« warten, daher auch der Begriff Deadlock. MySQL verhindert ein solches »ewiges War-

1 *http://www.opengroup.org/*

2 *http://www.opengroup.org/public/pubs/catalog/c193.htm*

ten«, indem Zeitlimits für die Sperren eingeführt werden. Sobald diese Limits überschritten sind, wird die Sperre einer der Ressourcen automatisch aufgehoben, damit die andere Transaktion beendet werden kann.

Die InnoDB Storage-Engine verfügt zudem über einen intelligenten Algorithmus zur Deadlock-Erkennung und kann diese unter Umständen schon früher erkennen und auflösen.

Sperren, MyISAM und InnoDB

Sperren werden von der transaktionssicheren Storage-Engine InnoDB als Grundlage für Transaktionen verwendet. So verhindert InnoDB mittels Sperren je nach festgelegtem Isolationslevel, dass andere Transkationen die Änderungen der aktuellen Transaktion sehen dürfen. MyISAM ist zwar nicht transaktionssicher, weiß sich aber dennoch zu helfen. So sind in MyISAM alle SQL-Befehle für sich jeweils eine Art Transaktion, für die mittels Sperren exklusiver Zugriff auf die Ressource sichergestellt ist. Allerdings erlaubt es MyISAM auch so nicht, mehrere SQL-Befehl in eine Transaktion zusammenzufassen.

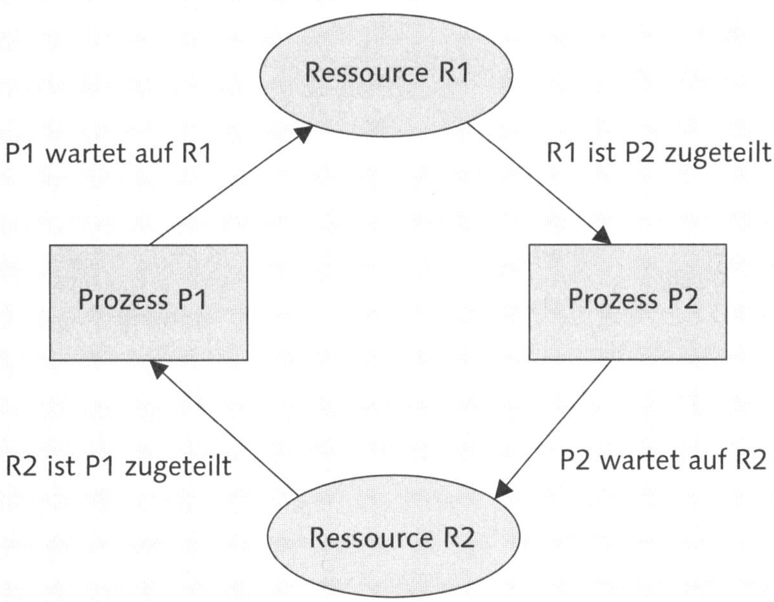

Abbildung 5.7 Deadlock

Grundsätzlich gilt es, zwei verschiedene Arten von Sperren zu unterscheiden: `READ`- und `WRITE`-Sperren. Wird eine Lesesperre (`READ`) verwendet, so können die

Daten von der betreffenden Transaktion gelesen werden. Dabei wird durch die Sperre sichergestellt, dass kein gleichzeitiges Schreiben auf diesen Daten erfolgt. Es ist auch möglich, dass gleichzeitig mehrere Lesesperren auf der gleichen Tabelle gesetzt sind. Eine Schreibsperre ist restriktiver, dabei dürfen weder Lese- noch Schreiboperationen auf den betreffenden Daten durchgeführt werden. Eine Schreibsperre stellt also einen »exklusiven« Zugriff auf die Daten sicher.

Sperren können – abhängig von der verwendeten Storage-Engine – auf Tabellenebene oder auch auf Zeilenebene gesetzt werden. Dies wird in den folgenden Abschnitten näher beschrieben.

Tabellen sperren

Eine Tabellensperre bewirkt, dass die gesperrte Tabelle oder Zeile nur für den sperrenden Prozess zugänglich ist und somit keinerlei Beeinflussungen von anderen Prozessen auftreten können. Sperren können Sie in MySQL mittels des Befehls `LOCK TABLES` setzen. Dabei müssen Sie sowohl die zu sperrende Tabelle als auch den Typ der Sperre anführen. Diese Typen können `READ` oder `WRITE` sein, wie Listing 5.28 zeigt:

```
LOCK TABLES bezeichner_tabelle READ
```

Listing 5.28 Sperren einer Tabelle mit einer Lesesperre

Mit diesem Befehl können Sie auch mehrere Tabellen gleichzeitig sperren, indem Sie einfach mehrere Tabellen und die zugehörige Art der Sperre (Lese- oder Schreibsperre) angeben. Somit werden alle Sperren gleichzeitig angefordert, und es können keine Deadlocks mehr auftreten. Die Option `READ LOCAL` ermöglicht es, `INSERT`-Statements durchzuführen, die nicht in Konflikt mit den zu lesenden Daten stehen. Wird die Option `LOW-PRIORITY WRITE` verwendet, so wird die Schreibsperre erst dann gesetzt, wenn keine anderen Prozesse mehr darauf warten, eine Lesesperren auf die Ressource setzen zu können. Diese Optionen können Sie nach der Art der Sperre (`READ` oder `WRITE`) an den Befehl anhängen.

Sämtliche Sperren können Sie dann mit dem `UNLOCK`-Befehl wieder freigeben. Dies ist in Listing 5.29 gezeigt:

```
UNLOCK TABLES
```

Listing 5.29 Aufheben einer Sperre

Der Nachteil der Sperre von gesamten Tabellen ist, dass auch wenn nur einige wenige Zeilen der Tabelle aktuell bearbeitet werden, die gesamte Tabelle gesperrt ist und somit andere Transaktionen warten müssen.

Zeilen sperren

Das Sperren einer bestimmten Menge Zeilen einer Tabelle ermöglicht eine höchstmögliche Nebenläufigkeit, da die Sperren stets nur einen kleinen Teil der Tabelle blockieren und so andere Transaktionen – die auf andere Zeilen zugreifen – ungehindert durchgeführt werden können. Die Storage-Engine InnoDB führt standardmäßig Locks auf Zeilenebene. In diesem Fall können Lesesperren auf Reihen mittels `SELECT ... LOCK IN SHARE MODE` gesetzt werden. In diesem Modus ist es allerdings möglich, dass die Daten während des Lesevorganges upgedated werden. `SELECT ... FOR UPDATE` setzt eine Schreibsperre auf die betreffenden Reihen. Gesperrte Zeilen werden bei einem `COMMIT` oder `ROLLBACK` der Transaktion wieder aufgehoben.

Zusammenfassung

In diesem Abschnitt haben Sie gesehen, wie Sie Transaktionen verwenden können, um sich vor inkorrekten Datenbankzuständen zu schützen, die durch Nebenläufigkeit auftreten können. Sie haben gesehen, wie Sie Transaktionen definieren können und welche Isolationslevel MySQL zur Verfügung stellt. Auch haben Sie gesehen, wie Sie bei nicht transaktionssicheren Storage-Engines Sperren verwenden können, um die Konsistenz sicherzustellen.

5.4 Storage-Engines

In diesem Abschnitt blicken wir in die Tiefen von MySQL und zeigen Ihnen jenen Teil von MySQL, der für die eigentliche Datenspeicherung verantwortlich ist. Dieser Teil ist sehr flexibel aufgebaut, was ein großer Vorteil und ein Faktor für den Erfolg von MySQL ist. Die Module zur Speicherung der Daten lassen sich durch diese Flexibilität leicht austauschen und können auch von Fremdherstellern verbessert bzw. ersetzt werden. Diese Speichermodule werden in MySQL *Storage-Engines* genannt.

MySQL selbst bringt bereits einige verschiedene Storage-Engines von Haus aus mit und ermöglicht Ihnen so die Wahl der am besten geeigneten Storage-Engine für Ihren Anwendungsfall. Zusätzlich existieren am Markt zahlreiche kommerzielle Storage-Engines von Fremdherstellern, aber auch Open-Source-Projekte, die versuchen, optimale Speicherlösungen für spezielle Anwendungsfälle durch Anpassungen zur Verfügung zu stellen.

Im Folgenden beschreiben wir Grundlagen des Storage-Engine-Plugin-Systems, die zwei wichtigsten Storage-Engines InnoDB und MyISAM im Detail und geben auch einen Überblick über weitere Storage-Engines. Am Ende dieses Kapitels finden Sie eine vergleichende Übersichtstabelle aller beschriebenen Storage-Engines.

5.4.1 Grundlagen des Storage-Engine-Plugin-Systems

Wie bereits in Abschnitt 5.1.2, »MySQL-Architektur«, erwähnt, verfügt MySQL über ein sehr flexibles Plugin-System, das es auch erlaubt, verschiedenste Storage-Engines – sogar während des laufenden Betriebs – ein- und auszuhängen. Der Befehl in Listing 5.30 zeigt Ihnen alle installierten Plugins, deren Status und weitere Informationen, wie zum Beispiel die verwendete Lizenz. Handelt es sich dabei um ein Plugin, das dynamisch geladen wurde, wird die jeweilige Library-Datei im Feld `Library` angezeigt.

```
mysql> SHOW PLUGINS \G
*************************** 2. row ***************************
   Name: mysql_native_password
 Status: ACTIVE
   Type: AUTHENTICATION
Library: NULL
License: GPL
*************************** 5. row ***************************
   Name: MyISAM
 Status: ACTIVE
   Type: STORAGE ENGINE
Library: NULL
License: GPL
*************************** 21. row ***************************
   Name: test_plugin_server
 Status: ACTIVE
   Type: AUTHENTICATION
Library: auth_test_plugin.so
License: GPL
```

Listing 5.30 Auflistung der Plugins (Auszug)

Im Bedarfsfall können Sie Plugins mit den Befehlen in Listing 5.31 dynamisch im laufenden Betrieb installieren (laden) und wieder deinstallieren. Die *.so*-Dateien müssen dabei in dem Verzeichnis liegen, das in der Systemvariablen `plugin_dir` angegeben ist.

```
mysql> INSTALL PLUGIN test_plugin_server SONAME
    -> 'auth_test_plugin.so';
mysql> UNINSTALL PLUGIN test_plugin_server;
```

Listing 5.31 Einhängen und Aushängen von Plugins

Mit dem Befehl in Listing 5.32 können Sie sich die aktuell installierten Storage-Engines anzeigen lassen. `Support` gibt an, ob eine Storage-Engine verfügbar ist

(YES) bzw. durch DEFAULT als standardmäßige Storage-Engine (siehe InnoDB) gesetzt ist. Wird eine Storage-Engine mit NO angegeben, ist diese zwar installiert, aber nicht aktiviert. Die Storage-Engine FEDERATED können Sie zum Beispiel durch das Kommandozeilenargument --federated oder durch Hinzufügen der Option federated in der Konfigurationsdatei *my.cnf* (siehe Abschnitt 6.3) aktivieren. Die Attribute Transactions, XA (XA-Transaktionen) und Savepoints geben die jeweils unterstützten Funktionen (siehe Abschnitt 5.3) der Storage-Engines an.

```
mysql> SHOW ENGINES \G
*************************** 1. row ***************************
      Engine: FEDERATED
     Support: NO
     Comment: Federated MySQL storage engine
Transactions: NULL
          XA: NULL
  Savepoints: NULL
*************************** 2. row ***************************
      Engine: CSV
     Support: YES
     Comment: CSV storage engine
Transactions: NO
          XA: NO
  Savepoints: NO
*************************** 8. row ***************************
      Engine: InnoDB
     Support: DEFAULT
     Comment: Supports transactions, row-level locking, and
              foreign keys
Transactions: YES
          XA: YES
  Savepoints: YES
```

Listing 5.32 Anzeige der Storage-Engines (Auszug)

Jede Tabelle in MySQL kann mit einer beliebigen Storage-Engine erstellt werden. Geben Sie dazu einfach die Storage-Engine am Ende der CREATE-Anweisung (Listing 5.33) an:

```
CREATE TABLE flughafen (
  flughafen_id smallint(6) NOT NULL AUTO_INCREMENT,
  iata char(3) NOT NULL,
  icao char(4) NOT NULL,
  PRIMARY KEY (flughafen_id),
  UNIQUE KEY iata (iata),
```

```
  UNIQUE KEY icao (icao)
) ENGINE=InnoDB DEFAULT CHARSET=latin1;
```

Listing 5.33 Angabe der Storage-Engine bei CREATE-Anweisung

Sie können Storage-Engines auch jederzeit wechseln. Dies setzt natürlich voraus, dass Sie keine besonderen Alleinstellungsmerkmale von Storage-Engines verwenden. So gehen natürlich Foreign-Key-Constraints nach einer Transformation von InnoDB nach MyISAM verloren, da MyISAM im Gegensatz zu InnoDB dieses Feature nicht unterstützt. Zur Umwandlung rufen Sie einfach die Anweisung `ALTER` auf, wie in Listing 5.34 gezeigt. Mit der Anfrage auf die Metainformationstabelle »TABLES« in der Datenbank »INFORMATION_SCHEMA«, erhalten Sie die Information zur verwendeten Storage-Engine der Tabelle. Sie sehen, dass diese Umformung bei einfachen Tabellen (»test«) kein Problem darstellt.

Versuchen wir jedoch einen Engine-Wechsel auf Tabellen (zum Beispiel »flugzeug_typ«), die spezielle Funktionen, wie etwa den Volltext-Index von MyISAM, benötigen, so informiert Sie MySQL im Normalfall über dieses Problem und bricht den Vorgang ab (Listing 5.35). Verlassen Sie sich jedoch nicht auf diese Fehlermeldung, da je nach Storage-Engine auch eine Umwandlung ohne Fehlermeldung möglich sein kann.

```
mysql> CREATE TABLE test (id INT) ENGINE=InnoDB;
Query OK, 0 rows affected (0.00 sec)
mysql> ALTER TABLE test ENGINE=MyISAM;
Query OK, 0 rows affected (0.01 sec)
Records: 0  Duplicates: 0  Warnings: 0
mysql> SELECT ENGINE FROM information_schema.TABLES
    -> WHERE TABLE_SCHEMA = 'FlughafenDB'
    -> AND TABLE_NAME = 'test';
+--------+
| ENGINE |
+--------+
| MyISAM |
+--------+
```

Listing 5.34 Ändern der Storage-Engine einer Tabelle

```
mysql> ALTER TABLE flugzeug_typ ENGINE=InnoDB;
ERROR 1214 (HY000): The used table type doesn't support FULLTEXT
                    indexes
```

Listing 5.35 Ändern von Storage-Engines mit inkompatiblen Eigenschaften

Jede Storage-Engine speichert die Daten der Tabellen an einem speziellen Ort. Dies können nicht nur Dateien auf der Festplatte sein, sondern, wie zum Beispiel bei der MEMORY-Storage-Engine, auch der Hauptspeicher. Für jede Tabelle werden aber – unabhängig von der Storage-Engine – Informationen zum Schema in einer eigenen Datei abgelegt.

```
mysql> CREATE TABLE test_inno (id INT) ENGINE=InnoDB;
mysql> CREATE TABLE test_myisam (id INT) ENGINE=MyISAM;
mysql> CREATE TABLE test_memory (id INT) ENGINE=MEMORY;
```

Listing 5.36 Erstellen einiger Testtabellen mit unterschiedlichen Engines

Sie können dies sehr leicht selbst nachprüfen. Erstellen Sie dazu, wie in Listing 5.37 angegeben, einige Testtabellen mit unterschiedlichen Storage-Engines. In dem Datenverzeichnis Ihrer MySQL-Installation finden Sie zu jeder Datenbank ein zugehöriges Verzeichnis. In diesem Verzeichnis werden nun je nach Storage-Engines Dateien angelegt. Sie haben vermutlich bereits erkannt, dass eine Dateiendung bei allen Varianten auftritt – die Datei mit der Endung *frm*. In dieser Datei speichert MySQL die nötigen Schema-Daten, sogar für Tabellen, deren Daten nur im Hauptspeicher liegen (*test_memory.frm*).

```
bash# ls -lh /var/lib/mysql/FlughafenDB/test*
8,4K 14. Mai 22:59 /var/lib/mysql/FlughafenDB/test_inno.frm
96K 14. Mai 22:59 /var/lib/mysql/FlughafenDB/test_inno.ibd
8,4K 14. Mai 22:59 /var/lib/mysql/FlughafenDB/test_memory.frm
8,4K 14. Mai 22:59 /var/lib/mysql/FlughafenDB/test_myisam.frm
0 14. Mai 22:59 /var/lib/mysql/FlughafenDB/test_myisam.MYD
1,0K 14. Mai 22:59 /var/lib/mysql/FlughafenDB/test_myisam.MYI
```

Listing 5.37 Dateistruktur von MySQL

Wie nun die einzelnen Storage-Engines im Detail funktionieren und worin sie sich unterscheiden, erfahren Sie in den folgenden Abschnitten.

5.4.2 InnoDB

InnoDB ist bereits seit vielen Jahren fester Bestandteil von MySQL und löste seit der MySQL-Version 5.5.5 MyISAM als Default-Storage-Engine ab. Neu angelegte Tabellen werden daher – wenn nicht anders angegeben – mit der InnoDB-Engine erstellt. InnoDB steht wie MySQL selbst unter der Open Source GPL Lizenz und ist eine sogenannte voll-transaktionelle Datenbank-Engine. Sie ist *ACID-konform*, unterstützt *referentielle Integrität* durch Fremdschlüssel (Foreign-Keys) und bietet *Multiversion Concurrency Control*, das eine parallele Abarbeitung von Abfragen erlaubt (siehe Abschnitt 5.3).

Zusätzlich erlaubt InnoDB Sperren auf Zeilenebene (Row-Locking). Dadurch können im Gegensatz zu MyISAM (siehe Abschnitt 5.4.3, »MyISAM«), das nur ganze Tabellen sperren kann, Schreibzugriffe auf verschiedenen Zeilen der gleichen Tabellen parallel durchgeführt werden.

Indexstrukturen in InnoDB

InnoDB verwendet den *B-Baum* als Hauptindexstruktur (siehe Abschnitt 9.2.4, »Technische Umsetzung von Indexstrukturen – der B-Baum und MyISAM«) für Primär- und Sekundärindizes (siehe Abschnitt 9.2.2). Der Primärschlüssel ist dabei als *Clustered Index* (siehe Abschnitt 9.2.5) ausgelegt und bestimmt daher auch die physikalische Ordnung der Daten. Die Daten sind also auch physikalisch nach dem Primärschlüssel sortiert. Gerade Bereichsanfragen, wie zum Beispiel `WHERE flug_id BETWEEN 100 AND 200` profitieren von dieser Sortierung, vor allem wenn die Datensätze nicht bereits sortiert bzw. aufsteigend eingefügt wurden. Durch den Clustervorgang werden in InnoDB durch den Primärschlüssel ähnliche Zeilen auch physikalisch nahe beieinander auf der Festplatte abgespeichert (`id:100` neben `id:101`) und können daher sequenziell und performant abgerufen werden.

Neben den B-Baum-Indizes, die Sie selbst definieren können, verfügt InnoDB über eine weitere Indexstruktur. Diese nennt sich *Adaptive Hashindex* und wird von der Storage-Engine selbst verwaltet bzw. angelegt. Es handelt sich dabei um einen Hashindex, also um eine Indexstruktur, die für den Hauptspeicher sehr gut geeignet ist. Der Adaptive Hashindex liegt immer vollständig im Hauptspeicher und versucht, häufige Zugriffe auf bestehende B-Baum-Indizes noch einmal zu beschleunigen. Dazu wählt er jene Teile der B-Bäume aus, die sehr oft angefragt werden. Speziell für diese Teile der bestehenden Indizes legt InnoDB automatisch einen zusätzlichen Hashindex an. Da Hashindizes noch schneller als B-Bäume sind (siehe auch Abschnitt 9.2.4), können Indexzugriffe so noch zusätzlich beschleunigt werden.

Die wichtigsten Einstellungen von InnoDB

InnoDB funktioniert natürlich Out-of-the-Box und muss nicht zwingendermaßen konfiguriert werden. Wir empfehlen Ihnen aber dennoch, einige grundlegende Einstellungen vorzunehmen, um seine Geschwindigkeit zu verbessern. In Listing 5.38 finden Sie eine Übersicht über die wichtigsten Parameter von InnoDB, die wir hier natürlich auch dementsprechend erläutern:

```
[mysqld]
innodb_file_per_table
innodb_buffer_pool_size=1GB
```

```
innodb_log_file_size=128M
innodb_log_buffer_size=8M
```

Listing 5.38 Wichtige Einstellungen von InnoDB

Die erste Einstellung, `innodb_file_per_table`, weist InnoDB dazu an, jede Tabelle in einer eigenen Datei abzuspeichern. Diese Option ist sehr wichtig und ermöglicht ein flexibleres Arbeiten mit InnoDB. Details dazu erfahren Sie auch im nächsten Abschnitt »Technische Aspekte von InnoDB«.

Die Variable `innodb_buffer_pool_size` bestimmt die Größe des Speichers, der von InnoDB verwendet wird. In diesem Speicher werden Tabellendaten, diverse Caches, Adaptive Hashindizes etc. gespeichert. Dieser Wert sollte also groß gewählt werden und bei einem Server, der ausschließlich den MySQL-Server betreibt, bei ca. 80 % des gesamten Hauptspeichers des Systems liegen.

Größere Log-Dateien (in den Standardeinstellungen zwei Dateien), deren Größe in `innodb_log_file_size` angegeben ist, kann bei sehr großen Transaktionen, die viele Änderungsoperationen enthalten, von Vorteil sein. Große Log-Dateien erhöhen jedoch auch die benötigte Zeit für Recovery-Vorgänge nach einem Crash, da auch größere Log-Dateien verarbeitet werden müssen. Ein Richtwert sind hier 10–20 % der Größe des Buffer-Pools (`innodb_buffer_pool_size`).

Der Log-Buffer (`innodb_log_buffer_size`) dient als Zwischenspeicher für Log-Einträge. Transaktionen mit vielen Schreiboperationen profitieren von diesem Buffer, da die Log-Einträge nicht sofort, sondern erst mit dem Commit auf die Festplatte geschrieben werden müssen. Wenn Sie also sehr große Transaktionen bearbeiten müssen, können Sie diesen Wert erhöhen, wobei der Standardwert von 8 MB für die meisten Anwendungsfälle ausreichen sollte.

Technische Aspekte von InnoDB

InnoDB speichert alle Ihre Tabellen und die darin befindlichen Daten in einer einzigen Datei ab. Diese Datei liegt im Datenverzeichnis von MySQL und nennt sich im Normalfall `ibdata1`. MySQL legt zusätzlich noch pro Tabelle eine *frm*-Datei in dem Verzeichnis an, das denselben Namen wie die Datenbank trägt. Diese Datei dient jedoch nur MySQL und wird von InnoDB nicht verwendet, da die Storage-Engine alle Daten, die einzelnen Datensätze und die Metadaten zum Schema der Tabelle vollständig in der Datendatei von InnoDB ablegt.

Wir empfehlen Ihnen jedoch, diese Standardeinstellungen bereits gleich zu Beginn zu ändern. Am einfachsten können Sie dieses Verhalten, nur eine Datendatei zu bestücken, in Ihrer Konfigurationsdatei *my.cnf* ändern. Geben Sie dazu, wie in Listing 5.39 angegeben, im Block `[mysqld]` die Option `innodb_file_per_` `table` an. Damit wird nun bei der Erstellung jeder neuen Tabelle eine eigene Datendatei für diese Tabelle angelegt, wodurch sich einige Vorteile ergeben, die Sie im Folgenden noch kennenlernen werden.

```
[mysqld]
innodb_file_per_table
```

Listing 5.39 Pro Tabelle eine eigene Datendatei erstellen

Sollten Sie bereits Tabellen erstellt haben, die Sie gerne aus der globalen InnoDB-Datendatei in einzelne Datendateien überführen möchten, ist dies natürlich auch möglich. Setzen Sie dazu die Option, wie in Listing 5.39 gezeigt, starten Sie Ihren MySQL-Server neu, um die Änderung am Dateiverhalten zu übernehmen, und führen Sie die Anweisung in Listing 5.40 für jede gewünschte Tabelle aus.

```
mysql> ALTER TABLE flug ENGINE=InnoDB;
Query OK, 19961 rows affected (0.66 sec)
Records: 19961  Duplicates: 0  Warnings: 0
```

Listing 5.40 Überführen der Daten in eine eigene Datendatei

In Listing 5.41 können Sie erkennen, dass nun neben der *frm*-Datei im Datenbankverzeichnis zusätzlich eine neue *ibd*-Datei vorhanden ist. Alle Daten der Tabelle »flug« werden nun in dieser neuen Datei abgespeichert.

```
bash# ls -lh /var/lib/mysql/FlughafenDB/flug.*
8,7K 14. Mai 21:28 /var/lib/mysql/FlughafenDB/flug.frm
10M 14. Mai 21:28 /var/lib/mysql/FlughafenDB/flug.ibd
```

Listing 5.41 Ergebnis nach Anweisung in Listing 5.40

Eventuell fragen Sie sich, warum denn viele kleine Dateien einen Vorteil gegenüber einer gesammelten Datei bringen sollten? Die Verwaltung fällt wesentlich einfacher aus. Wenn es ein Problem mit einer Datei gibt, betrifft das nicht gleich alle Tabellen, sondern nur eine einzelne. Auch das Offline-Backup (siehe Abschnitt 7.4.3) einzelner Tabellen fällt so leichter. Aber ebenso benötigen spezielle InnoDB-Funktionen, wie die Kompression, eine eigene Datei pro Tabelle.

Eventuell sind Ihnen auch schon zwei andere Dateien aufgefallen. Zu Beginn legt InnoDB zwei Logging Dateien `ib_logfile0` und `ib_logfile1` an. Diese werden zur Erfüllung der ACID-Eigenschaften benötigt und zur Ausführung von Transaktionen verwendet. In diesen Dateien befinden sich wichtige Log-Daten, die zum Beispiel beim Zurücksetzen einer Transaktion beansprucht werden. Die Dateien werden global für alle Tabellen verwendet, es gibt daher im Gegensatz zu den Datendateien keine Trennung pro Tabelle.

InnoDB bietet auch die Möglichkeit, komprimierte Tabellen zu erstellen, um Speicherplatz einzusparen. Diese Funktion benötigt aber auch das neue Dateiformat von InnoDB, *Barracuda*. Standardinstallationen verwenden das ältere Dateiformat *Antelope*, das noch keine Kompression unterstützt.

Um auf das moderne Barracuda-Format zu wechseln, müssen Sie zuerst sicherstellen, dass jede Tabelle in einer eigenen Datei (auch *Tablespace* genannt) liegt. Dies können Sie, wie bereits erklärt, mit der Einstellung aus Listing 5.41 erreichen. Anschließend müssen Sie das Barracuda-Format aktivieren. Dieses können Sie einerseits über die Systemvariable für den laufenden Server aktivieren, wie in Listing 5.42 gezeigt, oder in der Datei *my.cnf* durch die Zeile `innodb_file_format=Barracuda` bei jedem Start. Alte Tabellen werden durch dieses Kommando nicht geändert. Nur neu angelegte Tabellen werden im Barracuda-Format erstellt. Um eine bestehende Tabelle in das neue Barracuda-Format zu überführen, können Sie den Befehl `ALTER` verwenden, wie in Listing 5.35 bereits vorgestellt wurde.

```
mysql> SHOW VARIABLES LIKE 'innodb_file_format';
+--------------------+----------+
| Variable_name      | Value    |
+--------------------+----------+
| innodb_file_format | Antelope |
+--------------------+----------+
mysql> SET GLOBAL innodb_file_format=Barracuda;
```

Listing 5.42 Ändern des Datei-Formats von InnoDB

Die Verwendung des Barracuda-Formats ermöglicht auch andere Optimierungen, wie die platzsparende Speicherung bei großen Textspalten oder BLOBs.

Um nun eine komprimierte Tabelle anzulegen, müssen Sie nur nach dem `ENGINE=InnoDB` das `ROW_FORMAT` angegeben. Sie können dies natürlich auch auf bestehenden Tabellen anwenden, um diese in das komprimierte Format zu überführen. Mit dem Befehl in Listing 5.43 können Sie die Tabelle »passagierdetails«, die einige `VARCHAR`-Spalten enthält – Text lässt sich meist besser komprimieren – und daher ideal zur Komprimierung geeignet ist, auf das komprimierte Barracuda-Format umstellen.

```
mysql> ALTER TABLE passagierdetails
    -> ENGINE=InnoDB ROW_FORMAT=Compressed;
Query OK, 36094 rows affected (4.22 sec)
Records: 36094  Duplicates: 0  Warnings: 0
```

Listing 5.43 Tabelle »passagierdetails« komprimieren

Beachten Sie auf jeden Fall eventuell auftretende Warnungen (zum Beispiel `Warnings: 0`). Wie in Listing 5.44 handelt es sich zwar »nur« um Warnungen, diese bedeuten aber in diesem Fall, dass die `ALTER`-Anweisung nicht korrekt durchgeführt wurde, da eine Komprimierung mit dem Antelope-Format nicht möglich ist. Vergewissern Sie sich daher, wie in Listing 5.44, ob das Format Barracuda ordnungsgemäß aktiviert wurde.

```
mysql> SHOW WARNINGS;
+---------+------+------------------------------------------+
| Level   | Code | Message                                  |
+---------+------+------------------------------------------+
| Warning | 1478 | InnoDB: ROW_FORMAT=COMPRESSED requires
                   innodb_file_format > Antelope.           |
| Warning | 1478 | InnoDB: assuming ROW_FORMAT=COMPACT.     |
+---------+------+------------------------------------------+
```

Listing 5.44 Barracuda-Format ist nicht aktiviert.

In Listing 5.45 sehen Sie die Größe der Datendatei der Tabelle »passagierdetails« vor und nach der Kompression. Sie können erkennen, dass die komprimierte Datei nicht mehr 12 MB, sondern nur noch 6 MB in Anspruch nimmt.

```
bash# ll -h /var/lib/mysql/FlughafenDB/passagierdetails.ibd
12M 15. Mai 13:40 passagierdetails.ibd
bash# ll -h /var/lib/mysql/FlughafenDB/passagierdetails.ibd
6,0M 15. Mai 13:40 passagierdetails.ibd
```

Listing 5.45 Größenunterschied durch Kompression

Gerade bei Textspalten kann die Kompression viel Speicherplatz einsparen und die Transferzeiten von der Festplatte in den Speicher verringern. Auf der anderen Seite müssen die komprimierten Seiten bei jedem Lesevorgang (`SELECT`-Anweisung) auch wieder dekomprimiert werden. Diese Aufgabe belastet natürlich den Prozessor. Sie sollten daher genau testen, eventuell auch mithilfe des Profilers (siehe Abschnitt 7.9.2), ob die Kompression für Ihren Anwendungsfall geeignet ist und Ihnen tatsächlich die gewünschte Leistungsverbesserung liefert.

Besonderheiten und Beschränkungen in InnoDB

Bei der Verwendung von InnoDB müssen Sie auch einige Einschränkungen beachten. So können zum Beispiel Indizes nur auf die ersten 767 Bytes einer Spalte erstellt werden. Dies hängt mit der internen Speicherstruktur von InnoDB zusammen. Bei Spalten vom Typ `VARCHAR`, `BLOB` etc. speichert InnoDB nur die ersten 767 Bytes zusammen mit der restlichen Zeile ab. Alle überhängenden Daten werden in einem externen Bereich, unabhängig von den eigentlichen Tabelleninhalten, gespeichert und nur in der Zeile referenziert. Weitere wichtige Beschränkungen finden Sie in der Tabelle 5.5.

Eigenschaft	Wert
maximale Größe von Tabellen	64 TB
maximale Spaltenanzahl	1.000
maximale Zeilengröße ohne `VARCHAR`	~8.000 Bytes
maximale Zeilengröße mit `VARCHAR`	65.535 Bytes
maximale Schlüsselgröße	3.072 Bytes
`NULL` in indizierten Spalten	ja
Index auf `BLOB` und `TEXT`	ja, nur erste 767 Bytes

Tabelle 5.5 Die wichtigsten Beschränkungen von InnoDB im Überblick

Die Storage-Engine InnoDB ist eine sehr moderne und leistungsfähige Engine, die mit den ACID-Eigenschaften, Transaktionen, referentieller Integrität und dem parallelen Abarbeitungen von Transaktionen die größtmögliche Sicherheit für Ihre Daten gewährleistet.

5.4.3 MyISAM

Die Storage-Engine *MyISAM* ist einer der Gründe für den großen Erfolg von MySQL. Bis zur MySQL-Version 5.5.5 wurde diese Storage-Engine standardmäßig – wenn nicht anders angegeben – bei jeder Tabelle verwendet. Obwohl InnoDB bereits seit langer Zeit als optional wählbare Engine in MySQL zur Verfügung stand und gerade in Bezug auf Transaktionen bzw. die ACID-Eigenschaften wesentlich leistungsfähiger ist, wurde und wird in zahlreichen Projekten auf MyISAM gesetzt.

Das liegt einerseits daran, dass MyISAM als verlässliche, ausgereifte und vor allem sehr schnelle Storage-Engine gilt. Zusätzlich hat MyISAM in den letzten Jahren zahlreiche Erweiterungen erhalten, die auch in speziellen und immer wichtigeren Anwendungsbereichen sehr gute Leistungen vollbringen. Vor allem der Volltextindex, der in Abschnitt 9.2.9 näher betrachtet wird, und die GIS-Erweiterung mit dem R-Baum-Index, die in Abschnitt 9.2.7 detailliert behandelt wird, sind unter zahlreichen anderen kleineren Optimierungen wohl die größten und wichtigsten Erweiterungen zur soliden grundsätzlichen Speicherung von Daten. Beachten Sie, dass MyISAM keine Unterstützung von Transaktionen oder referentieller Integrität (Foreign Keys) bietet. Sie können diese Optionen zwar angeben, MyISAM ignoriert sie jedoch ohne Fehlermeldung.

In den folgenden Abschnitten behandeln wir die Besonderheiten, Einstellungen und Beschränkungen der ehemaligen Standard-Storage-Engine MyISAM.

Indexstrukturen in MyISAM

Die Storage-Engine MyISAM verfügt über drei verschiedene Indexvarianten. Der Volltextindex (Abschnitt 9.2.9) ermöglicht die schnelle Volltextsuche in großen Textsammlungen, während der raumbezogene Index (Abschnitt 9.2.8) für Anwendung im Geoinformationsbereich zur Auffindung von zum Beispiel nahe gelegenen Point-of-Interests ideal geeignet ist. Der dritte Index stellt den ältesten in der MyISAM-Geschichte dar und dient zur grundlegenden, klassischen Indizierung von diversen Spalten. Es handelt sich dabei um einen B-Baum-Index (siehe Abschnitt 9.2.4) der als Non-Clustered Index (siehe Abschnitt 9.2.6) ausgeführt ist. Dies bedeutet im Gegenzug zu InnoDB, dass der Index keinen Einfluss auf die Sortierung bei der Speicherung der eigentlichen Daten hat. Die Zeilen werden einfach hintereinander in Einfügereihenfolge gespeichert. Der Primärindex ist daher ähnlich wie ein Sekundärindex umgesetzt und verweist nur auf den jeweiligen genauen Speicherplatz der Daten.

Eine Besonderheit der Indexstruktur von MyISAM ist die automatische Komprimierung von Indizes, die String-Spalten (zum Beispiel `VARCHAR`) indizieren. Dies hat einerseits den Vorteil, dass Speicherplatz gespart werden kann, andererseits müssen die verwendeten Blöcke des Indexes während der Verwendung dekomprimiert werden. Diese Dekomprimierungsphase benötigt Zeit und Rechenleistung und kann sich in einigen Fällen auch negativ auf die Gesamtausführungszeit auswirken. Sie können dieses Verhalten aber auch für eine Tabelle ändern, wie Listing 5.46 darstellt. Geben Sie `PACK_KEYS` an, oder setzen Sie auf `DEFAULT`, werden nur Indizes auf String-Spalten (zum Beispiel `CHAR`) komprimiert. Der Wert `1` resultiert in der Komprimierung aller Indizes, während `0` die Komprimierung – auch bei String-Indizes – vollständig deaktiviert.

```
mysql> CREATE TABLE test(
    ->  id INT,
    ->  txt VARCHAR(100),
    ->  KEY(id),
    ->  KEY(txt)
    -> ) PACK_KEYS=1, ENGINE=MyISAM;
```

Listing 5.46 Einstellung der Kompression von Indizes

Technische Aspekte von MyISAM

MyISAM unterscheidet bei der Speicherung zwei Formate. Das *statische Format* wird verwendet, wenn jede Zeile dieselbe fest durch die Spalten vorgegebene

Größe besitzt. Sobald Sie variable Spaltentypen, wie zum Beispiel VARCHAR oder TEXT verwenden, wird das *dynamische Format* verwendet. Der Vorteil liegt auf der Hand. Hat eine Zeile immer dieselbe Größe, entfallen die zusätzlichen Informationen über die Länge jeder einzelnen Zeile, die ebenfalls gespeichert werden müssen. Zusätzlich ist die Lokalisierung von Zeilen wesentlich einfacher, da diese durch die fixe Länge einer Zeile direkt und schnell errechnet werden kann. Die hundertste Zeile beginnt daher immer an der Position »99 * Zeilenlänge« im Speicherbereich.

Dieser einfachere Umgang beschleunigt einerseits den Datenzugriff und hilft andererseits bei der Wiederherstellung nach Crashes, da schon im Vorhinein die genauen Positionen der Datensätze bekannt sind und diese nicht mithilfe der eventuell durch den Crash fehlerhaften Längenangaben pro Zeile erst errechnet werden müssen.

Ein weiterer Nachteil der dynamischen Speicherung ist die Fragmentierung des Speichers, da der verschieden große Platz von gelöschten Datensätzen nicht automatisch für neue Datensätze verwendet werden kann. Um den fragmentierten Speicherplatz zu defragmentieren, rufen Sie den Befehl OPTIMIZE TABLE in Listing 5.47 auf, der die Aufteilung des Speichers wieder optimiert und Lücken aus gelöschten Datensätzen auffüllt:

```
mysql> OPTIMIZE TABLE flughafen_geo;
+-------------------------+----------+----------+----------+
| Table                   | Op       | Msg_type | Msg_text |
+-------------------------+----------+----------+----------+
| FlughafenDB.flughafen_geo | optimize | status   | OK       |
+-------------------------+----------+----------+----------+
1 row in set (0.11 sec)
```

Listing 5.47 Defragmentieren von MyISAM-Tabellen

Aufgrund der genannten Nachteile sollten Sie versuchen, eine Tabelle so zu modellieren, dass im Idealfall keine variablen Spalten verwendet werden. Oft sieht man in Projekten diverse Tabellen, die zum Beispiel neben numerischen Spalten eine Spalte VARCHAR(5) besitzen. Hier würde sich der Typ CHAR(5) natürlich wesentlich besser eignen, da ein statisches Format verwendet werden kann und bei fünf Zeichen die Spalte vom Typ CHAR nur marginal mehr Speicherplatz benötigt.

MyISAM speichert die Daten jeder Tabelle in eigene Dateien. Sie finden diese in Ihrem MySQL-Datenverzeichnis in einem Order, der den Namen der Datenbank trägt. In Listing 5.48 sehen Sie die Dateien zur Tabelle »flughafen_geo« unserer Datenbank »FlughafenDB«.

```
bash# ls -lh /var/lib/mysql/FlughafenDB/flughafen_geo.*
8,6K 20. Apr 13:49 /var/lib/mysql/FlughafenDB/flughafen_geo.frm
1,1M 20. Apr 13:49 /var/lib/mysql/FlughafenDB/flughafen_geo.MYD
916K 14. Mai 17:38 /var/lib/mysql/FlughafenDB/flughafen_geo.MYI
```

Listing 5.48 Dateien der Tabelle »flughafen_geo«

Neben der *frm*-Datei mit den Meta-Informationen zur Tabelle befinden sich die MyISAM-spezifischen Daten in den Dateien mit der Endung *MYD* und *MYI*. Die Daten selbst sind in der *MYD*-Datei gespeichert, während die Indizes in der *MYI*-Datei liegen.

Um Speicherplatz zu sparen, ist es auch möglich, eine Tabelle zu komprimieren. Dies hat jedoch zur Folge, dass die Tabelle nur noch gelesen werden kann. Ein Schreibzugriff ist nach der Komprimierung nicht mehr erlaubt. Dies kann sich für sehr große Tabellen lohnen, die nach ihrer Erstellung (sehr oft) ausschließlich gelesen werden oder nur mehr für Archivierungszwecke bestehen bleiben sollen. Beachten Sie aber, dass bei jedem Lesezugriff die nötigen Seiten auf der Festplatte wieder dekomprimiert werden müssen und dies die CPU belastet.

Stoppen Sie am besten den Server, bevor Sie Tabellen komprimieren, um eventuelle Fehler durch einen Schreibzugriff zu vermeiden. Nach dem Herunterfahren wechseln Sie in das Datenverzeichnis von MySQL bzw. der gewünschten Datenbank (»FlughafenDB«), und führen Sie mit dem Tool *myisampack* den Befehl zur Komprimierung wie in Listing 5.49 aus.

```
bash# myisampack flugzeug_typ
Compressing flugzeug_typ.MYD: (342 records)
- Calculating statistics
- Compressing file
39.08%
Remember to run myisamchk -rq on compressed tables
```

Listing 5.49 Komprimieren einer MyISAM-Tabelle

In der letzten Zeile der Ausgabe von Listing 5.49 werden Sie aufgefordert, alle Indizes der komprimierten Tabelle zu aktualisieren. Dies können Sie mit dem Tool *myisamchk* und dem Befehl in Listing 5.50 durchführen:

```
bash# myisamchk -rq flugzeug_typ
- check record delete-chain
- recovering (with sort) MyISAM-table 'flugzeug_typ.MYI'
Data records: 342
- Fixing index 1
- Fixing index 2
```

Listing 5.50 Erneuern der Indizes der komprimierten Tabelle

Wenn Sie sich nun die Größen der Dateien vor und nach der Komprimierung der Tabelle »flugzeug_typ« in Listing 5.51 ansehen, erkennen Sie die hohe Komprimierungsrate (ca. 40 %). Da es sich bei der Tabelle »flugzeug_typ« um die textuelle Beschreibung der Flugzeuge handelt, kann diese Tabelle äußerst gut komprimiert werden. Auch die Indexdatei *MYI* wurde stark reduziert. Wenn Sie also auf bestimmten Tabellen keinen Schreibzugriff mehr benötigen, ist dies eine sehr gute Archivierungsvariante von MyISAM-Tabellen. Auch für das Offline-Backup (siehe Abschnitt 7.4.3) bei dem die Datendateien gesichert werden, sind die verkleinerten Dateien von Vorteil.

```
bash# ls -lh /var/lib/mysql/FlughafenDB/flugzeug_typ.*
8,5K 23. Apr 18:15 /var/lib/mysql/FlughafenDB/flugzeug_typ.frm
448K  3. Mai 12:35 /var/lib/mysql/FlughafenDB/flugzeug_typ.MYD
716K 14. Mai 21:28 /var/lib/mysql/FlughafenDB/flugzeug_typ.MYI
bash# ls -lh /var/lib/mysql/FlughafenDB/flugzeug_typ.*
8,5K 23. Apr 18:15 /var/lib/mysql/FlughafenDB/flugzeug_typ.frm
273K  3. Mai 12:35 /var/lib/mysql/FlughafenDB/flugzeug_typ.MYD
423K 15. Mai 15:39 /var/lib/mysql/FlughafenDB/flugzeug_typ.MYI
```

Listing 5.51 Vergleich der Dateigrößen vor und nach der Komprimierung

Selbstverständlich können Sie komprimierte Tabellen auch wieder dekomprimieren, damit diese wieder normal beschrieben werden können. Verwenden Sie dazu das Tool *myisamchk*, und führen Sie den Befehl in Listing 5.52 aus:

```
bash# myisamchk --unpack flugzeug_typ
- recovering (with sort) MyISAM-table 'flugzeug_typ'
Data records: 342
- Fixing index 1
- Fixing index 2
```

Listing 5.52 Dekomprimieren einer komprimierten MyISAM-Tabelle

Besonderheiten und Beschränkungen in MyISAM

MyISAM verfügt nur über einen tabellenweiten Sperrmechanismus. Daher wird auch bei Aktualisierungen oder bei Löschoperationen jeweils die gesamte Tabelle gesperrt. In dieser Zeit kann auf der gesperrten Tabelle von anderen Benutzern weder gelesen noch geschrieben werden. Eine Ausnahme bilden dabei Einfügeoperationen, die unter gewissen Voraussetzungen parallele Lesezugriffe erlauben. Um solche Lesezugriffe zu erlauben, muss der neue Datensatz am Ende der Datendatei angehängt werden. Sind Lücken innerhalb der Daten vorhanden, in denen neue Datensätze eingefügt werden können, wird so lange kein paralleler Lesezugriff erlaubt, bis alle Lücken durch neue Datensätze wieder gefüllt sind.

Vor allem bei sehr vielen Schreibzugriffen kann die tabellenweite Sperre unter Umständen Auswirkungen auf die Performance haben. Aus diesem Grund gibt es bei der Verwendung von MyISAM (und auch bei den Storage-Engines Memory und Archive) eine spezielle `INSERT`-Anweisung, die auch bei gesperrten Tabellen eine verzögerte Einfügeoperation erlaubt. Dazu müssen Sie, wie in Listing 5.53 angegeben, das Schlüsselwort `DELAYED` verwenden. Ihre Einfügeoperation wird damit in eine Warteschlange eingereiht und ausgeführt, sobald die Tabelle nicht mehr von anderen Prozessen benötigt wird.

```
mysql> INSERT DELAYED INTO test VALUES (1,'test');
```

Listing 5.53 Verzögertes Einfügen

Beachten Sie aber, dass Sie keine Kontrolle mehr über diese Anweisung haben. Sie erhalten sofort vom MySQL-Server ein Okay, ohne dass Ihnen garantiert wird, dass diese Anweisung korrekt ausgeführt werden wird. Sie werden somit zum Beispiel auch nicht informiert, wenn die SQL-Einfügeoperation aufgrund eines doppelten Primärschlüssels fehlschlägt. Stürzt der Server ab, oder wird in der Zwischenzeit die Tabelle geändert, sind ebenfalls alle wartenden Einfügeoperationen verloren. Auch die Verwendung von `LAST_INSERT_ID()` zur Rückgabe des erzeugten Auto-Increment-Werts ist dementsprechend nicht möglich.

Wenn es sich aber nicht um kritische Daten handelt (zum Beispiel Log-Daten), können Sie mit der Option `DELAYED` anderen wichtigen Abfragen entgegenkommen und den Server entlasten. Einen Überblick über den aktuellen Status von `DELAYED`-Anweisungen erhalten Sie mit dem Befehl in Listing 5.54, der Sie über die Anzahl der fehlgeschlagenen Delayed-Inserts (`Delayed_errors`), der aktuell wartenden Delayed-Inserts (`Not_flushed_delayed_rows`), der aktuellen Threads zur Verwaltung der Delayed-Inserts (`Delayed_insert_threads`) und die Anzahl der durchgeführten Delayed-Inserts (`Delayed_writes`) informiert.

```
mysql> SHOW STATUS LIKE '%delayed%';
+--------------------------+--------+
| Variable_name            | Value  |
+--------------------------+--------+
| Delayed_errors           | 0      |
| Delayed_insert_threads   | 2      |
| Delayed_writes           | 132187 |
| Not_flushed_delayed_rows | 5      |
+--------------------------+--------+
```

Listing 5.54 Status bezüglich DELAYED-Anweisungen

Zugehörig existieren auch Variablen (Listing 5.55) zur Kontrolle der Delayed-Insert-Funktion in MySQL. Nach `delayed_insert_limit` eingefügten Zeilen aus Delayed-Inserts wird überprüft, ob andere Leseanfragen bestehen. Ist dies der Fall, wird das Einfügen weiterer Delayed-Inserts unterbrochen, und die Lesezugriffe werden bevorzugt abgearbeitet.

```
mysql> SHOW VARIABLES LIKE '%delayed%';
+----------------------------+-------+
| Variable_name              | Value |
+----------------------------+-------+
| delayed_insert_limit       | 100   |
| delayed_insert_timeout     | 300   |
| delayed_queue_size         | 1000  |
| max_insert_delayed_threads | 20    |
+----------------------------+-------+
```

Listing 5.55 Einstellungsvariablen zur Verwendung von Delayed-Inserts

Der Wert `delayed_queue_size` gibt die maximale Anzahl an gleichzeitig wartenden Delayed-Insert-Zeilen pro Tabelle an. `max_insert_delayed_threads` bestimmt die Anzahl der maximal möglichen Threads, die nach Abarbeitung eines Delayed-Inserts noch `delayed_insert_timeout` Sekunden auf eventuell neu eintreffende Delayed-Inserts warten. Wird einer dieser Werte überschritten, werden neue Delayed-Inserts wie normale `INSERT`-Anweisungen ohne `DELAYED` ausgeführt.

Neben den erklärten Besonderheiten von MyISAM, wie auch der Delayed-Insert-Funktion, gibt es einige wichtige allgemeine Beschränkungen und Werte zu MyISAM, die Sie im Überblick in der Tabelle 5.6 finden.

Eigenschaft	Wert
maximale Größe von Tabellen	256 TB
maximale Zeilenanzahl	2^{64}
maximale Anzahl Indizes	64
maximale Spalten pro Index	16
maximale Schlüsselgröße	1.000 Bytes
`NULL` in indizierten Spalten	ja
Index auf `BLOB` und `TEXT`	ja

Tabelle 5.6 Die wichtigsten Beschränkungen von MyISAM im Überblick

Zusammenfassend ist die Storage-Engine MyISAM immer noch eine sehr gute Wahl für viele Anwendungsfälle, bei denen Sie keine Transaktionen oder referentielle Integrität benötigen. Die Engine ist sehr stabil und bietet Ihnen mit den vielen Zusatzoptionen, wie Volltext- oder raumbezogene Indizes, eine ausgereifte Speicherung an.

5.4.4 MEMORY

Wie der Name dieser Storage-Engine bereits nahelegt, handelt es sich bei MEMORY um eine Speicherlösung, die nur im Hauptspeicher arbeitet. Dies hat den großen Vorteil, dass die hohe Geschwindigkeit des Speichers ausgenutzt werden kann, da keine langsamen Vorgänge mit dem Sekundärspeicher (zum Beispiel der Festplatte) nötig sind. Der damit verbundene Nachteil ist die Flüchtigkeit des Hauptspeichers. Nach einem Absturz des Servers oder einem Stromausfall sind somit alle Daten, die mit der Memory-Storage-Engine gespeichert wurden, verloren.

Ideal geeignet ist diese Storage-Engine also für Daten, die jederzeit neu berechnet werden können bzw. nicht dauerhaft gespeichert werden müssen. Denken Sie etwa an Session-Daten eingeloggter Benutzer. Im Worst Case, beim Verlust aller Daten, müssen sich die Benutzer »nur« neu im System einloggen. Ein anderer Anwendungsfall wären Daten, die aus anderen Tabellen berechnet und sehr oft abgefragt werden. Wenn Sie zum Beispiel sehr komplexe und aufwendige Sichten (siehe Abschnitt 11.8) verwenden, könnten Sie diese Daten statt einer neuerlichen Berechnung mit jeder Abfrage, einfach in eine MEMORY-Tabelle speichern. Selbstverständlich müssten Sie sich selbst um eine regelmäßige Aktualisierung bemühen (zum Beispiel durch Events, siehe Abschnitt 11.7). Bei einem Absturz müssten Sie aber diese Daten der Tabelle wieder neu berechnen.

MEMORY unterstützt neben den üblichen B-Bäumen als Indexstruktur auch den Hashindex, der besonders für den Hauptspeicher geeignet ist. Beachten Sie aber, dass der Hashindex für Bereichsanfragen (zum Beispiel `flug_id BETWEEN 100 AND 1000`) nur sehr schlecht geeignet ist, da diese Abfrage in 900 Einzelabfragen mit jeder möglichen `flug_id` im angegebenen Bereich zerlegt wird und daher die Geschwindigkeit des MySQL-Servers stark beeinträchtigt wird. Ein Beispiel zu Erstellung eines Hashindexes auf der Tabelle »test« finden Sie in Listing 5.56:

```
mysql> CREATE INDEX testidx ON test (id ASC) using HASH;
```

Listing 5.56 Erstellen eines Hashindexes

Tabellen mit der Storage-Engine MEMORY bleiben auch nach Neustart des MySQL-Servers erhalten, die Daten gehen jedoch verloren. Die Struktur der Tabellen bleibt erhalten, da MySQL das Schema auf der Festplatte abspeichert (siehe Abschnitt 5.4.1, »Grundlagen des Storage-Engine-Plugin-Systems«) und nach einem Neustart wieder neu erzeugt. Verwenden Sie daher MEMORY-Tabellen für temporäre Daten oder Daten, die leicht wieder erzeugt werden können, und entlasten Sie so den restlichen MySQL-Server.

5.4.5 Sonstige Engines

Neben den drei in den vorangegangen Abschnitten beschriebenen Storage-Engines bietet MySQL aber bereits von Haus aus viele weitere Engines an.

Die Storage-Engine MERGE

Die Storage-Engine MERGE gilt als Vorläufer der Partition (siehe Abschnitt 9.4, »Partitionierung«) und ermöglicht das Zusammenfassen von mehreren gleich strukturierten MyISAM-Tabellen zu einer großen virtuellen Tabelle. Alle zusammengefassten Tabellen und die MERGE-Tabelle selbst müssen dabei genau das gleiche Schema und auch die gleichen Indizes aufweisen. Die Zusammenfassung wird mit dem Befehl `UNION` durchgeführt, wie in Listing 5.57 angegeben:

```
mysql> CREATE TABLE verbund (...)
    -> ENGINE=MERGE
    -> UNION=(tabelle1,tabelle2) INSERT_METHOD=LAST;
```

Listing 5.57 Zusammenfassen von Tabellen

Beachten Sie auch, dass MERGE-Tabellen keinen Primärschlüssel oder UNIQUE-Index aufweisen können, da diese auf die darunterliegenden Tabellen keinen Einfluss haben und daher die Eindeutigkeit nicht garantieren können. Sie sollten aber aus Geschwindigkeitsgründen auf Spalten, die auf den darunterliegenden Tabellen als Primärschlüsselspalte oder Index-Spalte definiert sind, Indizes in der MERGE-Tabelle erzeugen. Die Insert-Methode, wie am Ende in Listing 5.57 definiert, bestimmt, in welcher Tabelle neue Datensätze eingefügt werden. Erlaubt sind die Werte `FIRST` für die erste in der UNION-Liste angegebene Tabelle oder `LAST` für die letzte Tabelle.

Wir empfehlen Ihnen jedoch die Verwendung der Partitionierungsfunktion (siehe Abschnitt 9.4), da diese mehr Möglichkeiten und Flexibilität bietet und auch nicht nur auf MyISAM-Tabellen beschränkt ist.

Die Storage-Engine ARCHIVE

Ähnlich zur Komprimierung von MyISAM bietet die Storage-Engine ARCHIVE eine komprimierte Speicherung von Tabellen an. Im Unterschied zur komprimierten MyISAM-Variante können in diese Tabelle aber neue Datensätze eingefügt werden. Wie der Name ARCHIVE aber bereits vermuten lässt, können keine

Daten gelöscht oder geändert werden. Die Komprimierung basiert auf der zlib-Bibliothek und wird zeilenweise durchgeführt. Beachten Sie, dass keine Indizes und BLOB-Spalten von der ARCHIVE-Engine unterstützt werden. Diese Storage-Engine ist idealerweise für große Datentabellen geeignet, die selten gelesen werden, keine Änderungen benötigen und in die nur neue Datensätze eingefügt werden.

Die Storage-Engine FEDERATED

Die Engine FEDERATED oder auf Deutsch föderierte Engine bietet die Möglichkeit, weitere externe MySQL-Server einzubinden. Abfragen werden dann an diese Server weitergeleitet und die zurückgelieferten Daten wiederum zum Client durchgeschleust. So können Sie auch externe bzw. fremde MySQL-Server einbinden und auf den eingebunden Tabellen wie auf lokalen Tabellen operieren. Diese Storage-Engine ist standardmäßig deaktiviert und muss, wie in Abschnitt 5.4.1, »Grundlagen des Storage-Engine-Plugin-Systems«, erklärt, zuerst durch die Option `federated` aktiviert werden. Im ersten Schritt müssen Sie zuerst eine Verbindung zu einem anderen externen MySQL-Server erstellen, indem Sie alle nötigen Verbindungsinformationen, wie in Listing 5.58, angeben:

```
mysql> CREATE SERVER externer_server
    -> FOREIGN DATA WRAPPER mysql
    -> OPTIONS (USER 'admin', HOST '192.168.0.100',
    -> PORT 3306, DATABASE 'FlughafenDB', PASSWORD 'geheim');
```

Listing 5.58 Anlegen einer neuen Verbindung

Die Verbindung können Sie dann bei der Erstellung von neuen FEDERATED-Tabellen angeben, wobei natürlich diese jeweils dasselbe Schema wie die entfernten Tabellen aufweisen müssen. Erstellen wir nun eine lokale Passagiertabelle, die auf einem entfernten Server auf die Tabelle »passagier« zugreift. Wie in Listing 5.59 angegeben, können Sie dies durch die Connection-Angabe realisieren, die den erstellten Server und die gewünschte Tabelle am entfernten MySQL-Server angibt:

```
mysql> CREATE TABLE passagier (
    -> passagier_id int(11) NOT NULL AUTO_INCREMENT,
    -> passnummer char(9) DEFAULT NULL,
    -> vorname varchar(100) NOT NULL,
    -> nachname varchar(100) NOT NULL,
    -> PRIMARY KEY (passagier_id),
    -> UNIQUE KEY passnummer_UNIQUE (passnummer)
    -> ) ENGINE=FEDERATED
```

```
    -> CONNECTION='externer_server/passagier'
DEFAULT CHARSET=latin1;
```

Listing 5.59 Anlegen einer FEDERATED-Tabelle

Nach der Erstellung können Sie auf diese lokale Tabelle wie gewohnt zugreifen. Alle Abfragen werden zur entfernten Tabelle weitergeleitet. Beachten Sie, dass die Kommunikation mit dem entfernten Server Zeit benötigt und daher die Geschwindigkeit von FEDERATED-Tabellen wesentlich geringer ist, als die von üblichen lokalen Tabellen.

Selbstverständlich können Sie eine Verbindung auch wieder mit dem Befehl `DROP SERVER` entfernen.

Die Storage-Engine CSV

Wie der Name der Storage-Engine CSV bereits vermuten lässt, handelt es sich um eine Engine, die als Dateiformat das CSV-(Comma-Seperated-Values-)Format verwendet. Duplizieren wir zum Beispiel unsere Passagiertabelle, wobei die neue CSV-Tabelle »passagier_csv« keine `NULL`-Spalten, Auto-Increment-Spalten oder Keys besitzen darf, und füllen diese mit den Daten aus der originalen Tabelle »passagier« (siehe Listing 5.60):

```
mysql> CREATE TABLE passagier_csv (
    -> passagier_id int(11) NOT NULL,
    -> passnummer char(9) NOT NULL,
    -> vorname varchar(100) NOT NULL,
    -> nachname varchar(100) NOT NULL
    -> ) ENGINE=CSV;
mysql> INSERT INTO passagier_csv (SELECT * FROM passagier);
```

Listing 5.60 Erzeugen und Füllen einer CSV-Tabelle

Wenn Sie sich nun die erzeugte Datendatei im MySQL-Datenverzeichnis anzeigen lassen (Listing 5.61), werden Sie die Daten im CSV-Format vorfinden. Diese Technik ist zum Beispiel ideal für Logging-Vorgänge oder wenn die Daten auch von anderen Programmen (zum Beispiel Tabellenkalkulationsprogrammen wie Microsoft Excel oder OpenOffice Calc) verwendet werden sollen.

```
bash# cat /var/lib/mysql/FlughafenDB/passagier_csv.CSV
4,"P103014","Buzz","Aldrin"
5,"P103015","Bobby \"Blue\"","Bland"
6,"P103016","Don","Brockett"
```

Listing 5.61 Datendatei einer CSV-Tabelle (Auszug)

Die Storage-Engine BLACKHOLE

Die Engine BLACKHOLE, oder das »Schwarze Loch«, dient als /dev/null der Datenbankwelt und frisst alle Daten, die Sie in einer Tabelle mit dieser Storage-Engine speichern. Es werden daher auch keine Auto-Increment-Werte erzeugt oder erhöht. Beachten Sie aber, dass SQL-Anweisungen auf BLACKHOLE-Tabellen bei aktiviertem Binär_Logging (siehe Kapitel 8, »Replikation und Hochverfügbarkeit«) sehr wohl die SQL-Anweisungen mitloggen. Daher findet diese Storage-Engine vor allem in Spezialszenarien der Replikation Anwendung, bei denen Daten zwar nicht lokal gespeichert, aber zu einem Slave übertragen werden sollen.

5.4.6 Fremdhersteller-Engines

Durch das sehr flexible Plugin-System und die offene Architektur von MySQL existierten zahlreiche kommerzielle Storage-Engines von Drittherstellern, aber auch viele Open-Source-Engines, die sich jeweils auf einen speziellen Anwendungsfall konzentrieren. Dies reicht von Schnittstellen zu anderen Datenbanken oder Datenhaltungssystemen, wie zum Beispiel der hochverteilten Cachelösung *memcached* über verteilte Storage-Lösungen bis hin zu Spezialanwendungen, wie Graph-Datenbanken oder Business Intelligence mit spaltenorientiertem Speicherlayout.

Eine mögliche Quelle für Storage-Engines stellt die MySQL-Forge-Webseite[3] dar, eine Plattform für Community-basierte Entwicklungen zu MySQL. Weitere Storage-Engines für spezielle Anwendungsfälle finden Sie jeweils mit einer kurzen Beschreibung in Tabelle 5.7.

Firma/Name	Beschreibung
Infobright	Spezial-Engine für die Bereiche Data Warehouse und Business Intelligence mit spaltenorientiertem Speicherlayout: *http://www.infobright.com*
Calpont (InfiniDB)	Spezial-Engine für die Bereiche Data Warehouse und Business Intelligence mit spaltenorientiertem Speicherlayout: *http://www.calpont.com*
Percona (XtraDB)	basierend auf InnoDB mit Performance-Verbesserungen: *http://www.percona.com*
MariaDB (Aria)	Nachfolger der MyISAM-Engine. Entwickelt im Rahmen des Forks MariaDB von den Erfindern von MySQL: *http://askmonty.org*

Tabelle 5.7 Wichtige Storage-Engines von Fremdherstellern

3 *http://forge.mysql.com/projects/search.php?t=tag&k=storage%20engine*

Firma/Name	Beschreibung
PrimeBase XT	volltransaktionelle Storage-Engine mit Foreign-Key-Support, die auch standardmäßig in MariaDB ausgeliefert wird: *http://www.primebase.org/*
OQGraph	Engine zur Speicherung von Bäumen (Hierarchien) und Graphen: *http://launchpad.net/oqgraph*

Tabelle 5.7 Wichtige Storage-Engines von Fremdherstellern (Forts.)

5.4.7 Vergleichstabelle

In diesem Abschnitt stellen wir die unterschiedlichen Merkmale der drei wichtigsten Storage-Engines noch einmal tabellarisch gegenüber (siehe Tabelle 5.8). Die MEMORY-Engine ist dabei der MyISAM-Engine sehr ähnlich, da diese auf der gleichen Basis aufsetzen.

Eigenschaft	Innodb	MyISAM	MEMORY
maximale Größe der Tabelle	64 TB	256 TB	Hauptspeicher
MVCC	ja	nein	nein
Transaktionen	ja	nein	nein
Sperrebene	Zeile	Tabelle	Tabelle
referentielle Integrität (Foreign-Keys)	ja	nein	nein
Index	B-Baum, Adaptive Hash	B-Baum	Hash, B-Baum
Clustered Primärindex	ja	nein	nein
Kompression	ja	möglich (nur lesend)	nein
GIS-Unterstützung	Datentypen (keine Indizes)	ja	nein
Volltext-Index	nein	ja	nein
Replikation	ja	ja	ja
Query-Cache	ja	ja	ja
Delayed-Inserts	nein	ja	ja

Tabelle 5.8 Wichtige Eigenschaften der Storage-Engines im Überblick

Gewisse Funktionen, wie die Replikation oder der Query-Cache, werden – wie auch in Abschnitt 5.1.2, »MySQL-Architektur«, gezeigt – direkt vom MySQL-

Server selbst zur Verfügung gestellt. Diese Funktionen sind daher unabhängig von den Storage-Engines verfügbar.

Wie Sie in diesem Kapitel gelernt haben, besteht der MySQL-Server also nicht nur aus den einzelnen Modulen, sondern im Herzen auch aus den unterschiedlichsten Storage-Engines, die sich um Ihre Daten kümmern. Hier haben Sie die Qual der Wahl. Sie können daher aber für jede Tabelle die am besten geeignete Storage-Engine wählen und daher immer von den jeweiligen Vorteilen profitieren.

5.5 Zusammenfassung

In diesem Kapitel haben Sie einen kleinen Blick unter die Haube von relationalen Datenbankmanagementsystemen und vor allem von MySQL werfen können. Sie haben die Fünf-Schichten-Architektur als allgemeines Modell, wie auch die interne Architektur mit den verschiedenen Modulen kennengelernt. Im Besonderen haben Sie Details des Optimierers, wie zum Beispiel seine mathematische Arbeitsweise und Komplexität, kennengelernt.

Im letzten Abschnitt haben Sie einen Überblick über die wichtigsten Eigenschaften der Storage-Engines erhalten. Wie diese im flexiblen Storage-Engine-Plugin-System verwaltet werden und für welchen Einsatzzweck die jeweiligen Storage-Engines gut geeignet sind, haben Sie im weiteren Verlauf erfahren. Die zwei wohl wichtigsten Storage-Engines, die altgediente und sehr stabile MyISAM-Engine mit den Spezialindizes für Volltext und Geoinformationen sowie die moderne volltransaktionelle InnoDB-Engine haben Sie in ihren jeweiligen Vor- und Nachteilen durchleuchtet.

Für noch tiefere Einblicke in MySQL und in spezielle Storage-Engines können wir Ihnen den MySQL-Performance-Blog[4] empfehlen, in dem aktuelle Neuerungen von MySQL, Storage-Engines, aber auch grundlegende Techniken von MySQL behandelt und meist auch durch aussagekräftige Tests genauer beleuchtet werden.

---

4 *http://www.mysqlperformanceblog.com/*

Die Administration von Datenbanken ist ein äußerst abwechslungsreiches Gebiet. In diesem Kapitel lernen Sie unverzichtbare Werkzeuge und Techniken kennen, mit deren Hilfe Sie Ihren administrativen Alltag bewältigen werden.

6 Manuelle Installation, Plugins und Upgrades

In Kapitel 3, »Schnellstart-Tutorial«, haben Sie gesehen, wie Sie den *MySQL Community Server* innerhalb weniger Minuten unter verschiedenen Betriebssystemen zum Laufen bringen können. In diesem Kapitel lernen Sie, wie Sie MySQL unter Linux manuell installieren und somit mehr Kontrolle über Ihre Installation erhalten.

Die Installation unter diesem Betriebssystem ist auf den ersten Blick vielleicht etwas aufwendiger, da einige Schritte auf der Kommandozeilenebene notwendig sind. Anders als bei grafischen Benutzeroberflächen, wie Sie sie beispielsweise unter Windows und Mac antreffen, müssen Sie hier die richtigen Befehle kennen, da Ihnen keine Schaltflächen den Weg weisen können. Gerade diese Schlichtheit ist aber ein positiver Nebeneffekt für ein schlankes und somit leistungsfähiges System. Daher lernen Sie in den folgenden Abschnitten, wie Sie MySQL unter Linux kompilieren, installieren und einrichten können. Ob Sie MySQL nun zu Testzwecken auf einem privaten Desktoprechner, der unter Linux läuft, oder auf einem ausgewachsenen Datenbankserver installieren möchten, spielt hier keine Rolle, denn die Schritte sind identisch.

Außerdem sehen Sie, wie Sie eine neu angelegte Installation grundlegend einrichten können und auf welche Besonderheiten Sie achten müssen. Dazu zählt unter anderem auch das Benutzermanagement, mit dem Sie neue User anlegen und mit Rechten ausstatten. Einen ebenfalls zentralen Aspekt behandeln wir mit der Konfigurationsdatei *my.cnf*. Dabei handelt es sich um das Herzstück von MySQL, in dem viele wichtige Einstellungen festgelegt werden. Alle Details dazu erfahren Sie in Abschnitt 6.3, »Die zentrale Konfigurationsdatei my.cnf«.

6.1 Von neuen Quellen – MySQL selbst kompilieren und installieren

Im Schnellstart-Tutorial (siehe Kapitel 3) haben Sie schon verschiedene Methoden zur Installation von MySQL unter Linux kennengelernt. In diesem Abschnitt geht es um die manuelle Installation von MySQL aus dem *Quellcode*. Es gibt mehrere Gründe, MySQL selbst zu kompilieren. Diese Technik erlaubt erfahrenen Anwendern eine weitere *Optimierung* der Software, da das Programm durch den betriebssystemabhängigen *Compiler*[1] direkt an die vorhandene Architektur angepasst werden kann.

Einer der wichtigsten Vorteile ist jedoch, dass Sie sich die Version, die Sie möchten, noch viel genauer an Ihre Bedürfnisse anpassen können; beispielsweise indem Sie einzelne Komponenten deaktivieren und andere hinzufügen können, die eventuell in der Standardkonfiguration nicht enthalten sind.

Als dieses Kapitel geschrieben wurde,[2] war die Version 5.6 von MySQL noch nicht in den Paketquellen der wichtigsten Distributionen vorhanden. Mit der manuellen Technik können Sie sich die gewünschte Version direkt auf der Downloadseite[3] des Projekts herunterladen und so die aktuellste verfügbare Version einsetzen. Diese Methode erlaubt Ihnen außerdem die größtmögliche Anpassung an Ihre Bedürfnisse, auch wenn sie etwas aufwendiger ist als die Installation durch den Paketmanager.

6.1.1 Voraussetzungen

Um MySQL von seinem Quellcode aus zu installieren, sind einige Voraussetzungen zu beachten. Zuallererst benötigen Sie natürlich eine aktuelle *Linux-Installation*. Für welche Distribution Sie sich letzten Endes entscheiden, bleibt Ihnen überlassen. In diesem Buch wurde beispielsweise Debian 6 (»Squeeze«) eingesetzt, da Debian im Serverbereich sehr weit verbreitet ist. Das hier vorgestellte Installationsszenario bezieht sich also rein auf die Installation unter Linux.

Ab jetzt benötigen Sie nur noch die *Shell*, also einen Kommandozeileninterpreter Ihrer Wahl, beispielsweise die populäre *Bash*-Shell. Zusätzlich benötigen Sie einige Tools zur *Kompilierung*, die in folgender Liste kurz vorgestellt werden. Sofern es nicht anders vermerkt ist, beziehen sich alle Angaben zu Programmen

---

1 Ein Compiler übersetzt das Programm vom Quellcode, der für Menschen lesbar ist, in Maschinencode, der nur mehr vom Betriebssystem bzw. Computer verstanden werden kann.

2 Juli 2011

3 *http://dev.mysql.com/downloads/mysql/*

auf die Software aus dem *GNU-Projekt*[4], die unter Linux oftmals standardmäßig vorinstalliert ist:

- **tar** – Archivierungsprogramm: Der Source-Code von MySQL wird in sogenannten *Archiven* angeboten. Damit Sie den Code überhaupt ansehen bzw. kompilieren können, müssen Sie ein solches Archiv zuerst mit einem geeigneten Archivierungsprogramm entpacken. Angeboten werden sowohl rpm- als auch komprimierte tar-Archive. In diesem Buch wird jedoch nur auf den Einsatz der tar-Variante eingegangen.

  Damit Sie den Source-Code also auspacken können, benötigen Sie das Tool *gzip* und das Werkzeug *tar*, um das Archiv entpacken zu können. Beide Programme sind Ihrer Linux-Distribution mit sehr großer Wahrscheinlichkeit schon beigelegt. Ob Sie tar installiert haben, testen Sie mit dem Befehl in Listing 6.1:

  ```
  bash# tar --version
  tar (GNU tar) 1.23
  Copyright © 2010 Free Software Foundation, Inc.
  License GPLv3+: GNU GPL Version 3 oder später <http://gnu.org/
  licenses/gpl.html>
  Dies ist freie Software: Sie dürfen sie ändern und weiter
  verbreiten.
  Es gibt KEINERLEI GARANTIE, so weit das Gesetz es erlaubt.
  Geschrieben von John Gilmore und Jay Fenlason.
  ```

  Listing 6.1 Testen Sie, ob GNU tar installiert ist.

  Wichtig ist hierbei, dass es sich, wie eingangs beschrieben, um die GNU-Version des Programms tar handelt, da manche andere Versionen Probleme mit langen Dateinamen haben können. GNU tar funktioniert dagegen in jedem Fall.

- **g++** – Compiler: Da MySQL in C++ geschrieben ist, benötigen Sie einen gängigen Compiler, um den auch für Menschen lesbaren Quellcode in maschinenlesbaren Binärcode zu übersetzen. Der Compiler der Wahl ist hier der ebenfalls sehr weit verbreitete *g++*-Compiler, der bei sehr vielen Linux-Distributionen ebenfalls zu den Bordmitteln gehört. Sie können mit dem Befehl aus Listing 6.2 überprüfen, ob sie den g++-Compiler installiert haben:

  ```
  bash# g++ --version
  g++ (Debian 4.4.5-8) 4.4.5
  Copyright (C) 2010 Free Software Foundation, Inc.
  This is free software; see the source for copying conditions.
  ```

4 *http://www.gnu.org/*

```
There is NO
warranty; not even for MERCHANTABILITY or FITNESS FOR A
PARTICULAR PURPOSE.
```

Listing 6.2 Test, ob der Compiler vorhanden ist

Achten Sie darauf, dass Sie eine GNU-C++-Compiler-Version mit einer höheren Nummer als 3.2.2 installiert haben. Falls Sie keinen g++-Compiler installiert haben, holen Sie dies am besten durch die Installation des Pakets g++ mittels *apt* nach: `apt-get install g++`

- **Build-Werkzeuge**: Für die eigentliche Installation benötigen Sie noch verschiedene sogenannte Build-Tools wie *cmake*, die ebenfalls bei den meisten Systemen bereits vorhanden und installiert sind. Auch hier können Sie das Vorhandensein leicht testen, indem Sie den Programmnamen in der Shell eingeben.

  Sollte eines dieser Programme fehlen, werden Sie eine ähnliche Benachrichtigung, wie in Listing 6.3 dargestellt, angezeigt bekommen:

  ```
  bash# cmake --version
  cmake: Kommando nicht gefunden.
  ```

  Listing 6.3 Ein Tool (cmake) fehlt.

  In diesem Fall holen Sie die Installation mit dem integrierten Paketmanager nach. Details dazu können Sie in Abschnitt 3.3.2, »Schnellinstallation unter Linux«, nachlesen. Um beispielsweise *cmake* zu installieren, rufen Sie die Paketverwaltung *apt* wie folgt (Listing 6.4) auf:

  ```
  bash# apt-get install cmake
  ```

  Listing 6.4 Fehlende Tools nachinstallieren

Für etwaige andere fehlende Programme verfahren Sie analog.

6.1.2 MySQL kompilieren und installieren

Als Nächstes müssen Sie die *Quelldistribution* von MySQL von der offiziellen Seite herunterladen. Sie finden das mit *tar* archivierte Paket auf der Downloadseite von MySQL[5], indem Sie bei der Plattformauswahl den Menüpunkt SOURCE CODE auswählen. Im folgenden Menü entscheiden Sie sich für den Punkt GENERIC LINUX (ARCHITECTURE INDEPENDENT), COMPRESSED TAR ARCHIVE, um das allgemeine Quellcode-Archiv herunterzuladen.

5 *http://dev.mysql.com/downloads/mysql/*

Während der Download vonstattengeht, können Sie bereits einen neuen Benutzer und auch eine neue Benutzergruppe eigens für MySQL unter Linux anlegen. Zum einen erhöht diese Methode die Sicherheit des ganzen Systems, da der Server nicht mit den Root-Privilegien des Linux-Administratorkontos läuft. Zum anderen erleichtert das auch das Auffinden des MySQL-Prozesses, da sich der MySQL-User in der Prozessliste deutlicher abhebt. Der Sicherheitsaspekt eines eigenen Benutzerkontos ist hierbei besonders wichtig, da der MySQL-Prozess dann nur über sehr eingeschränkte Rechte verfügen muss und keine administrativen Berechtigungen notwendig sind.

Die Beschreibung der folgenden Einrichtung bezieht sich auf ein Debian-System ohne grafische Benutzeroberfläche. Falls Sie sich also noch nicht auf der Kommandozeile befinden, öffnen Sie ein Terminalfenster, um die folgenden Befehle eingeben zu können.

Zuallererst wechseln Sie mittels `su` in das Root-Benutzerkonto. Nach der Eingabe Ihres Linux-Root-Passwortes befinden Sie sich in der Administrator-Konsole. Unter Linux legen Sie zuerst eine Gruppe namens »mysql« an sowie einen eigenen User, der ebenfalls den Namen »mysql« trägt, wie in Listing 6.5 und Listing 6.6 gezeigt:

```
bash# groupadd mysql
```

Listing 6.5 Gruppe hinzufügen

```
bash# useradd -g mysql mysql
```

Listing 6.6 Den Benutzer »mysql« hinzufügen

MySQL wird unter diesem Benutzerkonto betrieben, dadurch haben Sie mehr Kontrolle über die Dateiberechtigungen, die Sie zusätzlich mit einer eigenen Gruppe – ebenfalls »mysql« genannt – genau einstellen können. Die Option `-g` legt die Gruppe fest, welcher der neue Benutzer hinzugefügt werden soll. In diesem Beispiel sind die Namen der Benutzergruppe und des Benutzers selbst identisch.

Als Nächstes wechseln Sie in das Verzeichnis, in dem die heruntergeladene MySQL-Quelldistribution liegt. Verwenden Sie den Befehl `cd` (change directory), um in dieses Verzeichnis zu gelangen. Nun müssen Sie das Archiv mit dem Quellcode von MySQL in dieses Verzeichnis entpacken. In diesem Beispiel trägt das Archiv den Namen *MySQL-5.6.2.linux2.6.i386.tar.gz*. Um es auszupacken, verwenden Sie folgenden Befehl aus Listing 6.7:

```
bash# tar xvfz MySQL-5.6.2.linux2.6.i386.tar.gz
```

Listing 6.7 Das Archiv auspacken

Die hierbei verwendeten Optionen haben folgende Funktionen: `x` steht für *extract* und teilt tar mit, dass Sie die Datei entpacken möchten. Das `v` steht für verbose und legt fest, dass tar Detailinformationen beim Auspacken anzeigt, beispielsweise das aktuell ausgepackte Verzeichnis und die darin enthaltenen Dateien. Die Option `f` gibt an, dass aus einer Datei ausgepackt wird, und das `z` bestimmt, dass es sich bei dem vorliegenden Archiv um ein mit gzip komprimiertes Archiv handelt.

Tar legt ein Verzeichnis an, das denselben Namen wie die Archivdatei aufweist, ohne die dateispezifischen Suffixe *tar* und *gz* anzuhängen. In diesem Verzeichnis befinden sich nun alle im ursprünglichen Archiv enthaltenen Dateien. Um in das neu angelegte Verzeichnis zu navigieren, verwenden Sie den Befehl `cd` aus Listing 6.8:

```
bash# cd mysql-5.6.2
```

Listing 6.8 Das ausgepackte Verzeichnis betreten

Als Nächstes müssen die sogenannten *Makefiles* angelegt werden, die den Compiler anweisen, in welcher Reihenfolge die Quellcodedateien übersetzt werden müssen. Dazu rufen Sie in diesem Verzeichnis den Makefile-Generator *cmake* auf, den MySQL seit der Version 5.5 einsetzt. Dieses Tool erzeugt die für die Installation notwendigen Makefiles und löst die auftretenden Abhängigkeiten zwischen den verschiedenen Komponenten auf. Vergessen Sie dabei nicht den unscheinbaren Punkt nach dem Befehl, der dem Tool das aktuelle Verzeichnis als Quellenverzeichnis ausweist.

```
bash# cmake .
```

Listing 6.9 Aufruf des makefile-Generators

Sollten dabei Fehler auftreten, erfahren Sie die Ursache und meistens gleich auch die Lösung für diese Probleme. In Listing 6.10 fehlt beispielsweise eine Bibliothek:

```
-- Could NOT find Curses  (missing:  CURSES_LIBRARY CURSES_INCLUDE_PATH)
CMake Error at cmake/readline.cmake:82 (MESSAGE):
  Curses library not found.  Please install appropriate package, remove
CMakeCache.txt and rerun cmake.On Debian/Ubuntu, package name is
libncurses5-dev, on Redhat and derivates it is ncurses-devel.
Call Stack (most recent call first):
```

```
  cmake/readline.cmake:126 (FIND_CURSES)
  cmake/readline.cmake:216 (MYSQL_USE_BUNDLED_LIBEDIT)
  CMakeLists.txt:250 (MYSQL_CHECK_READLINE)
-- Configuring incomplete, errors occurred!
```

Listing 6.10 Eine Fehlermeldung, verursacht durch eine fehlende Library

Das fehlende Paket installieren Sie ganz einfach mit der Hilfe von `apt-get`. In diesem Fall also: `apt-get install libncurses5-dev`. Bevor Sie fortfahren können, müssen Sie die Datei *CMakeCache.txt* entfernen. Das Programm *cmake* verwendet diese Datei als Zwischenspeicher. Sind darin Zwischenergebnisse gespeichert, überspringt *cmake* die Schritte in dem Glauben, dass diese bereits erledigt wurden. Sie können diese Datei mit dem Befehl `rm` aus Listing 6.11 entfernen, mit dem Dateien gelöscht werden können:

```
bash# rm CMakeCache.txt
```

Listing 6.11 Löschen der Cache-Datei

Daraufhin können Sie *cmake* erneut aufrufen. Falls noch ein Fehler auftreten sollte, verfahren Sie einfach analog, bis die Erstellung der Konfigurationsdateien erfolgreich durchläuft. Teilweise können auch etwas schwer verständliche Fehlermeldungen wie die folgende in Listing 6.12 auftreten:

```
bash# bash:/home/admin/mysql-5.6.2# cmake .
-- The CXX compiler identification is unknown
CMake Error: your CXX compiler: "CMAKE_CXX_COMPILER-NOTFOUND" was not
found. Please set CMAKE_CXX_COMPILER to a valid compiler path or name.
-- MySQL 5.6.2
Warning: Bison executable not found in PATH
-- Configuring incomplete, errors occurred!
```

Listing 6.12 Der richtige Compiler fehlt.

Hier teilt Ihnen *cmake* mit, dass der richtige Compiler fehlt. In diesem Fall überprüfen Sie, ob Sie die richtige Version von g++ bereits installiert haben, wie es in Listing 6.2 gezeigt wurde.

Der nächste Schritt beinhaltet den Aufruf des Tools *make*. Dieses Programm ist ein äußerst mächtiges Werkzeug und wird dazu eingesetzt, um verzahnte Befehlsfolgen auszuführen. Im konkreten Fall kümmert es sich darum, die unzähligen Source-Code-Dateien von MySQL in der richtigen Reihenfolge zu übersetzen. Da durch *cmake* die für *make* notwendigen Makefiles automatisch erzeugt wurden, genügt nun ein einfacher Aufruf von *make* wie in Listing 6.13:

```
bash# make
```

Listing 6.13 Das Kommando »make« aufrufen

Der Vorgang kann mehrere Minuten in Anspruch nehmen, da die einzelnen Quellcode-Dateien kompiliert werden. Falls Sie einen *Dualcore* oder sogar *Quadcore-Prozessor* Ihr Eigen nennen, können Sie den `make`-Vorgang mittels `make -j2` bzw. `make -j4` wesentlich beschleunigen, da der Vorgang auf mehrere Jobs aufgeteilt wird. Diese laufen dann gleichzeitig auf mehreren Prozessoren bzw. Prozessorkernen ab.

Sobald der `make`-Aufruf erfolgreich beendet wurde, geht es an die eigentliche Installation. Diese rufen Sie mit dem Kommando `make install` auf, wie in Listing 6.14 dargestellt:

```
bash# make install
```

Listing 6.14 Die Installation starten

Durch diesen Aufruf wird der MySQL-Server automatisch in das vorgegebene Verzeichnis */usr/local/mysql* installiert. Wenn Sie ein anderes Verzeichnis für die Installation bevorzugen, können Sie dieses zusätzlich angeben, siehe Listing 6.15:

```
bash# make install DESTDIR="/anderes/Installationsverzeichnis"
```

Listing 6.15 Angabe eines expliziten Installationsverzeichnisses

Die Installation anpassen

Das Tool *cmake* bietet Ihnen sehr viele verschiedene Einstellungsmöglichkeiten, mit denen Sie die Übersetzung der Quelldateien an Ihre ganz spezifischen Bedürfnisse anpassen können. Diese Einstellungen können Sie durch sogenannte *Source Configuration Options* festlegen, indem Sie diese dem Kommando `cmake` beim Aufruf als Parameter mit übergeben. Sie können durch diese Optionen Vorgabewerte für verschiedene Einstellungen festlegen oder bestimmte Features aktivieren. Beispielsweise können Sie jene Voreinstellungen verwenden, die von den MySQL-Entwicklern für die Erstellung der offiziellen Binär-Releases verwendet wurden, indem Sie *cmake* wie folgt aufrufen:

```
bash# cmake -DBUILD_CONFIG=mysql_release .
```

Dieser Befehl verwendet dieselben Flags wie die offizielle Version von MySQL selbst. Oder falls Sie beispielsweise MySQL mit SSL-Unterstützung für sichere Verbindungen (siehe Abschnitt 10.4.2, »Zugang beschränken oder verschlüsseln«) kompilieren wollen, verwenden Sie die folgende Option:

```
bash# cmake -DWITH_SSL=yes .
```

Durch diese Option wird MySQL mit aktivierter SSL-Unterstützung kompiliert. In diesem Beispiel verwendet MySQL die im Betriebssystem vorhandene SSL-Bibliothek, falls diese vorhanden ist. Ist keine derartige Bibliothek verfügbar, wird die mit MySQL ausgelieferte yaSSL-Bibliothek eingesetzt. Details zu SSL-Verbindungen erfahren Sie in Kapitel 10, »Sicherheit«.

Es gibt eine Vielzahl an weiteren Anpassungsmöglichkeiten, mit deren Hilfe Sie sehr viele Einstellungen für MySQL bereits bei der Kompilierung festsetzen können. Wenn Sie nur jene Module mit kompilieren, die Sie auch wirklich benötigen, wirkt sich diese Sparsamkeit positiv auf die Geschwindigkeit der Installation aus, da weniger Module geladen werden müssen. Da die Fülle an Optionen hier den Rahmen des Installationskapitels sprengen würde, werden die wichtigsten Optionen in Abschnitt 6.3, »Die zentrale Konfigurationsdatei my.cnf«, vorgestellt. Dort lassen sich die meisten Einstellungen ebenfalls vornehmen.

Der Vorteil dieser zweiten Methode ist es, dass Sie diese Parameter leichter ändern können, da Sie nur die Konfigurationsdatei ändern müssen. Um sich einen Überblick über die möglichen Parameter anzeigen zu lassen, verwenden Sie die Option `LH`, und rufen Sie das Tool, wie gehabt, mit `cmake . -LH` auf.

Nach diesem Schritt haben Sie MySQL erfolgreich selbst kompiliert und auch installiert. Der Vorteil dieser Methode liegt darin, dass durch den Kompilierungsprozess viele Anpassungen an Ihr System vorgenommen werden können. Diese MySQL-Installation ist demnach genau an Ihre Betriebssystemversion und an Ihre Hardware angepasst, weil durch den Kompiliervorgang auf die speziellen Eigenschaften Rücksicht genommen wurde.

Im Folgenden müssen Sie noch einige Einstellungen vornehmen, damit MySQL fertig eingerichtet und betriebsbereit ist.

6.1.3 Die Installation grundlegend absichern

Zu Beginn dieser Installationsanleitung haben Sie gesehen, wie Sie eine eigene *Benutzergruppe* und auch einen eigenen Benutzer für den MySQL-Serverdienst anlegen. Diese Benutzerdaten weisen Sie im folgenden Schritt der MySQL-Installation im Verzeichnis */usr/local/mysql* zu. Wechseln Sie zu diesem Zweck in dieses Verzeichnis, wie in Listing 6.16 gezeigt:

```
bash# cd /usr/local/mysql
```

Listing 6.16 In das Installationsverzeichnis wechseln

Dort rufen Sie den Befehl aus Listing 6.17 auf, um das aktuelle Verzeichnis zu der Gruppe »mysql« hinzuzufügen:

```
bash# chgrp -R mysql .
```

Listing 6.17 Gruppenberechtigung hinzuzufügen

Damit der MySQL-Server dieses Verzeichnis sowohl lesen als auch beschreiben darf, muss der Benutzer »mysql« als Besitzer dieses Verzeichnisses und all seiner Inhalte festgelegt werden. Verwenden Sie dazu den Befehl aus Listing 6.18:

```
bash# chown -R mysql .
```

Listing 6.18 Die Benutzerberechtigung setzen

Der unscheinbare Punkt hinter beiden Befehlen legt, wie in der Linux-Welt üblich, das aktuelle Verzeichnis als Parameter für den Befehl fest. Der Parameter `-R` legt fest, dass die Änderungen der Berechtigungen rekursiv, also für alle in diesem Ordner enthaltenen Dateien und Verzeichnisse, angewendet werden soll. Überprüfen Sie diese Einstellungen mit dem Befehl `ls -l`, der den Inhalt eines Verzeichnisses samt allen Details inklusive der Berechtigungen anzeigt (Listing 6.19):

```
bash# /usr/local/mysql# ls -l
insgesamt 188
drwxr-sr-x  2 mysql mysql   4096 31. Mär 13:40 bin
-rw-r--r--  1 mysql mysql  17987  9. Mär 16:11 COPYING
drwxr-sr-x  4 mysql mysql   4096 31. Mär 13:40 data
drwxr-xr-x  2 mysql mysql   4096 31. Mär 13:40 docs
drwxr-sr-x  3 mysql mysql   4096 31. Mär 13:40 include
-rw-r--r--  1 mysql mysql   7370  9. Mär 16:11 INSTALL-BINARY
drwxr-sr-x  3 mysql mysql   4096 31. Mär 13:40 lib
drwxr-sr-x  4 mysql mysql   4096 31. Mär 13:40 man
drwxr-xr-x 10 mysql mysql   4096 31. Mär 13:40 mysql-test
-rw-r--r--  1 mysql mysql 114014  9. Mär 16:11 README
drwxr-sr-x  2 mysql mysql   4096 31. Mär 13:40 scripts
drwxr-sr-x 27 mysql mysql   4096 31. Mär 13:40 share
drwxr-sr-x  4 mysql mysql   4096 31. Mär 13:40 sql-bench
drwxr-sr-x  2 mysql mysql   4096 31. Mär 13:40 support-files
```

Listing 6.19 Dateiberechtigungen überprüfen

In der dritten und vierten Spalte sollte jeweils als User und auch als Gruppe »mysql« aufgelistet sein. Daran erkennen Sie, dass der Befehl Wirkung gezeigt hat.

Im Installationsverzeichnis von MySQL gibt es einen Ordner namens *scripts*. In diesem befindet sich ein Skript, um die frische MySQL-Installation mit den systemrelevanten Datenbanken zu bevölkern, auf die eine betriebsbereite MySQL-Installation angewiesen ist. Rufen Sie dieses Skript, ausgehend vom MySQL-Hauptverzeichnis, wie in Listing 6.20 folgt auf:

```
bash:/usr/local/mysql# scripts/mysql_install_db --user=mysql
Installing MySQL system tables...
OK
Filling help tables...
OK
To start mysqld at boot time you have to copy
support-files/mysql.server to the right place for your system
PLEASE REMEMBER TO SET A PASSWORD FOR THE MySQL root USER !
To do so, start the server, then issue the following commands:
./bin/mysqladmin -u root password 'new-password'
./bin/mysqladmin -u root -h debian password 'new-password'
Alternatively you can run:
./bin/mysql_secure_installation
which will also give you the option of removing the test
databases and anonymous user created by default.  This is strongly
recommended for production servers. See the manual for more instructions.
You can start the MySQL daemon with:
cd . ; ./bin/mysqld_safe &
You can test the MySQL daemon with mysql-test-run.pl
cd ./mysql-test ; perl mysql-test-run.pl
Please report any problems with the ./bin/mysqlbug script!
```

Listing 6.20 Das Init-Skript wird aufgerufen

Das Skript erhält als Parameter jenen Benutzernamen, den Sie im vorigen Schritt angelegt haben. Nach dem Aufruf erhalten Sie gleich mehrere Informationen angezeigt. Zum einen sehen Sie, wie Sie MySQL als Systemdienst einrichten können (Details dazu erfahren Sie in Abschnitt 6.1.5, »Den MySQL-Dienst starten«). Zum anderen weist sie das Skript darauf hin, dass MySQL noch nicht mit einem Passwort abgesichert wurde. Diesen Zustand sollten Sie am besten gleich ändern, indem Sie ein mitgeliefertes Absicherungsskript ausführen. Starten Sie dazu den MySQL-Dienst, genannt *mysqld* (engl. *mysql daemon*), wie in Listing 6.21 angegeben:

```
bash# bin/mysqld_safe &
```

Listing 6.21 MySQL im »safe_modus« starten

Das kaufmännische Und (&) am Ende des Befehls bewirkt, dass der Dienst im Hintergrund gestartet wird und Sie weiterhin Befehle im Terminal eingeben können, ohne ein neues Terminalfenster öffnen zu müssen. Der hier verwendete `safe_` modus bewirkt, dass ein spezieller Sicherheitsmodus von MySQL gestartet wird. Er sorgt unter anderem für automatische Neustarts bei schwerwiegenden Fehlern. Nun, da der Dienst läuft, können Sie das zum Installationsumfang gehörende Skript zur Absicherung der Installation aufrufen. Dieser Aufruf ist in Listing 6.22 dargestellt, und die einzelnen Punkte werden im Anschluss an das Listing genauer beschrieben.

```
bash#:/usr/local/mysql# bin/mysql_secure_installation

NOTE: RUNNING ALL PARTS OF THIS SCRIPT IS RECOMMENDED FOR ALL MySQL
      SERVERS IN PRODUCTION USE!  PLEASE READ EACH STEP CAREFULLY!
In order to log into MySQL to secure it, we'll need the current password
for the root user.  If you've just installed MySQL, and you haven't set
the root password yet, the password will be blank, so you should just
press enter here.
Enter current password for root (enter for none):
OK, successfully used password, moving on...
Setting the root password ensures that nobody can log into the MySQL
root user without the proper authorisation.
Set root password? [Y/n] Y
New password:
Re-enter new password:
Password updated successfully!
Reloading privilege tables..
 ... Success!
By default, a MySQL installation has an anonymous user, allowing anyone
to log into MySQL without having to have a user account created for them.
This is intended only for testing, and to make the installation go a bit
smoother.  You should remove them before moving into a
production environment.
Remove anonymous users? [Y/n] Y
 ... Success!
Normally, root should only be allowed to connect from 'localhost'.  This
ensures that someone cannot guess at the root password from the network.
Disallow root login remotely? [Y/n] Y
 ... Success!
By default, MySQL comes with a database named 'test' that anyone can
access.  This is also intended only for testing, and should be removed
before moving into a production environment.
Remove test database and access to it? [Y/n] Y
 - Dropping test database...
ERROR 1010 (HY000) at line 1: Error dropping database (can't rmdir
'./test/', errno: 17)
 ... Failed!  Not critical, keep moving...
 - Removing privileges on test database...
```

```
 ... Success!
Reloading the privilege tables will ensure that all changes made so far
will take effect immediately.
Reload privilege tables now? [Y/n] Y
 ... Success!
Cleaning up...
All done!  If you've completed all of the above steps, your MySQL
installation should now be secure.
Thanks for using MySQL!
```

Listing 6.22 Das Absicherungsskript nach der Installation

Zuallererst werden Sie vom Skript nach dem aktuellen Root-Passwort von MySQL gefragt. Da dieses noch nicht gesetzt wurde, drücken Sie einfach ↵ für ein leeres Root-Passwort. Die nächste Frage, ob Sie ein neues Root-Passwort setzen möchten, bestätigen Sie **unbedingt** mit `Y` und geben danach zweimal das identische, geheime Passwort Ihrer Wahl ein. Sichere Passwörter sind sehr wichtig, damit diese nicht einfach erraten werden können. Verwenden Sie daher eine Kombination aus Zahlen, Buchstaben und Sonderzeichen, die in keinem Wörterbuch der Welt zu finden ist, und verwenden Sie keinesfalls leicht erratbare Kennwörter wie Geburtsdaten und dergleichen.

Als Nächstes erkundigt sich das Skript, ob sie anonyme User löschen möchten. Bestätigen Sie auch diese Frage mit `Y`. Daraufhin werden alle Konten, für die es keine Authentifizierung gibt, aus den Systemtabellen gelöscht, und es können sich nur mehr jene Benutzer anmelden, die eine gültige Kombination aus Benutzername und Passwort vorweisen können. Auch die Frage nach dem Verbot von Root-Logins von entfernten Rechnern bestätigen Sie wieder mit `Y`, genauso wie die darauffolgende Frage, ob die Testdatenbanken gelöscht werden sollen. Sind diese von vornherein nicht vorhanden, zeigt das Skript zwar den Fehler aus Listing 6.23 an, lassen Sie sich davon aber nicht irritieren.

```
ERROR 1010 (HY000) at line 1: Error dropping database (can't rmdir
'./test/', errno: 17)
 ... Failed!  Not critical, keep moving...
```

Listing 6.23 Die Testdatenbank ist nicht vorhanden.

Als Letztes möchte das Skript noch wissen, ob die *Privilegientabellen (Berechtigungstabellen)* mit den Benutzerrechten neu geladen werden sollen. Bestätigen Sie auch diese Frage mit `Y`, woraufhin die Benutzerrechte sofort auf den aktuellen Stand gesetzt werden.

Als nächsten Schritt müssen Sie sich noch um die Dateiberechtigungen des Verzeichnisses kümmern, in das Sie MySQL installiert haben. Das Hauptverzeichnis und die enthaltenen Unterverzeichnisse und Dateien sollen nun nur mehr vom Administratorkonto »root« verändert werden können. Setzen Sie daher für dieses Verzeichnis den Besitzer auf das Administratorkonto »root«, wie in Listing 6.24 dargestellt:

```
bash:/usr/local/mysql#  chown -R root .
```

Listing 6.24 Besitzerrechte setzen

Nur das Verzeichnis *data*, in dem die Datenbanken und Tabellen als Dateien von MySQL gespeichert werden, soll auch vom Benutzer »mysql« geschrieben und verändert werden können. Setzen Sie daher diese Berechtigungen, wie in Listing 6.25 angezeigt:

```
bash:/usr/local/mysql# chown -R mysql data
```

Listing 6.25 Berechtigung für das Datenverzeichnis

Nach diesen Schritten haben Sie die Installation grundlegend abgesichert. Bei anderen Betriebssystemen erfolgt die Absicherung auf ähnliche Art und Weise. Beachten Sie, dass Sie auch hier die Testdatenbanken löschen können und das Root-Konto mit einem sicheren Passwort absichern müssen. Die Befehle innerhalb des MySQL-Clients sind auch unter Mac- und Windows-Betriebssystemen identisch. Wie Sie Datenbanken löschen können, erfahren Sie in Abschnitt 3.5.1, Details zum Ändern von Passwörtern erfahren Sie in Kapitel 10, »Sicherheit«.

6.1.4 Anlegen der Konfigurationsdatei

MySQL bezieht all seine Einstellungen aus einer zentralen *Konfigurationsdatei*. Diese Datei trägt den Namen *my.cnf* und wird unter Linux standardmäßig im Verzeichnis */etc* gespeichert. Im folgenden Abschnitt werden Sie die Konfigurationsdatei noch ausführlicher kennenlernen. Sie können diese Datei mit Standardeinstellungen aus dem mitgelieferten Verzeichnis *support-files* kopieren. Es enthält mehrere Vorlagen für verschiedene Szenarien, die Sie nach Belieben anpassen können. Kopieren Sie dazu die Datei *my-large.cnf* aus dem Verzeichnis *support-files* in den Ordner */etc/*, und nennen Sie die neue Datei *my.cnf*. Der Dateiname *my.cnf* ist der Standardname für die Konfigurationsdatei, deswegen wird MySQL die so kopierte Datei einlesen. Verwenden Sie dazu den Befehl `cp`, wie in Listing 6.26 dargestellt:

```
bash:/usr/local/mysql# cp support-files/my-large.cnf /etc/my.cnf
```

Listing 6.26 Das mitgelieferte Standard-Konfigurationsfile kopieren

Nun befindet sich eine vorkonfigurierte Konfigurationsdatei mit den Standardeinstellungen für größere Server im richtigen Verzeichnis, wodurch die darin enthaltenen Einstellungen von MySQL nach einem Neustart eingelesen werden. Wie Sie diese Datei grundlegend anpassen können, erfahren Sie in Abschnitt 6.3.2, »Die grundlegenden Einstellungen«.

6.1.5 Den MySQL-Dienst starten

Damit der MySQL-Dienst *mysqld* mit jedem Neustart Ihres Linux-Servers automatisch gestartet wird, müssen Sie das Startskript, das ebenfalls im Ordner *support-files* zur Verfügung steht, noch an die richtige Stelle kopieren. Führen Sie dazu den folgenden Befehl wie in Listing 6.27 aus:

```
bash# cp support-files/mysql.server /etc/init.d/mysql
```

Listing 6.27 Startskripte kopieren

Unter Debian bewirkt dieser Befehl, dass das Skript in das Verzeichnis für Systemdienste kopiert wird. Damit MySQL automatisch mit jedem Hochfahren des Systems mit gestartet wird, geben Sie folgende zwei Befehle aus Listing 6.28 ein:

```
bash# chmod 755 /etc/init.d/mysql
bash# update-rc.d mysql defaults
```

Listing 6.28 MySQL zu den automatisch gestarteten Diensten hinzufügen

Mit dem ersten Befehl `chmod` setzen sie die Dateiberechtigungen für das Startskript. Der zweite Befehl fügt MySQL zu den automatisch gestarteten Diensten hinzu. Nach dem nächsten Neustart des Computers wird MySQL jedes Mal automatisch mit dem Betriebssystem hochgefahren. Um MySQL nun gleich manuell zu starten, können Sie das Kommando aus Listing 6.29 eingeben:

```
bash# /etc/init.d/mysql start
Starting MySQL
......
```

Listing 6.29 MySQL starten

Daraufhin wird der MySQL-Serverdienst gestartet. Die hier gezeigten Befehle beziehen sich auf Debian-basierte Distributionen. Sollten Sie ein anderes System einsetzen, schlagen Sie bitte im Manual nach, um die Startoptionen festzulegen.

Systemdienste starten und stoppen

Ganz allgemein können Sie mit diesem Skript, das Sie mit den Befehlen aus Listing 6.27 und Listing 6.28 angelegt haben, MySQL nicht nur starten, sondern auch stoppen bzw. neu starten. Geben Sie dazu einfach einen der fünf Parameter an:

```
/etc/init.d/mysql [ start | stop | restart | reload | status ]
```

Listing 6.30 Startskript-Optionen

Die drei Optionen `start`, `stop` und `restart` sind selbsterklärend. Die vierte Möglichkeit – `reload` – weist den Dienst an, seine Konfigurationsdatei erneut zu lesen. Dadurch werden Änderungen, die Sie darin vorgenommen haben, eingelesen und somit auch wirksam. Mit `status` wird Ihnen der aktuelle Zustand des Dienstes angezeigt, also ob dieser beispielsweise läuft oder nicht. Diese fünf Möglichkeiten sind bei vielen Linux-Diensten standardmäßig durch init-Skripte verfügbar. Mit diesen Befehlen können Sie viele wichtige Dienste, wie unter anderem MySQL, den Webserver Apache und viele andere steuern. Sie sollten diese nutzen, um Dienste zu starten oder kontrolliert zu beenden. Auch bei einem Neustart mittels `restart` werden die Konfigurationsdateien neu eingelesen. Hier wird der Dienst jedoch zuerst gestoppt, und beim Start wird die Konfigurationsdatei eingelesen.

Als letzten Schritt fügen Sie noch den Pfad des MySQL-Clients zu den Umgebungsvariablen Ihrer Shell hinzu. Testen Sie, ob die Pfadangaben bereits vollständig sind, indem Sie versuchen, den MySQL-Client aufzurufen, wie in Listing 6.31 dargestellt.

```
bash:/home/admin/# mysql
bash# mysql: Kommando nicht gefunden.
```

Listing 6.31 Den MySQL-Client testen

Bei der manuellen Installation wird der Client nicht automatisch in Ihren *Umgebungsvariablen* gespeichert, Sie erhalten daher die Fehlermeldung aus Listing 6.31. Diese Variablen stellen dem Betriebssystem verschiedene Informationen und Einstellungen zur Verfügung. Eine wichtige Umgebungsvariable ist die Pfadvariable namens `PATH`. Sie speichert den Aufenthaltsort häufig benutzter Programme und Tools. Sie sollten auch den Speicherort der MySQL-Tools, die sich im Verzeichnis */usr/local/mysql/bin* befinden, in dieser Variable speichern, da Sie für die folgenden Beispiele oftmals den Client einsetzen werden, der ebenfalls dort zu finden ist. Falls Sie die sehr populäre Bash-Shell einsetzen, lassen Sie sich den aktuellen Inhalt der Variablen mit `echo` anzeigen, indem Sie den Befehl aus Listing 6.32 anwenden:

```
bash# echo  $PATH
```

Listing 6.32 Die Pfadvariable ausgeben

Sie erhalten einen String, der dem folgenden in Listing 6.33 ähnlich ist:

```
bash# /usr/local/sbin:/usr/local/bin:/usr/sbin:/usr/bin ("UZ")
:/sbin:/bin
```

Listing 6.33 Der Inhalt der Pfadvariable

Wie Sie sehen, enthält dieser String eine durch Doppelpunkte getrennte Aufzählung von Verzeichnissen, in denen Programme abgelegt sind. In diesen Verzeichnissen prüft die Bash-Shell, ob das gesuchte Tool – wie beispielsweise der Client `mysql` – zu finden ist. Fügen Sie den Ordner `bin` des MySQL-Verzeichnisses der `PATH`-Variable wie folgt hinzu, indem Sie die vorhandenen Pfadangaben einfach durch den Ordner erweitern (Listing 6.34):

```
bash# PATH=/usr/local/sbin:/usr/local/bin:/usr/sbin:/usr/bin:/sbin:/
bin:/usr/local/mysql/bin
```

Listing 6.34 Die Pfadangaben erweitern

Teilen Sie diese Aktualisierung durch den Einsatz des Linux-Befehls `export`, wie in Listing 6.35 gezeigt, dem System mit:

```
bash# export PATH
```

Listing 6.35 Die Pfadvariable speichern

Nun »kennt« Ihre Shell von jedem Verzeichnis aus den Speicherort des MySQL-Clients, und Sie können diesen komfortabler aufrufen, indem Sie einfach `mysql` eintippen. Diese Pfadangabe gilt jedoch nur für Ihre aktuelle Sitzung. Damit Sie diese nicht nach jedem Neustart neu angeben müssen, sollten Sie den aktualisierten Pfad der Profildatei Ihrer Shell hinzufügen. Damit diese Erweiterung für alle Linux-Accounts verfügbar ist, sollten Sie diesen Eintrag in der systemweiten Profildatei vornehmen. Diese finden Sie standardmäßig unter */etc/profile*. Melden Sie sich dazu als Benutzer »root« mittels `su` an, und öffnen Sie diese Datei mit einem Editor, wie beispielsweise *nano* oder *vi*:

```
bash# nano /etc/profile
```

Listing 6.36 Die Profildatei mit dem Editor »nano« öffnen

Am Anfang dieser Datei sehen Sie folgende Pfadeinstellungen, die in Listing 6.37 bereits um das Verzeichnis von MySQL erweitert wurden:

```
# /etc/profile: system-
wide .profile file for the Bourne shell (sh(1))
# and Bourne compatible shells (bash(1), ksh(1), ash(1), ...).

if [ "`id -u`" -eq 0 ]; then
  PATH="/usr/local/sbin:/usr/local/bin:/usr/sbin:/usr/bin:/sbin:/
bin:/usr/local/mysql/bin/"
else
  PATH="/usr/local/bin:/usr/bin:/bin:/usr/local/games:/usr/games:/
usr/local/mysql/bin/"
fi
export PATH
```

Listing 6.37 Profildatei um Pfadangaben erweitern

Dabei handelt es sich um eine `IF`-Abfrage innerhalb der Bash-Shell, die prüft, ob es sich beim angemeldeten Benutzer um das Root-Konto handelt oder nicht. Fügen Sie einfach beiden `PATH`-Zeilen den Ordner *bin* der MySQL-Installation hinzu. Dadurch wird sichergestellt, dass sowohl der Hauptnutzer des Linux-Systems »root« als auch gewöhnliche User die neue Pfadvariable bei jedem Start nutzen können.

Jeder Benutzer verfügt zudem über eine eigene lokale Profildatei, die im Home-Verzeichnis des jeweiligen Users liegt. Sie können auch in dieser Datei die Variable für das MySQL-Verzeichnis angeben. Die lokale Profildatei trägt den Namen *.bashrc* und ist ähnlich wie die globale Datei aufgebaut. Um für den Benutzer »root« die lokale Profildatei anzupassen, rufen Sie erneut einen Editor auf und setzen die Pfadvariable analog, wie Sie in Listing 6.38 sehen können:

```
bash# nano /root/.bashrc
```

Listing 6.38 Die Profildatei im Editor »nano« bearbeiten

Geben Sie hier einfach die komplette Pfadvariable am Ende der Datei an, und speichern Sie diese Änderungen in der Datei. Schreiben Sie dazu einfach die Befehle aus Listing 6.39 in diese Datei.

```
PATH=/usr/local/sbin:/usr/local/bin:/usr/sbin:/usr/bin:/sbin:/bin:/
usr/local/mysql/bin/
export PATH
```

Listing 6.39 Die Pfadvariable erweitern und speichern

Durch diese Angabe wird die Pfadvariable jedes Mal gesetzt, wenn Sie sich als »root« anmelden, also beispielsweise mittels `su` in das Root-Konto wechseln.

Natürlich können Sie auch einfach bei jedem Aufruf des Clients oder eines anderen Tools aus dem Verzeichnis *bin* den vollständigen Pfad angeben. Also beispielsweise */usr/local/mysql/bin/mysql*, um den Client zu starten.

6.1.6 Zusammenfassung der Installation

In diesem Abschnitt haben Sie gesehen, wie Sie MySQL direkt aus dem *Quellcode* installieren können, indem Sie diesen Code zuerst kompilieren und danach die dadurch erzeugten Binärfiles einrichten. Sie benötigen dazu verschiedene Tools wie *tar*, *cmake* oder den *g++-Compiler*, die auf den meisten Systemen bereits vorhanden sind oder sich gegebenenfalls einfach installieren lassen.

Haben Sie alle notwendigen Programme und Tools installiert, ist das Installieren selbst einfach zu bewerkstelligen. Das Übersetzen des Codes beinhaltet die folgenden Schritte:

1. `cmake`: Hier werden die make-Files erzeugt, die für das eigentliche Kompilieren verwendet werden. Diese sind plattformspezifisch.
2. `make`: Übersetzt die Quellcodedateien.
3. `make install`: Installiert die erzeugten Binärdateien.

Das Archiv mit den Quellcode-Dateien von MySQL enthält bereits verschiedene Skripte, die Ihnen das Einrichten von MySQL erleichtern. Dazu zählen beispielsweise die grundlegende Absicherung der Installation sowie ein *init*-Skript, mit dem Sie MySQL als automatisch gestarteten Systemdienst einrichten können.

6.2 Usermanagement

Im vorigen Abschnitt haben Sie MySQL installiert und bereits die grundlegenden Einstellungen vorgenommen. Dazu zählten beispielsweise auch die *Benutzerrechte* von Seiten des Linux-Betriebssystems. In diesem Abschnitt werden Sie lernen, wie Sie neue Benutzer anlegen und mit verschiedenen Rechten für die Datenbanken und Tabellen ausstatten.

MySQL verwendet Benutzerzugänge, mit denen sich Anwender gegenüber dem Datenbankmanagementsystem (DBMS) ausweisen. Diese Benutzerkonten sind völlig unabhängig von den Benutzer-Accounts Ihres Betriebssystems und können sich daher auch von diesen unterscheiden. Ein Benutzerkonto haben Sie bereits während der Installation angelegt: das *Root-Konto*. Dieses Konto ist der wichtigste Zugang zum System und verfügt über alle Privilegien. Es sollte daher mit Vorsicht eingesetzt werden, da der unachtsame Einsatz **weitreichende Konsequenzen** haben kann.

Achtung: Unachtsamkeit im Root-Konto kann zu Datenverlust führen!

Wie es bereits in Kapitel 3, »Schnellstart-Tutorial«, beschrieben wurde, gibt es unter MySQL **keine Rückfragen beim Löschen von Datenbanken oder Tabellen**. Innerhalb von Sekundenbruchteilen können Sie – auch aus Versehen – ganze Datenbestände löschen, und dieser Vorgang ist irreversibel. Dies sollten Sie immer im Gedächtnis behalten, wenn Sie mit dem Root-Konto arbeiten.

Verwenden Sie den Befehl aus Listing 6.40, um sich mithilfe des MySQL-Clients am MySQL-Server anzumelden:

```
bash# mysql -u root -p
```

Listing 6.40 Anmeldung als Root-Benutzer bei MySQL

Hierbei steht der Parameter `-u` für den Benutzernamen (engl. *user*). Geben Sie danach den Benutzernamen an, mit dem Sie sich anmelden möchten. In diesem Fall lautet der Benutzername »root«. Der zweite Parameter `-p` gibt an, dass Sie ein Passwort bereitstellen werden, da Sie bei der Installation bereits eines angegeben haben. Prinzipiell erlaubt MySQL auch Logins ohne die Angabe eines Passwortes, davon sei Ihnen jedoch aus offensichtlichen Gründen abgeraten. Alternativ können Sie Ihr Passwort auch gleich als Parameter angeben, ohne auf die interaktive Shell zu warten. Verwenden Sie dazu einfach denselben Befehl wie oben, und geben Sie zusätzlich Ihr Passwort ohne Leerzeichen, direkt nach der Option `-p` an (Listing 6.41):

```
bash# mysql -u root -pGeHeImEsPaSsWoRt
```

Listing 6.41 Anmeldung als Root-Benutzer mit direkter Passwortangabe

Diese Methode hat jedoch mehrere Nachteile. Zum einen sehen etwaige, Ihnen über die Schulter blickende Spione[6] das Passwort klar und deutlich am Bildschirm. Zusätzlich wird es in der History Ihrer Shell gespeichert, da alle Befehle, die Sie eingegeben haben, vermerkt werden, damit Sie diese mit den Cursor-Tasten erneut abrufen können. Das bedeutet aber auch, dass ein anderer Nutzer, der denselben Linux-Account wie Sie verwendet, einfach mit den Cursor-Tasten Ihr Passwort lesen kann, indem er in der History zurückblättert. Somit hat er zudem natürlich auch Zugang zu Ihrem MySQL-Benutzer-Account. Außerdem wird der Aufruf des Clients mitsamt dem Passwort für einen sehr kurzen Moment in der Prozessliste des Betriebssystems aufgeführt. Diese könnte ein potenzieller Angreifer, der sich ebenfalls auf demselben System befindet, auslesen und sich so über Ihr Passwort informieren. Verwenden Sie daher prinzipiell die interaktive

6 Drehen Sie sich zur Sicherheit lieber kurz um!

Methode durch die Angabe des Parameters `-p`, ohne das Passwort direkt in der Konsole als Parameter anzugeben.

Die Benutzerkonten dienen zur *Authentifizierung* gegenüber dem Datenbanksystem. Darunter versteht man den Nachweis, dass ein Benutzer der ist, der er vorgibt, zu sein. Im Allgemeinen gibt es verschiedene Arten, einen solchen Nachweis zu erbringen, in den meisten Fällen wird dazu jedoch ein Passwort eingesetzt, das nur der Benutzer selbst wissen sollte und das auf keinen Fall in die falschen Hände geraten darf. Diese Überprüfung wird als *Verifizierung* bezeichnet und geschieht, indem MySQL prüft, ob eine Kombination aus Benutzernamen und Passwort korrekt ist. Daher dienen bei MySQL im Allgemeinen Passwörter als Nachweis für die *Authentizität* – also die Echtheit einer *Identität* – gegenüber dem System.

Doch nicht nur Passwörter, sondern auch die Herkunft einer Anfrage, also die *IP-Adresse* des Rechners, von dem die Anfrage stammt, kann als Authentifizierungsmaßnahme dienen. Zusätzlich zu der Kombination aus Benutzernamen und Passwort kontrolliert MySQL auch noch den *Hostnamen*. Details dazu erfahren Sie noch ausführlich im Sicherheitskapitel.

Der Hostname ist die Bezeichnung oder die IP-Adresse jenes Rechners, von dem aus sich ein Benutzer anmeldet. Durch diesen Mechanismus kann beispielsweise verhindert werden, dass Benutzer sich von unerlaubten Rechnern aus anmelden, indem der Zugriff nur vom lokalen System – also `localhost` oder 127.0.0.1 – aus gestattet wird. Dieses Konzept gilt beispielsweise automatisch für Root-Accounts, wenn Sie während des Installationsskripts die Option `Enable root access from remote machines` verneint haben. Ein allgemeiner Benutzerzugang besteht daher aus drei Teilen:

1. Benutzername
2. Passwort
3. Hostname

MySQL speichert alle Informationen über seine Benutzer in der Datenbank namens »mysql«, die während der Installation automatisch angelegt wird. Diese Datenbank hat mehrere Tabellen, wovon eine Tabelle den Bezeichner »user« trägt. Diese Tabelle enthält Daten über die verschiedenen Nutzer und über deren Berechtigungen. Sie können sie sich ansehen, indem Sie zuerst die Datenbank »mysql« aktiv setzen und sich Informationen über die Tabelle anzeigen lassen, wie mit den Befehlen in Listing 6.42 dargestellt. Es wird jedoch ausdrücklich empfohlen, Daten nicht direkt in dieser Datenbank zu verändern, sondern die Befehle zu verwenden, die Sie im Sicherheitskapitel noch kennenlernen werden.

```
mysql> USE mysql;
Database changed
mysql> DESCRIBE user;
```

Listing 6.42 Die Datenbank »mysql« anzeigen

Durch diesen Befehl erhalten Sie eine Übersicht der Felder dieser Tabelle. Interessant sind hier besonders die drei ersten Attribute `name`, `host` und `password`, wie in Listing 6.43 angezeigt:

```
+----------+----------+------+-----+---------+-------+
| Field    | Type     | Null | Key | Default | Extra |
+----------------------+-----------------------+-|
|  Host    | char(60) | NO   | PRI |         |       |
|  User    | char(16) | NO   | PRI |         |       |
| Password | char(41) | NO   |     |         |       |
+----------+----------+------+-----+---------+-------+
```

Listing 6.43 Details der Tabelle »user«

Bereits an der Struktur dieser Tabelle können Sie erkennen, dass die Attribute `Host` und `User` den Primärschlüssel bilden. Durch die Angabe dieser beiden Felder wird ein Benutzer von einem anderen unterschieden, und diese Kombination muss natürlich eindeutig sein. Außerdem sehen Sie, dass Hostnamen maximal 60 Zeichen, Benutzernamen nur *maximal 16 Zeichen* lang sein dürfen. Auch wenn die Idee verlockend scheint, diese Daten einfach mittels `ALTER TABLE`-Statements zu ändern: Es ist schlicht nicht möglich, da diese Begrenzungen fest und unveränderlich im Code (engl. *hard coded*) enthalten sind. Im Allgemeinen sollten Sie keine der Tabellen der Datenbank »mysql« selbst verändern, da diese Änderungen zu unvorhersehbarem Verhalten führen können.

Verwenden Sie am besten für Benutzernamen und Hostnamen ausschließlich Zeichen des ASCII-Zeichensatzes[7], denn nur so können Sie sicher sein, dass die Buchstaben und Symbole, die Sie verwenden, auch auf allen Systemen gleich interpretiert werden. Die Passwörter, die zu jedem Benutzerzugang gehören, werden ebenfalls in der Tabelle »user« gespeichert. Passwörter werden jedoch nicht im Klartext, sondern bereits verschlüsselt gespeichert. Das bedeutet, dass keine Passwörter in ihrer ursprünglichen Form gespeichert werden. Somit sind Passwörter nicht einmal für Administratoren direkt lesbar. MySQL verwendet dazu eine eigene *Passwort-Hashfunktion* namens `PASSWORD()`, mit deren Hilfe Passwörter verschlüsselt werden. Sie können sich die Funktionsweise dieser

7 *http://tools.ietf.org/html/rfc20*

Methode ansehen, indem Sie sich bei MySQL anmelden und den Befehl aus Listing 6.44 eingeben:

```
mysql> SELECT PASSWORD('geheim');
+-------------------------------------------+
| PASSWORD('geheim')                        |
+-------------------------------------------+
| *462366917EEDD1970A48E87D8EF59EB67D2CA26F |
+-------------------------------------------+
1 row in set (0,02 sec)
```

Listing 6.44 Ein Passwort verschlüsseln

Wie Sie in Listing 6.44 sehen können, verwandelt die Funktion `PASSWORD` ein von Ihnen bereitgestelltes Passwort in einen String aus Zeichen und Ziffern. Wenn Sie sich als Benutzer nun bei MySQL anmelden und dasselbe Passwort wie im Beispiel verwenden (geheim), dann erzeugt diese Methode den identischen verschlüsselten String. Somit weiß MySQL, dass Sie das passende Kennwort angegeben haben, da diese Funktion eine *Einwegfunktion*[8] ist, die aus einem Input immer denselben, eindeutigen Schlüssel erzeugt. Durch diese Technik wird vermieden, dass in den Tabellen lesbare Passwörter stehen, die einem böswilligen Administrator – denn nicht alle sind gutmütig – Rückschlüsse auf andere Kennwörter desselben Benutzers liefern könnten. Das betrifft natürlich auch alle anderen (genauso böswilligen) User und insbesondere Angreifer, die sich ebenfalls Zugriff auf diese Tabellen verschafft haben könnten.

Wie in Kapitel 10, »Sicherheit«, sehen werden, bietet MySQL ein sehr ausgefeiltes und sehr feinmaschiges Berechtigungskonzept, mit dem Sie Benutzergruppen Rechte zuweisen können. Um einen neuen Benutzer anzulegen, können Sie den Befehl aus Listing 6.45 verwenden:

```
CREATE USER 'user'@'localhost' IDENTIFIED BY 'geheim';
```

Listing 6.45 Einen neuen Benutzer anlegen

MySQL erzeugt nun einen neuen Eintrag in der Tabelle »user« der Datenbank »mysql«. Sie können sich mit folgendem Befehl aus Listing 6.46 vergewissern:

```
mysql> SELECT Host, User, Password
    -> FROM mysql.user
    -> WHERE User='user'\G
```

8 Das Besondere an Einwegfunktionen ist, dass es verhältnismäßig leicht ist, in eine Richtung zu rechnen (vom eingegebenen Passwort in Richtung Hashcode), aber nahezu unmöglich wieder zurück vom Code zum Passwort.

```
*********** 1. row ***********
Host: localhost
User: user
Password: *462366917EEDD1970A48E87D8EF59EB67D2CA26F
1 row in set (0.00 sec)
```

Listing 6.46 Benutzer anzeigen

Mit diesem SELECT-Statement führen Sie eine Abfrage auf die Tabelle »user« der Datenbank »mysql« durch und filtern diese nach dem neu angelegten Benutzernamen »user«. Als Ergebnis erhalten Sie die angegebenen drei Attributspalten Host, User und Password, welche die entsprechenden Einträge enthalten. Wenn Sie die beiden Beispiele aus Listing 6.44 und Listing 6.46 vergleichen, dann sehen Sie, dass das Passwort beide Male identisch verschlüsselt wurde, da es sich auch um dasselbe Klartextpasswort gehandelt hat.

Der so angelegte Benutzer verfügt allerdings noch über keine Rechte. Wenn Sie diesem User das Abfragen aller Tabellen innerhalb der »FlughafenDB« erlauben wollen und dieser Benutzer auch Daten in diese Tabellen eintragen können soll, dann müssen Sie ihm mittels GRANT noch die notwendigen Rechte vergeben. Verwenden Sie dazu den folgenden Befehl aus Listing 6.47:

```
mysql> GRANT INSERT, UPDATE, DELETE on FlughafenDB.*
    -> TO 'user'@'localhost';
```

Listing 6.47 Benutzerrechte zuweisen

Durch dieses Statement weisen Sie dem Benutzer »user« mittels GRANT drei verschiedene Rechte auf alle Tabellen der »FlughafenDB« zu: INSERT, UPDATE und DELETE, mit denen dieser Benutzer vom localhost aus Datensätze einfügen, verändern und löschen darf. Mit diesen Berechtigungen lässt sich bereits grundlegend mit der Datenbank arbeiten, ohne dass hier zu viele Rechte zugestanden worden wären. Dieses kurze einführende Beispiel soll hier nur zur Motivation dienen. Details über die verschiedenen Benutzerrechte und deren genaue Verwendung finden Sie in Kapitel 10, »Sicherheit«.

Usermanagement

Benutzerrechte und deren korrekte Vergabe sind von äußerster Wichtigkeit für Datenbankmanagement-Systeme. Sie legen fest, dass Anwender nur jene Daten zu Gesicht bekommen oder auch verändern dürfen, für die sie auch zuständig sind. Oftmals werden die unterschiedlichsten Datenbanken mit ein und demselben System verwaltet, und dementsprechend viele Benutzer gibt es auf solchen Systemen. Sie als Administrator haben dafür Sorge zu tragen, die naturgegebene Neugierde Ihrer User einzudämmen und somit die Privatsphäre anderer Benutzer und die Daten an sich zu schützen.

Um Benutzerkonten wieder zu löschen, setzen Sie einfach das Statement `DROP USER` aus Listing 6.48 ein, das analog zu den Ihnen bereits bekannten `DROP`-Statements den angegebenen Benutzer mitsamt seinen Berechtigungen aus dem System löscht. Auch hier gilt wieder die übliche Mahnung zur Vorsicht.

```
DROP USER 'user'@'localhost';
```

Listing 6.48 Benutzer löschen

6.3 Die zentrale Konfigurationsdatei »my.cnf«

MySQL verfügt über unzählige Einstellungs- und Konfigurationsmöglichkeiten, die sich drastisch auf die Leistungsfähigkeit des gesamten Datenbanksystems auswirken können. Im folgenden Abschnitt erhalten Sie einen detaillierten Überblick über diese Einstellungen.

MySQL kann Informationen über Anpassungen aus unterschiedlichen Quellen entgegennehmen. Zum einen gibt es die Möglichkeit, den MySQL-Server beim Starten mit zusätzlichen Parametern zu versorgen, die sich dann auf den laufenden *Dämon* oder *Daemon* auswirken. Zum anderen existiert auf jedem System eine *zentrale Konfigurationsdatei* – die manchmal auch als *Optionsdatei* bezeichnet wird – mit dem Dateinamen *my.cnf*. Diese ist eine strukturierte Textdatei, in der die Serverparameter festgehalten sind.

Da MySQL oftmals automatisch gestartet wird, kann nicht immer garantiert werden, dass alle gewünschten Optionen auch angegeben werden, da diese in Vergessenheit geraten können. Daher sollten Sie die zentrale Konfigurationsdatei verwenden, die von allen laufenden MySQL-Instanzen eingelesen wird und somit automatisch und immer berücksichtigt wird. Diese Datei ist zudem wesentlich übersichtlicher als die Angabe von vielen Parametern. Sie finden diese Konfigurationsdatei mit dem Namen *my.cnf* standardmäßig im Verzeichnis */etc/* Ihrer Linux-Distribution. Vergewissern Sie sich aber mit folgendem Befehl, woher Ihre MySQL-Installation wirklich die Parameter bezieht, denn es kann auch mehrere dieser Konfigurationsdateien geben.

Rufen Sie dazu den MySQL-Server-Daemon mit den Parametern `--help` und `--verbose` auf. Dadurch erhalten Sie detaillierte Informationen über Ihren Server und auch über die verwendeten Konfigurationsdateien und in welcher Reihenfolge diese angewendet werden, siehe Listing 6.49:

```
bash# mysqld --help --verbose
```

Listing 6.49 Informationen ausgeben

Sie erhalten eine sehr umfangreiche Liste, in deren obersten Teil Sie die gesuchten Informationen finden (Listing 6.50):

```
Default options are read from the following files in the given order:
/etc/my.cnf
/etc/mysql/my.cnf
/usr/local/mysql/etc/my.cnf
~/.my.cnf
```

Listing 6.50 Gelesene Konfigurationsdateien

Was Sie hier erkennen können ist, dass MySQL mehrere Konfigurationsdateien liest. Die Datei */etc/my.cnf* ist die *globale Konfigurationsdatei*. Sie können auf Ihrem Server mehrere, verschiedene MySQL-Instanzen, also mehrere MySQL-Server parallel, installieren. Diese globale Konfigurationsdatei wird jedoch von all diesen Instanzen gelesen und berücksichtigt. An zweiter Stelle folgt ein weiteres Standardverzeichnis vieler Distributionen, in dem ebenfalls auf vorhandene *my.cnf*-Dateien geprüft wird. Diese Datei wird nach der globalen Optionsdatei eingelesen. Sollten hier Änderungen im Vergleich zur globalen Konfigurationsdatei auftreten, werden die neueren übernommen. Die dritte gelesene Konfigurationsdatei im Ordner */usr/local/mysql/etc/my.cnf* ist jene für die aktuell mit dem Befehl `mysqld` aufgerufene Installation von MySQL.

Da Sie – falls Sie dem Installationsbeispiel gefolgt sind – den Server in dieses Verzeichnis installiert haben, prüft diese MySQL-Instanz den Unterordner Ihres Installationsverzeichnisses auf eine weitere Konfigurationsdatei. Diese bezieht sich ausschließlich auf diese konkrete *Instanz*. Hätten Sie einen weiteren MySQL-Server auf Ihrem Linux-Server installiert, dann hätte die zweite Instanz hier ein weiteres Verzeichnis.

Oftmals werden verschiedene MySQL-Instanzen installiert, um beispielsweise ein Testsystem zur Verfügung zu haben. Durch die getrennten Konfigurationsdateien können Sie verschiedene Werte für die unterschiedlichen Instanzen testen. Beide bzw. alle Instanzen lesen jedoch zuerst die globale Konfigurationsdatei */etc/my.cnf* zuerst ein. Sollte sich in einer der individuellen Konfigurationsdateien ein Parameter ändern, wird jener Wert in der globalen Konfigurationsdatei durch den der individuellen überschrieben.

Die vierte Datei befindet sich im *Homeverzeichnis* (*~/my.cnf*) des Linux-Users, unter dem der MySQL-Server läuft. Sollten Sie lediglich einen Serverdienst von MySQL betreiben, dann schreiben Sie die Konfigurationen am besten in die globale Datei im Ordner */etc/my.cnf*. Welche Parameter von verschiedenen Konfigurationsfiles ausgelesen werden, erfahren Sie durch den Befehl in Listing 6.51:

```
mysqld --print-defaults
```

Listing 6.51 Parameter ausgeben

Dadurch erhalten Sie eine Liste gesetzter Optionen und gleichzeitig deren aktuellen Wert.

6.3.1 Die Syntax der Konfigurationsdatei

Damit der MySQL-Dienst die Einstellungen der Konfigurationsdatei (auch als Optionsdatei bezeichnet) lesen kann, müssen Sie eine einfache *Syntax*, also Schreibweise, einhalten. Um diese spezielle Syntax kennenzulernen, öffnen Sie die Standardkonfiguration, die in Abschnitt 6.1, »Von neuen Quellen – MySQL selbst kompilieren und installieren«, eingerichtet wurde, mit einem Texteditor Ihrer Wahl, beispielsweise mit dem Editor »nano«, wie in Listing 6.52 gezeigt:

```
bash# nano /etc/my.cnf
```

Listing 6.52 Die Konfigurationsdatei bearbeiten

Sie sehen den Kopfbereich, der den Inhalt der Datei textuell beschreibt. Diese Zeilen beginnen alle mit der Raute (engl. *hash*), durch die Kommentare gekennzeichnet werden. Sie werden viele solcher Kommentare wie in Listing 6.53 in der Konfigurationsdatei finden, da diese die Bedeutung vieler Einstellungen genau beschreiben. Alle Zeilen, die mit einer Raute beginnen, werden folglich von MySQL einfach ignoriert und dienen ausschließlich der Dokumentation für Sie oder andere Administratoren. Dasselbe Resultat erhalten Sie mit dem Semikolon `;`. Beispiele für Kommentare sehen Sie in Listing 6.53:

```
# Das ist ein Kommentar
; Auch das ist ein Kommentar
```

Listing 6.53 Zwei Kommentare

Eine Optionsdatei ist in unterschiedliche Abschnitte unterteilt, in denen die Einstellungen für unterschiedliche Programme, die mit MySQL interagieren, festgelegt werden. Diese Gruppen dienen zur Strukturierung des Files und erleichtern zusätzlich die Lesbarkeit, da immer genau definiert ist, für welche Komponente die Einstellungen gelten. Gruppenblöcke werden durch eckige Klammern dargestellt, in denen der betreffende Programmname geschrieben steht. Die in Listing 6.54 dargestellte Gruppe bezieht sich auf die Client-Komponente, also jene Software, mit der Sie sich mit dem Server verbinden:

```
[client]
port            = 3306
socket          = /tmp/mysql.sock
```

Listing 6.54 Client-Optionen

Der *Block* der Client-Einstellungen definiert in diesem minimalen Beispiel lediglich zwei Optionen, den Port und die sogenannte Socket-Datei. Diese beiden Optionen gelten für alle Clients, die sich mit dem MySQL-Server verbinden, nicht jedoch für andere Gruppen, die Sie später noch kennenlernen werden.

Die *Optionen* werden einzeln pro Zeile für den entsprechenden Block definiert. Jede Zeile darf nur eine einzige Option samt Wertzuweisung enthalten. Optionen bestehen immer aus einem Optionsnamen, der festlegt, welche Einstellung gesetzt wird. Dieser Name ist mit jenem identisch, den Sie auch als Kommandozeilenparameter mit übergeben können. Die meisten Optionen verlangen einen Wert, der ihnen zugewiesen wird. Eine solche Wertzuweisung erfolgt durch ein =-Zeichen und den eigentlichen Wert. Der Abstand zwischen dem Optionsnamen und dem eigentlichen Wert dient nur der besseren Übersicht. In Listing 6.54 wird der anzusteuernde Port auf den Wert 3306 gesetzt, indem die Option `port` auf eben diesen Wert gesetzt wird.

Leerzeichen vor und nach den Optionsangaben ignoriert MySQL. Falls Sie trotzdem Leerräume wie Leerzeichen, Tabulatoren oder sonstige Sonder- und Satzzeichen als Optionswerte benötigen, müssen Sie diese mittels des Maskierungszeichen (engl. *escape sequences*) wie \b für ein Leerzeichen oder \\ für den Backslash setzen. Manchmal kann es notwendig sein, solche Sonderzeichen zu maskieren. Beispielsweise, wenn Sie Pfadangaben auf einen Ordner in Ihrem Dateisystem machen müssen, deren Namen ein ebensolches Zeichen enthält. Details über Maskierungen finden Sie in der Referenz am Ende des Buches.

6.3.2 Die grundlegenden Einstellungen

Die vordefinierte Konfigurationsdatei *my.cnf*, die Sie aus dem Ordner *support-files* kopiert und umbenannt haben, beinhaltet alle zum Standardbetrieb notwendigen Einstellungen. Diese müssen Sie nun an Ihren Server und dessen Eigenschaften sowie an Ihre Anforderungen bezüglich Speicherbedarf und Leistungsfähigkeit anpassen. Diese Einstellungen hängen, wie bereits erwähnt, natürlich von vielen Faktoren ab, die Sie durch Ausprobieren in realen Bedingungen testen können. Wie Sie genaue Benchmarks und Performance-Analysen durchführen können sowie Tipps zu speziellen Einstellungen finden Sie in Abschnitt 7.9, »Optimierungstechniken«. Das folgende Listing 6.55 enthält jene Einstellungen, die für größere Server in der mitgelieferten Beispielkonfiguration empfohlen werden. Der Übersicht wegen enthält dieses Listing nur gesetzte Optionen und keine Kommentare und auskommentierte Einstellungen.

```
# The MySQL server
[mysqld]
port            = 3306
socket          = /tmp/mysql.sock
skip-external-locking
key_buffer_size = 16M
table_open_cache = 64
sort_buffer_size = 512K
net_buffer_length = 8K
read_buffer_size = 256K
read_rnd_buffer_size = 512K
myisam_sort_buffer_size = 8M

log-bin=mysql-bin
binlog_format=mixed

server-id       = 1
max_allowed_packet = 1M
innodb_buffer_pool_size = 256M
```

Listing 6.55 Die Standardeinstellungen der Beispielkonfiguration

Zu Beginn sehen Sie den Block `[mysqld]`, der anzeigt, dass sich die folgenden Einstellungen nur auf den Serverdienst und nicht auf den Client oder weitere, externe Programme beziehen. Für diese gibt es eigene Blöcke und daher auch getrennte Einstellungsmöglichkeiten.

Als Erstes wird der `port`, auf den MySQL für TCP/IP-Verbindungen lauscht, auf den Wert `3306` gesetzt. Dieser Port wird von Clients verwendet, die sich mit dem Server über TCP/IP verbinden, und kommt unter anderem auch bei der Replikation zum Einsatz. Belassen Sie diesen Wert am besten auf seiner Standardeinstellung. Für lokale Verbindungen wird eine sogenannte Socket-Datei verwendet, indem die Variable `socket` auf einen absoluten Pfad im Dateisystem gesetzt wird. Im Standardfall lautet dieser Pfad */tmp/mysql.sock*. Mithilfe dieser Datei können Clients, die auf demselben Server wie der Serverdienst *mysql* betrieben werden, ohne den Umweg über das Netzwerk mit dem Serverdienst kommunizieren. Das birgt einen deutlichen Geschwindigkeitsvorteil, da kein Netzwerk-Overhead entsteht. Belassen Sie auch diese Einstellung am besten im Originalzustand.

Die Einstellung `skip_external_locking` können Sie dann setzen, wenn nur ein einziger Serverdienst gleichzeitig die Tabellen im Dateisystem des Betriebssystems verwaltet. MySQL legt für alle Datenbanken und Tabellen, die es verwaltet, eigene Dateien im Dateisystem an und schreibt die Änderungen in diese Dateien. Im Normalfall läuft nur ein Server, der mehrere Datenbanken verwaltet. Kein anderer Prozess oder Dienst verändert diese Dateien. Daher muss MySQL keine externen Schreibsperren von anderen Prozessen berücksichtigen, was durch diese Option festgelegt wird. Das System spart sich dadurch die zusätzliche Kontrolle und ist leistungsfähiger.

Sie könnten nun jedoch einen weiten Serverdienst einrichten, der auf dieselben Dateien (und damit Daten) zurückgreift. Diese spezielle Fähigkeit wird jedoch nur in Ausnahmeszenarien benötigt, und es ist nicht ratsam, mehrere, gleichzeitig laufende Dienste auf denselben Datendateien zu betreiben. Daher sollten Sie diese Einstellung setzen und nicht auskommentieren.

Die folgenden Einstellungen betreffen das Speichermanagement von MySQL und legen fest, wie viel wertvollen Hauptspeicher für welche Bereiche reserviert werden. Wie Sie diese Variablen genau wählen können und was Sie dabei beachten müssen, ist Teil des Datenbanken-Tunings, das Sie in Abschnitt 7.9, »Optimierungstechniken«, noch ausführlich kennenlernen werden. Je nachdem, welche Storage-Engines Sie hauptsächlich verwenden, sind diese Einstellungen jene, welche sehr tiefgreifende Auswirkungen auf die Leistungsfähigkeit Ihrer Datenbankanwendung haben können. Details zu Storage-Engines finden Sie in Abschnitt 5.4.

Die Option `log-bin` legt fest, dass das Binär-Log eingeschaltet wird und dass die Dateien, in denen die Logs abgespeichert werden, den Namen *mysql-bin* haben. Die Angabe des Dateinamens – hier `mysql-bin` – ist optional. Wenn Sie keinen Namen angeben, wählt MySQL automatisch den Standardnamen *mysql-bin* für die Logfiles.

Wichtig ist, dass Sie diese Option setzen, damit MySQL das Binär-Log anlegt. Sie benötigen diese wichtige Informationsquelle sowohl für zeitpunktbezogene Backups (siehe Abschnitt 7.4) als auch für die Replikation (siehe Kapitel 8). Durch diese Option legt MySQL automatisch neue Logfiles an, in dem es eine aufsteigende Nummer an den angegebenen Dateinamen anhängt. MySQL speichert diese Dateien automatisch im Datenverzeichnis des Servers. Sie können aber auch einen ganzen Pfad angeben, wenn Sie etwa die Log-Dateien auf einer eigenen Partition ablegen wollen, weil dort mehr Speicher vorhanden ist. Geben Sie dazu einfach den absoluten Pfad an, wie Sie es in Listing 6.56 sehen können:

```
log-bin = /LogPartition/binary_logs
```

Listing 6.56 Die Log-Dateien auf einer eigenen Partition ablegen

Seit der Version 5.6.2 von MySQL gibt es eine eigene Variable, in welcher der Name für das Binär-Log samt Pfad abgelegt wird. Diese Variable lautet `log_bin_basename`.

Mit der Variablen `binlog_format=mixed` legen Sie das Format für die Log-Dateien fest, das für die Replikation verwendet wird. Es gibt die drei Formate zeilenweises Logging (`row-based`), ganze Statements (`statement-based`) oder einen gemischten Modus (`mixed`). Der letztgenannte Modus erlaubt es, automatisch zwischen dem standardmäßig gesetzten Statement-Format und dem Zeilenformat Standardformat umzuschalten. Setzen Sie diesen Wert daher auf `mixed`, Details zur Replikation finden Sie in Kapitel 8. Auch die Variable `server-id` betrifft die Replikation. Sie ist für die Unterscheidung der einzelnen an der Replikation beteiligten Rechner zuständig und muss für jeden Server eindeutig und einmalig vergeben sein. Es handelt sich dabei einfach um eine Zahl, die größer als 1 sein muss.

Die letzte Option in der Beispielkonfiguration ist `max_allowed_packet`, sie legt fest, wie groß ein einzelnes Datenpaket maximal sein darf, das mit dem MySQL-Server ausgetauscht wird. Auch diese Einstellung wird in Abschnitt 7.9, »Optimierungstechniken«, noch genauer beschrieben. In diesem Fall beträgt die Größe 1 MB.

Nachdem Sie nun die grundlegenden Einstellungen vorgenommen haben, speichern Sie die Konfigurationsdatei ab und starten den MySQL-Server neu, damit dieser die neuen Einstellungen übernimmt. Sollte der Server den Start verweigern, werfen Sie am besten einen Blick in das `error_log`, in dem alle Fehler festgehalten werden.

6.3.3 Kommandozeilenargumente

Die meisten MySQL-Parameter können Sie, wie bereits erwähnt, auch direkt beim Starten des Servers zusätzlich auf der Kommandozeile angeben. Diese Parameter geben Sie einfach mit einem Bindestrich getrennt nach dem Aufruf des Serverprogramms durch `mysqld` oder eines anderen MySQL-Tools, wie zum Beispiel dem Client `mysql`, an. Diese Parameter und Kommandos können auch Werte beinhalten, die nach einem Zuweisungszeichen (=) direkt an das Kommando bzw. die Option angehängt werden. Das einfachste Beispiel für einen Kommandozeilenaufruf kennen Sie bereits, es ist in Listing 6.57 nochmals dargestellt:

```
bash# mysql -u root -p
```

Listing 6.57 Einfacher Kommandozeilenaufruf

Viele Optionen verfügen über eine Kurzform, um Ihnen Schreibarbeit zu ersparen. Die in Listing 6.57 verwendeten Optionen -u und -p sind die Kurzschreibweisen für den in Listing 6.58 dargestellten, ausgeschriebenen Aufruf:

```
bash# mysql --user root --password
```

Listing 6.58 Ausgeschriebener Aufruf

Wie Sie sehen, wird die Kurzschreibweise mit nur einem Bindestrich, die lange Schreibweise jedoch mit zwei Bindestrichen angegeben. Zusätzlich können Sie bei der kurzen Variante den Optionswert auch direkte an den Buchstaben der Abkürzung setzen, ohne ein Zuweisungszeichen zu verwenden. Das Leerzeichen zwischen dem Buchstaben der Kurzschreibweise und dem eigentlichen Wert ist optional. Bei der langen Schreibweise dürfen Sie kein Leerzeichen zwischen dem Zuweisungszeichen und dem Optionswert angeben. Betrachten Sie dazu das folgende Beispiel in Listing 6.59, in dem beide Schreibweisen kombiniert werden:

```
bash# mysql -uroot -p
--execute="select * from FlughafenDB.passagier"
```

Listing 6.59 Kommandozeilenaufruf mit Execute Statement

Dieser Kommandozeilenaufruf setzt neben den beiden Kurzschreibweisen für den Benutzernamen und das Passwort die lange Form für die Execute-Option ein. Mit dieser können Sie Anfragen direkt an den Server stellen, Sie erhalten die Ausgabe sofort in die Konsole selbst zurück, wie in Listing 6.60 dargestellt wird:

```
+-------------+-----------+---------+----------+
| passagier_id | passnummer | vorname | nachname |
+-------------+-----------+---------+----------+
|   1234567890 | P12345678  | Ada     | Betha    |
+-------------+-----------+---------+----------+
```

Listing 6.60 Die Ausgabe des Aufrufs mit Execute (Ausschnitt)

Die meisten MySQL-Kommandos und Optionen können Sie sowohl im Konfigurationsfile als auch mit Variablen oder per Parameter angeben. Die Namen der Optionen sind dabei in den allermeisten Fällen identisch. Bei Kommandos, die aus mehreren Wörtern bestehen, können Sie sowohl den Bindestrich, als auch den Unterstrich verwenden. MySQL macht zwischen diesen beiden Möglichkeiten keinen Unterschied. Falls Sie wie im oberen Beispiel in Listing 6.56 mehrere Werte – also beispielsweise ein komplettes SELECT-Statement, einsetzen möchten, müssen Sie dieses innerhalb von doppelten Anführungsstrichen setzen.

6.3.4 Server-Variablen setzen und ändern

In den vorigen Abschnitten haben Sie die Konfigurationsdatei und ihre Struktur sowie die Angabe von Kommandozeilenparametern kennengelernt. Wie bereits einleitend erklärt wurde, gibt es verschiedene Möglichkeiten, die Einstellungen von MySQL zu verändern. Meist geschieht das durch den Einsatz von Server-Variablen. Diese können Sie entweder beim Starten, also mittels Kommandozeilenparameter, im Konfigurationsfile setzen oder *dynamisch* während der Laufzeit verändern.

Wenn Sie Variablen dauerhaft anpassen möchten, sollten Sie die geänderten Werte in der zentralen Konfigurationsdatei anpassen, denn diese wird bei jedem Neustart automatisch neu eingelesen und die Änderungen somit jedes Mal eingestellt. Mit dieser Methode können Sie verhindern, dass eine während der Laufzeit gesetzte Variable in Vergessenheit gerät und nach einem Neustart des Servers nicht erneut gesetzt wird.

Globale und lokale Variablen

MySQL kennt verschiedene Gültigkeitsbereiche von Variablen. Man unterscheidet hier zwischen *globalen Variablen* und *lokalen Variablen*. Letztere werden auch als Sessionvariablen bezeichnet, da Sie sich nur auf bereits angemeldete, aktive Verbindungen – sogenannte Sessions – beziehen. Wenn Sie globale Variablen ändern, dann betreffen diese Änderungen nur jene Clients, die sich nach der Änderung mit dem Server verbinden.

Die eigenen Sitzungsvariablen können Clients selbst verändern. Sie gelten jedoch nur für ihre eigene Verbindung und nur so lange diese auch besteht. Wenn der MySQL-Server startet, werden die Werte für die Server-Variablen aus den Konfigurationsdateien gelesen, und etwaige Kommandozeilenparameter werden ebenfalls den Variablen als Werte zugewiesen.

Allgemein sind fast alle Variablen mit Standardwerten vorbelegt, die Sie der Dokumentation entnehmen können. Die Sitzungsvariablen wiederum werden mit den globalen Vorgabewerten belegt, Clients können diese dann gegebenenfalls verändern. Diese Änderung bezieht sich jedoch nur auf die aktuelle Verbindung und muss bei jeder neuen Session auch neu gesetzt werden.

Sie können fast alle Variablen auch ohne Neustart ändern, beispielsweise zu Testzwecken. Wie Sie gleich noch lernen werden, können Sie die meisten Variablen direkt innerhalb der Client-Anwendung auf einen neuen Wert setzen.

Ausgenommen von dynamischen Veränderungen zur Laufzeit sind hauptsächlich jene Einstellungen, die sehr tiefgreifende Veränderungen am System bewirken, beispielsweise Verzeichnisangaben (`base_dir`) oder die IP-Adresse, auf die der Server lauscht (`bind_address`). Solche Variablen können Sie nur durch Startparameter oder innerhalb von Konfigurationsdateien ändern, und diese werden daher auch erst nach einem Neustart wirksam.

Variablen, die sich dynamisch verändern lassen, können Sie mithilfe des MySQL-Clients setzen, dazu muss der Server natürlich laufen. Dynamische Variablen bieten den Vorteil, dass sich Änderungen an ihnen bei neuen Verbindungen sofort auswirken, ohne den Server neu starten und somit andere Verbindungen unterbrechen zu müssen.

Um systemweite, also globale Variablen zu setzen, benötigen Sie das `SUPER`-Privileg. *Sessionspezifische* Variablen benötigen keine besonderen Benutzerrechte, da sie sich nur auf die jeweils eigenen Einstellungen pro Client beziehen. Details zu Benutzerrechten finden Sie auch in Kapitel 10, »Sicherheit«.

Variablen können also sowohl einen globalen als auch einen sessionspezifischen Kontext haben. Generell setzen Sie Variablen mithilfe des `SET`-Befehls. Um anzugeben, ob Sie eine Variable global oder nur für Ihre aktuelle Sitzung ändern möchten, verwenden Sie entweder das Schlüsselwort `GLOBAL` oder eben `SESSION`. Betrachten Sie beispielsweise die aktuellen Werte der Variablen `wait_timeout` mithilfe des Statements `SHOW VARIABLES`, das in Listing 6.61 nacheinander im globalen und im lokalen Kontext abgerufen wird. Die Variable `wait_timeout` gibt an, wie lange ein Server eine inaktive Verbindung offen hält:

```
mysql> SHOW GLOBAL VARIABLES LIKE 'wait_timeout';
+---------------+-------+
| Variable_name | Value |
+---------------+-------+
| wait_timeout  | 28800 |
+---------------+-------+
1 row in set (0,00 sec)
mysql> SHOW SESSION VARIABLES LIKE 'wait_timeout';
+---------------+-------+
| Variable_name | Value |
+---------------+-------+
| wait_timeout  | 28800 |
+---------------+-------+
1 row in set (0,00 sec)
```

Listing 6.61 Aktuelle Werte der Variablen »wait_timeout«

Hier sehen Sie, dass beide Typen der Variablen auf den Standardwert von 28.800 Sekunden (8 Stunden) gesetzt sind. Um nun diesen Wert im globalen Kontext zu verändern, verwenden Sie einen der Befehle aus Listing 6.62:

```
SET GLOBAL wait_timeout=3600;
SET @@global.wait_timeout = 3600;
```

Listing 6.62 Globale Servervariablen setzen

Beide Schreibweisen sind synonym, sie führen also beide zum selben Ergebnis, nämlich zu einem neuen globalen Wert für die Variable `wait_timeout` von 3.600 Sekunden. Lassen Sie sich nun erneut beide – die Global- wie auch die Sessionvariable – anzeigen, wie in Listing 6.63 angeführt. Sie stellen fest, dass die globale Variable auf den neuen Wert gesetzt wurde, während die Sessionvariable auf dem alten, vormals globalen Wert geblieben ist. Das liegt daran, dass die aktuelle Verbindung bereits gestartet war und sich Änderungen an globalen Variablen erst bei neuen Sitzungen auswirken.

```
mysql> SHOW GLOBAL VARIABLES LIKE 'wait_timeout';
+---------------+-------+
| Variable_name | Value |
+---------------+-------+
| wait_timeout  | 3600  |
+---------------+-------+
1 row in set (0,00 sec)
mysql> SHOW SESSION VARIABLES LIKE 'wait_timeout';
+---------------+-------+
| Variable_name | Value |
+---------------+-------+
| wait_timeout  | 28800 |
+---------------+-------+
1 row in set (0,00 sec)
```

Listing 6.63 Vergleich von globaler und lokaler Variable

Um nun die sessionbezogene Variable zu ändern, verwenden Sie einen der folgenden Befehle aus Listing 6.64:

```
SET SESSION wait_timeout = 600;
SET @@session.wait_timeout = 600;
SET LOCAL wait_timeout = 600;
SET @@local.wait_timeout = 600;
```

Listing 6.64 Sessionvariablen setzen

Alle vier Schreibweisen aus Listing 6.64 sind synonym und führen daher zum selben Ergebnis. Die verschiedenen Schreibweisen werden aus Kompatibilitätsgründen zu anderen Datenbanksystemen unterstützt. Wenn Sie sich nun die aktuelle Sessionvariable mit dem Befehl aus Listing 6.65 ansehen, werden Ihnen die für diese Session eingestellten Werte angezeigt.

```
mysql > SHOW SESSION VARIABLES LIKE 'wait_timeout'
```

Listing 6.65 Sitzungsvariable anzeigen

Falls Sie weder `GLOBAL` noch `SESSION` als Schlüsselwort beim Setzen oder auch beim Anzeigen mit `SHOW VARIABLES` angeben, dann nimmt MySQL automatisch den Sessionkontext an, sofern diese Variable im Sessionkontext vorhanden ist. Ansonsten wird die Servervariable gesetzt.

Optionswerte

Die meisten Servervariablen werden mit Werten belegt, die dann vom Server beim Starten geladen werden. Viele Optionen können aber einfach auch nur ein- oder ausgeschaltet werden. Dynamisch änderbare Optionen können Sie, während MySQL läuft, ein- bzw. ausschalten, indem Sie deren Wert auf `ON` bzw. `OFF` setzen. Sie können ebenfalls `1` für `ON` bzw. `0` für `OFF` angeben und sich so etwas Schreibarbeit sparen. In den Optionsdateien und auch bei den Kommandozeilenparametern dürfen Sie jedoch nur die Werte `1` bzw. `0` verwenden, um eine Option an- oder auszuschalten. Die ausgeschriebenen Varianten `ON` bzw. `OFF` werden hier nicht erkannt.

Erwartet eine Option numerische Werte, gibt es ebenfalls eine Kurzschreibweise für Zahlenwerte. Dazu können Sie folgende Multiplikatoren verwenden: `K` (kilo), `M` (mega) und `G` (giga), die Sie beispielsweise für den Speicherbedarf bei verschiedenen Puffern angeben können. Sie entsprechen den allgemein aus der Informatik bekannten Größenordnungen von 1024^1, 1024^2 (=1048576) und 1024^3 (1073741824). Somit müssen Sie beispielsweise bei einem Speicherbedarf von 64 MB lediglich `64M` angeben. Diese Schreibweise dürfen Sie allerdings nur in Konfigurationsdateien oder Kommandozeilenparametern verwenden, nicht im Client für dynamische Werte. Dafür können Sie hier mathematische Ausdrücke verwenden, wie beispielsweise

```
mysql > SET GLOBAL sort_buffer_size = 64 * 1024 * 1024
```

um die Variable `sort_buffer_size` dynamisch auf den Wert von 64 MB zu setzen.

6.4 MySQL aktualisieren und erweitern

Software ist niemals perfekt, und sie wird ständig weiterentwickelt, um neue Features zu ermöglichen und alte Fehler zu beheben. Daher ist es von Zeit zu Zeit notwendig, dass Sie Ihre MySQL-Installationen auf den aktuellsten Stand bringen oder erweitern.

6.4.1 Upgrades

Am wichtigsten sind Aktualisierungen im Hinblick auf *Sicherheits-Updates*, durch die etwaige *Schwachstellen* behoben werden können, aber auch um die Leistungsfähigkeit Ihres Servers durch die Anpassung an aktuelle Möglichkeiten und Entwicklungen zu erhöhen.

Generell müssen Sie ein paar wichtige Punkte beachten, damit Sie MySQL erfolgreich und sicher auf den neuesten Stand bringen können. Updates können mitunter zu tiefgreifenden Veränderungen im System führen. Legen Sie daher unbedingt **Backups** all Ihrer Daten und Einstellungen an! Nur so können Sie Datenverluste durch Fehler oder Inkompatibilitäten so gut wie möglich vermeiden. Wie Sie Backups anlegen, erfahren Sie in Abschnitt 7.4.

Des Weiteren ist es unabdingbar, sich mit der Dokumentation der Version, auf die Sie MySQL upgraden möchten, zu befassen. Sie enthält in der sogenannten *Change History* wichtige Hinweise zum Update-Prozess und liefert eine Übersicht über die Neuerungen in der neuen Version. Sie müssen diese Informationen unbedingt **bevor Sie das System upgraden lesen**, denn nur so wissen Sie, auf welche Besonderheiten Sie Rücksicht nehmen müssen. So sind beispielsweise wichtige Sicherheits-Updates unabdingbar, während eine Änderung im Verhalten (beispielsweise ein gestrichenes Feature) Ihre komplette Installation lahmlegen kann. Daher müssen Sie sich vorher informieren, welche Änderungen eingespielt werden.

Die im offiziellen englischsprachigen Manual von MySQL gegebenen Hinweise zu Versions-Upgrades beziehen sich immer auf die vorangegangene Version von MySQL. Wenn Sie also beispielsweise aktuell MySQL 5.5 installiert haben, dann finden Sie diese Hinweise in der aktuellen Version 5.6[9]. Überspringen Sie keine Versionsnummern, sondern führen Sie notfalls ein schrittweises Upgrade durch, indem sie in der Zwischenzeit erschienene Versionen ebenfalls mit einbeziehen und so schrittweise auf die aktuellste Version hin aktualisieren.

Vergewissern Sie sich zunächst, welche Version von MySQL Sie aktuell installiert haben. Melden Sie sich dazu wie gewohnt mithilfe des Clients bei MySQL an, und verwenden Sie den folgenden Befehl aus Listing 6.66:

```
mysql> SELECT VERSION();
+------------+
| VERSION()  |
+------------+
| 5.5.13-log |
+------------+
```

Listing 6.66 Anzeigen der aktuellen Version

9 *http://dev.mysql.com/doc/refman/5.6/en/upgrading-from-previous-series.html*

Bevor Sie sich an das Upgrade machen, sichern Sie unbedingt Ihre Daten, denn gerade Upgrades können auch manchmal nicht problemlos verlaufen. Der einfachste Befehl zum Sichern aller Datenbanken und den darin enthaltenen Daten wird in Listing 6.67 vorgestellt:

```
mysqldump -u root -p --all-databases > /tmp/FlughafenBackup.sql
```

Listing 6.67 Ein Backup aller Daten anlegen

Durch diesen Befehl legen Sie ein vollständiges Backup der Daten an und speichern dieses im temporären Verzeichnis */tmp* unter dem Namen *FlughafenBackup.sql*. Details zu Backups und ausführliche Beschreibungen erfahren Sie in Abschnitt 7.4. Sollte bei der Aktualisierung etwas schiefgehen, können Sie dieses notfalls wieder einspielen. Ein Upgrade an sich entspricht einer neuen Installation, indem Sie die vorhandene überschreiben. Wenn Sie ursprünglich einen Paketmanager eingesetzt haben, dann wird dieser alle erneuerbaren Pakete für Sie beim Upgrade-Prozess selbstständig herunterladen und aktualisieren. Über neue Versionen werden Sie beim Aufruf des Paketmanagers informiert, wenn Sie diesen – wie beispielsweise unter Debian üblich – mit dem Befehl aus Listing 6.68 aktualisieren.

```
bash# apt-get update
```

Listing 6.68 Den Paketmanager apt aktualisieren

Sollte eine neue Version von MySQL gelistet werden, installieren Sie diese einfach mit dem Befehl aus Listing 6.69:

```
bash# apt-get install mysql-server
```

Listing 6.69 MySQL mit dem Paketmanager apt aktualisieren

Natürlich müssen Sie auch hier Backups anlegen und die Hinweise in der Dokumentation beachten, denn es kann auch hier notwendig sein, Tabellen samt Inhalt neu in die aktualisierte Version einzuspielen.

Falls Sie MySQL manuell installiert und aus den Quellen kompiliert haben, dann laden Sie die aktuelle Version wie bei der eingangs erwähnten Installation von der Webseite herunter, und kompilieren Sie die neue Version ebenfalls wie in Abschnitt 6.1.2, »MySQL kompilieren und installieren«, beschrieben. Die Aktualisierung erfolgt, wie gehabt, in den Phasen:

1. Auspacken mit `tar`
2. Konfigurieren mit `cmake`

3. Makefiles erzeugen mit `make`
4. Installieren mit `make install`

Vergessen Sie nicht, den aktuell laufenden MySQL-Prozess herunterzufahren, bevor Sie die neue Version mit `make install` installieren. Wenn Sie eine neue MySQL-Version auf diese Art installieren, werden geänderte Binär-Dateien und Einstellungen automatisch ersetzt, während Ihre Daten und Konfigurationen erhalten bleiben.

Nachdem Sie die neue Version von MySQL mithilfe der oben genannten Befehle installiert haben, können Sie den Dienst erneut starten, indem Sie den Befehl aus Listing 6.70 einsetzen:

```
bash # /etc/init.d/mysql start
```

Listing 6.70 MySQL erneut starten

Der MySQL-Serverdienst startet daraufhin neu, und Sie können sich wie gewohnt anmelden, um zu überprüfen, ob die Version aktualisiert wurde. Verwenden Sie dazu wieder den Befehl aus Listing 6.71:

```
mysql> SELECT VERSION();
+--------------+
| VERSION()    |
+--------------+
| 5.6.2-m5-log |
+--------------+
```

Listing 6.71 Die neue Version überprüfen

Wie Sie sehen, wurde die Version geändert. Um nun auch Ihre Daten zu überprüfen, gibt es ein eigenes Tool, das die Tabellen in allen Datenbanken auf Inkompatibilitäten zwischen der alten Version und der neuen Version hin überprüft. Rufen Sie daher das Werkzeug *mysql_upgrade* auf, wie in Listing 6.72 gezeigt:

```
bash # mysql_upgrade -u root -p
Enter password:
Looking for 'mysql' as: mysql
Looking for 'mysqlcheck' as: mysqlcheck
Running 'mysqlcheck' with connection arguments: '--port=3306'
'--socket=/tmp/mysql.sock'
Running 'mysqlcheck' with connection arguments: '--port=3306'
'--socket=/tmp/mysql.sock'
FlughafenDB.buchung                                 OK
FlughafenDB.flug                                    OK
```

```
FlughafenDB.flug_log                              OK
FlughafenDB.flughafen                             OK
FlughafenDB.flughafen_beschreibung                OK
.
.
.
mysql.columns_priv                                OK
mysql.db                                          OK
mysql.event                                       OK
mysql.func                                        OK
mysql.general_log                                 OK
Running 'mysql_fix_privilege_tables'...
OK
```

Listing 6.72 Der Aufruf von mysql_upgrade

Dieses Programm führt Table-Checks durch und informiert Sie über etwaige Probleme. Sie sollten sicherstellen, dass während dieses Vorgangs keine Client-Anfragen eintreffen. Wenn Sie ein Upgrade von MySQL in den vorgegebenen Versionsschritten durchführen, sollten Sie im Allgemeinen auf keine Schwierigkeiten stoßen.

6.4.2 Die Plugin-API

MySQL bietet seit Version 5.1 die Möglichkeit an, den Server und die damit vorhandenen Funktionen mit eigenen Erweiterungen auszubauen. Dazu setzt MySQL eine sogenannte *API* (Application Programming Interface) ein, also eine Schnittstelle zwischen dem Server und den *Plugins*, den Erweiterungen. Diese Erweiterungen können in verschiedene Typen eingeordnet werden, da sie verschiedene Aufgaben erfüllen. Gemeinsam ist allen Plugins, dass sie zur *Laufzeit*, also dynamisch, geladen werden können, ohne dass ein Serverneustart notwendig ist. Die folgende Liste gibt einen Überblick über die verschiedenen Plugin-Typen, also jene Bereiche, für die Plugins eingesetzt werden können:

- Speicher-Engines
- Parser (Fulltext)
- Daemons
- Replikationserweiterungen
- Richtlinien (Audits)
- Authentifizierung

MySQL setzt von Haus aus auf eine modulare Architektur, da beispielsweise *Storage-Engines* (vergleiche Abschnitt 5.4) je nach gewünschten Eigenschaften pro Tabelle eigens definiert werden können. Dieses System wurde durch die Plugin-API noch deutlich erweitert, indem Erweiterungen für die unterschiedlichsten Zwecke nicht nur dynamisch geladen, sondern mit dem entsprechenden Know-how auch selbst programmiert werden können. Das Schreiben von Plugins selbst ist jedoch nicht trivial und würde den Rahmen dieses Buches sprengen. Im Folgenden sehen Sie jedoch, wie Sie Plugins dynamisch laden können.

MySQL benötigt verschiedene Informationen über installierte Erweiterungsmodule. Diese Daten werden in einer eigenen Tabelle namens »PLUGINS« innerhalb der Datenbank »INFORMATION_SCHEMA«, die standardmäßig bei jeder Installation von MySQL angelegt wird, gespeichert. Sie können sich die Felder mit dem Befehl aus Listing 6.73 ansehen:

```
mysql > DESCRIBE INFORMATION_SCHEMA.PLUGINS
```

Listing 6.73 Informationen über Plugins anzeigen

Neben dem Namen des Plugins werden hier Informationen über den Autor sowie über die aktuelle Version des Plugins gespeichert. Um sich die aktuell installierten Plugins Ihrer Installation anzeigen zu lassen, können Sie den Befehl in Listing 6.74 verwenden:

```
mysql> SHOW PLUGINS;
```

Listing 6.74 Plugins anzeigen

Sie erhalten dadurch eine List mit dem Plugin-Namen, dem Status (aktiv bzw. inaktiv), dem Typ des Plugins, zusätzlichen Libraries sowie der Lizenz. Um ein neues Plugin verwenden zu können, müssen Sie dieses zuerst in das Plugin-Verzeichnis von MySQL kopieren. Prüfen Sie mit dem Statement in Listing 6.75, in welchem Verzeichnis nach Plugins gesucht wird:

```
mysql> SHOW VARIABLES LIKE 'plugin_dir';
```

Listing 6.75 Das Plugin-Verzeichnis anzeigen

Nachdem Sie das Plugin dorthin kopiert haben, können Sie es mit dem folgenden Befehl aus Listing 6.76 installieren. Plugins haben die Dateiendung *so* (*shared object*).

```
mysql> INSTALL PLUGIN bezeichner
   -> SONAME 'plugin_datei.so'
```

Listing 6.76 Ein Plugin installieren

Der `bezeichner` in Listing 6.76 ist nicht frei wählbar, sondern er wird im Beschreibungsfile, das im Plugin enthalten ist, festgelegt. Der `SONAME` ist der Dateiname der Plugin-Datei. Um die Installation eines Plugins zu testen, können Sie, sofern Sie MySQL selbst kompiliert haben, beispielsweise die BLACKHOLE-Speicher-Engine testen, die bei der selbst kompilieren Variante nicht automatisch mit installiert wird. Die Plugin-Datei befindet sich jedoch bereits im Plugin-Verzeichnis. Geben Sie zum Installieren einfach folgenden Befehl ein:

```
mysql> INSTALL PLUGIN BLACKHOLE
   -> SONAME 'ha_blackhole.so';
```

Listing 6.77 Die BLACKHOLE-Speicher-Engine installieren

Durch den dargestellten Befehl lädt MySQL das Plugin BLACKHOLE dynamisch hinzu. Die BLACKHOLE-Engine dient zu Testzwecken. Sie können Daten in ihr ablegen, diese aber nicht mehr abrufen, sie verhält sich also wie ein schwarzes Loch, daher auch der Name.

Um sich alle aktiven Plugins anzeigen zu lassen, können Sie die Abfrage aus Listing 6.78 einsetzen:

```
mysql> SELECT PLUGIN_NAME FROM INFORMATION_
SCHEMA.PLUGINS WHERE PLUGIN_STATUS = ‘active‘;
```

Listing 6.78 Aktive Plugins feststellen

Um diese Engine wieder zu deinstallieren, rufen Sie einfach `UNINSTALL PLUGIN` auf, wie im folgenden Listing 6.79 dargestellt.

```
mysql> UNINSTALL PLUGIN BLACKHOLE;
```

Listing 6.79 Ein Plugin deinstallieren

6.5 Zusammenfassung

In Abschnitt 6.1, »Von neuen Quellen – MySQL selbst kompilieren und installieren«, haben Sie gesehen, wie Sie MySQL selbst kompilieren können. Das Übersetzen der Pakete auf Ihrem eigenen System hat den Vorteil, dass dadurch automatisch Optimierungen für die von Ihnen eingesetzte Hardware sowie für Ihr konkretes Linux-Betriebssystem vorgenommen werden. Der etwas höhere Aufwand kann sich also in einer erhöhten Leistungsfähigkeit und in einer sehr flexiblen Installation bemerkbar machen.

Nachdem Sie MySQL erfolgreich installiert haben, müssen Sie die Installation grundlegend absichern, da die Standardeinstellungen unter Umständen zu schwach sind und somit ein Sicherheitsrisiko darstellen. Dazu gehört neben richtigen Berechtigungen auf Dateisystemebene natürlich auch ein sicheres Root-Passwort. Details, wie Sie einen neuen Benutzer anlegen und Nutzerberechtigungen setzen können, erfahren Sie in Kapitel 10, »Sicherheit«.

Sie können in MySQL an sehr vielen Stellschrauben drehen und es auf Ihre Bedürfnisse hin zuschneiden. Sehr wichtig sind hierbei die kommandozeilenbasierten Startparameter und insbesondere die zentrale Konfigurationsdatei *my.cnf*, die Sie ebenfalls kennengelernt haben. In Abschnitt 7.9, »Optimierungsmöglichkeiten«, sehen Sie, wie Sie diese Datei anpassen können, um mehr aus Ihrem MySQL-Server herauszuholen.

Der Schluss dieses Abschnitts beschäftigte sich mit der Aktualisierung und Erweiterung von MySQL. Es ist sehr wichtig, MySQL auf aktuellem Stand zu halten, um mögliche Bugs und Sicherheitslücken zu tilgen. Auch wenn die Software selbst sehr stabil und sicher ist, werden immer wieder neue Fehler entdeckt und ausgebessert. Nur durch regelmäßige Updates können Sie diese Vorteile einer aktiven Community auch auf Ihrem System nutzen. Wenn Sie mit MySQL Spezielleres vorhaben, dann kommt Ihnen der Plugin-Mechanismus zugute, der tief innerhalb des Systems integriert ist und somit die Flexibilität noch weiter erhöht. Mit diesem können sie externe Plugins von Drittanbietern einsetzen oder auch auf Lösungen für Spezialaufgaben zurückgreifen.

Hier lernen Sie, wie Sie MySQL administrieren, sich um Backups kümmern und an den richtigen Schrauben drehen, um einen sicheren und zuverlässigen Betrieb zu gewährleisten.

7 MySQL administrieren

Im vorigen Kapitel haben Sie gelernt, wie Sie MySQL selbst kompilieren, installieren und grundlegend absichern. In diesem Kapitel erfahren Sie, welche Aufgaben Sie als Administrator erwarten. Dieses Kapitel stellt zusätzlich die wichtigsten Tools vor, mit deren Hilfe Sie die unterschiedlichsten Probleme lösen werden.

7.1 Der bordeigene Werkzeugkasten

Eine MySQL-Installation besteht aus mehreren Programmen, die Sie unabhängig voneinander verwenden können, um mit dem vielleicht wichtigsten Programm – dem Server-Dämon (Server-Daemon) *mysqld* – zu kommunizieren und zu arbeiten. Es handelt sich dabei um Programme, die Sie direkt auf der Kommandozeile ausführen können. Diese Tools sind bei der Binärdistribution für Ihr Betriebssystem bereits vorhanden, und falls Sie MySQL manuell installiert haben, finden Sie sie auch im *bin*-Verzeichnis innerhalb des Installationsverzeichnisses. Die wichtigsten dieser Werkzeuge sind:

- *mysql*: Das ist der interaktive Client, den Sie bereits kennen.
- *mysqladmin*: Das ist ein hilfreiches Tool für die Administration.
- *mysqlimport*: Importiert Daten in eine Datenbank.
- *mysqldump*: Ist notwendig für sichere Backups Ihrer Daten.
- *mysqlcheck*: Überprüft Tabellen und repariert diese gegebenenfalls.
- *mysqlslap*: Das ist ein Benchmarking-Programm zum Testen der Serverlast.

Neben diesen sehr wichtigen kommandozeilenbasierten Tools gibt es noch weitere Werkzeuge, die über eine grafische Oberfläche verfügen. Dazu gehören:

- *MySQL Workbench*
- *MySQL Administrator*
- *MySQL Query Browser*

Diese Programme müssen Sie extra von den Webseiten[1] von MySQL herunterladen und eigens installieren. Sie haben den Vorteil, dass sie die Handhabung verschiedener administrativer Aufgaben wesentlich vereinfachen. Dennoch ist es unabdingbar, dass Sie die wichtigsten Werkzeuge und Tools auf Kommandozeilenebene beherrschen. Gerade in stressigen Situationen, wo Sie eventuell keinen Zugriff auf die Programme mit Benutzeroberflächen haben, sind diese unverzichtbar. Außerdem lassen sich viele wichtige Aufgaben, wie beispielsweise Backups, auch automatisieren. Das funktioniert jedoch nur mit kommandozeilenbasierten Programmen, die Sie mit Parametern steuern können.

Die meisten der folgenden Kommandozeilenprogramme befinden sich im *bin*-Verzeichnis Ihrer MySQL-Installation. Wenn Sie den Pfad bereits zu den Umgebungsvariablen hinzugefügt haben, wie in Abschnitt 6.1.5, »Den MySQL-Dienst starten«, erklärt wurde, dann können Sie diese Programme einfach mit dem jeweiligen Namen des Tools aufrufen.

7.2 Der Name ist Programm: mysqladmin

Das erste Tool, das Sie kennenlernen, heißt *mysqladmin*, und es handelt sich dabei um ein Werkzeug, mit dem Sie – Sie ahnen es bereits – administrative Aufgaben erledigen können.

7.2.1 Datenbanken anlegen und löschen

Beispielsweise können Sie mit mysqladmin schnell und unkompliziert Datenbanken anlegen, indem Sie das Tool mit den folgenden Parametern aus Listing 7.1 aufrufen:

```
bash# mysqladmin create neueDatenbank -u root -p
```

Listing 7.1 Mit mysqladmin eine Datenbank anlegen

Mit dem in Listing 7.1 dargestellten Befehl legt MySQL sofort eine neue und leere Datenbank an. Auch hier müssen Sie den Benutzernamen »root« und das passende Passwort angeben. Dieser Befehl ist beispielsweise dann nützlich, wenn Sie schnell und unkompliziert eine neue Datenbank benötigen. Genauso schnell lassen sich Datenbanken auch wieder löschen. Verwenden Sie dazu den Aufruf aus Listing 7.2:

1 *http://dev.mysql.com/downloads/workbench/5.2.html* und *http://dev.mysql.com/downloads/gui-tools/5.0.html*

```
bash# mysqladmin drop neueDatenbank -u root -p
Enter password: ****
Dropping the database is potentially a very bad thing to do. Any
data stored in the database will be destroyed.

Do you really want to drop the 'neueDatenbank' database [y/N] y
Database "neueDatenbank" dropped
```

Listing 7.2 Eine ganze Datenbank löschen

In diesem Fall warnt Sie MySQL davor, die gesamte Datenbank zu löschen, wenn Sie sich direkt mit dem Client einloggen, würde das Löschen der Datenbank ohne Warnung erfolgen. Das Resultat ist beide Male dasselbe: Die Datenbank `neueDatenbank` wird sofort gelöscht.

7.2.2 Caches leeren

Ein weiteres, wichtiges Gebiet, um das Sie sich kümmern müssen, sind die verschiedenen Pufferspeicher, die Sie ebenfalls regelmäßig warten müssen. MySQL bietet eine Reihe von verschiedenen Cache-Speichern, die beispielsweise für Berechtigungen oder Tabellenoptimierungen verwendet werden. Dazu zählen die folgenden Speicher für:

- Berechtigungen (*flush-privileges*)
- Host-Informationen (*flush-hosts*)
- Logs (*flush-logs*)
- Statusvariablen (*flush-status*)
- Tabellen (*flush-tables*)
- Threads (*flush-threads*)

Diese Zwischenspeicher können Sie flushen, also leeren, indem Sie den für den Speicher zuständigen Flush-Befehl `mysqladmin` als Parameter angeben. Eine Liste dieser Pufferspeicher sehen Sie oben aufgeführt. Um beispielsweise die Berechtigungstabellen neu zu laden, indem der aktive Berechtigungs-Cache geleert wird, verwenden Sie die Befehlszeile aus Listing 7.3. Dadurch werden Änderungen an den Berechtigungstabellen sofort wirksam.

```
bash# mysqladmin flush-privileges -u root -p
```

Listing 7.3 Berechtigungstabelle neu laden

MySQL bietet noch weitere Möglichkeiten an, mit denen Sie die Zwischenspeicher von MySQL leeren können. Beispielsweise können Sie alle Berechtigungstabellen auch mit dem Befehl aus Listing 7.4 neu laden, die beiden Befehle bewirken dasselbe:

```
bash# mysqladmin reload
```

Listing 7.4 Kurzschreibweise zum Neuladen der Berechtigungstabelle

Es gibt viele Szenarien, in denen Sie die Caches leeren müssen, um den Betrieb Ihres Servers ordnungsgemäß fortsetzen zu können. Zum Beispiel verwaltet MySQL die Anzahl der Verbindungsversuche pro Host in der Servervariablen `max_connect_errors`. Diese ist standardmäßig auf 10 gesetzt und bewirkt, dass ein Client, der sich mehr als zehnmal erfolglos zu verbinden versucht hat, blockiert wird. Diese Einstellung schützt vor zu häufigen Verbindungsversuchen. Wenn ein Host diese Zahl überschritten hat und somit gesperrt wurde, dann können Sie mit dem Befehl `flush-hosts` aus Listing 7.5 diese Blockade wieder lösen, bis der Host den Grenzwert erneut erreicht. Nur wenn Sie diesen Pufferspeicher leeren, kann ein gesperrter Host wieder versuchen, sich zu verbinden.

```
bash# mysqladmin flush-hosts -u root -p
```

Listing 7.5 Den Hosts-Cache leeren

Um alle Tabellen-Caches neu zu laden und die Logfiles zu schließen und neu zu öffnen, können Sie entweder `flush-tables` und `flush-logs` nacheinander einsetzen, oder Sie verwenden den Befehl aus Listing 7.6, der beide Aktionen nacheinander durchführt:

```
bash# mysqladmin refresh
```

Listing 7.6 Tabellen- und Log-Caches neu laden

7.2.3 Das Root-Passwort ändern

Sie können mysqladmin jedoch nicht nur zum Anlegen von Datenbanken und leeren von Caches verwenden. Sie können damit auch Ihr Root-Passwort ändern. Dazu müssen Sie den Befehl aus Listing 7.7 einsetzen:

```
mysqladmin -u root -p password neuesPasswort
```

Listing 7.7 Das eigene Root-Passwort ändern

Dieser Befehl setzt das Root-Passwort auf den angegebenen Befehl. Damit Sie das Passwort neu setzen können, müssen Sie das aktuelle jedoch wissen, denn der Client fragt dieses interaktiv ab. Dieser Befehl benötigt in jedem Fall die Berechtigung `SUPER`, um das Passwort neu setzen zu können.

Selbstverständlich können Sie Passwörter auch mithilfe des MySQL-Clients setzen, die hier gezeigte Methode ist aber oftmals schneller, da Sie einfach nur das neue Passwort für den Root-Nutzer angeben müssen. Um ein Passwort als Root-User für einen beliebigen anderen Benutzer zu setzen, verwenden Sie einfach das `UPDATE`-Statement, wie im folgenden Beispiel in Listing 7.8 dargestellt:

```
mysql> UPDATE mysql.user SET
    -> Password=PASSWORD('neuesPasswort')
    -> WHERE User='testuser';
```

Listing 7.8 Ein Passwort im Client neu setzen

Diese Methode hat den Vorteil, dass Sie hier jedes Passwort ändern können, nicht nur von Ihrem eigenen Root-Account, sondern von jenem Nutzer, dessen Namen Sie in der `WHERE`-Klausel angeben. Im obigen Beispiel wird das Kennwort vom User testuser auf den neuen Wert `neuesPasswort` gesetzt. Nachdem Sie dieses Passwort geändert haben, vergessen Sie nicht, die Berechtigungen neu zu laden. Erst dann werden die Änderungen wirksam. Sie können dies innerhalb des Clients mit `FLUSH PRIVILEGES` oder außerhalb des Clients mit dem Befehl aus Listing 7.9 tun:

```
mysqladmin flush_privileges -u root -p
```

Listing 7.9 Berechtigungen neu laden mit flush_privileges

Selbstverständlich hätten Sie für diese Aufgabe auch den `GRANT`-Befehl verwenden können, den Sie aus Abschnitt 6.2, »Usermanagement«.

Das Root-Passwort neu setzen

Sollten Sie einmal aus Versehen Ihr MySQL Root-Passwort vergessen haben, dann bewahren Sie Ruhe, denn es gibt auch hier eine Lösung. Sie können MySQL mit einem speziellen Parameter starten, durch den das System die Berechtigungstabelle nicht berücksichtigt. Dadurch können Sie sich (und jeder andere Benutzer auch!) ohne Passwort anmelden. Stoppen Sie zuerst den MySQL-Server, falls dieser läuft. Wechseln Sie dazu in das Root-Konto Ihres Linux-Systems, und rufen Sie das init-Skript mit dem Parameter `stop` auf:

```
/etc/init.d/mysql stop
```

Listing 7.10 MySQL anhalten

Daraufhin wird der Server-Prozess beendet. Sie können den Server nun erneut mit der Option `--skip-grant-tables` starten:

```
mysqld_safe --skip-grant-tables &
```

Listing 7.11 MySQL ohne Berechtigungstabellen laden

Nun wird der Server erneut hochgefahren, Sie benötigen jedoch kein Passwort mehr, um sich am Server als Datenbankbenutzer »root« anzumelden. Verwenden Sie dazu:

```
mysql -u root
```

Listing 7.12 Wie gewohnt anmelden

Beachten Sie, dass hier der bekannte Parameter `-p` nicht gesetzt wird, da Sie kein Passwort angeben werden. Sie landen im MySQL-Client und verfügen dort über alle Privilegien. Unter anderem können Sie nun endlich das neue Root-Passwort für den wichtigsten Zugang zu MySQL setzen. Hier kommt wieder der aus Listing 7.8 bekannte `UPDATE`-Befehl zum Einsatz:

```
mysql> UPDATE mysql.user SET Password=PASSWORD('neuesPasswort')
WHERE User='root';
```

Listing 7.13 Das Passwort neu setzen

Als Nächstes müssen Sie die Berechtigungstabelle neu laden. Verwenden Sie dazu:

```
mysql> FLUSH PRIVILEGES;
```

Listing 7.14 Die Berechtigungstabelle neu laden

Nach diesem Schritt sollten Sie sich aus dem Client abmelden und den manuell gestarteten MySQL-Server, der mittels `--skip-grant-tables` gestartet wurde, stoppen. Verwenden Sie für diese Aufgabe wieder:

```
/etc/init.d/mysql stop
```

Listing 7.15 MySQL-Server stoppen

Gleich danach können Sie den Server wieder neu durchstarten, dieses Mal jedoch wieder mithilfe des init-Skripts und ohne die Angabe weiterer Parameter:

```
/etc/init.d/mysql start
```

Listing 7.16 MySQL mit Standardeinstellungen starten

Nach diesem Schritt startet Ihr MySQL-Server wieder mit Passwortschutz, und Sie können sich mit dem neu gesetzten Passwort anmelden. Natürlich benötigen

Sie die Root-Rechte für Ihr Linux-System, um den Server zuerst herunterfahren und dann mit der speziellen Option starten zu können. Aus diesem und vielen anderen Gründen sollten Sie dieses Root-Passwort auf keinen Fall vergessen.

7.2.4 Den Server überwachen

Doch mysqladmin ist nicht nur für die bisher genannten Aufgaben nützlich, es bietet Ihnen auch die Möglichkeit, sich schnell und unkompliziert über den aktuellen Zustand Ihres MySQL-Servers zu informieren. So können Sie beispielsweise überprüfen, ob Ihre Instanz von MySQL überhaupt läuft. Verwenden Sie dazu den Befehl in Listing 7.17:

```
bash# mysqladmin ping
mysqld is alive
```

Listing 7.17 Ein Lebenszeichen

In Produktivumgebungen sollten Sie selbstverständlich ein automatisches Überwachungstool wie Nagios[2] einsetzen. Solche Programme laufen selbstständig und können Sie per E-Mail oder sogar SMS über Störungen benachrichtigen. Mit dem Werkzeug *Nagios* können Sie nicht nur MySQL selbst überprüfen, sondern sämtliche Dienste, wie etwa Apache oder den Mailserver, im Auge behalten.

Einen kurzen Überblick über den aktuellen Status können Sie mit dem in Listing 7.18 dargestellten Aufruf einholen:

```
bash# mysqladmin status -u root -p
Enter password:
Uptime: 1195  Threads: 1  Questions: 10  Slow queries: 0  Opens:
33  Flush tables: 1  Open tables: 26  Queries per second avg: 0.8
```

Listing 7.18 Statusinformationen anzeigen

Der Befehl `status` liefert Ihnen hier zwar eine sehr kurze, aber dafür auch sehr informative Ausgabe direkt auf die Kommandozeile zurück. So sehen Sie beispielsweise, seit wie vielen Sekunden Ihr Server bereits läuft (Uptime), wie viele Clients momentan verbunden sind (Threads) und weitere statistische Informationen über Anfragen und Tabellen. Dazu zählen auch die Anzahl der abgearbeiteten Anfragen (`Questions`) und insbesondere auffällige, das bedeutet langsame Anfragen (`Slow queries`).

Der Wert der Variablen `Opens` beschreibt, wie viele Tabellen der Server seit seinem Start insgesamt geöffnet hat, `Open tables` zeigt hingegen die aktuelle Anzahl geöffneter Tabellen an. `Flush tables` gibt Aufschluss darüber, wie viele `flush`-,

2 *http://www.nagios.org*

refresh- oder reload-Anweisungen der Server seit seinem Start durchgeführt hat. Die letzte Angabe, Queries per second avg, listet die durchschnittliche Anzahl von Anfragen pro Sekunde seit dem Serverstart auf.

Rufen Sie mysqladmin status immer dann auf, wann immer Sie sich einen schnellen Überblick über den Zustand Ihres MySQL-Servers verschaffen wollen. Das bedeutet, dass Sie sich regelmäßig vergewissern müssen, dass alle Anfragen nach Plan beantwortet werden können. Auffälligen Änderungen in den hier angegebenen Werten sollten Sie umgehend nachgehen!

Für eine ausführlichere Darstellung aktueller Servervariablen verwenden Sie den folgenden Befehl (Listing 7.19):

```
bash# mysqladmin extended-status -u root -p
```

Listing 7.19 Servervariablen anzeigen

Sie erhalten durch diesen Befehl eine vollständige Liste aller Optionen und Variablen sowie deren aktuelle Belegung. Einen Auszug dieser Liste sehen Sie in Listing 7.20:

```
+-----------------------------------+----------+
| Variable_name                     | Value    |
+-----------------------------------+----------+
| Aborted_clients                   | 2        |
| Aborted_connects                  | 0        |
| Bytes_received                    | 464524   |
| Bytes_sent                        | 9194415  |
.
.
.
| Open_files                        | 128      |
| Open_streams                      | 0        |
| Open_table_definitions            | 256      |
| Open_tables                       | 64       |
| Opened_files                      | 2269     |
| Opened_table_definitions          | 522      |
| Opened_tables                     | 1735     |
.
.
.
| Uptime                            | 18969    |
| Uptime_since_flush_status         | 18969    |
+-----------------------------------+----------+
```

Listing 7.20 Auszug der Variablenbelegungen

Um nach einer bestimmten Variable zu filtern, können Sie das Linux-Tool *grep* verwenden, das Sie bereits aus Abschnitt 3.3.2, »Schnellinstallation unter Linux«, kennen. Beispielsweise erhalten Sie mit dem folgenden Befehl die Anzahl aller offenen Tabellen, indem Sie die Ausgabe des *mysqladmin*-Tools an das Filterwerkzeug *grep* weiterleiten (Listing 7.21). Sie erhalten jene Zeile mit der angegebenen Variable (hier `Opened_tables`) zurück.

```
bash# mysqladmin extended-status -u root -p | grep Opened_tables
| Opened_tables                          | 1735      |
```

Listing 7.21 Eine spezielle Variable herausfiltern

Wenn Sie sich für die aktuell laufenden Querys und Verbindungen interessieren, dann benutzen Sie folgenden Befehl aus Listing 7.22:

```
mysqladmin processlist  -u root -p
+----+----+---------+---+-------+----+------+----------------+
|Id  |User|Host     |db |Command|Time|State |Info            |
+----+----+---------+---+-------+----+------+----------------+
|260 |php |localhost|CMS|Query  |160 |      |                |
|266 |root|localhost|   |Query  |0   |      |show processlist|
+----+----+---------+---+-------+----+------+----------------+
```

Listing 7.22 Aktive Prozesse anzeigen

Sie erhalten prompt eine Auflistung der aktuellen Anfragen. Mit dieser praktischen Methode können Sie beispielsweise sehr lange dauernde Anfragen identifizieren und entsprechend darauf reagieren. So können Sie beispielsweise mit dem Befehl `KILL` eine Anfrage, die zu lange läuft, abbrechen, wie in Listing 7.23 gezeigt:

```
mysql> KILL QUERY 260;
```

Listing 7.23 Eine Anfrage abbrechen

Geben Sie bei diesem Befehl die `Id` der betreffenden Anfrage an, um diese zu beenden. Sie bekommen diese `Id` mithilfe des Befehls aus Listing 7.22 oder indem Sie direkt im Client den Befehl `SHOW PROCESSLIST` verwenden. Falls Sie eine ganze Verbindung beenden müssen, verwenden Sie dazu den Befehl aus Listing 7.24:

```
mysql> KILL CONNECTION 1;
```

Listing 7.24 Eine Verbindung trennen

Wenn Sie über die Berechtigung SUPER verfügen, können Sie alle gelisteten Anfragen und Verbindungen beenden. Ohne diese Berechtigung können Sie nur Ihre eigenen Verbindungen und Querys abbrechen.

7.3 Daten importieren und exportieren

Von Zeit zu Zeit kann es notwendig sein, neue Daten in eine bestehende Datenbank zu importieren oder vorhandene Daten außerhalb der Datenbank abzuspeichern, diese also zu exportieren. Die vermutlich bekannteste Anwendung für diese Tätigkeiten stellen Backup und Recovery dar, die jedoch erst in Abschnitt 7.4 vorgestellt werden. In diesem Abschnitt lernen Sie Methoden kennen, mit denen Sie die Daten selbst ganz allgemein in Ihre Datenbank laden und auch wieder herausholen können.

7.3.1 Daten aus Dateien importieren

Sie können Daten aus unterschiedlichen Quellen importieren, wenn Sie diese als Textdatei vorliegen haben. So ist es beispielsweise möglich, Daten aus den unterschiedlichsten Anwendungen nach MySQL zu migrieren und Ihren Datenschatz dort zu verwalten und zu bearbeiten.

Ein sehr wichtiger Befehl zum Importieren von Daten ist LOAD DATA INFILE. Mit diesem Aufruf können Sie Daten aus Textdateien in eine bestehende Tabelle laden. Dieser Befehl liest Textdateien zeilenweise ein, wobei ein Datensatz in einer Zeile steht. Das Einlesen erfolgt sehr schnell, weswegen dieser Befehl auch für sehr große Datenmengen geeignet ist.

Natürlich könnten Sie die Daten auch mit dem INSERT-Statement einfügen. Dies ist jedoch viel langsamer als die Methode LOAD DATA INFILE, da für jeden einzelnen Datensatz, sofern einzeln angegeben, auch eine eigene Abfrage an den Server gestellt wird. Eine solche Abfrage beinhaltet neben dem Auf- und Abbauen der Verbindung auch die Analyse dieser Abfragen und das Anlegen des Indexes, sofern ein solcher für diese Tabelle vorgesehen ist, was ebenfalls sehr viel Zeit benötigt. Wann immer Sie Daten in einer Textdatei vorliegen haben, sollten Sie daher die Variante LOAD DATA INFILE einsetzen, da sie viel schneller ist.

Eine Standardanwendung für den Befehl LOAD DATA INFILE ist das Laden der Daten aus einer CSV-Datei. CSV-Dateien lassen sich mit sehr vielen Programmen erstellen und sind dementsprechend häufig anzutreffen. Verwenden Sie den Befehl aus Listing 7.25, um eine solche Datei in Ihre MySQL-Datenbank zu laden:

```
mysql> LOAD DATA INFILE '/tmp/daten.csv'
    -> INTO TABLE flug
    -> FIELDS TERMINATED BY ';'
    -> ENCLOSED BY '"' LINES TERMINATED BY '\n';
```

Listing 7.25 Eine CSV-Datei laden

Der in Listing 7.25 angegebene Befehl hat drei Parameter für die verschiedenen Trennzeichen der Attribute, der Werte und eines gesamten Datensatzes. Im obigen Beispiel werden Attribute durch das Semikolon getrennt (`FIELDS TERMINATED BY ';'`), die eigentlichen Werte stehen in Hochkommata und ein Datensatz wird durch einen Zeilenumbruch beendet (`ENCLOSED BY '"' LINES TERMINATED BY '\n';`). Dies sind die wichtigsten Parameter, mit denen Sie MySQL mitteilen, woran es die einzelnen Felder eines Datensatzes erkennt. Sie hängen zum einen von der Formatierung Ihrer CSV-Datei ab, zum anderen ist insbesondere das Symbol für den Zeilenvorschub von Ihrem Betriebssystem abhängig. Unter Linux verwenden Sie im Regelfall das Newline-Symbol `'\n'`, unter Windows hingegen `'\r\n'`.

Beachten Sie hierbei, dass die Datei für den Linux-User mysql lesbar sein muss, damit die Datei geladen werden kann. Sollten die Berechtigungen nicht korrekt sein, wird der folgende, in Listing 7.26 dargestellte Fehler angezeigt:

```
ERROR 13 (HY000): Can't get stat of '/tmp/daten.csv' (Errcode: 2)
```

Listing 7.26 Die Linux-Berechtigungen sind inkorrekt.

Ein weiterer Fehler, der ebenfalls häufig auftritt, ist in Listing 7.27 dargestellt. Hier wurde die Datei nicht gefunden. Überprüfen Sie daher den Pfad der Datei.

```
ERROR 29 (HY000): File '/tmp/daten.csv' not found (Errcode: 13)
```

Listing 7.27 Die Datei wird nicht gefunden.

Beachten Sie, dass in diesem Beispiel die Dateien, die Sie laden möchten, am Server liegen müssen. Allgemein sollten Sie am besten absolute Pfade angeben, damit der Speicherort der gewünschten Datei eindeutig festgelegt ist. Bei relativen Pfaden wird das Installationsverzeichnis des Servers als Ausgangspunkt verwendet. Wie Sie Dateien verwenden können, die auf einem Client-Rechner gespeichert sind, sehen Sie in Listing 7.34 auf Seite 276. Natürlich müssen Sie auch bei diesem Importvorgang bereits festgelegte Constraints berücksichtigen. Andernfalls kann beispielsweise die folgende Fehlermeldung aus Listing 7.28 auftreten.

```
ERROR 1452 (23000): Cannot add or update a child row: a foreign key
constraint fails
```

Listing 7.28 Eine Fremdschlüsselbeziehung wird verletzt.

Dieser Fehler kann dann auftreten, wenn Tabellen untereinander Fremdschlüsselbeziehungen aufweisen, wie es beispielsweise bei InnoDB-Tabellen möglich ist. Wenn Sie den Namen der Fremdschlüsselbedingung vergessen haben, können Sie sich diese entweder mit dem Befehl aus Listing 7.29 anzeigen lassen:

```
mysql> SHOW CREATE TABLE flug;
```

Listing 7.29 Die Anweisung SHOW CREATE TABLE zum Anzeigen der Tabellendefinition

Oder Sie greifen auf die interne Tabelle »INFORMATION_SCHEMA« zurück und fragen mit dem Statement aus Listing 7.30 direkt die Fremdschlüsselbeziehungen ab:

```
mysql> SELECT
    -> CONCAT(table_name,'.',column_name)
    -> AS 'Fremdschluessel',
    -> CONCAT(referenced_table_name,'.',
    -> referenced_column_name) AS 'bezieht sich auf'
    -> FROM
    -> information_schema.key_column_usage
    -> WHERE
    -> referenced_table_name IS NOT NULL AND table_name
    -> LIKE 'flug';
```

Listing 7.30 Fremdschlüssel abfragen

Durch diese SELECT-Anfrage in Listing 7.30 bekommen Sie eine Liste aller Fremdschlüssel der Tabelle »flug« zurück. Damit Sie die Tabellen nicht manuell eintippen müssen, hängt dieser Befehl mittels CONCAT die Tabellen- und Spaltennamen aneinander, die in der Datenbank »INFORMATION_SCHEMA« gespeichert sind. Mittels AS werden Aliase für die Spaltennamen angelegt, damit diese leichter verständlich sind. Details zur CONCAT-Funktion finden Sie in der Referenz. Die Ausgabe dieses Befehls ist in Listing 7.31 dargestellt.

```
+-------------------+----------------------+
| Fremdschluessel   | bezieht sich auf     |
+-------------------+----------------------+
| flug.von          | flughafen.flughafen_id |
| flug.nach         | flughafen.flughafen_id |
| flug.fluglinie_id | fluglinie.fluglinie_id |
| flug.flugzeug_id  | flugzeug.flugzeug_id   |
+-------------------+----------------------+
```

Listing 7.31 Fremdschlüsselbeziehungen anzeigen

Da Sie nun die Namen der Fremdschlüsselbeziehung kennen, können Sie Daten leichter in der richtigen Reihenfolge in die Tabellen laden.

Paketgröße und Dateigrößen

Beachten Sie beim Importieren, dass die Dateigröße den Wert der Variablen `max_allowed_packet` nicht überschreiten darf, da MySQL sonst einen Fehler wirft. Standardmäßig ist dieser Wert auf 1 MB gesetzt. Setzen Sie gegebenenfalls die Variable entsprechend auf einen passenden Wert. Den Befehl dazu finden Sie in Abschnitt 6.3.4, »Server-Variablen setzen und ändern«.

Zusätzlich zum Befehl `LOAD DATA INFILE`, den Sie direkt vom Client aus absetzen können, finden Sie im Werkzeugkasten auch das Tool *mysqlimport*, das für genau denselben Zweck vorgesehen ist. Es handelt sich dabei um den `LOAD`-Befehl, der in ein eigenständiges Programm verpackt wurde, damit Sie Ihre Tabellen bequem von der Kommandozeile aus befüllen können. Sie können die gleichen Parameter für die Zeilenschaltungen und Trennzeichen verwenden.

Stellen Sie sich vor, Ihre geniale Marketingabteilung des Flughafens hat ein Gewinnspiel durchgeführt, bei dem Anrufer vergünstigte Flüge nach Stockholm gewinnen konnten. Das Angebot galt nur für Stammkunden und der Preis entsprach der Reihenfolge der Anrufer, der erste bezahlte nur 1 €, der hundertste Anrufer 100 €, was ebenfalls ein unschlagbar günstiger Preis für die Destination ist. Da diese Aktion sehr kurzfristig angelegt war, um den Flieger in den kalten Norden noch voll zu bekommen, haben die Mitarbeiter des Telefondienstes die Daten der Anrufer manuell in eine Excel-Tabelle eingetragen und als CSV-File exportiert. In Listing 7.32 sehen Sie die CSV-Datei ausschnittsweise angeführt:

```
87; 11303;90A;19800;
88; 11303;90B;78123;
89; 11303;90C;33122;
```

Listing 7.32 Die CSV-Datei mit den glücklichen Gewinnern

Diese Datei wurde mit Excel erzeugt, die einzelnen Spalten enthalten der Reihe nach den Preis des Flugs, die `flug_id`, die Sitznummer und die `passagier_id`, welche die Mitarbeiter aus der Kundendatei ausgelesen haben. Der Preis wurde in aufsteigender Reihenfolge eingegeben, die Flugnummer ist bei allen identisch, da die Destination des Aktionsfluges vorgegeben ist. Die einzelnen Einträge sind nur durch Semikolons getrennt.

Diese Daten sollen Sie nun möglichst unkompliziert in eine eigene Buchungstabelle namens »gewinner_buchungen« eingeben. Legen Sie dazu die neue Tabelle, wie in Listing 7.33 angegeben, an:

```
CREATE TABLE gewinner_buchungen (
   -> buchung_id  int(11) NOT NULL AUTO_INCREMENT,
   -> flug_id  int(11) NOT NULL,
   -> sitzplatz  char(4) DEFAULT NULL,
   -> passagier_id  int(11) NOT NULL,
   -> preis decimal(10,2) NOT NULL,
   -> PRIMARY KEY ( buchung_id ),
   ->  KEY flug_id  ( flug_id ),
   ->KEY passagier_id  ( passagier_id ));
```

Listing 7.33 Die neue Gewinnertabelle

Um nun diese Daten aus der CSV-Datei zu importieren, können Sie den bereits vorgestellten `LOAD`-Befehl verwenden, oder Sie setzten das Tool *mysqlimport* ein, das über denselben Funktionsumfang verfügt. Das folgende Listing 7.34 zeigt diesen Befehl:

```
bash# mysqlimport
     --fields-terminated-by=';'
     --lines-terminated-by='\n'
     -u root -p
     --columns='preis,flug_id,sitzplatz,passagier_id'
     --local
FlughafenDB Pfad/zur/Datei/gewinner_buchungen.csv
Enter password:
```

Listing 7.34 Datenimport mit mysqlimport

Wie Sie leicht sehen können, heißen die Parameter gleich wie im `LOAD`-Befehl. Hier wurde als Trennungszeichen das Semikolon verwendet, das Zeilenende wird mit dem `\n`-Symbol kenntlich gemacht. Neu ist in diesem Beispiel der Parameter `columns`, mit dem Sie die Reihenfolge der Spalten in der CSV-Datei angeben können, da sich diese von der Reihenfolge in Ihrer Datenbank unterscheiden kann.

In diesem Beispiel steht der Preis als Erstes in der Datei, da die Mitarbeiter der Gewinnhotline zuerst eine Liste mit 100 Plätzen für die Gewinner angelegt haben. Mit der durch Kommata getrennten Liste teilen Sie MySQL mit, wie die Spalten aus der CSV-Datei in der Datenbanktabelle angeordnet werden müssen. In diesem einfachsten Beispiel sind auch in der CSV-Datei alle Felder relevant für Ihre Datenbank. Das muss nicht immer der Fall sein. Stellen Sie sich vor, die Telefondienstmitarbeiter hätten in ihrer Excel-Tabelle die Anrufer bewertet und in ihrer Tabelle den subjektiven Eindruck über den Ausdruck der Freude der Gewinner notiert. Die CSV-Datei mit den Enthusiasmuswerten sehen Sie in Listing 7.35:

```
87; 11303;90A;sehr;19800;
88; 11303;90B;wenig;78123;
89; 11303;90C;euphorisch;33122;
```

Listing 7.35 CSV-Datei mit einem Attribut, das nicht in der Datenbank erfasst werden soll

Dieses Attribut soll beim Einfügen ignoriert werden. Verwenden Sie dazu das @-Zeichen in der `columns`-Liste, vor dem Attribut in der CSV-Datei. MySQL behandelt diese Spalte nun wie eine Variable und speichert deren Inhalt nicht in der Tabelle ab, was andererseits zu einem Fehler führen würde, da sowohl Anzahl der Spalten aus auch die Wertebereiche der CSV-Datei nicht mehr mit der Tabelle zusammenpassen würden. In Listing 7.36 sehen Sie den leicht abgeänderten Befehl in Gänze:

```
bash# mysqlimport
     -d --fields-terminated-by=';'
     --lines-terminated-by='\n'
     -u root -p
     --columns='preis,flug_id,sitzplatz,
       @freude,passagier_id'
--local  FlughafenDB Pfad/zur/Datei/gewinner_buchungen.csv
```

Listing 7.36 Der angepasste Aufruf an mysqlimport

Die restlichen Parameter stimmen in beiden Beispielen überein. So ist der Parameter `local` – so unscheinbar er ist – wichtig. Durch diese Einstellung liest MySQL die Datei aus dem Dateisystem des Clients, von dem aus der Aufruf erfolgt. Wenn Sie `local` nicht angeben, sucht MySQL nach der Datei im Installationsverzeichnis des Servers, dorthin müssten Sie die CSV-Datei vorher extra kopieren und auch auf die Datenberechtigungen achten. Wenn Sie jedoch `local` angeben, werden die Dateisystemberechtigungen des Users verwendet, der *mysqlimport* aufruft.

Falls Sie sich wundern sollten, woher *mysqlimport* weiß, in welche Tabelle die Daten geladen werden müssen, dann betrachten Sie den Dateinamen der CSV-Datei. Das Tool verwendet immer diesen Namen ohne die Dateiendung – also ohne die Endung *.csv* oder welche immer Sie auch gewählt haben – als Zieltabellennamen an. Sie können diese Eigenschaft auch nicht durch eine zusätzliche Option beheben. Lediglich der Datenbankname – »FlughafenDB« – wurde im Beispiel angegeben, der Tabellenname wird automatisch bestimmt. Falls Sie diese Einschränkung, die zugegebenermaßen nicht sehr praktisch ist – umgehen wollen, müssen Sie den `LOAD`-Befehl verwenden. Verwenden Sie beispielsweise einen Aufruf, wie in Listing 7.37 angegeben. Der Parameter `-e` ist die Kurzform von `--execute`.

```
bash# mysql -e
"LOAD DATA INFILE '/tmp/daten.csv' INTO TABLE flughafen_
beschreibung;" FlughafenDB -u root -p
```

Listing 7.37 Einfügen von der Kommandozeile mit Tabellenangabe

Sie könnten auch die CSV-Storage-Engine verwenden, die direkt mit CSV-Dateien arbeitet. Tabellen, welche diesen Engine-Typ einsetzen, werden direkt als CSV-Dateien gespeichert. Durch diese Technik verzichten Sie jedoch auf viele Vorteile von MySQL, wie beispielweise die Indizierung.

7.3.2 Daten exportieren

Im vorherigen Abschnitt haben Sie gelernt, wie Sie Datensätze aus Dateien in Ihre MySQL-Datenbank laden können. Selbstverständlich ist auch der umgekehrte Weg möglich, mit dem Sie die Datensätze Ihrer Tabellen oder auch die Ergebnisse exportieren können. Das ist oftmals notwendig, wenn Sie Ihre Datensammlung oder beliebige Ergebnisse – auch komplexer – Anfragen mit einem anderen Programm weiterverarbeiten müssen.

Das Gegenstück zu den bereits vorgestellten Methoden, um Daten zu laden, ist der Befehl `SELECT INTO OUTFILE`, der das Ergebnis einer `SELECT`-Anfrage in eine Datei auf dem Server schreibt. Sie können alle Parameter, Schalter und Optionen verwenden, die Sie auch für gewöhnliche Abfragen einsetzen. Sie müssen lediglich die Klausel `INTO OUTFILE` zusätzlich angeben. Die Anfrage in Listing 7.38 zeigt, wie Sie alle Datensätze der Tabelle »passagier« in eine Datei im *tmp*-Verzeichnis Ihres Datenbankenservers speichern können. Auch hier wurde ein absoluter Pfad verwendet, da dieser eindeutig ist und auch auf Dateien außerhalb des Datenbanken-Installationsverzeichnisses verweisen kann.

```
mysql> SELECT * INTO OUTFILE
   -> '/tmp/allePassagiere.csv'
   -> FIELDS TERMINATED BY ';'
   -> LINES TERMINATED BY '\n'
   -> FROM passagier;
```

Listing 7.38 Daten exportieren mit INTO OUTFILE

Beachten Sie, dass Sie sowohl auf Datenbankenebene über die Berechtigung für `SELECT`-Anfragen als auch über die Berechtigung `FILE` verfügen müssen, damit Sie diesen Befehl erfolgreich ausführen können. Des Weiteren müssen Sie darauf achten, dass der Linux-Benutzer, unter dem der MySQL-Server läuft, über die notwendigen Dateisystemberechtigungen im angeführten Verzeichnis verfügen muss, um eine Datei anzulegen. Sie können aus Sicherheitsgründen keine Dateien mit diesem Befehl überschreiben, da ein böswilliger oder unbedarfter Anwender, der über das `FILE`-Privileg verfügt, sonst für MySQL wichtige Dateien überschreiben könnte. Falls die zu exportierende Datei schon existiert, weist MySQL Sie mit einer Fehlermeldung wie in Listing 7.39 darauf hin:

```
ERROR 1086 (HY000): File '/tmp/allePassagiere.csv' already exists
```

Listing 7.39 Fehlermeldung beim versuchten Überschreiben der Export-Datei

Die mit dieser Methode angelegte Datei ist für alle Benutzer Ihres Linux-Systems les- und beschreibbar und daher für sensible Daten absolut nicht geeignet. Generell sollten Sie diese Methode nicht für Backups einsetzen, da CSV-Files keine Informationen über die ursprüngliche Struktur der Tabelle und über die eingesetzten Datentypen aufweisen. Für Backups gibt es ein viel geeigneteres Tool, das Sie im folgenden Abschnitt kennenlernen werden.

Wie bereits erwähnt wurde, werden die zu exportierenden Daten in einer Datei am Server abgespeichert. Damit Sie oder andere Anwender diese Datei lokal – beispielsweise mit einem Tabellenkalkulationsprogramm – weiterverarbeiten können, benötigen Sie Zugriff auf das Dateisystem des Datenbankservers. Das ist vermutlich nicht immer möglich, da der Zugriff aus guten Gründen oft auf einen kleinen Personenkreis eingeschränkt ist. Um dennoch die Daten weiterverarbeiten zu können, ist es möglich, die `SELECT`-Anfrage vom Client aus an den Server zu stellen und das Ergebnis lokal in eine Datei umzuleiten. Verwenden Sie dazu den Befehl aus Listing 7.40, indem Sie diesen in der Kommandozeile eingeben:

```
bash# mysql -e "SELECT * FROM passagier" --default-character-
set=utf8 -u root -p FlughafenDB > allePassagiere.txt
```

Listing 7.40 Export-Ergebnis Client-seitig speichern

Durch diesen Befehl wird das Ergebnis in die Datei *allePassagiere.txt* umgeleitet. Beachten Sie, dass hier keine speziellen Formatangaben getroffen wurden, sondern die Ergebnismenge mit tabulatorgetrennten Spalten in die Datei geschrieben werden. Die Angabe des Parameters `--default-character-set=utf8` sorgt dafür, dass auch etwaige Umlaute in den Namen der Passagiere korrekt abgespeichert werden, sofern Sie unter Linux ebenfalls UTF-8 als Zeichensatz einsetzen. Diese Datei wird in jenem Verzeichnis gespeichert, von dem aus der Befehl eingegeben wurde. Selbstverständlich können Sie auch einen anderen Ort angeben.

7.4 Richtig sichern – Backups und Strategien

Die Wichtigkeit der Administrationsaufgabe, die in diesem Abschnitt vorgestellt wird, kann gar nicht genug betont werden: **Backups**. Ohne eine richtige Strategie und eine konsequente Umsetzung sind Ihre Daten in Gefahr, sobald Sie diese in der Datenbank abgelegt haben. Kein System ist vor Fehlern gefeit, keine Hardware- oder Softwarekomponente ist frei von Mängeln.[3] Menschen stolpern über Stromkabel, kippen Kaffee in Lüftungsschlitze und geben aus Versehen gefährliche Befehle ein, die Ihre Daten unbrauchbar machen können. Daher ist es Ihre Aufgabe als Administrator für regelmäßige Sicherungen Ihres Datenbestandes zu sorgen und diese Backups im Notfall wieder einspielen zu können.

Je nach Anwendungsbereich und der Relevanz der Daten in Ihrer MySQL-Instanz handelt es sich beim Backup um die wichtigste administrative Aufgabe. Falls Sie mit einem Onlineshop oder wie in diesem Beispiel mit der Verwaltung von Flügen Ihr Geld verdienen, dann kann Sie jede Minute Stillstand teuer zu stehen kommen, ein Totalverlust der Daten kann den Ruin bedeuten. Daher lernen Sie in diesem Kapitel, wie Sie diese Horrorszenarien vermeiden können.[4]

7.4.1 Die Basics

Damit Sie im Notfall auf einen brauchbaren Datensatz zugreifen können, müssen Sie Ihre Daten regelmäßig über Backups sichern. Je kürzer die Intervalle zwischen den Backups sind, desto aktueller sind natürlich die vorhandenen Daten.

Wie groß der Zeitabstand zwischen zwei Backups sein sollte, hängt ausschließlich davon ab, wie groß der Verlust der Daten sein darf, den Sie maximal erleiden können, ohne ernsthaft in Schwierigkeiten zu geraten. Ändern sich Ihre Daten nur sehr spärlich, und ist es möglich, diese notfalls manuell oder aus anderen Quellen wiederherzustellen, haben Sie gänzlich andere Anforderungen als bei geschäftskritischen Rechnungsdaten, die sich sehr häufig ändern und nicht über andere Quellen wiederhergestellt werden können. Im Ernstfall sind all jene Daten verloren, von denen Sie kein Backup angelegt haben, daher müssen Sie Ihre Sicherungen auf jeden Fall regelmäßig – am besten automatisiert – durchführen. Eine weitere Möglichkeit, Daten an zweiter Stelle sicher aufzubewahren ist die Replikation, die Sie in Kapitel 8 noch genauer kennenlernen werden.

Backups sind jedoch nie kostenlos, sondern mitunter recht zeit- und kostenintensiv. Es gibt verschiedene Techniken, um die Daten zu sichern. Bei manchen die-

3 Einen interessanten Artikel über Festplatten und deren Lebensdauer finden Sie beispielsweise hier: *http://labs.google.com/papers/disk_failures.pdf.*

4 Absolute Sicherheit kann Ihnen leider niemand versprechen.

ser Methoden müssen Sie jedoch einzelne Tabellen oder gar die gesamte Datenbank sperren, während das Backup läuft. Dadurch können Sie keine neuen Daten einfügen, da dies zu einem inkonsistenten Backup führen würde, das dann seinen Zweck einer vollständigen Sicherung nicht erfüllen kann.

Während die Daten gesichert werden, dürfen sich diese klarerweise nicht ändern. Daher müssen Sie nicht nur die Intervalle zwischen den Backups, sondern auch den Zeitpunkt selbst genau planen, zu dem Sie Ihr Backup starten. Eine vollständige Sicherung eines großen Datenbestandes kann mehrere Stunden in Anspruch nehmen. Zusätzlich zu den eventuell nur eingeschränkt möglichen Datenoperationen aufgrund gesperrter Tabellen, benötigt auch das Sichern selbst CPU-, Speicher- und Dateisystemressourcen. Dieser Verbrauch kann sich auf andere Systeme auswirken, die vielleicht primär gar nicht direkt mit MySQL zusammenarbeiten.

Daher empfiehlt sich für regelmäßige Backups oftmals ein Zeitpunkt, zu dem Ihre Servermaschine wenig ausgelastet ist, wie beispielsweise in der Nacht. Beobachten Sie daher die Auslastung Ihres Systems über einen längeren Zeitraum genau, und wählen Sie anhand Ihrer Analyse einen optimalen Zeitraum aus. Verwenden Sie dazu entweder professionelle Tools wie Munin[5] oder einfach die `LOAD`-Werte und andere Angaben zur Ressourcenauslastung Ihres Systems.[6] Munin kann eine Vielzahl der unterschiedlichsten Zustandswerte, beispielsweise die Prozessor- und RAM-Auslastung, ansprechend für Sie aufbereiten.

Wenn der Hut brennt: Wiederherstellung

Dass Backups ein wesentlicher Bestandteil des Administratorenlebens sind, ist offensichtlich und leicht nachvollziehbar. Das Anlegen der Sicherungsdateien ist meist ein überschaubarer Prozess, der sich wundervoll automatisieren lässt. Einmal eingerichtet, geraten Backups schnell in Vergessenheit. Was noch wesentlich kritischer als das Sichern selbst ist, ist das Wiederherstellen im Schadensfall. Wenn Sie sich nun Gedanken über Ihre Backup-Strategie machen, haben Sie Zeit. Sie können sich in Ruhe überlegen, welche Daten Sie wann, wohin und wie oft sichern müssen.

Im Katastrophenfall haben Sie diese Zeit vermutlich nicht. Fehler, Abstürze und sonstige Probleme treten oft dann auf, wenn Sie gar nicht damit rechnen. Daher ist der wichtigere Prozess, mit dem Sie sich schon von Beginn Ihrer Backup-Überlegungen auseinandersetzen müssen, die Wiederherstellung der Daten aus Ihren Backups. Schenken Sie diesem Vorgang umso mehr Aufmerksamkeit, denn das beste Backup nützt nichts, wenn Sie die Daten nicht mehr in eine lauffähige Datenbank laden können. Ein Backup ist nur dann erfolgreich, wenn ein Administrator – in diesem Fall Sie – aus einem Testsystem innerhalb sehr kurzer Zeit ein lauffähiges System erstellen

5 *http://munin-monitoring.org/*

6 Eine praktische Übersicht erhalten Sie mit dem Linux-Befehl `top`.

kann. Üben Sie daher die Wiederherstellung regelmäßig, proben Sie den Ernstfall, machen Sie sich schriftliche Notizen, und dokumentieren Sie die notwendigen Schritte! Nur so können Sie im akuten Schadensfall mit kühlem Kopf reagieren.

Es gibt verschiedene Arten von Backups, die, für sich genommen, Vor- und Nachteile aufweisen. Diese lernen Sie im folgenden Abschnitt kennen.

7.4.2 Physisches oder logisches Backup

Grundlegend gibt es zwei verschiedene Möglichkeiten, mit denen Sie die Daten Ihrer MySQL-Instanz sichern können. Die erste Möglichkeit – das *logische Backup* – bedient sich der Struktur der Tabellen und der in ihnen enthaltenen Daten. Diese Struktur haben Sie im Zuge des Datenbankdesigns angelegt. MySQL bietet Ihnen an, alle Statements zur Erzeugung der Datenbanken und der Tabellen, aber auch alle notwendigen `INSERT`-Statements für das Eintragen der Datensätze in Textdateien abzuspeichern. Diese SQL-Statements können Sie wiederum in eine Datenbank – sei es im Schadensfall oder auch nur zu Testzwecken – einspielen. Das bedeutet, dass all diese Befehle noch einmal ausgeführt werden und so die Daten wiederhergestellt werden.

Die zweite Methode wird als *physisches Backup* bezeichnet, da hier nicht etwa die logische Struktur, sondern die Dateien im Dateisystem des Serverbetriebssystems selbst gesichert werden. MySQL speichert alle Daten, Tabellen und Datenbanken im Dateisystem in den Verzeichnissen der MySQL-Installation ab. Daher können Sie auch diese Dateien selbst sichern. Dabei spielen jedoch auch die eingesetzten Storage-Engines eine große Rolle, da diese ihre Daten an unterschiedlichen Orten ablegen. Mehr dazu erfahren Sie in Abschnitt 5.4.

Diese beiden Backup-Typen unterscheiden sich hinsichtlich einiger Aspekte, die Sie als Administrator berücksichtigen müssen. Ein Vorteil der logischen Backups ist, dass sie als Ausgabe Standard-SQL-Befehle in Dateien schreiben. Diese Dateien sind unabhängig vom gewählten Betriebssystem und daher beispielsweise sehr gut geeignet, um Datenbanken von einem System auf ein anderes zu übersiedeln. Sie können die Daten daher zum Beispiel von einem Linux-Produktivserver ohne große Schwierigkeiten auf einen Windows-Testrechner überspielen, weil logische Backups plattformunabhängig sind, da sie nur SQL-Statements enthalten. Ein weiterer Vorteil ist, dass logische Backups ein auch für Menschen lesbares Format erzeugen, sofern Sie die Sicherungen in Textdateien schreiben. Dadurch können Sie gegebenenfalls auch Datensätze bearbeiten, bevor Sie diese wieder in den MySQL-Server laden. Außerdem werden logische Backups durchgeführt, während der Server läuft. Sie können daher – mit kleineren Einschränkungen – den Server weiterarbeiten lassen.

Da beim logischen Backup die Sicherung mit SQL-Anfragen erfolgt, können Sie die Granularität – also die Sicherungsebene – detaillierter festlegen. Die Einheiten, die Sie sichern können sind: der komplette Server, ganze Datenbanken oder einzelne Tabellen. Diese Möglichkeiten haben Sie beim physischen Backup je nach Speicher-Engine nicht zwingend zur Verfügung, weil je nach Speicher-Engine und je nach Einstellungen die physischen Dateien auf der Festplatte auch mehrere Tabellen beinhalten können. Details dazu erfahren Sie in Abschnitt 5.4, »Storage-Engines«. Für logische Backups benötigen Sie keinen direkten Zugriff auf das Dateisystem des Servers, da Sie die Tools zum Sichern auch durch den Client aufrufen können.

Logische Backups haben jedoch nicht nur Vorteile. Beispielsweise benötigen die Sicherungen mehr Ressourcen (CPU, RAM), da der Server ganze Datensätze in ein anderes Format umwandeln muss. Diese Ressourcen fehlen eventuell anderenorts, weswegen logische Backups durchaus den Normalbetrieb stören können, indem diese beispielsweise kostbaren Hauptspeicher belegen. Daher sollten Sie einen möglichst unausgelasteten Zeitpunkt für die Sicherungen wählen. Beachten Sie, dass insbesondere bei internationalen Unternehmen aufgrund der verschiedenen Zeitzonen oft kein eindeutiger Ruhezeitpunkt, wie beispielsweise um Mitternacht, gefunden werden kann. In solchen Fällen können Sie Ihre komplette Datenbank auf einen weiteren Server replizieren (siehe Kapitel 8, »Replikation und Hochverfügbarkeit«) und das Backup dort durchführen. Der Hauptserver kann so ungestört seinen Dienst verrichten. Ein weiterer Nachteil betrifft den Speicherplatz, denn logische Backups benötigen durch das textuelle Format mehr Speicherplatz. Wie Sie logische Backups mit dem bordeigenen Tool *mysqldump* anlegen, erfahren Sie in Abschnitt 11.1.6, »Sicherung und Backup gespeicherter Programme und Sichten«.

Physische Backups wiederum haben den Vorteil, dass sie sich sehr schnell anlegen lassen, da keine Umwandlung in ein anderes Format notwendig ist. Hier werden schließlich nur jene Dateien, in denen MySQL selbst die Tabellen und Datenbanken ablegt, kopiert. Beim physischen Backup müssen Sie jedoch die Storage-Engines, die Sie für Ihre Tabellen gewählt haben, berücksichtigen, da sich diese auf das Speicherformat auswirken. So speichert MySQL beispielsweise Tabellen mit einer MyISAM-Storage-Engine in eigene Dateien innerhalb eines Verzeichnisses ab, während sich InnoDB-Tabellen – bei den Standardeinstellungen – mehrere Dateien teilen und somit nicht einfach individuell kopiert werden können. Eine Besonderheit stellt auch die MEMORY-Speicher-Engine dar. Da dieser Engine-Typ seine Tabellen nicht auf der Platte, sondern nur im Arbeitsspeicher ablegt, können Sie Tabellen, welche diese Storage-Engine einsetzen, überhaupt nicht mit einem physischen Backup sichern. Mit dieser Speicher-Engine sollten Sie generell keine Daten speichern, die Sie nicht wieder automatisch generieren können.

Physische Backups benötigen, wie bereits erwähnt, meist weniger Speicherplatz als logische Sicherungen, daher ist auch das Kopieren der Daten auf einen anderen Server meistens schneller. Ein Nachteil dieses Backup-Typs ist, dass Sie die Dateien, die MySQL angelegt hat, nicht ohne Weiteres im laufenden Betrieb kopieren können, da sonst Inkonsistenzen auftreten können. Es gibt spezielle Tools, welche die notwendigen Sperren auf die Tabellen automatisch setzen, diese lernen Sie noch im Laufe dieses Kapitels kennen. Prinzipiell lässt sich sagen, dass es am sichersten ist, physische Backups bei einem heruntergefahrenen MySQL-Server durchzuführen, da Sie sich dann nicht um laufende Transaktionen und sich blockierende Prozesse kümmern müssen. Ob es jedoch möglich ist, hängt von den Verfügbarkeitsanforderungen Ihrer Anwendung ab. Wie Sie physische Backups mit mitgelieferten Werkzeugen von MySQL anfertigen, lesen Sie in Abschnitt 7.4.6.

Ein generell wichtiger Faktor ist die Geschwindigkeit bei der Wiederherstellung. Bei physischen Backups werden einfach die Daten auf die Serverfestplatte kopiert. Das geht relativ schnell vonstatten. Bei logischen Backups werden einzelne Statements durchgeführt, was bei sehr vielen dieser Statements relativ lange dauern kann.

7.4.3 Online- und Offline-Backups

Wie Sie bereits gesehen haben, unterscheiden sich die genannten Backup-Methoden nicht nur hinsichtlich des Speicherformats, sondern auch dadurch, ob der Server während des Backups laufen kann oder nicht. Bei logischen Backups muss der MySQL-Server hochgefahren sein, da die Daten in ein anderes Format – SQL-Statements – umgewandelt werden müssen. Diese Anfragen können selbstverständlich nur dann durchgeführt werden, wenn der Server auch läuft. Der Vorteil eines solchen *Online-Backups* ist, dass andere Clients ihre Anfragen noch durchführen können. Daher wird dieser Backup-Typ auch als *Hot Copy* bezeichnet, weil der Server läuft und daher »warm« ist. Allerdings beeinflussen sich der Betrieb und das Backup der Daten gegenseitig, und es wird entsprechend mehr Zeit benötigt.

Offline-Backups finden bei heruntergefahrenem MySQL-Server statt, indem die Dateien des MySQL-Servers direkt vom Dateisystem kopiert werden, ohne dass Sie mit dem Server selbst interagieren müssen. Diese Methode hat den Vorteil, dass Sie auf keine Clients Rücksicht nehmen müssen, da der Server nicht läuft. Daher wird diese Methode auch als *Cold Copy* bezeichnet. Dies ist jedoch gleichzeitig der große Nachteil dieser Methode, da eben keine weitere Nutzung des Datenbankendienstes möglich ist. Ob Sie sich für Online- oder Offline-Backups entscheiden, hängt – wie so oft – von Ihren Anforderungen ab, sprich, ob Sie es sich leisten können, den Datenbankserver während des Backup-Vorgangs komplett herunterzufahren oder nicht. Beachten Sie, dass Backups ohne Weiteres mehrere Minuten, wenn nicht Stunden in Anspruch nehmen können.

Die dritte Möglichkeit von Backups ist eine Mischung der Vorteile aus beiden genannten Backup-Typen: *Warm Copy*. Dabei werden Tabellen während des Backup-Vorgangs gesperrt, damit keine Änderungen an diesen durchgeführt werden können. Während die Sperren gesetzt sind, können die betreffenden Dateien im Dateisystem mit dem Linux-Befehl `cp` sehr schnell an einen sicheren Ort kopiert werden. Ein sehr praktisches Tool dafür ist beispielsweise *mysqlhotcopy*, das später noch vorgestellt wird. Obwohl dieses Tool *mysqlhotcopy* heißt, entspricht dieser Vorgang einem Warm Copy.

Wohin mit Backups?

Inzwischen haben Sie sich bereits Gedanken über die Datenbanken und Tabellen gemacht, die Sie vor dem Untergang bewahren wollen und die Sie in weiser Voraussicht regelmäßig sichern werden. Doch auch das beste Backup ist sinnlos, wenn sich die Datei im selben Dateisystem, auf derselben Festplatte und unter der Kontrolle desselben Betriebssystems befindet. Ein Betriebssystem-Crash, ein Hackereinbruch oder gar ein Feuer würde sowohl Original als auch Backup auf einmal zerstören. Daher sollten Sie Ihre Backups immer an einen sicheren Ort auslagern. Wie sicher dieser Ort sein muss – ob eine zweite interne oder externe Festplatte, ein zweiter Server oder ein TrueWORM-System[7] ausreichen, dessen Speichermedien Sie in einem Schweizer Bergschacht verstauen – hängt wiederum von den (gesetzlichen) Anforderungen an Ihre Daten ab. Sie sollten Ihre Backups, sofern es Ihr Budget zulässt, aber auf jeden Fall physisch von jenem System trennen, auf dem Ihre MySQL-Instanz läuft.

7.4.4 Volle und inkrementelle Backups

Es gibt noch ein weiteres Unterscheidungskriterium von Backups, nämlich den Umfang der zu sichernden Daten. Sie können entweder immer den gesamten Datenbestand sichern oder nur jene Teile, die sich seit einem bestimmtem Zeitpunkt geändert haben. Wenn Sie alle Daten bei jedem Backup sichern, spricht man von einem *vollen Backup*. Sichern Sie jedoch zu einem Zeitpunkt immer nur jene Daten, die sich seit dem letzten Backup geändert haben, spricht man von einem *inkrementellen Backup*. Letzteres kann den benötigten Speicherbedarf stark reduzieren, da immer nur geänderte Daten gesichert werden müssen. Da der Umfang der zu sichernden Daten geringer ist, verkürzt sich auch die Zeit, die Sie für das Sichern benötigen.

---

7 WORM (Write Once, Read Many)-Speichermedien lassen sich nur ein einziges Mal beschreiben und beliebig oft auslesen. Ihr Inhalt ist unveränderlich. Sie sind daher selbst vor Virenattacken und Hackereinbrüchen gefeit.

Allerdings ist bei dieser Art von Backups die Wiederherstellung aufwendiger, da Sie alle Teil-Backups in der richtigen Reihenfolge einspielen müssen. Es empfiehlt sich daher, in kürzeren Abständen inkrementelle Backups und zum Beispiel wöchentlich ein volles Backup anzulegen. So müssen Sie maximal sechs inkrementelle Backups nach dem vollen Backup einspielen. Inkrementelle Backups können Sie mithilfe der Binär-Logs durchführen.

7.4.5 Logische Backups und Wiederherstellung mit mysqldump

Eines der wichtigsten Tools im Werkzeugkasten von MySQL ist *mysqldum*p. Es erstellt logische Sicherungen von Tabellen, ganzen Datenbanken oder allen Daten gemeinsam. Es erzeugt SQL-Statements, mit denen Sie die Tabellen selbst und auch die Daten wieder neu anlegen können. Sie können die so erzeugten Daten als Backup verwenden oder auch eine zweite Testdatenbank mit Live-Daten befüllen. Um alle Daten des Flughafenszenarios zu sichern, soll ein vollständiges logisches Backup ausgeführt werden. In seiner einfachsten Form lautet der Aufruf für mysqldump wie in Listing 7.41 gezeigt wird:

```
bash# mysqldump -u root -p --all-databases > komplettesBackup.sql
```

Listing 7.41 Komplettes logisches Backup

Durch diesen Befehl wird mysqldump veranlasst, alle Datenbanken, samt allen Tabellen in eine Datei namens *komplettesBackup.sql* zu schreiben. Betrachten Sie diese Datei, wenn Sie wollen, mit einem Texteditor, es handelt sich um die SQL-Statements zur Erzeugung der Tabellen und einigen nützlichen Zusatzangaben, mit denen beispielsweise der Zeichensatz an ein neues System anpasst wird. Dieser Tabellendump (Speicherauszug) enthält auch die internen Tabellen der Datenbank »mysql«, in der alle MySQL-Benutzer abgespeichert sind, weil diese bei der Option `--all-databases` integriert ist. Das ist nützlich, wenn Sie die gleichen Nutzerzugänge für MySQL auf einem neuen Server haben möchten.

Stellen Sie sich vor, das Flugangebot wird derart gut angenommen, dass die Rechenkapazitäten Ihres Servers nicht mehr ausreichen, um alle Buchungen schnell durchführen zu können. Es muss also ein leistungsfähigerer Rechner angeschafft werden. Nachdem Sie auf dem neuen Gerät eine frische MySQL-Instanz, wie in Abschnitt 6.1, »Von neuen Quellen – MySQL selbst kompilieren und installieren«, beschrieben, installiert und eingerichtet haben, können Sie die Daten, wie oben beschrieben, mit mysqldump in eine Sicherungsdatei am alten Server schreiben. Diese Datei kopieren Sie auf die neue Maschine. Um nun die Datenbank samt Tabelleninformationen und Daten in die neu installierte MySQL-Instanz zu laden, genügt ein Aufruf des Befehls aus Listing 7.42:

```
bash# mysql -u root -p < komplettesBackup.sql
```

Listing 7.42 Die Daten wiederherstellen

Um nur die Flughafendatenbank mit dem Namen »flughafenDB« zu sichern, können Sie auch nur diese eine Datenbank bei mysqldump angeben. Im folgenden Beispiel wird der Inhalt der Sicherungsdatei mithilfe des Tools komprimiert, um Speicherplatz zu sparen. Betrachten Sie dazu das Beispiel in Listing 7.43:

```
bash# mysqldump -u root -p
--opt --single-transaction --dump-date
FlughafenDB | gzip > FlughafenDBBackup.sql.gz
```

Listing 7.43 Backup der Flughafendatenbank

Unter Linux wird die Ausgabe des Tools *mysqldump* mit einer sogenannten Pipe (dargestellt durch den senkrechten Strich |) an das Komprimierungswerkzeug *gzip* weitergereicht, das Sie schon aus Abschnitt 6.1, »Von neuen Quellen – MySQL selbst kompilieren und installieren«, kennen. Dieses Komprimierungsprogramm verringert die Größe des Tabellendumps erheblich und packt die Sicherungsdaten in ein praktisches Archiv mit der Endung *gz*.

Im Beispiel aus Listing 7.43 sehen Sie noch weitere Optionen, die sich für Backups eignen. Nachdem wiederum der Benutzername und das Kennwort als Parameter übergeben wurden, sehen Sie die die Option `--opt`. Diese sorgt für die Optimierung des Dumps, indem sie Standardparameter setzt. Sie ist die Kurzschreibweise für mehrere Optionen, die Sie auch einzeln angeben könnten. Sie wird standardmäßig von mysqldump verwendet, soll aber im Folgenden kurz erläutert werden.

Zu diesen im »Optionspaket« `--opt` enthaltenen Parametern zählen unter anderem das Hinzufügen der Anweisung `DROP TABLE`, mit der alle Tabellen, bevor Sie neu angelegt werden, gelöscht werden (`--add-drop-table`). Des Weiteren werden *Read Locks* auf alle Tabellen einer Datenbank gesetzt (`--lock-tables`), die vom Tabledump betroffen sind. Beachten Sie jedoch, dass sich diese Sperren nur auf die Tabellen innerhalb einer Datenbank beziehen und nicht auf alle Tabellen aller Datenbanken! Es gibt daher keine Garantie, dass Tabellen datenbankübergreifend konsistent sind.

Eine weitere Option, die dank `--opt` bereits automatisch mit gesetzt wird, ist `--disable-keys`, durch die der Insert-Vorgang der Daten erheblich beschleunigt wird. Er bewirkt, dass bei jeder Tabelle vor dem Einfügen die nicht-eindeutigen Indizes deaktiviert werden, also jene ohne das Schlüsselwort `UNIQUE`. Erst nachdem alle Inserts einer Tabelle ausgeführt wurden, werden die Keys wieder angelegt. Der Parameter `--add-locks` bewirkt, dass vor jede gedumpte Tabelle ein Statement `LOCK TABLES` geschrieben wird. Nach jeder Tabelle, wird diese Sperre mittels `UNLOCK TABLES` wieder aufgehoben. Der ebenfalls im »Optionspaket« `--opt` automatisch gesetzte Parameter `--quick` bewirkt, dass kein Puffer für das Laden der Datensätze verwendet wird, sondern dass jeder Datensatz sofort zur Sicherung durchgereicht wird.

Falls Sie `--opt` nicht einsetzen müssen, aber dennoch keinen Puffer verwenden wollen, können Sie jeden Parameter natürlich auch einzeln angeben. Die so erzeugten Tabledumps enthalten spezielle Kennzeichnungen. Diese bewirken unter anderem, dass Insert-Vorgänge stark beschleunigt ablaufen, weil beispielsweise Indizes pro Tabelle erst nach dem Einfügen aller Datensätze der Tabelle angelegt werden.

Der Befehl aus Listing 7.43 legt ebenfalls ein Backup an, berücksichtigt jedoch nur die Datenbank »FlughafenDB«. Da die Tabellen des Flughafenszenarios die Storage-Engine InnoDB einsetzen, um die Fremdschlüsselbeziehungen abbilden zu können, können Sie die Option `--single-transaction` setzen. Dieser Parameter ist dafür zuständig, den Tabledump innerhalb einer Transaktion durchzuführen. Wie Sie aus Abschnitt 5.3 über Transaktionen wissen, bedeutet dies, dass alle Aktionen innerhalb der Transaktion entweder ganz oder gar nicht durchgeführt werden. Dieser Parameter widerspricht der Option `--lock-tables`, da diese automatische Commits absetzen würde und somit die Transaktion vorzeitig beenden würde. Durch die Angabe von `--single-transaction` wird `--lock-tables` jedoch deaktiviert und Ihre InnoDB-Tabellen werden beim Einfügen konsistent in die neue Datenbank gespielt. Diese Option kann freilich nur bei transaktionssicheren Tabellen (InnoDB) verwendet werden. Außerdem ist diese Option nur bei Tabellen sinnvoll, die nicht sehr groß sind. Sind zu viele Daten in einer Tabelle enthalten, die innerhalb einer Transaktion abgearbeitet werden müssen, kann es zu Problemen kommen. Aufgrund der Tatsache, dass alle Operationen in nur einer Transaktion durchgeführt werden, entstehen zusätzlich sehr große Log-Dateien, die den Import und das ganze System ausbremsen können.

Stellen Sie ich vor, Sie möchten die Anfragen an Ihre Datenbank optimieren. Wie Sie hier genau vorgehen, lesen Sie in Kapitel 9. Damit Sie Ihre Tests jedoch nicht auf dem Produktivsystem durchführen müssen, können Sie Ihre Datenbank auf einen Testserver überspielen und dort ausgiebige Tests vornehmen. Dazu spielen Sie einfach ein angelegtes Backup am Testserver ein, um den Anwendungsentwicklern ein passendes Datensample für Optimierungsversuchen zur Verfügung zu stellen. Dazu kopieren Sie das eben erstellte Backup-Archiv mit dem Namen *FlughafenDBBackup.sql.gz* auf den Development-Datenbankserver und laden die gesamte Flughafendatenbank in die dortige MySQL-Instanz. Dazu legen Sie zuerst am Testserver mit mysqladmin eine neue Datenbank namens »testumgebung« an, indem Sie den Befehl aus Listing 7.44 einsetzen:

```
bash# mysqladmin create testumgebung -u root -p
```

Listing 7.44 Neue Datenbank erzeugen

Als Nächstes müssen Sie das komprimierte Backup, wie folgt, entpacken und in die neu angelegte Datenbank einspielen. Verwenden Sie dazu den Befehl aus Listing 7.45:

```
bash# gunzip < FlughafenDBBackup.sql.gz | mysql -u root -p
testumgebung
```

Listing 7.45 Das Backup einspielen

Durch diesen Befehl aus Listing 7.45 werden die Tabellen in der neuen Datenbank angelegt und mit den gesicherten Daten befüllt. Dieser Vorgang kann je nach Datenmenge etwas Zeit in Anspruch nehmen. Nachdem Sie alle Daten geladen haben, ist die Testdatenbank sofort einsatzbereit. Natürlich können Sie auf diese Art und Weise nicht nur Testdatenbanken erzeugen, dieser Befehl ist die standardmäßige Wiederherstellungsmethode der Wahl, wenn Sie Backups mit mysqldump angelegt haben.

Wenn Sie sich beispielsweise nur für die Struktur der Datenbank, also die Anweisungen `CREATE TABLE` des Flughafenszenarios interessieren, dann verwenden Sie den folgenden Befehl aus Listing 7.46:

```
bash# mysqldump --no-data -u root -p FlughafenDB > FlughafenSchema.sql
```

Listing 7.46 Nur das Schema einer Datenbank sichern

Hieraufhin werden nur die Tabellendefinitionen und keine Daten an sich in der Datei *Flughafenschema.sql* abgespeichert. Das ist oftmals nützlich, wenn Sie nur die Beziehungen der Tabellen untereinander betrachten wollen.

Sichern der Konfiguration

Im vorigen Abschnitt haben Sie gelernt, wie Sie logische Backups Ihrer Daten und der Datenbankstruktur mit mysqldump anlegen können. Schön und gut. Vergessen Sie aber nicht, dass auch die Konfigurationsdateien wie *my.cnf* zu einem vollständigen Backup dazugehören. Diese Datei enthält unter Umständen wichtige Einstellungen, ohne die Ihr Backup nicht lauffähig ist. Beachten Sie auch, dass jede Art von Dokumentation zu einem richtigen Backup dazugehört! Am besten Sie schreiben sich auch für diesen Backup-Vorgang ein eigenes Skript, das diese Dateien automatisch sichert.

Ebenfalls leicht vergessen werden die gespeicherten Programme (Stored Procedures), Events und Trigger, die Sie mühevoll angelegt haben. Da sich diese nicht in den Datentabellen befinden, sondern in eigenen Tabellen abgelegt werden, werden sie oft übersehen. Verwenden Sie daher Parameter wie `--routines`, `--triggers` (standardmäßig aktiviert) und `--events` in Ihrem `mysqldump`-Aufruf.

7.4.6 Physisches Offline-Backup – schnell, sicher und effizient

Sie haben bisher gesehen, wie Sie mit mysqldump logische Backups erstellen können. Diese Backups sind äußerst praktisch, da Sie sowohl die kompletten Tabelleninformationen als auch die Daten enthalten. Außerdem sind die so erzeugten Sicherungsdateien mit normalen Texteditoren lesbar, was ein weiterer Vorteil ist.

Mit zunehmender Größe der Datenbank dauern Sicherungen dieser Art jedoch immer länger, denn jeder einzelne Datensatz muss von MySQL in ein `INSERT`-Statement umgeschrieben werden, welches danach in eine Datei geschrieben wird. Für sehr große Datenbanken wird diese Zeitspanne, in der die Datenbank durch das Backup belastet wird und eventuell den gewöhnlichen Flugbuchungen nicht mehr hinterherkommt, zu groß. Währenddessen sind, je nach Engine, auch die Tabellen gesperrt. In diesem Fall hilft ein physisches Backup.

Wie Sie bereits aus der Vorstellung der verschiedenen Backup-Methoden wissen, findet ein Offline-Backup bei ausgeschaltetem MySQL-Server statt, daher die Bezeichnung offline. Fahren Sie daher zunächst den Server herunter, indem Sie vorher in das Administratorkonto Ihrer Linux-Installation mittels `su` wechseln. Danach geben Sie den folgenden Befehl aus Listing 7.47 ein:

```
/etc/init.d/mysql stop
```

Listing 7.47 MySQL herunterfahren

Durch diesen Vorgang schreibt MySQL alle noch offenen Änderungen auf die Festplatte, und keine anderen Transaktionen können den Sicherungsvorgang stören. Beachten Sie, dass, während der Server ausgeschaltet ist, keine anderen Clients bzw. Programme Anfragen an diesen richten können. Daher empfiehlt es sich, die Sicherung während eines Wartungsfensters in der Nacht durchzuführen.

Vergewissern Sie sich, dass MySQL fehlerfrei heruntergefahren wurde, indem Sie einen Blick in das `error.log` des Servers werfen. Falls Sie nicht wissen, wo MySQL sein Error-Logfile angelegt hat, können Sie diesen Ort herausfinden, indem Sie sich die betreffende Variablenbelegung ansehen. Bei laufendem Server können Sie dazu den folgenden Befehl aus Listing 7.48 einsetzen:

```
bash# mysql -u root -p -e "SHOW VARIABLES LIKE 'log_error'"
Enter password:
+---------------+-----------------------------------+
| Variable_name | Value                             |
+---------------+-----------------------------------+
| log_error     | /usr/local/mysql/data/debian.err  |
+---------------+-----------------------------------+
```

Listing 7.48 Das Error-Log finden

Danach können Sie sich mit dem Linux-Programm *tail* die letzten in das Log geschriebenen Meldungen anzeigen lassen. Dieses nützliche Tool verfügt über die Möglichkeit, die neuesten Fehlermeldungen (bzw. Zeilen, die dem Ende der Datei hinzugefügt werden) live anzuzeigen. Der Befehl dazu ist in Listing 7.49 dargestellt:

```
bash# tail -f /usr/local/mysql/data/debian.err
110507 15:22:20  InnoDB: Starting shutdown...
110507 15:22:21  InnoDB: Shutdown completed; log sequence number 270
41758
110507 15:22:21 [Note] /usr/local/mysql/bin/
mysqld: Shutdown complete

110507 15:22:21 mysqld_safe mysqld from pid file /usr/local/mysql/
data/debian.pid ended
```

Listing 7.49 Das Error-Log beobachten

Wie Sie in Listing 7.49 sehen können, wurde der MySQL-Server erfolgreich heruntergefahren (`Shutdown complete`). Als Nächstes wechseln Sie nun in das Installationsverzeichnis Ihrer MySQL-Installation. Um herauszufinden, wo MySQL die Tabellen ablegt, können Sie sich die Variable mit dem Client anzeigen lassen (Listing 7.50):

```
mysql> SHOW VARIABLES like '%datadir%';
+---------------+-----------------------+
| Variable_name | Value                 |
+---------------+-----------------------+
| datadir       | /usr/local/mysql/data/ |
+---------------+-----------------------+
```

Listing 7.50 Das MySQL-Datenverzeichnis anzeigen

Nachdem Sie nun den Aufenthaltsort der Installation samt den Datenbank-Dateien von MySQL kennen, wechseln Sie in dieses Verzeichnis:

```
bash# cd /usr/local/mysql/data
```

Listing 7.51 In das Datenverzeichnis wechseln

Dort finden Sie neben den Binärlogs der MySQL-Instanz auch die Tabelleninformationen für jede Datenbank, die in einem separaten Ordner gespeichert werden. Im Hauptverzeichnis selbst finden Sie auch die Binärlogs und weitere Tabellendateien. Um ein vollständiges Offline-Backup aller Daten anzulegen, müssen Sie nur dieses Verzeichnis in ein Archiv packen und an einen sicheren Ort kopieren. Damit auch die Konfigurationsdatei gesichert wird, müssen Sie diese noch in das *data*-Verzeichnis kopieren. Setzen Sie dazu den Befehl `cp` wie in Listing 7.52 ein:

```
bash# cp /etc/my.cnf /usr/local/mysql/data/my.cnf_backup
```

Listing 7.52 Die Konfigurationsdatei kopieren

Wechseln Sie nun in das Hauptverzeichnis der Installation (`cd ..`), und verwenden Sie dann den `tar`-Befehl (Listing 7.53), um das komplette Verzeichnis, inklusive der Kopie der Konfigurationsdatei, in ein Archiv mit dem Namen *Backup_full.tar.gz* zu packen und damit zu sichern:

```
bash# tar cvzf Backup_full.tar.gz data/
```

Listing 7.53 Den Inhalt der gesamten MySQL-Instanz sichern

Daraufhin legt das Tool *tar* ein komprimiertes Archiv des kompletten Datenverzeichnisses an. Es enthält nicht nur die Tabellendefinitionen, sondern auch die Binärlogs sowie die Konfigurationsdatei, kurzum alle relevanten Daten Ihrer MySQL-Instanz. Nachdem das Archiv angelegt wurde, können Sie den MySQL-Server wieder hochfahren, indem Sie das Startskript aufrufen, wie Sie in Listing 7.54 sehen können:

```
bash# etc /init.d/mysql start
```

Listing 7.54 MySQL-Server hochfahren

Dieses Archiv müssen Sie nun an einen sicheren Ort kopieren, am besten auf ein externes Speichermedium. Falls Sie einen eigenen Backupserver Ihr Eigen nennen, können Sie beispielsweise per SCP[8] die Datei auf diesen kopieren. Verwenden Sie dazu den Befehl aus Listing 7.55:

```
bash# scp Backup_full.tar.gz backupuser@Backupserver:/home/Backups/
```

Listing 7.55 Das Sicherungsarchiv über eine gesicherte Verbindung auf den externen Backupserver kopieren

8 Secure Copy, kopiert Daten über einen verschlüsselten Kanal.

Angenommen, Ihre Serverhardware erleidet einen Totalausfall, und Sie müssen, nachdem die Festplatte getauscht wurde, das komplette System neu aufsetzen. Nachdem Sie den Installationsprozess (siehe Kapitel 6) durchgeführt haben, verfügen Sie erneut über eine frische MySQL-Installation, die identisch zu der ursprünglichen Installation aufgebaut ist. Nachdem Sie regelmäßig physische Backups angelegt haben, ist das Einspielen der gesicherten Daten ein Kinderspiel.

Vergewissern Sie sich zuerst, dass der MySQL-Server am neuen System nicht läuft, bzw. fahren Sie diesen mit dem Befehl aus Listing 7.47 herunter. Als Nächstes kopieren Sie die Sicherung auf den neuen Server und entpacken das Backup-Archiv in das Datenverzeichnis der neuen Installation. Dazu verwenden Sie den Befehl aus Listing 7.56. Der Parameter `-C` erlaubt es, ein Zielverzeichnis anzugeben.

```
bash# tar xvzf Backup_full.tar.gz -C /usr/local/mysql/
```

Listing 7.56 Das Backup auspacken und in das richtige Verzeichnis laden

Vergessen Sie nicht, das Backup der Konfigurationsdatei, das Sie mit dem Befehl aus Listing 7.52 angelegt haben, wieder in *my.cnf* umzubenennen. Vergewissern Sie sich, dass das Datenverzeichnis dem Linux-User mysql zugewiesen wurde, damit der MySQL-Serverprozess diese Dateien lesen und schreiben kann. Sollte das nicht der Fall sein, verwenden Sie den folgenden Befehl (Listing 7.57):

```
bash# chown -R mysql /usr/local/mysql/data/
```

Listing 7.57 Dateiberechtigungen setzen

Behalten Sie hier auf jeden Fall das Error-Log im Auge, da MySQL bei etwaigen Schwierigkeiten seine Meldungen hier einträgt. Den Befehl dazu finden Sie in Listing 7.49.

7.4.7 MySQL Hot Copy

Wie bereits in der Einleitung erwähnt wurde, gibt es ein eigenes Perl-Skript, mit dem MyISAM-Tabellen sehr schnell kopiert und dadurch gesichert werden können. Dieses Skript heißt *mysqlhotcopy*, und es ist ebenfalls schon bei den bordeigenen Werkzeugen enthalten. Dieses Perl-Skript setzt Sperren auf Tabellen und kopiert, während die Tabellen vor Änderungen geschützt sind, die Daten an einen angegebenen Ort. Sie können es jedoch nur für MyISAM-Tabellen einsetzen. In Listing 7.58 sehen Sie ein Beispiel für den Aufruf des Tools:

```
bash# mysqlhotcopy FlughafenDB /tmp/backup -u root -p geheim
```

Listing 7.58 Aufruf von »mysqlhotcopy« zur Online-Sicherung

Die Dateien landen durch diesen Befehl im Verzeichnis */tmp/backup*.

Bisher haben Sie Möglichkeiten kennengelernt, wie Sie Sicherungskopien der Daten von MySQL anlegen und diese im Notfall wieder einspielen können. Mit diesen Techniken können Sie lediglich Daten einspielen, die auch im Backup vorhanden sind. Wie Sie beispielsweise Bedienfehler rückgängig machen können, erfahren Sie im Abschnitt 7.4.9.

7.4.8 InnoDB-Tabellen sichern mit Percona XtraBackup

Um InnoDB-Tabellen im laufenden Betrieb effizient sichern zu können, müssen Sie eigene Programme einsetzen, da sich mehrere Tabellen gemeinsame Dateien teilen und Sie daher nicht zuverlässig alle relevanten Daten kopieren können, ohne den Server abzuschalten. Denn während Sie eine Tabelle sichern, könnte eine andere Daten in derselben Datei auf der Festplatte verändern, weil beispielsweise neue Daten eingefügt worden sind.

Es gibt auf der einen Seite kostenpflichtige Tools direkt vom Hersteller der InnoDB-Engine[9]. Zum anderen gibt es aber auch ein kostenloses Open-Source-Werkzeug für diese Aufgabe: *Percona XtraBackup*. Sie können sich die Software direkt von der Unternehmenshomepage[10] herunterladen oder auch die Paketquellen Ihrer Linux-Distribution erweitern, damit Sie das Programm via `apt-get` installieren können. Dazu müssen Sie eine neue Paketquelle eintragen. Eine englischsprachige Anleitung finden Sie auf der Homepage des Projekts[11]. Nachdem Sie die dort beschriebenen Schritte ausgeführt haben, befindet sich das Installationspaket in den Softwarequellen von `apt`, und Sie können das Programm wie folgt installieren:

```
bash# apt-get install xtrabackup
```

Listing 7.59 xtrabackup installieren

Das Tool *xtrabackup* arbeitet in drei Schritten:

1. das Backup anlegen
2. das Backup für die Wiederherstellung vorbereiten
3. Recovery einspielen

Nachdem Sie das Programm installiert haben, können Sie es wie in Listing 7.60 aufrufen, um ein Backup aller Tabellen anzulegen:

9 *http://www.innodb.com/products/*
10 *http://www.percona.com/software/percona-xtrabackup/downloads/*
11 *http://www.percona.com/docs/wiki/repositories:apt*

```
bash# xtrabackup --backup --datadir=/var/lib/mysql/
--target-dir=/tmp/backup
```

Listing 7.60 Sicherung mit xtrabackup anlegen

Durch diesen Schritt kopiert xtrabackup alle benötigten Daten des *data*-Verzeichnisses von MySQL in das Zielverzeichnis, das hier im Beispiel mit */tmp/backup* angegeben wurde. Als Nächstes müssen Sie das Backup in einen konsistenten Zustand überführen. Diesen Schritt führt ebenfalls das Programm xtrabackup für Sie durch. Verwenden Sie dazu den Befehl aus Listing 7.61:

```
bash# xtrabackup --prepare --target-dir=/tmp/backup
```

Listing 7.61 Das Backup vorbereiten

Hier wird eine *Crash-Recovery* durchgeführt. Mit dieser Technik bringt auch MySQL nach einem Absturz seine InnoDB-Tabellen wieder in Ordnung. Sie sollten eine Ausgabe, die der folgenden aus Listing 7.62 gleicht, erhalten:

```
110515 21:12:07  InnoDB: Shutdown completed; log sequence number
118877209
```

Listing 7.62 Rückmeldung nach dem Vorbereitungsschritt

Falls Sie nun Ihr Backup wieder einspielen möchten, genügt es, die vorher erzeugten Dateien wieder an Ihren ursprünglichen Ort zu kopieren. Beachten Sie, dass mit diesem Werkzeug nur InnoDB-Tabellen gesichert werden können!

7.4.9 Recovery von Bedienfehlern – zeitpunktbezogene Wiederherstellung

In MySQL gibt es keine Möglichkeit eines Undo (dt. *Rückgängigmachen*), um unbeabsichtigte Bedienfehler, wie das Löschen einer Tabelle oder einer Datenbank, rückgängig zu machen. Die einzige Rettung in so einem Fall ist das sogenannte Binär-Log, in das MySQL automatisch alle Änderungen und Events der Instanz schreibt, sofern Sie dieses Log aktiviert haben. Vergewissern Sie sich daher, dass dies der Fall ist, indem Sie folgende Anfrage aus Listing 7.63 absetzen:

```
mysql> SHOW VARIABLES like 'log_bin';
+---------------+-------+
| Variable_name | Value |
+---------------+-------+
| log_bin       | ON    |
+---------------+-------+
```

Listing 7.63 Überprüfen, ob das Binär-Log aktiviert ist

Das Pflegen der Binär-Logs benötigt zwar selbst Rechenleistung und Speicherplatz, es ist jedoch für viele Anwendungen, wie etwa punktgenaue Backups oder die Replikation, unerlässlich. Daher sollten Sie diese Einstellung aktiviert lassen, wie sie auch von Haus aus eingestellt ist.

Stellen Sie sich vor, ein Mitarbeiter des Datenbank-Teams ist aufgrund der aufkommenden Frühlingsgefühle unkonzentriert und löscht anstatt eines einzelnen Datensatzes der Passagiertabelle aus Versehen gleich alle Datensätze der Tabelle. Diesen Fehler bemerkt er jedoch nicht gleich, sondern er arbeitet munter weiter und fügt neue Datensätze in eine andere Tabelle ein. Erst nach mehreren Stunden entdeckt er selbst den Fehler und beichtet Ihnen sein Vergehen in Schamesröte. Das letzte Backup liegt mehr als einen Tag zurück und seither wurden weitere Änderungen an der Datenbank vorgenommen. Ihr Kollege kann sich noch dunkel an seine Schandtaten erinnern, es muss wohl nach dem Mittagessen passiert sein – »So kurz nach 13 Uhr«, lautet die grobe Schätzung. Glücklicherweise verwenden Sie die Binärlogs, denn diese erlauben es Ihnen, Datenbankoperationen bis zu einem bestimmten Zeitraum wieder einzuspielen. Dazu müssen Sie, wie eingangs beschrieben, das letzte Backup einspielen und alle Änderungen, die seit diesem Backup gemacht wurden nachziehen. Dies können Sie mit den Binär-Logs bewerkstelligen.

Verwenden Sie das Statement aus Listing 7.64, um sich die Binär-Log-Dateien anzusehen, die MySQL angelegt hat:

```
mysql> SHOW BINARY LOGS;
```

Listing 7.64 Binär-Logs anzeigen

Sie erhalten eine Liste aller Log-Dateien. MySQL legt nach jedem Neustart oder nach jedem `FLUSH LOGS` (durch diesen Befehl wird das aktuelle Logfile abgeschlossen) eine neue Log-Datei an und fügt eine fortlaufende Nummer zur Unterscheidung an. Diese Log-Dateien verfügen zusätzlich über eine global eingestellte Maximalgröße (`max_binlog_size`), nach deren Überschreitung ebenfalls eine neue Datei angelegt wird. Damit auch die kürzlich durchgeführten Änderungen in der Datei stehen, flushen Sie die Logfiles mit folgendem Befehl aus Listing 7.65:

```
mysql> FLUSH LOGS;
```

Listing 7.65 Logfiles flushen

MySQL legt sofort ein neues Bin-Logfile an, in das es die zukünftigen Statements schreiben wird. Da diese Log-Dateien im Binärformat abgespeichert werden, müssen Sie das Tool *mysqlbinlog* verwenden, um diese lesen zu können. Durch das Flushen wurde bereits ein neues Bin-Logfile angelegt. Daher müssen Sie – bei zeitnahem Entdecken eines Problems – meistens das vorletzte Logfile betrachten, da bereits ein neues (das mit der größten Nummer) angelegt wurde. In diesem Beispiel hat das vorletze Logfile die Endung 29, daher lautet der Dateiname *mysql-bin.000029*. Betrachten Sie diese Datei mit dem Befehl aus Listing 7.66:

```
bash# mysqlbinlog mysql-bin.000029
```

Listing 7.66 Ein binäres Logfile ansehen

Als Ergebnis sehen Sie eine Auflistung der letzten Befehle, die von MySQL ausgeführt und mit zusätzlichen Informationen angereichert wurden. Jeder abgesetzte Befehl wird im Log mit einer Nummer und einer Datumsangabe versehen, zu jener der Befehl abgesetzt wurde. Der unbeabsichtigte Löschbefehl wurde in diesem Beispiel um 12h58m32s abgesetzt und trägt die Nummer 182, wie Sie in Listing 7.67 sehen können:

```
/*!*/;
# at 182
#110507 12:58:32 server id 1  end_log_pos 273   Query   thread_id=6
exec_time=0   error_code=0
use FlughafenDB/*!*/;
SET TIMESTAMP=1304781092/*!*/;
DELETE FROM passagier
/*!*/;
```

Listing 7.67 Die Ausgabe des Tools »mysqlbinlog« der Log-Datei 29

Nun kennen Sie den Befehl, den Sie überspringen müssen, um das Löschen der Passagierdaten zu verhindern.

Damit Sie wissen, welche Log-Dateien seit dem letzten Backup, das Sie, wie oben beschrieben, wieder eingespielt haben, relevant sind, können Sie sich deren Erstellungsdatum mit dem Linux-Kommandozeilen-Befehl `ls -l` ansehen. Sie müssen nun all jene Binär-Logs verwenden, die seit dem Anlegen des letzten Backups erzeugt wurden. Für jedes Logfile, bis einschließlich zu jenem, das den fehlerhaften Befehl enthält, führen Sie den folgenden Aufruf von mysqlbinlog aus (Listing 7.68):

```
bash# mysqlbinlog --stop-date "2011-05-07 12:58:00" mysql-bin.000031
| mysql -u root -p
```

Listing 7.68 Änderungen zwischen Backup und fehlerhaftem Befehl einspielen

Wichtig ist hier, dass Sie die Binär-Logs seit dem Zeitpunkt des Backups in der richtigen Reihenfolge einspielen. Der Parameter `--stop-date` bewirkt, dass das

Binär-Log nur bis zu diesem Zeitpunkt abgearbeitet wird. Setzen Sie diesen Parameter daher auf einen Zeitpunkt, der genau vor dem Zeitpunkt des ungewollten Befehls liegt. Dadurch werden keine Operationen, die nach dem angegebenen Zeitpunkt – in diesem Fall also das unabsichtliche Löschen und auch alle danach folgenden Befehle – eingespielt. Nun können Sie den eigentlich beabsichtigten Löschbefehl Ihres Mitarbeiters ausführen, um den betreffenden Datensatz zu löschen, siehe Listing 7.69:

```
mysql > DELETE FROM passagier WHERE passagier_id = 29389;
```

Listing 7.69 Einen Passagier löschen

Um nach dem Löschvorgang fortsetzen zu können, geben Sie den Parameter `--start-date` an, mit dem Sie jene Operationen einspielen können, die nach dem problematischen Befehl im Logfile stehen. Dazu wählen Sie ein Datum und eine Uhrzeit, direkt nach dem betreffenden Befehl. Alle Anweisungen vor dem in `--start-date` angegebenen Datum werden ignoriert. Führen Sie den folgenden Befehl aus Listing 7.70 für alle verbleidenden binären Log-Dateien durch:

```
bash# mysqlbinlog --start-date "2011-05-07 12:59:00"
mysql-bin.000034 | mysql -u root -p
```

Listing 7.70 Einspielen der Änderungen, die nach dem Problem erfolgt sind.

Durch diese Technik können Sie schwerwiegende Bedienfehler ausgleichen. Nichtsdestotrotz sollten Sie – um bei diesem Beispiel zu bleiben – möglichst darauf achten, dass es gar nicht zu derartigen Schwierigkeiten kommt, indem Sie beispielsweise das Rechtemanagement für Accounts gezielt einsetzen und nur jene Personen mit Löschrechten ausstatten, denen Sie vertrauen.

7.4.10 Backups mit Replikation

In Kapitel 8, »Replikation und Hochverfügbarkeit«, lernen Sie, wie Sie Ihren Datenschatz auf einen zweiten Rechner spiegeln können. Diese Möglichkeit wird als Replikation bezeichnet. Es handelt sich bei dieser spannenden Technik jedoch nicht nur um eine Möglichkeit zur Erhöhung der Ausfallsicherheit und der Leistungssteigerung durch redundante Datenhaltung. Sie können die Replikation auch dafür nutzen, Ihre Daten auf einen eigenen Backupserver zu übertragen.

Der Hauptserver wird als Master bezeichnet, jene Rechner, welche die Daten von diesem Master laden, nennt man Slaves. Sie können – sofern Sie über die notwendigen finanziellen Ressourcen verfügen – einen eigenen Backupserver mit derselben Technik betreiben. Diesen Slave-Server, der als Backup-System dient, können Sie je nach Bedarf anhalten, um Offline-Backups durchzuführen, oder Sie können auch jede andere hier vorgestellte Backup-Methode einsetzen, ohne dass Ihr Produktivsystem darunter leidet, da nur der Slave-Rechner mit dem Backup betraut wird. Wie Sie ein solches Master-Slave-System aufsetzen, erfahren Sie in Kapitel 8.

Beachten Sie jedoch, dass bei dieser Technik auch fehlerhafte Dateneingaben oder versehentlich gelöschte Tabellen als Änderung auf den Backupserver übertragen werden und dadurch auch dort nicht mehr vorhanden sind. Indem Sie Ihre Daten auf einen zweiten Server replizieren, ersetzen Sie keine gewissenhaften Backups! Sie müssen daher am Backsystem regelmäßige Backups anlegen und diese separat verwahren.

7.4.11 Backups automatisieren

Die bisherigen Backup-Methoden mussten Sie alle manuell durchführen. Während es im Lernprozess praktisch ist, um einen Überblick zu erhalten, führen alle Tätigkeiten, die nicht automatisiert werden, leider im Allgemeinen dazu, dass sie vergessen werden. Um dem entgegenzuwirken, gibt es eine Vielzahl von Skripten und Tools, die für automatische Backups sorgen.

Eines der bekanntesten Werkzeuge ist *automysqlbackup*, das Sie von der Open-Source-Projektseite Sourceforge[12] beziehen können. Sie finden dieses Tool auch auf der beigefügten Buch-DVD. Es handelt sich dabei um ein Skript mit vielen Einstellungsmöglichkeiten und Optionen. So kann dieses Skript Ihre Sicherungen rotieren, das bedeutet, dass alte Backups nach einer von Ihnen festgelegten Zeitspanne gelöscht werden. Des Weiteren können Sie so Backups nach Tagen, Wochen oder Monaten archivieren. Sie können alle Einstellungen, beispielsweise welche Datenbanken gesichert werden sollen, im Skript selbst einstellen. Die dazu notwendige Anleitung finden Sie ebenfalls in dieser Datei in Form von Kommentaren.

Um regelmäßig Backups anzulegen, legen Sie am besten einen Cronjob zur Ausführung des automysqlbackup-Skriptes an. Details dazu erfahren Sie beispielsweise online im Openbook »Linux – Das umfassende Handbuch« von Galileo.[13]

7.5 Tabellenwartung mit mysqlcheck

Es kann auch vorkommen, dass Datenbanken und insbesondere Tabellen durch unterschiedliche Ursachen beschädigt werden. Solche Vorgänge treten im Allgemeinen zwar selten auf, dennoch lassen sie sich nicht gänzlich vermeiden:

12 *http://sourceforge.net/projects/automysqlbackup/*
13 *http://openbook.galileocomputing.de/linux/*

- Absturz des MySQL-Prozesses
- Absturz des Betriebssystems durch Softwarefehler, Hardwarefehler oder externe Umwelteinflüsse
- sehr hohe Last bei großen Datenbanken, die den Server überlasten

Die verschiedenen Storage-Engines (siehe Abschnitt 5.4) schreiben Daten unterschiedlich in Dateien. Daher reagieren sie auch unterschiedlich auf auftretende Fehler. Insbesondere MyISAM-Tabellen können bei den oben genannten Problemen Schaden nehmen, da sie nicht transaktionssicher sind. Daher lernen Sie im Folgenden wichtige Befehle für das Reparieren von MyISAM-Tabellen bzw. deren Indizes kennen.

7.5.1 MyISAM-Tabellen überprüfen und reparieren

Sollte eine Tabelle beschädigt werden, erfahren Sie davon spätestens in Ihrem Error-Log, das Sie als gewissenhafter Administrator regelmäßig überprüfen. Eine solche Fehlermeldung sehen Sie in Listing 7.71:

```
110508 12:30:27 [ERROR] /usr/local/mysql/bin/mysqld: Table './
FlughafenDB/flughafen_
geo' is marked as crashed and should be repaired
```

Listing 7.71 Fehlermeldung mit Hinweis auf eine korrupte Tabelle

In diesem Fall sollten Sie zur Sicherheit ein weiteres, physisches Backup Ihrer Daten anlegen, da die folgenden Befehle die Daten der Tabelle verändern können. Je nach Beschädigungsgrad ist es auch möglich, dass Datensätze beim Reparieren gelöscht werden. Um die Tabelle zu überprüfen, verwenden Sie das `CHECK`-Statement. Einen beispielhaften Aufruf sehen Sie in Listing 7.72:

```
mysql> CHECK TABLE flughafen_geo;
```

Listing 7.72 Tabellenprüfung mit CHECK

Durch diesen Befehl prüft MySQL die MyISAM-Tabelle »flughafen_geo«. Standardmäßig werden hier die einzelnen Datensätze mit Schlüsselprüfsummen getestet. Sollten bei dieser Überprüfung Inkonsistenzen auftreten, erfahren Sie dies durch die Ausgabe des Statements. Es gibt mehrere Optionen, mit denen Sie die Genauigkeit der Überprüfung und damit die Zeit, welche dafür benötigt wird, festlegen können. Dazu geben Sie eine der folgenden Optionen nach dem Tabellennamen an:

- `QUICK`: Kurzüberprüfung
- `FAST`: nur Tabellen prüfen, von denen bekannt ist, dass sie nicht korrekt geschlossen wurden

- CHANGED: Wie FAST, prüft jedoch nur Tabellen, die sich seit dem letzten Check geändert haben oder nicht korrekt geschlossen wurden.
- MEDIUM: Standardeinstellung, inklusive Datensatzüberprüfung
- EXTENDED: vollständige Prüfung

Damit Sie sichergehen können, dass sich die Tabellen in einem konsistenten Zustand befinden, verwenden Sie CHECK, wie in Listing 7.73 dargestellt:

```
mysql> CHECK TABLE flughafen_geo EXTENDED;
```

Listing 7.73 Ausführlicher Tabellentest

Falls mithilfe dieses Befehls ein Fehler festgestellt wurde, sollten Sie diesen mit dem Befehl REPAIR beheben. Dazu führen Sie den Befehl wie folgt aus (Listing 7.74):

```
mysql> REPAIR TABLE flughafen_geo;
```

Listing 7.74 Tabellen reparieren

Durch dieses Statement versucht MySQL beschädigte Tabellen selbstständig zu reparieren. Im Allgemeinen funktioniert dieser Aufruf ohne Probleme. Allerdings gibt es jedoch keine Garantie dafür, dass eine Tabelle repariert werden kann, wenn der Fehler zu schwerwiegend ist. Auch aus diesem Grund sei hier noch einmal auf Backups verwiesen (Abschnitt 7.4, »Richtig sichern – Backups und Strategien«). Ist alles in Ordnung, liefert der CHECK-Befehl aus Listing 7.73 die folgende Ausgabe in Listing 7.75:

```
+-------------------------+-------+----------+----------+
| Table                   | Op    | Msg_type | Msg_text |
+-------------------------+-------+----------+----------+
| FlughafenDB.flughafen_geo | check | status   | OK       |
+-------------------------+-------+----------+----------+
1 row in set (0.10 sec)
```

Listing 7.75 Positive Rückmeldung

Für die bereits genannten Befehle gibt es auch ein Kommandozeilenwerkzeug namens *mysqlcheck*. Es führt dieselben Befehle durch, bietet sich jedoch für automatische Überprüfungen an. Ziehen Sie auf jeden Fall in Betracht, ein Skript zur regelmäßigen Überprüfung der Tabellen zu schreiben, dass Sie in festgelegten Intervallen automatisch durchlaufen lassen. mysqlcheck kann leicht durch Skripte automatisch gestartet werden. Um beispielweise alle Tabellen aller Datenbanken einer mittleren Prüfung zu unterziehen, genügt der folgende Aufruf aus Listing 7.76:

```
bash# mysqlcheck -u root -p  --all-databases --medium-check
```

Listing 7.76 Das mysqlcheck Konsolenprogramm aufrufen

Sie erhalten eine Liste aller Tabellen und deren aktuelle Status. Neben den bereits genannten Überprüfungen gibt es auch noch die Möglichkeit, die vorhandenen Tabellen zu optimieren. Nach umfangreichen Löschvorgängen oder vielen Inserts können die Tabellen Lücken aufweisen. Darunter leidet die Performance. Daher können Sie den Befehl `OPTIMIZE TABLE` verwenden, um diese Lücken zu füllen und die Tabellen neu aufzubauen. Führen Sie dazu den folgenden Befehl (Listing 7.77) aus, wenn Sie die Passagiertabelle optimieren möchten:

```
mysql > OPTIMIZE TABLE passagier;
```

Listing 7.77 Eine Tabelle optimieren

Der Befehl funktioniert bei MyISAM- und InnoDB-Tabellen intern unterschiedlich, Sie erhalten jedoch in beiden Fällen bereinigte Tabellen, auf denen sich Anfragen schneller durchführen lassen. Um alle Tabellen, beispielsweise mithilfe eines Skripts, zu optimieren, können Sie auch mysqlcheck verwenden und diesem den richtigen Parameter übergeben, wie in Listing 7.78 dargestellt:

```
bash# mysqlcheck -u root -p --optimize --all-databases
```

Listing 7.78 Alle Tabellen optimieren

7.5.2 Die Erholungsphase – Crash Recovery

Obwohl MySQL als ein sehr stabiles System angesehen wird, kann es natürlich auch hier passieren, dass der Server abstürzt. Gründe hierfür können externe Ursachen wie Stromausfälle oder Naturkatastrophen sein, aber auch Bugs in MySQL selbst können zu Abstürzen führen. Nach einem Crash sollten Sie die System-Logs nach Meldungen durchsehen und Routineüberprüfungen vornehmen. Die Vorgehensweise unterscheidet sich je nach eingesetzter Storage-Engine.

MyISAM-Tabellen wieder flottbekommen

Um beispielsweise MyISAM-Tabellen nach einem Absturz zu überprüfen, sollten Sie *myisamchk* ausführen. Dieses Werkzeug wird standardmäßig mit MySQL ausgeliefert und kann MyISAM-Tabellen analysieren und gegebenenfalls reparieren. Im Gegensatz zu *mysqlcheck* wird *myisamcheck* ausgeführt, während der Server ausgeschaltet ist. Daher müssen Sie den MySQL-Server während der Überprüfung herunterfahren, damit keine anderen Threads die Tabellen ändern. Nachdem Sie MySQL gestoppt haben, können Sie den folgenden Befehl aus Listing 7.79 verwenden, um alle Tabellen des Flughafenszenarios zu überprüfen:

```
bash# myisamchk --fast /var/lib/mysql/FlughafenDB/*.MYI
```

Listing 7.79 Tabellen mit MyISAM überprüfen

Mit diesem Befehl führen Sie eine schnelle Routineüberprüfung aller Tabellen innerhalb der Datenbank »FlughafenDB« durch. Um automatisch alle eventuell beschädigten MyISAM-Tabellen zu reparieren, können Sie den folgenden Befehl verwenden:

```
bash# myisamchk --recover -B  /var/lib/mysql/FlughafenDB/*.MYI
```

Listing 7.80 Alle Tabellen der »FlughafenDB« reparieren

Der Befehl aus Listing 7.80 repariert alle Tabellen und legt vorher ein Backup an (`-B`), damit im Problemfall keine Daten verloren gehen können. Beachten Sie, dass der Recovery-Vorgang sehr lange dauern kann.

InnoDB Recovery

InnoDB ist aufgrund seiner Transaktionsfähigkeit wesentlich robuster als MyISAM und daher auch im Fall eines Crashs meistens selbst in der Lage, sich zu reparieren. Dazu verwendet es seine Binär-Logs. InnoDB prüft seine Tabellen beim Hochfahren auf Fehler und versucht diese auch gleich zu beheben. Dazu benötigt es unbedingt die Binär-Logfiles, denn ohne diese kann es die Daten nicht wiederherstellen. Der Überprüfungsvorgang kann sehr viel Zeit in Anspruch nehmen, sind die Binär-Logs jedoch intakt, gelingt die Reparatur in den meisten Fällen. Zuallererst führt InnoDB ein *Redo* der im Log festgehaltenen Transaktionen durch. Das bedeutet, diese Transaktionen werden erneut durchgeführt. Danach werden unvollständige Transaktionen rückgängig gemacht. Dieser Vorgang wird als *Undo* bezeichnet.

Sollte eine Datenbank beschädigt sein, verweigert InnoDB den Start des Servers, damit die Tabellen durch den Betrieb nicht noch weiter zerstört werden. Im Notfall können Sie MySQL anweisen, trotzdem zu starten. Das dient dazu, dass Sie Ihre Tabellen eventuell doch noch sichern können, da manche Bereiche noch lesbar sein könnten. Der Parameter für diese Methode heißt `innodb_force_recovery`, und Sie müssen diesen in der Konfigurationsdatei *my.cnf* setzen. Es gibt hier verschiedene Level, die unterschiedliche Operationen auf den Daten zulassen. Verwenden Sie zu Beginn einen Wert von `1` in der Datei *my.cnf*, wie in Listing 7.81 dargestellt:

```
[mysqld]
innodb_force_recovery = 1
```

Listing 7.81 InnoDB Recovery bei einer zerstörten Datei

Mit dem Wert 1 wird versucht, trotz eventuell aufgetretener Fehler den Server laufen zu lassen, damit Sie Ihre Daten retten können. Starten Sie danach Ihren Server neu, und versuchen Sie, die Daten der betreffenden Tabelle in eine neue Tabelle zu sichern.

Angenommen, die Passagiertabelle ist korrupt. Legen Sie zur Sicherung der noch intakten Daten dazu eine neue Tabelle mit einem eigenen Namen, aber derselben Struktur wie die betreffende Tabelle an, siehe Listing 7.82:

```
mysql> CREATE TABLE passagier_backup (
   -> passagier_id INT NOT NULL auto_increment,
   -> passnummer CHAR(9) NOT NULL,
   -> vorname VARCHAR(100) NOT NULL,
   -> nachname VARCHAR(100) NOT NULL,
   -> PRIMARY KEY (passagier_id),
   -> UNIQUE (passnummer)
   -> ) ENGINE=InnoDB DEFAULT CHARSET=latin1;
```

Listing 7.82 Eine Backup-Tabelle anlegen

Danach versuchen Sie, die Daten aus der korrupten Tabelle in die neu angelegte zu laden. Verwenden Sie dazu den Befehl aus Listing 7.83:

```
mysql> INSERT INTO passagier_backup SELECT * FROM passagier;
```

Listing 7.83 Daten in die neue Tabelle laden

Nachdem Sie die Daten hoffentlich retten konnten, können Sie die betreffende Originaltabelle löschen und die neue Tabelle umbenennen. In diesem Fall gehen jedoch die Fremdschlüssel verloren, und Sie müssen sie neu anlegen. Eine weitere Möglichkeit ist auch die Sicherung in eine Textdatei. Verwenden Sie für diese Methode den Befehl `SELECT INTO OUTFILE`, wie Sie ihn aus Abschnitt 7.3.2, »Daten exportieren«, kennen. Vergessen Sie nicht, den Parameter `innodb_force_recovery`, nachdem Sie Ihre Daten gerettet haben, wieder aus der Konfigurationsdatei zu löschen.

7.6 Performance-Check mit mysqlslap

Ein weiteres nützliches Tool für die Arbeit mit MySQL ist das Benchmarking-Programm *mysqlslap*. Mit diesem Werkzeug können Sie Serverlast generieren, indem Sie das Programm auf Ihren MySQL-Server loslassen. Es sendet automatisch Anfragen an den Server und misst die Zeit, die für die Ausführung benötigt wird. Sie können die Anzahl dieser Anfragen genauso festlegen, wie die Anzahl der gleichzeitig simulierten Client-Anfragen. In Listing 7.84 sehen Sie einen Beispielaufruf von mysqlslap:

```
bash# mysqlslap --user=root -p --auto-generate-sql
--concurrency=15 --number-of-queries=10000
```

Listing 7.84 MySQL unter Stress setzen

Die Parameter in diesem Beispiel sorgen dafür, dass MySQL automatische Statements verwendet (`--auto-generate-sql`) und diese mit 15 gleichzeitigen Client-Verbindungen (`--concurrency=15`) absetzt. Insgesamt werden 10.000 Anfragen an den Server gestellt (`--number-of-queries=10000`). Je nachdem, wie leistungsfähig Ihre Hardware ist, benötigt ein solcher Test entsprechend viel Zeit und lastet Ihr System sehr stark aus. Verwenden Sie es daher nicht während des Tagesgeschäfts, da es durch seine hohe Last das System teilweise lahmlegen kann. Das Tool verfügt über verschiedene Einstellungsmöglichkeiten, die Sie ausgiebig testen sollten.

Benchmark-Tests sind für mehrere Anwendungsgebiete wichtig. Zum einen können Sie testen, wie Ihr ganzes System auf eine hohe Datenbankenlast reagiert, und dadurch herausfinden, mit welcher Anfrageleistung Sie rechnen können. So können Sie beispielsweise testen, wie sich ein Backup während einer Lastspitze auswirkt. Außerdem können Sie auch einzelne Anfragen prüfen, die Sie optimieren möchten. Mit diesem Tool können Sie testen, wie sich Ihre Optimierung auswirkt und ob diese auch bei vielen Anfragen die gewünschten Effekte erzielt. Mehr über Optimierung erfahren Sie in Kapitel 9. Auch als deutliches Argument für die Anschaffung neuer Hardware kann Ihnen mysqlslap dienen, indem Sie mit seiner Hilfe die Leistungsgrenzen ab einem bestimmten Anfragevolumen demonstrieren können.

7.7 MySQL beobachten

In Abschnitt 6.3.4, »Server-Variablen setzen und ändern«, haben Sie gesehen, wie Sie Servervariablen lesen und setzen können. Im folgenden Abschnitt lernen Sie nun jene Variablen kennen, anhand derer Sie den Status von MySQL einsehen und den Zustand des Servers bewerten können.

7.7.1 Die INFORMATION_SCHEMA-Tabellen

MySQL speichert Informationen über die Datenbanken und Tabellen, die es verwaltet, in einer internen Datenbank ab. Diese Datenbank trägt den Namen »INFORMATION_SCHEMA«, und sie enthält alle Informationen über die

Gesamtheit der in der Datenbank enthaltenen Objekte. Diese Daten, welche wiederum Daten beschreiben, werden als *Metadaten* bezeichnet. Die in dieser Datenbank enthaltenen Tabellen sind Sichten (Views), die Ihnen einen lesenden Zugriff auf die Interna von MySQL bieten. Diese Tabellen können Sie mit gewöhnlichen `SELECT`-Statements abfragen, um die gewünschten Informationen zu erhalten. Wechseln Sie dazu einfach in diese Datenbank mit dem bekannten Befehl aus Listing 7.85:

```
mysql> USE INFORMATION_SCHEMA;
```

Listing 7.85 In die Tabelle »INFORMATION_SCHEMA« wechseln

Danach können Sie die darin enthaltenen Tabellen nach Herzenslust abfragen. Beispielsweise können Sie sich mit dem folgenden Statement alle Berechtigungen eines fiktiven Benutzers »testuser« anzeigen lassen, siehe Listing 7.86:

```
mysql> SELECT * FROM USER_PRIVILEGES WHERE GRANTEE LIKE 'testuser';
```

Listing 7.86 Benutzerrechte für einen bestimmten Nutzer anzeigen

7.7.2 Den Status abfragen

Mit den Metadaten, die sich in der Datenbank »INFORMATION_SCHEMA« befinden, können Sie sich ein genaues Bild vom Status des Servers machen. Einen Überblick über alle wichtigen gesetzten Variablen und deren Werte liefert der Befehl aus Listing 7.87:

```
mysql> SHOW STATUS;
```

Listing 7.87 Den Status Ihrer MySQL-Installation ausgeben

Sie erhalten eine Liste mit mehr als 290 Variablen. Sie sehen dort die wichtigsten Parameter und deren Werte und erfahren so beispielsweise, wie viele Verbindungen abgebrochen wurden (`Aborted_connects`), wie lange der Server bereits läuft (`Uptime`), wie viele Anfragen insgesamt gestellt wurden (`Queries`) und vieles mehr. In Listing 7.88 sehen Sie einen Auszug der Ausgabe dieses Befehls:

```
+-----------------------------------+----------+
| Variable_name                     | Value    |
+-----------------------------------+----------+
| Aborted_clients                   | 12       |
| Aborted_connects                  | 4        |
| Key_read_requests                 | 40800    |
| Last_query_cost                   | 0.000000 |
| Max_used_connections              | 11       |
| Open_files                        | 20       |
```

```
| Open_streams                      | 0         |
| Open_table_definitions            | 19        |
| Open_tables                       | 22        |
| Opened_files                      | 92        |
| Queries                           | 23017     |
| Questions                         | 8         |
| Threads_cached                    | 7         |
| Threads_connected                 | 1         |
| Threads_created                   | 19        |
| Threads_running                   | 1         |
| Uptime                            | 94131     |
| Uptime_since_flush_status         | 94131     |
+-----------------------------------+-----------+
```

Listing 7.88 Die Status-Variablen

Es gibt viele verschiedene SHOW-Befehle, die einen Überblick über interessante Einstellungen und Status liefern. Details dazu finden Sie in der Referenz am Ende des Buches. Wenn Sie sich nicht genau an einen Variablennamen erinnern, können Sie die Anzahl der zurückgelieferten Variablen mithilfe des Befehls SHOW STATUS und einer LIKE-Klausel einschränken. Das Beispiel in Listing 7.89 verwendet dazu zwei Wildcard-Symbole, um alle Variablen, die das Wort »cache« enthalten, anzuzeigen:

```
mysql> SHOW STATUS LIKE '%cache%';
```

Listing 7.89 SHOW-Befehl mit WHERE-Klausel, um alle Variablen anzuzeigen, die das Wort »cache« enthalten

7.7.3 MySQL überwachen

Ein Werkzeug, mit dem Sie die Aktivitäten von MySQL beobachten können, ist *mytop*. Es ähnelt im Aufbau dem Linux-Tool *top*, mit dem Sie den Status Ihres gesamten Betriebssystems im Auge behalten können. Sie können das Tool über den Paketmanager installieren, indem Sie den in Listing 7.90 angegebenen Befehl verwenden:

```
bash# apt-get install mytop
```

Listing 7.90 Das Tool »mytop« installieren

Danach genügt ein Aufruf des Programms, wie er in Listing 7.91 dargestellt ist:

```
bash# mytop -uroot -pIhrPasswort
```

Listing 7.91 »mytop« starten

Das Programm bietet eine Übersicht der aktuell laufenden Client-Anfragen, zeigt Ihnen, wie viele Querys pro Sekunde gerade abgefertigt werden, und weitere interessante Details mehr. Einen Screenshot des Tools sehen Sie in Abbildung 7.1.

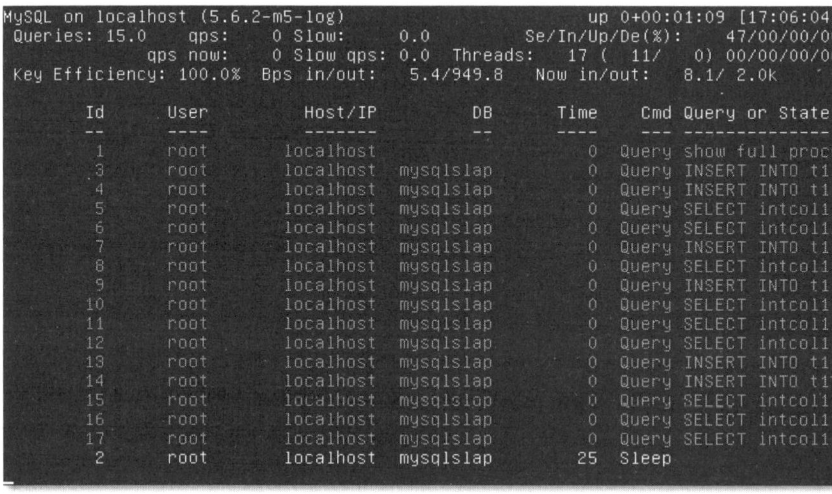

Abbildung 7.1 MySQL unter Last – mytop

7.8 Die grafischen Werkzeuge im Überblick

Obwohl der Fokus dieses Buches auf der kommandozeilenbasierten Administration von MySQL liegt, sollen hier kurz die wichtigsten grafischen Werkzeuge für die Arbeit mit MySQL vorgestellt werden. Diese Tools können Sie kostenlos von der MySQL-Webseite herunterladen.[14]

7.8.1 MySQL Workbench

Das wichtigste GUI-Werkzeug für die Arbeit des Administrators ist die MySQL Workbench. In diesem umfangreichen Programm sind die wichtigsten Aufgaben eines Administrators übersichtlich angeordnet:

- Design
- Administration
- SQL Development

Früher waren die beiden letztgenannten Bereiche in separaten Programmen ausgelagert. Es gab ein eigenes Tool für die Administration, genannt MySQL Admi-

14 *http://dev.mysql.com/downloads/workbench/5.2.html*

nistrator, und ein eigenes Programm für das Formulieren von Anfragen, genannt MySQL Query Browser. Beide Programme sind nach wie vor verfügbar und können ebenfalls von der genannten Homepage bezogen werden. Da das MySQL-Administrator-Programm insbesondere im Bereich Backups einen größeren Funktionsumfang aufweist als die in der Workbench integrierte Administrationsoberfläche, wird dieses Tool – obwohl offiziell veraltet – trotzdem kurz vorgestellt.

Die MySQL Workbench vereint diese drei Aufgabenbereiche in einem Werkzeug und dient somit als Universalprogramm für viele Administrationsaufgaben. Die Funktion für das Erstellen von Datenbankmodellen ist äußerst praktisch, da Sie mit diesem ER-Diagramme Ihres Datenschemas zeichnen können. Diese werden auf Wunsch automatisch in der Datenbank umgesetzt. Zusätzlich zu den grafischen Modellierungswerkzeugen, die im Anschluss kurz vorgestellt werden, verfügt die MySQL Workbench auch über einen eingebauten Anfrageeditor. Mit diesem können Sie Ihre SQL-Statements testen und ausprobieren. Auch das Schreiben von gespeicherten Programmen können Sie damit sehr komfortabel bewerkstelligen. Außerdem verfügt die MySQL Workbench über einen integrierten Administrationsmodus, mit dem Sie Ihre MySQL-Installation bequem verwalten können. Sie gelangen zu diesen drei Aufgabenbereichen über den Startbildschirm, den Sie in Abbildung 7.2 sehen.

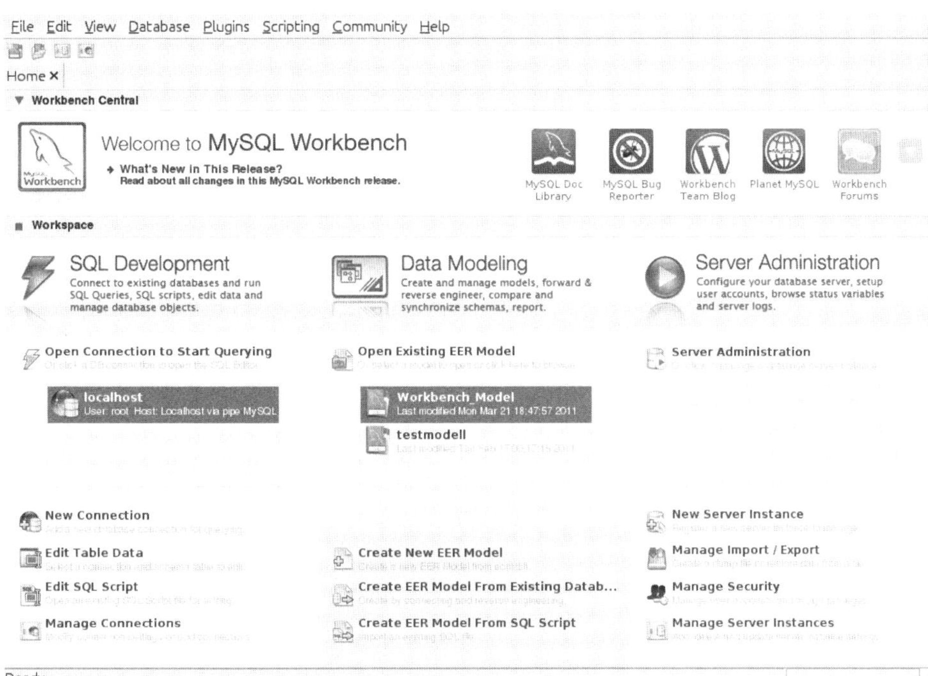

Abbildung 7.2 Der Begrüßungsbildschirm der MySQL Workbench

Datenbankmodellierung mit der Workbench

Mit diesem Programm können Sie Tabellen komfortabel per Maus anlegen und diese automatisch im Server anlegen lassen. Besonders praktisch ist auch die Möglichkeit des *Reverse Engineering*, mit dessen Hilfe Sie aus einer bestehenden Datenbank in Ihrem MySQL-Server das ER-Modell generieren können. Dadurch können Sie sich die Beziehungen zwischen den Tabellen schön aufbereitet darstellen lassen und sich so erneut ins Gedächtnis rufen und dokumentieren. Um von einer bestehenden Datenbank ein Modell zu erzeugen, wählen Sie den Eintrag REVERSE ENGINEER des Menüs DATABASE. Sie sehen daraufhin das Fenster aus Abbildung 7.3, in dem Sie die Verbindungsdaten für Ihre Datenbank eintragen.

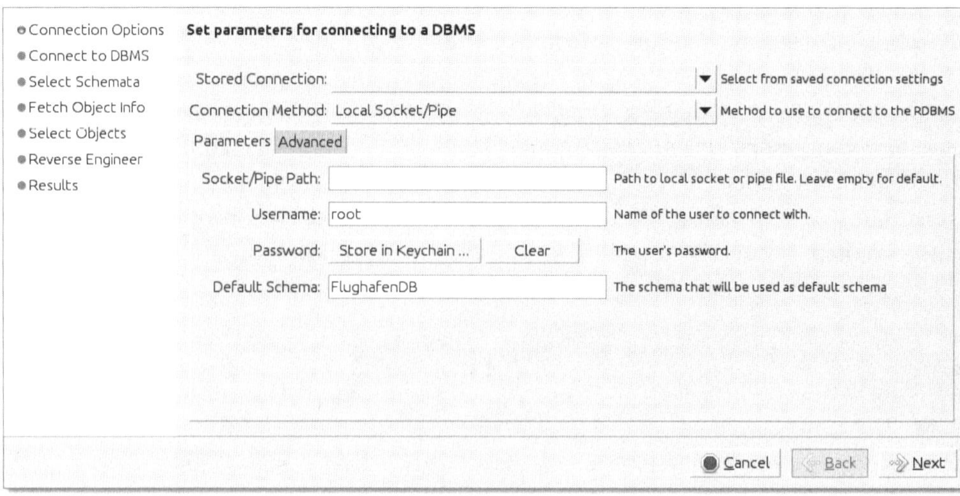

Abbildung 7.3 Die Verbindungsdaten eintragen

In den nächsten Menüs können Sie die gewünschten Datenbanken und die darin enthaltenen Tabellen auswählen. Wenn Sie die folgenden Menüs jeweils bestätigen, erzeugt die Workbench ein ansprechendes Modell Ihrer Datenbanken und Tabellen für Sie. Ein Beispiel dafür sehen Sie in Abbildung 7.4.

Ein solches Modell ist jedoch nicht nur hübsch anzusehen, das Geniale an diesem Werkzeug ist, dass Sie direkt in diesem Modell Änderungen am Schema in der Datenbank durchführen können. Falls Sie beispielsweise einer Tabelle eine Spalte hinzufügen wollen, können Sie die betreffende Tabelle doppelt anklicken. Daraufhin öffnet sich im unteren Teil des Programms ein Menü, in dem Sie die vorhandenen Spalten bearbeiten oder auch neue hinzufügen können. Sie können natürlich auch die Beziehungen zwischen den Tabellen verändern, Schlüssel bearbeiten und setzen, kurzum alle Anpassungen des Schemas einer Datenbank können Sie hier komfortabel mittels grafischer Menüs durchführen.

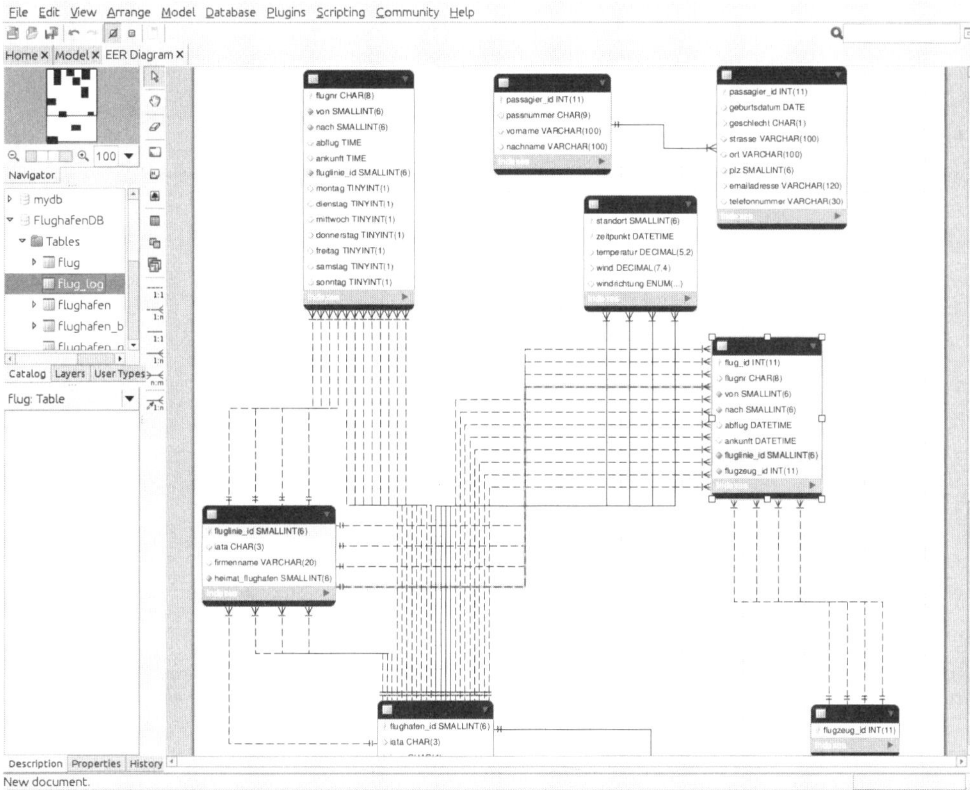

Abbildung 7.4 Erzeugtes Datenbankmodell

Diese Möglichkeit funktioniert jedoch nicht nur für bestehende Datenbankenschemas, sondern Sie können mit MySQL Workbench auch ein völlig neues Schema entwerfen und auf Knopfdruck in die Datenbank einspielen. Diese Art der Datenbankentwicklung wird als *Forward-Engineering* gekennzeichnet. Sie können beide Techniken, also Forward- und Reverse-Engineering, im Wechselspiel einsetzen, um ein neues Modell zu entwerfen und dieses immer wieder an Ihre Vorstellungen anzupassen. Die Abbildungen der Tabellen im ersten Kapitel wurden übrigens mit diesem Programm erstellt.

Anfragen formulieren und Abfragen durchführen

Die zweite Hauptaufgabe, die Sie ebenfalls sehr komfortabel mit der Workbench erledigen können, ist die Entwicklung von SQL-Statements. Um neue Anfragen zu entwerfen oder beispielsweise gespeicherte Programme zu entwickeln, ist der Teilbereich SQL DEVELOPMENT vorgesehen. In Abbildung 7.5 sehen Sie den SQL-Editor, mit dem gerade eine gespeicherte Prozedur entwickelt wird.

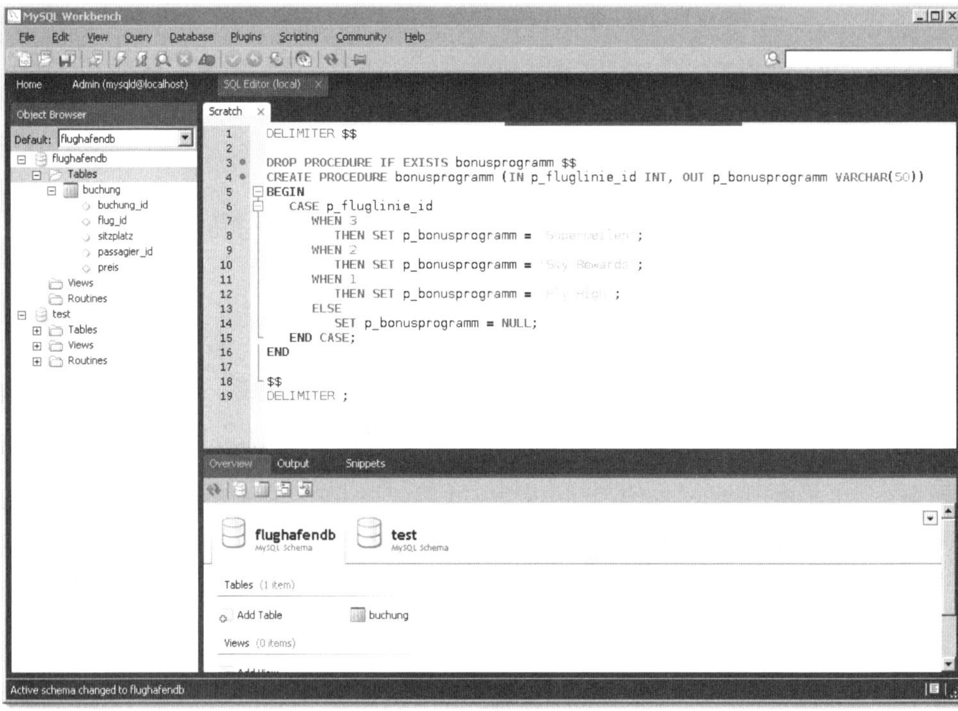

Abbildung 7.5 Der SQL-Editor der Workbench

Der große Vorteil der Entwicklung von SQL-Statements und Programmen liegt auf der Hand. Mit diesem Werkzeug können Sie die einzelnen SQL-Statements oder auch komplexe Programme nicht nur sofort testen und erneut bearbeiten, Sie können diese auch als SQL-Dateien lokal auf Ihrem Entwicklungsrechner speichern. Diese Art der Bearbeitung ist ungleich komfortabler als das direkte Entwickeln im MySQL-Client. Außerdem können Sie die so angelegten SQL-Dateien unter eine Versionskontrolle stellen und somit alle Änderungen nachvollziehen, so wie Sie es vermutlich auch von anderen Programmiersprachen her gewohnt sind. Des Weiteren helfen Ihnen hier beispielsweise farbige Syntax-Hervorhebungen und die integrierte Fehlererkennung, um Ihren SQL-Code schneller und sicherer zu erstellen. Ebenfalls sehr praktisch ist die Möglichkeit, bestimmte Ausschnitte separat zu testen, indem Sie diese markieren und nur diese markierten Statements absetzen können.

Administrative Aufgaben mit der Workbench erledigen

Die Workbench bietet Ihnen nicht nur die Möglichkeit, Ihr Datenbankenschema anzupassen und grafisch darzustellen, Sie können mit diesem Werkzeug auch administrative Aufgaben erledigen, indem Sie im Startbildschirm den betreffenden Bereich auswählen und eine Verbindung zu Ihrem MySQL-Server – der Instanz – herstellen. Wie Sie in Abbildung 7.6 erkennen können, sind in der Workbench die verschiedenen Administrationsbereiche nach Aufgaben unterteilt. Sie finden die betreffenden Themenbereiche in verschiedenen Registern, in denen wiederum die passenden Optionen zusammengefasst sind.

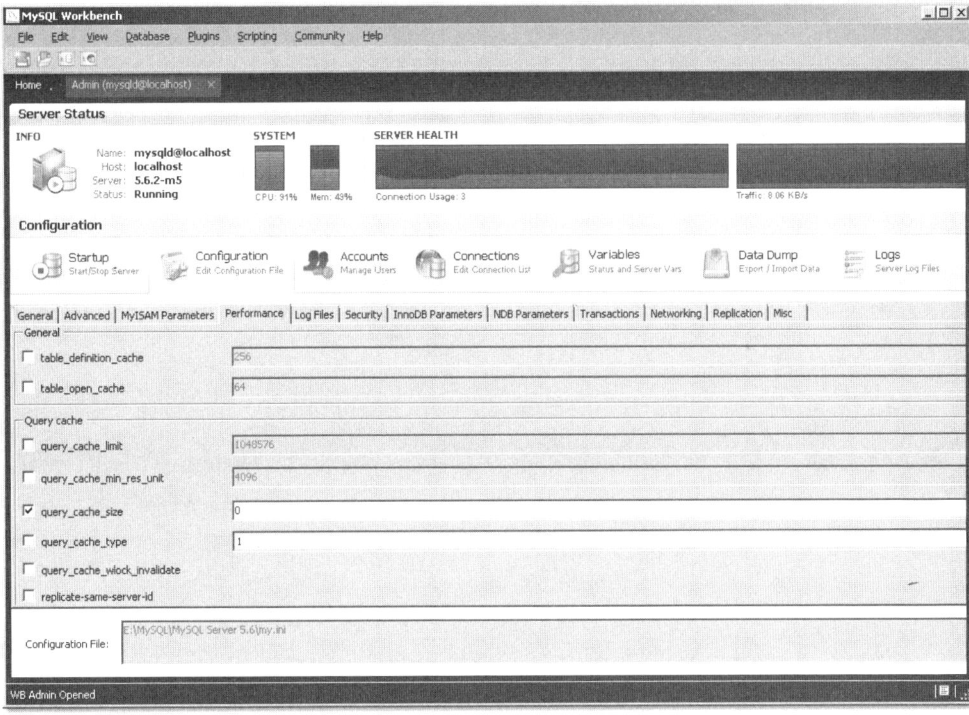

Abbildung 7.6 MySQL Workbench Administrationsbereich für das Performance-Tuning

Zudem werden im oberen Bereich des Fensters immer die aktuelle Systemauslastung des Serverbetriebssystems sowie aktuelle Zugriffsstatistiken von MySQL ansprechend eingeblendet. Die aktuelle Belegung von Servervariablen sehen Sie zum Beispiel im Teilbereich VARIABLES, dort können Sie bequem nach bestimmten Variablen filtern und sich deren aktuellen Wert anzeigen lassen, siehe Abbildung 7.7.

Praktischerweise steht neben jeder Variablen eine kurze Beschreibung, leider ist diese jedoch nur auf Englisch verfügbar.

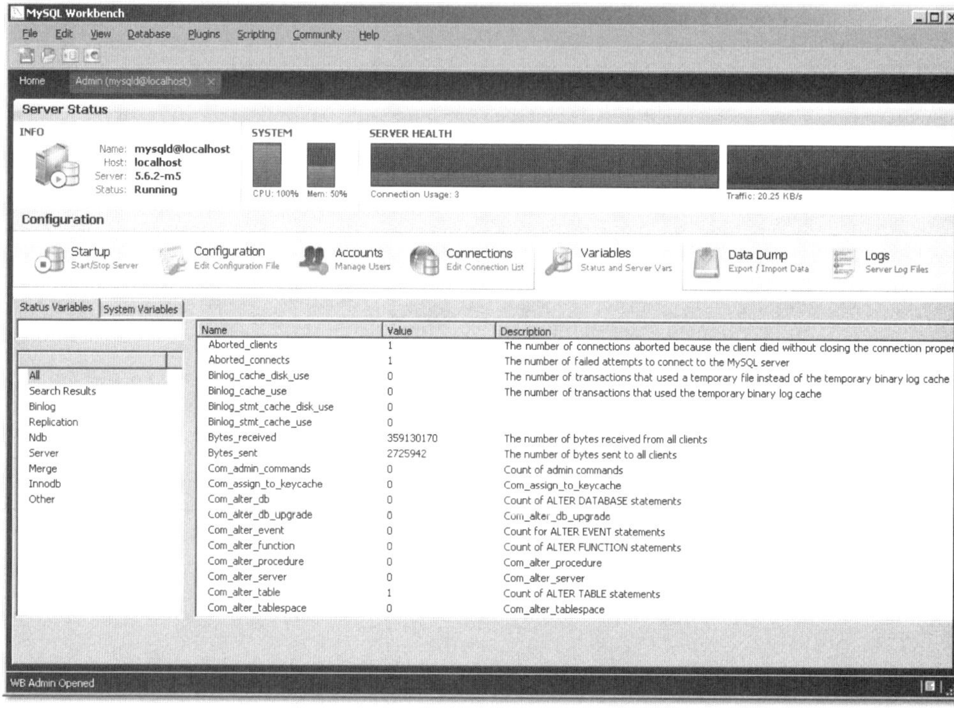

Abbildung 7.7 Die aktuelle Variablenbelegung wird übersichtlich in der Workbench dargestellt.

7.8.2 MySQL Administrator

Ein sehr praktisches und hilfreiches Werkzeug ist der MySQL Administrator. Dieses Programm kann Ihnen die Arbeit deutlich erleichtern, da die einzelnen Bereiche, mit denen Sie im Laufe Ihres Administrationsalltags zu tun haben, hier sehr übersichtlich angeordnet sind. Inzwischen wurden seine Funktionen zwar in das Tool MySQL Workbench integriert, es handelt sich aber nach wie vor um ein sehr praktisches Übersichtswerkzeug, das Sie noch immer von der MySQL-Seite herunterladen können.[15] Mit ihm können Sie komfortabel per Mausklick den Server starten und beenden, die Variablen anzeigen, Backups erstellen und sich den aktuellen Zustand im Monitor, grafisch ansprechend aufbereitet, ansehen. Der Startbildschirm ist in Abbildung 7.8 dargestellt.

Mit diesem Werkzeug können Sie nicht nur aktuelle Einstellungen betrachten, Sie können damit auch komfortabel Ihre Backups verwalten. MySQL Administrator ist ein Frontend für mysqldump, das Ihnen die Bedienung erleichtert.

15 *http://dev.mysql.com/downloads/gui-tools/5.0.html*

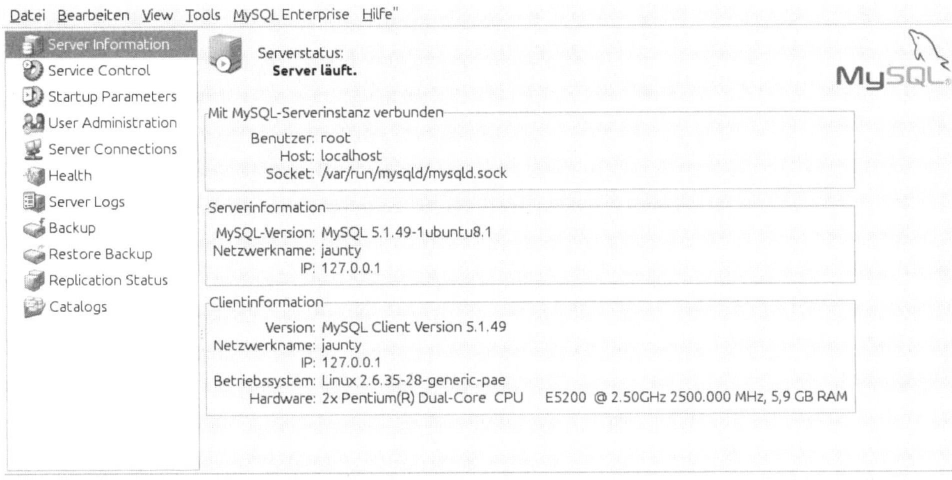

Abbildung 7.8 MySQL Administrator

Das Tool verfügt über eine übersichtliche Eingabemaske, mit der Sie die zu sichernden Datenbanken und Tabellen auswählen und in einem Backup-Projekt zusammenfassen können. In Abbildung 7.9 sehen Sie den Reiter BACKUP-PROJEKT, über den Sie jene Tabellen auswählen, die Sie sichern möchten.

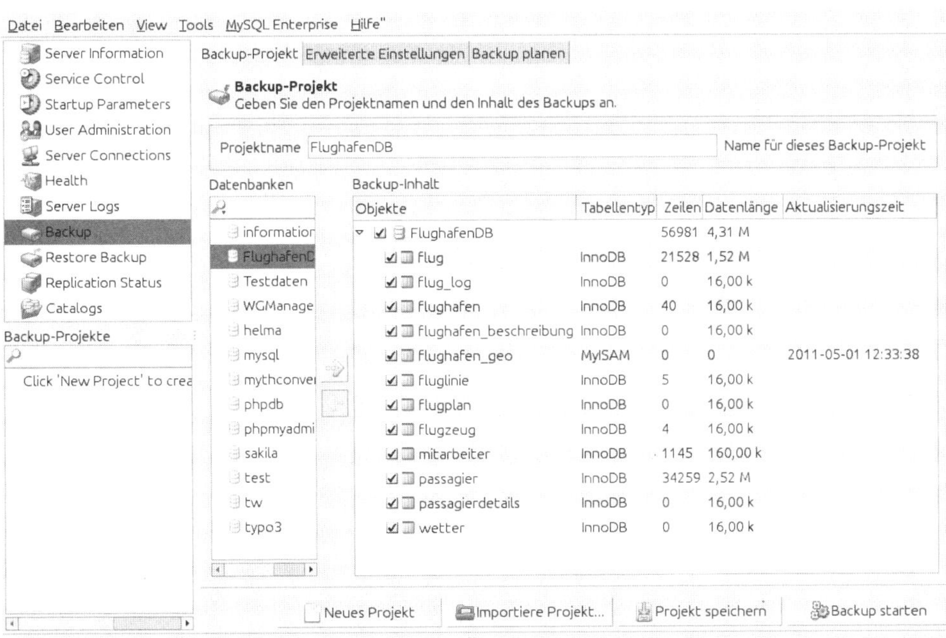

Abbildung 7.9 Ein Backup-Projekt anlegen

Im Register ERWEITERTE EINSTELLUNGEN können Sie den Backup-Typ auswählen, siehe Abbildung 7.10. Die Beschreibungen für die unterschiedlichen Arten an Sicherungen finden Sie in Abschnitt 7.4, »Richtig sichern – Backups und Strategien«.

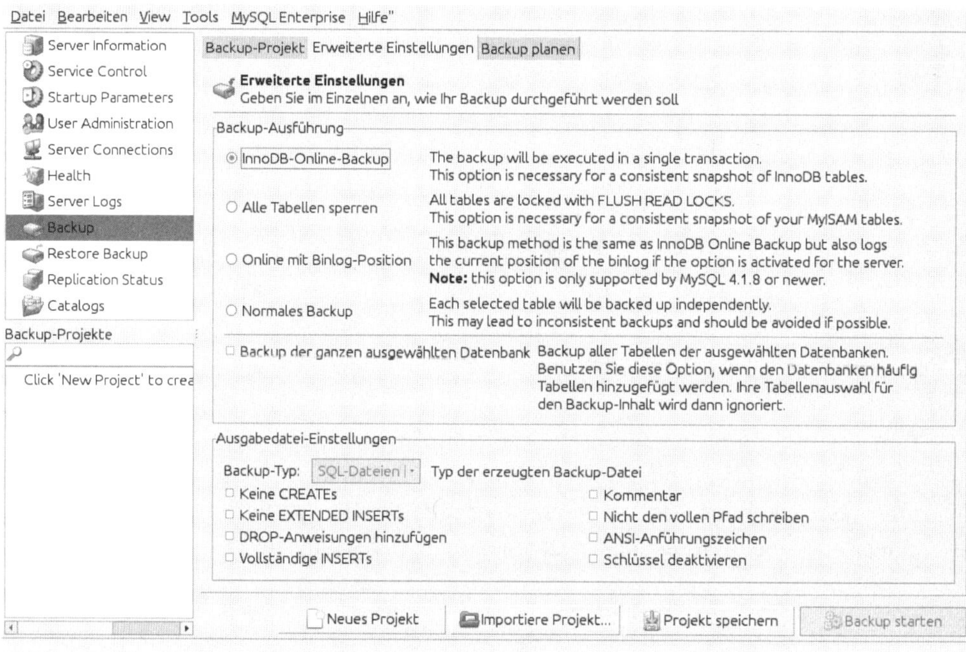

Abbildung 7.10 Den Backup-Typ festlegen

Unter dem dritten Reiter in diesem Menü, BACKUP PLANEN, finden Sie die Einstellungen für die zeitliche Einteilung Ihrer Backups. Sie sehen diese Optionen in Abbildung 7.11. Hier können Sie bequem die Wochentage und die Uhrzeit für Ihre Sicherungen festlegen. Im unteren Teil dieses Fensters können Sie Ihr Backup-Projekt speichern und gegebenenfalls gleich die Sicherung durchführen. Geplante Backups werden in Zukunft automatisch durchgeführt. Beachten Sie jedoch, dass die Verbindung zur Datenbank, die Sie sichern möchten, ebenfalls gespeichert werden muss, damit das Tool sich ohne Interaktion verbinden kann.

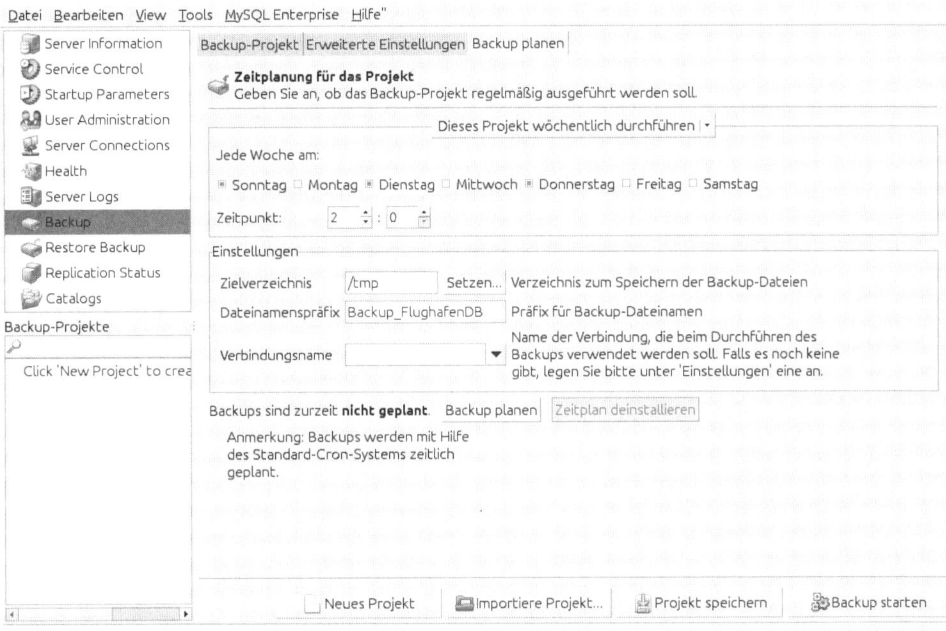

Abbildung 7.11 Zeitpunkt zum Sichern festlegen

7.8.3 Weitere Tools

Es gibt inzwischen eine Vielzahl kommerzieller und kostenloser Anwendungen, die Ihnen die Arbeit mit MySQL erleichtern können. Stöbern Sie beispielsweise durch die einschlägigen Open-Source-Plattformen wie Sourceforge[16], und probieren Sie verschiedene Tools aus. Besonders erwähnenswert ist mit Sicherheit auch das sehr populäre Projekt PHP MyAdmin[17], mit dem Sie ebenfalls schnell und unkompliziert die in MySQL enthaltenen Daten bearbeiten können.

7.9 Optimierungstechniken

In den vorherigen Abschnitten haben Sie gelernt, wie Sie die wichtigsten Administrationsaufgaben zuverlässig bewältigen können. Auf den kommenden Seiten erfahren Sie, wie Sie die Leistungsfähigkeit Ihrer MySQL-Installation weiter steigern und somit den Datendurchsatz erhöhen können. Natürlich hängt die Gesamtanfrageleistung Ihres Systems nicht nur von den Servereinstellungen selbst ab, sondern sie ist auch stark von Ihrem Datenbankenschema und der Art der Abfra-

16 *http://www.sourceforge.net*
17 *http://www.phpmyadmin.net*

gen, die an den Server gestellt werden, abhängig. Wie Sie diese Art des Performance-Tunings vornehmen, erfahren Sie in Kapitel 9, »Anfrageoptimierung«.

7.9.1 Leistungsschau

Inwieweit eine MySQL-Installation als leistungsfähig empfunden wird, hängt von mehreren Aspekten ab. Zum einen beeinflusst die Art und Weise, wie schnell das System auf Abfragen reagiert, die empfundene Geschwindigkeit. Diese Zeitspanne, die das System vom Eintreffen der Anfrage bis zur Fertigstellung der Abfrage benötigt, wird als *Latenz* bezeichnet. Das Abarbeiten einer Anfrage benötigt ebenfalls Zeit, die stark davon abhängt, ob Daten von der Platte geladen werden müssen oder ob diese bereits in einem Puffer (engl. *cache*) im Arbeitsspeicher vorhanden sind. Den Query-Cache kennen Sie bereits aus Kapitel 5, »Architektur«. Dabei handelt es sich beispielsweise um den Pufferspeicher, in dem die Ergebnisse bereits gestellter Anfragen abgelegt werden. Wird die identische Anfrage erneut ausgeführt, kann das Ergebnis direkt zurückgegeben werden, was enorme Geschwindigkeitsvorteile mit sich bringt.

Zusätzlich zur Bearbeitungszeit kommt jene Zeit, in der das System auf Ressourcen warten muss, etwa weil eine Tabelle durch eine andere Anfrage gesperrt ist. Diese Wartezeiten können sich aufschaukeln und das System ausbremsen. Das Ziel der Optimierung ist es, die Latenz möglichst kurz zu halten, um somit möglichst viele Anfragen pro Zeiteinheit abarbeiten zu können.

Messungen

Damit Sie den Erfolg Ihres Tunings zuverlässig überprüfen können, müssen Sie reproduzierbare Testfälle einsetzen. Darunter versteht man, dass Sie Ihre Tests beliebig oft in gleichem Umfang wiederholen können, weil Sie die gleichen Grundvoraussetzungen verwenden, von denen ausgehend Sie die Tests durchführen. Nur wenn Sie möglichst identische Testszenarien einsetzen, können Sie auch Rückschlüsse auf die Effekte Ihrer Tuning-Versuche ziehen, indem Sie das Verhalten von MySQL vor und nach den Veränderungen der Parameter messen.

Anderenfalls beeinflussen zu viele externe Faktoren Ihre Messergebnisse, denn ein aufgewärmtes System verhält sich gänzlich anders als ein neu gestarteter MySQL-Server. Das liegt unter anderem an den vielen verschiedenen Caches, sowohl vom Betriebssystem als auch vom MySQL-Server selbst. MySQL verwaltet, wie bereits erwähnt, die unterschiedlichsten Puffer für verschiedene Zwecke. Wenn Sie MySQL bzw. Ihren kompletten Server aufstarten, dann sind diese Caches leer, da diese ihre Daten im RAM des Servers ablegen. Erst durch den Betrieb von MySQL, während dessen Anfragen bearbeitet werden, werden diese

Puffer gefüllt. MySQL kann seine Leistungsfähigkeit erst dann voll entfalten, wenn es seine Puffer geladen und Statistiken über die Anfragen erstellen konnte. Dieses Auffüllen der Speicher wird als *Aufwärmen* bezeichnet. Natürlich wirken sich auch das Betriebssystem und dessen Auslastung sehr stark auf MySQL aus. Schließlich muss dieses die Dateien von MySQL ebenfalls geladen haben.

Es gibt verschiedene Werkzeuge, um die Leistungsfähigkeit Ihrer MySQL-Installation zu messen. Zum einen können Sie Tools wie *mytop* einsetzen, das Sie aus Abschnitt 7.7, »MySQL beobachten«, bereits kennen. Um die Ausführung einzelner Statements zu überprüfen, ist der Einsatz eines internen *Benchmarks* ebenfalls möglich. Unter einem Benchmark versteht man die Überprüfung der Leistungsfähigkeit eines Systems. Dabei wird die aktuelle Leistung – im Bereich von Datenbanken versteht man hierunter oft die Zeit, die zum Beantworten einer bestimmten Aufgabe verstreicht, bzw. den Datendurchsatz – mit vorhandenen Referenzwerten verglichen. Anhand dieser Vergleiche lässt sich dann feststellen, ob die gewünschte Feineinstellung (engl. *tuning*) die gewünschten Effekte erzielen konnte. Nur durch solche Messungen lässt sich überprüfen, ob die Maßnahme überhaupt ein Erfolg war oder ob sich diese nicht vielleicht sogar negativ auf die Performance des ganzen Systems auswirkt. Auch Datenbankadministratoren sind nicht vor subjektiven Eindrücken sicher, die das System nach einer Veränderung schneller erscheinen lassen als es eigentlich ist. Oftmals sind auch einfach geänderte Vorbedingungen die Ursache für einen scheinbaren Erfolg der Tuning-Maßnahme. Machen Sie sich daher genaue Notizen, und dokumentieren Sie Ihre Ausgangsituation, bevor Sie mit dem Feineinstellen beginnen.

MySQL bietet dazu einen eigenen Befehl mit dem passenden Namen `BENCHMARK` an, mit dem Sie sich die Latenzzeit eines einzelnen Statements ansehen können und mit Ihren Ergebnissen nach den vorgenommenen *Optimierungen* vergleichen können. Verwenden Sie dazu beispielsweise den Befehl aus Listing 7.92:

```
mysql> SELECT BENCHMARK(1000,
    -> (SELECT max(flug_id) FROM flug f, flughafen h
    -> WHERE f.von = h.flughafen_id AND f.abflug
    -> BETWEEN DATE(DATE_ADD(NOW(),
    -> INTERVAL FLOOR((RAND() * 30)) DAY)) AND
    -> DATE(DATE_ADD(NOW(),
    -> INTERVAL FLOOR((RAND() * 60)) DAY))LIMIT 1));
```

Listing 7.92 Benchmark eines SELECT-Statements

Dieser Befehl ruft das enthaltene `SELECT`-Statement `1000`-mal auf und gibt die Ausführungszeit zurück. Im `SELECT`-Statement wird die größte `flug_id` der Tabelle bestimmt, welche die Kriterien in der `WHERE`-Klausel erfüllt. Mithilfe der

Einschränkung der Abfrageergebnisse in der WHERE-Klausel wird jener Flug aus der Tabelle »flug« herausgefiltert, dessen Abflugsdatum zwischen zwei zufällig berechneten Daten liegt. Aufgrund der Ausgangszeit, die mit NOW() bestimmt wird, ist das Ergebnis nicht deterministisch. Daher kann MySQL den Query-Cache nicht verwenden. Der Befehl BENCHMARK misst nun jene Zeit, die für die 1.000 Wiederholungen des SELECT-Statements benötigt wird. Sie erhalten immer 0 als Ergebnis und können die Zeit dann in der Ausgabe ablesen, wie in Listing 7.93 dargestellt. Beachten Sie, dass das SELECT-Statement der Übersichtlichkeit wegen hier verkürzt dargestellt ist.

```
+-----------------------------------------------------+
| BENCHMARK(1000,(SELECT max(flug_id)... FROM flug )) |
+-----------------------------------------------------+
|                                                   0 |
+-----------------------------------------------------+
1 row in set (0,00 sec)
```

Listing 7.93 Das Ergebnis des Benchmarks

Diese Zeit ist jedoch nicht die tatsächliche Zeit, die der Server für die Abarbeitung aller Anfragen benötigt. Es handelt sich dabei um jene Zeit, die am Client verstreicht. Diese beinhaltet beispielsweise auch die Zeitdauer, die für die Übertragung über das Netzwerk benötigt wird.

7.9.2 Profiling

Der im vorherigen Abschnitt vorgestellte Befehl BENCHMARK ist für einen schnellen Überblick sehr hilfreich. Wenn Sie jedoch genauer wissen möchten, womit MySQL bei einer Anfrage am meisten Zeit verbringt, dann können Sie den integrierten Befehl profiling verwenden. Unter *Profiling* versteht man die exakte Untersuchung des Ressourcenbedarfs bei der Abarbeitung eines Befehls. Beachten Sie jedoch, dass natürlich auch hier die unterschiedlichen Puffer und deren Zustand die Ergebnisse verfälschen können. Um nun eine Anfrage genauer zu analysieren, müssen Sie das Profiling in Ihrem Client für Ihre Verbindung zuerst aktivieren. Verwenden Sie dazu den Befehl aus Listing 7.94:

```
mysql> SET profiling = 1;
```

Listing 7.94 Profiling einschalten

Standardmäßig ist dieses Feature nicht aktiviert, da es selbst Ressourcen belegt, die MySQL im operativen Tagesgeschehen ansonsten fehlen könnten. Wenn Sie nun eine Query absetzen, untersucht der integrierte Profiler von MySQL diese bis ins Detail. Verwenden Sie beispielsweise die folgende SELECT-Anfrage, um deren Ressourcenbedarf auszuwerten. Sie geben diese Anfrage wie gewohnt ein, siehe Listing 7.95:

```
mysql> SELECT * FROM passagierdetails
    -> WHERE emailadresse LIKE '%e%';
```

Listing 7.95 Eine typische SELECT-Anfrage

Diese Abfrage selektiert alle E-Mail-Adressen der Passagiere, deren E-Mail-Adresse den Buchstaben e enthält. Als Nächstes können Sie alle bisher angelegten Profile der Anfragen mit dem Befehl aus Listing 7.96 anzeigen. Dort ist ein Auszug der Liste aller Querys dargestellt, die seit dem Setzen des Profilers abgefragt wurden:

```
mysql> SHOW PROFILES \G
***** 1. row *****
Query_ID: 1
Duration: 0.01994100
   Query: SELECT * FROM passagier WHERE nachname LIKE '%e%'
.
.
.
***** 12. row *****
Query_ID: 12
Duration: 0.22517300
   Query: SELECT * FROM passagierdetails WHERE emailadresse LIKE '%e%'
```

Listing 7.96 Profile anzeigen

Jede dieser Anfragen hat eine eindeutige ID, welche Sie in der Spalte »Query_ID« sehen können. Um nun eine bestimmte Query zu analysieren, in diesem Fall die Anfrage mit der Query_ID 12, können Sie sich die aufgezeichneten Details des Profilers ausgeben lassen. Verwenden Sie den Befehl aus Listing 7.97, um den genauen Ressourcenverbrauch auszugeben:

```
mysql> SHOW PROFILE FOR QUERY 12;
+--------------------------------+----------+
| Status                         | Duration |
+--------------------------------+----------+
| starting                       | 0.000024 |
| checking query cache for query | 0.000057 |
| Opening tables                 | 0.000030 |
| System lock                    | 0.000007 |
| Table lock                     | 0.000191 |
```

```
| init                          | 0.000050 |
| optimizing                    | 0.000012 |
| statistics                    | 0.000030 |
| preparing                     | 0.000012 |
| executing                     | 0.000004 |
| Sending data                  | 0.223761 |
| end                           | 0.000094 |
| query end                     | 0.000005 |
| freeing items                 | 0.000858 |
| logging slow query            | 0.000032 |
| cleaning up                   | 0.000006 |
+-------------------------------+----------+
```

Listing 7.97 Eine Profiling-Anfrage analysieren

Sie sehen hier sehr schön, für welche Aufgaben MySQL die gesamte Ausführungszeit verwendet hat, sie wird in Sekunden angegeben. Zuerst wurde im Query-Cache kontrolliert, ob diese Anfrage bereits vorhanden war (`checking query cache for query`). Sie erkennen, dass dies nicht der Fall war, da MySQL im nächsten Schritt Zeit benötigt hat, um die Tabellen zu öffnen (`Opening tables`). In den nächsten Schritten wurden die benötigten Resourcen gesperrt (`lock`), und die Operation wurde eingeleitet (`init`), was unter anderem bewirkt hat, dass die Logfiles aktualisiert wurden.

Die grundlegende Optimierung der Anfrage folgt im nächsten Schritt (`optimizing`). Als Nächstes wird der Ausführungsplan anhand vorhandener Statistiken berechnet (`statistics`). Das Statement wird dann anhand der Optimierungen vorbereitet (`preparing`) und ausgeführt (`executing`). Details dazu erfahren Sie in Kapitel 9, »Anfrageoptimierung«. Das Senden der Daten benötigt im Vergleich zu den anderen Operationen in diesem Beispiel am meisten Zeit (`Sending data`), da es viele Plattenlesevorgänge benötigt. Dieser Teil der Ausführung benötigt oft am meisten Zeit der gesamten Anfrage. Die Anfrage selbst wird abgeschlossen und belegte Ressourcen werden wieder freigegeben (`freeing items`), zum Beispiel der Query-Cache. Da in den Slow-Query-Log-Einstellungen das lange Slow-Query-Log-Format gewählt wurde, wird die Anfrage auf jeden Fall geloggt, da kein Index auf der betreffenden Spalte liegt. Sie erkennen, dass die Anfrage in das Slow-Query-Log eingetragen (`logging slow query`) wurde an der gemessenen Zeit. Details zum Slow-Query-Log finden Sie übrigens in Kapitel 9, »Anfrageoptimierung«.

Wenn Sie nun dieselbe Abfrage aus Listing 7.95 erneut ausführen und sich die Ergebnisse des Profilers für die zweite Anfrage ansehen (Listing 7.98), dann werden Sie feststellen, dass sich viele dieser Zeiten verändert haben. Das liegt daran, dass MySQL nun auf seine Statistiken und Caches zurückgreifen konnte. Lediglich das Senden der Daten benötigt nach wie vor am meisten Zeit, da dies selbstverständlich nicht vermieden werden konnte.

```
mysql> SHOW PROFILE FOR QUERY 13;
+--------------------------------+----------+
| Status                         | Duration |
+--------------------------------+----------+
| starting                       | 0.000000 |
| checking query cache for query | 0.000000 |
| Opening tables                 | 0.000000 |
| System lock                    | 0.000000 |
| Table lock                     | 0.000000 |
| init                           | 0.000000 |
| optimizing                     | 0.000000 |
| statistics                     | 0.000000 |
| preparing                      | 0.000000 |
| executing                      | 0.000000 |
| Sending data                   | 0.209499 |
| end                            | 0.001635 |
| query end                      | 0.000004 |
| freeing items                  | 0.000841 |
| logging slow query             | 0.000033 |
| cleaning up                    | 0.000005 |
+--------------------------------+----------+
```

Listing 7.98 Der erneute Aufruf derselben Query

Sie können den Profiler daher für sehr schöne Vergleiche von Anfragen und deren Ausführungsdauer verwenden. Um Sich Informationen über verschiedene Aspekte der Anfrage genauer anzeigen zu lassen, können Sie das Statement `SHOW PROFILE` mit einem zusätzlichen Parameter erweitern. In Listing 7.99 sehen Sie die Details für die Prozessorzeit einer Anfrage.

```
mysql> SHOW PROFILE CPU FOR QUERY 10 ;
+-----------------------------+----------+----------+------------+
| Status                      | Duration | CPU_user | CPU_system |
+-----------------------------+----------+----------+------------+
| starting                    | 0.000034 | 0.000000 |   0.000000 |
| Wait f. query cache lock    | 0.000008 | 0.000000 |   0.000000 |
| checking query cache        | 0.000012 | 0.000000 |   0.000000 |
| checking privileges         | 0.000007 | 0.000000 |   0.000000 |
| checking permissions        | 0.000013 | 0.000000 |   0.000000 |
| sending cached result       | 0.027736 | 0.000000 |   0.004000 |
```

```
| cleaning up                 | 0.000025 | 0.000000 |   0.000000 |
+-----------------------------+----------+----------+------------+
```

Listing 7.99 Die Detailansicht für die CPU-Zeit

Es gibt noch weitere Detailansichten für Profile von Anfragen. Sie können jeden der folgenden Parameter nach dem Befehl `SHOW PROFILE` angeben, die interessantesten finden Sie in der folgenden Aufzählung:

- `ALL`: Zeigt alle verfügbaren Informationen.
- `BLOCK IO`: Zählt Schreiboperationen.
- `CONTEXT SWITCHES`: Zählt, wie oft zwischen Threads umgeschaltet werden musste.
- `CPU`: Gibt die CPU-Zeiten aus.

Wenn Sie sich die gesamte Ausführungszeit anzeigen lassen möchten, dann verwenden Sie den Befehl aus Listing 7.98. Da der Profiler seine Daten in den INFORMATION_SCHEMA-Tabellen abspeichert, stehen Ihnen die Informationen auch hier zur Verfügung. Dieser Befehl bildet die Summe aller Ausführungszeiten der Teilschritte und gibt diese aus:

```
mysql> SELECT SUM(DURATION) AS 'Dauer der Anfrage' FROM INFORMATION_
SCHEMA.PROFILING WHERE QUERY_ID = 12;
```

Listing 7.100 Die Summe aller Ausführungszeiten berechnen

Sie können jedoch nicht nur die internen Tabellen einsetzen, um Anfragen zu analysieren. Das Linux-Werkzeug Maatkit bietet ebenfalls praktische Funktionen dafür und für viele weitere Einsatzmöglichkeiten an. Laden Sie sich das kostenlose Maatkit von der Webseite[18] herunter, oder installieren Sie dieses über den Paketmanager *apt*, wie im folgenden Listing dargestellt ist.

```
apt-get install maatkit
```

Listing 7.101 Die Tool-Sammlung Maatkit installieren

Um ein Profiling einer konkreten Anfrage mit dem Tool *Maatkit* durchzuführen, können Sie den folgenden Befehl aus Listing 7.102 ausführen. Schreiben Sie dazu die Beispielanfrage aus Listing 7.101 in eine Zeile in einer Datei namens *query.sql*.

18 www.maatkit.org

```
mysql> SELECT passagier.passagier_id, vorname,
    -> nachname, emailadresse FROM passagier, passagierdetails
    -> WHERE passagier.passagier_id =
    -> passagierdetails.passagier_id
    -> AND ort LIKE '%Wien%';
```

Listing 7.102 Eine Beispielanfrage mit zwei Tabellen

Diese Datei geben Sie dem Tool als Parameter an, siehe Listing 7.102:

```
bash# mk-query-profiler
--user=root --ask-pass
--database=FlughafenDB query.sql
```

Listing 7.103 Maatkit-Profiling

Sie erhalten eine sehr genaue Aufschlüsselung der einzelnen Operationen und können so auf etwaige Verbesserungen schließen. Details zur Anfrage-Optimierung finden Sie in Kapitel 9, »Anfrageoptimierung«. In den nun folgenden Abschnitten lernen Sie, wie Sie MySQL tunen können. Die hier vorgestellten Messwerkzeuge dienen Ihnen nach dem erfolgreichen Feinabstimmen der Servervariablen zum Nachweis der Verbesserungen.

7.9.3 Die wichtigsten Variablen der zentralen Konfigurationsdatei im Überblick

MySQL bietet unzählige Stellschrauben an, mit deren Hilfe Sie Ihre Installation an alle erdenklichen Möglichkeiten anpassen und feintunen können. Die wichtigsten dieser Einstellungen lernen Sie in diesem Abschnitt kennen. Als Ausgangskonfiguration wird eine von MySQL mitgelieferte Standardkonfigurationsdatei eingesetzt. Anhand dieses Beispiels werden Sie sehen, welche Parameter Sie tunen können, um mehr Leistung aus dem Datenbankmanagementsystem herauszuholen.

Servertuning

Da es keine allgemeingültigen Empfehlungen gibt, die jeder MySQL-Installation zu ungeahnten Geschwindigkeiten verhilft und alle Performance-Engpässe beseitigt, müssen Sie die betreffenden Einstellungen auf Ihrem eigenen System ausprobieren und testen. Zu viele Parameter beeinflussen sich gegenseitig und sind immer von den konkreten Anforderungen abhängig, um allgemeingültige Werte angeben zu können. Beispielweise ist es ein Unterschied, ob Sie nur MyISAM-Tabellen einsetzen oder einen Mix aus InnoDB- und MyISAM-Engines verwenden. Es gibt jedoch einige Variablen und Optionen, auf die Sie Ihr besonderes Augenmerk richten sollten. Diese sind in diesem Abschnitt beschrieben.

Wie Sie bereits aus Kapitel 6, »Manuelle Installation, Plugins und Upgrades«, wissen, ist die Konfigurationsdatei *my.cnf* in verschiedene Abschnitte unterteilt, die jene Optionen für die unterschiedlichen Anwendungen enthalten. Mit der Installation von MySQL werden gängige Konfigurationsbeispiele mitgeliefert. Betrachten Sie das im Installationsverzeichnis enthaltene Beispiel für große Server. Sie finden diese Datei im dortigen Unterverzeichnis *support-files*, wenn sie der Installationsanleitung aus Abschnitt 6.1.5, »Den MySQL-Dienst starten«, gefolgt sind, also hier: */usr/local/mysql/support-files/my-large.cnf*. Es gibt im selben Verzeichnis noch weitere Vorgabekonfigurationsfiles, die für unterschiedliche Szenarien vorgesehen sind. Details finden Sie in den Kommentaren dieser Files.

Die Optionen für den Server finden Sie unter Linux im Block `[mysqld]`, der im Folgenden genau erläutert wird. Zur Wiederholung werden alle hier enthaltenen Einstellungen kurz vorgestellt. Betrachten Sie das Standard- Konfigurationsbeispiel für große Server aus Listing 7.104:

```
[mysqld]
port                        = 3306
socket                      = /tmp/mysql.sock
skip-external-locking
key_buffer_size             = 16M
table_open_cache            = 64
sort_buffer_size            = 512K
net_buffer_length           = 8K
read_buffer_size            = 256K
read_rnd_buffer_size        = 512K
myisam_sort_buffer_size     = 8M
innodb_buffer_pool_size     = 256M

max_allowed_packet          = 1M

log-bin=mysql-bin
binlog_format               = mixed

server-id                   = 1
```

Listing 7.104 Konfigurationsdatei mit Vorgabewerten für große Server

Zu Beginn des Abschnitts sehen Sie die Option `port`, die auf den Wert `3306` gesetzt ist. MySQL lauscht, während es läuft, auf diesen Port und wartet auf Anfragen, die von Anwendungen, wie beispielsweise dem Client, an es gestellt werden. Die Datenpakete, die zwischen Server und Client bzw. Anwendung hin- und hergesendet werden, enthalten eine Portnummer in ihren Headerinformationen. Anhand dieser Informationen weiß das Betriebssystem, an welchen Dienst es das Paket weiterleiten soll. Die Angabe des Ports ist insofern von Bedeutung, da Sie für eventuelle *Firewall-Einstellungen* Ihres Betriebssystems wissen müssen, auf welchem Port ein gewünschter Dienst läuft, um diesen zu konfigurieren. Wie Sie diese Einstellung und andere Variablen dauerhaft oder dynamisch verändern können, erfahren Sie am Ende dieses Abschnitts.

Die nächste Option im Konfigurationsfile ist die Angabe `socket`. Dieser Socket ist die Schnittstelle zwischen dem MySQL-Server und lokalen Clients. Über diesen Knoten werden die zu sendenden und zu empfangenden Daten lokal, also ohne Netzwerk, ausgetauscht. Falls Sie diese Angabe in diesem Abschnitt der Konfigurationsdatei ändern, müssen Sie sie auch im Client-Abschnitt anpassen, damit dieser weiß, wo dieser Socket nun auffindbar ist. Die Kommunikation von lokalen Clients läuft über diesen Socket im Dateisystem und nicht über das Netzwerk, da diese Verbindungsart schneller ist. MySQL erzeugt diese Datei beim Starten automatisch selbst und entfernt sie beim Beenden.

Der Socket wird nicht gefunden

Ein Fehler, der häufig auftritt, wird durch die folgende Meldung angezeigt:

```
ERROR 2002 (HY000): Can't connect to local MySQL server through socket
'/tmp/mysql.sock' (2)
```

Dadurch zeigt der MySQL-Client an, dass die Socket-Datei nicht gefunden wurde und daher keine Verbindung zum Server mit einem lokalen Client möglich ist. In diesem Fall läuft oftmals der MySQL-Dienst nicht, und daher wurde das File noch nicht angelegt. Die Socket-Datei wird nämlich bei jedem Start automatisch vom MySQL-Server selbst angelegt und beim Beenden wieder gelöscht. Vergewissern Sie sich zuallererst, ob mysqld überhaupt läuft. Falls der Serverdienst läuft und Sie dennoch diesen Fehler erhalten, kann es sein, dass diese Socket-Datei von einem anderen Benutzer oder einem anderen Dienst gelöscht wurde, da die Datei standardmäßig im */tmp/*-Verzeichnis angelegt wird. Versuchen Sie es daher mit einem Neustart. Sollte die Datei zwar vorhanden sein, eine Anmeldung aber dennoch mit dieser Fehlermeldung fehlschlagen, dann überprüfen Sie die Dateiberechtigungen des Verzeichnisses, in dem laut MySQL-Konfiguration die Socket-Datei angelegt wird, und überprüfen Sie, ob in der Client-Konfiguration `[client]` ebenfalls der identische Pfad angegeben wurde.

Die nächste Option im Konfigurationsfile heißt `skip-external-locking` und sie betrifft nur MyISAM-Tabellen. Details zu MyISAM finden Sie in Abschnitt 5.4, »Storage-Engines«. Mit dieser Option werden externe Sperren auf die Dateien der MyISAM-Tabellen im Filesystem des Betriebssystems nicht berücksichtigt. Die externen Sperren benötigen Sie nur dann, wenn Sie mehrere MySQL-Instanzen betreiben und diese dieselben Tabellen verwenden. Davon ist jedoch generell abzuraten, da die resultierenden Überschneidungen der Tabellen-Dateien zu massiven Problemen führen können. Falls Sie ein solches Multi-Instanzenszenario jedoch benötigen, dann müssen Sie diese Option ohne `skip` angeben, also `external-locking`. Dann prüft MySQL vorher, ob die betreffende Tabellendatei nicht von einem anderen Prozess verwendet wird, also gesperrt ist. Ansonsten würden sich die Prozesse gegenseitig behindern, und es käme zu Inkonsistenzen, wenn mehrere Prozesse gleichzeitig Daten in den Tabellen verändern. Natürlich ist MySQL ohne externes Locking schneller, da es weniger Sperren kontrollieren muss.

Falls Sie während des laufenden Betriebs MyISAM-Tabellen mit dem Reparaturtool *myisamchk* prüfen wollen, muss das externe Locking ebenfalls aktiviert sein, da das Tool solche Tabellen verändern kann. Es muss daher sichergestellt sein, dass kein anderer Prozess auf die betreffenden Daten zugreifen kann. Generell wird in diesem Fall empfohlen, den MySQL-Dienstwährend der Prüfung mit myisamchk herunterzufahren. Die nun folgenden Einstellungen sind für das Tuning Ihres Servers äußerst wichtig. Doch bevor es losgeht, beachten Sie den Hinweis im folgenden Kasten.

MySQL aufwärmen

Bevor Sie sich an das Tuning machen, sollten Sie MySQL *aufwärmen*, damit die unterschiedlichen Caches gefüllt sind und nicht einfach nur leere oder ungesetzte Systemvariablen zur Analyse herangezogen werden. Am besten wäre es, wenn Sie das Skript in einer echten Produktivumgebung einsetzten, um somit die tatsächlichen Variablenbelegungen und ein realistisches Systemverhalten vorzufinden. Das ist jedoch nicht immer möglich. Um trotzdem die unterschiedlichen Serverparameter zu testen und ausprobieren zu können, ist ein Stresstest des Systems mit dem Tool *mysqlslap* geeignet. Dieses interessante Werkzeug wurde in Abschnitt 7.6, »Performance-Check mit mysqlslap«, vorgestellt. Sie können es, wie beschrieben, verwenden, um richtige Anfragen automatisch an den Server zu stellen. Setzen Sie dazu möglichst realistische Querys ein, und lassen Sie diese in vielen Wiederholungen durchlaufen. So können Sie MySQL unter realistischen Bedingungen tunen.

Die nächste Variable, die in der Serverkonfiguration vorgestellt wird, ist die Variable `key_buffer_size`. Sie ist eine sehr wichtige Variable, denn sie legt fest, wie viel Hauptspeicher (RAM) MySQL für die Verwaltung der Indizes von MyISAM-Tabellen verwendet. Die Indizes werden in eigenen Dateien auf der Festplatte gespeichert und bei Bedarf in den Hauptspeicher geladen. Je mehr Speicherplatz Sie dafür zur Verfügung haben, desto besser. Ein guter Anfangswert für diese Einstellung liegt bei 25 % des verfügbaren Gesamtarbeitsspeichers. Wenn Ihr Serversystem also über 4 GB Hauptspeicher verfügt, können Sie diesen Wert auf mindestens 1 GB setzen, indem Sie in der Konfigurationsdatei die Variable nach dem in Listing 7.105 dargestellten Schema setzen:

```
key_buffer_size = 1GB
```

Listing 7.105 Die Variable »key_buffer_size« setzen

In der Konfigurationsdatei folgen weitere Einstellungen für die verschiedenen Pufferspeicher. So legt beispielsweise die Variable `sort_buffer_size = 1M` fest, dass für Sortierungen durch Klauseln `ORDER BY` 1 MB an Speicher zur Verfügung steht. Auch wenn dieser Wert sehr sparsam zu sein scheint, ist er doch für die allermeisten Anwendungen optimal, da dieser Speicherplatz unabhängig von der eingesetzten Storage-Engine für jede Session einzeln reserviert wird. Bei vielen gleichzeitigen Sessions kann sich dieser Wert schnell vervielfachen. Lesen Sie in Abschnitt »Ordnung ist das halbe Leben – der Sort-Cache« auf Seite 340 nach, wenn Sie Details über diese Variable erfahren möchten.

Die Einstellung `read_buffer_size = 1M` reserviert wiederum jenen Speicher, der für Table-Scans, also sequenzielles Lesen von Einträgen, zur Verfügung steht. Je nachdem, wie groß Ihre Tabellen sind und wie viele Daten in diesen enthalten sind, kann dieser Speicher auch höher gesetzt werden, damit auch sehr umfangreiche Table-Scans in diesem Puffer aufgenommen werden können. Dieser Puffer wird für jeden Thread einzeln angelegt, der Speicherbedarf kann daher sehr schnell sehr groß werden. Belassen Sie diesen Wert daher am besten auf seiner Standardeinstellung, und erhöhen Sie diese bei Bedarf für einzelne Sessions. Ähnlich verhält es sich mit dem Pufferspeicher `read_rnd_buffer_size`, der hier mit der Zeile in Listing 7.106 auf 4 MB gesetzt wurde.

```
read_rnd_buffer_size = 4M
```

Listing 7.106 Die Variable »read_rnd_buffer_size« setzen

Dieser enthält durch eine Anfrage ausgewählte Zeilen in sortierter Reihenfolge – beispielsweise aufgrund einer Klausel `ORDER BY` – und kann für weitere Sortier-Optimierungen eingesetzt werden. Dieser Puffer kann unabhängig von der gewählten Storage-Engine eingesetzt werden und ist ebenfalls für jeden Thread separat verfügbar.

Die Variable `myisam_sort_buffer_size` legt fest, wie viel Hauptspeicher MySQL für das Anlegen von Indizes mit `CREATE INDEX`, für das Ändern von Tabellen mit `ALTER TABLE` oder `REPAIR TABLES` reserviert. Diesen Wert könnten Sie – wie viele andere auch – dynamisch an aktuelle Anforderungen anpassen, indem Sie diesen stufenweise erhöhen. Die noch verbleibenden Puffervariablen `table_open_cache`, `thread_cache_size` und `query_cache_size` sind ebenfalls sehr wichtig für die Tabellen, Verbindungs- und Anfragespeicher. Diese drei Puffer werden in eigenen Abschnitten noch erläutert (ab Seite 339).

Natürlich gibt es auch für InnoDB-Tabellen einen eigenen Speicher. Dieser wird mit »der Variablen« `innodb_buffer_pool_size` reserviert. Auch diese Einstellung wirkt sich sehr deutlich auf die Leistungsfähigkeit der Datenbank aus, sofern Sie viele InnoDB-Tabellen einsetzen. Sie können diese Variable auf bis zu 80 % Ihres gesamten verfügbaren Speichers setzen, wenn Sie umfangreiche InnoDB-Tabellen verwenden. Falls Sie also über ein System mit 4 GB RAM verfügen, kann dieser Wert bis zu 3.2 GB, also etwa 3276 MB betragen. Vergessen Sie jedoch nicht, auch den für MyISAM-Tabellen reservierten Speicher zu berücksichtigen. Daher ist in diesem Szenario ein etwas niedrigerer Wert als 80 % zu wählen. Um diesen Wert beispielsweise auf 2 GB Hauptspeicher zu setzen, verwenden Sie die Konfiguration aus Listing 7.107. Somit verbleibt Ihnen noch 1 GB Hauptspeicher für MyISAM-Tabellen und 1 GB für das System selbst.

```
innodb_buffer_pool_size = 2048M
```

Listing 7.107 Den InnoDB-Puffer auf 2 GB setzen

Beachten Sie jedoch, dass das Betriebssystem noch über genügend Reserven verfügen muss, um nicht nur MySQL selbst, sondern auch andere, wichtige Systemdienste zu verwalten. Geht dem System der Speicher aus, muss es auf die Festplatte auslagern (engl. *swapping*), was auch als Paging bezeichnet wird. In diesem Zustand wird das System samt all seinen Diensten unbrauchbar langsam. In diesem Fall hat das Grundsystem etwas weniger als 1 GB RAM zur Verfügung, was bei einem reinen Datenbankserver aber ausreichen sollte. Beobachten Sie Ihr Linux-System jedoch mit den bordeigenen Tools wie beispielsweise *free* oder *top*.

7.9.4 MySQL feineinstellen – Empfehlungen eines Skripts

Es gibt eine Vielzahl von unterschiedlichen Quellen, bei denen Sie sich über das Server-Tuning informieren können. Immer einen Blick wert ist beispielsweise das MySQL Performance Blog[19]. Eine weitere Orientierungshilfe bietet aber auch das praktische MySQL Performance Tuning Script[20], mit dessen Hilfe Sie sich wertvolle Tipps für das Tunen von MySQL geben lassen können. Dieses Skript wird auch hier für das Anpassen der Serverparameter verwendet. Laden Sie es sich daher herunter, indem Sie auf Ihrem Linux-Server den folgenden Befehl aus Listing 7.108 einsetzen:

```
bash# wget http://www.day32.com/MySQL/tuning-primer.sh
```

Listing 7.108 Das Tuning-Skript herunterladen

19 *http://www.mysqlperformanceblog.com*
20 *http://www.day32.com/MySQL/*

Durch diesen Befehl wird das Skript vom Webserver auf Ihre Festplatte in das aktuelle Verzeichnis kopiert. Alternativ finden Sie dieses Skript auch auf der mitgelieferten DVD des Buches. Als Nächstes müssen Sie das Skript ausführbar machen. Verwenden Sie dazu den Befehl aus Listing 7.109:

```
bash# wget chmod +x tuning-primer.sh
```

Listing 7.109 Das Skript ausführbar machen

Nun können Sie das Tool einfach in der Kommandozeile aufrufen, indem Sie folgenden Befehl (Listing 7.110) eintippen:

```
./tuning-primer.sh
```

Listing 7.110 Tuning-Skript aufrufen

Das Programm begrüßt Sie mit folgender Meldung und weist Sie darauf hin, dass es sich nicht automatisch verbinden konnte, da keine Login-Daten in der Konfigurationsdatei gespeichert sind. Zusätzlich versucht es, aus anderen bekannten Administrationswerkzeugen die Benutzerkennung auszulesen. Im Standardfall werden natürlich keine sensiblen Daten gefunden, da Sie diese als sicherheitsbewusster Administrator auch nicht unverschlüsselt auf dem System ablegen. Sie sehen die Begrüßungsmeldungen des Tools in Listing 7.111 dargestellt:

```
Using login values from ~/.my.cnf
- INITIAL LOGIN ATTEMPT FAILED -
Testing for stored webmin passwords:
 None Found
Could not auto detect login info!
Found Sockets: /var/run/mysqld/mysqld.sock
Using: /var/run/mysqld/mysqld.sock
Would you like to provide a different socket?: [y/N] N
Do you have your login handy ? [y/N] : y
User: root
Password: geheim
```

Listing 7.111 Begrüßungsmeldung des Tuning-Tools

Verneinen Sie die Fragen nach einem anderen Socket, und bestätigen Sie die Anfrage nach den Login-Daten. Daraufhin können Sie Ihre Benutzername- und Kennwortkombination eingeben. Beachten Sie hier jedoch, dass das Passwort sichtbar am Bildschirm ausgegeben wird. Wenn Sie möchten, können Sie mit diesem Programm gleich eine neue Konfigurationsdatei anlegen. Verneinen Sie diese Frage jedoch vorerst, um sich ein Bild von den Vorschlägen des Tools zu machen. Nachdem Sie Ihre Daten korrekt eingegeben haben, macht sich das Tool an die Arbeit. In den folgenden Abschnitten finden Sie weitere Hinweise und Erläuterungen zu den wichtigsten Empfehlungen des Tools *tuning-primer.sh* und wie Sie Ihre Einstellungen an diese Empfehlungen anpassen können. Die Ausgabe ist in verschiedene Abschnitte unterteilt, die nun im Einzelnen besprochen werden.

Langsame Anfragen – das Slow-Query-Log

Wie Sie in Kapitel 9, »Anfrageoptimierung«, noch sehen werden, liefert Ihnen das Slow-Query-Log wertvolle Hinweise auf Anfragen, die eine festgelegte Anfragedauer überschreiten und somit ein Indikator für problematische Querys sind. Standardmäßig ist dieses Log jedoch nicht aktiviert, da es selbst wertvolle Systemressourcen belegt. Sie sollten es jedoch immer dann einsetzen, wenn langsame Anfragen Ihr System ausbremsen. Den Output dieses Logfiles können Sie anschließend für die Anfrageoptimierung verwenden. Nachdem Sie das Problem erfolgreich behoben haben, sollten Sie das Slow-Query-Log jedoch aus den oben genannten Gründen wieder deaktivieren.

Das Binär-Log

Ein insbesondere für Backups und auch für die Replikation wichtiges Feature ist das Binär-Log. Es dient MySQL als Historie aller entgegengenommenen Anfragen, die Daten ändern können, und kann sogar dazu verwendet werden, versehentlich abgesetzte Befehle rückgängig zu machen, indem Sie ein Backup einspielen und sich bis zum problematischen Befehl vorarbeiten. Wie dieser oftmals rettende Vorgang genau funktioniert, erfahren Sie in Abschnitt 7.4.9, »Recovery von Bedienfehlern – zeitpunktbezogene Wiederherstellung«.

Leider hat auch diese Option einen negativen Einfluss auf die Performance Ihres Systems, da die Log-Dateien natürlich auch geschrieben werden müssen. MySQL legt nicht eine sehr große Log-Datei für alle Events an, sondern unterteilt die Log-Dateien in kleinere Einheiten und versieht diese automatisch mit einer aufsteigenden Nummerierung. Außerdem legt MySQL automatisch eine Indexdatei an, in der alle Binär-Logs aufgelistet sind. Diese hat den Namen *mysql-bin.index*, und Sie können diese Datei mit jedem beliebigen Editor lesen.

In der Konfigurationsdatei können Sie mit der Variablen `max_binlog_size` festlegen, wie große eine Log-Datei, die MySQL anlegt, maximal sein darf. Sie sollten diese Größe nicht zu klein wählen, da sonst sehr viele Dateien erzeugt werden müssen, was wiederum Systemleistung kostet. Außerdem können so, je nach Anzahl der abgesetzten Querys, sehr schnell beachtliche Datenmengen zustande kommen. Setzen Sie daher auch den Parameter `expire_logs_days`, der festlegt, nach wie vielen Tagen Binär-Logs automatisch gelöscht werden. Dieser muss selbstverständlich immer größer sein als das festgelegte Backup-Intervall. In Listing 7.112 finden Sie typische Belegungen für diese beiden Variablen:

```
expire_logs_days        = 10
max_binlog_size         = 100M
```

Listing 7.112 Binär-Log-Variablen mit typischen Vorgabewerten

Die Angaben in Listing 7.112 bedeuten, dass die Logfiles nach zehn Tagen automatisch gelöscht werden. In diesem Zeitraum haben Sie daher die Möglichkeit, etwaige Fehler zu entdecken und gegebenenfalls zu beheben. Durch diese Begrenzung auf das Alter der Log-Dateien verhindern Sie, dass die Platte vollgeschrieben wird. Natürlich ist dieser Wert nur ein Richtwert, und Sie müssen diesen an Ihre Anforderungen anpassen. Auch die Größe der Binär-Logs dient hauptsächlich zur Orientierung. Zu groß gewählte Log-Dateien haben den Nachteil, dass das Einlesen beim Recovery lange dauert.

Threads – gleichzeitige Verbindungen

Der Abschnitt über Threads gibt Ihnen Aufschluss über den Thread-Cache, der ebenfalls einen wichtigen Puffer darstellt. Er ist für die Verwaltung der Client-Verbindungen zuständig. Für jede Verbindung eines Clients mit dem MySQL-Server wird ein sogenannter Thread angelegt. Dieser besitzt einen eigenen Speicherbereich im Hauptspeicher des Servers und belegt daher Speicherplatz und benötigt Rechenleistung zu seiner Verwaltung. Auch das Anlegen und Beenden eines solchen Threads benötigt zusätzliche Ressourcen, weswegen nicht mehr benötigte Client-Verbindungen in diesem Thread-Puffer gehalten werden und somit nicht neu erzeugt werden müssen. Dadurch muss der Speicher nicht neu reserviert werden, und das System spart sich wertvolle Verwaltungsarbeit. Gerade bei vielen kurzen Verbindungen von Clients kann das Erzeugen und Verwalten dieser Threads Ihren MySQL-Server ordentlich ins Schwitzen bringen. Daher müssen Sie diesen Puffer anhand der gleichzeitig benötigten Verbindungen dimensionieren. Die maximale Anzahl an gleichzeitigen Verbindungen legen Sie mit »der Variablen« `max_connections` fest. Lassen Sie sich diese mit dem Befehl aus Listing 7.113 ausgeben:

```
mysql> SHOW GLOBAL VARIABLES LIKE 'max_connections';
+-----------------+-------+
| Variable_name   | Value |
+-----------------+-------+
| max_connections | 151   |
+-----------------+-------+
```

Listing 7.113 Die maximale Anzahl gleichzeitiger Verbindungen ausgeben

Wie groß Sie den Cache wählen müssen, hängt naturgemäß mit dieser Anzahl der maximalen gleichzeitigen Verbindungen zusammen. Die Variable `thread_cache_size` legt die Anzahl fest, wie viele Threads gepuffert werden. Die aktuell gesetzte Größe dieses Puffers erfahren Sie mit dem in Listing 7.114 angegebenen Befehl. Dieser Puffer speichert bis zu acht Threads für die Wiederverwendung.

```
mysql> SHOW GLOBAL VARIABLES LIKE 'thread_cache_size';
+-------------------+-------+
| Variable_name     | Value |
+-------------------+-------+
| thread_cache_size | 8     |
+-------------------+-------+
```

Listing 7.114 Die Größe des Thread-Puffers abfragen

In diesem Beispiel ist der Verbindungspuffer (`thread_cache_size`) deutlich kleiner als die Anzahl der maximalen Verbindungen. Nicht immer werden jedoch die maximal möglichen Verbindungen auch gleichzeitig benötigt. Es gibt verschiedene Variablen für den Thread Cache, mit deren Hilfe Sie sich ein Bild von der aktuellen Situation machen können. Verwenden Sie den Befehl in Listing 7.115, um sich diese ausgeben zu lassen:

```
mysql> SHOW GLOBAL STATUS LIKE 'threads%';
+-------------------+-------+
| Variable_name     | Value |
+-------------------+-------+
| Threads_cached    | 5     |
| Threads_connected | 1     |
| Threads_created   | 6     |
| Threads_running   | 1     |
+-------------------+-------+
```

Listing 7.115 Die Thread-Variablen anzeigen

Die Variable `Threads_cached` zeigt Ihnen die aktuell vorgehaltenen Client-Verbindungen an, die sich im Cache befinden. Die Variable `Threads_connected` hingegen zeigt Ihnen, wie viele Verbindungen aktuell bestehen. Wie viele dieser Verbindungen tatsächlich arbeiten, sagt Ihnen die Variable `Threads_running`. Die Anzahl der insgesamt gestarteten Threads seit dem Start des Servers finden Sie in »der Variablen« `Threads_created`. Die gesamte Anzahl aller Verbindungen seit dem Serverstart können Sie mit dem Befehl aus Listing 7.116 ermitteln:

```
mysql> SHOW GLOBAL STATUS LIKE 'connections';
+--------------+-------+
| Variable_name | Value |
+--------------+-------+
| Connections   | 3444  |
+--------------+-------+
```

Listing 7.116 Gesamtanzahl aller Verbindungen

In wie vielen Fällen ein Thread auf eine bereits im Cache vorliegende Verbindung zurückgreifen kann, wird als Thread-Cache-Trefferquote bezeichnend. Sie können sich diese Trefferquote des Cache-Puffers berechnen, indem Sie die Gesamtanzahl der erzeugten Threads durch die Gesamtanzahl der Verbindungen dividieren und die Prozente der Treffer ausrechnen, wie in Listing 7.117 gezeigt wird:

```
ThreadCacheNutzung = 100  - ((Threads_created / connections)*100)
```

Listing 7.117 Formel zur Berechnung der Trefferquote

Je näher dieser Wert bei 100 % liegt, desto besser. Im Beispiel ist dieser Wert sehr gut, da bei mehr als 99 % aller Verbindungsanfragen kein neuer Thread erzeugt werden musste. Sollte dieser Wert jedoch niedriger sein, müssen Sie die Variable `thread_cache_size` erhöhen und diesen Wert im Auge behalten. Die Gesamtanzahl aller je gleichzeitig stattgefundenen Verbindungen erfragen Sie mit dem Befehl aus Listing 7.118:

```
mysql> SHOW GLOBAL STATUS LIKE 'Max_used_connections%';
+--------------------+-------+
| Variable_name        | Value |
+--------------------+-------+
| Max_used_connections | 2     |
+--------------------+-------+
```

Listing 7.118 Maximale Anzahl gleichzeitiger Verbindungen seit dem Start

Mithilfe der vorgestellten Befehle erhalten Sie einen praktischen Überblick über das Verbindungsmanagement des Servers.

InnoDB – transaktionssicher tunen

Der folgende Abschnitt der Ausgabe des Tools zeigt Ihnen interessante Daten über Ihre InnoDB-Tabellen, die im Flughafenbeispiel sehr oft eingesetzt werden, da sie viele Vorteile bieten. Eine der wichtigsten Variablen, welche die Leistungsfähigkeit Ihrer Datenbank am meisten beeinflusst, ist die Variable `innodb_` `buffer_pool_size`. Sie gibt an, wie viel Arbeitsspeicher für das Speichern der InnoDB-Tabellen – sowohl der Daten als auch der Indizes – verwendet wird.

Wie hoch Sie diesen Wert setzen, hängt erstens davon ab, wie viel Hauptspeicher Ihr System zur Verfügung hat, und zweitens davon, wie groß Ihre InnoDB-Tabellen sind. Als Faustregel gilt hier, dass Sie so viel Speicher wie möglich angeben sollten, ohne jedoch blindlings das ganze System zum Stillstand zu bringen, in dem Sie hier einen zu hohen Wert verwenden. Bedenken Sie immer, dass auch das Betriebssystem genug Arbeitsspeicher benötigt, da es sonst auf die Festplatte auslagern muss, was das ganze System ausbremst und unbrauchbar macht. MySQL selbst empfiehlt, auf einem dedizierten Datenbanksever – also einer eigenen Maschine, auf der nur MySQL und kein hochbeanspruchter Webserver läuft – 80 % des gesamten Speichers einzusetzen. Da aktuelle Server jedoch über sehr viel Hauptspeicher verfügen, kann dieser Wert sogar noch erhöht werden, solange das Betriebssystem genug Speicher für sich selbst zur Verfügung hat.

Natürlich müssen Sie auch Speicherplatz für MyISAM-Tabellen einrechnen, sofern Sie diese einsetzen. Rechnen Sie beispielsweise etwa 1 GB Arbeitsspeicher für das Betriebssystem selbst und die grundlegenden Dienste. Damit sollten Sie auf der sicheren Seite sein. Wenn Sie natürlich weitere Dienste, wie etwa Web- oder Mailserver, betreiben, muss dieser Wert entsprechend höher sein.

Das Tool *tuning-primer.sh* zeigt Ihnen für Ihre aktuellen Einstellungen an, wie stark dieser Puffer ausgelastet ist. An diesen Werten erkennen Sie sehr übersichtlich, ob Sie diesen Cache vergrößern sollten oder eventuell sogar verkleinern können. Um die aktuelle Auslastung des Arbeitsspeichers Ihres Servers zu betrachten, können Sie den Linux-Befehl aus Listing 7.119 verwenden:

```
bash# free -m
                   total       used       free     shared    buffers     cached
Mem:                2026        141       1884          0          4         79
-/+ buffers/cache:               57       1969
Swap:                201          0        201
```

Listing 7.119 Den freien Arbeitsspeicher anzeigen

Das hier verwendete Testsystem verfügt über 2 GB RAM (`Mem 2026 MB`) und belegt im Leerlauf lediglich 141 MB Hauptspeicher. In diesem Szenario könnten Sie daher den Wert für die Variable ruhig auf die vorgeschlagenen 80 %, also in etwa 1.5 GB beziehungsweise 1536 MB setzen. Dazu müssen Sie die Variable in der Konfigurationsdatei *my.cnf* auf diesen Wert festlegen. Vergessen Sie dabei nicht den Multiplikator für Megabyte, siehe Listing 7.120:

```
innodb_buffer_pool_size = 1536M
```

Listing 7.120 Setzen des Buffer-Pools für InnoDB in der Konfigurationsdatei

Nachdem Sie diese Variable gesetzt haben, können Sie sich mit dem Befehl aus Listing 7.121 vergewissern, dass diese auch richtig eingestellt wurde, nachdem Sie den Rechner neu gestartet haben:

```
mysql> SHOW GLOBAL VARIABLES LIKE 'innodb_buffer_pool_size';
+-------------------------+------------+
| Variable_name           | Value      |
+-------------------------+------------+
| innodb_buffer_pool_size | 1610612736 |
+-------------------------+------------+
```

Listing 7.121 Überprüfen »der Variablen«

Beobachten Sie weiterhin das Verhalten Ihres Servers, und verringern Sie diesen Wert gegebenenfalls, um das Auslagern (Swappen) auf die Festplatte zu verhindern.

Ebenfalls wichtig ist die Variable `innodb_flush_log_at_trx_commit`, sie besagt, wie oft das Logfile der InnoDB-Operationen beschrieben wird. Es gibt hier drei gültige Werte: `0`,`1` und `2`. Der Standardwert – `1` – legt fest, dass nach jedem Commit die Transaktion persistent – also dauerhaft – auf die Festplatte geschrieben wird. Diese Einstellung ist ACID-konform, mehr dazu erfahren Sie in Abschnitt 5.3, »Transaktionen und Nebenläufigkeit«.

Je nachdem, wie viele Commits Ihre Datenbank zu verarbeiten hat, kann dies jedoch – wie meistens bei grundsätzlich positiven Einstellungen – negative Auswirkungen auf die Performance haben. Sie können daher den Wert auch auf `0` setzen, was bedeutet, dass das Log etwa jede Sekunde beschrieben wird. Der dritte mögliche Wert – 2 – besagt, dass die Transaktion nach einem Commit zwar geschrieben wird, die Datei selbst jedoch noch nicht persistent auf die Festplatte geschrieben wird. Das eigentliche Schreiben erfolgt auch hier ungefähr einmal in der Sekunde. Der Unterschied zwischen dem Wert `0` und dem Wert `2` ist der, dass bei `0` bei einem Absturz des MySQL-Dienstes maximal eine Sekunde im Log verloren gehen kann. Bei `2` ist diese eine Sekunde nur dann verloren, wenn das ganze Betriebssystem abstürzt, da die Daten nicht mehr auf die Platte geschrieben werden können.

Nicht alle Betriebssysteme unterstützen dieses Feature. Im Allgemeinen sollten Sie hier den Default-Wert eingestellt lassen und nur bei schwerwiegenden Performance-Problemen diesen Wert ändern, da das Schreiben von Daten sonst nicht sicher ist und auch die ACID-Bedingungen nicht erfüllt werden.

MyISAM-Tabellen tunen

Weitere Servervariablen, die sich sehr stark auf die Leistungsfähigkeit Ihrer MySQL-Installation auswirken, sind im nächsten Abschnitt unter dem Namen KEY BUFFER zusammengefasst. Es handelt sich dabei um Variablen, die vor allem MyISAM-Tabellen betreffen. Besonders interessant ist hier die key_buffer_size. Diese Variable speichert, wie viel Arbeitsspeicher MySQL für die *Pufferung* der Indizes von MyISAM-Tabellen belegen darf. Dieser Key-Puffer enthält die Schlüssel für Datensätze, die bereits angefragt wurden, bereit, um so den erneuten Zugriff zu beschleunigen, und wird auch als *Key-Cache* bezeichnet. Er wird von allen Threads, also allen gleichzeitig geöffneten Verbindungen, geteilt. Daher kann der hier eingestellte Wert nicht überschritten werden, sondern er gilt für alle Threads insgesamt. Es ist sehr wichtig, die Größe für diese Variable richtig zu wählen, denn nur wenn die Indizes der MyISAM-Tabellen im RAM liegen, sind diese auch wirklich schnell. Sollten diese Indizes nämlich erst von der Festplatte gelesen werden müssen, wird Ihr System unerträglich langsam.

Wie groß genau dieser Wert gewählt werden soll, hängt – wie alle Tuning-Variablen – von Ihrem konkreten System im Allgemeinen und vom verfügbaren RAM im Speziellen ab. Als Richtwert gilt, dass Sie zwischen 25 % und 50 % Ihres verfügbaren RAMs hier angeben können, sofern Sie ausschließlich MyISAM-Tabellen einsetzen. Natürlich gilt auch hier, dass diese Angabe nur für dedizierte – also reine – Datenbankserver gilt. Auch in diesem Fall zeigt Ihnen das Tool *tuning-primer.sh* an, wie viel Prozent des Speichers gerade genutzt werden.

Falls Sie sich diesen Wert selbst ausrechnen wollen, genügt ebenfalls eine kurze Abfrage. MySQL teilt Ihnen durch die Servervariablen mit, wie oft Schlüssel von der langsamen Platte in den Schlüssel-Cache geladen werden müssen. Sie können sich ausrechnen, wie effektiv Ihre Schlüssel geladen werden können oder ob eventuell der Cache zu klein eingestellt ist. Lassen Sie sich dazu die Statusvariablen Ihres Servers mit dem in Listing 7.122 dargestellten Befehl anzeigen:

```
mysql> SHOW GLOBAL STATUS WHERE Variable_name like "Key_read%";
+-------------------+--------+
| Variable_name     | Value  |
+-------------------+--------+
| Key_read_requests | 145364 |
| Key_reads         | 5257   |
+-------------------+--------+
2 rows in set (0.00 sec)
```

Listing 7.122 Statusvariablen für die Cache-Nutzung anzeigen

Sie erhalten zwei Variablen als Ergebnis angezeigt. Zum einen die Variable Key_read_requests, zum anderen die Variable Key_reads. Erstere gibt an, wie viele der Schlüsselanfragen vom Cache beantwortet wurden. Die zweite Variable zeigt, wie oft Schlüssel von der Platte geladen werden mussten. Das Verhältnis dieser beiden Variablen gibt Ihnen daher Rückschluss darauf, wie oft die langsame Platte befragt werden muss. Sie können dieses Verhältnis ausrechnen, indem Sie die Key_reads durch die Key_read_requests dividieren. In 4 % der Schlüsselanfragen aus dem Beispiel in Listing 7.122 musste auf der Festplatte nach dem Index-Schlüssel gesucht werden.

Obwohl diese Zahl vielleicht nicht so erschreckend klingen mag, ist sie doch besorgniserregend. Eine Datenbank kann viele tausend Anfragen pro Sekunde verarbeiten. Unter diesen Tausenden Anfragen sind selbst 4 %, die von der Platte gelesen werden müssen, zu viel. Bedenken Sie, dass ein Festplattenzugriff etwa 10 Millisekunden benötigt, während die Zugriffszeit auf den Arbeitsspeicher im Nanosekundenbereich liegt. Dieses Verhältnis ist daher stark verbesserungswürdig, gerade wenn Ihre Datenbankanwendung viele Anfragen beantworten muss. Hier würde es sich demnach anbieten, die Puffergröße zu erhöhen.

Beachten Sie jedoch, dass diese Zahlen keine Dimensionen angeben, sondern nur ein Verhältnis. Das hier gewählte Beispiel ist von einer sehr kleinen Datenbank. Wenn Sie eine sehr große Datenbasis mit sehr vielen Anfragen haben, kann auch ein sehr kleines Verhältnis ein Problem sein, denn selbst wenn die Trefferquote für den Cache sehr hoch zu sein scheint, können die zwar im Verhältnis kleinen, aber dennoch vorhandenen Plattenzugriffe ein System ausbremsen. Verhältnisse ohne Größenvorstellungen sind daher immer mit Vorsicht zu genießen.

Die nächste Option im Beispielkonfigurationsfile heißt max_allowed_packet und sie legt fest, wie groß ein einzelnes Datenpaket maximal sein darf, das zwischen dem Client und dem Server ausgetauscht wird. Ein Paket umfasst eine Zeile der Datenbank oder ein BLOB. Die Größe sollte daher so gewählt werden, dass die längste Zeile bzw. das größte BLOB (Binary Large Object) übertragen werden können. Das technische Limit liegt von Seiten MySQLs hier bei 1 GB. Beachten Sie, dass auch der Client eine Einstellung max_allowed_packet besitzt und Sie diese gegebenenfalls anpassen müssen. Im Konfigurationsbeispiel aus Listing 7.12 beträgt der Wert für diese Variable 1M, also 1 MB.

Der Query-Cache

Ebenfalls sehr interessant ist der Anfragepuffer, in dem bereits gestellte Querys an den Server zur Wiederverwendung zwischengespeichert werden. Es werden hier jedoch nicht nur die Anfragen selbst, sondern auch deren Ergebnisse zum schnellen Abruf hinterlegt. Tritt eine bereits erstellte Anfrage in identischer Form erneut auf, dann muss MySQL das Ergebnis dieser Anfrage nicht mühsam neu berechnen, sondern kann das in diesem Pufferspeicher vorgehaltene Ergebnis einsetzen. Da auch dieser Speicher – wie alle Caches – im Arbeitsspeicher liegt, ist ein Aufruf aus diesem Puffer extrem schnell. Details über den Query-Cache erfahren Sie in Abschnitt 5.2.1.

Das Tool *tuning-primer.sh* selbst liefert Ihnen hier wieder eine sehr wertvolle Übersicht über die aktuelle Auslastung und schlägt eventuelle Verbesserungen vor. Die Variable, mit der Sie die Größe des Query-Caches festlegen können, heißt `query_cache_size`. Er ist standardmäßig auf den Wert `0` gesetzt, und daher deaktiviert. Das hat den Grund, dass sich dieser Puffer negativ auswirken kann, wenn sich Anfragen häufig ändern und daher nicht durch den Puffer abgefangen werden können. Dieser Puffer müsste dennoch immer beschrieben werden, was unnötig Ressourcen verschwenden würde. Sie können mit dem Befehl aus Listing 7.123 testen, ob der Cache aktiviert ist. Der Wert »der Variablen« `have_query_cache` zeigt Ihnen diesen Status an.

```
SHOW VARIABLES LIKE '%query_cache%';
```

Listing 7.123 Query-Cache-Variablen anzeigen

Mit »der Variablen« `query_cache_type` legen Sie fest, welche Anfragen berücksichtigt werden. Die drei Möglichkeiten sind:

- `ON` – alle Anfragen werden gecached, außer jene, die explizit ausgenommen werden (`SQL_NO_CACHE`).
- `OFF` – keine Querys werden gecached.
- `DEMAND` – nur Querys, die explizit zum Cachen vorgesehen sind (`SQL_CACHE`), werden gecached.

Wie Sie den Query-Cache im Detail fein einstellen, lesen Sie in Abschnitt 5.2.1.

Ordnung ist das halbe Leben – der Sort-Cache

Auch für das Sortieren der Anfrageergebnisse wird ein eigener Puffer benötigt. Er dient dazu, die Zeilen der Ergebnismenge in die jeweils richtige Reihenfolge, abhängig von dem Sortierungskriterium (Klausel `ORDER BY`) zu bringen. Obwohl es verlockend klingen mag, auch diesen Puffer einfach zu vergrößern, sollten Sie in diesem Fall zwei Dinge beachten. Erstens handelt es sich hierbei um einen sitzungsbezogenen Puffer. Das bedeutet, dass jede Verbindung einen eigenen Sortierpuffer bekommt und sich dadurch der Speicherbedarf mit der Anzahl der Verbindungen multipliziert.

Die Variable `sort_buffer_size` speichert die Größe dieses Sortierpuffers. Da der hier angegebene Speicher in jedem Fall reserviert wird, ob er nun benötigt wird oder nicht, sollten Sie diesen Wert nur dann verändern, wenn Sie sehr viele `Sort_merge_passes` in den Servervariablen vorfinden. Diese zeigt Ihnen an, dass nicht alle zu sortierenden Daten Platz im Sortierungspuffer gefunden haben. Verwenden Sie den Befehl aus Listing 7.124, um sich diesen Wert anzeigen zu lassen:

```
mysql> SHOW STATUS like 'Sort_merge_passes';
```

Listing 7.124 Sortier-Durchläufe anzeigen

Eine hohe Anzahl dieser Durchläufe deutet auf einen zu gering gewählten Sortierungspuffer hin. Erhöhen Sie daher die Variable `sort_buffer_size`, und beobachten Sie die Auswirkungen. Im Allgemeinen ist es jedoch effizienter, die Anfragen selbst noch einmal auf mögliche Optimierungen hin zu überprüfen. Für das Ausführen von `REPAIR TABLE`, `ALTER TABLE` oder `CREATE INDEX` von MyISAM-Tabellen gibt es einen eigenen Puffer, dessen Größe mit »der Variablen« `myisam_sort_buffer_size` festgelegt wird. Erhöhen Sie diesen Wert gegebenenfalls, während Sie die genannten Operationen durchführen müssen.

Für das Sortieren von `ORDER-BY`-Ergebnissen ist der Puffer, der in der Variablen `read_rnd_buffer_size` festgelegt wird, zuständig. Er wird unabhängig von der gewählten Storage-Engine eingesetzt. Für komplette Table-Scans wird ein eigener, ebenfalls von der Storage-Engine unabhängiger Pufferspeicher eingesetzt. Falls Sie viele sequenzielle Table-Scans antreffen, können Sie den Wert »der Variablen« `read_buffer_size` behutsam erhöhen. Dieser Puffer ist für sequenzielle Scans zuständig. Details, wie Sie Table-Scans vermeiden können, finden Sie in Kapitel 9, »Anfrageoptimierung«.

Der Table-Cache

Der nächste Abschnitt der Analyse behandelt den Tabellenpuffer. Die Variable `table_open_cache` legt fest, wie viele Tabellen gleichzeitig geöffnet sein dürfen. Im Konfigurationsfile *my.cnf* ist dieser Wert auf 64 offene Tabellen gesetzt und er bezieht sich auf alle Verbindungen (Threads). Der Tabellen-Cache ist vom Prinzip her sehr ähnlich wie der Schlüssel-Cache. Auch dieser Cache dient der Anfragebeschleunigung, weil einmal geladene Tabellen im Arbeitsspeicher gehalten werden. Lassen Sie sich alle geöffneten Tabellen mit dem folgenden Statement anzeigen:

```
mysql> SHOW OPEN TABLES;
```

Listing 7.125 Geöffnete Tabellen anzeigen

Sie erhalten eine vollständige Liste aller momentan geöffneten Tabellen. Wenn Sie sich nur für die Anzahl der Tabellen interessieren, können Sie auch im Terminal den in Listing 7.126 angegebenen Befehl eingeben, um so gleich mehrere interessante Parameter Ihrer Datenbankinstallation abzufragen:

```
bash# mysqladmin status -u root -p
```

Listing 7.126 Abfrage offener Tabellen mittels »mysqladmin«

Das Tool *mysqladmin*, das Sie hier verwenden, ist sehr nützlich, es wurde in Abschnitt 7.2 ausführlich vorgestellt. Sie erhalten als Ausgabe die folgenden Details, siehe Listing 7.127:

```
Uptime: 4833927  Threads: 1  Questions: 737800  Slow queries: 2
Opens: 48088  Flush tables: 2
Open tables: 64  Queries per second avg: 0.153
```

Listing 7.127 Ausgabe von mysqladmin status

Sie sehen hier beispielsweise, dass 64 Tabellen geöffnet sind und daher alle im Table-Cache vorgesehenen Plätze reserviert sind. Beachten Sie, dass die Ausgabe von Listing 7.125 und Listing 7.127 jeweils keine temporären Tabellen anzeigen, sondern nur dauerhaft erstellte Tabellen. Den aktuell gesetzten Wert der Größe des Table-Caches Ihrer Installation können Sie sich mit dem Statement in Listing 7.128 anzeigen:

```
SHOW VARIABLES LIKE "table_open_cache";
+----------------+-------+
| Variable_name    | Value |
+----------------+-------+
| table_open_cache| 64    |
+----------------+-------+
```

Listing 7.128 Tabellen-Cache anzeigen

Wie Sie sehen, entspricht der Tabellen-Cache genau dem gesetzten Maximalwert. Daher sollten Sie diesen erhöhen. Verwenden Sie dazu entweder das Konfigurationsfile, oder setzen Sie diese Variable dynamisch, wie in Listing 7.129 dargestellt:

```
SET GLOBAL table_cache = 256;
```

Listing 7.129 Den Tabellen-Cache setzen

Um den Wert dauerhaft zu setzen, schreiben Sie diesen in das Konfigurationsfile, siehe Listing 7.130:

```
table_open_cache = 256
```

Listing 7.130 Den Tabellen-Cache neu setzen

Der Tabellen-Cache hängt naturgemäß mit der Anzahl der gleichzeitig geöffneten Verbindungen zusammen. Jede dieser Verbindungen kann eigene Anfragen ausführen, in denen mitunter *Joins* über mehrere Tabellen auftreten. All diese Verbindungen sollten oftmals benötigte Joins ausführen können, dazu benötigen sie mehrere Tabellen zur selben Zeit. Sie müssen daher berücksichtigen, wie viele gleichzeitige Verbindungen Sie zulassen wollen und diese Zahl mit der Anzahl der Join-Tabellen multiplizieren, die Sie unterstützen wollen. So erhalten Sie einen guten Richtwert für diese Variable. Wie Sie die Anzahl der gleichzeitigen Verbindungen ermitteln, sehen Sie im Abschnitt »Threads – gleichzeitige Verbindungen« auf Seite 333.

Im Gegensatz zum `key_buffer` teilen sich Threads hier keine geöffneten Tabellen, für jede Verbindung wird eine eigene Tabelle samt dem dazugehörenden Datei-Handle benötigt. Diese Technik erhöht die Leistungsfähigkeit Ihrer Datenbank, benötigt aber natürlich auch mehr Speicher. Außerdem sollten Sie dabei beachten, dass auch das Betriebssystem nur eine bestimmte Anzahl von Dateien gleichzeitig offen halten kann. Auch diese Einstellung[21] ist sehr wichtig und muss auf die Anforderungen Ihrer Datenbank abgestimmt werden.

Weitere Variablen und Zusammenfassung

Neben den etwas ausführlicher beschriebenen Variablen gibt es noch weitere Hinweise, die Sie mit dem Werkzeug *tuning-primer.sh* in Erfahrung bringen können. Dazu zählen unter anderem auch Informationen über temporäre Tabellen oder auch das Sperrverhalten der Tabellen. Führen Sie dieses äußerst praktische Tool regelmäßig aus, und notieren Sie sich etwaige Änderungen der Vorschläge und der berechneten Kennzahlen.

Interessante Tools

Aufgrund der weiten Verbreitung von MySQL gibt es eine Vielzahl unterschiedlicher Tools, die für die Anpassung und Optimierung von MySQL eingesetzt werden können. Das hier vorgestellte tuning-primer.sh-Skript ist natürlich nicht das einzige seiner Art.[22] Auch das bereits in Abschnitt 7.9.2, »Profiling«, eingeführte Maatkit ist sehr hilfreich für weiteres Tuning. Hinweise zu weiteren Tuning-Optionen finden Sie in einschlägigen Blogs. Versuchen Sie jedoch niemals Vorgabe-

21 Unter Linux legen sie dieses Limit mit dem Befehl `ulimit` fest.

22 Ähnlich ist zum Beispiel das Perl-Skript MySQL Tuner: *http://www.mysqltuner.pl*.

werte ungeprüft zu übernehmen. Viel zu viele Faktoren beeinflussen die Leistungsfähigkeit Ihrer Datenbank, als dass es nur einiger weniger Einstellungen bedürfte. Spielen Sie mit den vorgestellten Optionen, und führen Sie Benchmarks durch. Dadurch finden Sie die für Ihre Installation passenden Parameter gewiss heraus.

Doppelt hält besser – dieses alte Sprichwort gilt auch für Datenbanken. In diesem Kapitel erfahren Sie, wie Sie Ihre Daten mit MySQL auf verschiedenen Servern halten können, um so Ausfallsicherheit zu garantieren und Lastverteilung zu ermöglichen.

8 Replikation und Hochverfügbarkeit

Wie bei anderen Datenbanken auch ist die *Ausfallsicherheit* der Flughafendatenbank immens wichtig. Ein Ausfall einer Datenbank kann oftmals einen enormen Schaden für Unternehmen anrichten – sei es ein Gewinnverlust, der Stillstand von Unternehmensprozessen oder ganz einfach die Nicht-Verfügbarkeit der Website des Unternehmens. Um solchen »Schreckensszenarien« entgegenzuwirken, lernen Sie im folgenden Abschnitt die Methode der *Replikation* kennen. Diese erlaubt es Ihnen, Daten auf mehreren Rechnern zu halten und so den Ausfall eines Rechners im Notfall kompensieren zu können.

Der Begriff der Replikation beschreibt das Bereitstellen des gleichen Datenbestandes auf mehreren Rechnern. Diese Rechner sind physikalisch voneinander getrennt und werden oft auch als Knoten bezeichnet. Dieses mehrfache Speichern von Daten hat verschiedene Vorteile. Zum einen erhöht die Replikation die Ausfallsicherheit Ihres Systems. Falls also einer Ihrer Server ausfällt (beispielsweise durch einen jederzeit möglichen Hardwaredefekt, vor dem Sie nie gefeit sind), können die restlichen Knoten die Funktion des Systems aufrechterhalten. Die anderen Server, auf denen ebenfalls eine MySQL-Installation mit den identischen Daten läuft, können den ausgefallenen Server direkt ersetzen. Zum anderen bietet Replikation die Möglichkeit der *Lastverteilung*. Die Abarbeitung von Abfragen kann auf die verschiedenen Knoten aufgeteilt werden, was besonders bei Systemen, die sehr viele Abfragen gleichzeitig abarbeiten müssen, große Performance-Vorteile bringen kann.

Die Möglichkeit, einen weiteren MySQL-Server mit dem aktuellen Datenbestand zur Verfügung zu haben, können Sie auch für Ihre Zwecke nutzen. So können Sie auf diesem zweiten Server Performance-Tests durchführen, ohne den Produktivserver damit zu belasten. Sie können diesen als »Spielwiese« für sämtliche Tests von neuen Technologien auf Realdaten nutzen und bringen so den Produktivserver nie in Gefahr. Natürlich dient die Replikation auch zum Absichern der Daten

– ähnlich einem *Backup*. Allerdings ersetzt die Replikation niemals ein Backup, da bei einem replizierenden System natürlich auch alle Löschoperationen auf allen Servern durchgeführt werden und so die gelöschten Daten – trotz der Speicherung auf mehreren Rechnern – unwiederbringlich verloren sind, da diese ohne ein entsprechendes Backup nicht wiederhergestellt werden können. Die Replikationsmechanismen in MySQL erlauben es Ihnen auch, nicht nur gesamte Datenbanken zu replizieren, sondern beispielsweise auch einzelne Tabellen.

Replikation bringt auch einige (wenn auch kleine) Nachteile mit sich. Der Aufwand für den Entwurf und auch das Einrichten des replizierten Systems steigt natürlich mit der Anzahl der verwenden Master- bzw. Slave-Knoten. Damit verbunden ist auch ein erhöhter Wartungsaufwand. Auch können Sie trotz ausgefeilter Replikationsmechanismen nicht garantieren, dass alle Knoten im Netz über den exakt gleichen Datenbestand verfügen, da es mitunter zu Verzögerungen kommen kann.

Wie Replikation genau funktioniert und welche Schritte erforderlich sind, um Replikation mit MySQL zu realisieren, werden Sie im folgenden Abschnitt lernen.

8.1 Grundprinzipien

Zum Verständnis der Replikation sollen Sie zunächst einige Begriffe kennenlernen, die Sie im Zusammenhang mit Replikationsmechanismen immer wieder antreffen werden. Der sogenannte *Master*-Server ist die zentrale Einheit innerhalb eines replizierten Systems. Der Master verfügt stets über die aktuellen Daten, auf denen sämtliche Schreib- und Änderungsoperationen durchgeführt werden. Diese Änderungen werden dann auf die *Slave*-Server übertragen.

Im Gegensatz dazu sind *Slave*-Server stets vom Master abhängig, denn sie enthalten den duplizierten Datenbestand des Master-Servers und sorgen für die eigentliche Duplizierung bzw. Replikation. Diese beiden »Grundbausteine« eines replizierten Datenbanksystems können Sie in verschiedensten Varianten anordnen. Eine solche Anordnung von Knoten (auf denen selbstverständlich jeweils MySQL-Instanzen laufen), wird oft auch *Topologie* genannt.

Topologien können abhängig vom Einsatzzweck im einfachsten Fall nur aus einem Master-Server mit angehängtem Slave bestehen. Diese Topologie erlaubt es Ihnen, die Daten des Masters auf genau einem Knoten – dem Slave – zu replizieren. Topologien können aber auch aus mehreren Slaves bestehen, die in bestimmten Mustern angeordnet sind. Diese verschiedenen Muster sind dazu notwendig, um eine möglichst angepasste und optimale Lösung für jedes Szenario finden zu können. Auch ist es möglich, mehrere Master-Server zu verbinden, wie Sie später noch sehen werden. Wichtig dabei ist, dass ein Slave stets nur einem Master zugeordnet werden kann.

Mittlerweile ahnen Sie wahrscheinlich, dass es unzählige Möglichkeiten gibt, die Replikation von MySQL-Datenbanken genau auf Ihre Bedürfnisse hin zuzuschneiden. Im Laufe dieses Kapitels werden Sie verschiedenste Topologien und deren Einsatzzweck kennenlernen.

8.1.1 Ablauf

MySQL stellt Mechanismen zur *asynchronen Replikation* zur Verfügung. Das bedeutet, dass der Master stets alle Änderungen unabhängig von den Slaves durchführt. Auch wenn der Datenbestand eines Slaves nicht up to date ist, werden weiterhin Änderungen am Master durchgeführt, der Slave hängt dann in puncto Datenaktualität gegebenenfalls etwas hinterher. Das bedeutet für Sie, dass Sie nicht davon ausgehen können, dass stets alle Slaves über den neuesten und aktuellen Datenbestand verfügen. Es ist auch nicht notwendig, dass alle Slaves ständig zum Master verbunden sind. Ist dies einmal nicht der Fall, holt der Slave beim nächsten Verbindungsaufbau die »verpassten« Daten vom Server und spielt diese ein.

8.1.2 Arten von Replikation

Grundsätzlich stehen Ihnen zur Replikation Ihrer MySQL-Instanzen zwei Möglichkeiten zur Verfügung: die *logische Replikation* und die *zeilenweise Replikation*. Die logische Replikation (auch als Statement-basierte Replikation bekannt) ist in der MySQL-Version 5.6 die Standard-Replikationsart. Diese Art der Replikation basiert einzig und allein auf dem Binär-Log des Masters. Wie Sie bereits wissen, speichert das Binär-Log nicht die geänderten Daten selbst, sondern entweder nur jene Statements, die die Daten ändern (logisches Logging) oder die wirklich geänderten Zeilen (zeilenbasiertes Logging). Diese Daten werden von den Slaves geholt, in einem Binär-Log (das sogenannte *Relay-Log*) abgelegt und dann eingespielt.

Man spricht von einem *logischen Logging*, wenn die Daten selbst nicht gespeichert werden, sondern nur die darauf ausgeführten Befehle. Die im Log gespeicherten Änderungen werden dann von den Slaves Schritt für Schritt nachgezogen, indem die geloggten SQL-Anweisungen auf den Slave-Servern ausgeführt werden. Im Gegensatz dazu beruht die *zeilenweise Replikation* – wie der Name bereits sagt – auf zeilenweisen Änderungen. Es wird also kein logisches Logging mehr durchgeführt, sondern die geänderten Zeilen werden wirklich physikalisch gespeichert. Die Slaves beziehen diese geänderten Zeilen, speichern sie im Relay-Log und spielen sie ein bzw. überschreiben die alten Zeilen.

Grundsätzlich gilt, dass logisches Logging stets kleinere Logs erzeugt, da das Festhalten eines Update-Statements selbstverständlich weniger Platz benötigt als das Festhalten aller geänderten Zeilen, wie dies beim zeilenbasierten Logging der Fall ist. Stellen Sie sich vor, Sie führen eine Änderung durch, die den gesamten Datenbestand betrifft. Bei logischer Replikation wird dabei nur eine Anweisung übertragen, bei zeilenweiser Replikation müssten alle Daten übertragen werden. Dementsprechend müssen bei logischer Replikation auch weniger Daten über das Netzwerk übertragen werden. Daher ist logische Replikation für Befehle, die beispielsweise viele Zeilen updaten, performanter.

Allerdings ist auch festzuhalten, dass zeilenweise Replikation die *sicherste Form* der Replikation ist, da alle Änderungen repliziert werden können. Bei logischer Replikation gibt es bestimmte Statements, die nicht fehlerfrei replizierbar sind. So können Inkonsistenzen zwischen dem Datenbestand am Server und an den Slaves entstehen, die selbstverständlich nicht erwünscht sind. Der Grund für solche Inkonsistenzen ist, dass beispielsweise eine `SELECT`-Anweisung ohne eine Klausel `ORDER BY` die Datensätze in verschiedenen Reihenfolgen erzeugen kann. Wird auf solche Selects auch noch ein Limit angewendet, so werden möglicherweise die falschen Datensätze am Slave eingefügt, und somit sind die Datenbestände am Master- und am Slave-Server nicht mehr identisch.

Ein weiteres Problem stellen Operationen dar, die beispielsweise Funktionen wie `NOW()` beinhalten, die – wenn sie zu unterschiedlichen Zeitpunkten ausgeführt werden – selbstverständlich unterschiedliche Daten hervorbringen. Solche Probleme können mit zeilenweiser Replikation vermieden werden. Zudem sind für logische Replikation oftmals mehr Sperren erforderlich, was die Nebenläufigkeit in solchen Systemen einschränkt.

Seit der Version 5.1.4 von MySQL ist es auch möglich, die beiden genannten Replikationsarten zu mischen (Mixed Format). Diese Mischung erfolgt automatisch durch die MySQL-Replikationsmechanismen. Dabei wird standardmäßig logisches Logging verwendet, wobei genau bei jenen Operationen, die theoretisch zu Inkonsistenzen führen können (siehe oben, `SELECT`-Statement und Limit oder `NOW()`) zu zeilenweiser Replikation gewechselt wird.

8.2 Topologien

Wie bereits zu Beginn des Kapitels erwähnt, können Sie die Daten in verschiedenen *Topologien* replizieren. Die Topologie bestimmt, in welcher Art und Weise die Rechner, auf denen die MySQL-Instanzen laufen, angeordnet sind und wie diese voneinander abhängig sind.

Sehen Sie die im Folgenden vorgestellten Topologien als Ausgangspunkt für den Entwurf Ihrer eigenen replizierten Datenbanken an. Wichtig ist dabei, dass Sie die Anforderungen und den Einsatzzweck Ihrer Server beim Planen der Replikation stets im Hinterkopf behalten. Sämtliche vorgestellten Topologien sind nur Muster, die Sie beliebig erweitern und abändern und so auf Ihre Bedürfnisse abstimmen können. Am besten beginnen Sie damit, die Anforderungen aufzuschreiben. Vergleichen Sie diese mit dem jeweiligen Einsatzzweck der drei in diesem Buch vorgestellten Grundtopologien. Und entscheiden Sie sich dann für jene Topologie, die Ihren Anforderungen am ehesten gerecht wird. Im Anschluss können Sie mit dem »Feintuning«, dem Anpassen der Grundtopologie, loslegen.

8.2.1 Master – Slave

Bei der sogenannten *Master-Slave-Replikation* werden ein Master- und ein oder mehrere Slave-Knoten verwendet, wie dies in Abbildung 8.1 gezeigt ist. Diese Variante ist vor allem für Systeme, die vorwiegend Lesezugriffe aufweisen, optimal. Die Lesezugriffe können auf die verschiedenen Slaves aufgeteilt werden, und so kann das System in Bezug auf Lesezugriffe mit der Anzahl an Slaves nach oben skaliert werden. Diese Aufteilung (auch *Load Balancing* genannt) können Sie entweder über einen eigenen Load Balancer realisieren oder auch über den MySQL Proxy[1]. Dieser MySQL Proxy wird vor die Slaves geschaltet und sorgt dann automatisch für eine faire Verteilung der Anfragelast auf die vorhandenen Slaves. Ein Bottleneck (der Flaschenhals) in dieser Konfiguration ist allerdings der Master-Knoten.

Werden viele Schreib- und Löschoperationen durchgeführt, so müssen diese von allen Slaves nachgetragen werden, was durchaus aufwendig und zeitintensiv sein kann. Jeder Slave muss dementsprechend oft das Log vom Master holen und so die Daten nachtragen, was ebenfalls die Kapazität negativ beeinflusst. Zudem muss jeweils das Log übertragen werden. Beachten Sie daher also, dass diese Topologie zwar mit der Anzahl der vorhandenen Slaves sehr gut nach oben skaliert, dies jedoch durch die Kapazität des Masters und auch durch die Netzwerk-Bandbreite begrenzt ist. Falls Sie also sehr viele Slaves in Ihrem Replikationsnetzwerk einführen wollen, sollten Sie eventuell auch die Topologie »Master-Slave mit zwischengeschaltetem Slave« im folgenden Abschnitt 8.2.2 berücksichtigen, die solche Probleme verringert bzw. löst.

---

1 *http://dev.mysql.com/doc/mysql-ha-scalability/en/mysql-proxy.html*

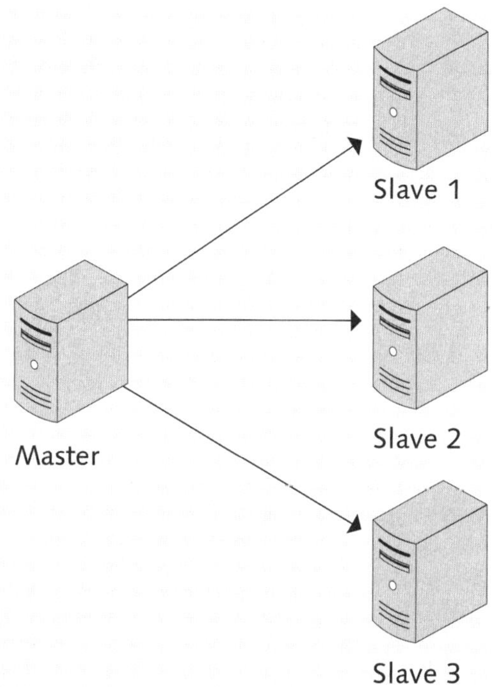

Abbildung 8.1 Master-Slave-Topologie mit drei Slaves

8.2.2 Master – Slave mit zwischengeschaltetem Slave

Wie Sie bereits wissen, kann eine Master-Slave-Topologie zu einer Überlastung des Masters oder auch der Bandbreite der Verbindung zum Master führen. Daher ist es in einer solchen Situation notwendig, den Master zu entlasten. Dies können Sie durch eine sogenannte Master-Slave-Replikation mit zwischengeschaltetem Slave realisieren (auch unter *mehrstufige Master-Slave-Replikation* bekannt). Ein solcher Aufbau ist in Abbildung 8.2 skizziert. Wie Sie sehen, ist Slave 1 zwischen den Master und die anderen Slaves geschaltet. So kann Slave 1 den Master-Server entlasten, indem die eigentliche Replikation für die Slaves 2, 3 und 4 über Slave 1 erfolgt. So holen sich diese Slaves das Log von Slave 1. In einer solchen Konstellation ist Slave 1 zwar Slave des Masters, fungiert aber gleichzeitig für die Slaves 2, 3 und 4 als Master. Ein solches Vorgehen bietet Ihnen als Administrator die Möglichkeit, beliebig viele Slaves an einen Master zu hängen, indem Sie Slaves zwischenschalten. Je nach Anforderung und Anzahl der gewünschten Slaves kann dies auch zu baumartigen Strukturen führen, in denen mehrere Zwischenknoten die Daten jeweils für mehrere Slaves zur Verfügung stellen.

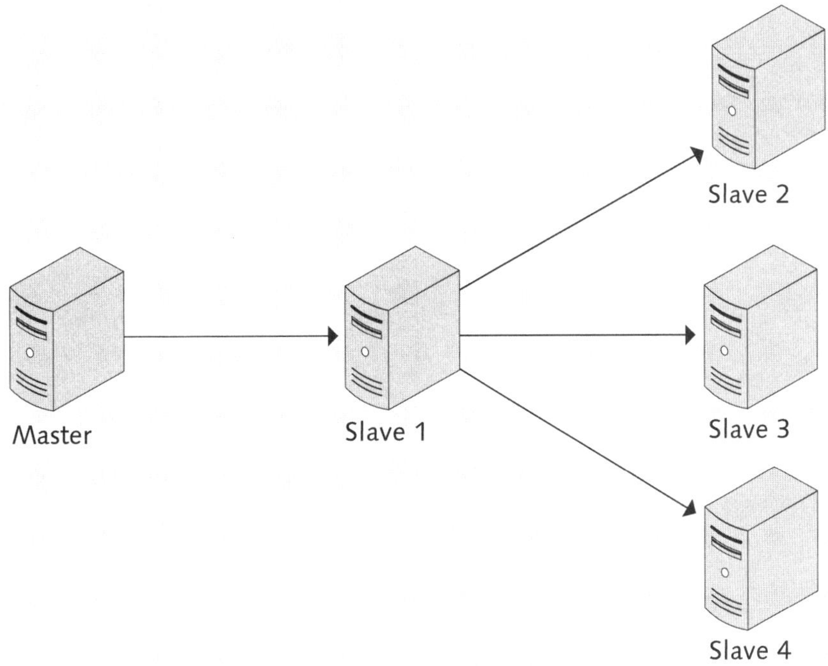

Abbildung 8.2 Master-Slave-Topologie mit zwischengeschaltetem Slave

8.2.3 Master-Master

Ein weiteres Szenario – neben der Master-Slave-Replikation – ist die *Master-Master-Replikation*. In dieser Konfiguration treten beide Server sowohl als Master als auch als Slave auf. Eine solche Topologie ist grundsätzlich nicht empfehlenswert, da zwar die Schreiboperationen auf zwei oder mehrere Rechner aufgeteilt werden können, aber die Synchronisation dieser Master-Server wiederum zeitintensiv sein kann, da stets jede Änderung natürlich auch auf den anderen Master-Servern geschrieben werden muss. An jedem dieser Master-Server können noch beliebig viele Slave-Server hängen, die dessen Datenbestand replizieren.

Die Konfiguration eines solchen Systems kann insofern eine Herausforderung darstellen, da natürlich auf beiden Mastern geschrieben werden kann und es so zwangsläufig zu Konflikten kommt. Nehmen Sie beispielsweise an, eine Tabelle ist über beide Master repliziert. Diese Tabelle verfügt über eine Auto-Increment-Spalte. Sollte dann die Situation eintreten, in der auf beiden Mastern gleichzeitig (bzw. vor der Synchronisation mit dem jeweils anderen Master-Server) ein Datensatz eingefügt wird, würden beide Master die gleiche ID für den eingefügten Datensatz verwenden, was natürlich zu Problemen führt bzw. nicht erlaubt sein darf. Zur Lösung solcher Probleme stellt MySQL einige Mittel bereit. Im Beispiel des Auto-Increments besteht die Möglichkeit, einen Server nur gerade IDs und den anderen Server nur ungerade IDs vergeben zu lassen oder andere Verteilungen der IDs festzulegen. Dies können Sie durch das Setzen der Variablen `auto-increment-increment` und `auto-increment-offset` erreichen.

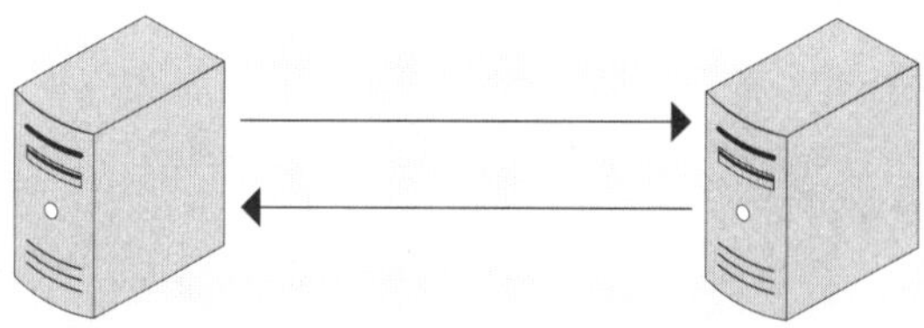

Abbildung 8.3 Master-Master-Topologie

8.3 Vorarbeiten zur Replikation

Die Grundvoraussetzung für die Replikation ist, dass am Master-Knoten *Binär-Logging* aktiviert ist. Ohne diese Binär-Logs ist keine Replikation möglich, da sonst die benötigten Daten über Veränderungen am Server nicht gespeichert werden. Standardmäßig ist Binär-Logging in MySQL nicht aktiviert. Sie können es aktivieren, indem Sie den MySQL-Server mit der Option `--log-bin` oder den Wert in der zentralen *my.cnf* setzen. Wichtig ist dabei, dass Sie diese Option im Abschnitt `[mysqld]` der Konfigurationsdatei angeben. Sie können dabei (optional) den Bezeichner der Log-Dateien angeben. Wenn Sie über den Bezeichner hinaus auch noch einen absoluten Pfad zu einem Ordner angeben, können Sie damit festlegen, dass die Binär-Logs in diesem Ordner abgespeichert werden sollen. Dies kann für die Performance des Systems durchaus wichtig sein, da die Binär-Logs bei vielen Änderungen sehr groß werden können und es daher manchmal sehr ratsam ist, diese beispielsweise in einem anderen Storage-System (Festplatte oder Partition) zu halten. Nachdem Sie diese Einstellungen vorgenommen haben, sollten Sie den MySQL-Server neu starten.

Falls Sie sich nicht sicher sind, ob Sie Binär-Logging aktiviert haben, können Sie die Systemvariable `log_bin` abfragen. Ist diese Variable auf den Wert `1` gesetzt, so ist Binär-Logging aktiviert, wie Sie dies in Listing 8.1 sehen:

```
mysql> SHOW VARIABLES LIKE 'log_bin';
+---------------+-------+
| Variable_name | Value |
```

```
+---------------+-------+
| log_bin       | ON    |
+---------------+-------+
```

Listing 8.1 Abfrage, ob Binär-Logging aktiviert ist

Der zweite Schritt, den Sie auf dem Weg zu einem replizierten System durchführen müssen, ist das Anlegen eines Benutzer-Accounts auf dem Master-Server. Dieser Benutzer wird dann später von den Slaves benutzt, um sich am Master zu identifizieren und die Binär-Logs zu ziehen. In diesem Beispiel wird der entsprechende Benutzer »replikation« genannt. Näheres zur Erstellung von Benutzer-Accounts finden Sie auch in Kapitel 10, »Sicherheit«. Damit sich die Slave-Server auch zum Master verbinden können, müssen Sie am Master dem entsprechenden Benutzer (»replikation«) die Berechtigung `REPLICATION SLAVE` zuweisen. Der entsprechende `GRANT`-Befehl ist in Listing 8.2 gezeigt. Da sich sämtliche Server, die den Master-Datenbestand replizieren, im gleichen Netzwerk befinden, wird auch die entsprechende Maske zur Beschränkung der IP-Adresse angewendet. Dies bedeutet, dass sich in diesem Beispiel nur Rechner innerhalb des Netzwerkes `192.168.71.%` zum Master-Server (bzw. dessen MySQL-Installation) verbinden können.

```
mysql> GRANT REPLICATION SLAVE ON *.*
    -> TO 'replikation'@'192.168.71.%'
    -> IDENTIFIED BY 'passwort_master';
```

Listing 8.2 GRANT der Replikationsrechte

Sobald Sie diese vorbereitenden Schritte durchgeführt haben, sind Sie bereit für die eigentliche Konfiguration der MySQL-Replikation. Im Folgenden werden Sie die Einstellungen für eine Master-Slave-Replikation in MySQL kennenlernen. Da die Beschreibung und Erklärung der Replikationsmechanismen in MySQL eigene Bücher füllen würden, wird nachfolgend auf diese erste, einfache Variante der Replikation eingegangen.

Versionsvielfalt?

Ein weiterer Tipp für die Einrichtung von Replikation: Installieren Sie auf allen zur Replikation verwendeten Knoten die gleiche MySQL-Version! Bekanntlich unterstützen verschiedene MySQL-Versionen unterschiedliche Statements. Beispielsweise wurde der Befehl `EXCHANGE PARTITION` erst mit Version 5.6 von MySQL eingeführt, dieser ist älteren MySQL-Versionen nicht bekannt. Wenn Sie also von vornherein alle Replikations-Server mit der gleichen MySQL-Installation ausstatten, können Sie alle Fehler, die damit verbunden sind, ausschließen.

8.4 Konfiguration einer Master-Slave-Replikation

Für eine einfache Master-Slave-Replikation, wie sie auch in Abbildung 8.1 skizziert ist, müssen Sie zunächst die in Abschnitt 8.3 beschriebenen Vorarbeiten durchführen. Sobald Sie diese Schritte erledigt haben, können Sie den Master für die Replikation vorbereiten. Dazu fügen Sie die in Listing 8.3 angeführten Zeilen Ihrer Konfigurationsdatei *my.cnf* hinzu, bzw. überprüfen Sie, ob diese bereits vorhanden sind. Die Zeile zum binären Logging (`log_bin`) sollte bereits in der Datei enthalten sein, dies haben Sie bereits in den vorbereitenden Arbeiten erledigt. Diese Zeile legt fest, dass der Server binäres Logging durchführen soll und zudem die Logs den Bezeichner »mysql-bin« tragen sollen.

```
[mysqld]
log-bin = mysql-bin
server_id = 255
```

Listing 8.3 Einstellungen am Master – my.cnf

Als Server-ID können Sie jede beliebige Zahl zwischen 1 und 4.294.967.295 wählen. Wichtig ist nur, dass die ID dieses Servers innerhalb der replizierten Server im Netzwerk eindeutig ist, da die einzelnen Server über diese ID identifiziert werden.

Auf den Slave-Rechnern müssen Sie ebenfalls eine kleine Änderung in der Konfigurationsdatei vornehmen. Sie müssen jedem Slave nämlich ebenfalls eine eindeutige ID zuweisen, wie dies in Listing 8.4 gezeigt ist. Danach sollten Sie die MySQL-Instanz am Client neu starten, damit die Änderungen gültig werden. Verwenden Sie dazu allerdings die Option `--skip-slave-start`, damit die Replikation nicht direkt gestartet wird. Bevor Sie die Replikation starten können, sind vorab noch einige Schritte notwendig.

```
[mysqld]
server-id=2
```

Listing 8.4 Einstellungen am Slave – my.cnf

Um sicherzustellen, dass sich der Slave während des Replikationsprozesses auch korrekt mit dem Master verbinden kann, prüfen Sie die Verbindung mit dem Befehl in Listing 8.5. Mit diesem Befehl versuchen Sie lediglich, sich vom Slave-Rechner aus mit dem Benutzer »replikation« am Master einzuloggen. Scheitert dieser Verbindungsversuch, sollten Sie dringend die Einstellungen überprüfen. Eventuell ist auch eine Firewall aktiv, die Sie zuerst anpassen müssen.

```
bash# mysql -u replikation -p -h 192.168.71.76
```

Listing 8.5 Überprüfen der Verbindung

Nun geht es »ans Eingemachte«. Wie Sie bereits wissen, basiert die Replikation der Daten auf dem Binär-Log des Masters. Um am Slave die Replikation korrekt starten zu können, muss der Slave »wissen«, an welcher Position des Binär-Logs sich der Master gerade befindet. Um diese Position am Master feststellen zu können, führen Sie am Master den Befehl aus Listing 8.6 aus:

```
FLUSH TABLES WITH READ LOCK
```

Listing 8.6 Sperren aller Tabellen

Diese Anweisung sorgt dafür, dass alle Tabellen geschlossen und gleichzeitig mit einer Sperre versehen werden. Das hat den Effekt, dass sämtliche Schreiboperationen auf der Datenbank unterbunden werden. Somit können Sie sicherstellen, dass Sie jene Position, an der sich das Binär-Log gerade befindet, korrekt auslesen können und auch ein konsistentes Backup durchführen können, wie Sie in Kürze sehen werden. Beachten Sie allerdings, dass der Master während dieser gesamten Zeit stillsteht und keinerlei Anfragen bearbeiten kann.

Um nun wirklich die aktuelle Position des Logs auslesen zu können, müssen Sie eine zweite Session am Master starten. In dieser Session verwenden Sie den Befehl aus Listing 8.7. Notieren Sie sich am besten die Angaben der Spalten »Position« und »File«. Diese werden Sie im Folgenden noch benötigen, denn sie halten fest, welches Binär-Log verwendet wird und an welcher Position dieses gerade steht.

```
mysql> SHOW MASTER STATUS;
+------------------+----------+--------------+------------------+
| File             | Position | Binlog_Do_DB | Binlog_Ignore_DB |
+------------------+----------+--------------+------------------+
| mysql-bin.000004 |      107 |              |                  |
+------------------+----------+--------------+------------------+
```

Listing 8.7 Überprüfen, ob Binär-Logging aktiviert ist

Noch während der aktiven Sperre muss auch der »Grundstock« an Daten vom Master zu den Slaves transferiert werden. Das Aufrechterhalten der Sperren ist deshalb notwendig, da sonst Daten in der Zeit zwischen dem Einspielen des Backups und dem Beginn der eigentlichen Replikation verloren gehen könnten. Lassen Sie sich nicht beunruhigen, dies muss nur einmalig zu Beginn der Replikation durchgeführt werden. Danach passiert die Replikation aus Administratoren-Sicht automatisch wie von Geisterhand. Dazu müssen Sie im Wesentlichen ein Backup der Daten am Master durchführen und dieses auf den Slaves einspielen.

Wie Sie bereits aus Abschnitt 7.4.5, »Logische Backups und Wiederherstellung mit mysqldump«, zu Backups in MySQL wissen, können Sie entweder das Tool *mysqldump* verwenden (Online-Backup), um eine Backup-Datei zu erzeugen, oder Sie können einfach die Datendateien verwenden, diese verpacken und auf die Slave-Server transferieren (Offline-Backup). Erst danach können Sie die Sperre am Master mit dem Befehl in Listing 8.8 wieder aufheben:

```
UNLOCK TABLES
```

Listing 8.8 Aufheben der Lesesperre

Falls Sie allerdings »neue« Server für Master und Slaves verwenden und somit gar nicht über bereits bestehende Daten verfügen, weil Sie ein neues System direkt repliziert installieren wollen, fällt dieser Schritt aus, da selbstverständlich noch keine Daten zum Übertragen vorhanden sind und auch die Position im Binär-Log nicht festgestellt werden muss.

Nun haben Sie bereits den letzten Schritt zu einem replizierten Slave erreicht. Sie müssen nur noch den Slave anweisen, sich zum Master zu verbinden und das entsprechende Binär-Log ab der korrekten Stelle zu replizieren. Dazu verwenden Sie den Befehl `CHANGE MASTER`, wie dieser in Listing 8.9 angeführt ist. In diesem Listing sehen Sie, dass der Master an der IP-Adresse 192.168.71.76 zu finden ist und sich der Slave mit dem zuvor angelegten Benutzer-Account »replikation« mit dem entsprechenden Passwort einloggen kann. Die Daten zum Binär-Log, die Sie sich zuvor notiert haben, kommen nun zum Einsatz. Damit legen Sie fest, ab welchem »Zeitpunkt« im Binär-Log die Replikation der Daten beginnt.

```
mysql> CHANGE MASTER TO
    -> MASTER_HOST='192.168.71.76',
    -> MASTER_USER='replikation',
    -> MASTER_PASSWORD='passwort_master',
    -> MASTER_LOG_FILE='mysql-bin.000004',
    -> MASTER_LOG_POS=107;
```

Listing 8.9 Change-Master Befehl am Slave

Als letzten Schritt müssen Sie nun nur mehr den Slave starten. Dies können Sie bewerkstelligen, indem Sie am Slave den Befehl aus Listing 8.10 ausführen:

```
START SLAVE
```

Listing 8.10 Starten des Slaves und somit der Replikation

Falls Sie gleich mehrere Slaves dem gleichen Master zuordnen wollen, führen Sie die bisher am Slave durchgeführten Änderungen auch auf den weiteren Slaves durch. Nach diesen Schritten können Sie testen, ob die Replikation funktioniert, indem Sie am Master einen Datensatz abändern oder hinzufügen. Kontrollieren Sie am Slave dann einfach, ob die Änderung nachgezogen wurde. Ist dies der Fall, haben Sie gerade erfolgreich eine Master-Slave-Replikation in MySQL eingerichtet. Gratulation!

8.5 Zusammenfassung

In diesem Kapitel haben Sie gesehen, wie Sie Replikation in MySQL nutzen können, um die Ausfallsicherheit, die Performanz und die Lastverteilung Ihres MySQL-Servers optimieren zu können. Sie haben die verschiedenen Topologien kennengelernt, die Sie abgestimmt auf die jeweilige Situation einsetzen können, um die Replikation individuell auf die Situation zuzuschneiden. Beachten Sie, dass die Replikation in MySQL noch viele weitere Aspekte und Möglichkeiten bietet. Auch stehen Ihnen verschiedenste Tools zur Verfügung (zum Beispiel das Maatkit Utility Tool[2]), mit denen Sie beispielsweise Ihre replizierten Server überwachen können.

2 *http://www.maatkit.org/doc/*

Der MySQL-Server ist zu langsam? In diesem Kapitel erfahren Sie Lösungen und Optimierungen, wie Sie Ihre Anfragen beschleunigen können, damit der Server noch mehr Anfragen verarbeiten kann. Nach dem Aufspüren der Bremsen im System und langsamen Anfragen zeigen wir Ihnen praxisorientierte Optimierungsmöglichkeiten, den richtigen Einsatz von Indexstrukturen und Optimierungsstrategien für spezielle Anwendungsgebiete, wie zum Beispiel die Partitionierung.

9 Anfrageoptimierung

Bei der Entwicklung von Programmen, die mit einer Datenbank zusammenarbeiten, wird oft wenig Wert auf die Optimierung der Datenbank selbst gelegt. Meistens arbeitet die Datenbank bei der Größe der Testdaten, die während der Entwicklung verwendet werden, noch ausreichend schnell und performant. Läuft die Applikation dann einige Zeit im produktiven Umfeld, wächst das Datenvolumen oft stark an. Abfragen, die ursprünglich noch sehr schnell abgearbeitet werden konnten, belasten nun das System. Ihre Aufgabe als MySQL-Administrator ist es, diese möglichen Problemfälle im Auge zu behalten und bei Bedarf richtig zu reagieren.

9.1 Aufspüren von langsamen Anfragen

Der erste Schritt ist das Aufspüren von langsamen Anfragen, die von den Applikationen im System an die Datenbank gesendet werden. Hierfür stellt der MySQL-Server die Slow-Query-Log-Funktion zur Verfügung.

9.1.1 Langsame Anfrage protokollieren

Die einfachste Variante, langsame Abfragen aufzuspüren, stellt MySQL mit dem Parameter `slow_query_log` zur Verfügung. Diesen können Sie in der Konfigurationsdatei von MySQL, *my.cnf* (siehe Abschnitt 6.3), angeben, wie in Listing 9.1 gezeigt, und damit die Datei festlegen, in welcher die langsamen Abfragen mit protokolliert werden sollen. Legen Sie die Datei im Dateisystem an, und achten Sie darauf, dass der Benutzer, unter dem der MySQL-Server läuft (meist »mysql«), auf dieser Datei Schreibrechte besitzt.

Der Parameter `long_query_time` gibt dabei an, ab welcher Ausführungsdauer, gemessen in Sekunden, eine Query als »langsam« gilt und damit protokolliert wird:

```
slow_query_log = ON
slow_query_log_file = /var/log/mysqld_slow.log
long_query_time = 1.5
```

Listing 9.1 Aktivierung der Protokollierung langsamer Abfragen in my.cnf

In diesem Beispiel werden alle Querys, die über 1,5 Sekunden zur Ausführung benötigen, protokolliert. Je nach Art der Anwendung sollten Sie den Wert von `long_query_time` so wählen, dass Ausnahmen leicht gefunden werden, die Datei aber nicht überfüllt wird. Starten Sie dazu mit einem sehr niedrigen Wert, und erhöhen Sie diesen so lange, bis die Log-Datei bei einem üblichen Testbetrieb der Applikation nicht mehr gefüllt wird.

Beachten Sie auch, dass es durchaus Anfragen gibt, die sehr lange dauern, jedoch nur sehr selten aufgerufen werden. Zum Beispiel können Anfragen, die in einer Profil-Analyse Ihrer Passagiere jeden Tag in der Nacht durchgeführt werden, durchaus mehrere Minuten oder sogar Stunden benötigen. Hier sollte natürlich trotzdem der Wert so gewählt werden, dass auch langsame Querys im laufenden Betrieb am Tag gefunden werden. Werden zum Beispiel alle üblichen Abfragen am Tag im Normalfall unter einer Sekunde ausgeführt, so würde sich hier der Schwellwert von einer Sekunde sehr gut eignen, auch wenn diverse Analysequerys in der Nacht mehrere Minuten benötigen.

Alternativ lassen sich die Log-Einträge auch in der Tabelle `slow_log` (Datenbank: mysql) speichern, belasten dadurch aber natürlich zusätzlich den MySQL-Server. Bei produktiven und stark belasteten MySQL-Servern sollten Sie daher die zusätzliche Last durch das Logging vermeiden und die schnellere Variante des Datei-Loggings wählen. Das Logging in Tabellen aktivieren Sie mit der Option in Listing 9.2:

```
log_output = TABLE
```

Listing 9.2 slow_query_log in einer Tabelle protokollieren

Eine weitere sehr hilfreiche Option, wie in Listing 9.3 angegeben, bietet Ihnen die Möglichkeit, auch Anfragen zu protokollieren, die keinen Index verwendet haben. Anfragen ohne Index-Verwendung resultieren in einem Full-Table-Scan, also einem Lesen der gesamten Tabelle, und sollte daher unbedingt vermieden werden. Nähere Details zu Full-Table-Scans erfahren Sie im Laufe des Kapitels.

```
log_queries_not_using_indexes = ON
```

Listing 9.3 Protokollieren der Abfragen, die keinen Index verwenden

In Listing 9.4 finden Sie einen Auszug einer Log-Datei, die langsame Anfragen beinhaltet. Neben der Anfrage (`SELECT * FROM flug WHERE ankunft < '2011-06-15';`) an sich werden noch weitere zusätzliche Daten abgespeichert.

In der ersten Zeile finden Sie die Zeit (Datum und Zeitpunkt), zu der die Abfrage ausgeführt wurde. Die zweite Zeile beinhaltet Daten zum Benutzer, der die Abfrage abgesetzt hat, dessen Hostname und IP-Adresse. Die dritte Zeile gibt Auskunft über die genaue Dauer (`Query_time`) der in Zeile 4 angegebenen Abfrage, die Zeit, in der auf die Sperre gewartet wird (`Lock_time`), die resultierenden Zeilen (`Rows_sent`) und die Anzahl der Zeilen, die bei der Abfrage gelesen bzw. bearbeitet wurden (`Rows_examined`).

Sollten Sie wie im Beispiel `SET timestamp`-Anweisungen vorfinden, bedeutet dies nicht, dass diese `SET`-Anweisungen lange Zeit benötigen, sie dient nur zur Zeiterfassung und hat keinen Einfluss auf die Dauer der eigentlich »langsamen« Abfrage. Sie sehen, die Aufzeichnungen sind sehr detailliert. Sie sollten daher die Größe der Log-Datei auch regelmäßig überprüfen, da diese schnell anwachsen kann.

```
# Time: 110623 20:10:21
# User@Host: root[root] @ localhost []  Id:      1
# Query_time: 0.023550  Lock_time: 0.000186 Rows_sent: 4507
Rows_examined: 19961
SET timestamp=1308852621;
SELECT * FROM flug WHERE ankunft < '2011-06-15';
# Time: 110623 20:10:24
# User@Host: root[root] @ localhost []  Id:      1
# Query_time: 0.018597  Lock_time: 0.000079 Rows_sent: 4390
Rows_examined: 19961
SET timestamp=1308852624;
SELECT * FROM flug WHERE ankunft < '2011-06-11';
```

Listing 9.4 Auszug einer Slow-Query-Log-Datei

Der nächste Schritt, ohne den eine Log-Datei nur bedingt Sinn macht, ist die Kontrolle. Mit dem Kommandozeilentool *mysqldumpslow* bietet MySQL auch eine einfache zusammengefasste Ausgabe der erfassten langsamen Abfragen. Dieses Tool wird standardmäßig mit installiert und kann direkt mit der Pfadangabe zur Datei *slow_query_log* aufgerufen werden, wie in Listing 9.5 gezeigt:

```
bash# mysqldumpslow /var/log/mysqld_slow.log
Reading mysql slow query log from
/var/log/mysqld_slow.log
Count: 2  Time=0.02s (0s)  Lock=0.00s (0s)  Rows=4448.5 (8897),
root[root]@localhost
  SELECT * FROM flug WHERE ankunft < 'S'
```

Listing 9.5 Zusammenfassen der Slow-Query-Log mit mysqldumpslow

Wie Sie in Listing 9.5 sehen, fasst dieses Tool gleichartige Abfragen zusammen und erkennt diese sogar, wenn sich nur die Werte in der `WHERE`-Klausel ändern (siehe unterschiedliche Werte in Listing 9.4). Diese Werte werden dann jeweils durch `'S'` oder `N` ersetzt (je nachdem ob es sich um einen String oder einen nummerischen Wert handelt). So erhalten Sie einen schnellen Überblick über die langsamen Abfragen.

Wichtig ist dabei auch der `Count`-Wert, der angibt, wie oft eine Abfrage ausgeführt wurde. Ist dieser Wert niedrig, wird die Abfrage entweder nur selten ausgeführt, oder die Abfrage ist nicht immer langsam. Oft sind Abfragen auch durch äußere Einflüsse, wie Sperren, allgemeine Belastung des Servers, parallel laufende Abfrage oder andere Einflussfaktoren verlangsamt. Beachten Sie daher auch immer diese Faktoren.

Erscheint eine Abfrage, die am Tag mehrere tausend Mal ausgeführt wird, nur zweimal im Slow-Query-Log, liegt das Problem nicht an der Abfrage selbst, und Sie können in diesem Fall die Abfrage außer Acht lassen. Natürlich schadet es nicht, auch diese zwei Fälle näher zu betrachten. Vielleicht sind dies Spitzen Ihres Servers, die auf einen Ressourcen-Engpass Ihres Servers hinweisen und auf die Sie eventuell reagieren sollten.

9.1.2 Log-Dateien regelmäßig kontrollieren

Die beste Aufzeichnung ist jedoch nutzlos, wenn die Log-Dateien nicht regelmäßig überprüft werden. Für diese regelmäßige Kontrolle können Sie sich die Datei oder die Ausgabe von *mysqldumpslow* einmal pro Tag oder Woche per E-Mail zusenden lassen. Leider bietet MySQL keinen automatischen E-Mail-Versand an. Sie verfügen als Administrator aber sicherlich über Werkzeuge oder ein kleines Skript, mit dem der Sendevorgang einer Datei schnell und einfach automatisiert werden kann.

9.2 Indexstrukturen

Nachdem Sie die langsamen Querys, wie im vorherigen Kapitel gezeigt, identifiziert haben, können Sie diese analysieren und die Schwachpunkte erkennen. Eines der wichtigsten Hilfsmittel zur Datenbankoptimierung sind Indexstrukturen, die im folgenden Kapitel beschrieben werden. Wenn Sie bereits mit der Thematik von Indexstrukturen vertraut und die Begriffe Clustered Index, Non-Clustered Index, Primärindex, Sekundärindex, B-Baum, B+-Baum, R-Baum, Volltextindex und ISAM für Sie ein alter Hut sind, können Sie das Kapitel getrost überspringen und bei Abschnitt 9.3, »Optimierung von Anfragen«, weiterlesen.

9.2.1 Die Grundidee von Indexstrukturen

Je größer Datenmengen sind, desto schwieriger ist es auch, in dieser großen Menge die gewünschten Daten zu finden. Dies trifft nicht nur auf Datenbanken zu, in denen Millionen von Datensätzen gespeichert sind, sondern auch auf klassische Bibliotheken oder auf ein einfaches Buch.

Nehmen Sie an, Sie wollen ein bestimmtes Wort, zum Beispiel »Index«, in diesem Buch suchen. Die einfachste Möglichkeit ist, das Buch zu lesen und jedes Vorkommen des Wortes »Index« zu protokollieren. Da dieses Vorgehen natürlich nicht sehr praktikabel ist, gibt es in den meisten Büchern – auch in diesem – ein sogenanntes Stichwortverzeichnis, in dem die Seiten der Vorkommnisse von wichtigen Wörtern gelistet werden. Indexstrukturen in Datenbanken verfolgen eine sehr ähnliche Strategie und bieten eine Art Nachschlageverzeichnis, um schneller an die gewünschten Daten zu gelangen.

Betrachten Sie das Beispiel in unserer Flughafendatenbank. Dort beinhaltet die Tabelle Flüge zum Beispiel alle Flüge weltweit. Suchen wir nun nach allen Flügen, die den Zielflughafen München besitzen, müssen wir trotzdem die gesamte Tabelle lesen bzw. durchsuchen und in jeder Zeile prüfen, ob es sich um einen Flug nach München handelt. Dieses Vorgehen wird *Full-Table-Scan* genannt, da die gesamte Tabelle eingelesen werden muss. Diese Full-Table-Scans sollten in Datenbanken möglichst vermieden werden, da dies gerade bei großen Tabellen sehr rechen- und zeitintensiv ist. Durch die Verwendung von Indexstrukturen können Sie dieses Verhalten verhindern und die Geschwindigkeit der Datenbank stark erhöhen.

Einen Index können Sie wie eine zusätzliche Tabelle (vgl. Tabelle 9.1) sehen, über die ein Schnellzugriff erfolgt. Die Beispielabfrage aller Flüge nach München würde zum Beispiel durch einen Index auf die Spalte Ziel optimiert werden. Dabei wird eine Tabelle mit zwei Spalten angelegt, die nach der zu indizierenden Spalte (in diesem Fall Ziel) geordnet wird. Jede Zeile beinhaltet zusätzlich einen Verweis auf die zugehörigen Daten. In diesem Beispiel ist dies der Primärschlüssel, die eindeutige Flugnummer. Eine andere Möglichkeit wäre die physikalische Position auf der Festplatte bzw. in der Datendatei.

Ziel	Flugnummer
Lissabon	3460
Manchester	2345
München	4539
München	4589
Prag	7812

Tabelle 9.1 Index-Tabelle auf die Spalte Ziel

Wird diese Tabelle für die Abfrage aller Flüge nach München verwendet, kann in wenigen Schritten das Resultat ermittelt werden. Die Abfrage kann dabei von der Sortierung profitieren und muss nicht die gesamte Index-Tabelle durchsuchen. Hierzu werden diverse Suchalgorithmen verwendet, um dies möglich optimiert durchzuführen.

Sie können sich diese Algorithmen ähnlich Ihrem Vorgehen bei der Suche in einem Telefonbuch vorstellen. Durch die Sortierung müssen Sie auch das Telefonbuch nicht vollständig durchsuchen. Wenn mit dem Suchalgorithmus die richtigen Zeilen – in diesem Fall München – gefunden wurden, können anschließend die Ergebniszeilen aus der Originaltabelle »flüge« geholt werden. Da in der Index-Tabelle die eindeutigen Flugnummern als Referenz auf die Originaltabelle dienen, kann wiederum in der Originaltabelle »flüge« die Sortierung nach den Flugnummern genutzt werden. Der Geschwindigkeitsvorteil entsteht also durch den Index und die Sortierungen, da jeweils nur geringe Teile der Tabellen gelesen bzw. verarbeitet werden müssen.

Würde eine Anfrage sogar nur die Flugnummern benötigen, müsste die Originaltabelle »flüge« überhaupt nicht gelesen werden, denn die Abfrage könnte bereits ausschließlich über den Index beantwortet werden. Dies spart natürlich Zeit und Ressourcen am Server.

9.2.2 Primärindex vs. Sekundärindex

Einen *Primärindex* müssen Sie nicht manuell erstellen. Wie in den meisten Datenbanksystemen wird auch in MySQL der Primärindex automatisch auf dem von Ihnen definierten Primärschlüssel (falls vorhanden) erstellt.

Wie bereits in Abschnitt 2.3.2, »Schlüssel identifizieren Datensätze«, beschrieben, muss der Primärschlüssel eindeutig sein und einen Datensatz eindeutig identifizieren. Der Primärindex wird daher auch benutzt, um beim Einfügen eines neuen Datensatzes schnell zu überprüfen, ob der neue Primärschlüssel bereits in der Tabelle vorhanden ist. In InnoDB sind die Daten zusätzlich nach dem Primärschlüssel bzw. dessen Primärindex sortiert. Da sich der Primärindex am Primärschlüssel orientiert und auch häufig für die physische Organisation verantwortlich ist, nennt man diesen Index Primärindex.

Sekundärindex ist der Sammelbegriff für alle zusätzlichen Indizes, die neben dem Primärindex erstellt werden können. Ein Sekundärindex muss im Gegensatz zum Primärindex manuell erstellt werden und ist optional. Da Sie Ihre Daten und auch die häufig gestellten Anfragen am besten kennen oder, wie im vorherigen Kapitel gezeigt, aus dem Slow-Query-Log ausgelesen haben, ist es auch Ihnen überlassen, an welcher Stelle Sie einen Sekundärindex erstellen, um gewisse Anfragen zu beschleunigen.

Die Anzahl der möglichen Indizes, die Sie erstellen können, hängt dabei von der gewählten Storage-Engine (siehe Abschnitt 5.4) ab, die sich jeweils um die eigentliche physikalische Speicherung kümmert. Jede Storage-Engine unterstützt aber mindestens bis zu 16 Indizes. Weitere Details zur technischen Umsetzung von Primär- und Sekundärindizes finden Sie in den folgenden Abschnitten.

9.2.3 Der limitierende Faktor – die Festplatte

Als Administrator wissen Sie, dass das langsamste Medium in einem Server der Festplattenspeicher ist. Dieser ist zwar günstiger und größer als der Hauptspeicher, dafür um ein Vielfaches langsamer. Stellen Sie sich vor, eine Tabelle in Ihrem Datenbanksystem benötigt einige Gigabyte und muss bei einer einfachen Anfrage durch einen Full-Table-Scan, wie im vorherigen Kapitel beschrieben, vollständig eingelesen und durchsucht werden. Benutzer müssten dann bei einer Anfrage eventuell Minuten auf das Ergebnis warten, obwohl dieses nur eine einzige Zeile beinhaltet.

Doch nicht nur die Größe der zu lesenden Daten ist ein kritischer Faktor, auch die sogenannte *Lokalität* der Daten (physikalische Verteilung) auf der Festplatte ist auschlaggebend. Ein Lesevorgang in der Festplatte wird mit mechanischen Bewegungen der einzelnen Platten und des Lesearms durchgeführt. Die Dauer eines Lesevorgangs hängt dabei von der mechanischen Bewegung, die mit der durchschnittlichen Zugriffszeit angegeben wird, ab. So benötigen auch moderne Festplatten immer noch mehrere Millisekunden pro Zugriff. Liegen nun die Daten der Datenbank auf den Platten weit auseinander, muss der Plattenarm weite Distanzen zurücklegen.

Das folgende Beispiel verdeutlicht die Problematik: Bei einer durchschnittlichen Zugriffszeit von 2 Millisekunden und bei 1.000 zu lesenden Zeilen, die auf der Platte verstreut sind, würde alleine der Lesevorgang durch die Verstreuung und die daraus resultierenden Armbewegungen über 2 Sekunden (Listing 9.6) benötigen:

```
2 ms * 1000 Zeilen = 2 Sekunden Gesamtzugriffszeit
```

Listing 9.6 Berechnung der Zugriffszeit

Bereits diese 2 Sekunden wären für den Großteil heutiger Datenbankanwendungen nicht denkbar.

Daher müssen Indexstrukturen zusätzlich zur Minimierung der zu lesenden Daten auch die Lokalität der Daten optimieren. Daten, die häufig miteinander abgefragt werden, müssen daher auch physikalisch nebeneinander auf der Festplatte liegen (»geclustert« sein). Der Lesearm muss daher weniger Distanzen zurücklegen und die Lesegeschwindigkeit wird erhöht.

Neue Techniken, wie die Solid-State-Technologie von Solid-State-Drive-(SSD-)Festplatten, können mit der gleichen Geschwindigkeit auf jede Position der Festplatte zugreifen, da keine mechanischen Teile mehr vorhanden sind, und verkleinern diese Problematik. Jedoch profitieren auch diese sehr schnellen Festplatten, wenn nur gewisse Daten gelesen werden müssen und die Daten geclustered vorliegen.

Im folgenden Abschnitt wird erklärt, wie die Lokalität und Zugriffsoptimierungen durch wichtige Indexstrukturen, die auch in MySQL verwendet werden, realisiert werden.

9.2.4 Technische Umsetzung von Indexstrukturen – der B-Baum und MyISAM

Daten werden auf der Festplatte in sogenannten *Blöcken* abgespeichert. Diese Blöcke stellen die kleinste abrufbare Speichereinheit dar. Beim Lesen werden daher immer ganze Blöcke gelesen, egal welche Daten von diesem Block benötigt werden. Die Größen von Blöcken liegen meist im Bereich um 64 KB. Das Ziel von Datenbanken ist, möglichst wenige Blöcke von der Festplatte lesen zu müssen. Vor allem wenn benötigte Blöcke nicht hintereinanderliegen und der Plattenarm viele Bewegungen durchführen muss, wird die Gesamtlesezeit stark erhöht.

Die wohl einfachste Indexstruktur ist ein *Hashindex*, auch Hashtabelle genannt. Grundlage eines Hashindexes ist eine Hashfunktion, die entscheidet, wo ein Datensatz gespeichert wird. Nehmen wir an, wir wollen unsere Flüge auf zehn Festplatten-Blöcke verteilen, dann wäre zum Beispiel eine sehr einfache Hashfunktion `h(flug) = flug.flugnummer modulo 10`. In diesem Fall würde die Flugnummer eines Datensatzes durch 10 dividiert, und der Rest der Division definiert dann die Blocknummer. Der Datensatz mit der Flugnummer 3461 würde daher auf Block 1 gespeichert werden (3461 modulo 10 = 1). Der Lesevorgang funktioniert analog. Wenn ein Benutzer die Flugnummer 3461 abfragt, wird über die gleiche Funktion der Block berechnet und geladen.

Der Vorteil am Hashindex ist, dass immer nur ein Block geladen werden muss. Leider gibt es auch zahlreiche Nachteile, wie unter anderem das Fehlen einer Unterstützung von sogenannten Bereichsanfragen. Eine Abfrage aller Flugnummern zwischen 3460 und 3470 würde zum Beispiel das Lesen aller zehn Blöcke zur Folge haben, da diese zehn Flüge jeweils auf einem unterschiedlichen Block liegen. Gerade im Datenbankbereich sind Bereichsabfragen sehr häufig. Ein anderes Beispiel wäre die Bereichsabfrage für einen Ankunftstafel, die alle Flüge zwischen 13 und 14 Uhr auflistet.

Ein anderer großer Nachteil von Hashindizes ist die fehlende Flexibilität bei anwachsenden Daten. Wenn in unserem Beispiel die Flüge nicht mehr auf zehn Blöcken Platz finden, muss die Datenbank einen elften Block anfordern. Natürlich muss nun auch die Funktion auf `h(flug) = flug.flugnummer modulo 11` angepasst werden. Alle bisher gespeicherten Flüge können nun nicht mehr gefunden werden. Unser Beispiel mit der Flugnummer 3461 modulo 11 würde nach der neuen Funktion auf Block 7 gespeichert werden und nicht wie ursprünglich auf Block 1. Dies bedeutet, dass bei einer Änderung der Anzahl von Blöcken durch Anwachsen der gespeicherten Datenmenge bzw. der Funktion alle bereits abgespeicherten Daten neu organisiert werden müssen. Stellen Sie sich vor, eine Datenbank mit mehreren Gigabyte müsste komplett reorganisiert werden, jeder Datensatz müsste umkopiert werden – das benötigt Zeit und Speicherplatz.

Hashindizes werden häufiger im Hauptspeicher verwendet, da in diesem die Lokalität der Daten nicht so ausschlaggebend ist wie bei der Festplatte (Sekundärspeicher). Im Hauptspeicher ist ein wahlfreier Zugriff möglich. Der Zugriff auf weit auseinanderliegende Daten ist daher beinahe gleich schnell möglich, wie auf nebeneinanderliegende Daten. Auch MySQL verwendet Hashindizes als Standardindexstrukturen in der Hauptspeicher-Storage-Engine MEMORY.

Die wohl bekannteste Indexstruktur im Datenbankbereich ist der *B-Baum*, die heute von beinahe jedem Datenbanksystem eingesetzt wird. In MySQL verwendet die Storage-Engine InnoDB den B-Baum als Standardindexstruktur.

Ein Baum besteht aus Knoten, die über Kanten verbunden sind. Ein Baum beginnt bei einem Wurzelknoten, der wieder mit weiteren Knoten – Unterknoten oder Kindknoten genannt – verbunden ist. Knoten, die keine weiteren Kindknoten besitzen, werden Blattknoten genannt, da diese nicht weiter verzweigen.

In der Informatik oder den Naturwissenschaften dienen Bäume meist zur Einteilung bzw. Kategorisierung. Jeder Kindknoten stellt dabei eine Spezialisierung bzw. weitere Eingrenzung dar. In Abbildung 9.1 sehen Sie einen sehr einfachen geografischen Beispiel-Baum, der mit dem Knoten »Erde« beginnt. Nach unten hin stellt jeder Knoten eine weitere Spezialisierung, in diesem Fall eine geografische Untereinteilung, dar.

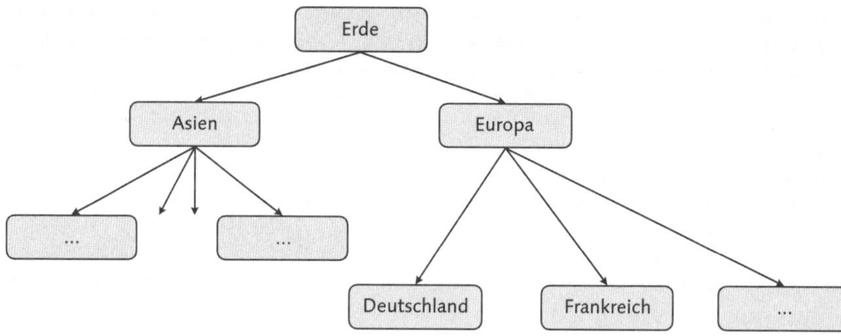

Abbildung 9.1 Einfache Baumstruktur

Die Grundlage des B-Baums ist eine hochverzweigte Baumstruktur. In jedem Knoten befinden sich Datensätze aus der Tabelle. Jeder Knoten im Baum spiegelt dabei einen Block auf der Festplatte wieder. Die Anzahl von Elementen bzw. Datensätzen, die in jedem Knoten gespeichert werden können, orientiert sich dementsprechend an der Größe eines Blocks auf der Festplatte.

Ein Knoten des B-Baums beinhaltet zwischen `k` und `2*k` Elemente, wobei `2*k` die maximale Anzahl an Datensätzen ist, die ein Block aufnehmen kann. Ein Block bzw. Knoten muss daher mindestens zur Hälfte gefüllt sein. Dadurch kann es nicht passieren, dass es sehr viele Knoten gibt, obwohl diese kaum gefüllt sind und zum Beispiel nur einen Datensatz beinhalten.

Jeder Knoten im B-Baum verweist wieder auf mehrere Unterknoten, wobei der gesamte Baum sortiert ist. Ein Verweis in Richtung »Links« zeigt dabei immer auf Elemente, die in der Sortierung vor dem aktuellen Knoten liegen – ein Verweis auf »Rechts« immer auf Elemente, die in der Sortierung nach dem aktuellen Knoten liegen. Im Beispiel in Abbildung 9.2 sehen Sie einen B-Baum mit `k=2` (daher maximal vier Elementen pro Knoten), in dem die Datensätze nach der Flugnummer abgespeichert werden.

Ein B-Baum ist immer automatisch sortiert. Das bedeutet aber auch, dass ein Baum des Öfteren »umgebaut« werden muss. Fügt man zum Beispiel in den Baum den Flug 1508 ein, würde dieser durch die Sortierung in den mittleren Kinderknoten eingefügt werden. Dieser Knoten ist aber bereits mit der maximalen Anzahl an Elementen gefüllt und müsste daher in weitere Kindknoten aufgeteilt werden.

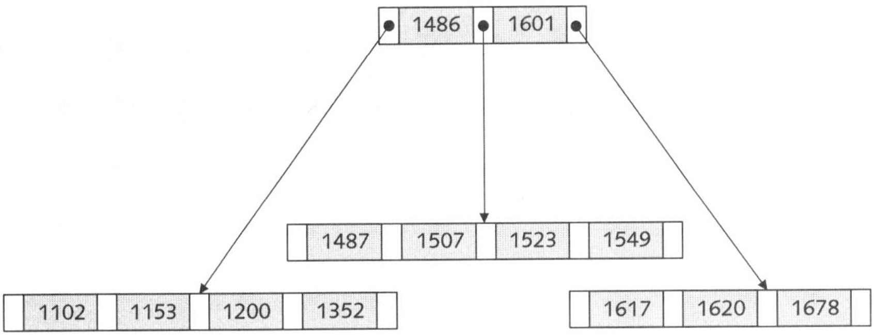

Abbildung 9.2 Beispiel eines B-Baums

Im Gegensatz zum Hashindex müssen jedoch in einem B-Baum nie alle Daten verschoben bzw. umkopiert werden. Meist ist es ausreichend, nur die Verweise umzuhängen bzw. zu ändern. Das Umhängen von Blöcken und Ändern von Verweisen kann jedoch verhindern, dass Unterknoten auf der Festplatte nahe nebeneinander liegen. Der Plattenarm muss daher zwischen Knoten/Blöcken weite Wege zurücklegen. Dieses Problem kompensiert der B-Baum durch die geringe Anzahl an Blöcken, die überhaupt gelesen werden müssen. In der Realität werden B-Bäume meist mit ca. 100–200 Elementen und damit auch Kinderknoten pro Block bzw. Knoten angelegt. Dies entspricht einem Verzweigungsgrad von 200 pro Ebene und wirkt sich positiv auf die Menge an zu lesenden Blöcke aus.

Betrachten Sie dieses Beispiel mit 500 Millionen Flügen in einem B-Baum und einem durchschnittlichen Verzweigungsgrad von 150 pro Knoten. Für die Speicherung benötigen Sie von 500 Millionen Einträgen nur vier Ebenen, da in jeder Ebene der Raum für die Speicherung um das 150fache vergrößert wird. In der zweiten Ebene nach der Wurzel befinden sich bereits 150 Knoten mit 150 * 150 Einträgen. In der dritten Ebene 150 * 150 Knoten und in der vierten Ebene bereits über 3 Millionen Knoten.

Mit einer gegebenen Flugnummer können Sie daher jeden beliebigen Flug aus 500 Millionen Flügen mit dem Zugriff auf maximal vier Knoten/Blöcke lesen. Sie beginnen dazu bei der Wurzel und springen je nach Sortierung zu einem Kindknoten in der nächsten Ebene. Durch die Sortierung wird in jeder Ebene nur genau ein Knoten gelesen. Allgemein müssen in einem B-Baum maximal $\log_k(n)$ Knoten gelesen werden, wobei `n` für die Anzahl der gespeicherten Datensätze steht und `k` den Verzweigungsgrad spezifiziert. Wenn Sie nun in die Formel die Daten unseres Beispiels einsetzen, erhalten Sie die erklärten vier Knoten, die für eine Suche gelesen werden müssen ($\log_{150}(500.000.00) = 3.9$). Der Nachteil der auf der Festplatte verstreuten Blöcke fällt daher durch die geringe Anzahl an zu lesenden Blöcken bei Anfragen nicht mehr ins Gewicht.

Bereichsabfragen können mit einem B-Baum ebenfalls effizient ausgeführt werden. Betrachten Sie zum Beispiel eine Abfrage, die alle Flugnummern zwischen 3460 und 3470 abfragt. Wie beschrieben, sind alle Datensätze sortiert, und auf einem Knoten können bis zu 200 Datensätze gespeichert werden. Wenn die Daten nach der Flugnummer sortiert sind, liegen daher höchstwahrscheinlich auch die Flugnummern 3460–3470 auf dem gleichen Block oder am benachbarten Block. Für die Abfrage des Bereichs müssen daher keine weiteren Blöcke gelesen werden.

Vermutlich haben Sie auch schon bemerkt, dass die Anzahl der Datensätze pro Knoten stark von der Länge eines Datensatz abhängen muss. Natürlich können sehr lange Datensätze, die eventuell lange Zeichenketten abspeichern, die Anzahl pro Knoten negativ beeinflussen. Die wichtigste Grundlage des B-Baums, der Verzweigungsgrad pro Knoten, würde daher stark sinken. Aus diesem Grund wird meist ein sogenannter B+-Baum verwendet.

Der B+-Baum ist ein B-Baum, der in den Knoten nur den Wert der zu indizierenden Spalte beinhaltet. In unserem Beispiel sind also nur die Flugnummern in einem Knoten gespeichert. Die eigentlichen Daten zum Flug werden gesondert in den Blättern (Knoten, die nicht weiter verzweigen) abgespeichert. In Abbildung 9.3 ist der Beispielbaum aus der Abbildung 9.2 als B+-Baum realisiert. Sie können erkennen, dass die Flugnummer 1601 nun einmal im Wurzelknoten vorhanden ist und noch einmal in einem Blattknoten, in dem dann auf den eigentlichen Datensatz mit den Werten des Fluges verwiesen wird. Im Wurzelknoten ist platzsparend nur die Flugnummer zur Aufteilung des Baums gespeichert. Durch diese bestmögliche Auslastung jedes Knoten weist der B+-Baum einen höheren Verzweigungsgrad auf als der B-Baum und ist damit noch schneller.

Ein weiterer Vorteil besteht in der selteneren Reorganisation. Durch die kompaktere Speicherung laufen Knoten seltener über und müssen daher auch nicht so oft neu aufgeteilt werden. Zusätzlich werden die einzelnen Blattknoten miteinander direkt verbunden (siehe gestrichelte Verbindungen in Abbildung 9.3). Das hat den Vorteil, dass alle Blattknoten bzw. Flüge direkt sortiert durchlaufen werden können. Sollen zum Beispiel die Flüge 1486 bis 1678 ausgegeben werden, muss nur der Flug 1486 gesucht werden. Die restlichen Flüge können direkt durch das »Weiterlaufen« und das »Weiterspringen« zum nächsten Blattknoten über diese Blattknotenverbindung gefunden werden, ohne dass noch einmal von der Wurzel aus mit der Suche gestartet werden muss.

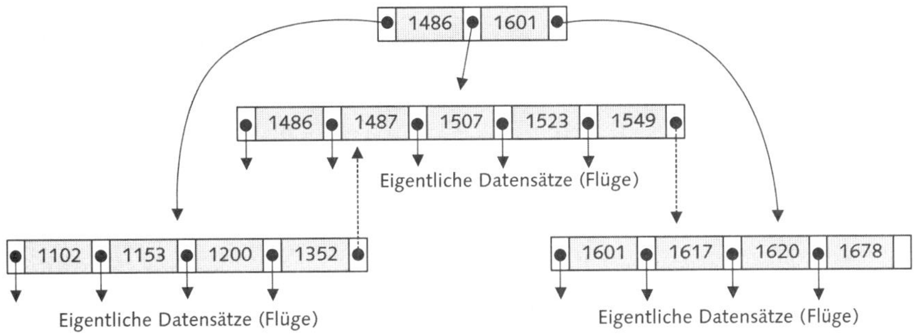

Abbildung 9.3 B+-Baum-Umsetzung des B-Baums aus Abbildung 9.2

Neben dem sehr schnellen Zugriff auf Daten ist auch die Reorganisation des B-Baums bei Lösch- oder Hinzufügeoperationen im Gegensatz zum Hashindex sehr schnell und ressourcenschonend. Gerade diese zwei Vorteile haben den B-Baum und Datenbanksysteme zu einem unzertrennlichen Paar werden lassen.

MyISAM

MySQL setzt ebenfalls auf den B-Baum als Indexstruktur. Groß geworden ist MySQL mit der Storage-Engine *MyISAM*, die sich um die eigentliche Speicherung und Indizierung der Daten bemüht. Bis zur Version 5.1 des MySQL-Servers stellte MyISAM auch die Standard-Engine dar. Besonders die Schnelligkeit und Einfacheit der Engine hat MySQL zum großen Erfolg im Web verholfen. Die MyISAM-Struktur erweitert die Grundkonzepte der ISAM-Struktur (Indexed Sequential Access Method), die ursprünglich von IBM für Mainframe-Systeme entwickelt wurde.

Man könnte ISAM als Vorgängerversion des B-Baums ansehen, da es auch baumartig aufgebaut ist, jedoch nur drei fixierte Ebenen besitzt (wird auch »zweistufiger« Index genannt). Das Konzept ist an die Struktur der Festplatten angelehnt. Die erste Ebene, der Zylinderindex, verweist auf einen Festplatten-Zylinder bzw. den darin enthaltenen Spurindex. Im Spurindex, der zweiten Ebene, findet man anschließend Verweise auf Festplatten-Spuren, in den die Daten sequenziell abgespeichert sind und sequenziell eingelesen werden können.

In älteren MySQL-Versionen war noch die Storage-Engine ISAM verfügbar, die aber ab Version 4 nicht mehr empfohlen wurde. Aktuell ist nur mehr die optimierte MyISAM-Engine verfügbar, die ebenfalls auf den Grundkonzepten des B-Baums aufbaut. Die eigentlichen Datensätze werden jedoch nicht in einem Baum gehalten, sondern werden möglichst dicht sequenziell nach der Einfügereihenfolge in eine Datei geschrieben. Der Vorteil hierbei liegt in der Geschwindigkeit, da die Daten nie umorganisiert werden müssen. Sie werden einfach hintereinandergeschrieben, weisen daher aber keine Sortierung auf. Um trotzdem schnell auf die Daten zugreifen zu können, wird ein Primärindex erzeugt, der als B-Baum ausgeführt ist und in den jeweiligen Blättern auf den eigentlichen Datensatz verweist.

9.2.5 Clustered Index

Unter einem *Clustered Index* (gruppierter Index) wird ein Index verstanden, der eine direkte Auswirkung auf die Speicherorganisation der eigentlichen Daten hat. Der Index verweist daher nicht nur auf die Datensätze, sondern beeinflusst auch deren physische Anordnung. Üblicherweise ist dies eine Sortierung zum Beispiel auf die Flugnummer, wenn die Flugnummer als Primärschlüssel festgelegt wurde. Dadurch liegen zum Beispiel Flugnummer 3460 bis 3470 nicht nur logisch, sondern auch physisch nahe beieinander und können gerade bei Bereichsanfragen schneller gelesen werden. Allgemein gesprochen beschreibt ein Clustered Index aber nur eine physische Nähe von ähnlichen Datensätzen.

Die Sortierung einer `INTEGER`-Spalte ist dabei nur die einfachste Form. Ein komplexeres Beispiel wäre ein geografischer Index, der die Datensätze aus der Tabelle »flüge« nach der geografischen Nähe ihrer Zielflughäfen gruppiert (=clustert). Der Flug 2345 mit dem Ziel München wäre daher physikalisch in der Nähe von Flug 9045 mit dem Zielflughafen Innsbruck abgespeichert. Flug 2346 mit Ziel New York wäre trotz der ähnlichen Flugnummer zu Flug 2345 physikalisch nicht in dessen näherer Umgebung auf der Festplatte abgespeichert.

Clustered Indizes werden im Normalfall nur für den Primärindex verwendet, da ein Primärindex bei den meisten Datenbanksystemen und auch bei der Storage-Engine InnoDB die physikalische Sortierung der Daten bestimmt.

9.2.6 Non-Clustered Index

Der Non-Clustered Index (nicht-gruppierter Index) hat im Gegensatz zum Clustered Index keinen Einfluss auf die physische Organisation der eigentlichen Datensätze. Er dient dabei nur als zusätzliches Nachschlageverzeichnis, wie das Stichwortverzeichnis in diesem Buch. Sekundärindexstrukturen werden meist als Non-Clustered Index ausgeführt, da die Daten bereits durch den Primärschlüssel und dessen implizit angelegten Index physisch organisiert werden. Ein Beispiel ist der Index auf den Zielflughafen in Tabelle 9.1 in Abschnitt 9.2.1, »Die Grundidee von Indexstrukturen«. Die Flugdatensätze sind dabei nach der Flugnummer physikalisch sortiert. Der Sekundärindex auf die Spalte Zielflughafen bietet somit nur ein Nachschlageverzeichnis, um schneller die Flüge zu einem angegeben Zielflughafen zu finden.

In MyISAM wird auch der Primärindex, der durch den Primärschlüssel implizit definiert wird, als Non-Clusterd Index realisiert. Die eigentlichen Daten in MyISAM sind daher nicht sortiert und werden sequenziell in der Einfügereihenfolge gespeichert. Diese Vorgehensweise erspart die Reorganisierung, die bei einer physischen Sortierung bei Einfügeoperationen durchgeführt werden muss (vgl. zum Beispiel B-Baum). Durch den Wegfall einer Sortierung entfallen jedoch auch die damit verbundenen Vorteile. So können zum Beispiel logisch zusammenhängende Daten auf der Festplatte weit verstreut sein und nicht sequenziell in einem Zuge gelesen werden. Trotzdem ist MyISAM eine sehr schnelle und stabile Storage-Engine, die zwar keine besonderen Funktionen, wie Transaktionen (siehe Abschnitt 5.3) unterstützt, dafür aber das Lesen und Schreiben sehr optimiert und schnell durchführt. Diese Einfachheit und starke Leistungsfähigkeit von MyISAM haben den Erfolg von MySQL mit begründet.

9.2.7 Mehrdimensionale Indexstrukturen – der R-Baum

Für diverse spezielle Anwendungsgebiete werden sehr häufig mehrdimensionale Indexstrukturen benötigt. Diese speziellen Indexstrukturen erkennen eine Nähe über mehrere Dimensionen (meist Spalten bzw. Attribute) und setzen diese auch durch eine physikalische Nähe bei der Speicherung um. Der B-Baum ist eine eindimensionale Indexstruktur und beachtet daher immer nur eine Dimension (meist eine Spalte oder Kombinationen von Spalten). Nehmen Sie an, Sie wollen die Tabelle »flughafen« nach deren GPS-Koordinaten indizieren. Die Koordinaten bestehen aus zwei Spalten, die jeweils Längen- und Breitengrad angeben.

Flughafen	Länge	Breite
MUC	47	11
..	47	12
..	47	13
..	47	14
..	47	15
..	48	11
INN	48	12

Tabelle 9.2 Tabelle »flughafen« sortiert mit Index (Länge, Breite)

Wenn Sie nun einen B-Baum-Index über die Spalten »Länge« und »Breite« anlegen würden, würden die Datensätze nach Länge und anschließend Breite sortiert werden. Sie sehen in Tabelle 9.2, dass der Flughafen MUC (München) durch die Sortierung sehr weit vom Flughafen INN (Innsbruck) entfernt ist. Obwohl diese

Flughäfen nur einen Breitengrad voneinander entfernt sind, liegen sie durch die eindimensionale Sortierung nicht nebeneinander. Auch eine Sortierung nach Breite und Länge hätte dasselbe Ergebnis, da wiederum andere Flughäfen mit nur einem kleinen Unterschied in der Spalte »Länge« durch die primäre Sortierung nach Breite nicht mehr nebeneinanderlägen.

Die Lösung für derartige Anwendungsgebiete stellen multidimensionale Indexstrukturen dar. Eine der bekanntesten, die auch MySQL in der GIS-Erweiterung (siehe Abschnitt 9.2.8) verwendet, sind *R-Bäume*.

R-Bäume sind B-Bäumen sehr ähnlich, teilen sich jedoch in jedem Knoten nicht nur nach einem Attribut, sondern mehrdimensional anhand mehrerer Attribute auf. Jeder Unterknoten stellt daher eine Spezialisierung anhand mehrerer Attribute dar.

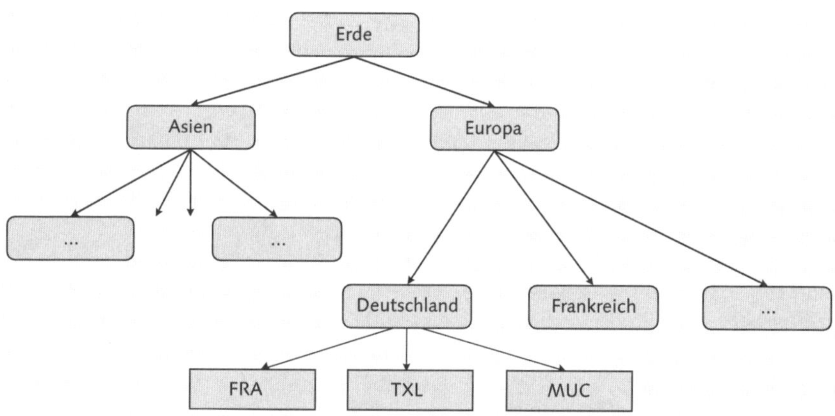

Abbildung 9.4 Geografische Hierarchie, ähnlich dem R-Baum-Index

In Abbildung 9.4 sehen Sie die Aufteilung von einigen Beispielflughäfen in einem vereinfachten R-Baum, der nach den geografischen Koordinaten gruppiert ist. Die Flughäfen befinden sich jeweils in den Blattknoten (Knoten am unteren Ende, die nicht weiter unterteilt werden). Jeder Knoten ist dabei geografisch gesehen im Elternknoten enthalten. Zum Beispiel ist der Flughafen Frankfurt in Deutschland enthalten, das wiederum in Europa enthalten ist. In diesem Beispiel haben wir die geografischen Aufteilungskriterien bei jedem Knoten manuell erstellt.

Natürlich kann ein R-Baum nicht selbstständig Ländergrenzen erraten. Ein R-Baum beachtet nur die harten Fakten, die in dem Fall durch zwei Werte (Längen- und Breitengrad) definiert sind. Anschließend versucht ein R-Baum die Datensätze jeweils in einem Rechteck einzuschließen. Er vergrößert das Rechteck so lange und schließt weitere umliegende Flughäfen (Knoten) mit ein, bis die maximale Füllmenge eines Rechtecks bzw. Knotens überschritten ist.

Die maximale Menge pro Knoten (Rechteck) definiert sich wiederum durch die Größe eines Blocks auf der Festplatte. Beinhaltet ein Knoten/Rechteck zu viele Datensätze, so dass diese nicht mehr auf einem Block abgespeichert werden können, wird der Knoten wie auch beim B-Baum aufgespalten. In diesem Fall wird das Rechteck in zwei kleinere Unterrechtecke aufgeteilt, die als Kinder an den aktuellen Knoten angehängt werden. Zum Beispiel könnte man in Abbildung 9.4 Europa in Mitteleuropa und Osteuropa unterteilen. Neue aufgeteilte Rechtecke können durchaus überlappen. Diverse Algorithmen versuchen dies zu verhindern bzw. die Rechtecke möglichst optimiert aufzuteilen.

In Abbildung 9.5 sehen Sie ein Beispiel eines R-Baums. In diesem Beispiel können Knoten nur maximal drei Elemente bzw. Flughäfen aufnehmen. Aus diesem Grund wurde das Rechteck B1, das vier Flughäfen beinhaltet, erneut in die Unterrechtecke C1 und C2 aufgespalten. Die Rechtecke/Blöcke selbst sind wie bei einem B-Baum in einer Baumstruktur abgespeichert, in dem wiederum optimiert gesucht werden kann.

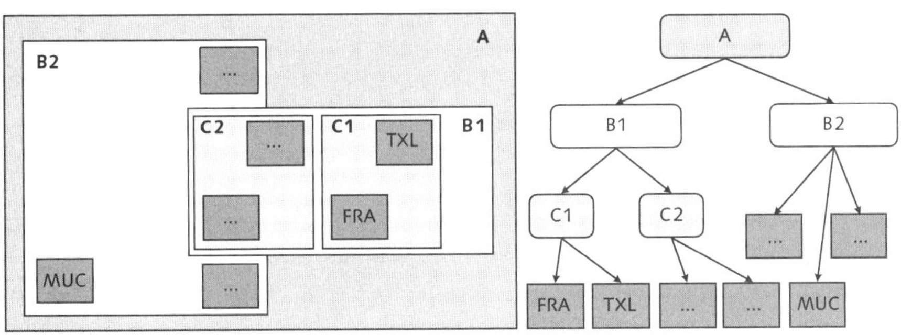

Abbildung 9.5 Beispiel eines R-Baums

Bei der Suche wird ähnlich zum B-Baum vorgegangen. Meist handelt es sich bei dem Suchkriterium ebenfalls um ein Rechteck, wie zum Beispiel in einer Abfrage »Alle Flughäfen im Raum Deutschland«. Die Suchanfrage »Deutschland« wird dann durch ein Rechteck um Deutschland definiert.

Die Suche startet wieder bei der Wurzel, die dem Rechteck entspricht, das alle Datensätze umgibt. Anschließend werden alle Kindknoten, deren Rechteck jeweils kleiner ist als das Rechteck des übergeordneten Mutterknotens, untersucht. Konkret wird überprüft, ob das Rechteck des Knotens mit dem Suchrechteck eine Überschneidung aufweist – daher für die Suche relevant ist. Die passenden Unterknoten werden in jeder Ebene überprüft und bei Bedarf weiter untersucht, bis alle möglichen Fundstellen (passende Knoten) überprüft wurden.

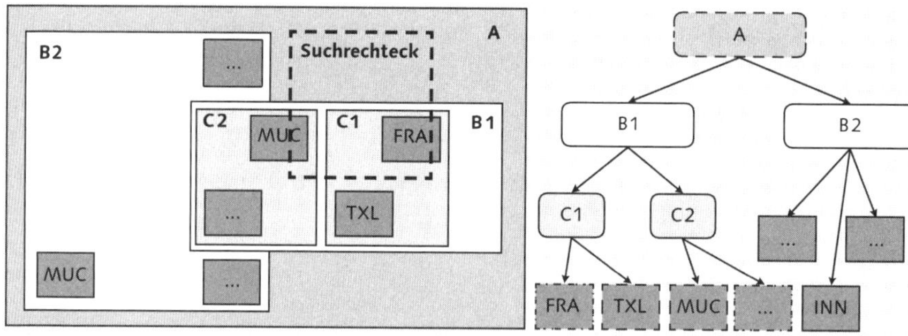

Abbildung 9.6 Suche in einem R-Baum

Betrachten Sie die Abfrage in Abbildung 9.6, bei der nach allen Flughäfen in dem erstellten Suchrechteck gesucht wird. Die durchsuchten Knoten sind im Baum gestrichelt umrandet. Nachdem das Suchrechteck mit dem Wurzelrechteck A schneidet, wird der Knoten A näher untersucht. Von den Kindknoten von A schneidet sich nur das Rechteck B1 mit dem Suchrechteck. Daher werden im nächsten Schritt die Kindknoten C1 und C2 von B1 überprüft, da sich beide Knoten mit dem Suchrechteck überschneiden. Im letzten Schritt werden die Flughäfen selbst in den Blätterknoten überprüft. Alle vier Flughäfen der Knoten C1 und C2 werden überprüft. Die Ergebnismenge enthält jedoch nur die passenden Flughäfen MUC und FRA.

Wie Sie auch im Beispiel erkennen können, können bei einem R-Baum durchaus mehrere Unterknoten durchsucht werden. Bei einem B-Baum wird immer nur genau ein Knoten pro Ebene untersucht. Daher ist der R-Baum auch nicht so schnell wie ein B-Baum, er beschleunigt jedoch die Suche im Gegensatz zu Full-Table-Scans enorm. Auch in diesem Beispiel sehen Sie, dass bereits nur ein Teil des gesamten Baums durchsucht werden muss.

Wie der mehrdimensionale Index in MySQL verwendet wird, finden Sie im folgenden Abschnitt zur GIS-Erweiterung von MySQL.

9.2.8 GIS und raumbezogene Indizes

Nehmen Sie an, Sie wollten auf der Website für die Besucher eine Flugsuche anbieten. Dabei möchten Sie den Besuchern ermöglichen, nach Flughäfen in einem bestimmten Umkreis zu suchen, um auch umliegende Flughäfen in die Suche einzuschließen. Die Lösung solcher Problemstellungen und anderer komplexer, räumlicher Abfragen über eine Datenbank ohne GIS-Unterstützung kann mitunter aufwendig und langsam sein. Die Abkürzung *GIS* steht für Geoinformationssysteme, welche dazu dienen, geografische Daten zu verarbeiten.

MySQL bietet daher seit der Version 4.1 eine *raumbezogene Erweiterung* (engl. *Spatial extension*), die es Ihnen erlaubt, raumbezogene Daten direkt zu speichern und darauf Berechnungen und Abfragen durchzuführen. Die Erweiterung bietet auch zahlreiche äußerst hilfreiche Funktionen, wie zum Beispiel zur Festlegung von Koordinaten eines Punktes oder dem Erzeugen von komplexen Kantenzügen. Zudem ist es möglich, einen speziellen Index auf die raumbezogenen Daten zu legen und so den Zugriff und die Berechnung auf diesen Daten zu beschleunigen.

Die Implementierung von GIS-Funktionalitäten in MySQL beruht auf einer Spezifikation des *Open Geospatial Consortium*[1], die im Wesentlichen festhält, wie ein relationales Datenbanksystem räumliche Daten unterstützen kann. MySQL bietet allerdings nicht den gesamten Umfang dieser Spezifikation, sondern nur eine vereinfachte Form mit dem Titel »OpenGIS Simple Features Specification for SQL«.

Räumliche Datentypen

Im folgenden Abschnitt werden zunächst die Datentypen zur Speicherung von räumlichen Daten beschrieben. MySQL bietet dazu mehrere Klassen an, die alle Unterklassen der Klasse `GEOMETRY` sind. Die verfügbaren Datentypen können Punkte, Linien, Oberflächen (Polygone) oder komplexere Objekte darstellen. Dabei stellen die Datentypen `POINT`, `LINESTRING`, `LINE`, `LINEARRING` und `POLYGON` jeweils ein einzelnes Geometrieobjekt dar. Zusätzlich gibt es noch die Datentypen `MULTIPOINT`, `MULTILINESTRING`, `MULTIPOLYGON` und `GEOMETRYCOLLECTION`, die mehrere Geometrieobjekte zu einem Objekt zusammenfassen.

Für den Anwendungsfall einer Umkreissuche genügt es, die verschiedenen Flughäfen als Punkte zu speichern. Diese Punkte sind durch ihre X- und Y-Koordinaten eindeutig im Koordinatensystem platziert. Daher können Sie die Tabelle, die sämtliche Daten zu den Flughäfen und ihre Position enthält, erzeugen wie in Listing 9.7 gezeigt. Wichtig ist dabei, dass die Spalte »geolokation« vom räumlichen Datentyp `POINT` ist und dieser die Koordinaten des entsprechenden Flughafens enthält. Analog dazu können Sie auch alle anderen räumlichen Datentypen für die Erzeugung von räumlichen Spalten verwenden.

```
mysql> CREATE TABLE flughafen_geo (
    -> flughafen_id INT(11) NOT NULL AUTO_INCREMENT,
    -> stadt VARCHAR (30) DEFAULT NULL,
    -> land VARCHAR(30) DEFAULT NULL,
```

1 *http://www.opengeospatial.org/*

```
-> breite DECIMAL(11,8) DEFAULT NULL,
-> laenge DECIMAL(11,8) DEFAULT NULL,
-> geolokation POINT NOT NULL,
-> INDEX flughafen_idx(flughafen_id)
-> ) ENGINE=MyISAM;
```

Listing 9.7 Erzeugung einer Tabelle mit raumbezogener Spalte

Beachten Sie dabei, dass seit der MySQL-Version 5.0.16 nicht nur MyISAM, sondern auch die Speicher-Engines InnoDB, NDB, BDB und ARCHIVE raumbezogene Spalten unterstützen. Allerdings bietet nur MyISAM die Möglichkeit, auch räumliche Indizes auf den Daten anzulegen. Indizes sind äußerst wichtig für die Performance von Abfragen auf diesen räumlichen Daten. Das ist auch der Grund, warum in diesem Beispiel MyISAM als Speicher-Engine gewählt wurde. Für eine solche Indizierung ist es natürlich notwendig, dass die entsprechende räumliche Spalte `NOT NULL` gesetzt wird, wie Sie in Listing 9.7. erkennen können.

Einfügen von räumlichen Daten

Nach dem Erzeugen einer Tabelle mit raumbezogenen Spalten ist der nächste Schritt das Speichern der Daten in dieser Tabelle. Zur Repräsentation von räumlichen Daten stehen zwei Formate zur Verfügung: *Well-Known Text* (WKT) und *Well-Known Binary* (WKB). Sie müssen also alle räumlichen Objekte in einem dieser beiden Formate angeben, um diese in die Tabelle einfügen zu können.

Das WKT-Format ermöglicht es Ihnen, die Koordinaten eines räumlichen Objekts textuell zu definieren. So können Sie beispielsweise Punkte mittels `POINT( 2 3 )` beschreiben, wobei die beiden Werte in den Klammern die X- und die Y-Koordinate des Punktes darstellen. Eine Linie können Sie durch Angabe der eingeschlossenen Punkte durch `LINESTRING( 0 0, 2 2, 4 0 )` definieren. Das WKB-Format entspricht grundsätzlich dem WKT-Format, nur werden die Koordinaten als Binärwerte abgespeichert.

MySQL bietet zur Erzeugung der Objekte auch eigene Funktionen an. So kann ein Punkt-Objekt einfach mittels `POINT (2, 3)` erzeugt werden. Beachten Sie dabei die unterschiedliche Notation – in der MySQL-Funktion werden die Koordinatenwerte durch ein Komma getrennt, in der WKT-Notation hingegen wird kein Komma verwendet. Analog können Sie mit weiteren Funktionen auch Objekte aller anderen unterstützten raumbezogenen Datentypen erzeugen.

MySQL bietet für die *Erzeugung von Geometrieobjekten* basierend auf den WKT- oder WKB-Formaten alternativ auch die Funktion `GeomFromText()`, die als Parameter einen String jeglichen WKT-Formats eines Geometrieobjekts akzeptiert. So kann ein `POINT`-Objekt beispielsweise mit `GeomFromText('POINT( 2 3 )')` erzeugt werden. Alternativ stehen auch noch für jeden Datentyp eigene Konstruktoren (Funktionen zur Erzeugung eines Objekts des entsprechenden Datentyps) für das WKT- und das WKB-Format zur Verfügung.

Listing 9.8 zeigt das Einfügen der Daten des Flughafens in München. Beachten Sie dabei, dass die Koordinaten die Breiten- und Längengrade des Flughafens sind, wobei diese einmal in den entsprechenden Spalten gespeichert werden und einmal für die Erzeugung eines Punkt-Geometrieobjekts genutzt werden.

```
mysql> INSERT INTO flughafen_geo
    -> (stadt, land, breite, laenge, geolokation)
    -> VALUES ('Munich', 'Germany',
    -> 48.35388900, 11.78611100,
    -> POINT(48.35388900, 11.78611100));
```

Listing 9.8 Einfügen von raumbezogenen Daten

Raumbezogene Indizes

Nach dem Einfügen der Daten oder auch bereits bei der Erzeugung der entsprechenden Tabelle können Sie einen *räumlichen Index* erzeugen. Dies gelingt Ihnen mit dem in Listing 9.9 angeführten Befehl. Darin wird der Tabelle »flughafen_geo« ein Spatial-Index (räumlicher Index) hinzugefügt. Wichtig ist dabei, dass dieser Index auf jene Spalten angewendet wird, die wirklich räumliche Daten enthalten. In diesem Fall ist dies die Spalte »geolokation« (Datentyp `POINT`).

```
mysql> ALTER TABLE flughafen_geo ADD SPATIAL INDEX(geolokation);
```

Listing 9.9 Erzeugung eines räumlichen Indexes

Wie bereits erwähnt, kann nur die MyISAM-Storage-Engine räumliche Daten indizieren. Intern wird bei raumbezogenen Daten ein R-Baum (siehe auch Abschnitt 9.2.7) zum Indizieren der Daten verwendet. Diese besondere Indexstruktur ermöglicht es, dass Daten optimiert auf ihre räumliche, multidimensionale Eigenschaft hin indiziert werden können. Bei allen anderen Speicher-Engines wird ein B-Baum erzeugt.

Abfrage raumbezogener Daten

Sie haben nun alle benötigten Daten für die Umkreissuche eingefügt und können diese in weiterer Folge abfragen. Die einfachste Art, raumbezogene Daten abzufragen, ist mit der Funktion `ASTEXT()`. Diese gibt die WKT-Darstellung der Geometrieobjekte in der Ergebnismenge der Abfrage zurück, wie Listing 9.10 zeigt:

```
mysql> SELECT stadt, ASTEXT(geolokation)
    -> FROM flughafen_geo
    -> WHERE stadt = 'MUNICH';
+--------+---------------------------+
| stadt  | ASTEXT(geolokation)       |
+--------+---------------------------+
| MUNICH | POINT(48.353889 11.786111) |
+--------+---------------------------+
```

Listing 9.10 Abfrage von räumlichen Daten

Räumliche Daten bieten neben der Abfrage der Objekte allerdings noch viele weitere Möglichkeiten. Damit Sie dieses Potenzial voll ausschöpfen können, bietet MySQL eine große Anzahl an Funktionen. Mithilfe dieser Funktionen können Sie beispielsweise Eigenschaften der Objekte abfragen, die Länge von Linien berechnen, neue Objekte generieren oder Werte zwischen den verschiedenen Formaten konvertieren.

Wie bereits beschrieben, implementiert MySQL nicht den gesamten Umfang der OpenGIS-Spezifikation. Daher ist beispielsweise die wichtige Funktion `Distance()`, welche die Distanz zweier beliebiger Objekte berechnen soll, noch nicht enthalten. Diese Funktion wäre für die Implementierung der Umkreissuche natürlich äußerst komfortabel. Um dennoch den gewünschten Service zur Verfügung stellen zu können, sehen Sie im folgenden Beispiel, wie Sie die Umkreissuche trotzdem realisieren können. Die grundlegende Vorgehensweise für die Umkreissuche umfasst folgende Punkte:

- Festlegung der Koordinaten jenes Flughafens, dessen Umkreis durchsucht werden soll
- Aufspannen eines Quadrats um den Flughafen, welches alle Flughäfen im vorgegebenen Umkreis enthält
- Bestimmung aller Flughäfen, die in diesem »Suchquadrat« enthalten sind
- Verfeinerung des Ergebnisses

Diese vier Schritte werden im nachfolgenden Abschnitt näher beschrieben.

Für die Realisierung der Umkreissuche ist es zunächst notwendig, einige Variablen festzulegen. Die Verwendung dieser Variablen vereinfacht die weitere Handhabung der Abfrage. Um alle Flughäfen berechnen zu können, die sich innerhalb eines bestimmten Umkreises eines bestimmten Flughafens befinden, müssen zunächst die Koordinaten dieses Flughafens festgehalten werden. In diesem konkreten Beispiel soll der Umkreis des Flughafens Innsbruck durchsucht werden.

Dies sehen Sie in Listing 9.11, dort werden die Länge (`@ibk_laenge`) und die Breite (`@ibk_breite`) des Flughafens festgehalten:

```
mysql> SET @ibk_laenge = 11.343889;
mysql> SET @ibk_breite = 47.26027800;
mysql> SET @umkreis = 200;
```

Listing 9.11 Definition der benötigten Variablen

Zudem ist es notwendig, den zu durchsuchenden Umkreis festzulegen. Dies geschieht mit der Variablen `@umkreis`. In diesem Beispiel sollen alle Flughäfen in einem Umkreis von 200 km gefunden werden. Dieser Umkreis sollte natürlich von Benutzer in Kilometern angegeben werden können. Die Koordinaten, die in der Tabelle »flughafen_geo« gespeichert sind, sind allerdings in Grad Länge und Breite angegeben. Dies macht es notwendig, eine Umrechnung zwischen Kilometerangaben und den Gradangaben in der Datenbank durchzuführen. Grundsätzlich ist dies kein Problem, da ein Grad Breite stets 111 km entspricht. Der zentrale Flughafen befindet sich an `@ibk_breite`. Demzufolge kann das Suchquadrat nördlich und südlich von diesem Punkt aufgespannt werden. Dazu werden die äußersten Breitengrade des Quadrats berechnet, indem der zu durchsuchende Umkreis zunächst in Grade Breite umgerechnet wird und dann zu den Breitenangaben des zentralen Flughafens addiert bzw. subtrahiert wird, wie Sie in Listing 9.12 sehen können:

```
mysql> SET @breite_nord = @ibk_breite + (@umkreis / 111);
mysql> SET @breite_sued = @ibk_breite - (@umkreis / 111);
```

Listing 9.12 Berechnung der Breitengrade des Suchquadrats

Allerdings trifft diese Vorgehensweise nicht auf die Längenangaben zu, da die Längengrade je nach Lage (ob am Äquator bzw. näher an einem der Pole) verschieden weit auseinanderliegen und an den Polen gänzlich zusammentreffen. Der Abstand zweier Längengrade ist also auch vom entsprechenden Breitengrad abhängig. So entspricht ein Grad Länge am Äquator 111 km, in Deutschland beträgt ein Grad Länge nur mehr zwischen 64 und 76 km. Sie können die Grade östlicher und westlicher Länge des Suchquadrats durch die in Listing 9.13 angeführte Formel berechnen:

```
mysql> SET @laenge_west = @ibk_laenge -
    -> @umkreis / ABS(COS(RADIANS(@ibk_breite)) * 111);
mysql> SET @laenge_ost = @ibk_laenge +
    -> @umkreis / ABS (COS (RADIANS (@ibk_breite)) * 111);
```

Listing 9.13 Berechnung der Längengrade des Suchquadrats

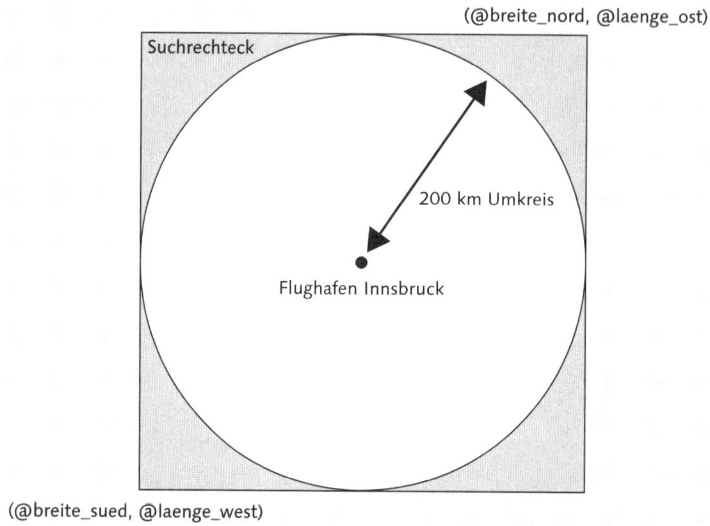

Abbildung 9.7 Schematische Darstellung der Umkreissuche

Nun haben Sie die Koordinaten der Eckpunkte des Suchquadrats berechnet. Der nächste Schritt ist das Definieren dieses Quadrats. Das Quadrat kann durch zwei Eckpunkte (linke untere und rechte obere Ecke) beschrieben werden, wie Abbildung 9.7 zeigt. Daher zeigt Listing 9.14, wie ein Multipoint-Objekt aus diesen Eckpunkten erzeugt wird. Grundsätzlich fasst ein Multipoint-Objekt stets mehrere Punkte zusammen. Die Koordinaten der Punkte ergeben sich aus der Kombination der Koordinaten `@breite_sued` und `@laenge_west` (linke untere Ecke) bzw. `@breite_nord` und `@laenge_ost` (rechte obere Ecke). Da diese Werte in Variablen gespeichert sind, müssen Sie das Objekt etwas umständlich durch das Konkatenieren (Aneinanderreihen) des eigentlichen Befehls und der Variablen erzeugen.

```
mysql> SET @mp = CONCAT('MULTIPOINT(', @breite_sued , ' ',
    -> @laenge_west, ', ', @breite_nord, ' ', @laenge_ost,
    -> ')');
```

Listing 9.14 Festlegung der Eckpunkte des Suchquadrats

Nach der Festlegung dieses Multipoint-Objekts ist allerdings noch kein Quadrat aufgespannt, sondern Sie haben nur die Eckpunkte definiert. Daher müssen Sie noch die `ENVELOPE`-Funktion darauf anwenden, die das kleinste umspannende Quadrat für das Multipoint-Objekt erzeugt (siehe Listing 9.15):

```
mysql> SET @quadrat = ENVELOPE(GEOMFROMTEXT(@mp));
```

Listing 9.15 Erzeugung des Suchquadrats

Nun haben Sie das Suchquadrat erzeugt, das in weiterer Folge für die eigentliche Suche verwendet werden kann. Diese wird über die Funktion `MBRContains` durchgeführt. Diese Funktion verwendet den R-Baum (siehe Abschnitt 9.2.7) als Index, um sehr effizient zu überprüfen, welche Flughäfen in diesem Suchquadrat enthalten sind. Die Abfrage in Listing 9.16 berechnet alle entsprechenden Flughäfen samt deren Breiten- und Längengrad:

```
mysql> SELECT stadt, X(geolokation), Y(geolokation)
    -> FROM flughafen_geo
    -> WHERE MBRCONTAINS(@quadrat, geolokation);
```

Listing 9.16 Abfrage der im Suchquadrat gelegenen Flughäfen

Sie sind der Lösung der Umkreissuche nun schon sehr nahe. Allerdings fehlt noch ein kleines Detail – die bisher definierte Suche basiert auf einem Quadrat und nicht auf einem Kreis, der um den Flughafen aufgespannt wird. Dies ist in Abbildung 9.7 nochmals genau illustriert. Die grauen Randbereiche werden durch das Quadrat abgedeckt, sollten aber nicht im Suchresultat enthalten sein, da diese Flughäfen außerhalb des definierten Umkreises liegen. Das bedeutet, dass Sie die Suche nochmals etwas verfeinern müssen. Diese Verfeinerung ist einfach die Einschränkung des Abstandes zum Ursprungsflughafen. Dieser Abstand soll natürlich kleiner als der definierte Umkreis sein und wird nach dem Satz des Pythagoras berechnet, wie Listing 9.17 zeigt. So werden die Randbereiche in den Ecken vom Ergebnis der Suche ausgeschlossen. Die Funktion `SQRT` berechnet dabei die Quadratwurzel des angegebenen Wertes, die Funktion `POW` gibt den angegebenen Wert zum Quadrat zurück. Die berechneten Distanzwerte werden dann mithilfe der Funktion `FLOOR` noch zu einer Ganzzahl abgerundet.

```
mysql> SELECT (FLOOR(SQRT(POW(@ibk_laenge - sub.breite, 2) +
    -> POW(@ibk_breite - sub.laenge, 2)) * 111)) AS distanz,
    -> sub.stadt, sub.laenge, sub.breite
    -> FROM
    -> (SELECT stadt, X(geolokation) AS laenge, Y(geolokation)
    -> AS breite
    -> FROM flughafen_geo
    -> WHERE MBRCONTAINS(@quadrat, geolokation)
    -> ) AS sub
    -> HAVING distanz <= @umkreis
    -> ORDER BY distanz;
```

Listing 9.17 Fertiggestellte Abfrage zur Umkreissuche

```
+---------+-----------------------+-----------+-----------+
| distanz | stadt                 | x         | y         |
+---------+-----------------------+-----------+-----------+
|       0 | INNSBRUCK             | 11.343889 | 47.260278 |
|      75 | REUTTE                |   10.6925 | 47.470833 |
|      82 | ALTENSTADT            | 10.871111 | 47.835556 |
|      88 | BOLZANO               | 11.326389 | 46.460833 |
|      91 | OBERPFAFFENHOFEN      | 11.283056 | 48.081389 |
...
|     198 | ERBACH                |  9.916667 | 48.341944 |
|     199 | ST GALLEN             |  9.561944 |    47.485 |
|     199 | BIBERACH AN DER RISS  |  9.762778 | 48.111111 |
|     199 | TREUCHTLINGEN-BUBENHEIM | 10.884722 | 48.996111 |
+---------+-----------------------+-----------+-----------+
```

Listing 9.18 Ergebnis der Umkreissuche (Ausschnitt)

Listing 9.19 enthält nochmals den gesamten Code zur Berechnung einer Umkreissuche. Wichtig ist noch anzumerken, dass dieser Code am einfachsten zu handhaben ist, wenn dafür ein gespeichertes Programm erzeugt wird. Diese werden Sie in Kapitel 11 noch näher kennenlernen.

```
SET @ibk_laenge = 11.343889;
SET @ibk_breite = 47.26027800;
SET @umkreis = 200;
SET @breite_nord = @ibk_breite + (@umkreis / 111);
SET @breite_sued  = @ibk_breite - (@umkreis / 111);
SET @laenge_west = @ibk_laenge -
   @umkreis / ABS(COS(RADIANS(@ibk_breite)) * 111);
SET @laenge_ost = @ibk_laenge +
   @umkreis / ABS (COS (RADIANS (@ibk_breite)) * 111);
SET @mp = CONCAT('MULTIPOINT(', @breite_sued , ' ',
   @laenge_west, ', ', @breite_nord, ' ', @laenge_ost,
   ')');
SET @quadrat = ENVELOPE(GEOMFROMTEXT(@mp));
SELECT (FLOOR(SQRT(POW(@ibk_laenge - sub.breite, 2) +
   POW(@ibk_breite - sub.laenge, 2)) * 111)) AS distanz,
   sub.stadt, sub.laenge, sub.breite
   FROM
   (SELECT stadt, X(geolokation) AS laenge, Y(geolokation)
    AS breite
   FROM flughafen_geo
   WHERE MBRCONTAINS(@quadrat, geolokation)
   ) AS sub
```

```
HAVING distanz <= @umkreis
ORDER BY distanz;
```

Listing 9.19 Vollständiges Beispiel zur Umkreissuche

Beachten Sie, dass dies nur eine von vielen Herangehensweisen zur Berechnung einer Umkreissuche ist. Alternative Lösungsansätze könnten die Verwendung der Haversinschen Formel oder von Winkelfunktionen sein.

9.2.9 Volltextindex

Oftmals ist es notwendig, eine Datenbank effizient nach Zeichenketten – sogenannten Strings – durchsuchen zu können. Nehmen Sie an, auf der Webseite des Flughafens sollen Beschreibungen der zu den verschiedenen Fluglinien gehörenden Flugzeuge angeführt werden. Diese Beschreibungen sind mitunter sehr umfangreich und sollten daher einfach durchsuchbar sein, damit die Besucher der Webseite schnell auf die gewünschte Informationen stoßen können. Zur Realisierung einer solchen Funktionalität müssen die Informationen (Bezeichnung und Beschreibung der Flugzeuge) in der Datenbank abgespeichert werden.

Grundsätzlich wäre es möglich, Texte mit dem Operator `LIKE` oder durch reguläre Ausdrücke (`REGEXP`) zu durchsuchen. Allerdings müssen bei einer solchen Suche stets alle Datensätze durchsucht werden. Gerade bei Webseiten, die lange Texte enthalten und bei denen somit eine große Menge von Daten durchsucht werden muss, ist dies äußerst ineffizient. Die Speicher-Engine MyISAM stellt daher eine spezielle Indexstruktur für *Volltextsuche* zur Verfügung: `FULLTEXT`. Diese ermöglicht es, Tabellen effizient nach Strings zu durchsuchen. Bei der Erzeugung eines solchen Volltextindexes legen Sie fest, welche Spalten die *Textsammlung* bilden. Diese Textsammlung ist dann in weiterer Folge jener Datenstamm, der mittels Volltextsuche durchsuchbar ist. Dabei werden Spalten der Datentypen `CHAR`, `VARCHAR` und `TEXT` als Teil der Textsammlung unterstützt. Der Index enthält alle Wörter der Textsammlung, wobei zu jedem Wort zusätzlich im Index gespeichert wird, wie oft das jeweilige Wort im Text auftritt. Zudem wird jedem Wort eine Gewichtung zugewiesen, die festlegt, wie »wichtig« dieses Wort in Relation zum gesamten Text ist.

Erstellung

Listing 9.20 zeigt die Erzeugung einer Tabelle, die die Bezeichnung und die Beschreibung aller Flugzeuge enthält. Auf diese beiden Spalten wird bereits bei der Erzeugung ein Volltextindex gelegt. Beachten Sie dabei, dass es bei großen Tabellen oftmals effizienter ist, zunächst die Tabelle ohne Index zu erzeugen, alle Datensätze einzufügen und erst danach den Index zu erzeugen.

```
mysql> CREATE TABLE flugzeug_typ(
    -> typ_id INTEGER NOT NULL AUTO_INCREMENT,
    -> bezeichnung VARCHAR(50),
    -> beschreibung TEXT,
    -> PRIMARY KEY(typ_id),
    -> FULLTEXT(bezeichnung, beschreibung)
    ->) ENGINE = MyISAM;
```

Listing 9.20 Erzeugung einer MyISAM-Tabelle mit Volltextindex

Diese eben erstellte Tabelle wird im nächsten Schritt mit den entsprechenden Informationen gefüllt. Tabelle 9.3 zeigt einen Ausschnitt der fertig gefüllten Tabelle.

Id	Titel	Inhalt
11	Airbus A380	... Der Airbus A380 (umgangssprachlich auch »Superjumbo« als Steigerung von Jumbo-Jet, Airbus-interner Projektname »Megaliner«) ist ein vierstrahliges Großraumflugzeug des europäischen Flugzeugherstellers Airbus S. A. S. mit zwei durchgängigen Passagierdecks. Der Tiefdecker ist das größte zivile Verkehrsflugzeug, das bisher in Serienfertigung produziert wurde. ...
43	Boeing 747	... Die Boeing 747 (umgangssprachlich auch »Jumbo-Jet« in Anlehnung an den legendären Elefanten »Jumbo«) ist ein vierstrahliges Großraumflugzeug des US-amerikanischen Flugzeugherstellers Boeing, das zur Zeit seiner Entwicklung in den 1960er Jahren das mit Abstand größte Passagierflugzeug der Welt war. ...

Tabelle 9.3 Auszug aus der Tabelle für die Volltextsuche

Natürlichsprachliche Abfrage

Suchanfragen auf einen Volltextindex können Sie mit einem `SELECT`-Statement realisieren, wobei in der `WHERE`-Klausel der Befehl `MATCH() ... AGAINST()` zum Einsatz kommt. Damit legen Sie fest, auf welchen Spalten in der Textsammlung gesucht werden soll (Match) und nach welchem Suchbegriff gesucht werden soll (Against). Beachten Sie dabei, dass die Suche über einen Volltextindex stets unabhängig von Groß- und Kleinschreibung durchgeführt wird.

```
mysql> SELECT *
    -> FROM flugzeug_typ
    -> WHERE MATCH(bezeichnung, beschreibung)
    -> AGAINST('747-400')\G
*************************** 118. row ***************************
```

```
      typ_id: 1526
 bezeichnung: Boeing 747
beschreibung: Die Boeing 747 (umgangssprachlich auch "Jumbo-Jet" in
Anlehnung an den legendären Elefanten "Jumbo") ist ein
vierstrahliges Großraumflugzeug des US-amerikanischen
Flugzeugherstellers Boeing, das zur Zeit seiner Entwicklung in den
1960er Jahren das mit Abstand größte Passagierflugzeug der Welt war.
```

Listing 9.21 Natürlichsprachliche Abfrage eines Volltextindexes (Auszug)

Die in Listing 9.21 angeführte Abfrage durchsucht die Spalten »bezeichnung« und »beschreibung« im Volltextindex nach »747-400«, einer Typenbezeichnung eines Jumbojets. Diese Abfrage liefert alle Dokumente aus dem Index zurück, die den Suchbegriff entweder in der Spalte mit der Bezeichnung oder in der Spalte mit der Beschreibung beinhalten. Dabei wird standardmäßig die *natürlichsprachliche Suche* angewendet, die in der Textsammlung nach den angegebenen Suchbegriffen sucht. Diese natürlichsprachliche Suche kann – beispielsweise für die oben angeführte Abfrage – auch mit der in Listing 9.22 angeführten Abfrage explizit aufgerufen werden:

```
mysql> SELECT *
    -> FROM flugzeug_typ
    -> WHERE MATCH(bezeichnung, beschreibung)
    -> AGAINST ('747-400' IN NATURAL LANGUAGE MODE);
```

Listing 9.22 Natürlichsprachliche Suche

Die Ergebnisse einer solchen Suche werden stets nach einem Relevanzwert sortiert, der ein Maß für die Ähnlichkeit der Suchabfrage mit den Datensätzen darstellt. Diese Werte werden durch eine komplexe Formel berechnet. Dabei werden beispielsweise Wörter, die nur selten im Text vorkommen, stärker gewichtet. Wörter, die aus einem kurzen Text stammen, werden ebenfalls höher gewichtet. Bei der natürlichsprachlichen Suche wird die Relevanz für jedes Dokument in Bezug auf die aktuelle Abfrage bestimmt. Diese Relevanzwerte können Sie auch explizit abrufen, indem Sie die Klausel `MATCH AGAINST` im `SELECT`-Teil der Abfrage angeben. Eine solche Abfrage sehen Sie in Listing 9.23:

```
mysql> SELECT typ_id, bezeichnung,
    -> MATCH(bezeichnung, beschreibung)
    -> AGAINST('Airbus') as relevance
    -> FROM flugzeug_typ
    -> HAVING relevance > 0
    -> ORDER BY relevance DESC;
```

```
+--------+--------------------+--------------------+
| typ_id | bezeichnung        | relevance          |
+--------+--------------------+--------------------+
|   1435 | Airbus A30X        |  3.041381359100342 |
|    331 | Antonow An         | 1.6898870468139648 |
...
```

Listing 9.23 Relevanzwerte der indizierten Dokumente für eine Suchabfrage (Auszug)

Boolesche Abfrage

Neben der natürlichsprachlichen Suche ist es auch möglich, eine *boolesche Volltextsuche* auf der Textsammlung durchzuführen. Eine boolesche Volltextsuche unterscheidet sich von der natürlichsprachlichen Suche durch die Möglichkeit, die gesuchten Wörter mit speziellen Operatoren zu versehen. Dies ermöglicht es Ihnen, mehr Einfluss auf die Abfrage zu nehmen.

Eine boolesche Suche können Sie in MySQL mit der Option `IN BOOLEAN MODE` durchführen. So können Sie zum Beispiel erzwingen, dass ein bestimmtes Wort im gesuchten Dokument *nicht* auftreten darf oder ein bestimmtes Wort im gesuchten Dokument unbedingt auftreten *muss*. Auch ist es möglich, selbst die Wichtigkeit der einzelnen Suchbegriffe zu bestimmen. Listing 9.24 zeigt ein solches Beispiel, das nach allen Dokumenten sucht, die das Wort »Flugzeug« enthalten, aber das Wort »Airbus« nicht enthalten dürfen. Eine genaue Erklärung zu den in der Abfrage verwendeten Operatoren finden Sie in Tabelle 9.4.

```
mysql> SELECT bezeichnung
    -> FROM flugzeug_typ
    -> WHERE MATCH(bezeichnung, beschreibung)
    -> AGAINST('+Flugzeug -Airbus' IN BOOLEAN MODE);
+-----------------+
| bezeichnung     |
+-----------------+
| Flugboot        |
| Dornier Do X    |
| Bristol Brabazon |
...
```

Listing 9.24 Boolesche Volltextsuche (Auszug)

Tabelle 9.4 listet jene Operatoren auf, mit denen Sie die Wörter einer booleschen Suchabfrage versehen können.

Operator	Bedeutung
+	Ein mit + versehenes Wort muss in den gefundenen Datensätzen enthalten sein. Ein Beispiel dafür ist in Listing 9.24 angeführt.
-	Ein mit - versehenes Wort darf in den gefundenen Datensätzen nicht enthalten sein. Ein Beispiel dafür ist in Listing 9.24 angeführt.
*	Dieser Operator wird stets an das Ende eines Suchbegriffs angehängt. Damit werden alle jene Wörter gefunden, die mit dem angeführten Suchbegriff beginnen. So werden durch `'Flug*'` beispielsweise die Wörter Flughafen, Flugzeug etc. gefunden.
~	Die Tilde verringert die Wichtigkeit (Relevanz) des darauffolgenden Wortes innerhalb der Suchabfrage. `'~Flugzeug Tragfläche'` sucht so beispielsweise nach beiden Wörtern, wobei alle Datensätze, die das Wort »Flugzeug« enthalten, einen geringeren Relevanzwert erhalten.
''	Bei einer Gruppe von Wörtern, die mit doppelten Anführungszeichen umgeben ist, wird nach exakt dieser Zeichenfolge gesucht. So kann z. B. mit ''Airbus A380'' nach exakt dieser Zeichenfolge gesucht werden.
`> <`	Mit diesen beiden Operatoren können Sie die Wichtigkeit von Wörtern erhöhen bzw. verringern. Beispielsweise legt `'>Turbine <Tragfläche'` fest, dass das Wort »Turbine« in dieser Suchabfrage wichtiger ist als das Wort »Tragfläche«.
	Wird kein Operator für ein Wort angegeben, so wird dieses als optional angesehen. Das Wort muss also nicht zwingend im resultierenden Datensatz enthalten sein. Ist das Wort jedoch im resultierenden Datensatz enthalten, wird dieser Datensatz höher gelistet.
( )	Klammern dienen zur Gruppierung von Wörtern und können auch verschachtelt werden. Damit können komplexe Abfragen definiert werden, wie beispielweise `'-Boeing +(>Airbus <Cessna)'`. Diese Abfrage sucht alle Dokumente, in denen das Wort Boeing nicht vorkommt. Hingegen müssen die Wörter Airbus und Cessna vorkommen, und Airbus wird höher gewichtet als Cessna.

Tabelle 9.4 Beschreibung der booleschen Suchoperatoren

Bei natürlichsprachlicher Suche werden die Suchwörter automatisch mit einem logischen Oder-Operator verknüpft. Das hat zur Folge, dass alle Zeilen, die mindestens eines der gesuchten Wörter enthalten, in den Ergebnissen der Suche erscheinen.

Stoppwörter und Wortlänge

Bei der Erzeugung des Indizes werden sogenannte »*Stoppwörter*« ignoriert. Stoppwörter sind Wörter, die so oft auftreten, dass sie keinen Einfluss auf das

Suchergebnis nehmen. Dazu gehören Artikel (der, die, das etc.), Präpositionen (aus, in, seit, mit etc.) und andere sehr oft auftretende Wörter (ist, wird, hat etc.). Der MyISAM-Volltextindex bietet allerdings nur eine englische Stoppwörter-Liste an, eine solche ist für die deutsche Sprache nicht verfügbar. Falls Sie also eine Suche über deutsche Dokumente realisieren wollen, müssen Sie die Stoppwörter-Liste selbst zusammenstellen bzw. eine entsprechende Liste im Internet suchen und downloaden.[2] Einige Listen sind frei im Internet verfügbar.

Falls Sie eine individuelle Stoppwörter-Liste erzeugen wollen, schreiben Sie alle Stoppwörter in eine Datei. Das Format dieser Datei ist nicht vorgegeben, Sie können also die einzelnen Wörter entweder durch Leerzeichen, Kommata, Zeilenschaltungen oder andere beliebige Zeichen trennen. Diese Datei können Sie dann dem Volltextindex über die Systemvariable `ft_stopword_file` zuweisen. Diese Variable kann allerdings nicht dynamisch geändert werden, und Sie müssen sie daher in der Konfigurationsdatei *my.cnf* festlegen. Achten Sie dabei auf die korrekte Angabe des Pfades zu dieser Datei. Bei der erstmaligen Überprüfung dieser Variable werden Sie feststellen, dass der Wert der Variablen `(built-in)` ist, da die englischen Stoppwörter direkt im MySQL-Code angeführt sind.

Beachten Sie beim Einbinden Ihrer Liste unbedingt, dass der Volltextindex nach der Änderung der Liste neu erzeugt werden muss. Dies können Sie mithilfe des Befehls in Listing 9.25 bewerkstelligen:

```
mysql> REPAIR TABLE flugzeug_typ QUICK;
```

Listing 9.25 REPAIR-Befehl zum nochmaligen Erzeugen des Volltextindexes

Bei natürlichsprachlicher Suche werden neben den Stoppwörtern auch all jene Wörter bei der Suche ignoriert, die in mehr als 50 % der Zeilen im Index vorkommen.

Zusätzlich beschränkt MyISAM aus Effizienzgründen die Länge der Wörter, die dem `FULLTEXT`-Index hinzugefügt werden. In der Standardeinstellung werden alle Wörter, die kürzer als vier Zeichen sind, nicht dem Index hinzugefügt. Bei der Volltextsuche auf der Webseite ist es mit natürlichsprachlicher Suche in der Standardeinstellung also beispielsweise nicht möglich, das Wort »Jet« zu finden. Diese minimale bzw. maximale Länge der indizierten Wörter können Sie mit der Systemvariablen `ft_min_word_len` bzw. `ft_max_word_len` festlegen.

2 Beispielsweise unter *http://www.webseiten.leicht.info/stopwords-deutsch.txt* oder *http://solariz.de/649/deutsche-stopwords.htm.*

Diese Einstellungen beeinflussen natürlich auch die Größe des Indexes. Falls Sie beispielsweise die minimale Wortlänge erhöhen, werden weniger Wörter indiziert und der Index wird kleiner und dadurch schneller durchsuchbar. Allerdings können dadurch auch weniger Suchanfragen beantwortet werden und die Qualität der Suchergebnisse leidet unter dieser Änderung.

Die aktuellen Einstellungen können Sie, wie in Listing 9.26 angeführt, abfragen. Dadurch sehen Sie alle Systemvariablen, die mit der Volltextsuche in Verbindung stehen. Dabei beinhaltet die Variable `ft_boolean_syntax` alle Operatoren, die bei der Booleschen Suche unterstützt werden. Die Variable `ft_query_expansion_limit` bestimmt, wie viele Ergebnisse des ersten Suchdurchgangs für die Abfrageerweiterung verwendet werden.

```
mysql> SHOW VARIABLES LIKE 'ft%';
+--------------------------+----------------+
| Variable_name            | Value          |
+--------------------------+----------------+
| ft_boolean_syntax        | + -><()~*:""&| |
| ft_max_word_len          | 84             |
| ft_min_word_len          | 1              |
| ft_query_expansion_limit | 20             |
| ft_stopword_file         | (built-in)     |
+--------------------------+----------------+
```

Listing 9.26 Abfrage der Einstellungen zu Volltextindizes

Beachten Sie, dass Sie auch nach der Änderung der Werte für die Wortlängen den Index neu erzeugen müssen, damit diese Änderungen auch für Suchabfragen wirksam werden. Dazu können Sie den Befehl aus Listing 9.25 verwenden.

Abfrageerweiterung

Ein sehr wichtiges und nützliches Features des MyISAM-Volltextindex ist die *Abfrageerweiterung*. Diese bezeichnet eine Technik zur Verbesserung von Suchergebnissen und wird vor allem bei wenig aussagekräftigen Suchbegriffen eingesetzt. Dabei wird die Suche nach einem Suchbegriff zweimal ausgeführt: beim ersten Durchlauf wird die Suchabfrage des Benutzers verwendet. Aus den Ergebnissen zu dieser Suchabfrage werden die relevantesten Wörter entnommen und dienen gemeinsam mit der ursprünglichen Suchabfrage als Suchbegriff für die zweite Abfrage.

Diese Technik ermöglicht den Benutzern, auch Informationen zu finden, die nicht direkt mit dem Suchbegriff in Verbindung stehen. Betrachten Sie folgendes

Beispiel. In der in Listing 9.27 angeführten Abfrage wird nach dem Term »A380« gesucht. Die Ausführung dieser Abfrage bringt sieben Dokumente zurück, die alle den Ausdruck »A380« enthalten.

```
mysql> SELECT *
    -> FROM flugzeug_typ
    -> WHERE MATCH(bezeichnung, beschreibung)
    -> AGAINST('A380');
```

Listing 9.27 Natürlichsprachliche Abfrage

Wird die Abfrage allerdings, wie in Listing 9.28 gezeigt, mit einer Abfrageerweiterung durchgeführt, werden plötzlich alle in der Tabelle vorhandenen Flugzeuge zurückgeliefert. Dies lässt sich darauf zurückführen, dass MySQL die ursprüngliche Abfrage »blind« erweitert. In der Standardeinstellung werden die Texte (Beschreibungen) der 20 relevantesten Suchresultate der ersten Abfrage verwendet, um damit die zweite Abfrage zu erweitern. Selbstverständlich beinhalten diese 20 Suchresultate beispielsweise sehr oft das Wort »Flugzeug«. Dies führt dann in weiterer Folge dazu, dass das Suchresultat der Abfrage mit Abfrageerweiterung alle im System vorhandenen Flugzeuge beinhaltet. Eine solche Erweiterung führt also zu sehr vielen – mitunter unpassenden – Treffern.

```
mysql> SELECT *
    -> FROM flugzeug_typ
    -> WHERE MATCH(bezeichnung, beschreibung)
    -> AGAINST('A380' WITH QUERY EXPANSION)\G
```

Listing 9.28 Natürlichsprachliche Abfrage mit Abfrageerweiterung

Eine Möglichkeit, dieses ungewollte Verhalten etwas zu vermeiden ist, die Servervariable `ft_query_expansion_limit`, die festlegt, wie viele Resultate der ersten Abfrage zur Erweiterung der zweiten Abfrage verwendet werden, zu verändern. Allerdings muss dies nicht zwingend von Erfolg gekrönt sein. In dem Beispiel mit den Flugzeugbeschreibungen führt das Setzen dieser Variable auf den Wert `5` ebenfalls dazu, dass bei einer Abfrageerweiterung weiterhin alle Flugzeuge zurückgegeben werden.

Wie Sie sehen, ist diese blinde Abfrageerweiterung nur beschränkt nützlich und auch stark von den zu durchsuchenden Daten abhängig. In diesem Fall sind die Datensätze alle sehr ähnlich, fast alle Beschreibungen enthalten das Wort »Flugzeug« oder ähnliche Wörter. Daher ist eine Abfrageerweiterung wenig sinnvoll, da diese zu viele unnütze Resultate zurückbringt.

Probleme und Einschränkungen bei Volltextsuche

Die Volltextsuche mit einem FULLTEXT-Index bringt folgende Probleme und Einschränkungen mit sich:

- Bei der Suche über einen Volltextindex ist nicht ersichtlich, in welcher Spalte der Textsammlung der Suchbegriff wirklich gefunden wurde. Falls Sie dies feststellen wollen, müssen Sie mehrere Indizes über einzelne Spalten anlegen.
- Eine Volltextsuche über mehrere Tabellen ist nicht direkt lösbar, da die Indizes nicht verbunden werden können. Sie können dies umgehen, indem Sie die Ergebnisse einzelner Suchen auf den einzelnen Tabellen in einem nächsten Schritt mit dem UNION-Operator kombinieren.
- Ein Volltextindex kann sehr groß werden. Die Änderung von Daten in einer Tabelle, die mit einem Volltextindex belegt ist, kann daher sehr teuer sein. Falls der Index nicht in den Arbeitsspeicher passt, werden Abfragen zudem extrem verlangsamt.
- Ein Volltextindex nimmt nicht auf sprachliche Feinheiten Rücksicht. Die Suchergebnisse einer Suche nach »Jets« enthält keine Dokumente, die »Jet« enthalten.
- Mit natürlichsprachlicher Suche kann nur nach ganzen Wörtern gesucht werden.
- Die Ergebnisse einer Volltextsuche sind nur nach der Relevanz sortierbar. Eine Sortierung nach einem anderen Attribut resultiert in einen Full-Table-Scan.

9.2.10 Die großen Nachteile des Indexes

Wie in den letzten Kapiteln beschrieben, können Indexstrukturen zur schnellen Suche und Lokalisierung von Daten auf der Festplatte genutzt werden. Zusätzlich kann der Index die Daten physisch sortieren, wodurch Abfragen noch schneller abgearbeitet werden können. Leider haben Indizes auch Nachteile, die genau in die Gegenrichtung arbeiten und ein Datenbanksystem auch in die Knie zwingen können.

Da Indexstrukturen neue Datenstrukturen aufbauen, werden viele Daten kopiert und liegen daher redundant vor. Bei vielen Indizes und bei großen Tabellen kann der zusätzliche Platzbedarf von Indizes beträchtlich sein und sollte nicht unterschätzt werden. Wird eine Tabelle ausführlich indiziert können Indexstrukturen durchaus noch einmal doppelt so viel Speicherplatz wie die Originaldaten benötigen.

Zusätzlich muss jeder einzelne Index auf einer Tabelle bei einer UPDATE- oder INSERT-Anweisung durch MySQL aktualisiert werden. Wenn Sie zum Beispiel auf einer großen Tabelle zehn verschiedene Indizes erstellt haben, müssen bei einem INSERT einer einzigen Zeile nicht nur die Tabelle an sich, sondern auch zehn weitere Indizes geändert werden. Der Aufwand einer Einfügeoperation steigt daher mindestens um das Zehnfache. Änderungen von Indizes können auch aufwendige Umstrukturierungen des Baums oder bei Clustered Indizes Umstrukturierungen der eigentlichen Daten beinhalten. Gerade bei Systemen, die sehr viele Einfüge- und Änderungsoperationen bearbeiten müssen, können Indexstrukturen das System stark behindern. Die Entscheidung zur Erstellung eines Indexes müssen Sie daher immer gut überlegen und mit der nicht zu unterschätzenden Mehrbelastung bei Änderungsoperationen und dem nötigen Speicherplatz abwägen.

9.3 Optimierung von Anfragen

In Abschnitt 9.1, »Aufspüren von langsamen Anfragen«, haben Sie alle nötigen Mechanismen kennengelernt, um Ihre langsamen Anfragen zu identifizieren. Nun können Sie diese bremsenden Anfragen analysieren und versuchen, sie zu beschleunigen. Unter anderem können Sie dies mit den im vorherigen Abschnitt erklärten Indexstrukturen bewerkstelligen. Diese Analyse und die möglichen Optimierungen werden wir Ihnen nun in den folgenden Abschnitten anhand einiger Praxisbeispiele und Szenarien erläutern. Alle Beispiele wurden am großen Beispieldaten-Set durchgeführt, das Sie auch auf beiliegenden DVD finden (nähere Informationen dazu siehe Abschnitt 4.2).

9.3.1 Die EXPLAIN-Anweisung

Für eine tiefere Analyse von Abfragen stellt MySQL das einfache, aber sehr mächtige Kommando `EXPLAIN` bereit.

Das Kommando `EXPLAIN` können Sie vor eine beliebige `SELECT`-Anfrage stellen, und es gibt Ihnen detaillierte Informationen zur jeweiligen Anfrage aus. Das sehr einfache Beispiel in Listing 9.29 zeigt ein `EXPLAIN`-Kommando einer Anfrage, in dem die Informationen zu Flug 1234 abgefragt werden:

```
mysql> EXPLAIN SELECT * FROM flug WHERE flug_id = 1234 \G
*************************** 1. row ***************************
           id: 1
  select_type: SIMPLE
        table: flug
         type: const
possible_keys: PRIMARY
          key: PRIMARY
      key_len: 4
          ref: const
         rows: 1
        Extra:
```

Listing 9.29 EXPLAIN einer einfachen Abfrage

Das Ergebnis von `EXPLAIN` wird in tabellarischer Form zurückgeliefert und gibt Informationen über die Verarbeitung der Query durch MySQL. In diesem sehr einfachen Beispiel sind vor allem die Spalten »possible_keys« und »keys« interessant, die einerseits angeben, welche möglichen Indizes zur Verwendung vorhanden sind (»possible_keys«) und welcher Index (»key«) bei der Ausführung verwendet wird.

Die von `EXPLAIN` angezeigten Daten basieren auf den berechneten Daten des MySQL-Optimierers (siehe Kapitel 5, »Architektur«). Dieser versucht, eine Abarbeitung zu errechnen, die möglichst wenige Daten liest und damit eine möglichst schnelle Abarbeitung garantiert. Diese Berechnung bzw. Abschätzung beruht auf statistischen Daten, die der Optimierer über die Tabellen sammelt und aktuell hält. Die Berechnung erfolgt immer auf den aktuell verfügbaren statistischen Daten und kann sich daher bei der gleichen Abfrage auch mit der Zeit ändern. Wundern Sie sich also nicht, wenn der Optimierer eine Woche später eine Abfrage plötzlich mit anderen Indizes abarbeitet. Diese Vorgehensweise garantiert, dass immer die möglichst ideale Abarbeitung entsprechend der aktuellen »Datenlage« verwendet wird.

Bei der Verwendung von `EXPLAIN` wird die Abfrage also nicht wirklich auf den Daten ausgeführt. Die Ergebnisse repräsentieren den Ausführungsplan, den der Optimierer mit den aktuellen Statistiken errechnet hat und der für eine eventuelle Ausführung zu diesem Zeitpunkte genutzt werden würde. Daher handelt es sich bei einigen Angaben, wie zum Beispiel der Anzahl von Zeilen, die bei einer Abfrage gelesen werden (Spalte »rows«), nur um Schätzungen. In Tabelle 9.5 werden alle Attribute der Anweisung `EXPLAIN` kurz beschrieben.

Attribut	Beschreibung
`id`	Bei mehreren `SELECT`-Anweisungen (zum Beispiel Subquerys) wird jede Anweisung aufsteigend nummeriert und einzeln in einer eigenen Zeile detailliert beschrieben.
`select_type`	Dieser Typ beschreibt die Rolle der Abfrage in komplexeren Konstrukten, wie zum Beispiel Subquerys oder bei der Verwendung der Anweisung `UNION`.
`table`	der Name der Tabelle, von der die Daten gelesen werden
`type`	Gibt den Typ des Joins an, der für die Abarbeitung verwendet wird.
`possible_keys`	Zeigt an, welche Indizes für die aktuelle Tabelle bzw. Abfrage zur Verfügung stehen.
`key`	Gibt an, welcher Index für die Abfrage verwendet wird, die dementsprechend vom Optimierer als beste Variante abgeschätzt wurde.

Tabelle 9.5 Attribute der EXPLAIN-Ausgabe

Attribut	Beschreibung
key_len	Beschreibt die Länge (in Byte), die vom ausgewählten Index genutzt wurde. Bei zusammenhängenden Indizes über mehrere Spalten kann so erkannt werden, welche Spalten verwendet werden.
ref	Gibt an, ob eine Spalte oder ein konstanter Wert (const) mit dem verwendeten Index verglichen wird.
rows	Schätzung des Optimierers, wie viele Zeilen für diese Abfrage gelesen bzw. bearbeitet werden müssen
Extra	Zusatzinformationen zur Abarbeitung der Abfrage

Tabelle 9.5 Attribute der EXPLAIN-Ausgabe (Forts.)

Die wichtigsten Ausprägungen der Spalten und wie Sie auf diese reagieren sollten, wird in den folgenden Beispielen genauer beschrieben.

Das Ziel der Optimierung

Das grundlegende Ziel, das Sie zur Optimierung verfolgen sollten, ist die möglichst effiziente Abarbeitung der Abfragen. Eine effiziente Abarbeitung bedeutet die möglichst ständige Verwendung von Indizes (`key`) und eine möglichst kleine Anzahl an gelesenen Zeilen (`rows`). Auf diese zwei Spalten »key« und »rows« sollten Sie daher ein besonderes Augenmerk legen.

9.3.2 Auswertung der EXPLAIN-Informationen und Optimierungen

Der nächste Schritt besteht natürlich in der Analyse der von `EXPLAIN` zurückgelieferten Informationen, die wir Ihnen im Folgenden anhand von einigen Beispiel-Problemabfragen genauer erläutern werden, die erfahrungsgemäß in der Realität öfter auftreten.

Bevor wir nun in die Bearbeitung einiger typischer Fehlerquellen starten, möchten wir Sie noch auf die zwei folgenden sehr praktischen Anweisungen aufmerksam machen. Um Anfragen besser analysieren und anschließend optimieren zu können, benötigen Sie auch immer die Informationen zu den zugehörigen Tabellen, die Sie wie folgt erhalten:

- `EXPLAIN tabellenbezeichner` (oder `DESCRIBE tabellenbezeichner`) zeigt Ihnen die einzelnen Spalten und zugehörigen Datentypen einer Tabelle an
- `SHOW INDEX FROM tabellenbezeichner` gibt nähere Auskunft über die angelegten Indizes einer Tabelle

Im folgenden Beispiel in Listing 9.30 sehen Sie die Ausgabe der Index-Informationen der Tabelle »flug«. Tabelle 9.6 beschreibt die einzelnen Attribute der Ausgabe.

```
mysql> SHOW INDEX FROM flug \G
*************************** 1. row ***************************
        Table: flug
   Non_unique: 0
     Key_name: PRIMARY
 Seq_in_index: 1
  Column_name: flug_id
    Collation: A
  Cardinality: 312318
     Sub_part: NULL
       Packed: NULL
         Null:
   Index_type: BTREE
      Comment:
Index_comment:
...
*************************** 6. row ***************************
...
*************************** 7. row ***************************
        Table: flug
   Non_unique: 1
     Key_name: flugzeug_id
 Seq_in_index: 1
  Column_name: flugzeug_id
    Collation: A
  Cardinality: 8008
     Sub_part: NULL
       Packed: NULL
         Null:
   Index_type: BTREE
      Comment:
Index_comment:
```

Listing 9.30 Ausgabe der Index-Informationen einer Tabelle (Auszug)

Attribut	Beschreibung
Non_unique	Gibt an, ob der Index ein Unique-Index ist, der keine Duplikate erlaubt.
Key_name	Name des Indexes
Seq_in_index	Wird ein Index über mehrere Spalten angelegt, wird jede Spalte als eigene Zeile ausgegeben und mit diesem Wert fortlaufend nummeriert.

Tabelle 9.6 Beschreibung der Attribute der Anweisung SHOW INDEX

Attribut	Beschreibung
Collation	A steht für aufsteigend sortiert (Ascending), NULL steht für nicht sortiert.
Cardinality	Schätzung von eindeutigen Elementen im Index
Sub_part	Anzahl der Zeichen, wenn eine Spalte nur teilweise indiziert wird
Packed	Gibt an, wenn der Index komprimiert wurde.
Null	Gibt an, ob der Index NULL-Werte enthalten kann
Index_type	verwendeter Typ der Indexstruktur (BTREE, HASH, ...)
Comment	zusätzliche Informationen zum Index
Index_comment	Kommentar, der bei der Erzeugung angegeben wurde

Tabelle 9.6 Beschreibung der Attribute der Anweisung SHOW INDEX (Forts.)

Die EXPLAIN-Anweisung ist zwar sehr mächtig, die Ausgabe kann dementsprechend jedoch auch sehr komplex und umfangreich sein. Einige äußerst praktische Tools versuchen die Ausgabe von EXPLAIN zu verbessern und so gerade Einsteigern die Arbeit mit EXPLAIN zu erleichtern. Eines dieser Werkzeuge ist Teil des Pakets *Maatkit*, das Sie bequem über den Paketmanager (zum Beispiel apt-get) oder von der beigelegten DVD nachinstallieren können. Da die Maatkit-Werkzeuge Perl-Skripte sind, sollten Sie sich gleich das Dokumentationstool *perl-doc* dazu installieren, um die enthaltenen Dokumentationen komfortabel auf der Kommandozeile lesen zu können. Verwenden Sie dazu den Befehl aus Listing 9.31:

```
bash# apt-get install maatkit perl-doc
```

Listing 9.31 Maatkit installieren

Die Maakit-Sammlung von Programmen liefert Ihnen umfangreiche Testmöglichkeiten für Ihre MySQL-Installation. Eine Übersicht über alle einzelnen Programme von Maatkit finden Sie auf der Homepage des Projekts.[3]

Das kleine Hilfsprogramm *mk-visual-explain* hilft Ihnen dabei, die Ausgabe von EXPLAIN leichter zu erfassen. Der Befehl in Listing 9.32 zeigt, wie Sie die EXPLAIN-Ausgabe einer SQL-Anweisung an mk-visual-explain weiterleiten (»pipen«) können, damit das Tool Ihnen eine bessere visuelle Darstellung der EXPLAIN-Ausgabe anzeigt:

```
bash# mysql -u root -p FlughafenDB \
  -e "EXPLAIN SELECT * FROM passagier WHERE \
```

3 *http://www.maatkit.org/doc/maatkit.html*

```
    nachname LIKE '%Bean%';" \
  | mk-visual-explain
```

Listing 9.32 Maatkit Visual Explain

Sie erhalten nach der Ausführung der SELECT-Anfrage eine Baumansicht der Ausgabe der EXPLAIN-Anweisung, wie in Listing 9.33 dargestellt:

```
Filter with WHERE
+- Table scan
   rows          36319
   +- Table
      table         passagier
```

Listing 9.33 Die EXPLAIN-Ausgabe in Baum-Form

In diesem einfachen Beispiel sehen Sie, dass ein Full-Table-Scan durchgeführt und 36.319 Zeilen gelesen werden mussten. Der Scan wurde dabei auf der Tabelle »passagier« durchgeführt. Das Tool *mk-visual-explain* bietet natürlich noch weitere Optionen und Einstellungen, über die Sie mithilfe von perl-doc, wie in Listing 9.34 dargestellt, weitere Informationen erhalten.

```
bash# perldoc /usr/bin/mk-visual-explain
```

Listing 9.34 Die Maatkit-Dokumentation anzeigen

Sie haben nun die wichtigsten Grundbefehle – die Basis – für die Abfrageoptimierung kennengelernt. Für die Geschwindigkeit der Abarbeitung einer Abfrage sind meist die vorhandenen oder fehlenden Indexstrukturen einer Tabelle ausschlaggebend. Zur Analyse einer Abfrage (EXPLAIN) benötigen Sie daher auch immer das Wissen über die genaue Struktur (DESCRIBE) und die vorhanden Indizes (SHOW INDEX) der Tabelle. Mit diesen drei Grundbefehlen sind Sie nun bestens gerüstet für die Optimierung von Abfragen, die wir nun anhand von Beispielen näher behandeln werden.

Die richtigen Datentypen

Eine sehr einfache Optimierung besteht in der Verwendung der richtigen und passenden Datentypen. Die Spaltentypen von Tabellen sollten Sie dabei immer so wählen, dass möglichst wenig Speicherplatz verbraucht wird.

Betrachten wir das Beispiel der Mitarbeiter des Flughafens, bei denen jeder einer Abteilung Marketing, Buchhaltung, Management, Logisitk oder Flugfeld zugeordnet ist. Eine Variante, die man in produktiven Systemen leider immer wieder vorfindet, ist die direkte Umsetzung in einer VARCHAR-Spalte, in der die Abteilung eingetragen wird. Eine andere wesentlich platzsparendere Lösung ist die Verwendung von Zahlen, die den jeweiligen Abteilungen entsprechen (zum Beispiel 1=Flugfeld, 2=Logistik usw.) und in einer INTEGER-Spalte gespeichert werden.

Beide Varianten sind nicht ideal und können optimiert werden. In der numerischen Variante würden zum Beispiel zur Darstellung von fünf Zahlen (Abteilungen) ein TINYINT-Typ vollkommen ausreichen und im Gegensatz zu einer INTEGER-Spalte 3 Byte pro Datensatz einsparen.

Die Optimierung der VARCHAR-Spalte ist ebenfalls möglich, ohne dabei auf die Verwendung von Strings verzichten zu müssen. Hierzu eignet sich der ENUM-Typ, der einer Art Aufzählung entspricht, bei der jeder Eintrag verschiedene Ausprägungen (Strings) annehmen kann. Intern werden die Strings dann als numerischer Wert gespeichert und können so optimiert verarbeitet werden. Sie müssen sich dabei aber nicht um die Umsetzung der String-Werte in numerische Werte kümmern. Der ENUM-Typ erledigt das für Sie im Hintergrund automatisch. Es können maximal 65.535 verschiedene String-Werte in einem ENUM-Datentyp verwendet werden. Die Anweisung in Listing 9.35 erstellt eine ENUM-Spalte »abteilung« mit den möglichen Abteilungen:

```
mysql> ALTER TABLE mitarbeiter
    -> ADD abteilung enum('Marketing','Buchhaltung',
    -> 'Management','Logistik','Flugfeld') DEFAULT NULL;
```

Listing 9.35 ENUM-Spalte zur Speicherung der Abteilungen

Die Verwendung von ENUM-Spalten in Abfragen funktioniert wie bei VARCHAR Spalten, ist jedoch auf die bei der Erstellung (CREATE oder ALTER TABLE) angegebenen Werte beschränkt. Bei einem SELECT erhält man also wie gewohnt einen String, zum Beispiel »Logistik«, und auch bei der Selektion kann zum Beispiel eine Einschränkung WHERE abteilung = 'Flugfeld', wie gewohnt bei einer String-Spalte, angegeben werden. Der Vorteil von ENUM-Datentypen ist die Fixierung des Vokabulars, also der möglichen Werte, die optimierte Verarbeitung durch die interne Darstellung als numerischer Wert und die einfachere und leicht verständliche Handhabung als mit gewöhnlichen CHAR- oder VARCHAR-Datentypen.

Sie sehen also, dass die kluge Wahl des Spalten-Typs bereits Speicher einspart und damit die Geschwindigkeit erhöht werden kann. Bedenken Sie daher immer, ob Sie einen INTEGER benötigen oder ob nicht doch vielleicht ein MEDIUMINT oder TINYINT ausreicht. Werden nur wenige String-Ausprägungen in einer Spalte verwendet, setzen Sie auf den ENUM-Typ.

Kein Primärindex vorhanden

Sollte der Befehl SHOW INDEX FROM tabellenbezeichner bei Ihnen keinen Index anzeigen, haben Sie auch keinen Primärschlüssel (PRIMARY KEY) definiert. In der

Praxis existieren kaum Fälle, bei denen es sinnvoll ist, auf einen PRIMARY KEY zu verzichten. Wir können Ihnen daher nur sehr anraten, bei jeder Tabelle einen PRIMARY KEY anzugeben. Mit dem Befehl in Listing 9.36 können Sie einen Primärschlüssel auch nachträglich festlegen:

```
mysql> ALTER TABLE tabellenbezeichner
    -> ADD PRIMARY KEY (Spalte1, Spalte2);
```

Listing 9.36 Hinzufügen eines PRIMARY KEY auf einer bestehenden Tabelle

Der Primärschlüssel ist ein sehr wichtiges Element, da er zum Beispiel auch bei der Bearbeitung von Joins häufig verwendet wird. Er sollte daher gut überlegt und möglichst optimiert gewählt werden. Als Faustregel gilt, je kleiner der Datentyp des Primärschlüssels, desto schneller kann gearbeitet werden (siehe auch Abschnitt 9.2.4, »Technische Umsetzung von Indexstrukturen – der B-Baum und MyISAM«). Üblicherweise werden für eine Nummerierung jedes Datensatzes (zum Beispiel flug_id der Tabelle »flug«) INTEGER-Typen verwendet. Wissen Sie jedoch schon im Vorhinein, dass für Ihre Nummerierung zum Beispiel ein Zahlenbereich von 0 bis 16777215 ausreicht, sollten Sie den Typ UNSIGNED MEDIUMINT verwenden. Sie sparen so wieder 1 Byte, das sonst gelesen werden müsste, und der Primärindex wird wieder etwas schneller.

Natürlich ist es auch möglich, über String-Typen (zum Beispiel VARCHAR) einen Primärindex zu definieren. Aus Geschwindigkeitsgründen sollten Sie aber, wenn möglich, numerische Typen bevorzugen. MyISAM komprimiert zum Beispiel standardmäßig Primärindizes auf String-Typen, wodurch zwar Speicherplatz eingespart wird, die Geschwindigkeit des Indexes durch die nötige Dekomprimierung bei jedem Lesevorgang jedoch abnimmt.

In vielen Anwendungsfällen gibt es nicht automatisch eine oder mehrere Spalten, die für einen Primärschlüssel in Frage kommen würden. Sie sollten in diesen Fällen jedoch auf keinen Fall auf einen Primärschlüssel verzichten, sondern einen sogenannten *Surrogatschlüssel (künstlichen Schlüssel)* erzeugen. Dies ist einfach eine zusätzliche numerische Spalte (typischerweise ID genannt), die mit dem Attribut AUTO_INCREMENT versehen wird. Damit wird jeder neue Datensatz automatisch beim Einfügen fortlaufend nummeriert.

Wie bereits erwähnt, gibt es natürlich auch seltene Anwendungsfälle, bei denen Sie nicht unbedingt einen Primärschlüssel definieren müssen. Denken Sie nur an eine Log-Tabelle, wie die Tabelle »flug_log« (siehe Abschnitt 11.6.1, »Trigger erstellen«), die nur sequenziell Log-Einträge aufnimmt und nur selten gelesen wird. Hier würde ein Primärschlüssel und die damit verbundene ständige Anpassung des zugehörigen Indexes bei den vielen Einfügeoperationen nur unnötige

Zeit und Ressourcen benötigen. Beachten Sie aber, dass jeder Zugriff auf eine Tabelle ohne Primärindex einen Full-Table-Scan darstellt. Sollten Sie regelmäßig Abfragen auf eine derartige (meist große) Log-Tabelle ausführen, definieren Sie einen Index, zum Beispiel über die Zeitspalte der Log-Einträge, um nicht bei einer Analyse der Log-Einträge der letzten Tage immer die gesamten Log-Einträge der letzten Jahre durchscannen zu müssen.

Weitere Informationen zum Anlegen einer Tabelle bzw. eines Primärschlüssels finden Sie in Abschnitt 3.5.2.

Den richtigen Index erstellen

Neben dem Primärindex, der implizit über den Primärschlüssel angelegt wird, werden in der Praxis auch oft Selektionen in der `WHERE`-Bedingung durchgeführt, die nicht den Primärschlüssel betreffen. Um diese Anfragen zu optimieren, sollten Sie über die häufigen Selektionskriterien Sekundärindizes legen.

Neben dem Attribut `PRIMARY KEY` wird auch beim Attribut `UNIQUE` automatisch ein `UNIQUE`-Index erzeugt. Überprüfen Sie daher vor dem Anlegen eines neuen Indexes mithilfe des Befehls `SHOW INDEX` immer, ob nicht eventuell bereits implizit Indizes angelegt wurden. Da MySQL das Anlegen von doppelten Indizes nicht erkennt, verhindern Sie so unnötige Indizes in Ihrem System.

Ein Index kann mit der Anweisung in Listing 9.37 erstellt werden. Die Angabe eines Typs ist optional, Sie können dabei die Werte `UNIQUE`, `FULLTEXT` (siehe Abschnitt 9.2.8) oder `SPATIAL` (siehe Abschnitt 9.2.9) angeben. `UNIQUE`-Indizes sind vollwertige Indizes, die jedoch noch zusätzlich sicherstellen, dass jeder Wert in der Tabelle nur ein einziges Mal auftreten kann. Wird kein Typ angegeben, können Werte in einer Spalte auch mehrfach vorkommen.

```
mysql> CREATE [Typ] INDEX Name
    -> ON Tabellenname (Spalte1, Spalte2);
```

Listing 9.37 Anlegen eines Indexes

Wie Sie in diesem Beispiel in Listing 9.37 sehen, können Indizes auch über mehrere Spalten angelegt werden. Wichtig ist hier die Reihenfolge der angegebenen Spalten, da die Sortierung des Indexes ebenfalls in dieser Reihenfolge durchgeführt wird. Betrachten wir das Beispiel in Listing 9.38, bei dem ein Index mit dem Bezeichner `ziel_flugzeug_idx` über die Spalten des Zielflughafens und des Flugzeuges erstellt wird. Dabei werden die Daten zuerst nach dem Zielflughafen und in zweiter Linie nach dem Flugzeug sortiert:

```
mysql> CREATE INDEX ziel_flugzeug_idx
    -> ON flug (nach,flugzeug_id);
```

Listing 9.38 Index über Ziel und Flugzeug

Indexbenennung

Um bei diversen Auflistungen, wie zum Beispiel EXPLAIN, schnell einen Überblick über die vorhandenen Indizes zu erhalten, haben wir alle Indizes mit sprechenden Bezeichnern ausgestattet und ein einheitliches Namenschema verwendet. So endet der Bezeichner eines Indexes immer mit idx, während ein UNIQUE-Index mit unq oder ein FULLTEXT-Index mit full endet. So erkennen Sie bereits auf den ersten Blick den Typ eines Indexes. Wir empfehlen Ihnen daher dieses oder ein ähnliches Namenschema zu verwenden, um die tägliche Optimierungs- und Verwaltungsarbeit mit Indizes zu vereinfachen.

Betrachten wir nun einige Beispielanfragen in Listing 9.39 auf die Tabelle »flug« in Bezug auf den Zielflughafen und das Flugzeug. Wir wählen dabei nun den Zielflughafen mit der flughafen_id 10 und das Flugzeug mit der flugzeug_id 380.

```
(1) SELECT * FROM flug WHERE nach = 10
(2) SELECT * FROM flug WHERE nach = 10
                    AND flugzeug_id = 380
(3) SELECT * FROM flug WHERE flugzeug_id = 380
                    AND nach = 10
(4) SELECT * FROM flug WHERE flugzeug_id = 380
```

Listing 9.39 Beispielanfragen auf die Tabelle »flug«

Überlegen Sie nun, welche Abfragen den neu erstellten Index ziel_flugzeug_idx nutzen können und welche Abfragen keinen Vorteil aus dem Index ziehen können.

Die drei Abfragen (1), (2) und (3) können durch den Index ziel_flugzeug_idx optimierter ausgeführt werden, da der Index zuerst nach dem Zielflughafen und anschließend nach dem Flugzeug sortiert ist. Die erste Abfrage spezifiziert zwar nur den Zielflughafen, kann aber auch den ersten Teil des Indexes nutzen. Der zweite Teil des Indexes (flugzeug_id) wird für diese Abfrage nicht benötigt und ignoriert.

Abfrage (2) und (3) haben in der WHERE-Klausel die Spalten vertauscht, sind aber für MySQL dennoch identisch, da der Optimierer die Spalten der Abfrage selbst beliebig vertauschen und dem Index anpassen kann.

Dagegen selektiert die vierte Abfrage (4) nur das Flugzeug und kann daher den Index nicht verwenden. Da der Index in der Reihenfolge nach,flugzeug_id erzeugt wurde, muss der Zielflughafen eingegrenzt werden, damit der Index überhaupt verwendet werden kann. Sie können dies damit vergleichen, als wenn Sie in einem Telefonbuch nur nach einem Vornamen, ohne einen Nachnamen zu wissen, suchten. Das Telefonbuch ist zuerst nach Nachnamen sortiert und erst in zweiter Linie nach den Vornamen. In derselben Weise funktioniert auch der Index über die Spalten `nach,flugzeug_id`, der zuerst die Daten nach dem Zielflughafen sortiert. Aus diesem Grund kann eine Abfrage, die nur das Flugzeug mit der `flugzeug_id` einschränkt (4), diesen Index nicht nutzen. Natürlich können Sie dieses Verhalten auch durch Aufruf des `EXPLAIN`-Kommandos überprüfen.

Werden alle vier Abfragen sehr häufig durchgeführt, ist daher ratsam, zwei Indizes zu erstellen, von denen jeder eine einzelne Spalte indiziert. In manchen Fällen kann es sogar von Vorteil sein, mehrere Indizes auf denselben Spalten mit unterschiedlichen Reihenfolgen zu erstellen.

Analysieren Sie jedoch immer genau, ob das Erstellen eines zusätzlichen Indexes wirklich benötigt wird. Ein Index belegt zusätzlichen Speicherplatz und muss bei `INSERT`- und `UPDATE`-Anweisungen aktualisiert werden. Ein zusätzlicher Index sollte daher nur erstellt werden, wenn damit eine Anfrage, die sehr zeitkritisch ist oder sehr oft ausgeführt wird, optimiert werden kann. Die Erstellung eines Indexes für nur eine Abfrage, die nur alle zwei Wochen von einem speziellen Mitarbeiter ausgeführt wird, ist oft den ständigen Aktualisierungaufwand des Indexes nicht wert. Hier können wir Ihnen aber leider keinen allgemeingültigen Tipp geben. Prüfen Sie daher nach der Erstellung eines Indexes, ob die Geschwindigkeit von Einfüge- und Aktualisierungoperationen auf der Tabelle zu stark zurückgegangen ist und wie sich die Performance der Datenbank verhält. Näheres finden Sie auch im Abschnitt 7.9.2, »Profiling«, mit dem Sie die benötigte Zeit einzelner Systemteile von MySQL genauer beobachten können.

Verwendung von Subquerys

Die sogenannten *Subquerys* (verschachtelte Anfragen) sind ein wichtiger Bestandteil des SQL-Standards und ermöglichen die Formulierung von sehr komplexen Abfragen. MySQL unterstützt Subquerys erst seit Version 4.1. Auch die Optimierungsstrategien des aktuellen MySQL-Optimierers bezüglich Subquerys sind sehr rudimentär. Umso mehr sind Sie mit der Analyse von Subquerys gefordert.

Betrachten Sie die sehr einfache Subquery in Listing 9.40, die nach allen Buchungen des Passagiers Robert Bean sucht. Die Abfrage besteht aus zwei eigenständigen Abfragen, die über die `passagier_id` verknüpft werden:

```
mysql> SELECT * FROM buchung WHERE passagier_id =
    -> (SELECT passagier_id FROM passagier
```

```
    -> WHERE vorname = 'Robert' AND nachname = 'Bean');
962 rows in set (0.03 sec)
```

Listing 9.40 Subquery aller Buchungen von Robert Bean

Die `EXPLAIN`-Ausgabe in Listing 9.41 gibt nähere Auskunft über die Subquery der Abfrage in Listing 9.40 bzw. deren Abarbeitung. `EXPLAIN` gibt in diesem Fall zwei Zeilen zurück, bei der jede Zeile für eine der Abfragen steht. Die erste Abfrage entspricht dabei in diesem Beispiel auch der äußeren Abfrage der Subquery. Sie können dies an der Angabe `table: buchung` erkennen. Die Angabe `key: passagier_idx` verrät Ihnen, dass die Abarbeitung den Index mit dem Namen `passagier_idx` verwendet und vom Optimierer geschätzte `961` Zeilen lesen muss.

```
mysql> EXPLAIN SELECT * FROM buchung WHERE passagier_id =
    -> (SELECT passagier_id FROM passagier
    -> WHERE vorname = 'Robert' AND nachname = 'Bean') \G
*************************** 1. row ***************************
           id: 1
  select_type: PRIMARY
        table: buchung
         type: ref
possible_keys: passagier_idx
          key: passagier_idx
      key_len: 4
          ref: const
         rows: 961
        Extra: Using where
*************************** 2. row ***************************
           id: 2
  select_type: SUBQUERY
        table: passagier
         type: ALL
possible_keys: NULL
          key: NULL
      key_len: NULL
          ref: NULL
         rows: 36407
        Extra: Using where
```

Listing 9.41 EXPLAIN-Ausgabe der Abfrage aus Listing 9.40

Die zweite Zeile in Listing 9.41 entspricht der eigentlichen Subquery der Abfrage in Listing 9.40. Dass es sich um eine Subquery handelt, wird durch `select_type: SUBQUERY` angegeben. Zusätzlich sehen Sie, dass für diese Subquery kein Index verwendet werden kann und daher alle Zeilen (`36407`) gelesen werden müssen, um den Passagier Robert Bean zu finden. In der Abarbeitung wird also die innere Subquery zuerst ausgeführt, um die `passagier_id` von Robert Bean herauszufinden. Anschließend wird die äußere Abfrage mit der gefundenen `passagier_id` unter Verwendung eines Indexes durchgeführt. Eigentlich werden also zwei Abfragen hintereinander ausgeführt. Da es sich um zwei schnelle Abfragen handelt, kann die gesamte Abfrage, wie in Listing 9.40 angegeben, in einem Bruchteil einer Sekunde durchgeführt werden.

Sie werden sich nun vielleicht fragen, wie ältere MySQL-Versionen ohne eine derartige Subquery-Unterstützung ausgekommen sind. Die Frage ist sehr leicht zu beantworten, da die meisten Subquerys sehr einfach in Abfragen mit Joins umgeschrieben werden können. So kann die Subquery aus Listing 9.40 sehr einfach in eine `JOIN`-Abfrage, wie in Listing 9.42 gezeigt, umgeschrieben werden.

```
mysql> SELECT buchung.* FROM buchung
    -> JOIN passagier USING (passagier_id)
    -> WHERE vorname = 'Robert' AND nachname = 'Bean';
962 rows in set (0.02 sec)
```

Listing 9.42 Abfrage mithilfe eines Joins

Wenn Sie die Möglichkeit haben, sollten Sie versuchen, Subquerys zu vermeiden und Abfragen mit Joins zu bevorzugen. Der Grund hierfür liegt in der oft sehr hohen Komplexität von Subquerys. Die Optimierung von Subquerys ist eine hochkomplexe Aufgabe und stellt hohe Ansprüche an einen Optimierer. Die Optimierung von Join-Abfragen ist hingegen meist einfacher möglich. Leider ist eine automatische Umformung von Subquerys in Join-Abfragen nicht möglich bzw. ebenfalls sehr komplex. Der Optimierer von MySQL 5.6 bezüglich Subquerys ist derzeit sehr rudimentär ausgelegt. Subquerys sind daher im Allgemeinen langsamer in der Ausführung als Join-Anfragen und sollten – vor allem in MySQL – vollständig vermieden werden.

Einen besonderen Untertyp der Subquerys stellen die sogenannten *korrelierten Subquerys* dar. Diese Subquerys bestehen aus verschränkten Abfragen, die im Gegensatz zu dem Beispiel in Listing 9.40 nicht mehr durch das Hintereinanderausführen von zwei unabhängigen Abfragen abgearbeitet werden kann. Die Schlüsselwörter `EXISTS` und `NOT EXISTS` weisen immer auf korrelierte Subquerys hin, es können aber auch andere Abfragen ohne diese Schlüsselwörter korreliert sein.

Betrachten Sie die Abfrage aller Passagiere, die noch keinen einzigen Flug gebucht haben, die in Listing 9.43 als Subquery umgesetzt ist. In der inneren Abfrage werden alle Buchungen des aktuellen Passagiers – spezifiziert durch `passagier.passagier_id` – abgefragt. In der äußeren Abfrage werden alle Passagiere gesucht, die bei der inneren Abfrage eine leere Ergebnismenge (`NOT EXISTS`) zurückliefern. Sie sehen also, dass die innere Abfrage von jeder Zeile der äußeren Abfrage abhängig ist. Sie können daher die Abfrage auch nicht mehr durch zwei unabhängige Abfragen repräsentieren, sondern müssen für jede Zeile in der Tabelle »passagier« auch die innere Abfrage durchführen.

```
mysql> SELECT * FROM passagier WHERE NOT EXISTS
    -> (SELECT * FROM buchung WHERE
    -> buchung.passagier_id = passagier.passagier_id);
+--------------+-----------+---------+----------+
| passagier_id | passnummer | vorname | nachname |
+--------------+-----------+---------+----------+
|        36097 | P139107    | Jasmine | Jordan   |
+--------------+-----------+---------+----------+
1 row in set (01.94 sec)
```

Listing 9.43 Subquery aller Passagiere ohne Buchung

Wenn Sie nun die `EXPLAIN`-Ausgabe der Subquery aus Listing 9.43 in Listing 9.44 betrachten, werden Sie feststellen, dass die Korrelation durch `select_type: DEPENDENT SUBQUERY` angegeben ist. Die innere Abfrage ist daher von der äußeren Abfrage über `ref: FlughafenDB.passagier.passagier_id` abhängig.

```
*************************** 1. row ***************************
           id: 1
  select_type: PRIMARY
        table: passagier
         type: ALL
possible_keys: NULL
          key: NULL
      key_len: NULL
          ref: NULL
         rows: 36201
        Extra: Using where
*************************** 2. row ***************************
           id: 2
  select_type: DEPENDENT SUBQUERY
        table: buchung
         type: ref
possible_keys: passagier_idx
          key: passagier_idx
      key_len: 4
          ref: FlughafenDB.passagier.passagier_id
         rows: 64
        Extra: Using index
```

Listing 9.44 EXPLAIN-Ausgabe der Subquery aus Listing 9.43

Wie in der Abfragezeit von 1,94 Sekunden deutlich zu erkennen ist, ist diese Abfrage nicht mehr sehr schnell durchzuführen, da im Hintergrund die innere Abfrage 36.201 Mal durchgeführt wird (`rows: 36201` der Tabelle »passagier«).

In dem Beispiel in Listing 9.43 ist die Korrelation noch klar definiert. Es gibt jedoch auch zahlreiche Beispiele, bei denen der Optimierer von MySQL fälschlicherweise eine Korrelation annimmt und die Abfrage nicht optimiert ausführt. Ändern wir zum Beispiel die Abfrage aus Listing 9.40 leicht um. Wir möchten nun wissen, welche Buchungen wir von Personen mit dem Nachnamen Bean in unserer Datenbank gespeichert haben. Wie in Listing 9.45 angegeben, benötigen wir dazu das Schlüsselwort `IN`, das mehrere Ergebnisse (Passagiere) in der inneren Abfrage zulässt. Führen Sie diese Abfrage nur aus, wenn Sie genug Zeit haben. Sie benötigte auf unserem Testrechner über eine Stunde.

```
mysql> SELECT * FROM buchung WHERE passagier_id IN
    -> (SELECT passagier_id FROM passagier
    -> WHERE nachname = 'Bean');
```

Listing 9.45 Subquery zur Abfrage aller Buchungen mit Nachnamen Bean

Doch warum dauert diese Abfrage so lange? Wie Sie erkennen können, handelt es sich eigentlich um zwei getrennte Abfragen, die man auch hintereinander ausführen könnte. Man sucht zuerst alle Passagiere mit dem Nachnamen Bean und ihre jeweilige `passagier_id` und sucht anschließend die zugehörigen Buchungen. Werfen wir einen Blick in die `EXPLAIN`-Ausgabe in Listing 9.46:

```
mysql> EXPLAIN SELECT * FROM buchung WHERE passagier_id IN
    -> (SELECT passagier_id FROM passagier
    -> WHERE nachname = 'Bean') \G
*************************** 1. row ***************************
           id: 1
  select_type: PRIMARY
        table: buchung
         type: ALL
possible_keys: NULL
          key: NULL
      key_len: NULL
          ref: NULL
         rows: 36648719
        Extra: Using where
*************************** 2. row ***************************
           id: 2
  select_type: DEPENDENT SUBQUERY
        table: passagier
         type: unique_subquery
```

```
possible_keys: PRIMARY
          key: PRIMARY
      key_len: 4
          ref: func
         rows: 1
        Extra: Using where
```

Listing 9.46 EXPLAIN-Ausgabe der Abfrage aus Listing 9.45

Der MySQL-Optimierer erkennt eine abhängige innere Abfrage, die scheinbar von der äußeren Abfrage abhängig sein soll. Aus diesem Grund prüft MySQL für jede Buchung die innere Abfrage. Die innere Abfrage wird daher 36.648.719 Mal ausgeführt, was in der Ausführungszeit von über einer Stunde resultiert.

Die gleichwertige Join-Abfrage, die in Listing 9.47 dargestellt ist, benötigt nur einen Bruchteil der Zeit, nämlich gerade mal ca. 5 Sekunden. Durch den Join werden zuerst die Passagiere mit den Namen Bean gesucht und anschließend über einen Join die zugehörigen Buchungen aus der Tabelle »buchung« abgerufen.

```
mysql> SELECT buchung.* FROM buchung JOIN passagier
    -> USING (passagier_id) WHERE nachname = 'Bean';
3018 rows in set (4.85 sec)
```

Listing 9.47 Join-Variante der Abfrage aus Listing 9.45

```
*************************** 1. row ***************************
           id: 1
  select_type: SIMPLE
        table: passagier
         type: ALL
possible_keys: PRIMARY
          key: NULL
      key_len: NULL
          ref: NULL
         rows: 36354
        Extra: Using where
*************************** 2. row ***************************
           id: 1
  select_type: SIMPLE
        table: buchung
         type: ref
possible_keys: passagier_idx
          key: passagier_idx
      key_len: 4
          ref: FlughafenDB.passagier.passagier_id
```

```
         rows: 64
        Extra:
```

Listing 9.48 EXPLAIN-Ausgabe der Abfrage aus Listing 9.47

Die `EXPLAIN`-Ausgabe in Listing 9.48 erklärt uns wieder die Ausführungsdetails bzw. den Grund für die schnelle Auswertung. Da kein Index auf der Spalte »nachname« vorliegt, der verwendet werden könnte (`key: NULL`), muss die Tabelle »passagier« mit 36.354 Zeilen (`rows: 36354`) vollständig durchsucht werden. Die zugehörigen Buchungen können jedoch anschließend mithilfe des Indexes (`key: passagier_idx`) und der resultierenden `passagier_id`-Werte der ersten Abfrage direkt und schnell abgefragt werden.

Sie sehen, dass der Optimierer von MySQL in Bezug auf Subquerys noch in den Kinderschuhen steckt bzw. dass die automatische Umformung sehr komplex ist. Auch in anderen Datenbanksystemen ist dies ein großes Problem, da eine für den Betrachter leicht zu erkennende Umformung für den Computer oft in sinnvoller Zeit nicht errechenbar ist. Die gezeigten Beispiele haben alle nur eine Subquery. Natürlich können Subquerys auch beliebig verschachtelt werden und beinhalten oft mehrere innere Abfragen. Eine Optimierung wird dann noch schwieriger bzw. unmöglich. Helfen Sie daher Ihrem MySQL-System, und vermeiden Sie Subquerys bzw. analysieren Sie bereits im Vorfeld, ob eine Subquery optimal verarbeitet werden kann und ihr System nicht nur unnötig bremst.

Sortierung durch ORDER BY

Sortierungen werden sehr gerne und teilweise auch sehr voreilig verwendet, obwohl diese auch triviale Anfragen bremsen und die Ausführungszeit stark erhöhen können. Betrachten Sie die Abfrage aller Flüge in Listing 9.49, die einmal mit und einmal ohne Sortierung ausgeführt wird. Um die Ausgabe zu limitieren, selektieren wir durch die Anweisung `LIMIT 5` nur die ersten fünf Flüge aus der Ergebnismenge.

```
mysql> SELECT * FROM flug LIMIT 5;
5 row in set (0.05 sec)
mysql> SELECT * FROM flug ORDER BY flugnr LIMIT 5;
5 row in set (1.00 sec)
mysql> EXPLAIN SELECT * FROM flug
    -> ORDER BY flugnr LIMIT 5 \G
*********************** 1. row ***********************
        table: flug
         type: ALL
possible_keys: NULL
          key: NULL
```

```
           ref: NULL
          rows: 312318
         Extra: Using filesort
```

Listing 9.49 Abfrage mit Sortierung durch Anweisung ODER BY

An der Ausführungszeit der Abfrage mit Sortierung können Sie erkennen, welchen Mehraufwand eine Sortierung bedeutet. Obwohl nur fünf Flüge ausgegeben werden, beträgt die Zeit 1 Sekunde.

In der `EXPLAIN`-Ausgabe ist eine zusätzliche Sortierung des eigentlichen Resultats in der Extra-Spalte mit `Using filesort` gekennzeichnet. Obwohl wir nur fünf Flüge ausgeben, muss die gesamte Ergebnismenge – in diesem Fall alle Flüge – zuerst sortiert werden und anschließend werden die ersten fünf Zeilen des Ergebnisses ausgegeben. Eine Sortierung von geschätzten 312.318 Zeilen (Flügen) ist natürlich sehr aufwendig und resultiert daher in der sehr hohen Bearbeitungsdauer der Abfrage in Listing 9.49.

Gerade bei großen Datenmengen kann eine Sortierung, die bei jeder Anfrage wieder neu berechnet werden muss, sehr aufwendig sein, und Sie sollten sie daher vermeiden. In diesem Fall lässt sich der ständig neu berechneten Sortierung durch einen Index auf der Spalte »flugnr« ausweichen. In Listing 9.50 sehen Sie die Anweisung zum Anlegen eines Indexes mit den Namen `flugnr_idx` über die Spalte »flugnr«:

```
mysql> CREATE INDEX flugnr_idx ON flug(flugnr);
Query OK, 0 rows affected (2,55 sec)
mysql> EXPLAIN SELECT * FROM flug
    -> ORDER BY flugnr LIMIT 5 \G
*********************** 1. row ***********************
        table: flug
         type: index
possible_keys: NULL
          key: flugnr_idx
      key_len: 8
         rows: 5
```

Listing 9.50 Erstellen eines Indexes, um ORDER BY zu beschleunigen

Wie Sie bereits wissen, sind Indizes immer anhand der Spalten, die sie indizieren, sortiert. Dies bedeutet, dass wir nun einen Index zur Verfügung haben, der nach der Flugnummer – der Spalte »flugnr« – sortiert ist. Dieser kann nun auch für die Sortierung der Abfrage verwendet werden. In der `EXPLAIN`-Ausgabe in Listing 9.50 wird sichtbar, dass der Index `flugnr_idx` (Spalte »key«) verwendet wird. Nachdem in der Extra-Spalte kein Using filesort angegeben ist, können wir davon ausgehen, dass die Sortierung direkt aus dem Index übernommen wird. MySQL liest nun also die ersten fünf Einträge aus dem sortierten Index und sucht anschließend nur mehr die fünf Treffer (rows: 5) aus der Originaltabelle über den Primärschlüssel. Beide Zugriffe auf Index bzw. Primärschlüssel sind sehr schnell und verringern daher die Abfragezeit drastisch.

Ihnen ist auch sicher aufgefallen, dass bei possible_keys in Listing 9.50 kein möglicher Index (possible_keys) angegeben ist, obwohl dann in der darauffolgenden Spalte »key« die Verwendung des Indexes flugnr_idx angezeigt wird. In diesem Fall bezieht sich possible_keys jedoch nur auf Indizes, die für die Verarbeitung einer WHERE-Bedingung verwendet werden können. Da unsere Abfrage in diesem Beispiel keine zusätzliche Einschränkung besitzt, wird hier auch NULL für die möglichen Indizes angegeben.

Um Ihnen auch noch den Geschwindigkeitsunterschied zu demonstrieren, haben wir in Listing 9.51 noch einmal die zwei Anfragen mit dem erzeugten Index flugnr_idx ausgeführt:

```
mysql> SELECT * FROM flug LIMIT 5;
5 row in set (0.05 sec)
mysql> SELECT * FROM flug ORDER BY flugnr LIMIT 5;
5 row in set (0.05 sec)
```

Listing 9.51 Abfragen mit Index über Spalte »flugnr«

Sie sehen also, dass wir bereits mit diesem Index die Anfrage um ein 20faches beschleunigen konnten. Überprüfen Sie also immer genau, ob eine Abfrage mit ORDER BY wirklich nötig ist und ob diese nicht bei häufigem Auftreten mithilfe eines Indexes optimiert werden kann.

Gruppierung durch GROUP BY

Die Verwendung des Gruppierungsoperators GROUP BY resultiert wie auch die Verwendung von ORDER BY in der Erstellung eines berechneten Zwischenergebnisses. Das Ergebnis kann also nicht wie bei einer einfachen SELECT-Anfrage direkt von der Originaltabelle zum Datenbank-Client geliefert werden, sondern muss zuerst zwischengespeichert werden, bearbeitet, sortiert bzw. gruppiert werden und kann erst schlussendlich an den Client geliefert werden. Diese Operationen (GROUP BY, ORDER BY) können daher besonders viele Ressourcen benötigen und sollten daher genau betrachtet werden. Auch das Schlüsselwort DISTINCT gehört zu diesen Operationen und funktioniert ähnlich zum GROUP BY. Betrachten Sie die Abfrage in Listing 9.52. Sie berechnet den Durchschnittspreis der Buchungen der ersten zehn Flüge in der Buchungstabelle:

```
mysql> SELECT flug_id,AVG(preis) FROM buchung
    -> GROUP BY flug_id  LIMIT 10;
10 rows in set (0,07 sec)
```

Listing 9.52 Durchschnittliche Buchungspreise der ersten zehn Flüge

Wenn Sie diese Abfrage ausführen, werden Sie feststellen, dass diese sehr schnell durchgeführt werden kann. Wenn Sie die `EXPLAIN`-Ausgabe in Listing 9.53 betrachten, sehen Sie auch den Grund. Der Index auf der Spalte `flug_id` (`key: flug_idx`) kann verwendet werden, und es müssen nur 46.480 Zeilen gelesen werden.

```
mysql> EXPLAIN SELECT flug_id,AVG(preis) FROM buchung
    -> GROUP BY flug_id LIMIT 10 \G
*************************** 1. row ***************************
           id: 1
  select_type: SIMPLE
        table: buchung
         type: index
possible_keys: NULL
          key: flug_idx
      key_len: 4
          ref: NULL
         rows: 46480
        Extra:
```

Listing 9.53 EXPLAIN der Abfrage aus Listing 9.52

MySQL führt die Gruppierung über die Spalte »flug_id« daher mit dem zugehörigen Index durch. Für jede `flug_id` werden dabei die zugehörigen Buchungen gesucht, gruppiert und der Durchschnitt der Spalte »preis« berechnet. Da wir in diesem Beispiel durch die `LIMIT`-Anweisung nur zehn Flüge benötigen, kann MySQL nach der Abarbeitung von zehn Flügen mit geschätzten 46.480 Buchungen (`rows: 46480`) die Verarbeitung beenden. Im Gegenzug kann die Abfrage in Listing 9.54, die nach der Spalte Sitzplatz gruppiert und den Durchschnittspreis jedes Sitzplatzes berechnet, auf keinen Index zurückgreifen und muss daher alle Daten (`rows: 36696846`) einlesen und ressourcenintensiv gruppieren. Obwohl das Ergebnis nur wenige hundert Ergebnisse hat (Sitz 1A, 1B, 2A, ...), ist die Berechnung sehr aufwendig.

```
mysql> EXPLAIN SELECT sitzplatz,avg(preis) FROM buchung
    -> GROUP BY sitzplatz LIMIT 10 \G
*************************** 1. row ***************************
           id: 1
```

```
  select_type: SIMPLE
        table: buchung
         type: ALL
possible_keys: NULL
          key: NULL
      key_len: NULL
          ref: NULL
         rows: 36696846
        Extra: Using temporary; Using filesort
```

Listing 9.54 Gruppierung nach Sitzplatz

Das Beispiel in Listing 9.54 erzeugt nur eine Zwischentabelle (`Extra: Using temporary`) zur Gruppierung von mehreren hundert Einträgen (verschiedene Sitzplätze). Abfragen können aber oft auch sehr große Zwischenergebnisse erzeugen, die aus Platzgründen nicht mehr im Hauptspeicher Platz finden und auf den Sekundärspeicher (Festplatte) ausgelagert werden müssen. Diese Abfragen mit großen Zwischenergebnissen sollten Sie unbedingt vermeiden, da sie den MySQL-Server sehr stark beeinträchtigen. SQL ist sehr mächtig und kann Ihnen viel Arbeit abnehmen. Bedenken Sie jedoch immer, welche Auswirkungen eine SQL-Abfrage hat und wie diese am Server durchgeführt wird. Nicht immer ist eine einzelne komplexe SQL-Abfrage die beste Lösung. In Ausnahmefällen sind Aufgaben in einer Prozedur (siehe Kapitel 11, »Gespeicherte Programme und Events«) im prozeduralen Stil mit Cursors und Schleifen, in einem Skript oder in der Anwendung selbst schneller zu lösen als in einer SQL-Abfrage. Hier helfen nur die Erfahrung und das Ausprobieren, um den für Ihr Szenario besten Lösungsweg zu finden.

Verwendung von LIKE

Die Verwendung von `LIKE` in `WHERE`-Bedingungen wird gerne dazu verwendet, alle Zeilen aufzufinden, die in einer Textspalte (zum Beispiel `VARCHAR`) ein bestimmtes Wort oder Teile beinhalten. Das Beispiel in Listing 9.55 zeigt die `EXPLAIN`-Ausgabe der Abfrage, die nach allen Flughäfen sucht, deren Namen die Zeichenkette »Munich« beinhalten:

```
mysql> EXPLAIN SELECT * FROM flughafen
    -> WHERE name LIKE '%Munich%' \G
*************************** 1. row ***************************
           id: 1
  select_type: SIMPLE
        table: flughafen
         type: ALL
possible_keys: NULL
          key: NULL
```

```
      key_len: NULL
          ref: NULL
         rows: 13647
        Extra: Using where
```

Listing 9.55 EXPLAIN-Ausgabe einer Abfrage mit LIKE

Obwohl diese Anfrage nur einen Treffer hat – den Flughafen in München – und ein Index auf der Spalte »name« liegt, müssen trotzdem alle Zeilen durchsucht werden. Das Problem liegt hier bei dem sogenannten *Wildcard-Character* `%`, der für einen beliebigen Text steht.

Wie beschrieben, ist ein Index nach einer oder mehreren indizierten Spalten sortiert und verkleinert so den Suchraum durch intelligentes Ausnutzen der Sortierung bei der Suche. Wenn wir nun wie in diesem Beispiel jedoch den Anfang der Spalte »name« als beliebig definieren, können wir keine Sortierung nutzen. Nehmen wir zwei beispielhafte Werte »Old-Town Munich« und »Airport Munich«. Beide Werte enthalten die Zeichenkette »Munich«, würden jedoch bei einer Sortierung durch die Anfangsbuchstaben »O« und »A« weit auseinanderliegen. Da wir mit »%« jeden beliebigen Text vor »Munich« akzeptieren, muss somit der gesamte Baum bzw. Index durchsucht werden.

Zur besseren Vorstellung können Sie auch im Telefonbuch nach allen Personen suchen, die im Nachnamen an beliebiger Stelle die Zeichenkette »ier« haben. Um alle Personen, wie zum Beispiel »Maier«, zu finden, müssen Sie das gesamte Telefonbuch durchsuchen, um keine Namen zu übersehen. Die Sortierung des Telefonbuchs können Sie so nicht nutzen.

Aus diesem Grund sollten Sie diese sogenannte linksseitige Trunkierung (`%` am Anfang eines Suchmusters) vermeiden. Die Abfrage in Listing 9.56 verwendet nur eine rechtsseitige Trunkierung (`%` am Ende des Suchmusters) und kann daher den Index (`key: name_idx`) verwenden. Der `typ: range` gibt an, dass es sich um einen Bereich (mehrere Teile des Baums) handelt, der auf dem Index abgefragt wird.

```
mysql> EXPLAIN SELECT * FROM flughafen
    -> WHERE name LIKE 'Munich%' \G
*************************** 1. row ***************************
           id: 1
  select_type: SIMPLE
        table: flughafen
         type: range
possible_keys: name_idx
          key: name_idx
      key_len: 52
          ref: NULL
```

```
         rows: 1
        Extra: Using index condition
```

Listing 9.56 Abfrage mit rechtsseitiger Trunkierung

Durch die angegebenen Anfangsbuchstaben »Mun...« kann bereits ein Großteil der Tabelle ausgeschlossen werde, und die Suche kann vollständig durch den Index abgearbeitet werden. Beachten Sie jedoch, dass zum Beispiel »Franz Josef Strauß Munich« in diesem Fall nicht gefunden werden würde.

Natürlich gibt es auch Anwendungsbereiche, bei denen eine links- und rechtsseitige Trunkierung unbedingt nötig ist. Denken Sie nur an eine Suchfunktion in einer Webseite. Gibt ein Besucher »A-380« in die Suchmaske ein, will dieser alle Artikel als Ergebnis erhalten, in denen das Wort »A-380« enthalten ist. Würde die Suche beschränkt werden, dass nur Artikel gefunden werden, bei denen das erste Wort des Artikels »A-380« ist, wäre diese Suchfunktion nutzlos. Für derartige Einsatzzwecke empfehlen wir Ihnen Speziallösungen, wie etwa den Volltextindex von MyISAM, zu dem Sie in Abschnitt 9.2.9 nähere Informationen finden.

Berechnungen oder Funktionen in WHERE

Die `WHERE`-Bedingung in SQL ist sehr mächtig und kann auch komplexe Berechnungen aufnehmen. Leider können diese Berechnungen sehr oft die Ausführungsgeschwindigkeit stark beeinträchtigen und die Verwendung von Indizes verhindern. Betrachten Sie die `EXPLAIN`-Ausgabe der Abfrage nach allen Flügen, deren Flugzeit über sechs Stunden beträgt, in Listing 9.57:

```
mysql> EXPLAIN SELECT count(*) FROM flug
    -> WHERE TIMEDIFF(ankunft,abflug) > '06:00:00' \G
*************************** 1. row ***************************
           id: 1
  select_type: SIMPLE
        table: flug
         type: ALL
possible_keys: NULL
          key: NULL
      key_len: NULL
          ref: NULL
         rows: 312156
        Extra: Using where
```

Listing 9.57 Abfrage aller Flüge mit einer Flugzeit über 18 Stunden

Obwohl das Ergebnis nur wenige Flüge beinhaltet, müssen alle vom Optimierer geschätzten 312.156 Zeilen (Flüge) überprüft werden, da Berechnungen in jeder Zeile durchgeführt werden müssen, bevor die eigentliche Überprüfung `> '06:00:00'` in der `WHERE`-Klausel durchgeführt werden kann. Auch die Indizes auf den Spalten »abflug« und »ankunft« können nicht verwendet werden, da die Berechnung in jeder Zeile durchgeführt werden muss.

Dieses Problem lässt sich sehr einfach umgehen, indem Sie eine zusätzliche Spalte mit der Flugzeit und einen Index darauf erzeugen:

```
mysql> ALTER TABLE flug ADD flugzeit TIME;
mysql> CREATE INDEX flugzeit_idx ON flug(flugzeit);
```

Listing 9.58 Erstellen einer Berechnungsspalte mit Index

```
mysql> UPDATE flug SET flugzeit = TIMEDIFF(ankunft,abflug);
```

Listing 9.59 Nachträgliche Berechnung der Flugzeiten aller Flüge

Mit der einmaligen Aktualisierung aus Listing 9.59 werden alle Flugzeiten berechnet und in der Spalte »flugzeit« gespeichert. Mit dem in Listing 9.58 erstellten Index über die Spalte »flugzeit« können anschließend Abfragen über die Flugzeit sehr schnell durchgeführt werden.

Beachten Sie jedoch, dass die Spalte mit der Flugzeit immer aktuell gehalten werden muss. Haben Sie Zugriff auf die Software, die auf die Datenbank zugreift, ist die einfachste Lösung, die Berechnung der Flugzeit bereits bei der Einfügeoperation auf Anwendungsebene durchzuführen. Sie können die Berechnung der Flugzeit aber auch durch einen Trigger (weitere Informationen zu Triggern finden Sie in Abschnitt 11.6) bei jeder Aktualisierung oder Einfügeoperation berechnen.

Eine ressourcenschonendere Variante ist die neue Berechnung aller Flugzeiten jede Nacht. Dies können Sie sehr einfach über ein Event (weitere Details zu Events finden Sie in Abschnitt 11.7), das die Anweisung aus Listing 9.59 ausführt, realisieren. Diese Variante ist ressourcensparend, hat jedoch auch zur Folge, dass die Flugzeit nicht in Echtzeit aktualisiert wird und unter Umständen falsch oder leer (bei neuen Flügen) ist. Hier müssen Sie zwischen Aktualität und Rechenaufwand im laufenden Tagesbetrieb abwägen und die für Sie bessere Variante wählen.

Dasselbe Problem besteht bei einfachen arithmetischen Berechnungen, wie zum Beispiel `WHERE spalte1 + spalte2 > 100`. Auch diese Berechnungen sollten Sie – wenn möglich – in einer eigenen Spalte vorberechnen und dann die Abfrage auf die bereits berechnete Spalte durchführen. Sie können so die zeitaufwendigen Full-Table-Scans und die ständigen Neuberechnungen vermeiden und Ihren Server stark entlasten.

Aber sogar noch einfachere Konstrukte, wie zum Beispiel die arithmetische Berechnung `WHERE flug_id + 10 = 100`, können bereits die Verwendung eines Indexes verhindern und resultieren dementsprechend in einem Full-Table-Scan. MySQL führt bei dieser Abfrage in jeder Zeile die Berechnung `+10` durch. Für einen Menschen ist leicht zu erkennen, dass diese Berechnung der Anweisung `flug_id = 110` entspricht. MySQL und auch andere Datenbanksysteme können dies nicht erkennen und können diese Umformung daher nicht automatisch durchführen. Vermeiden Sie daher derartige Berechnungen, führen Sie diese Berechnung für MySQL im Vorhinein durch, und verwenden Sie den resultierenden Ausdruck `WHERE flug_id = 110`. MySQL wird es Ihnen mit der optimalen Nutzung des Primärindexes auf der Spalte »flug_id« und der beschleunigten Abfrageverarbeitung danken.

Einschränkungen nach Zeit und Datum

Sehr häufig werden Abfragen erzeugt, die zeitliche Einschränkungen in der `WHERE`-Klausel beinhalten. Betrachten Sie das Beispiel in Listing 9.60, in dem alle Flüge in den ersten 14 Tagen im Juli des Jahres 2011 gesucht werden:

```
mysql> EXPLAIN SELECT * FROM flug
    -> WHERE YEAR(abflug) = 2011 AND MONTH(abflug) = 7
    -> AND DAY(abflug) < 15 \G
*************************** 1. row ***************************
           id: 1
  select_type: SIMPLE
        table: Flug
         type: ALL
possible_keys: NULL
          key: NULL
      key_len: NULL
          ref: NULL
         rows: 312156
        Extra: Using where
1 row in set (0.00 sec)
```

Listing 9.60 Abfrage der Flüge im Juli des Jahres 2011

Durch die Funktionen `MONTH()`, `YEAR()` und `DAY()` müssen alle Zeilen überprüft werden, da in jeder Zeile zuerst der Monat und das Jahr extrahiert werden muss, bevor diese Werte überprüft bzw. gefiltert werden können. Diese Abfrage lässt sich jedoch mit sehr einfachen Mitteln optimieren, so dass der Index auf der Spalte »ankunft« verwendet wird. Verwenden Sie dazu einfach den jeweils ersten und letzten Tag in ihrem gewünschten Zeitfenster (im Beispiel Monat Juli 2011) und schränken Sie die Abfrage über das definierte Zeitfenster ein, wie in Listing 9.61 angegeben.

```
mysql> EXPLAIN SELECT * FROM flug
    -> WHERE abflug between '2011-07-01' AND '2011-07-14' \G
*************************** 1. row ***************************
           id: 1
  select_type: SIMPLE
        table: flug
         type: ALL
possible_keys: abflug_idx
          key: NULL
      key_len: NULL
          ref: NULL
         rows: 37816
        Extra: Using where
```

Listing 9.61 Verwendung eines Zeitfensters als Einschränkung

Wie Sie in der `EXPLAIN`-Ausgabe in Listing 9.61 erkennen können, kann durch die Angabe des Zeitfensterns der Index auf der Spalte »abflug« verwendet werden, da bereits Zeitpunkte angegeben werden und keine dynamischen Berechnungen pro Zeile durchgeführt werden müssen. Bei dieser Abfrage konnten wir durch die sehr kleine Änderung eine sehr große Wirkung erzielen, da nur mehr 37.816 Zeilen (ca. 10 % der Daten) überprüft werden müssen und die Abfrage auf unserem Testrechner von 0.20 auf 0.01 Sekunden reduziert werden konnte. Sie sehen also, dass die Zeit zur Erstellung von optimierten Abfragen durch die Entlastung Ihres Servers gut investiert ist.

Die LIMIT-Anweisung zur Optimierung?

Die `LIMIT`-Anweisung dient zur Einschränkung der Ergebnismenge einer Abfrage. Häufig würden Abfragen Tausende oder sogar Millionen von Zeilen zurückliefern. Der Benutzer, der in der Applikation diese Liste von Ergebnissen betrachtet, ist jedoch meist nur an einem Bruchteil der Ergebnismenge interessiert. Üblicherweise ist auch der Platz zur Anzeige von Daten durch die Applikation bzw. den Bildschirm begrenzt. Zusätzlich würde die Übertragung von Tausenden Zeilen vom MySQL-Server zur Applikation zu viel Zeit in Anspruch nehmen. Genau für einen derartigen Einsatzzweck wurde die `LIMIT`-Anweisung entworfen.

Denken Sie zum Beispiel wieder an die Anzeigetafeln der An- und Abflüge unseres Flughafens. Auf dieser Tafel werden immer die nächsten zehn Abflüge auf einem Bildschirm dargestellt. Die zugehörige Abfrage ist in Listing 9.62 dargestellt. Ohne

LIMIT-Anweisung müssten sehr viele Flüge übertragen werden, die anschließend aber aufgrund der limitierten Anzeigefläche verworfen werden müssten.

```
mysql> SELECT * FROM flug WHERE abflug > NOW() LIMIT 10;
```

Listing 9.62 Abfrage der nächsten zehn Abflüge

Die LIMIT-Anweisung ist sehr hilfreich, wird jedoch auch oft zu schnell und unüberlegt eingesetzt. Sehr häufig wird die LIMIT-Anweisung mit ORDER BY oder GROUP BY verwendet. Betrachten Sie das Szenario, indem Sie die zehn teuersten Buchungen ausgeben wollen – also jene Buchungen, die mit dem höchsten Preis durchgeführt wurden. Eine naheliegende Umsetzung mit der LIMIT-Anweisung finden Sie in Listing 9.63, bei der die Tabelle nach dem preis absteigend (DESC) sortiert wird und nur die ersten zehn Treffer ausgegeben werden.

```
mysql> SELECT * FROM buchung ORDER BY preis DESC LIMIT 10;
10 rows in set (32.19 sec)
```

Listing 9.63 Abfrage der zehn teuersten Buchungen im System

Sehr verführerisch ist hier die LIMIT-Anweisung, die im ersten Augenblick vermuten lässt, dass nur zehn Zeilen ausgegeben werden und daher »nur« die zehn höchsten Preise gesucht werden müssen. Sie müssen jedoch beachten, dass in vielen Fällen in Kombination mit ORDER BY und GROUP BY zuerst die gesamte Ergebnismenge berechnet werden muss und erst am Ende die zehn obersten Zeilen zurückgeliefert werden. So werden auch in diesem Beispiel zuerst ca. 37 Millionen Buchungen sortiert und erst dann ein Bruchteil (zehn Zeilen) zurückgegeben. Aus diesem Grund benötigt diese Anfrage über 32 Sekunden.

Verfügt die Tabelle hingegen über einen Index über die Spalte »preis«, kann diese Sortierung des Indexes zur schnellen Suche der zehn teuersten Buchungen verwendet werden. In Listing 9.64 sehen Sie die Anweisung zur Erzeugung eines Indexes über die Spalte »preis« und die EXPLAIN-Ausgabe der Abfrage. Sie sehen, dass die Abfrage stark beschleunigt wird und mit dem Index nur noch 0.08 Sekunden benötigt.

```
mysql> CREATE INDEX preis_idx ON buchung(preis);
Query OK, 0 rows affected (9 min 4.75 sec)
mysql> SELECT * FROM buchung ORDER BY preis DESC LIMIT 10;
10 rows in set (0.08 sec)
mysql> EXPLAIN SELECT * FROM buchung
    -> ORDER BY preis DESC LIMIT 10 \G
*************************** 1. row ***************************
           id: 1
  select_type: SIMPLE
```

```
        table: buchung
         type: index
possible_keys: NULL
          key: preis_idx
      key_len: 5
          ref: NULL
         rows: 10
        Extra:
```

Listing 9.64 Abfrage der zehn teuersten Buchungen über den Preisindex

Beachten Sie aber auch, dass die Erzeugung und Aktualisierung eines Indexes viel Zeit in Anspruch nehmen kann. Dennoch kann sich die temporäre Erzeugung von Indizes lohnen. Zum Beispiel könnten Sie in der Nacht, wenn Ihr Server nicht unter Last steht, zur Beschleunigung von Analysen diverse Indizes erzeugen. Nach der Abarbeitung der nächtlichen Analysen können die erzeugten Indizes wieder gelöscht werden, und für den Tagesbetrieb steht wieder die volle Einfügegeschwindigkeit zur Verfügung. Beachten Sie aber, dass die gesamte Tabelle während der Indexerzeugung gesperrt wird und weder Einfüge- noch Leseoperationen durchgeführt werden können. Sie müssen diese Möglichkeit daher zuerst in Ihrem Anwendungsfall genau überprüfen und testen, ob der Mehraufwand der Indexerzeugung gerechtfertigt ist bzw. einen Mehrwert bringt.

Wenn Sie `LIMIT` einsetzen, betrachten Sie immer genau, ob MySQL die Einschränkung der Ergebnismenge durch die `LIMIT`-Anweisung auch direkt zur Optimierung der Abfrageverarbeitung nutzen kann und nicht trotzdem alle Zwischenergebnisse bei jeder Abfrage berechnet werden müssen.

Die JOIN-Reihenfolge und Optimierung

Die Reihenfolge von Join-Abarbeitungen haben Sie bereits in Kapitel 5, »Architektur«, kennengelernt. Auch wenn die Optimierung der Join-Reihenfolge das Herzstück eines Optimierers darstellt und diese daher meist sehr gut durchgeführt wird, kann der Optimierer nur nutzen, was auch vorhanden ist. Fehlen die nötigen Indizes für schnelle Join-Abarbeitungen, wird die Abfrage dennoch langsam verarbeitet.

Betrachten Sie die Abfrage und deren `EXPLAIN`-Ausgabe in Listing 9.65, die alle Zielländer der Flüge ermittelt, die Robert Bean gebucht hat:

```
mysql> EXPLAIN SELECT vorname,nachname,flug_id,flughafen_geo.land
    -> FROM passagier JOIN buchung USING (passagier_id)
    -> JOIN flug USING (flug_id) JOIN flughafen_geo
    -> ON (flug.nach=flughafen_geo.flughafen_id)
    -> WHERE vorname = 'Robert' AND nachname = 'Bean' \G
```

```
************************* 1. row *************************
           id: 1
  select_type: SIMPLE
        table: passagier
         type: ALL
possible_keys: PRIMARY
          key: NULL
      key_len: NULL
          ref: NULL
         rows: 36485
        Extra: Using where
************************* 2. row *************************
           id: 1
  select_type: SIMPLE
        table: buchung
         type: ref
possible_keys: flug_idx,passagier_idx
          key: passagier_idx
      key_len: 4
          ref: FlughafenDB.passagier.passagier_id
         rows: 1
        Extra:
************************* 3. row *************************
           id: 1
  select_type: SIMPLE
        table: flug
         type: eq_ref
possible_keys: PRIMARY,nach_idx
          key: PRIMARY
      key_len: 4
          ref: FlughafenDB.buchung.flug_id
         rows: 1
        Extra:
************************* 4. row *************************
           id: 1
  select_type: SIMPLE
        table: flughafen_geo
         type: ref
possible_keys: flughafen_idx
          key: flughafen_idx
      key_len: 2
          ref: FlughafenDB.flug.nach
         rows: 1
        Extra:
```

Listing 9.65 Abfrage der Zielländer der Flüge von Robert Bean

Eine der wichtigsten Spalten in der Ausgabe von `EXPLAIN` ist die Spalte »key«, die angibt, ob ein Index bei der Ausführung verwendet wird. Nur wenn ein Index für die Join-Abarbeitung verwendet werden kann, können auch die verarbeiteten Zeilen (`rows`) gering gehalten werden. Die Reihenfolge der Zeilen der `EXPLAIN`-Ausgabe gibt zusätzlich an, in welcher Reihenfolge die Join-Abfrage verarbeitet wird. In diesem Fall wird zuerst in der Tabelle »passagier« gesucht. Die Spalten `Extra: Using where` und `type: ALL` geben dabei an, dass ein Full-Table-Scan auf 36.485 Zeilen (`rows: 36485`) mit einer `WHERE`-Bedingung (in diesem Fall Vor- und Nachname) durchgeführt wird. Für jede passende Zeile – in unserem Fall nur genau eine, die von Robert Bean – wird nun weiter »gejoint«. Daher werden im nächsten Schritt die zugehörigen Buchungen aus der Tabelle »buchung« mithilfe eines Indexes (`key: passagier_idx`) über die `passagier_id` von Robert Bean gesucht. Für alle Buchungen werden im dritten Teil des Joins die passenden Flüge abgefragt.

Auch bei dieser Abarbeitung kann wiederum ein Index – in diesem Fall sogar der Primärindex (`key: PRIMARY`) auf der Spalte »flug_id« verwendet werden. Durch die Verwendung des Primärindexes handelt es sich auch um den Jointyp `type: eq_ref`, der darauf hinweist, dass für jede Zeile auf der linken Seite des Joins genau eine Zeile auf der rechten Seite zutrifft. Da der Primärschlüssel eindeutig ist, kann diese 1:1-Beziehung garantiert werden. Bei `type: ref`, wie auch beim letzten Schritt des Joins, wird ein Index (`key: flughafen_idx`) verwendet, aber eine 1:1-Beziehung kann nicht garantiert werden, da auf der Tabelle »flughafen_geo« ein `INDEX(flughafen_id)` angelegt wurde. Hier könnte man den Index auf `UNIQUE(flughafen_id)` ändern, um auch den Optimierer mit zusätzlichem Wissen zu unterstützen. Dennoch handelt es sich bei dieser Abfrage um eine hochoptimierte Abfrage. Es kann bei jedem Join ein Index verwendet werden und die Join-Reihenfolge führt ebenfalls zu einer minimalen Menge an Zwischenergebnissen.

Stellen Sie sich nur vor, der Optimierer würde die Joins in umgekehrter Reihenfolge abarbeiten. Im ersten Schritt müsste MySQL zu jedem der 13.593 Flughäfen alle zugehörigen Flüge berechnen. Die 311.985 gefundenen Flüge müssten nun mit den ca. 37 Millionen Buchungen gejoint werden, wodurch eine Zwischentabelle mit 37 Millionen Zeilen entstehen würde. Anschließend müssten noch die Passagiere den Buchungen zugeordnet werden und erst im letzten Schritt könnten alle für das Ergebnis relevanten Zeilen mit dem Namen Robert Bean selektiert werden. Eine derartige Reihenfolge würde Stunden oder noch länger benötigen. Aus diesem Grund ist es wichtig, dass Einschränkungen, wie zum Beispiel der Name, möglichst früh durchgeführt werden, um die Zwischenergebnisse klein zu halten.

Wie Sie in unserer Beispielabfrage in Listing 9.65 gesehen haben, kann bei jedem Join ein Index verwendet werden. Das ist sehr wichtig, um eine schnelle Ausführung zu garantieren. Kann kein Index verwendet werden, muss bei jedem Join-Durchlauf die gesamte Tabelle (Full-Table-Scan) gelesen werden. Wären bei dieser Abfrage keine Indizes verfügbar, müssten für jede der 37 Millionen Buchungen die 311.985 Flüge durchsucht werden. Für jeden Flug müsste dann ebenfalls die gesamte Flughafentabelle mit 13.593 Flughäfen durchsucht werden und zusätzlich jeweils die Passagiere gescannt werden. Es müssten also 13.593 * 311.985 * 37.000.000 * 36.094 Zeilen gelesen werden, das wiederum einer Ausführungsdauer von vermutlich Jahren entsprechen würde.

Achten Sie daher unbedingt darauf, dass Sie bei all Ihren Joins auf den Spalten, die für den Join als Join-Kriterium genutzt werden, Indizes erzeugt haben. Versuchen Sie auch, wie bereits bei den Primärschlüsseln, auf numerische Join-Kriterien zu setzen. Werden bei einem Join zwei String-Spalten (zum Beispiel `VARCHAR`) als Join-Kriterium verwendet, müssen aufwendige String-Vergleiche durchgeführt werden, die ein Vielfaches der Zeit numerischer Vergleiche benötigen. Auch Funktionen, wie zum Beispiel der Vergleich über die Jahreszahl einer `DATETIME`-Spalte `ON (YEAR(datumSpalte1) = YEAR(datumSpalte1))`, sollten Sie im Join-Kriterium vermeiden, da diese ebenfalls die Abarbeitungsgeschwindigkeit drastisch verringern. Legen Sie auch hierfür eigene Spalten an, indem Sie das Jahr vorberechnen. Mit einem Index auf diesen vorberechneten Spalten können dann auch Joins sehr performant durchgeführt werden.

Sie sehen also, dass die Optimierung von Joins, die in realen Szenarien sehr häufig vorkommen und einen Großteil der Abfragen ausmachen, die Geschwindigkeit Ihres Systems stark beeinflussen kann. Analysieren Sie daher auch einfache Joins, und versuchen Sie, dem Optimierer möglichst unter die Arme zu greifen. Die folgende Checkliste zeigt Ihnen noch einmal die wichtigsten Kriterien, die Sie beim Erstellen eines Joins beachten sollten:

- Legen Sie auf Spalten, die in Joins verwendet werden, einen Index an.
- Führen Sie Joins möglichst auf numerischen Spalten aus.
- Verwenden Sie keine Funktionen in einem Join-Kriterium (zum Beispiel `ON (YEAR(datum_spalte1)=YEAR(datum_spalte1))`).
- Bevorzugen Sie als Join-Spalten Primärschlüsselspalten, `UNIQUE`-Spalten oder Indexspalten.

Dem Optimierer unter die Arme greifen

Auch wenn der Optimierer immer versucht, die beste Reihenfolge herauszufinden, können auch ihm Fehler unterlaufen. In Ausnahmefällen verwendet der

Optimierer Indizes, die nicht optimal sind. Es treten auch Situationen auf, bei denen die Ausführung ohne die Verwendung eines Indexes eventuell schneller wäre. Daher bietet MySQL auch die Möglichkeit, dem Optimierer Tipps zu geben. Dies ist selbstverständlich nur sinnvoll, wenn Sie auch geprüft haben, ob Ihre vorgeschlagene Variante deutlich schneller ist.

Für diesen Zweck bestehen in MySQL drei Befehle, mit denen Sie dem Optimierer Tipps geben können. USE INDEX empfiehlt dem Optimierer die Verwendung eines der angegebenen Indizes, IGNORE INDEX bewirkt das Gegenteil und weist MySQL an, die angegebenen Indizes nicht zu verwenden. Der dritte Befehl, FORCE INDEX, verhält sich ähnlich zu USE INDEX, drückt diese Empfehlung jedoch stärker aus. Full-Table-Scans werden mit der FORCE-Option nur ausgeführt, wenn keine Abarbeitung mit dem angegeben Index möglich ist. Beachten Sie aber, dass es sich nur um Empfehlungen handelt, die der Optimierer auch missachten kann. In Listing 9.66 finden Sie die genaue Syntax zu den Optimierer-Tipps, die Sie hinter der jeweiligen Tabelle angeben können:

```
bezeichner_tabelle [liste_vorschlaege]

liste_vorschlaege:
    index_tipp [, index_tipp] ...

index_tipp:
    USE {INDEX|KEY}
      [{FOR {JOIN|ORDER BY|GROUP BY}] ([bezeichner_index_liste])
  | IGNORE {INDEX|KEY}
      [{FOR {JOIN|ORDER BY|GROUP BY}] (bezeichner_index_liste)
  | FORCE {INDEX|KEY}
      [{FOR {JOIN|ORDER BY|GROUP BY}] (bezeichner_index_liste)

bezeichner_index_liste:
    bezeichner_index [, bezeichner_index] ...
```

Listing 9.66 Syntax der Befehle zur Vergabe von Optimierer-Tipps

Neben Vorschlägen zur Verwendung von Indizes können Sie in MySQL auch die Reihenfolge von Joins festlegen. Dem Optimierer wird dabei keine Umordnung der Join-Reihenfolge erlaubt. Sie sollten diese Möglichkeit jedoch nur in absoluten Ausnahmefällen verwenden, da dies schwerwiegende Folgen haben kann. Die Fixierung können Sie über das Schlüsselwort STRAIGHT_JOIN, wie in Listing 9.67 angegeben, festlegen. Diese Fixierung bewirkt, dass die linke Tabelle »tabelle1« immer zuerst bearbeitet wird und mit der rechten Tabelle »tabelle2« gejoint wird. Die Reihenfolge »tabelle1« vor »tabelle2« ist somit fixiert.

```
mysql> SELECT * FROM tabelle1 STRAIGHT_JOIN tabelle2 WHERE...
```

Listing 9.67 Fixierung der Join-Reihenfolge

Diese Fixierung hat aber große Nachteile. Betrachten Sie das Szenario, in dem Sie eine Optimierung und anschließende Fixierung der Reihenfolge durchführen. Einige Wochen oder Monate später nimmt Ihr MySQL-Server keine Anweisungen mehr entgegen, weil eine Abfrage ständig alle Systemressourcen belegt. Genau, es handelt sich um die Abfrage mit der fixierten Reihenfolge. In der Zwischenzeit haben sich die Daten stark geändert und die Datenmenge hat sich vervielfacht. Ihre Optimierung basierte jedoch auf einer anderen Datenmenge und Ihre gewählte Reihenfolge ist für den aktuellen Datenbestand nicht mehr die geeignetste, sondern bremst sogar den gesamten MySQL-Server aus. Der Optimierer hingegen verfügt über aktuelle Statistiken und kann sich daher immer an den aktuellen Datenbestand anpassen.

Genau aus diesem Grund sollten Sie die fixierte Reihenfolge nur in Ausnahmefällen verwenden, wenn der Optimierer die falschen Reihenfolgen berechnet. Dokumentieren Sie jedoch Ihre Fixierung, und halten Sie diese auch in Zukunft gut im Auge, damit Sie Ihnen später nicht zu einem großen Problem werden kann.

Die allgemeingültige Anfrageoptimierung

Die allgemeingültige Anfrageoptimierung, die jede Ihrer Abfragen auf ein Optimum beschleunigt, lernen Sie in der nächsten Auflage des Buches kennen – nein, Spaß beiseite – eine allgemeingültige Anfrageoptimierung gibt es natürlich nicht. Auch die hier vorgestellten Optimierungsstrategien müssen nicht in jedem Fall funktionieren. Wie eine Optimierungsstrategie aussehen kann, hängt immer von Ihren Anforderungen und Daten ab. Sie können sich auch mit der Zeit – zum Beispiel durch einen stark wachsenden Datenbestand – ändern. Sie haben aber in diesem Abschnitt einige Anhaltspunkte kennengelernt und die wichtigsten Werkzeuge (`EXPLAIN`, `SHOW INDEX`, `DESCRIBE`), mit denen Sie Ihre Abfragen analysieren und mögliche Anpassungen testen können. Der wichtigste Schritt ist die Analyse und das Testen ihrer Änderungen.

Bedenken Sie auch, dass eventuelle Beschleunigungen – zum Beispiel durch einen Index – andere Anfragen (zum Beispiel `INSERT`-Anweisungen) verlangsamen können. Das ausführliche Testen ist daher der wichtigste Schritt der Anfrageoptimierung. Verwenden Sie – wenn möglich – auch einen eigenen Testserver, damit ihr Produktivsystem nicht plötzlich langsamer wird oder sogar ausfällt. Legen Sie sich ein Test-Set mit häufig auftretenden Abfragen aus Ihrem Produktivsystem zurecht. Mit diesen Abfragen können Sie auch unter Ihrem Testsystem eine reale Umgebung simulieren und Ihre Änderungen und Einstellungen ausgiebig testen.

Weitere Möglichkeiten, um Abfragen zu testen bzw. zu analysieren, finden Sie auch in Abschnitt 7.9, »Optimierungstechniken«, in dem Sie den Profiler kennenlernen, der Ihnen genau verrät, welche Teile der Ausführung einer Abfrage welche Zeit benötigen. So können Sie zum Beispiel genau feststellen, ob eine Abfrage aus dem Query-Cache (siehe Abschnitt 5.2.1) bezogen wird und wie lange diese Abfrage des Query-Caches benötigt. Auch eine Möglichkeit zum Benchmarking bzw. Stress-Testing – also zum automatischen Absetzen von vielen Abfragen – wird in Abschnitt 7.9, »Optimierungstechniken«, vorgestellt.

Eine weitere Optimierungsmöglichkeit – die Partitionierung – lernen Sie im folgenden Abschnitt kennen. Diese wird vor allem zur Optimierung von sehr großen Datenbeständen genutzt.

9.4 Partitionierung

Die Größe von Tabellen ist oftmals ein limitierender Faktor bezüglich der Performance von Abfragen auf diese Tabellen. Bei großen Tabellen kann die Leistung oftmals durch ein (automatisches) *Aufbrechen der Tabelle* in mehrere, eigenständige Tabellen gesteigert werden. Diesen Vorgang nennt man das *Partitionieren* einer Tabelle. Ein Beispiel dafür ist die sehr umfangreiche Tabelle mit den Wetteraufzeichnungen der Messstationen des Flughafens (siehe auch Seite 140). Mittels Partitionierung können lange zurückliegende Wetteraufzeichnungen von den aktuellen Aufzeichnungen getrennt werden. Eine solche Optimierung über Partitionen bringt viele Vorteile mit sich:

- Daten, die selten gelesen oder manipuliert werden, können von den oft genutzten Daten getrennt und damit ausgelagert werden. Beispielsweise können lange zurückliegende Wetteraufzeichnungen von den aktuellen Aufzeichnungen getrennt werden. So wird jene Tabelle, deren Daten sehr oft abgefragt und manipuliert werden, möglichst klein gehalten. Partitionen können genau auf die Eigenschaften der Datenbankinhalte zugeschnitten werden. Sie können genau festlegen, *wie* die Daten auf die verschiedenen Tabellen verteilt werden und so eine auf Ihre Anforderungen maßgeschneiderte Verteilung erreichen.
- Die (Arbeits-)Last kann auf mehrere, physikalisch getrennte Server oder Festplatten aufgeteilt werden. Diese Server müssen dementsprechend nur einen Teil der ursprünglich großen Tabelle verwalten und können damit Anfragen schneller und effizienter bearbeiten.

- Bei der Abfrage von Daten stellt der Optimierer fest, in welcher Partition die gesuchten Daten liegen. Dementsprechend müssen nur die wirklich für die Beantwortung der Abfrage relevanten Partitionen durchsucht werden. Dies bringt enorme Performance-Vorteile gegenüber dem Lesen der gesamten, großen Tabelle.
- Tabellen, deren Speicherumfang ursprünglich die Festplattenkapazität überschritten hat, können durch die physikalische Verteilung effizient gespeichert werden.
- Werden alte, selten gebrauchte Daten in einer eigenen Partition archiviert, so kann dieses Archiv einfach gelöscht werden, indem die gesamte Partition gelöscht wird.
- Falls Änderungen an Datensätzen durchgeführt werden, werden diese automatisch in die passende Partition verschoben.

Grundsätzlich besteht bei relationalen Tabellen die Möglichkeit, Tabellen *horizontal* oder *vertikal* zu partitionieren. Die *horizontale Partitionierung* einer Datenbanktabelle beschreibt die reihenweise Aufteilung einer Tabelle. Dies bedeutet, dass stets eine (meist zusammengehörende) Menge an Zeilen der ursprünglichen Tabelle physikalisch getrennt voneinander gespeichert wird. Jede dieser Partitionen verfügt immer noch über alle Spalten, das heißt, alle Partitionen verfügen über das gleiche Schema.

Betrachten Sie beispielsweise eine sehr große Tabelle, die alle Flüge der letzten zehn Jahre enthält. Mittels horizontaler Partitionierung kann diese in zehn Partitionen – eine Partition für jedes Jahr – unterteilt werden. Bei einer *vertikalen Partitionierung* werden nicht die Zeilen, sondern die Spalten der Tabelle aufgeteilt. Dies hat den Zweck, die ursprüngliche Tabelle schmaler zu machen.

Ein Beispiel dafür wäre eine Tabelle, die Benutzerdaten enthält. Dabei werden der Benutzername, die E-Mail-Adresse etc. von jedem Benutzer gespeichert und auch sehr oft abgefragt. Zudem gibt es auch noch einige optionale Daten zu jedem Benutzer, die jedoch selten abgefragt werden. Um die Performance von Abfragen auf dieser Tabelle zu steigern, ist es sinnvoll, diese Spalten von der restlichen Tabelle zu trennen und so den Umfang der zu lesenden Daten zu verringern. Die beiden Partitionierungsarten sind in Abbildung 9.8 noch einmal schematisch dargestellt.

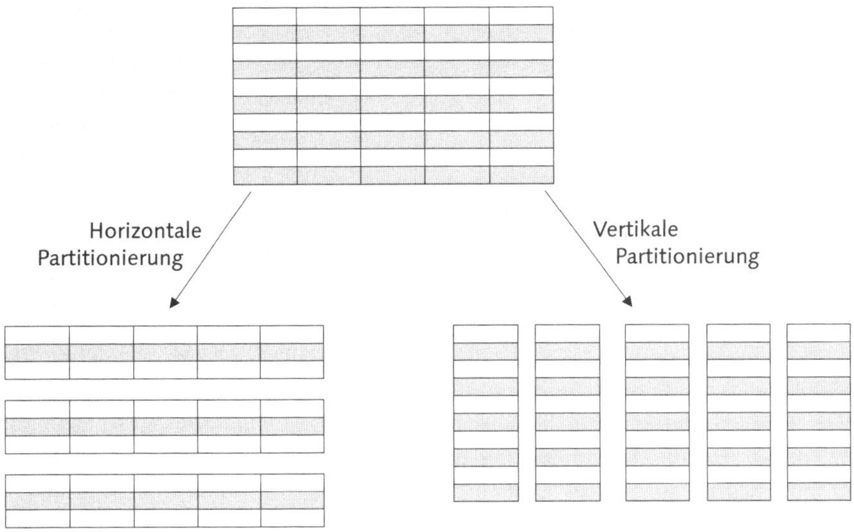

Abbildung 9.8 Horizontale und vertikale Partitionierung

MySQL und Partitionierung

MySQL unterstützt seit der Version 5.1 das horizontale Partitionieren von Tabellen. Eine vertikale Partitionierung wird bisher nicht unterstützt. In der Version 5.6 wird das Partitionieren von allen Speicher-Engines außer CSV, MERGE und FEDERATED unterstützt.

Eine vertikale Trennung von Daten können Sie manuell erreichen, indem Sie die oft abgefragten Daten in einer Tabelle speichern und die restlichen Daten, mit einem Fremdschlüssel verknüpft, in einer weiteren Tabelle halten. Ein Beispiel dazu haben Sie bereits bei den Passagierdaten gesehen. Dabei wurden die oft benötigten Daten (Vorname, Nachname, Passnummer in der Tabelle »passagier«) von den seltener benötigten Daten (Anschrift, Geburtsdatum etc. in der Tabelle »passagierdetails«) getrennt.

In einer MySQL 5.6-Standardinstallation ist die Partitions-Unterstützung über das entsprechende Plugin partition bereits inkludiert. Sie können dies feststellen, indem Sie überprüfen, ob das entsprechende Plugin aktiviert ist. Nähere Informationen zum Plugin-System von MySQL finden Sie in Abschnitt 5.4, »Storage-Engines«. Die Überprüfung können Sie über den Befehl `SHOW PLUGINS` realisieren, wie Listing 9.68 zeigt:

```
mysql> SHOW PLUGINS;
+--------------+-------+---------------+----------+--------+
| Name         | Status | Type          | Library  | License |
+--------------+-------+---------------+----------+--------+
```

```
...
| MyISAM          | ACTIVE | STORAGE ENGINE | NULL      | GPL     |
| InnoDB          | ACTIVE | STORAGE ENGINE | NULL      | GPL     |
| partition       | ACTIVE | STORAGE ENGINE | NULL      | GPL     |
...
+-----------------+--------+----------------+-----------+---------+
```

Listing 9.68 Abfrage der installierten Plugins (Auszug)

Das Plugin sollte nach einer Standardinstallation von MySQL 5.6 als aktiv aufscheinen. Wird das Plugin nicht oder als nicht aktiv angezeigt, unterstützt Ihr Server Partionierung nicht. Dies kann der Fall sein, wenn Sie MySQL selbst kompiliert haben. Achten Sie daher unbedingt darauf, beim Kompilieren die Option `-DWITH_PARTITION_STORAGE_ENGINE=1` zu aktivieren. Näheres zur Installation bzw. zum Kompilieren von MySQL finden Sie in Kapitel 6, »Manuelle Installation, Plugins und Upgrades«.

Erzeugung einer partitionierten Tabelle

Bei der Erzeugung einer partitionierten Tabelle können Sie festlegen, anhand welchen Merkmals die Aufteilung der Datensätze auf die Tabellen erfolgen soll. Dies wird durch einen sogenannten *Partitionsschlüssel* und eine *Partitionsfunktion* festgelegt.

Für jede einzufügende Zeile wird entschieden, in welcher Partition diese Zeile abgelegt werden soll. Diese Zuteilung zu einer bestimmten Partition wird aufgrund des Partitionsschlüssels berechnet. Der Partitionsschlüssel umfasst entweder einen oder mehrere Spaltenwerte oder eine Funktion, die den Schlüssel berechnet. Die sogenannte Partitionsfunktion wird dann auf den Partitionsschlüssel jeder Zeile angewendet und berechnet so jene Partition, in der die Zeile gespeichert werden soll.

MySQL stellt fünf verschiedene Partitionstypen zur Verfügung. Die folgende Auflistung soll Ihnen einen kurzen Überblick über diese Typen geben, die in weiterer Folge detailliert beschrieben werden:

- `RANGE` – diese Funktion teilt eine Zeile einer Partition zu, indem überprüft wird, ob der Partitionsschlüssel innerhalb eines definierten Wertebereichs liegt. Beispielsweise können so alle Flüge mit einer ID kleiner als 1.000.000 in eine Partition gespeichert werden und alle Flüge mit einer ID größer als oder gleich 1.000.000 werden in einer weiteren Partition gespeichert.
- `LIST` – mit dieser Partitionsfunktion wird eine Zeile basierend auf ihrem Schlüsselwert einer Partition zugewiesen. Der große Unterschied zur `RANGE`-Funktion ist, dass bei `LIST` für jede Partition über eine Liste festgelegt wird,

welche Schlüsselwerte in dieser Partition gespeichert werden sollen, und nicht ganze Wertebereiche angegeben werden. So kann zum Beispiel festgelegt werden, dass in einer Partition alle Flüge der Fluggesellschaften mit den IDs 100, 105 und 217 gespeichert werden sollen.

- `COLUMNS` – bei dieser Art der Partitionierung wird die Partitionsentscheidung aufgrund mehrerer Spaltenwerte getroffen, beispielsweise können die Wetterdaten anhand des Datums und der Stations-ID partitioniert werden. So kann für jede Station und für jedes Jahr eine eigene Partition erzeugt werden. Zudem können mittels Columns auch Spalten als Partitionsschlüssel verwendet werden, die nicht `INTEGER`-Werte beinhalten (beispielsweise eine Partitionierung über einen Datumswert). Dies ist in den anderen Partitionierungstypen nicht möglich.
- `HASH` – diese Partitionierungsart stellt mittels Hashing sicher, dass die Datensätze gleichmäßig auf die festgelegte Anzahl an Partitionen verteilt werden. Dafür müssen Sie lediglich eine Spalte oder einen Ausdruck basierend auf einer Spalte als Partitionierungsattribut angeben.
- `KEY` – diese Art der Partitionierung ist ähnlich der `HASH`-Partitionierung, allerdings muss die Hashfunktion nicht angegeben werden. Diese wird von MySQL bestimmt.

Diese fünf Partitionstypen werden im Folgenden im Detail behandelt.

Partitionierungsschlüssel und UNIQUE-Schlüssel

Eine sehr wichtige Regel bei der Erstellung von Partitionen ist, dass die als Partitionsschlüssel verwendeten Spalten immer Teil jedes `UNIQUE`-Schlüssels (und damit auch des Primärschlüssels) der Tabelle sein müssen.

RANGE-Partitionierung

Diese Art der Partitionierung legt für jede Partition einen *Wertebereich* für den Partitionsschlüssel fest. Beim Einfügen eines Datensatzes wird also für den Partitionsschlüssel bestimmt, in welchem Wertebereich dieser enthalten ist. Dieser Wertebereich entspricht dann jener Partition, in der der Datensatz gespeichert wird.

Die Wertebereiche und Bezeichner der Partitionen werden mit dem Befehl in Listing 9.69 festgelegt. Dabei können die Wertebereiche nur durch Ganzzahlen angegeben werden.

```
PARTITION bezeichner_partitionierung
VALUES LESS THAN (schwellwert)
```

Listing 9.69 Erzeugung einer RANGE-Partition

So wird definiert, dass die gegebene Partition alle Zeilen enthalten soll, die einen Partitionsschlüssel besitzen, der kleiner als der angegebene Schwellwert ist. Die untere Grenze des Wertebereiches wird dabei durch den Schwellwert der nächstkleineren Partition bestimmt.

Betrachten Sie als Beispiel die Flugtabelle des Flughafens. Da diese Tabelle sehr groß ist, soll sie anhand der Flug-ID partitioniert werden. Listing 9.70 zeigt die Erstellung einer solchen Tabelle. Dabei wird mit dem Schlüsselwort `PARTITION BY RANGE()` der Partitionsschlüssel (`flug_id`) festgelegt, und danach werden die Partitionen samt den zugehörigen Wertebereichen definiert.

Beachten Sie dabei, dass bei den Bezeichnern der Partitionen nicht zwischen Klein- und Großschreibung unterschieden wird. Der angegebene Partitionsschlüssel bei `RANGE`-Partitionierungen muss stets ein `INTEGER`-Wert sein, und die Partitionen müssen in aufsteigender Reihenfolge bezüglich des Partitionsschlüssels angegeben werden. So kann `part2` (ID kleiner als 3.000.000) nicht vor `part1` (ID kleiner als 2.000.000) angegeben werden.

```
mysql> CREATE TABLE flug(
    -> flug_id INT(11) NOT NULL AUTO_INCREMENT,
    -> flugnr CHAR(8) NOT NULL,
    -> von SMALLINT NOT NULL,
    -> nach SMALLINT NOT NULL,
    -> abflug DATETIME NOT NULL,
    -> ankunft DATETIME NOT NULL,
    -> fluglinie_id SMALLINT NOT NULL,
    -> flugzeug_id INT NOT NULL,
    -> PRIMARY KEY (flug_id)
    -> )
    -> PARTITION BY RANGE(flug_id)(
    -> PARTITION part0 VALUES LESS THAN (1000000),
    -> PARTITION part1 VALUES LESS THAN (2000000),
    -> PARTITION part2 VALUES LESS THAN (3000000)
    -> );
```

Listing 9.70 Erzeugung einer `RANGE`-partitionierten Tabelle

Bei der in Listing 9.70 angeführten Aufteilung der Partitionen wird nicht festgelegt, wo Flüge mit einer `flug_id` größer als 3.000.000 gespeichert werden sollen. Sollte der Fall eintreten, dass ein Flug mit einer ID größer als 3.000.000 gespeichert werden soll, wird die in Listing 9.71 angeführte Fehlermeldung geworfen:

```
ERROR 1526 (HY000): Table has no partition for value 3000002
```

Listing 9.71 Fehlermeldung bei nicht definiertem Wertebereich

Eine solche starre Verteilung aller Partitionen lässt also keinen Raum für ein etwaiges Anwachsen der Tabelle oder abweichende Werte. Dieses Problem können Sie umgehen, indem der Wertebereich der letzten Partition nicht starr festgelegt wird. Dafür können Sie das Schlüsselwort `MAXVALUE` verwenden. `MAXVALUE` steht dabei für einen Wert, der stets größer als der größte einzufügende Wert ist, und beinhaltet in diesem Beispiel alle Datensätze, die nicht in `part0`, `part1` oder `part2` gespeichert werden und damit eine ID größer oder gleich 3.000.000 aufweisen. Eine solche Partition wird oft auch als *Catch-All-Partition* bezeichnet.

Listing 9.72 zeigt, wie Sie die in Listing 9.70 vorgestellte Partitionierung mit einer solchen Catch-All-Partition erzeugen können:

```
mysql> CREATE TABLE flug(
    -> ...
    -> )
    -> PARTITION BY RANGE(flug_id)(
    -> PARTITION part0 VALUES LESS THAN (1000000),
    -> PARTITION part1 VALUES LESS THAN (2000000),
    -> PARTITION part2 VALUES LESS THAN (3000000),
    -> PARTITION part_all VALUES LESS THAN (MAXVALUE)
    -> );
```

Listing 9.72 Erstellung der Partitionen mit einer `MAXVALUE`-Partition

Sie sollten sich allerdings bewusst sein, dass Sie eine solche Catch-All-Partition stets im Auge behalten müssen. Wird die Partition zu groß, leidet die Performance. Abhilfe kann in einem solchen Fall das Erzeugen einer weiteren Partition schaffen, beispielsweise eine Partition, die alle Flüge mit IDs bis 4.000.000 enthält. Näheres dazu finden Sie im Abschnitt »Hinzufügen von Partitionen« in diesem Abschnitt 9.4.

Alternativ können Sie die Flugtabelle auch basierend auf dem Abflugdatum partitionieren. Eine solche Partitionierung ist mittels `RANGE` einfach durchführbar. Die Partitionierung basierend auf einem Datumswert ist oft sehr hilfreich, da es mit ihrer Hilfe möglich ist, alte Datensätze, die nur mehr selten abgefragt werden, physikalisch von den aktuellen Datensätzen zu trennen. So wird jene Tabelle, auf der der Großteil der Abfragen durchgeführt wird, automatisch relativ klein gehalten, und die Abfragen darauf können entsprechend schnell durchgeführt werden.

Wie bereits erwähnt, können `RANGE`-Partitionen nur `INTEGER`-Werte als Partitionsschlüssel verwenden. Falls Sie eine Partitionierung basierend auf einer `DATE`-, `TIME`- oder `DATETIME`-Spalte realisieren wollen, gibt es seit MySQL 5.5 die Möglichkeit, eine `COLUMNS`-Partitionierung zu verwenden (siehe Abschnitt »COLUMNS-Partitionierung«).

Alternativ können Sie auch eine Funktion auf den Partitionsschlüssel anwenden, die diesen Schlüssel (Datumswert) in einen INTEGER-Wert umwandelt, um danach eine RANGE-Partitionierung durchführen zu können Dazu stehen die Funktionen YEAR(datum), TO_DAYS(datum) oder UNIX_TIMESTAMP(datum) zur Verfügung. Erstere Funktion liefert stets das Jahr des angegebenen Datumswertes datum zurück. TO_DAYS() berechnet für das angegebene Datum die Anzahl der Tage, die seit dem Jahr 0 vergangen sind. UNIX_TIMESTAMP() berechnet den Zeitstempel des angegebenen Datums, dieser ist durch die Anzahl der vergangenen Sekunden seit dem Jahre 1970 definiert. Listing 9.73 zeigt die Verwendung einer solchen Funktion zur Erzeugung von Partitionen, die jeweils alle Flüge eines Jahres enthalten:

```
mysql> CREATE TABLE flug (
    -> ...
    -> PRIMARY KEY (flug_id, abflug)
    -> )
    -> PARTITION BY RANGE (YEAR(abflug))(
    ->   PARTITION part0 VALUES LESS THAN (2008),
    ->   PARTITION part1 VALUES LESS THAN (2009),
    ->   PARTITION part2 VALUES LESS THAN (2010),
    ->   PARTITION part3 VALUES LESS THAN (MAXVALUE)
    -> );
```

Listing 9.73 Hinzufügen der Partitionierung (basierend auf einem Datumswert) zu einer bereits bestehenden Tabelle

Um die Vorteile von Partitionen optimal nutzen zu können, haben Sie auch die Möglichkeit, den Speicherort für die Daten und die Indizes der einzelnen Partitionen festzulegen. Allerdings ist dies nur eingeschränkt möglich: Windows unterstützt diese Befehle gar nicht, und auch InnoDB ignoriert die dazu benötigten Anweisungen. Falls diese Einschränkungen nicht auf Ihr System zutreffen, können Sie mit den Optionen DATA DIRECTORY und INDEX DIRECTORY den Speicherort der Daten und der Indizes jeder einzelnen Partition festlegen.

Das Beispiel in Listing 9.74 zeigt die Erzeugung der Tabelle »flug«, wobei für jede Partition der Speicherort der Daten und der Indizes vorgegeben wird. In diesem Fall wird davon ausgegangen, dass vier verschiedene Festplatten (disk1, disk2 etc.) vorhanden sind, auf denen jeweils die Indizes und die Daten einer Partition jeweils in einem eigenen Ordner abgespeichert werden.

```
mysql> CREATE TABLE flug(
    -> ...
    -> PRIMARY KEY (flug_id, abflug)
    -> )
```

```
    -> PARTITION BY RANGE (YEAR(datum))(
    -> PARTITION part0 VALUES LESS THAN (2008)
    ->  DATA DIRECTORY = '/disk0/data_dir'
    ->  INDEX DIRECTORY = '/disk0/index_dir',
    -> PARTITION part1 VALUES LESS THAN (2009)
    ->  DATA DIRECTORY = '/disk1/data_dir'
    ->  INDEX DIRECTORY = '/disk1/index_dir',
    -> PARTITION part2 VALUES LESS THAN (2010)
    ->  DATA DIRECTORY = '/disk2/data_dir'
    ->  INDEX DIRECTORY = '/disk2/index_dir',
    -> PARTITION part3 VALUES LESS THAN (MAXVALUE)
    ->  DATA DIRECTORY = '/disk3/data_dir'
    ->  INDEX DIRECTORY = '/disk3/index_dir'
    -> );
```

Listing 9.74 Erzeugen von Partitionen mit vorgegebenem Speicherplatz für Daten und Indizes

LIST-Partitionierung

Die `LIST`-Paritionierung unterscheidet sich von der `RANGE`-Partitionierung darin, dass für die Partitionsfunktion nicht ganze Wertebereiche angegeben, sondern Listen verwendet werden. Diese Listen enthalten für jede Partition jene Partitionsschlüssel, die in der jeweiligen Partition gespeichert werden sollen. Daher eignen sich Attribute, die nur sehr wenige verschiedene Werte aufweisen, besonders gut als Partitionierungsschlüssel bei `LIST`-Partitionierungen.

Betrachten Sie folgendes Beispiel: Die Tabelle »wetterdaten« enthält die Messdaten aller am Flughafen vorhandenen Wetterstationen. Diese Werte werden alle 5 Minuten gemessen, was zu umfangreichen Wetteraufzeichnungen und damit zu einer großen Tabelle führt. Diese kann sehr leicht in Partitionen aufgespalten werden, indem für jede der vier am Flughafen vorhandenen Stationen eine Partition angelegt wird. Das Schlüsselwort `VALUES IN()` überprüft für jeden Datensatz, in welcher Liste – also in welcher Partition – der Partitionsschlüssel enthalten ist. In diesem Beispiel ist jeweils nur ein Schlüssel in der Liste enthalten, da in einer Partition nur die Daten einer Messstation gespeichert werden sollen.

Selbstverständlich können in diesen Listen auch mehrere Partitionsschlüssel enthalten sein, und so können »Klassen« gebildet werden, für welche die Daten in einer Partition zusammengefasst sind. Die Erzeugung einer solchen partitionierten Tabelle ist in Listing 9.75 angeführt:

```
mysql> CREATE TABLE wetterdaten (
    -> datum DATE NOT NULL,
    -> zeit TIME NOT NULL,
    -> station INT(11) NOT NULL,
```

```
-> temp DECIMAL(3,1) NOT NULL,
-> feuchtigkeit DECIMAL (4,1) NOT NULL,
-> luftdruck DECIMAL (10,2) NOT NULL,
-> wind DECIMAL (5,2) NOT NULL,
-> wetter ENUM('Schneefall-Nebel', 'Schneefall', 'Regen',
-> 'Regen-Schneefall', 'Nebel-Regen', 'Gewitter', 'Nebel',
-> 'Regen-Gewitter'),
-> windrichtung SMALLINT(11) NOT NULL,
-> PRIMARY KEY(datum, zeit, station)
-> )
-> PARTITION BY LIST(station)(
-> PARTITION station_1 VALUES IN (1),
-> PARTITION station_2 VALUES IN (2),
-> PARTITION station_3 VALUES IN (3),
-> PARTITION station_4 VALUES IN (4)
-> );
```

Listing 9.75 Erstellung einer LIST-partitionierten Tabelle

Beachten Sie, dass Sie bei der Erzeugung einer LIST-partitionierten Tabelle keine Catch-All-Partition verwenden können. Daher müssen die Listen der Partitionen alle möglichen Werte der Partitionierungsschlüssel enthalten. Falls Sie versuchen, einen Datensatz einzufügen, der keiner Partition zuzuordnen ist, erscheint eine Fehlermeldung. Falls Sie in die oben erzeugte Tabelle beispielsweise Messdaten einer neuen Station mit der ID 5 einfügen, schlägt dies fehl, und MySQL zeigt die in Listing 9.76 angeführte Fehlermeldung an:

```
ERROR 1525 (HY000): Table has no partition for value 5.
```

Listing 9.76 Einfügen in eine nicht vorhandene Partition

COLUMNS-Partitionierung

Eine COLUMNS-Partitionierung bietet Ihnen die Möglichkeit, die Partitionierung basierend auf mehreren Spalten durchzuführen. Zudem ist es mit der COLUMNS-Partitionierung möglich, auch Spalten, die nicht INTEGER-Werte enthalten, als Partitionsschlüssel zu verwenden.

Die Verwendung mehrerer Spalten als Partitionsschlüssel können Sie entweder mit RANGE COLUMNS oder LIST COLUMNS realisieren. Dabei wird die Partitionsfunktion anhand mehrerer Werte ausgewertet, da der Partitionsschlüssel für eine Zeile immer aus Werten aus mehreren Spalten besteht. So können Sie beispielsweise die Tabelle »wetterdaten« über die beiden Spalten »datum« und »station« mittels RANGE COLUMNS partitionieren. Damit können Sie für jede Messstation für jedes Jahr eine eigene Partition anlegen.

Listing 9.77 zeigt die Erzeugung einer solchen Partition. Dabei werden in die Partition `wetter2009_1` alle Datensätze eingeordnet, die vor 2010 und von der Messstation mit der ID 1gemessen wurden. Analog werden in die Partition `wetter2009_2` alle Datensätze der Messstation 2 des Jahres 2010 eingeordnet. Ähnlich können Sie auch `LIST COLUMNS` verwenden. Der Unterschied liegt darin, dass nicht das Schlüsselwort `VALUES LESS THAN`, sondern `VALUES IN` verwendet wird und somit wieder Listen von Werten angegeben werden müssen, die die Zuordnung der Datensätze zu den Partitionen ermöglichen.

Wichtig ist die Anmerkung, dass bei dieser Art der Partitionierung keinerlei Funktionen für die Partitionsschlüssel zulässig sind. So können Sie beispielsweise nicht mittels `YEAR()` das Jahr eines bestimmten Datums extrahieren und als Partitionsschlüssel verwenden. Ein weiterer wichtiger Punkt ist, dass Sie die Partitionen stets aufsteigend bezüglich ihres Partitionsschlüssels angeben müssen.

```
mysql> CREATE TABLE wetterdaten (
    -> ...
    -> )
    -> PARTITION BY RANGE COLUMNS(datum, station)(
    -> PARTITION wetter2008_1 VALUES LESS THAN ('2009-01-01', 2),
    -> PARTITION wetter2008_2 VALUES LESS THAN ('2009-01-01', 3),
    -> PARTITION wetter2008_3 VALUES LESS THAN ('2009-01-01', 4),
    -> PARTITION wetter2008_4 VALUES LESS THAN ('2009-01-01', 5),
    -> PARTITION wetter2009_1 VALUES LESS THAN ('2010-01-01', 2),
    -> PARTITION wetter2009_2 VALUES LESS THAN ('2010-01-01', 3),
    -> PARTITION wetter2009_3 VALUES LESS THAN ('2011-01-01', 4),
    -> PARTITION wetter2009_4 VALUES LESS THAN ('2011-01-01', 5),
    -> ...
    -> );
```

Listing 9.77 Erzeugung von LIST COLUMNS-Partitionen (Auszug)

In MySQL-Versionen vor 5.5 war eine Partitionierung über `DATE`, `DATETIME`, `TIME`, `CHAR`, `VARCHAR BINARY` oder `VARBINARY` nicht direkt möglich, da das Partitionieren nur basierend auf `INTEGER`-Werten funktionierte. So mussten beispielsweise `DATE`-Spalten mit den Funktionen `YEAR()` oder `TO_DAYS()` in `INTEGER`-Werte umgewandelt werden (siehe auch Abschnitt »RANGE-Partitionierung« bzw. Listing 9.73), um darauf partitionieren zu können. Ab MySQL 5.5 ist eine Partition auf den oben genannten Datentypen direkt möglich, wie Listing 9.78 zeigt:

```
mysql> CREATE TABLE wetterdaten (
    -> ...
    -> )
    -> PARTITION BY RANGE COLUMNS(datum)(
```

```
-> PARTITION wetter_2008 VALUES LESS THAN ('2009-01-01'),
-> PARTITION wetter_2009 VALUES LESS THAN ('2010-01-01'),
-> PARTITION wetter_2010 VALUES LESS THAN ('2011-01-01'),
-> PARTITION wetter_2011 VALUES LESS THAN ('2012-01-01')
-> );
```

Listing 9.78 Partitionieren über eine DATE-Spalte mittels RANGE COLUMNS

HASH-Partitionierung

Eine Partitionierung mit der HASH-Partitionierungsart hat zum Ziel, die Daten möglichst gleichmäßig auf die gegebene Anzahl von Partitionen zu verteilen. Dabei müssen Sie nicht wie in der LIST- oder RANGE-Partition genaue Wertebereiche oder Listen für die Partitionierungsschlüssel festlegen. Für eine Partitionierung mittels Hashing genügt es, eine Spalte festzulegen, auf deren Basis die Verteilung berechnet wird (der sogenannte *Hashausdruck*). Zusätzlich müssen Sie noch die gewünschte Anzahl an Partitionen festlegen, da sonst nur eine Partition angelegt wird und somit keine Verteilung erzielt werden kann. Zu diesem Zweck ist es notwendig, dass der verwendete Hashausdruck ein INTEGER-Wert ist bzw. einen solchen berechnet, da die von MySQL standardmäßig verwendete Modulo-Berechnung nur mit ganzzahligen Werten durchgeführt werden kann. Dieser Hashausdruck kann entweder einfach der Wert einer Spalte sein (beispielsweise die ID eines Fluges) oder auch eine komplexe Formel, deren Ergebnis basierend auf mehreren Spaltenwerten berechnet wird. Ein (nicht ganz ernst gemeintes) Beispiel dafür ist in Listing 9.79 angeführt:

```
PARTITION BY HASH((flug_id * 3) + DAYOFYEAR(datum))
```

Listing 9.79 Berechnung eines Partitionsschlüssels

Beachten Sie unbedingt, dass diese Formel bei jeder Einfüge-, Such- oder Löschoperation berechnet werden muss und somit eine aufwendig zu berechnende Formel die Performance negativ beeinflusst. Bei Tabellen, die einen UNIQUE- oder Primärschlüssel besitzen, darf der Partitionsschlüssel nur Spalten enthalten, die Teil dieses UNIQUE- oder Primärschlüssels sind.

Betrachten Sie folgendes Beispiel: die Tabelle »flug«, die eine sehr große Anzahl von Flügen beinhaltet, soll partitioniert werden. Dabei wird bei der Partitionierung kein Wert auf eine spezielle Verteilung der Daten gelegt, die Verteilung der Daten auf die Partitionen soll lediglich möglichst gleichmäßig erfolgen. Die Erzeugung einer derartig partitionierten Tabelle erfolgt mit dem Befehl PARTITION BY HASH unter der Angabe des Hashausdrucks. In weiterer Folge müssen Sie nur noch die gewünschte Anzahl an Partitionen mittels PARTITIONS festlegen. Die Erzeugung der HASH-partitionierten Tabelle »flug« finden Sie in Listing 9.80:

```
mysql> CREATE TABLE flug(
    -> ...
    -> )
    -> PARTITION BY HASH(flug_id)
    -> PARTITIONS 4;
```

Listing 9.80 Erstellung einer HASH-partitionierten Tabelle

Beachten Sie, dass bei der HASH-Partitionierung keine Bezeichner für die Partitionen gewählt werden müssen. Die Angabe der gewünschten Anzahl an Partitionen ist ausreichend.

Falls Sie als Hashausdruck eine DATE-, TIME- oder DATETIME-Spalte wählen möchten, ist dies wiederum über die Funktionen YEAR(), UNIX_TIMESTAMP() oder TO_DAYS() möglich. So kann die Partitionierung beispielsweise also auch über das Attribut abflug erfolgen, indem die entsprechende Funktion darauf angewendet wird. In Listing 9.81 sehen Sie ein entsprechendes Beispiel:

```
mysql> CREATE TABLE flug(
    -> ...
    -> )
    -> PARTITION BY HASH(TO_DAYS(abflug))
    -> PARTITIONS 4;
```

Listing 9.81 Erstellung einer HASH-partitionierten Tabelle basierend auf einem Datumswert

MySQL bietet auch noch die Möglichkeit des *linearen Hashings*. Dieses unterscheidet sich vom normalen Hashing darin, dass ein linearer Zweierpotenz-Algorithmus und nicht der Modulo-Wert des Partitionsschlüssels verwendet wird. Der Vorteil dieser Hashing-Methode liegt in der Performance, die für jegliche Manipulationen bei sehr großen Datenmengen höher als beim normalen Hashing ist. Allerdings können die Daten beim normalen Hashing gleichmäßiger auf die Partitionen verteilt werden. Eine durch lineares Hashing partitionierte Tabelle können Sie über den Befehl in Listing 9.82 erzeugen:

```
PARTITION BY LINEAR HASH(hashausdruck)
PARTIONS anzahl_partitionen
```

Listing 9.82 Lineare HASH-Partitionierung

KEY-Partitionierung

Die KEY-Partitionierung ist einer HASH-Partitionierung sehr ähnlich, der Unterschied liegt dabei im verwendeten Hashalgorithmus. HASH basiert auf einer Modulo-Operation und KEY-Partitionierung verwendet einen Algorithmus, der dem `PASSWORD()`-Algorithmus ähnelt. Nähere Informationen zu diesem Algorithmus finden Sie in Kapitel 10, »Sicherheit«.

Bei der Erstellung einer `KEY`-partitionierten Tabelle müssen Sie lediglich die Anzahl der Partitionen festlegen. Die Partitionierungsfunktion wird von MySQL erzeugt. Dafür wird der Primärschlüssel oder der `UNIQUE`-Schlüssel der Tabelle verwendet.

```
mysql> CREATE TABLE wetterdaten(
    -> ...
    -> )
    -> PARTITION BY KEY()
    -> PARTITIONS 4;
```

Listing 9.83 Erstellung einer `KEY`-partitionierten Tabelle

Alternativ können Sie auch selbst die verwendeten Spalten angeben. Diese müssen jedoch entweder der Primärschlüssel oder ein Teil davon sein. Beachten Sie, dass bei dieser Art der Partitionierung die Spalten, aufgrund derer die Partitionierung durchgeführt wird, nicht zwingend `INTEGER`-Werte enthalten müssen. So kann diese Art der Partitionierung auch auf `CHAR`- oder `DATE`-Spalten angewendet werden.

Ist weder ein Primärschlüssel, noch ein `UNIQUE`-Schlüssel in der zu partitionierenden Tabelle gegeben, erscheint die in Listing 9.84 angeführte Fehlermeldung:

```
ERROR 1488 (HY000): Field in list of fields for partition function n
ot found in table.
```

Listing 9.84 Fehler bei der KEY-Partitionierung

Wie bei der `HASH`-Partitionierung gibt es auch eine *lineare KEY-Partitionierung*, welche Sie mit dem in Listing 9.85 gezeigten Befehl erzeugen können:

```
PARTITION BY LINEAR KEY(partitionsschlüssel)
```

Listing 9.85 Lineare KEY-Partitionierung

Unterpartitionen

Unter dem Begriff *Unterpartitionen* versteht man das nochmalige Partitionieren von bestehenden Partitionen. Tabellen, die mittels `RANGE` oder `LIST` partitioniert sind, können mittels `HASH` oder `KEY` erneut partitioniert werden. Ein solches Unterpartitionieren – auch *zusammengesetztes Partitionieren* genannt – kommt zum Einsatz, wenn logisch definierte Partitionen (beispielsweise über einen Datumswert gebildet, etwa für jedes Jahr eine Partition), weiter unterteilt werden sollen. Diese weitere Unterteilung hat lediglich das Ziel, eine weitere – möglichst gleichmäßige Verteilung – zu erreichen.

Nehmen wir an, dass die Partition der Tabelle »flug« weiter unterteilt werden soll. Dabei soll die Tabelle mit einer Range-Partition basierend auf dem Abflugsdatum (abflug) in vier Partitionen unterteilt werden. Diese Partition soll direkt auf dem Abflugsdatum erfolgen, daher wird eine RANGE COLUMNS-Partitionierung angewendet. Diese Partitionen sollen jeweils über eine HASH-Partition in zwei weitere Partitionen unterteilt werden, um eine gleichmäßige Verteilung der Daten auf weitere Partitionen zu erreichen. Die Erzeugung dieser Tabelle mit acht Partitionen ist in Listing 9.86 angeführt:

```
mysql> CREATE TABLE flug(
    -> ...
    -> PRIMARY KEY (flug_id, abflug)
    -> )
    -> PARTITION BY RANGE COLUMNS(abflug)
    -> SUBPARTITION BY HASH(flug_id)
    -> SUBPARTITIONS 2 (
    -> PARTITION part0 VALUES LESS THAN ('2008-01-01'),
    -> PARTITION part1 VALUES LESS THAN ('2009-01-01'),
    -> PARTITION part2 VALUES LESS THAN ('2010-01-01'),
    -> PARTITION part3 VALUES LESS THAN (MAXVALUE)
    -> );
```

Listing 9.86 Erstellung einer Tabelle mit Unterpartitionen

Beachten Sie, dass Sie beim Erzeugen der Unterpartitionen mittels SUBPARTITION BY KEY(), anders als bei PARTITION BY KEY(), den verwendeten Partitionsschlüssel angeben müssen. Dies ist auch der Fall, wenn ein Primärschlüssel definiert ist.

Alternativ ist es bei der Erzeugung auch möglich, für jede Partition die Unterpartition eigens anzugeben. Dabei ist es erforderlich, dass Sie für jede Partition die gleiche Nummer an Unterpartitionen anlegen und diese für jede Partition spezifizieren. Bei dieser Schreibweise ist es zudem erforderlich, jeder Unterpartition einen eindeutigen Bezeichner zuzuweisen. Diese ausführlichere Schreibweise ermöglicht es Ihnen beispielsweise, für jede Unterpartition den genauen Speicherort festzulegen. Dies ist besonders hilfreich, wenn Sie die Partitionen auf getrennte Platten auslagern wollen. Ein Beispiel dafür ist in Listing 9.87 angeführt:

```
mysql> CREATE TABLE flug(
    -> ...
    -> PRIMARY KEY(flug_id, abflug)
    -> )
    -> PARTITION BY RANGE COLUMNS(abflug)
```

```
-> SUBPARTITION BY HASH(flug_id)(
-> PARTITION part0 VALUES LESS THAN ('2008-01-01') (
-> SUBPARTITION part0_sub0
 -> DATA DIRECTORY = '/disk0/data_dir'
-> INDEX DIRECTORY = '/disk0/index_dir',
-> SUBPARTITION part0_sub1
-> DATA DIRECTORY = '/disk1/data_dir'
->  INDEX DIRECTORY = '/disk1/index_dir'
->  ),
-> PARTITION part1 VALUES LESS THAN ('2009-01-01') (
-> SUBPARTITION part1_sub0
-> DATA DIRECTORY = '/disk2/data_dir'
-> INDEX DIRECTORY = '/disk2/index_dir',
-> SUBPARTITION part1_sub1
-> DATA DIRECTORY = '/disk3/data_dir'
-> INDEX DIRECTORY = '/disk3/index_dir'
-> ),
-> PARTITION part2 VALUES LESS THAN ('2010-01-01') (
-> SUBPARTITION part2_sub0
-> DATA DIRECTORY = '/disk4/data_dir'
-> INDEX DIRECTORY = '/disk4/index_dir',
-> SUBPARTITION part2_sub1
-> DATA DIRECTORY = '/disk5/data_dir'
-> INDEX DIRECTORY = '/disk5/index_dir'
-> ),
-> PARTITION part3 VALUES LESS THAN MAXVALUE (
-> SUBPARTITION part3_sub0
-> DATA DIRECTORY = '/disk6/data_dir'
-> INDEX DIRECTORY = '/disk6/index_dir',
-> SUBPARTITION part3_sub1
-> DATA DIRECTORY = '/disk7/data_dir'
-> INDEX DIRECTORY = '/disk7/index_dir'
->)
->);
```

Listing 9.87 Erzeugung von Unterpartitionen mit Angabe der DATA- und INDEX-Verzeichnisse

Hinzufügen von Partitionen

Um einer bereits RANGE- oder LIST-partitionierten Tabelle weitere Partitionen hinzuzufügen, können Sie den Befehl aus Listing 9.88 verwenden:

```
ALTER TABLE ... ADD PARTITION
```

Listing 9.88 Hinzufügen einer neuen Partition

So können Sie beispielsweise der Tabelle aus Listing 9.75 (Tabelle »wetterdaten«, partitioniert nach Station) mit dem Befehl aus Listing 9.89 eine neue Partition für eine neue Wetterstation mit der ID 5 hinzufügen:

```
mysql> ALTER TABLE wetterdaten
    -> ADD PARTITION (
    -> PARTITION station_5 VALUES IN (5)
    -> );
```

Listing 9.89 Hinzufügen einer Partition zu einer LIST-partitionierten Tabelle

Beachten Sie dabei, dass Sie bei `RANGE`-Partitionen die Partitionen stets in aufsteigender Reihenfolge bezüglich des Partitionsschlüssels angeben müssen und so neue Partitionen nur am Ende anfügen können. Falls Sie also eine `MAXVALUE`-Klausel für die letzte Partition verwendet haben, können Sie mittels `ADD PARTITION` keine weiteren Partitionen hinzufügen. Um in einem solchen Fall eine Partition hinzuzufügen, müssen Sie die gesamten Partitionen der Tabelle mit einem `ALTER`-Befehl neu definieren.

Beachten Sie dabei allerdings, dass diese Neuerzeugung bei großen Datenmengen eine sehr aufwendige und rechenintensive Operation sein kann, die mitunter einige Stunden in Anspruch nimmt. Der Grund ist, dass MySQL dafür zunächst eine leere Tabelle erstellt und im Anschluss die Inhalte der ursprünglichen Tabelle kopiert. Im letzten Schritt wird dann die alte Tabelle gelöscht. Dieser Vorgang kann also dementsprechend viel Zeit und auch Speicherplatz kosten.

Betrachten Sie die Tabelle aus Listing 9.73. Um dieser (bereits `RANGE`-partitionierten) Tabelle eine neue Partition für das Jahr 2011 hinzuzufügen, müssen Sie die Partitionen, wie in Listing 9.90 gezeigt, neu definieren:

```
mysql> ALTER TABLE flug
    -> PARTITION BY RANGE (YEAR(abflug))(
    -> PARTITION part0 VALUES LESS THAN (2008),
    -> PARTITION part1 VALUES LESS THAN (2009),
    -> PARTITION part2 VALUES LESS THAN (2010),
    -> PARTITION part3 VALUES LESS THAN (2011),
    -> PARTITION part4 VALUES LESS THAN (MAXVALUE)
    -> );
```

Listing 9.90 Neudefinition der Partitionen

Zusätzlich bietet der Befehl `REORGANIZE PARTITION` für `RANGE`- und `LIST`-Partitionen die Möglichkeit, eine bestehende Partition weiter zu unterteilen. Beispielsweise kann die Partition `part3` aus Listing 9.86, wie in Listing 9.91 gezeigt, in zwei Partitionen aufgespalten werden, wobei eine Partition eine Catch-All-Partition ist. Beachten Sie, dass Sie auch bei der Reorganisation von Partitionen die Partitionen stets aufsteigend nach dem Partitionsschlüssel angeben müssen.

```
mysql> ALTER TABLE flug
    -> REORGANIZE PARTITION part4 INTO
    -> (
    ->    PARTITION p3_1 VALUES LESS THAN (2012),
    ->    PARTITION p3_2 VALUES LESS THAN (MAXVALUE) );
```

Listing 9.91 Unterteilung einer Partition mittels REORGANIZE PARTITION

Bei partitionierten Tabellen, die anhand von `HASH` oder `KEY` bzw. `LINEAR HASH` oder `LINEAR KEY` erzeugt wurden, ist das Hinzufügen neuer Partitionen sehr einfach (siehe Listing 9.92):

```
mysql> ALTER TABLE flug
    -> ADD PARTITION PARTITIONS 6;
```

Listing 9.92 Hinzufügen von HASH- oder KEY-Partitionen

Mit dem Befehl `ADD PARTITION` aus Listing 9.92 können Sie zum Beispiel die Anzahl der Partitionen für die `HASH`-partitionierte Tabelle »flug« aus Listing 9.80 von vier auf sechs Partitionen erhöhen. Dabei ist zu beachten, dass bei `HASH`- oder `KEY`-partitionierten Tabellen das Hinzufügen einer oder mehrerer Partitionen stets bedeutet, dass die Partitionen neu erstellt werden. Damit geht einher, dass die gesamten Daten neu auf die Partitionen verteilt werden müssen, was sehr rechenintensiv und aufwendig sein kann.

Löschen von Partitionen

`RANGE`- und `LIST`-Partitionen können Sie über den Befehl `DROP PARTITION` löschen. In Listing 9.73 wurden die Flüge so partitioniert, dass für jedes Jahr eine eigene Partition angelegt wurde. Sollen beispielsweise alle Flüge, die vor 2008 erfolgt sind, gelöscht werden, kann die gesamte Partition `part0` mit dem Befehl in Listing 9.93 gelöscht werden:

```
mysql> ALTER TABLE flug
    -> DROP PARTITION part0;
```

Listing 9.93 Löschen von Partitionen

Beachten Sie dabei unbedingt, dass mit dem Löschen der Partition auch alle darin befindlichen Daten gelöscht werden.

Diese Vorgehensweise ist hingegen nicht auf `HASH`- oder `KEY`-Partitionen anwendbar. Für das Löschen von derartigen Partitionen steht der Befehl `COALESCE` zur

Verfügung, der die vorhandenen Partitionen zur gewünschten, neuen Anzahl von Partitionen zusammenfasst. Im Beispiel in Listing 9.94 sollen die vier HASH-Partitionen der Tabelle aus Listing 9.80 zu zwei Partitionen zusammengefasst werden:

```
mysql> ALTER TABLE flug
    -> COALESCE PARTITION 2;
```

Listing 9.94 Zusammenfassen von Partitionen

Beachten Sie dabei, dass die Verwendung des Befehls COALESCE stets eine komplette Neustrukturierung der gesamten Daten zur Folge hat.

Eine weitere Möglichkeit, eine Partition zu löschen, ist, diese durch eine nicht-partitionierte Tabelle zu ersetzen. Dies ist seit der MySQL-Version 5.6 mit dem Befehl ALTER TABLE ... EXCHANGE PARTITIONS möglich. Dabei werden die Daten in eine nicht-partitionierte Tabelle geschrieben, die dementsprechend das gleiche Schema aufweisen muss. Ein Beispiel dazu sehen Sie in Listing 9.95, dabei wird die Partition p0 in die nicht-partitionierte Tabelle »fluege_2008« ausgelagert:

```
mysql> ALTER TABLE flug
    -> EXCHANGE PARTITION p0
    -> WITH TABLE fluege_2008;
```

Listing 9.95 EXCHANGE PARTITIONS

Wartung von Partitionen

MySQL bietet verschiedene Befehle zur Wartung von Tabellen und deren Metadaten an. Die Befehle OPTIMIZE TABLE, ANALYZE TABLE, CHECK TABLE und REPAIR TABLE können analog auch für Partitionen genutzt werden. Da partitionierte Tabellen nicht direkt über diese Befehle auf Tabellenebene gewartet werden können, lauten die entsprechenden Befehle OPTIMIZE PARTITION, ANALYZE PARTITION, CHECK PARTITION und REPAIR PARTITION und können für die Wartung von partitionierten Tabellen verwendet werden. Zusätzlich können Sie Partitionen auch mit dem Befehl REBUILD PARTITION neu erzeugen.

Partition Pruning – optimiertes Abfragen mit Partitionen

Unter *Partition Pruning* versteht man die automatisch von MySQL durchgeführte Optimierung von Anfragen auf partitionierten Tabellen. Dabei liegt die Optimierung darin, dass bei Anfragen nur jene Partitionen, die wirklich die gesuchten Daten beinhalten, durchsucht werden müssen, was zu einem enormen Performance-Gewinn führen kann.

Ein solches Pruning kann genau dann erfolgen, wenn der Optimierer feststellen kann, in welcher Partition die gesuchten Datensätze liegen. Dazu muss in der `WHERE`-Klausel der Abfrage der Partitionsschlüssel eingeschränkt werden. Nur durch die Verwendung und Einschränkung des Partitionsschlüssels kann der Optimierer eindeutig feststellen, in welcher Partition die gesuchten Daten liegen. Dies sollten Sie bei der Abfrage von partitionierten Tabellen stets berücksichtigen, da Sie so die Abfragen auf großen Datenmengen beschleunigen können.

Wird der Partitionsschlüssel für die Abfrage nicht verwendet, müssen alle Partitionen vollständig durchsucht werden, und dies wirkt sich entsprechend negativ auf die Abfrage-Performance aus. Falls die Partitionen alle auf der gleichen Festplatte liegen, können diese nur nacheinander durchsucht werden. Sind die Partitionen hingegen auf mehrere Festplatten verteilt, können diese parallel durchsucht werden, was einen weiteren Performance-Vorteil für Sie bedeutet.

Wenn Sie genauer erfahren wollen, welche Auswirkungen Partition Pruning auf Ihre Abfragen hat, können Sie den Befehl `EXPLAIN PARTITIONS` verwenden. Dieser Befehl entspricht dem Befehl `EXPLAIN` (siehe Abschnitt 9.3.1), mit dem Unterschied, dass auch Informationen zu den für eine Abfrage gelesenen Partitionen ermittelt werden.

Partition Selection – »manuelles« Pruning

Seit der Version 5.6 bietet MySQL auch die Möglichkeit, bei Abfragen direkt anzugeben, auf welchen Partitionen diese Abfragen ausgeführt werden sollen (sogenannte *Partition Selection*). Im Unterschied zum klassischen Partition Pruning (siehe voriger Abschnitt) werden jene Partitionen, auf denen die Abfrage ausgeführt werden soll, nicht automatisch ausgewählt, sondern Sie können die gewünschten Partitionen manuell angeben. Zudem ist mittels Partition Selection auch möglich, neben `SELECT`-Statements auf bestimmte Partitionen die Befehle `DELETE`, `INSERT`, `REPLACE`, `UPDATE`, `LOAD DATA` und `LOAD XML` auszuführen.

Diese manuelle Auswahl der Partitionen, auf denen die Abfrage schlussendlich ausgeführt werden soll, können Sie mit der Klausel `PARTITION()` erreichen. Mithilfe dieser Klausel können Sie in den Klammern angeben, welche Partitionen von der Abfrage betroffen sein sollen. Dabei können Sie die Bezeichner mehrerer Partitionen einfach durch Beistriche getrennt angeben. Grundsätzlich wird die Klausel stets hinter dem Bezeichner der abzufragenden Tabelle angeführt.

Ein Beispiel für eine solche Abfrage sehen Sie in Listing 9.96. Diese Abfrage basiert auf der in Listing 9.75 erzeugten, partitionierten Wetterdatentabelle. Mithilfe dieses `SELECT`-Statements können alle in den Partitionen `station_1` und station_2 enthaltenen Wetterdaten abgefragt werden, die den Wetterdaten der Stationen 1 und 2 entsprechen.

```
mysql> SELECT *
    -> FROM wetterdaten PARTITION(station_1, station_2);
```

Listing 9.96 Abfrage von Daten bestimmter Partitionen

Eine Ausnahme bei der Partition-Klausel stellen KEY- und HASH-partitionierte Tabellen dar. Bei diesen Partitionsarten ist es nicht möglich, einen Bezeichner für die einzelnen Partitionen anzugeben. Daher können Sie für diese Partitionsarten die Bezeichner p0, p1 etc. für die Partitionen verwenden, diese werden von MySQL automatisch vergeben.

Selbstverständlich können Sie die SELECT-Abfragen auch mit einer WHERE-Klausel einschränken. Dabei ist wichtig, dass Sie genau beachten, auf welchen Daten die Abfrage dann wirklich durchgeführt wird. So ist die folgende Abfrage zwar grundsätzlich richtig, sie bringt aber keine Resultate zurück. Der Grund dafür ist, dass die Abfrage auf der Partition station_1 abgesetzt wird, die keinerlei Daten der Station 2 – wie in der WHERE-Klausel gefordert – enthält:

```
mysql> SELECT *
    -> FROM wetterdaten PARTITION(station_1)
    -> WHERE station = 2;
Empty set (0.00 sec)
```

Listing 9.97 Abfrage auf falscher Partition

Wie bereits beschrieben, können Sie mittels Partition Selection nicht nur SELECT-, sondern auch andere Befehle gezielt auf bestimmte Partitionen anwenden. Dies ist allerdings mit einer Einschränkung verbunden: bei INSERT- und REPLACE-Statements können Sie nur Datensätze in bestimmte Partitionen einfügen, wenn der Partitionsschlüssel des Datensatzes auch wirklich mit der ausgewählten Partition übereinstimmt. Dementsprechend zeigt Listing 9.98 die Fehlermeldung, die auftritt, wenn Sie versuchen, in die Partition station_1 Werte der Messstation 2 einzufügen. Die Zeile kann nicht eingefügt werden, da der Partitionsschlüssel nicht auf die Partition station_1 zutrifft:

```
mysql> INSERT INTO wetterdaten PARTITION(station_1)
    -> (datum, zeit, station, temp, feuchtigkeit, luftdruck, wind,
windrichtung) VALUES ('2011-05-
28', '12:00:00', 2, 0, 68, 136, 3, 3);
ERROR 1729 (HY000): Found a row not matching the given partition set
```

Listing 9.98 Fehlgeschlagenes Einfügen in eine falsche Partition

Informationen über Partitionen einsehen

Falls Sie nähere Informationen über die partitionierten Tabellen erhalten wollen, bestehen mehrere Möglichkeiten. Nach der Ausführung des Befehls `SHOW TABLE STATUS` verrät Ihnen die Spalte »Create_options«, ob die entsprechende Tabelle partitioniert ist. Falls in der Spalte der Wert `partitioned` eingetragen ist, verfügt die entsprechende Tabelle über Partitionen. Die genaue Aufteilung der Partitionen können Sie mittels `SHOW CREATE` abfragen, wie das Beispiel in Listing 9.99 zeigt:

```
mysql> SHOW CREATE TABLE flug\G
*************************** 1. row ***************************
       Table: flug
Create Table: CREATE TABLE `flug` (
  `flug_id` int(11) NOT NULL AUTO_INCREMENT,
  `flugnr` char(8) NOT NULL,
  `von` smallint(6) NOT NULL,
  `nach` smallint(6) NOT NULL,
  `abflug` datetime NOT NULL,
  `ankunft` datetime NOT NULL,
  `fluglinie_id` smallint(6) NOT NULL,
  `flugzeug_id` int(11) NOT NULL,
  PRIMARY KEY (`flug_id`,`abflug`)
) ENGINE=InnoDB DEFAULT CHARSET=latin1
/*!50500 PARTITION BY RANGE COLUMNS(abflug)
(PARTITION part0 VALUES LESS THAN ('2008-01-01')
 ENGINE = InnoDB,
 PARTITION part1 VALUES LESS THAN ('2009-01-01')
 ENGINE = InnoDB,
 PARTITION part2 VALUES LESS THAN ('2010-01-01')
 ENGINE = InnoDB,
 PARTITION part3 VALUES LESS THAN (MAXVALUE) ENGINE = InnoDB) */
```

Listing 9.99 SHOW CREATE TABLE bei einer partitionierten Tabelle

Beachten Sie, dass Sie bei Tabellen, deren Partitionsschlüssel über `TO_DAYS()` berechnet wurde, in der Auflistung der Partitionen die durch `TO_DAYS()` berechneten `INTEGER`-Werte erhalten, wie Listing 9.100 zeigt. Diese Information ist insofern nicht sehr nützlich, als dass sie nicht Aufschluss darüber gibt, welches Datum ursprünglich für die einzelnen Partitionen als Wertebereich verwendet wurde. Daher ist es für Sie als Administrator sehr ratsam, die Befehle zur Erzeugung von Partitionen abzulegen, um diese gegebenenfalls später wieder zur Verfügung zu haben.

```
/*!50100 PARTITION BY RANGE (TO_DAYS(datum))
(PARTITION wetter_2008 VALUES LESS THAN (733773)
 ENGINE = InnoDB,
 PARTITION wetter_2009 VALUES LESS THAN (734138)
 ENGINE = InnoDB,
 PARTITION wetter_2010 VALUES LESS THAN (734503)
 ENGINE = InnoDB,
 PARTITION wetter_2011 VALUES LESS THAN (734868)
 ENGINE = InnoDB) */
```

Listing 9.100 Auszug aus SHOW CREATE bei der Verwendung von TO_DAYS()

Die Systemtabelle »INFORMATION_SCHEMA.PARTITIONS« enthält genauere Informationen zu den Partitionen, wie zum Beispiel die Bezeichner der Partitionen, die verwendeten Partitionsfunktionen, die vorhandene Zeilenanzahl in den einzelnen Partitionen, Subpartitionen und vieles mehr. Einen Auszug aus dieser Tabelle finden Sie in Listing 9.101:

```
mysql> SELECT * FROM INFORMATION_SCHEMA.partitions WHERE table_
schema='FlughafenDB'\G
...
TABLE_CATALOG: def
TABLE_SCHEMA: buch
TABLE_NAME: wetterdaten
PARTITION_NAME: wetter_2011
SUBPARTITION_NAME: NULL
PARTITION_ORDINAL_POSITION: 4
SUBPARTITION_ORDINAL_POSITION: NULL
PARTITION_METHOD: RANGE COLUMNS
SUBPARTITION_METHOD: NULL
PARTITION_EXPRESSION: `datum`
SUBPARTITION_EXPRESSION: NULL
PARTITION_DESCRIPTION: '2012-01-01'
TABLE_ROWS: 0
AVG_ROW_LENGTH: 0
DATA_LENGTH: 16384
MAX_DATA_LENGTH: NULL
INDEX_LENGTH: 0
DATA_FREE: 0
CREATE_TIME: NULL
UPDATE_TIME: NULL
CHECK_TIME: NULL
CHECKSUM: NULL
```

```
PARTITION_COMMENT:
NODEGROUP: default
```

Listing 9.101 Die Tabelle »partitions« in der Datenbank »INFORMATION_SCHEMA« (Auszug)

Nähere Informationen zu dieser Systemtabelle können Sie in Abschnitt 7.7.1, »Die INFORMATION_SCHEMA-Tabellen«, nachlesen.

Einschränkungen

Bei der Verwendung von partitionierten Tabellen müssen Sie auf folgende Einschränkungen achten:

- Fremdschlüssel sind bei partitionierten Tabellen nicht erlaubt.
- Die verschiedenen Partitionen können alle nur die gleiche Speicher-Engine verwenden.
- Die Partitionsschlüssel einer Tabelle müssen stets eine Teilmenge der `UNIQUE`-Schlüssel und damit auch des Primärschlüssels sein.
- Bei Abfragen werden ausnahmslos alle partitionierten Tabellen gesperrt, auch wenn durch Partition Pruning nur ein kleiner Teil der Tabellen tatsächlich gelesen wird.
- Partitionierte Tabellen können nicht in Verbindung mit Volltextindizes oder raumbezogenen Indizes verwendet werden.
- MySQL 5.6 unterstützt maximal 1.024 Partitionen pro Tabelle.
- Temporäre Tabellen können nicht partitioniert werden.

Tausende Benutzer, hunderte Datenbanken, Millionen von Datensätzen und trotzdem sicher? Der Leitfaden zur sicheren MySQL-Installation, damit Sie auch morgen noch beruhigt durchschlafen können.

10 Sicherheit

Der MySQL-Server kommt in zahlreichen Anwendungsbereichen zum Einsatz. Es kann sich um eine einfache Installation auf Ihrem lokalen Rechner, aber auch um eine Großinstallation über mehrere Server hinweg in einem Hochsicherheits-Rechenzentrum handeln. In beiden Fällen muss die Sicherheit Ihrer Daten in den Datenbanken gewährleistet sein, damit nur jene Personen Zugriff auf Ihre gespeicherten und unter Umständen sehr kritischen Informationen erhalten, die auch wirklich die Berechtigung dazu haben. MySQL bietet hierfür zahlreiche Funktionen und Sicherheitsmerkmale, die wir in den folgenden Abschnitten genauer behandeln werden.

10.1 Grundlagen

MySQL steuert die Sicherheit mit sogenannten *Berechtigungen* (oder auch *Rechte* genannt), die an Datenbankbenutzer vergeben werden können. Berechtigungen erlauben oder beschränken dabei das Ausführen von Aktionen in der Datenbank. So kann zum Beispiel eine Berechtigung `SELECT`-Abfragen auf einer bestimmten Tabelle erlauben. Ist keine Berechtigung vorhanden, wird die Durchführung des Befehls von MySQL aus Sicherheitsgründen verweigert.

10.1.1 Verschiedene Szenarien für das Rechtemanagement

Beginnen wir zunächst mit dem einfachsten Einsatzszenario, einer MySQL-Installation mit Ihnen als einzigem Benutzer auf Ihrem lokalen Rechner, auf den nur Sie Zugriff haben. In diesem Fall können Sie für erste Testzwecke die Anforderungen bezüglich Sicherheit und Rechtemanagement in den meisten Fällen auf ein Minimum reduzieren. Es ist ausreichend, wenn Sie ein Passwort für den bereits vorinstallierten Administratorbenutzer »root« setzen und sich aus Sicherheitsgründen ein zusätzliches Benutzerkonto mit weniger Berechtigungen für die eigentliche Arbeit mit MySQL anlegen.

Sobald mehrere Personen oder Applikationen auf die Datenbank zugreifen, sollten Sie sich auf jeden Fall mehr Gedanken über die Sicherheit machen und das sehr ausgereifte Sicherheitskonzept von MySQL nutzen. Denken Sie etwa an die Betreiberfirma unseres Flughafenbeispiels, die alle firmenrelevanten Informationen in der Datenbank ablegt. Dabei sollen natürlich nicht alle Mitarbeiter auf alle Daten zugreifen können. Gerade sehr sensible Informationen, wie zum Beispiel die Gehälter eines jeden Mitarbeiters, dürfen nicht für jede Person einsehbar sein. Es muss aber auch unterschieden werden, ob Daten nur gelesen oder auch geschrieben – also verändert – werden dürfen. In unserem Flughafenbeispiel etwa müssen zahlreiche Benutzer der Datenbank die Flugtabelle lesen können. Es soll jedoch nicht jeder beliebige Flughafenmitarbeiter Änderungen an der Flugtabelle vornehmen dürfen.

Wenn Sie nun die Rechteebene noch um eine Stufe verfeinern, befinden wir uns nicht mehr auf der Tabellenebene, sondern auf Spalten- oder sogar Zeilenebene. Betrachten Sie zum Beispiel die Mitarbeitertabelle, die neben Kontaktinformationen auch eine Spalte »gehalt« beinhaltet. Wie bereits erwähnt, darf die Höhe des Gehalts nur von einem sehr beschränkten Benutzerkreis – etwa der Managementebene – eingesehen werden. Die Kontaktdaten (Spalte der E-Mail-Adresse) hingegen sollen den meisten Mitarbeitern zugänglich gemacht werden. Wir benötigen daher eine genaue Beschränkung von Berechtigungen auf Spaltenebene. Dieselbe Einschränkung wäre auf Zeilenebene denkbar. Eventuell dürfen gewisse Daten der Mitarbeiter nur von Mitarbeitern aus der gleichen Abteilung eingesehen werden. Zum Beispiel könnte eine Abteilungsleiterin die Gehälter der Mitarbeiter ihrer Abteilung einsehen dürfen. Die anderen Zeilen (= Mitarbeiter anderer Abteilungen) müssten jedoch weiterhin geschützt bleiben und der Zugriff müsste verweigert werden. MySQL bietet auf Spalten- und Zeilenebene nur beschränkte Möglichkeiten, Berechtigungen und damit verbundene Beschränkungen zu definieren, jedoch gibt es auch dafür Tricks und Lösungswege, die wir ebenfalls in diesem Kapitel näher beschreiben.

In sehr umfangreichen Installationen mit vielen Datenbankbenutzern ist es üblich, dass gewisse Bereiche auch von geschulten Datenbankbenutzern selbstständig administriert werden. Sie kennen eine derartige Konfiguration vielleicht aus sogenannten Shared-Hosting-Angeboten im Internet, die Webspace inklusive Datenbank für den Internetauftritt vermieten. Dabei werden viele Kunden bzw. ihre Webseiten und Datenbanken auf einem Server betrieben. Zum Einsatz kommt jedoch nur eine einzelne MySQL-Installation. Trotzdem können die Administratoren der jeweiligen Webseiten ihre Tabellen oder sogar Datenbank selbst verwalten, anlegen, löschen und manipulieren. MySQL bietet hier sehr flexible Einstellungsvarianten im Rechtemanagement, die es ermöglichen, Berechtigungen auf bestimmte Datenbanknamenmuster zu setzen. So kann zum Beispiel realisiert werden, dass ein Administrator der Webseite *www.mein-kleiner-flughafen.at* alle Datenbanken, die mit »flughafen_« beginnen selbstständig administrieren kann. Er kann somit zum Beispiel die Datenbanken »flughafen_cms« und »flughafen_management« anlegen und darin auch alle Tabellen selbst verwalten.

Erhält jeder Administrator einen eigenen zugeteilten Bereich, der sich in diesem Fall durch den Beginn des Datenbanknamens definiert, können so auch Hunderte Webseiten, deren Datenbanken und die Datenbankbenutzer flexibel mit einer Installation verwaltet werden. Die beschriebenen Szenarien sind natürlich nur ein Bruchteil der möglichen Realisierungen. Der MySQL-Server gibt Ihnen mit seinem Rechtemanagement ein sehr mächtiges, aber dennoch einfaches Werkzeug an die Hand, mit dem Sie zahlreiche Szenarien – von der kleinen Installation bis zur großen Installation mit tausenden Benutzern – sicher und verlässlich bewältigen können. Wie Sie mit diesem Werkzeug arbeiten können, erfahren Sie in den folgenden Abschnitten des Buches.

10.1.2 Die zwei Phasen des Berechtigungssystems

Das *Zugriffsberechtigungssystem* stellt das wichtigste Sicherheitsmerkmal von MySQL dar und ist dem eigentlichen Datenbanksystem vorgeschaltet. Es überwacht die gesamte Kommunikation zwischen Server und Client, überprüft dabei ständig die Berechtigungen und gewährleistet dadurch die notwendige Sicherheit. Dabei wird zwischen zwei *Zugriffsphasen* unterschieden. Die erste sicherheitsrelevante Phase, in der bereits Zugriffsrechte überprüft werden müssen, ist die Phase der Verbindung. In der *Verbindungsüberprüfung* wird kontrolliert, ob sich der Benutzer von seinem Computer (Host) aus zur Datenbank verbinden darf. Ist diese Überprüfung erfolgreich, wird vom Client das Passwort in Kombination mit dem Benutzernamen übertragen und vom Server überprüft. Sind alle drei Daten (Host, Benutzer, Passwort) korrekt, kann die Verbindung zur Datenbank ordnungsgemäß hergestellt werden.

Neben der üblichen Prüfung von Benutzername und Passwort bringt die Prüfung des Hosts eine zusätzliche Steigerung der Flexibilität und Sicherheit. So können Sie zum Beispiel gewissen Benutzern erlauben, sich nur von ihrem eigenen Rechner mit einer speziellen IP-Adresse zu verbinden. Üblich ist hier auch die Angabe eines ganzen IP-Bereichs, zum Beispiel der des internen Firmennetzwerks. So sind zum Beispiel auch Zugriffe von außen, bei denen eventuell das Passwort durch ein automatisches Hacker-Programm erraten werden könnte, nicht möglich und werden abgelehnt. Verwenden Sie dennoch »starke« Passwörter (mit Sonderzeichen und Zahlen) für Ihre Datenbankbenutzer, da auch Hostangaben unter Umständen gefälscht werden können. Die Host-Einschränkung ist daher eine gute Zusatzabsicherung, kann jedoch den Passwortschutz durch ein »starkes« Passwort nicht ersetzen.

Wenn Sie nun die Verbindungsüberprüfung erfolgreich absolviert haben, werden Sie mit dem MySQL-Server verbunden und können nun Anfragen an den Server senden. Jede dieser Anfragen, wie zum Beispiel die Wahl einer Datenbank oder eine SQL-Abfrage, wird ebenfalls überprüft. Diese sogenannte *Anfrageüberprüfung* stellt die zweite Zugriffsphase dar. Dabei wird genau kontrolliert, ob Sie die ausreichenden Berechtigungen in der jeweiligen Datenbank und Tabelle besitzen, damit die Anfrage erfolgreich durchgeführt werden kann. Wie bereits oben erklärt, bietet MySQL für diese Überprüfung ein sehr umfangreiches *Rechtesystem*, das vom einfachen Lesen (`SELECT`) bis zur Administration einer Tabelle (`CREATE`, `ALTER` etc.) sehr genau für jeden Benutzer eingestellt werden kann. Im folgenden Abschnitt erklären wir Ihnen alle möglichen Rechteeinstellungen und die wichtigsten Anweisungen, um das Zugriffberechtigungssystem Ihrer MySQL-Installation zu verwalten.

10.2 Privilegiert – die Benutzerrechte im Detail

Wie im vorherigen Abschnitt erklärt, können für jeden Datenbankbenutzer zahlreiche Zugriffsbeschränkungen angelegt werden. In diesem Abschnitt erfahren Sie, welche Beschränkungen und Berechtigungen in MySQL möglich sind und wie diese über spezielle Anweisungen zugewiesen werden können.

Um einem Benutzer Berechtigungen zuweisen zu können, müssen Sie zunächst einen Benutzer anlegen. Verbinden Sie sich dazu als Benutzer »root« mit dem MySQL-Server, und erstellen Sie einen neuen Benutzer, wie in Listing 10.1 angegeben. Mit dieser Anweisung wird ein neuer Benutzer mit dem Namen »test« erstellt und das Passwort »testpasswort« gesetzt. Dieser Datenbankbenutzer verfügt durch die Anweisung `ALL PRIVILEGES` über alle verfügbaren Rechte in der MySQL-Installation. Anschließend legen Sie fest, auf welchen Datenbanken bzw. Tabellen die angegebenen Rechte gültig sind. In diesem Fall werden alle Berechtigungen (`ALL PRIVILEGES`) durch `ON *.*` auf allen verfügbaren Datenbanken und Tabellen gewährt.

Grundsätzlich wird vor dem Punkt der Datenbankbezeichner und nach dem Punkt ein Tabellenbezeichner einer Tabelle in der angegebenen Datenbank angezeigt, auf jene die Berechtigungen gewährt werden sollen. Das Zeichen `*` steht für einen beliebigen Namen bzw. Bezeichner und setzt die angegebene Berechtigung somit in diesem Beispiel auf allen Datenbanken bzw. Tabellen.

Durch die Bezeichnung eines Hosts nach dem @, in diesem Fall `localhost`, kann sich der Benutzer »test« nur vom lokalen Computer (IP-Adresse 127.0.0.1) aus zum MySQL-Server verbinden. Der Benutzer muss sich daher an demselben Computer wie der MySQL-Serverdienst befinden. Selbstverständlich können Sie auch durch `%` als Hostangabe spezifizieren, dass sich der Benutzer von einem beliebigen Host aus anmelden kann. Wird kein @ bzw. kein Host angegeben, wird ebenfalls die Anmeldung von jedem Host erlaubt. Die letzte Anweisung `WITH GRANT OPTION` erlaubt dem Benutzer, die `GRANT`-Anweisung auszuführen und damit seine Rechte auch an andere Benutzer weiterzugeben.

Bei der `GRANT`-Anweisung handelt es sich um den Befehl zum Setzen von gewissen Benutzerrechten. Existiert der angegebene Benutzer wie in unserem Beispiel jedoch noch nicht, legt die `GRANT`-Anweisung auch diesen automatisch an und setzt anschließend die Rechte:

```
mysql> GRANT ALL PRIVILEGES ON *.* TO 'test'@'localhost'
    -> IDENTIFIED BY 'testpasswort' WITH GRANT OPTION;
```

Listing 10.1 Anlegen eines neuen Benutzers mit dem GRANT-Befehl

Neben der `GRANT`-Anweisung ist die Anweisung `REVOKE` sehr wichtig und wird dazu verwendet, bereits vergebene Rechte zu widerrufen bzw. aufzuheben. In Listing 10.2 sehen Sie eine Anweisung, die alle gesetzten Rechte auf allen Datenbanken und das `GRANT`-Recht unseres Testbenutzers wieder aufhebt.

```
mysql> REVOKE ALL PRIVILEGES, GRANT OPTION
    -> FROM 'test'@'localhost';
```

Listing 10.2 Löschen aller Rechte des angelegten Benutzers

Beachten Sie, dass der Benutzer zwar alle Rechte auf allen Datenbanken verliert, dass das Benutzerkonto jedoch weiterhin bestehen bleibt und der Benutzer sich daher auch weiterhin mit dem MySQL-Server verbinden kann. Die Anweisung `REVOKE` löscht also in keinem Fall einen Benutzer aus dem MySQL-System. Wollen Sie den Benutzer vollständig und unwiderruflich löschen, ist dies mit der Anweisung `DROP USER`, wie in Listing 10.3 dargestellt, möglich.

```
mysql> DROP USER 'test'@'localhost';
```

Listing 10.3 Löschen des angelegten Benutzers

Nun haben Sie die wichtigsten drei Grundanweisungen kennengelernt, mit denen Sie bereits neue Benutzer anlegen, Berechtigungen vergeben und widerrufen und selbstverständlich auch Benutzer wieder löschen können. Im Folgenden gehen wir nun näher auf die verschiedenen Ebenen der Rechteverwaltung ein. Diese ermöglichen es Ihnen, Berechtigungen zum Beispiel nur auf einer gewissen Spalte oder aber auch datenbankweit zu setzen.

10.2.1 Die Ebenen der Benutzerberechtigungen

Je nach Berechtigung können die von MySQL zur Verfügung gestellten Rechte in unterschiedlichen Granularitäten vergeben werden. Dies hilft Ihnen dabei, mit dem Berechtigungssystem auf die Anforderungen in diversen Anwendungsszenarien möglichst flexibel zu reagieren. Dabei sind die folgenden Granularitäten oder Berechtigungsebenen in MySQL möglich:

- globale Ebene
- Datenbankebene
- Tabellenebene
- Spaltenebene
- Zeilenebene (nur begrenzt möglich)
- Objektebene

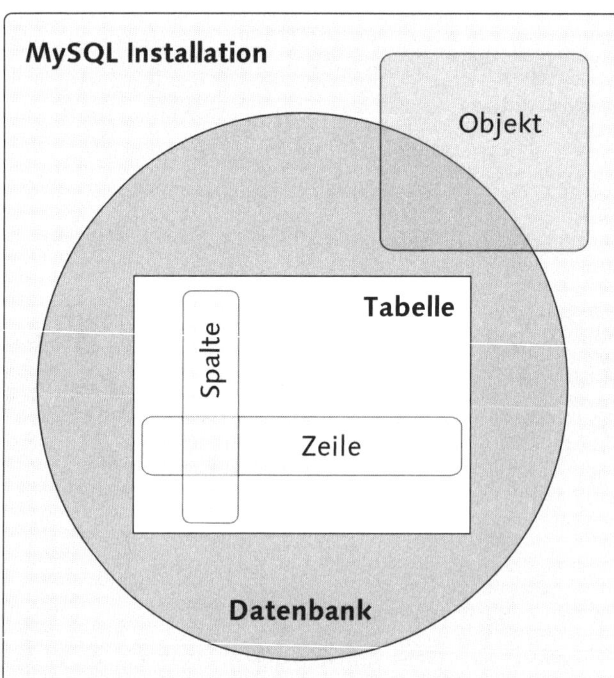

Abbildung 10.1 Berechtigungsebenen in MySQL

In Abbildung 10.1 sehen Sie die Berechtigungsebenen und wie diese zusammenwirken. Zum Beispiel schließt die Datenbankebene die Tabellenebene völlig mit ein. Das bedeutet, dass Berechtigungen auf Datenbankebene automatisch auch auf allen Tabellen in der jeweiligen Datenbank gültig sind. Andere Bereiche, wie zum Beispiel die Spalten- und Zeilenebene, schließen sich nicht vollständig ein, können sich aber bei gewissen Daten (Zellen) natürlich überschneiden. Auch Objekte sind unabhängig und können sich auf mehreren Ebenen befinden. Im Folgenden stellen wir Ihnen die verschiedenen Granularitäten bzw. Ebenen und deren Anwendung genauer vor.

Globale Ebene

Berechtigungen auf der *globalen Ebene* sind über die gesamte MySQL-Installation hinweg gültig. Eine dieser Berechtigungen, die `GRANT`-Berechtigung zur Vergabe von Berechtigungen, haben Sie bereits kennengelernt. Dieses Recht kann nur auf globaler Ebene vergeben werden, da es sich nicht auf eine spezielle Datenbank oder Tabelle bezieht. In diesem Kontext spricht man auch oft von *Administratorberechtigungen*, da globale Berechtigungen meist mit der Verwaltung der MySQL-Installation in Verbindung stehen. In Listing 10.4 sehen Sie eine Vergabe der Berechtigung `SELECT` auf der globalen Ebene an den Benutzer »admin«. Die globale Ebene wird dabei immer mit `*.*` gekennzeichnet, da dieses Recht auf globaler Ebene über alle Datenbanken und Tabellen hinweg gültig ist.

```
mysql> GRANT SELECT ON *.* TO 'admin'@'%';
```

Listing 10.4 GRANT-Befehl auf globaler Ebene

Datenbankebene

Berechtigungen auf *Datenbankebene* können Sie jeweils auf eine oder mehrere Datenbanken setzen. Gerade in großen MySQL-Installationen, in denen es oft zahlreiche Datenbankadministratoren gibt, ist eine Rechte-Granularität auf Datenbankebene vonnöten. So kann man zum Beispiel einem Web-Administrator des Flughafens erlauben, dass er die Tabellen in der Datenbank »cms« (Daten des Content-Management-Systems) selbst verwaltet. Er nimmt so dem Hauptadministrator viel Arbeit ab und kann in seiner Datenbank selbst Tabellen erzeugen (`CREATE`), editieren (`ALTER`) oder auch löschen (`DROP`). In Listing 10.5 wird die Berechtigung `DROP` auf Datenbankebene vergeben.

Die Datenbankebene wird mit dem Namen der Datenbank und einem darauffolgenden `.*` gekennzeichnet. Der `*` (Wildcard-Symbol) steht dabei für eine beliebige Tabelle in der angegebenen Datenbank. Der Benutzer »admin« besitzt damit in diesem Beispiel die `DROP`-Berechtigung auf allen Tabellen (`.*`) in der angegebenen Datenbank »FlughafenDB«.

```
mysql> GRANT DROP ON FlughafenDB.* TO 'admin'@'%';
```

Listing 10.5 GRANT-Befehl auf Datenbankebene

Tabellenebene

Selbstverständlich können Sie Berechtigungen auch auf *Tabellenebene* vergeben, um zum Beispiel gewissen Benutzern nur Leserechte (SELECT) auf einer Tabelle zu gewähren. Das Einfügen (INSERT) oder Aktualisieren (UPDATE) neuer Datensätze ist damit nicht möglich und wird vom MySQL-System verwehrt. In Listing 10.6 sehen Sie die Zuweisung der SELECT-Berechtigung auf die Tabelle »mitarbeiter«. Der Benutzer »admin« besitzt somit nur Leserechte auf der Tabelle »mitarbeiter«. Die Tabellenebene wird durch Angabe des Tabellennamens gekennzeichnet.

```
mysql> GRANT SELECT ON FlughafenDB.mitarbeiter TO 'admin'@'%';
```

Listing 10.6 GRANT-Befehl auf Tabellenebene

Spaltenebene

Die Lese- und Schreibrechte können Sie ebenfalls auf *Spaltenebene* setzen. So können Sie zum Beispiel einem Benutzer erlauben, die Spalte mit der E-Mail-Adresse der Mitarbeiter zu lesen. Sensible Daten in derselben Tabelle, wie zum Beispiel die Spalte mit der Höhe des Gehalts, können Sie für die Allgemeinheit sperren und zum Beispiel nur dem Personalmanager zugänglich machen. In Listing 10.7 wird die UPDATE-Berechtigung auf der Spalte »gehalt« dem Benutzer »admin« zugewiesen. Die Spalten werden dabei in einer Liste (durch Kommata getrennt) nach dem Bezeichner der Berechtigung (möglich sind SELECT, INSERT, UPDATE, REFERENCES) in runden Klammern angegeben.

```
mysql> GRANT UPDATE(gehalt) ON FlughafenDB.mitarbeiter
    -> TO 'admin'@'%';
```

Listing 10.7 GRANT-Befehl auf Spaltenebene

Zeilenebene

MySQL bietet derzeit keine direkte Unterstützung für die Einschränkung von Zugriffen auf *Zeilenebene*. Mit ein wenig Fingerfertigkeit kann aber auch dieses Problem gelöst werden. Nähere Details dazu finden Sie in Abschnitt 10.3.5, »Workaround für Berechtigungen auf Zeilenebene/Kapselung«.

Objektebene

Die bisher beschriebenen Ebenen betrachten Berechtigungen in Bezug auf den Zugriff auf die in MySQL gespeicherten Daten – also Tabellen gruppiert in Datenbanken. Neben den gespeicherten Daten existieren aber auch noch andere Konstrukte in MySQL, die unter dem Sammelbegriff »Objekte« zusammengefasst werden. Diese Objekte können Sichten (Views), gespeicherte Prozeduren (Stored Procedures), Ereignisse (Events) oder Indizes sein, die selbstverständlich auch durch ein Sicherheitskonzept bzw. durch Berechtigungen geschützt werden müssen. Rechte auf Objektebene werden durch eine zusätzliche Angabe des Objekttyps, wie in Listing 10.8 gezeigt, angegeben. In diesem Beispiel wird die `EXECUTE`-Berechtigung auf eine Prozedur (Schlüsselwort `PROCEDURE`) mit dem Namen `berechne_distanz` vergeben.

```
mysql> GRANT EXECUTE ON PROCEDURE FlughafenDB.berechne_distanz
    -> TO 'admin'@'%';
```

Listing 10.8 GRANT-Befehl auf Objektebene (PROCEDURE)

Die richtige Ebene für die Berechtigung

Die Berechtigungen in MySQL können meistens auf einer speziellen Ebene gesetzt werden. Gewisse Berechtigungen können auch auf mehreren Ebenen gesetzt werden. So können Sie je nach Bedarf eine einfache Leseberechtigung (`SELECT`) global, auf Datenbanken oder nur auf einzelne Tabellen setzen. Das Recht zur Erzeugung von neuen Benutzern (`CREATE USER`) hingegen können Sie nur auf globaler Ebene setzen. Auf welchen Ebenen die jeweiligen Rechte einsetzbar sind, erfahren Sie im nächsten Abschnitt zusammen mit den genauen Beschreibungen aller verfügbaren Berechtigungen.

10.2.2 Berechtigungen zum Schutz der Daten

In diesem Bereich gehen wir nun näher auf die einzelnen Rechte ein, die Ihnen MySQL zur Verfügung stellt. Beginnen wir zunächst mit dem wichtigsten Gut einer Datenbank – Ihren Daten.

In Tabelle 10.1 finden Sie eine Auflistung der wichtigsten Berechtigungen zur Verwaltung der Datenbanken, Tabellen und des Zugriffs auf die gespeicherten Daten. Die Spalte Ebene/Kontext beschreibt dabei, in welchem Kontext die Berechtigung verwendet wird bzw. auf welcher Granularitätsebene diese gesetzt werden kann. Im darauffolgenden Bereich finden Sie zu den in der Tabelle gelisteten Berechtigungen genauere Beschreibungen und praxisrelevante Beispiele.

Berechtigung	Ebene/Kontext
SELECT	Tabellen, Spalten
INSERT	Tabellen, Spalten
UPDATE	Tabellen, Spalten
DELETE	Tabellen
CREATE	Datenbanken, Tabellen, Indizes
CREATE TEMPORARY TABLES	Datenbanken
ALTER	Tabellen
DROP	Datenbanken, Tabellen, Sichten
INDEX	Tabellen
LOCK TABLES	Datenbanken
CREATE VIEW	Sichten
SHOW VIEW	Sichten

Tabelle 10.1 Wichtigste Berechtigungen bezüglich der Datenverwaltung

SELECT

Die Berechtigung SELECT können Sie auf Tabellen- und Spaltenebene setzen. Sie berechtigt einen Benutzer, lesend auf eine Tabelle bzw. Spalte zuzugreifen. Beachten Sie, dass bei UPDATE- und DELETE-Anweisungen stets eine Leseberechtigung vonnöten ist. So benötigt zum Beispiel die SQL-Anweisung in Listing 10.9 zur korrekten Durchführung auch Leserechte für die Spalte »flug_id«.

Betrachten Sie das Beispiel eines Webadministrators, der für den Webauftritt des Flughafens verantwortlich ist. Dieser soll auf allen Tabellen des Content-Management-Systems in der Datenbank »cms« uneingeschränkten Lesezugriff erhalten. In Listing 10.10 wird diese Berechtigung in der ersten Zeile für den Benutzer mit dem Namen »webadmin« gesetzt.

Gewisse SELECT-Anweisungen benötigen jedoch auch keine besonderen Berechtigungen. Wird zum Beispiel bei einer SELECT-Anweisung nicht auf Daten zugegriffen, so können diese Anweisungen auch ohne SELECT-Berechtigung, wie in Listing 10.11 angegeben, durchgeführt werden. Auch der Aufruf von Funktionen, wie im Beispiel der Cosinus-Funktion, ist ohne Berechtigung möglich, wenn in der Funktion auf keine Daten zugegriffen wird.

```
mysql> DELETE FROM flug WHERE flug_id < 5;
```

Listing 10.9 SQL-Anweisung, die auch Leserechte benötigt

```
mysql> GRANT SELECT ON `cms`.*  TO 'webadmin'@'%';
mysql> GRANT UPDATE ON `cms`.*  TO 'webadmin'@'%';
mysql> GRANT DELETE ON `cms`.*  TO 'webadmin'@'%';
```

Listing 10.10 Rechte eines Webadministrators in der Datenbank »cms«

```
mysql> SELECT 3*5;
+-----+
| 3*5 |
+-----+
|  15 |
+-----+
mysql> SELECT COS(90);
+--------------------+
| COS(90)            |
+--------------------+
| -0.4480736161291701 |
+--------------------+
```

Listing 10.11 SELECT-Anweisungen ohne Datenzugriff

INSERT und UPDATE

Die Berechtigungen INSERT und UPDATE können Sie in derselben Weise wie die Berechtigung SELECT auf Tabellen- und Spaltenebene vergeben. INSERT erlaubt dabei das Einfügen von neuen Datensätzen in der jeweiligen Tabelle. Beachten Sie, dass die Berechtigung INSERT auch für die korrekte Durchführung der Operationen ANALYZE_TABLE, OPTIMIZE_TABLE und REPAIR_TABLE benötigt wird. Das Recht UPDATE erlaubt einem Benutzer, den Inhalt einer Zeile zu aktualisieren, also zu verändern. Zusätzlich können Sie die UPDATE-Berechtigung auch auf Spaltenebene setzen, um die Aktualisierung einer Zeile auf bestimmte Spalten einzuschränken.

DELETE

Die Berechtigung DELETE erlaubt das Löschen von Zeilen in einer angegebenen Tabelle. Da mit der DELETE-Anweisung immer ganze Zeilen gelöscht werden, können Sie diese Berechtigung nicht auf Spaltenebene, sondern nur auf Tabellenebene setzen.

CREATE

Die Berechtigung CREATE erlaubt das Erstellen von Tabellen und Datenbanken. Für die Erstellung von Tabellen können Sie genau spezifizieren, in welchen Datenbanken es erlaubt ist, Tabellen anzulegen. Zusätzlich können Sie die

Namensgebung von Datenbanken und Tabellen beeinflussen. Mit der Anweisung in Listing 10.12 können wir unserem Webadministrator »webadmin« erlauben, nur Datenbanken anzulegen, die mit dem Präfix »cms_« beginnen. Beachten Sie, dass das Zeichen _ bereits als Sonderzeichen in MySQL vergeben ist und wir daher den normalen Unterstrich »escapen« und als _ angeben müssen. In den Datenbanken, die auf »cms_« lauten, darf der Benutzer durch die Tabellenmusterangabe .* Tabellen mit einem frei wählbaren Namen anlegen. Listing 10.13 zeigt die Fehlermeldung, falls der Benutzer »webadmin« eine Datenbank anlegt, die nicht dem angegebenen Muster entspricht.

Die möglichen Namenskonventionen beschränken sich nicht nur auf ein Präfix, Sie können selbstverständlich auch komplexere Muster für die Datenbank- und Tabellennamen angeben. Beachten Sie, dass die Namensschemas in sogenannten *Backticks* (`) (rückwärtsgerichtete Anführungszeichen) angegeben werden müssen. Diese Vorgehensweise wird oft verwendet, um verschiedenen Benutzern zu erlauben, selbst Datenbanken anzulegen. Damit man auch bei Hunderten von Datenbanken von den verschiedensten Benutzern noch den Überblick behalten kann, wird für jeden Benutzer ein eigenes Präfix vergeben. So kann man jede Datenbank anhand des Namens dem jeweiligen Benutzer zuordnen, und die Verwaltung wird vereinfacht. Weitere Tipps und Tricks zur Verwaltung von sehr großen Installationen mit vielen Benutzern erhalten Sie in Abschnitt 10.3.2.

```
mysql> GRANT CREATE ON `cms\_%`.* TO 'webadmin'@'%';
mysql> GRANT ALTER ON `cms\_%`.* TO 'webadmin'@'%';
mysql> GRANT DROP ON `cms\_%`.* TO 'webadmin'@'%';
mysql> GRANT INDEX ON `cms\_%`.* TO 'webadmin'@'%';
```

Listing 10.12 Festsetzen eines Namensschemas für Datenbanken

```
mysql> CREATE DATABASE cms_log;
Query OK, 1 row affected (0.00 sec)
mysql> CREATE DATABASE meine_tabelle;
ERROR 1044 (42000): Access denied for user 'webadmin'@'%' to
database 'meine_tabelle'
```

Listing 10.13 Anlegen von Datenbanken mit Benutzer »webadmin«

CREATE TEMPORARY TABLE

Die Berechtigung `CREATE TEMPORARY TABLE` erlaubt die Erzeugung von temporären Tabellen. Diese Tabellen können Sie mit dem erweiterten Befehl `CREATE TEMPORARY TABLE` zusammen mit den gewünschten Spalten wie gewohnt anlegen. Temporäre Tabellen sind dabei nur für die aktuelle Verbindung gültig und werden danach automatisch wieder gelöscht. Die jeweilige temporäre Tabelle ist auch nur für den erstellenden Benutzer bzw. innerhalb der aktuellen Verbindung sichtbar, wobei temporäre Tabellen bei `SHOW TABLES` nicht mit angezeigt werden. Andere Benutzer sehen die temporäre Tabelle nicht und können diese auch nicht ansprechen.

ALTER

Die Berechtigung `ALTER` erlaubt das Ausführen der Anweisung `ALTER TABLE` zur Modifizierung von Tabellen. Das Recht vergeben Sie daher auf der Granularitätsebene von Tabellen. Beachten Sie, dass Sie für die Veränderung von Tabellen auch die Berechtigungen `INSERT` und `CREATE` zusätzlich vergeben müssen. In Listing 10.12 erhält der Benutzer »webadmin« die Berechtigung `ALTER` auf allen Tabellen in den Datenbanken mit dem Präfix »web_«. Damit ist der Benutzer nun auch in der Lage, alle Tabellen in diesen Datenbanken zu modifizieren (`INSERT` und `CREATE` werden hier als bereits vergeben vorausgesetzt).

DROP

Das Recht `DROP` erlaubt dem Benutzer das Löschen von Datenbanken und Tabellen. In Listing 10.12 wird in der dritten Zeile dem Benutzer »webadmin« erlaubt, auch alle Datenbanken mit dem Präfix »cms_« bzw. die darin befindlichen Tabellen und Sichten (Views) zu löschen. Der Benutzer »webadmin« hat mit diesen Berechtigungen aus Listing 10.12 nun im Subbereich »cms_« alle Möglichkeiten und kann dort beliebige Datenbanken mit dem Präfix »cms_« und Tabellen anlegen, verwalten und auch wieder löschen.

Beachten Sie, dass die Berechtigung `DROP` auch für die Anweisung `TRUNCATE TABLE` benötigt wird, da diese Anweisung eine angegebene Tabelle löscht (`DROP`) und anschließend wieder anlegt (`CREATE`) und damit ein sehr schnelles Leeren von sehr speicherintensiven Tabellen realisiert.

Auch Sichten (siehe Abschnitt 11.8, »Sichten (Views)«) werden mit dieser tabellenbezogenen Berechtigung verwaltet, da sie als »virtuelle« Tabellen angesehen werden.

INDEX

Mit der Berechtigung `INDEX`, die auf Tabellenebene spezifiziert wird, kann der jeweilige Benutzer Indizes auf den angegebenen Tabellen anlegen und auch wieder löschen. Beachten Sie, dass auch ein Benutzer mit der Berechtigung `CREATE` Indizes direkt bei der Erzeugung von Tabellen (ohne vorhandene `INDEX`-Berechtigung) anlegen kann. Soll ein Index nachträglich angelegt oder gelöscht werden, wird jedoch das `INDEX`-Recht benötigt. Damit der Beispielbenutzer »webadmin« in seinen Datenbanken bzw. Tabellen auch Indizes verwalten kann, wird die `INDEX`-Berechtigung in Listing 10.12 analog zu den anderen Berechtigungen gesetzt.

LOCK TABLES

Die Berechtigung `LOCK TABLES` ist auf Datenbankebene gültig und erlaubt das explizite Setzen von Sperren auf den Tabellen in der jeweiligen Datenbank. Die zugehörigen Befehle `LOCK TABLES` bzw. `UNLOCK TABLES` ermöglichen mit der Berechtigung `LOCK TABLES` das Setzen und Aufheben von Schreib- oder Lesesperren, wie in Listing 10.14 angegeben. Beachten Sie, dass dieses Recht keinen Einfluss auf das automatische Setzen von Sperren durch den MySQL-Server hat. MySQL setzt zum Beispiel auch unabhängig von Berechtigungen selbstständig Sperren zur Gewährleistung der Konsistenz im laufenden Betrieb. Weitere Informationen zu Sperren finden Sie in Abschnitt 5.3.3, »Lock-Management«.

```
mysql> LOCK TABLES FlughafenDB.mitarbeiter READ;
mysql> LOCK TABLES FlughafenDB.mitarbeiter WRITE;
mysql> UNLOCK TABLES;
```

Listing 10.14 Verwenden von LOCK und UNLOCK

CREATE VIEW

Die Berechtigung `CREATE VIEW` erlaubt das Erstellen von neuen Sichten (Views) mit der Anweisung `CREATE VIEW` und kann in derselben Weise wie die Berechtigung `CREATE` verwendet werden. Es ist ebenfalls möglich, die zu erstellenden Sichten auf ein Namensmuster, wie zum Beispiel ein Präfix in Listing 10.12, einzuschränken. Zusätzlich zu diesem Recht setzen Sichten ein weiteres Sicherheitskonzept ein, das während ihrer eigentlichen Ausführung ebenfalls zusätzliche Berechtigungen überprüft. Nähere Informationen zu diesem Sicherheitskonzept finden Sie im Abschnitt »DEFINER vs. INVOKER« in Abschnitt 10.2.4.

SHOW VIEW

Die Berechtigung `SHOW VIEW` erlaubt die Verwendung der Anweisung `SHOW CREATE VIEW`, die den Quellcode der Sicht (View) anzeigt. Im ersten Moment erscheint die Erstellung einer eigenen Berechtigung für die Anzeige von Quellcodes etwas überspitzt. Sichten werden jedoch oft als Sicherungsschicht eingesetzt, die gewisse Details und Daten von Tabellen verstecken. Dadurch kann alleine die Ansicht des Quellcodes einer Sicht bereits ein Sicherheitsrisiko darstellen. Ein Angreifer könnte so über den Quellcode erfahren, welche Teile einer Tabelle versteckt werden und weiterführende Angriffe durchführen. Aus diesem Grund wurde diese Anweisung auch mit einem eigenen Recht versehen.

10.2.3 Berechtigungen zur Programmierung mit MySQL

Neben den Berechtigungen zur Verwaltung und zum Zugriff auf Daten werden auch die Erstellung und Verwaltung von Funktionen, Prozeduren, Triggern und Events, die in Kapitel 11, »Gespeicherte Programme und Events«, im Detail beschrieben werden, ebenfalls über eigene Berechtigungen kontrolliert. In Tabelle 10.2 sehen Sie eine Auflistung der Berechtigungen in Bezug auf die Programmierung mit MySQL, die im Folgenden näher beschrieben werden.

Berechtigung	Ebene/Kontext
EVENT	Datenbanken
CREATE ROUTINE	gespeicherte Prozeduren
ALTER ROUTINE	gespeicherte Prozeduren
EXECUTE	gespeicherte Prozeduren
TRIGGER	Tabellen

Tabelle 10.2 Berechtigungen im Bereich der Programmierung

EVENT

Die Berechtigung `EVENT` setzen Sie auf Datenbankebene. Sie erlaubt dem Benutzer das Anlegen (`CREATE EVENT`) und Verwalten (`ALTER EVENT`, `DROP EVENT`) von Events, die auf den angegebenen Datenbanken operieren. Vielleicht fragen Sie sich, warum für dieses mächtige Konstrukt der Events nur eine Berechtigung existiert und diese nicht weiter unterteilt wird. Bei Events gibt es jedoch noch weitere Sicherheitsmaßnahmen, die mit dem Benutzer, der den Event erstellt bzw. startet, gekoppelt sind. Näheres zu diesem allgemeinen Sicherheitskonzept, das beim Aufruf von Programmcode (Events, Triggern, Prozeduren) verwendet wird, finden Sie im Abschnitt »DEFINER vs. INVOKER« in Abschnitt 10.2.4.

CREATE ROUTINE

Die Berechtigung `CREATE ROUTINE` operiert auf Datenbankebene und erlaubt dem jeweiligen Benutzer, gespeicherte Prozeduren und Funktionen in der angegebenen Datenbank zu erstellen. Beachten Sie, dass es nicht möglich ist, diese Berechtigung auf spezielle Namen oder Namensmuster für Prozeduren einzuschränken. Die Berechtigung gilt immer uneingeschränkt in der angegebenen Datenbank oder auf eine angegebene Prozedur. Das Beispiel in Listing 10.15 weist dem Benutzer »admin« das Recht zur Erstellung von gespeicherten Prozeduren in der Datenbank »FlughafenDB« zu:

```
mysql> GRANT CREATE ROUTINE ON FlughafenDB.* TO 'admin';
mysql> GRANT ALTER ROUTINE ON PROCEDURE
```

```
    -> FlughafenDB.berechne_distanz TO 'admin';
mysql> GRANT EXECUTE ON FlughafenDB.* TO 'admin';
```

Listing 10.15 Berechtigung zur Erzeugung und Verwaltung von Prozeduren

ALTER ROUTINE

Die Berechtigung `ALTER ROUTINE` erlaubt einem Benutzer die Modifizierung von Prozeduren. In der zweiten Zeile in Listing 10.15 finden Sie ein Beispiel, in dem der Benutzer »admin« die Berechtigung zur Modifizierung der Prozeduren `berechne_distanz` in der Datenbank »FlughafenDB« erhält. Beachten Sie, dass Sie bei Prozeduren nur die Metadaten modifizieren können. Für die Veränderung des Quellcodes einer Prozedur müssen Sie die Prozedur löschen und wieder erneut erstellen. Daher erlaubt diese Berechtigung neben der Modifizierung auch die Löschung (über den Befehl `DROP PROCEDURE`) der jeweiligen Prozedur bzw. Funktion. Beachten Sie auch, dass Benutzer beim Erzeugen einer neuen Routine das zugehörige Recht `ALTER ROUTINE` für die erstellte Routine automatisch erhalten. Dieses Verhalten können Sie mithilfe der Variablen `automatic_sp_privileges` verändern und durch den Wert 0 deaktivieren.

EXECUTE

Die Berechtigung `EXECUTE` benötigen Sie, um eine gespeicherte Prozedur auszuführen. Diese Berechtigung wenden Sie in derselben Weise wie die oben angeführte Berechtigung `ALTER ROUTINE` an, und zwar auf einzelne oder mehrere Prozeduren. Listing 10.15 zeigt ein Beispiel, in dem der Benutzer »admin« die Berechtigung erhält, alle Prozeduren in der Datenbank »FlughafenDB« auszuführen. Wie auch das Recht `ALTER ROUTINE`, wird die `EXECUTE`-Erlaubnis dem Ersteller einer Prozedur automatisch zugewiesen. Dieses automatische Verhalten können Sie ebenfalls über die Variable `automatic_sp_privileges` deaktivieren (Wert 0).

Beachten Sie aber, dass das Recht `EXECUTE` allein nicht die ordnungsgemäße Ausführung einer Prozedur garantiert. Während der Ausführung können noch weitere Rechte benötigt werden, die in Zusammenhang mit den in der Prozedur verwendeten Befehlen stehen. Nähere Informationen zu diesem erweiterten Sicherheitskonzept von Prozeduren finden Sie im Abschnitt »DEFINER vs. INVOKER« in Abschnitt 10.2.4.

TRIGGER

Trigger beziehen sich immer auf Tabellen. Die zugehörige Berechtigung `TRIGGER` vergeben Sie daher auf Tabellenebene. Sie erlaubt das Anlegen, Löschen und Ausführen der Trigger auf der jeweiligen Tabelle. Die eigentliche Rechteüberprüfung des Triggers wird über das DEFINER- bzw. INVOKER-Konzept realisiert.

10.2.4 Das Sicherheitskonzept von Programmen oder DEFINER vs. INVOKER

Im vorherigen Abschnitt haben Sie die grundlegenden Benutzerberechtigungen zur Programmierung in MySQL kennengelernt. Wie bereits erwähnt, beschränken sich diese Berechtigungen nur auf die grundlegende Absicherung – zum Beispiel ob Prozeduren ausgeführt oder erstellt werden dürfen. Das Sicherheitskonzept in MySQL sieht bei der Programmierung neben diesen Grundberechtigungen eine zweite Sicherheitsüberprüfung vor. Da es sich bei Programmen meist um eine Aneinanderreihung von SQL-Anweisungen handelt, müssen natürlich die Berechtigungen für alle einzelnen SQL-Anweisungen überprüft werden.

Betrachten Sie zum Beispiel die sehr einfache Prozedur `flug_loeschen()` in Listing 10.16. Der Benutzer, der diese Prozedur startet (`CALL flug_loeschen();`), muss selbstverständlich über die `DELETE`-Berechtigung auf der Tabelle »flug« verfügen, um diese Prozedur korrekt ausführen zu können. Welcher Benutzer für die Rechteüberprüfung von MySQL herangezogen wird und wie dies von Ihnen beeinflusst werden kann, erklären wir im folgenden Abschnitt.

DEFINER vs. INVOKER

Das Sicherheitskonzept von `DEFINER` (erstellender Benutzer) und `INVOKER` (aufrufender Benutzer) wird bei allen gespeicherten Programmen in MySQL verwendet. Dazu zählen die Konstrukte der gespeicherten Prozeduren, Funktionen, Trigger, Sichten (Views) und Ereignisse (Events), die in Kapitel 11, »Gespeicherte Programme und Events«, näher beschrieben werden. Betrachten wir zunächst diese zwei Begrifflichkeiten. Der `DEFINER` eines beliebigen Programms ist jener Benutzer, der das Programm erstellt hat. Der `INVOKER` ist der Benutzer, der das Programm aufruft (zum Beispiel `CALL flug_loeschen();` bei einer gespeicherten Prozedur) und damit auch das Programm ausführt. Der `INVOKER` kann sich bei jedem Aufruf ändern, da Programme von verschiedenen Benutzern aufgerufen werden können. Der `DEFINER` hingegen ist im Normalfall durch den erstellenden Benutzer festgelegt und ändert sich nicht mehr.

Das Sicherheitskonzept von MySQL bei Programmen sieht zwei Einstellungen bezüglich des Benutzers vor. Sie können ein Programm mit den Berechtigungen eines vorher manuell festgelegten Benutzers oder des gerade aktiven Benutzers ausführen lassen. Diese Einstellung legen Sie mithilfe der Anweisung `SQL SECURITY` fest, und geben Sie entweder mit `INVOKER` (aufrufender Benutzer) oder `DEFINER` (erstellender Benutzer) an.

In Listing 10.16 sehen Sie ein Beispiel, bei dem in der zweiten Zeile mit `SQL SECURITY INVOKER` angegeben wird, dass das Programm unter dem aktiven aufrufenden Benutzer ausgeführt werden soll. Dies hat zur Folge, dass der Benutzer beim Start der Prozedur `flug_loeschen()` über die notwendigen Berechtigungen – in diesem Fall die `DELETE`-Berechtigungen auf der Tabelle »flug« – verfügen muss.

In Listing 10.17 sehen Sie ein Beispiel unseres Benutzers »webadmin«, der auf der Tabelle »flug« keine Berechtigungen besitzt und dennoch versucht, die Prozedur `flug_loeschen()` auszuführen. In der resultierenden Fehlermeldung wird auch angegeben, bei welcher Anweisung (im Beispiel `DELETE`) ein Berechtigungsproblem aufgetreten ist.

```
DELIMITER $$
CREATE PROCEDURE flug_loeschen()
SQL SECURITY INVOKER
BEGIN
  DELETE FROM FlughafenDB.flug;
END$$
DELIMITER ;
```

Listing 10.16 Beispiel für das Sicherheitskonzept von Programmen

```
mysql> CALL FlughafenDB.flug_loeschen();
ERROR 1142 (42000): DELETE command denied to user
'webadmin'@'localhost' for table 'flug'
```

Listing 10.17 Aufruf einer Prozedur ohne ausreichende Berechtigungen

Die zweite Möglichkeit ist die Einstellung des Sicherheitskonzepts auf die Ausführung unter dem Ersteller des Programms. Diese Option setzen Sie mit der Anweisung `SQL SECURITY DEFINER`, wie in Listing 10.18 in der zweiten Zeile angegeben. Ihnen ist bestimmt schon aufgefallen, dass wir im Beispiel in Listing 10.18 mit der Anweisung `DEFINER` einen konkreten Benutzer angeben. Wie oben beschrieben, ist der `DEFINER` standardmäßig jener Benutzer, der das betreffende Programm erstellt hat. Dies ist der Fall, wenn, wie in Listing 10.16 gezeigt, kein expliziter `DEFINER` angegeben wird. Der `DEFINER` wird darum automatisch von MySQL auf den aktuellen Benutzer, der das Programm erstellt, gesetzt.

Es besteht jedoch die Möglichkeit, den `DEFINER` eines Programms manuell festzulegen und damit die Standardeinstellung (der gerade aktive Benutzer) zu überschreiben. Beachten Sie, dass Sie die globale Berechtigung `SUPER` (siehe Abschnitt 10.2.5, »Berechtigungen zur Administration von MySQL«) benötigen, um den `DEFINER` auf einen anderen Benutzer zu setzen. Andernfalls wäre es möglich, beliebige Anweisungen unter einem beliebigen Benutzer (auch »root« mit allen Rechten) auszuführen.

```
DELIMITER $$
CREATE DEFINER = 'admin' PROCEDURE flug_loeschen()
SQL SECURITY DEFINER
BEGIN
  DELETE FROM FlughafenDB.flug;
END$$
DELIMITER ;
```

Listing 10.18 Erstellen einer Prozedur mit DEFINER

Wenn das Sicherheitskonzept eines Programms wie in Listing 10.16 auf `INVOKER` gesetzt wird, ist der `DEFINER` nicht relevant. Wird jedoch wie in Listing 10.18 die Sicherheitsrichtlinie eines Programms auf `DEFINER` gesetzt, wird das Programm bei jedem Aufruf unter dem gesetzten `DEFINER`-Benutzer ausgeführt. Beachten Sie, dass in diesem Fall bei einer Ausführung immer nur die Berechtigungen von `DEFINER` überprüft werden. Der Benutzer, der das Programm startet, benötigt nur das jeweilige Recht zur Ausführung, zum Beispiel `EXECUTE` bei einer Prozedur. Alle weiteren Rechteüberprüfungen der einzelnen Anweisungen innerhalb eines Programms erfolgen auf den Berechtigungen des `DEFINER`-Benutzers.

Diese Vorgehensweise wird oft zur sogenannten *Kapselung* verwendet. Dabei ist der direkte Zugriff auf die eigentliche Tabelle und auf die Daten nicht möglich. Eine Sicht (View) oder Prozedur kann aber bestimmten Benutzern einzelne Aspekte aus einer Tabelle zur Verfügung stellen.

Betrachten Sie das Beispiel in Listing 10.19. Es geht um einen Benutzer, der aus Sicherheitsgründen die Tabelle »mitarbeiter« bzw. die Spalte »gehalt« nicht lesen darf, aber dennoch Zugriff auf das durchschnittliche Gehalt aller Mitarbeiter im Betrieb erhalten soll. Dies realisieren Sie über die Prozedur `durchschnitt_gehalt()`, die das aktuelle durchschnittliche Gehalt berechnet. Diese Prozedur wird dabei unter dem Benutzer »admin« ausgeführt, der wiederum Lesezugriffe auf die Tabelle »mitarbeiter« besitzt. Sie sehen, dass hier mit sehr einfachen Bordmitteln von MySQL gezielt ausgewählte Daten an Benutzer weitergereicht werden können, ohne dabei dem Benutzer gleich den Zugriff auf den gesamten Datenbestand (in diesem Fall die Mitarbeitertabelle) zu gewähren.

Ein weiteres Beispiel für eine derartige Kapselung mit Sichten zur Realisierung von Berechtigungen auf Zeilenebene finden Sie in Abschnitt 10.3.5, »Workaround für Berechtigungen auf Zeilenebene/Kapselung«.

```
DELIMITER $$
CREATE DEFINER = 'admin' PROCEDURE durchschnitt_gehalt()
SQL SECURITY DEFINER
BEGIN
```

```
  SELECT AVG(gehalt) FROM FlughafenDB.mitarbeiter;
END$$
DELIMITER ;
```

Listing 10.19 Kapselung von Daten

Tipps und Besonderheiten bei der Verwendung von INVOKER und DEFINER

- Bevorzugen Sie, wenn möglich, die Option `SQL SECURITY INVOKER`, da dadurch immer die Rechte des ausführenden Benutzers überprüft werden und nicht erlaubte Zugriffe leichter verhindert werden können.
- Trigger werden immer im Kontext von `DEFINER` aufgerufen. Geben Sie daher, wenn möglich, bei der Erzeugung von Triggern immer einen `DEFINER` an, und achten Sie darauf, dass dieser Benutzer möglichst eingeschränkte Rechte besitzt.
- Geben Sie bei der Verwendung von `SQL SECURITY DEFINER` immer einen `DEFINER` an, der möglichst eingeschränkte Berechtigungen besitzt.

Sie haben in den letzten Abschnitten Absicherungsmaßnahmen für Daten und die darauf operierenden Programme kennengelernt. Im folgenden Abschnitt widmen wir uns nun den Berechtigungen zur Administration und Benutzerverwaltung in MySQL.

10.2.5 Berechtigungen zur Administration von MySQL

Die Berechtigungen zur Verwaltung von Benutzern und sonstiger administrativer Tätigkeiten reichen vom Anlegen von Benutzern über den Zugriff von Dateien im File-System des Servers bis hin zu Replikationsprozessen des MySQL-Servers. In Tabelle 10.3 finden Sie alle Berechtigungen, die im Administrationskontext von MySQL angeboten werden. Im darauffolgenden Abschnitt beschreiben wir alle Berechtigungen im Detail.

Berechtigung	Ebene/Kontext
`GRANT OPTION`	Datenbanken, Tabellen, Prozeduren
`CREATE USER`	Administration/global
`ALL`	Administration/global
`SUPER`	Administration/global
`FILE`	Dateizugriff/Dateisystem
`CREATE TABLESPACE`	Administration/global

Tabelle 10.3 Administrative Berechtigungen

Berechtigung	Ebene/Kontext
USAGE	leeres Recht
PROCESS	Administration/global
RELOAD	Administration/global
REPLICATION_CLIENT	Administration/global
REPLICATION_SLAVE	Administration/global
SHOW DATABASES	Administration/global
SHUTDOWN	Administration/global

Tabelle 10.3 Administrative Berechtigungen (Forts.)

GRANT OPTION

Die Berechtigung GRANT OPTION können Sie auf globaler, Datenbank- oder Tabellenebene setzen. Sie erlaubt dem Benutzer die Verwendung des GRANT-Befehls und damit die Weitergabe oder das Widerrufen von Berechtigungen anderer Benutzer. Beachten Sie, dass Sie immer nur jene Berechtigungen weitergeben oder widerrufen können, die der Benutzer auch selbst besitzt. In Listing 10.20 wird zum Beispiel dem Benutzer »webadmin« die DELETE-Berechtigungen auf allen Tabellen in der Datenbank »FlughafenDB« vergeben. Der Zusatz am Ende des GRANT-Befehls, WITH GRANT OPTION, erlaubt dem Benutzer dabei, diese Berechtigung auch an andere Benutzer weiterzugeben bzw. zu entziehen.

```
mysql> GRANT DELETE ON FlughafenDB.*
    -> TO 'admin' WITH GRANT OPTION;
```

Listing 10.20 Zuweisen einer Berechtigung mit GRANT OPTION

Beachten Sie, dass GRANT OPTION immer über alle Berechtigungen einer Ebene gültig ist. Betrachten Sie das Beispiel in Listing 10.21, in dem zuerst die INSERT-Berechtigung ohne GRANT-Option vergeben wird. In der zweiten Anweisung wird nun die DELETE-Berechtigung mit der GRANT-Option vergeben. Nachdem die GRANT-Option immer auf der gesamten angesprochenen Ebene (in diesem Fall »FlughafenDB.*«) gültig ist, erhält der Benutzer das Recht zur Weitergabe von Berechtigungen nicht nur auf die DELETE-Berechtigung, sondern im Nachhinein auch auf die INSERT-Berechtigung.

```
mysql> GRANT INSERT ON FlughafenDB.*
    -> TO 'admin';
mysql> GRANT DELETE ON FlughafenDB.*
    -> TO 'admin' WITH GRANT OPTION;
```

Listing 10.21 Gültigkeit der GRANT-Option auf ganzer Ebene

Um solche Probleme zu vermeiden, empfehlen wir Ihnen, die Berechtigung GRANT OPTION gesondert zu vergeben. Wie in Listing 10.22 angegeben, werden so unerwartete Berechtigungen vermieden, da die Folgen einer gesonderten Operation klarer ersichtlich sind. Zusätzlich sehen Sie in Listing 10.22, wie sie einem Benutzer die Berechtigung GRANT OPTION auf der jeweiligen Ebene mit dem Befehl REVOKE wieder entziehen können.

```
mysql> GRANT GRANT OPTION ON FlughafenDB.* TO 'admin';
mysql> REVOKE GRANT OPTION ON FlughafenDB.* FROM 'admin';
```

Listing 10.22 Vergabe und Entzug der Berechtigung GRANT OPTION

CREATE USER

Neben der impliziten Erzeugung von Benutzern durch die Anweisung GRANT (siehe Listing 10.1), können Sie Benutzer auch dezidiert mit dem Befehl CREATE USER anlegen. Die dazu nötige Berechtigung CREATE USER wird auf globaler Ebene gesetzt und erlaubt zusätzlich auch noch die Anweisungen DROP USER, RENAME USER, REVOKE ALL PRIVILEGES.

In Listing 10.23 sehen Sie alle Befehle, die mit dieser Berechtigung möglich sind. Die erste Anweisung erstellt einen neuen Benutzer mit dem Namen »admin« und weist ihm das Passwort »testpasswort« zu. Im nächsten Schritt wird der Benutzer in »admin2« umbenannt. Dem umbenannten Benutzer werden anschließend alle Rechte entzogen. Der Benutzer bleibt aber auch ohne Rechte bestehen und könnte sich noch weiterhin mit dem MySQL-Server vom Host localhost aus verbinden, jedoch keine Abfragen mehr ausführen. Mit dem letzten Befehl wird der Benutzer nun endgültig und unwiderruflich gelöscht.

Bitte vergeben Sie die Berechtigung CREATE USER nur mit Vorsicht, da sie zwar nicht die Vergabe von Berechtigungen, jedoch das unwiderrufliche Löschen aller Benutzer erlaubt. Ein Benutzer könnte daher mit dieser Berechtigung eine MySQL-Installation völlig lahmlegen.

```
mysql> CREATE USER 'admin'@'localhost'
    -> IDENTIFIED BY 'testpasswort';
mysql> RENAME USER 'admin'@'localhost' TO 'admin2'@'localhost';
mysql> REVOKE ALL PRIVILEGES, GRANT OPTION
    -> FROM 'admin2'@'localhost';
mysql> DROP USER 'admin2'@'localhost';
```

Listing 10.23 Mögliche Befehle mit der Berechtigung CREATE USER

ALL

Die Berechtigung ALL (Kurzform von ALL PRIVILEGES) ist keine eigene Berechtigung, sondern steht für alle Berechtigungen außer GRANT OPTION. Setzen Sie zum Beispiel die Berechtigung ALL auf eine Datenbank, erhalten Sie in dieser Datenbank alle verfügbaren Berechtigungen auf Datenbankebene. Die Verwendung von ALL auf globaler Ebene durch *.* (Listing 10.1) bewirkt zum Beispiel das Setzen aller Berechtigungen auf globaler Ebene. Dies beinhaltet auch sehr kritische Berechtigungen, wie zum Beispiel SUPER, ALTER ROUTINE oder CREATE USER. Gehen Sie daher vor allem auf der globalen Ebene (*.*) mit der Verwendung der Anweisung ALL sehr gewissenhaft um. Wir empfehlen, den ALL-Befehl generell zu vermeiden. Der sicherere Weg besteht in der Erstellung eines Benutzers ohne jegliche Rechte und der anschließenden schrittweisen Zuordnung weiterer Berechtigungen.

SUPER

Die globale Berechtigung SUPER erlaubt diverse Administrationsanweisungen, die sich auf den gesamten MySQL-Server auswirken können. So ist zum Beispiel das Abbrechen fremder Verbindungen bzw. laufender Befehle mit dem Kommando KILL möglich. Zusätzlich können Sie globale Variablen (auch bei aktivierter read_only-Option von Systemvariablen) mit dem Befehl SET GLOBAL verändern. Die Berechtigung erlaubt auch die Verwendung der Anweisungen CHANGE MASTER TO (Ändern der Replikationseinstellungen), PURGE BINARY LOGS (Löschen von Log-Dateien) und die Angabe eines beliebigen DEFINER-Benutzers bei der Programmierung mit MySQL (siehe Abschnitt 10.2.4, »Das Sicherheitskonzept von Programmen oder DEFINER vs. INVOKER«).

Sollte Ihr MySQL-Server einmal die maximale Anzahl an Client-Verbindungen (siehe Abschnitt »Threads – gleichzeitige Verbindungen« auf Seite 333) erreicht haben, wird den Benutzern mit der Berechtigung SUPER trotzdem eine Verbindung zum weiteren administrativen Vorgehen ermöglicht. Diese Berechtigung SUPER sollte daher nur an die höchsten Administratoren vergeben werden, da Sie über Umwege die vollständige Kontrolle über eine MySQL-Installation ermöglicht.

FILE

Die globale Berechtigung FILE ermöglicht in erster Linie den Umgang mit den Anweisungen LOAD DATA INFILE, SELECT ... INTO OUTFILE und LOAD_FILE(), die zum Import und Export von Daten aus bzw. in das Dateisystem ermöglichen. Die Berechtigung erlaubt dabei das Lesen und Schreiben von allen Dateien im Dateisystem, auf die der MySQL-Server zugreifen darf. Welche Dateien durch den MySQL-Server lesbar oder schreibbar sind, hängt von den Rechteeinstellungen des Dateisystems bzw. des Betriebssystems ab.

Beachten Sie aber, dass die Berechtigung `FILE` auch missbräuchlich verwendet werden kann. Die vom MySQL-Server lesbaren Dateien beinhalten diverse Log-Dateien von MySQL oder auch die Datenverzeichnisse selbst, in denen die eigentlichen Daten der Tabellen liegen. Vergeben Sie daher auch diese Berechtigung nur mit Vorsicht, da die erwähnten Dateien gelesen werden könnten. Beachten Sie auch, dass der MySQL-Server unabhängig von Berechtigungen aus Sicherheitsgründen nicht erlaubt, bestehende Dateien im Dateisystem zu überschreiben.

CREATE TABLESPACE

Die Berechtigung `CREATE TABLESPACE` erlaubt die Verwendung von `CREATE`, `ALTER` und `DROP` in Verbindung mit `TABLESPACE` und `LOGFILE GROUP`. Diese dienen zur Verwaltung der eigentlichen Dateien im Dateisystem, in denen die Daten des MySQL-Servers gespeichert werden. Diese Anweisungen betreffen derzeit jedoch nur den Cluster-Betrieb mit der Storage-Engine NDB.

USAGE

Die Berechtigung `USAGE` dient als Platzhalter und spezifiziert keine bestimmte Berechtigung. `USAGE` wird verwendet, wenn mit dem `GRANT`-Befehl keine Berechtigungen, sondern Optionen, wie zum Beispiel SSL-Einstellungen (siehe Abschnitt 10.4.2, »Zugang beschränken oder verschlüsseln«), am jeweiligen Benutzer vorgenommen werden sollen. In diesem Fall wird das »leere« Recht USAGE verwendet, da der `GRANT`-Befehl immer die Angabe einer Berechtigung benötigt. Weitere Details zum `GRANT`-Befehl finden Sie in Abschnitt 10.2.6, »Die Befehle GRANT und REVOKE im Detail«.

PROCESS

Die Berechtigung `PROCESS` erlaubt Ihnen, alle aktuellen Prozesse am MySQL-Server anzuzeigen. Dies inkludiert auch die laufenden Prozesse anderer Benutzer und deren aktuell ausgeführte SQL-Anweisungen. Beachten Sie, dass das Lesen von fremden SQL-Anweisungen bereits ein großes Sicherheitsrisiko darstellen kann, da diese Anweisungen oft auch sensible Informationen beinhaltet können. Denken Sie etwa an eine SQL-Abfrage, die mit der WHERE-Klausel `WHERE passwort='geheim'` ein Passwort überprüft. Wird diese Abfrage in der Prozessliste angezeigt, kann ein Angreifer das gerade eingegebene Passwort einsehen.

Weitere Informationen zu diesem Sicherheitsproblem finden Sie auch in Abschnitt 10.4, »STOP! – MySQL absichern«. Die Anzeige der Prozesse erfolgt mit der Anweisung `SHOW PROCESSLIST`.

RELOAD

Die Berechtigung `RELOAD` ermöglicht die Verwendung des Befehls `FLUSH`, mit dem Sie diverse Caches in MySQL (siehe Abschnitt 7.2.2) leeren oder optimieren können. So können Sie zum Beispiel mit der Anweisung `FLUSH PRIVILEGES` alle Benutzerberechtigungen neu einlesen. Dieses Kommando wird bei der Ausführung von `GRANT`-Anweisungen automatisch durchgeführt. Andere Anwendungsbereiche sind Logs (`FLUSH LOGS`), diverse Caches im Bereich der Replikation oder auch der Query Cache (`FLUSH QUERY CACHE`) zur Beschleunigung von SQL-Abfragen. Beachten Sie, dass manche `FLUSH`-Anweisungen zusätzliche Berechtigungen benötigen.

REPLICATION CLIENT

Die Berechtigung `REPLICATION CLIENT` verwenden Sie, wie der Name schon sagt, in Replikationsumgebungen. Sie erlaubt Ihnen das Ausführen der Kommandos `SHOW MASTER STATUS` und `SHOW SLAVE STATUS`. Diese Anweisungen zeigen genauere Informationen zum aktuellen Replikationsstatus am Master bzw. am Slave an. Nähere Informationen erhalten Sie in Kapitel 8, »Replikation und Hochverfügbarkeit«.

REPLICATION SLAVE

Die Berechtigung `REPLICATION SLAVE` benötigen Sie zur Replikation selbst. Ein Slave-Server in einer Replikationsumgebung verbindet sich über einen bestimmten Benutzer mit dem Master-Server. Dieser Benutzer muss am Master-Server die Berechtigung `REPLICATION SLAVE` besitzen, damit dieser die nötigen Informationen zur Replikation erhält.

SHOW DATABASES

Die Berechtigung `SHOW DATABASES` erlaubt das Ausführen der gleichnamigen Anweisung `SHOW DATABASES` auf allen Datenbanken. Der Befehl an sich kann grundsätzlich von jedem Benutzer ausgeführt werden, zeigt jedoch nur jene Datenbanken an, in denen der Benutzer eine Berechtigung besitzt. Erhält ein Benutzer das Recht `SHOW DATABASES`, kann er sich alle Datenbanken anzeigen lassen.

SHUTDOWN

Die Berechtigung `SHUTDOWN` erlaubt das Herunterfahren des MySQL-Servers. Diese Aktion können Sie nicht direkt in der MySQL-Kommandozeile ausführen, sondern müssen Sie mit dem Hilfsprogramm *mysqladmin* von außen mit dem Befehl `mysqladmin shutdown` durchführen. Weitere Informationen zum Hilfsprogramm *mysqladmin* finden Sie in Abschnitt 7.2.

10.2.6 Die Befehle GRANT und REVOKE im Detail

Sie haben den Befehl GRANT zur Vergabe von Berechtigungen bereits in den vorangegangen Abschnitten kennengelernt. In Listing 10.24 sehen Sie die ausführliche Syntax des GRANT-Befehls mit allen Optionen. Die Grundstruktur besteht dabei immer aus einer Berechtigung (siehe Abschnitte 10.2.2, 10.2.3 und 10.2.5), die einem Benutzer auf ein bestimmtes Objekt/eine bestimmte Ebene (siehe Abschnitt 10.2.1, »Die Ebenen der Benutzerberechtigungen«) gewährt wird.

Natürlich ist es auch möglich, mit einem Befehl gleich mehrere Berechtigungen zu vergeben. Diese Berechtigungen können Sie auch gleichzeitig auf mehrere Objekte vergeben und an mehr als einen Benutzer zuweisen. Diese Aufzählungen werden dabei jeweils durch ein Komma getrennt.

Zu den bisher behandelten Optionen des Befehls sind die Klauseln REQUIRE und WITH, die weitere zusätzliche Optionen zur Verfügung stellen, hinzugekommen. Eine Option der WITH-Klausel, die GRANT OPTION zur Weitergabe von Berechtigungen, haben Sie bereits im letzten Abschnitt kennengelernt.

Zusätzlich können Sie über die WITH Klausel dem Benutzer weitere Einschränkungen auferlegen. Sie können dabei die Anzahl der SQL-Anweisungen (MAX_QUERIES_PER_HOUR), UPDATE-Anweisungen (MAX_UPDATES_PER_HOUR) und Verbindungen (MAX_CONNECTIONS_PER_HOUR) pro Stunde begrenzen. Da vor allem die Verwaltung von Verbindungen für den MySQL-Server sehr ressourcenaufwendig ist, können Sie auch die gleichzeitigen Verbindungen pro Benutzer mithilfe der Option MAX_USER_CONNECTIONS zusätzlich einschränken.

```
GRANT
    berechtigung [(spaltenliste)]
      [, berechtigung [(spaltenliste)]] ...
    ON [objekttyp] berechtigungsebene
    TO benutzerangabe [,benutzerangabe] ...
    [REQUIRE {NONE | SSLoption [[AND] SSLoption] ...}]
    [WITH zusatzoption ...]

objekttyp:
    TABLE
  | FUNCTION
  | PROCEDURE

berechtigungsebene:
    *
  | *.*
  | bezeichner_datenbank.*
  | bezeichner_datenbank.bezeichner_tabelle
```

```
  | bezeichner_tabelle
  | bezeichner_datenbank. bezeichner_tabelle

benutzerangabe:
  'benutzername'[@'hostname']
  [IDENTIFIED BY [PASSWORD] 'passwort']

SSLoption:
    SSL
  | X509
  | CIPHER 'cipher_text'
  | ISSUER 'issuer_text'
  | SUBJECT 'subject_text'

zusatzoption:
    GRANT OPTION
  | MAX_QUERIES_PER_HOUR numerischer_wert
  | MAX_UPDATES_PER_HOUR numerischer_wert
  | MAX_CONNECTIONS_PER_HOUR numerischer_wert
  | MAX_USER_CONNECTIONS numerischer_wert
```

Listing 10.24 Ausführliche Syntax des GRANT-Befehls

In der Standardeinstellung eines MySQL-Servers ist eine einfache unverschlüsselte Verbindung vom Client zum Server möglich. Dieses Verhalten (`REQUIRE NONE`) können Sie über die Klausel `REQUIRE` ändern. So können Sie zum Beispiel durch die Anweisung `REQUIRE SSL` erzwingen, dass sich der jeweilige Benutzer nur über eine SSL-verschlüsselte Verbindung mit dem Server verbinden kann. Die Option `X509` erzwingt die Benutzer-Authentifizierung über den x509-Standard. Die Angaben von `CIPHER`, `ISSUER` und `SUBJECT` beziehen sich auf weitere Einschränkungen bzw. Einstellungen der jeweils angegebenen Verschlüsselung. Nähere Informationen zur verschlüsselten Kommunikation finden Sie in Abschnitt 10.4.2, »Zugang beschränken oder verschlüsseln«.

Das Gegenstück zum `GRANT`-Befehl stellt der `REVOKE`-Befehl dar, der Ihnen ermöglicht, Berechtigungen wieder zu entziehen. Der `REVOKE`-Befehl unterscheidet sich vom `GRANT`-Befehl nur geringfügig. Seine ausführliche Syntax finden Sie in Listing 10.25, die sich partiell auch auf Teile der `GRANT`-Syntax (Listing 10.24) bezieht.

```
REVOKE
    berechtigung [(spaltenliste)]
      [,berechtigung [(spaltenliste)]] ...
    ON [objekttyp] berechtigungsebene
    FROM benutzerangabe [,benutzerangabe] ...
```

```
REVOKE ALL PRIVILEGES, GRANT OPTION
    FROM benutzerangabe [,benutzerangabe] ...
```

Listing 10.25 Ausführliche Syntax des REVOKE-Befehls

In Listing 10.26 finden Sie ein Beispiel beider Befehle. Zuerst wird mit dem GRANT-Befehl ein Benutzer »webadmin« mit dem Passwort geheim angelegt und die Berechtigungen SELECT und UPDATE auf allen Datenbanken, die mit »cms_« beginnen, vergeben. Der zweite Befehl, die REVOKE-Anweisung, entzieht demselben Benutzer die Berechtigungen wieder. Sie können erkennen, dass der Umgang mit REVOKE und GRANT sehr ähnlich ist und Sie diese Befehle beinahe in gleicher Form verwenden können.

```
mysql> GRANT SELECT, UPDATE ON `cms\_%`.* TO 'webadmin'@'%'
    -> IDENTIFIED BY 'geheim';
mysql> REVOKE SELECT, UPDATE ON `cms\_%`.* FROM 'webadmin'@'%';
```

Listing 10.26 Beispiel von GRANT und REVOKE

Der Umgang mit diesen Befehlen führt aber vor allem bei unerfahrenen Administratoren oft zu Verwirrung. Betrachten Sie das Beispiel in Listing 10.27, in dem wiederum die zwei Berechtigungen SELECT und UPDATE auf der Datenbankebene vergeben werden. In der zweiten Zeile wird mit einer REVOKE-Anweisung versucht, die zwei Berechtigungen auf der Ebene *.* zu entziehen.

Nun würde man intuitiv erwarten, dass der Benutzer »webadmin« anschließend keine Berechtigungen mehr besitzt, da eine beispielhafte Datenbank »cms« eigentlich auch in *.* enthalten sein müsste. In MySQL ist dies jedoch nicht der Fall. Berechtigungen werden strikt nach Berechtigungsebenen getrennt.

Durch die Angabe von *.* werden nur Berechtigungen auf globaler Ebene angesprochen. Dies bedeutet, dass ein REVOKE-Befehl auf globaler Ebene nicht überprüft, ob etwaige Berechtigungen auf einer darunterliegenden Ebene existieren. Dem Benutzer werden dementsprechend eventuell gesetzte SELECT- und UPDATE-Berechtigungen auf globaler Ebene entzogen, die Berechtigungen auf der Datenbankebene (Datenbank »cms«) bleiben dem Benutzer aber erhalten.

```
mysql> GRANT SELECT, UPDATE ON cms.* TO 'webadmin'@'%';
mysql> REVOKE SELECT,UPDATE ON *.* FROM 'webadmin'@'%';
```

Listing 10.27 Irreführende Anwendung von REVOKE

Beachten Sie also bei REVOKE immer, dass die Berechtigungsebene genau der Ebene im ursprünglichen GRANT-Befehl entspricht. Stimmen die Ebenen überein, können Sie auch einzelne Berechtigungen entziehen. Listing 10.28 zeigt ein Beispiel, in dem nur das UPDATE-Recht zurückgenommen wird. Diese Anweisung funktioniert, da GRANT und REVOKE jeweils auf der gleichen Berechtigungsebene und auf demselben Benutzer »webadmin@%« operieren.

```
mysql> GRANT SELECT, UPDATE ON cms.* TO 'webadmin'@'%';
mysql> REVOKE UPDATE ON cms.* FROM 'webadmin'@'%';
```

Listing 10.28 GRANT und REVOKE auf derselben Berechtigungsebene

Neben der Berechtigungsebene muss also auch der Benutzer übereinstimmen. Diese Übereinstimmung muss jedoch nicht nur bei dem Benutzernamen gewährleistet sein, sondern auch bei der Hostangabe.

Betrachten Sie das Beispiel in Listing 10.29, in dem zwei Fehler eingebaut sind. Der GRANT-Befehl wird dabei auf der Datenbank »cms« ausgeführt. Der zugehörige Benutzer wird durch den Namen »webadmin« und einen beliebigen Host % angegeben. Der REVOKE-Befehl versucht nun, die UPDATE-Berechtigung auf der Tabelle »cms.user« zu entziehen, wenn sich der Benutzer »webadmin« vom Host localhost aus verbindet. Dies ist aber nur dann möglich, wenn auch bereits einige Rechte genau auf der Tabellenebene »cms.user« zusammen mit dem Benutzer »webadmin« und dem Host localhost gewährt wurden. In diesem Beispiel ist dies jedoch nicht der Fall und der Benutzer hat weiterhin durch die Datenbankebene auf allen Tabellen in der Datenbank »cms« die Berechtigungen SELECT und UPDATE.

Die Realisierung eines Berechtigungskonstrukts, wie zum Beispiel »Berechtigung auf allen Tabellen in der Datenbank ›cms‹ außer der Tabelle ›user‹«, ist nur möglich, wenn alle Berechtigungen einzeln für die Tabellen auf der Tabellenebene vergeben werden.

Beachten Sie daher, dass REVOKE immer nur genau diese Berechtigungen entziehen kann, die auch im Vorhinein vergeben wurde. REVOKE kann keine »intelligenten« Berechtigungen durchführen, wie Sie eventuell von der Anweisung in Listing 10.29 erwarten könnten.

```
mysql> GRANT SELECT, UPDATE ON cms.* TO 'webadmin'@'%';
mysql> REVOKE UPDATE ON cms.user FROM 'webadmin'@'localhost';
ERROR 1141 (42000): There is no such grant defined for user
'webadmin' on host 'localhost'
```

Listing 10.29 Falsche Berechtigungsebene und falscher Benutzer

Gerade bei Benutzern, die man vor längerer Zeit erstellt hat, kann man schon einmal die genauen Berechtigungen (GRANT-Anweisungen, Berechtigungsebenen etc.) vergessen haben. Eine Abänderung der Berechtigungen wird dann schwieriger und führt sehr schnell zu unerwartetem Verhalten. Zu diesem Zweck können Sie sich die Berechtigungen (GRANT-Befehle) eines bestehenden Benutzers anzeigen lassen. In Listing 10.30 sehen Sie ein Beispiel der Berechtigungen des Benutzers »webadmin« von einem beliebigen Host. Die erste Anweisung (GRANT USAGE) dient dabei nur der Zuordnung des Passwortes, da die Berechtigung USAGE (leere Berechtigung) nur als Platzhalter verwendet wird.

```
mysql> SHOW GRANTS FOR 'webadmin'@'%';
+------------------------------------------------------------+
| Grants for webadmin@%                                      |
+------------------------------------------------------------+
| GRANT USAGE ON *.* TO 'webadmin'@'%' IDENTIFIED BY         |
|   PASSWORD '*94BDCEBE19083CE2A1F959FD02F964C7AF4CFC29'     |
| GRANT SELECT, UPDATE ON `cms\_%`.* TO 'webadmin'@'%'       |
| GRANT EXECUTE, ALTER ROUTINE ON PROCEDURE                  |
|   `FlughafenDB`.`berechne_distanz` TO 'webadmin'@'%'       |
+------------------------------------------------------------+
```

Listing 10.30 Beispiel zum Aufruf von SHOW GRANTS

Die restlichen GRANT-Anweisungen entsprechen genau den Berechtigungen, die Sie dem Benutzer zugewiesen haben. Diese Auflistung erleichtert vor allem den Überblick über die verschiedenen Berechtigungsebenen, auf denen der Benutzer Berechtigungen besitzt. Davon ausgehend können Sie auch sehr einfach weitere GRANT- oder REVOKE-Befehle zur Verfeinerung der Berechtigungen des jeweiligen Benutzers ausführen. Sie verlieren so nie den Überblick und sind über die Berechtigungen eines jeden Benutzers bestens informiert.

10.2.7 Benutzerverwaltung ohne GRANT – die Datenbank »mysql«

In den bisherigen Abschnitten haben Sie alle Berechtigungen und die wichtigsten Befehle zur Benutzerverwaltung kennengelernt. Die Anweisungen zur Benutzerverwaltung, wie zum Beispiel der GRANT-Befehl, stellen jedoch nur eine vereinfachte Möglichkeit zur Verwaltung der in MySQL abgespeicherten Benutzerberechtigungen dar. Diese Benutzerberechtigungen speichert MySQL – wie viele andere Datenbanksysteme auch – in speziellen Tabellen. Das Datenbankmanagementsystem kann daher alle Vorteile der ausgereiften relationalen Speicherung auch für »hausinterne Angelegenheiten« nutzen. In MySQL liegen alle benutzerrelevanten Daten in der Datenbank mit dem Namen »mysql«. In diesem Abschnitt gehen wir nun näher auf die Einzelheiten dieser direkten Handhabung der Berechtigungen ein.

In der Systemdatenbank »mysql« befinden sich zahlreiche Systemtabellen, wobei uns hier nur die relevanten Tabellen in Bezug auf die Benutzerverwaltung interessieren. Diese relevanten Tabellen finden Sie im verkürzten Listing 10.31.

```
mysql> USE mysql;
mysql> SHOW TABLES;
+---------------------------+
| Tables_in_mysql           |
+---------------------------+
| columns_priv              |
| db                        |
| procs_priv                |
| tables_priv               |
| user                      |
+---------------------------+
```

Listing 10.31 Tabellen in der Systemdatenbank »mysql« (Auszug)

Die Tabellen entsprechen dabei den jeweiligen Berechtigungsebenen, wie in Abschnitt 10.2.1, »Die Ebenen der Benutzerberechtigungen«, näher beschrieben. Die Tabelle »user« beinhaltet die Benutzerdaten selbst und die Berechtigungen auf globaler Ebene. Die Tabelle »db« bestimmt die jeweiligen Berechtigungen auf Datenbankebene. Dementsprechend sind die Berechtigungen der Tabellen- und Spaltenebene in den Tabellen »tables_priv« und »columns_priv« gespeichert. Werden auf bestimmte gespeicherte Prozeduren oder Funktionen Berechtigungen gesetzt, werden diese in der Tabelle »procs_priv« abgespeichert. Das »priv« steht dabei für »privileges« (dt. Berechtigungen).

Sie fragen sich vielleicht, warum die Tabellen »user« und »db« kein »priv« beinhalten. Die zwei Tabellen waren im Gegensatz zu den priv-Tabellen jedoch schon in sehr frühen Versionen von MySQL verfügbar und wurden nicht mehr umbenannt. Alle später eingeführten Tabellen, die Berechtigungen beinhalten, wurden mit dem Suffix »priv« versehen.

Werfen wir nun aber einen Blick auf die Struktur dieser Tabellen, die jeweils sehr ähnlich ist. Wie auch beim `GRANT`-Befehl beinhaltet jede Zeile in einer Berechtigungstabelle den Benutzer, das Objekt, für welches die Berechtigungen gelten, und natürlich die gesetzten Berechtigungen selbst. In Listing 10.32 sehen Sie die globale Berechtigungsebene durch eine verkürzte Ausgabe der Tabellenstruktur der Tabelle »user«.

Wie Sie bereits wissen, wird der Benutzer durch die drei Werte User, Host und Passwort definiert. Jede Zeile in der angegebenen Tabelle enthält dabei einen Benutzer, den zugehörigen Host und alle Berechtigungen. User und Host werden direkt als String-Wert angegeben. Auch die Platzhalter % können selbstverständlich direkt verwendet werden. Beachten Sie, dass das Passwort nicht in Klartext abgespeichert wird. Der Wert in der Passwortspalte entspricht einem Hashwert des eigentlichen Passwortes und wird mit der in MySQL vorhandenen Funktion PASSWORD('geheim') erzeugt. Ein Beispiel zur manuellen Erstellung eines Benutzers finden Sie auch in Listing 10.39 in Abschnitt 10.3.3, »Benutzerverwaltungs-API«. Beachten Sie, dass der GRANT-Befehl diese Funktion intern selbst aufruft. Sie können daher in einer GRANT-Anweisung das Passwort in Klartext angeben.

Die Berechtigungen sind in jenen Spalten gespeichert, die mit dem Text »priv« enden. Wird die betreffende Spalte in einer Zeile auf Y (steht für »yes«) gesetzt, besitzt der in der Zeile angegebene Benutzer das jeweilige Recht. Der andere mögliche Wert N (steht für »no«) gibt an, dass die jeweilige Berechtigung nicht vorhanden ist. Die Namen der Spalten entsprechen dabei der in den Abschnitten 10.2.2, 10.2.3 und 10.2.5 beschriebenen Berechtigungen und können leicht zugeordnet werden.

```
mysql> DESCRIBE user;
+-----------------------+--------------+------+-----+---------+
| Field                 | Type         | Null | Key | Default |
+-----------------------+--------------+------+-----+---------+
| Host                  | char(60)     | NO   | PRI |         |
| User                  | char(16)     | NO   | PRI |         |
| Password              | char(41)     | NO   |     |         |
| Select_priv           | enum('N','Y') | NO  |     | N       |
| Insert_priv           | enum('N','Y') | NO  |     | N       |
| Update_priv           | enum('N','Y') | NO  |     | N       |
| Delete_priv           | enum('N','Y') | NO  |     | N       |
| Create_priv           | enum('N','Y') | NO  |     | N       |
| Drop_priv             | enum('N','Y') | NO  |     | N       |
| Reload_priv           | enum('N','Y') | NO  |     | N       |
| Super_priv            | enum('N','Y') | NO  |     | N       |
| Trigger_priv          | enum('N','Y') | NO  |     | N       |
| Create_tablespace_priv | enum('N','Y') | NO |     | N       |
+-----------------------+--------------+------+-----+---------+
```

Listing 10.32 Verkürzte Ausgabe der Tabellenbeschreibung der Tabelle »user«

Auf diesen Tabellen können Sie selbstverständlich wie auf jeder gewöhnlichen Tabelle in der üblichen Weise operieren. So kann auch jede GRANT-Anweisung durch eine oder mehrere SQL-Anweisungen auf die entsprechenden Tabellen ersetzt werden. Beachten Sie aber, dass bei einer direkten Manipulation der Tabellendaten im Gegensatz zur Verwendung von GRANT keine Überprüfungen stattfinden. Sie müssen daher genau wissen, welche Anweisungen und Änderungen Sie durchführen. Andernfalls können ungültige Einträge in den Tabellen entstehen, und die Berechtigungen könnten von MySQL falsch interpretiert werden. Wir empfehlen daher, immer den GRANT-Befehl zu verwenden und nur, wenn es nicht anders möglich ist, auf den direkten Umgang mit den Berechtigungstabellen zurückzugreifen.

Ein Beispiel für die Umsetzung einer GRANT-Anweisung durch SQL-Anweisungen finden Sie in Listing 10.33. Dabei wird in der ersten Zeile durch die GRANT-Anweisung die Vergabe der Berechtigungen INSERT und DELETE auf globaler Ebene an den Benutzer »admin« vergeben. Wird kein zusätzlicher Host spezifiziert, kann sich der Benutzer von jedem Host aus (%) zu Ihrem MySQL-Server verbinden. In der zweiten und dritten Zeile sehen Sie die SQL-Anweisungen zur Vergabe derselben Berechtigungen an den Benutzer. Wir gehen in diesem Beispiel davon aus, dass der Benutzer »admin« bereits erstellt wurde und daher in der Tabelle »user« in der Datenbank »mysql« eine Zeile für den Benutzer »admin« vorhanden ist. Diese Zeile wird nun mit dem UPDATE-Befehl aktualisiert und die zugehörigen Spalten auf Y gesetzt. Sollten mehrere Zeilen zu diesem Benutzer vorliegen – zum Beispiel für den Host localhost und den Host chef-pc.mein-kleiner-flughafen.at –, werden die Änderungen in allen Zeilen durchgeführt.

Die Berechtigungen sind anschließend korrekt in der Tabelle gesetzt, jedoch noch nicht aktiv. MySQL lädt aus Geschwindigkeitsgründen beim Start alle Berechtigungen in den Speicher, um diese bei jeder Anfrage schnell überprüfen zu können. Damit MySQL die Berechtigungen nun aktualisiert und die zugehörigen Tabellen aus der Datenbank »mysql« neu einliest, müssen Sie den Befehl FLUSH PRIVILEGES aufrufen (Listing 10.33). Sie benötigen dazu die Berechtigung FLUSH und weisen MySQL damit an, den Cache aller Berechtigungen zu leeren und neu einzulesen. Auch dieser Schritt entfällt bei der Verwendung von GRANT, da der GRANT-Befehl diese Aktualisierung des Berechtigungs-Caches automatisch durchführt.

```
mysql> GRANT INSERT, DELETE ON *.* TO 'admin';
mysql> UPDATE mysql.user SET Insert_priv = 'Y', Delete_priv = 'Y'
    -> WHERE User = 'admin';
mysql> FLUSH PRIVILEGES;
```

Listing 10.33 Umsetzung einer GRANT-Anweisung durch SQL-Anweisungen

Neben den globalen Berechtigungen in der Tabelle »user« werden die Rechte auf Datenbankebene in der Tabelle »db« gespeichert. Während in der Tabelle »user« die Zeile durch die Spalten »user« und »host« identifiziert werden (siehe Primary Key in Listing 10.32), wird eine Zeile in der Tabelle »db« durch »user«, »host« und »db« eindeutig identifiziert. Die Spalte »db« beinhaltet dabei den Namen der

Datenbank, auf der die Rechte gesetzt sind. Selbstverständlich können Sie in diesem Feld auch ein Muster von Datenbanknamen, wie in Listing 10.12 gezeigt, angeben. Den resultierenden Eintrag in der Tabelle »db« sehen Sie in gekürzter Form in Listing 10.34.

```
mysql> SELECT * FROM mysql.db \G
*************************** 1. row ***************************
                 Host: %
                   Db: cms\_%
                 User: webadmin
          Select_priv: N
          Insert_priv: N
          Update_priv: N
          Delete_priv: N
          Create_priv: Y
            Drop_priv: Y
           Grant_priv: N
      References_priv: N
```

Listing 10.34 Ausgabe der Tabelle »mysql.db« (Auszug)

Wie bereits erwähnt, haben alle Rechte-Tabellen eine ähnliche Struktur und entsprechen weitestgehend der Struktur in Listing 10.32. Neben der Abbildung von Rechten als Spalten mit den Ausprägungen `Y` oder `N` können mehrere Rechte aber auch in einer Spalte gespeichert werden. Diese Vorgehensweise wird bei den Tabellen »tables_priv«, »columns_priv« und »procs_priv« angewendet. In Listing 10.35 sehen Sie die Struktur der Tabelle »tables_priv«. Die Berechtigungen zu einer Tabelle sind dabei in einer Zeile in der Spalte »Table_priv« gespeichert. Diese Spalte vom Typ `set` kann mehrere durch Kommata getrennte String-Werte aufnehmen.

Vielleicht haben Sie sich schon gefragt, warum auf der Tabellenebene (Tabelle »tables_priv«) eine Spalte »Column_priv« existiert. Diese Spalte dient der Beschleunigung des Rechtesystems und gibt an, ob es noch feinere Berechtigungen auf der darunterliegenden Spaltenebene gibt. Beinhaltet die Spalte »Column_priv« Werte, prüft MySQL auch die Einträge in der Tabelle »columns_priv«. Andernfalls kann MySQL diese Prüfung einsparen, und die Rechteüberprüfung wird somit beschleunigt.

Einen Beispieleintrag der Tabelle »tables_priv« finden Sie in Listing 10.36, in dem der Benutzer »webadmin« die Berechtigungen `CREATE` und `DELETE` auf die Tabelle »cms_log.test« zugewiesen bekommen hat. Beachten Sie, dass Namensmuster mit dem Wildcard-Zeichen `%` nur in der Spalte »db.db« und den Spalten »host« erlaubt sind und in den beschriebenen priv-Tabellen nicht funktionieren.

```
mysql> DESCRIBE mysql.tables_priv;
+-------------+----------------------------------+------+-----+
| Field       | Type                             | Null | Key |
+-------------+----------------------------------+------+-----+
| Host        | char(60)                         | NO   | PRI |
| Db          | char(64)                         | NO   | PRI |
| User        | char(16)                         | NO   | PRI |
| Table_name  | char(64)                         | NO   | PRI |
| Grantor     | char(77)                         | NO   | MUL |
| Timestamp   | timestamp                        | NO   |     |
| Table_priv  | set('Select','Insert','Update',  |      |     |
                    'Delete','Create','Drop',    |      |     |
                    'Grant','References','Index', |     |     |
                    'Alter','Create View',       |      |     |
                    'Show view','Trigger')       | NO   |     |
| Column_priv | set('Select','Insert',           |      |     |
                    'Update','References')       | NO   |     |
+-------------+----------------------------------+------+-----+
8 rows in set (0.00 sec)
```

Listing 10.35 Struktur der Tabelle »tables.priv«

```
mysql> SELECT * FROM mysql.tables_priv \G
*************************** 1. row ***************************
       Host: %
         Db: cms_log
       User: webadmin
 Table_name: test
    Grantor: root@127.0.0.1
  Timestamp: 2011-03-18 14:55:11
 Table_priv: Delete,Create
Column_priv:
```

Listing 10.36 Beispieleintrag der Tabelle »tables_priv«

Die Tabellen »columns_priv« und »procs_priv« sind ähnlich aufgebaut, und Sie können sie daher analog zur Tabelle »tables_priv« verwenden. Eine Übersicht aller Berechtigungstabellen, die MySQL verwendet, finden Sie in Tabelle 10.4

Tabellenname	Inhalt/Berechtigungen	Rechtestruktur
»user«	Benutzerdaten und globale Berechtigungen	ein Recht pro Spalte
»db«	Rechte Datenbankebene	ein Recht pro Spalte

Tabelle 10.4 Übersicht der Berechtigungstabellen in der Datenbank »mysql«

Tabellenname	Inhalt/Berechtigungen	Rechtestruktur
»tables_priv«	Rechte Tabellenebene	SET-Spalte (»Table_priv«)
»columns_priv«	Rechte Spaltenebene	SET-Spalte (»Column_priv«)

Tabelle 10.4 Übersicht der Berechtigungstabellen in der Datenbank »mysql« (Forts.)

Sie haben nun die direkte Möglichkeit kennengelernt, Berechtigungen zu vergeben bzw. zu verwalten. Ob Sie nun den `GRANT`-Befehl verwenden oder lieber direkt auf den jeweiligen Berechtigungstabellen operieren, bleibt natürlich Ihnen überlassen. Der `GRANT`-Befehl führt zwar zur Vermeidung von Fehlern einige Überprüfungen durch, kann diese aber trotzdem nicht ausschließen. Wir empfehlen daher also auch bei Verwendung des `GRANT`-Befehls – vor allem bei komplexeren Rechtekonstrukten – auch die jeweiligen Einträge in den Rechtetabellen zu überprüfen, um eventuell fehlerhafte Konfigurationen ausschließen zu können.

Sie können auch über die Datenbank »INFORMATION_SCHEMA« auf die Rechte zugreifen, die in den jeweiligen Tabellen (zum Beispiel »TABLE_PRIVILEGES«) verfügbar sind. Die Metadaten werden im Hintergrund aber wiederum aus den Systemtabellen der Datenbank »mysql« geladen. Der Vorteil dieser Zugriffsvariante liegt im einheitlichen Zugriff über die Datenbank »INFORMATION_SCHEMA«. Weitere Praxistipps zur Verwaltung von Berechtigungen lernen Sie im nächsten Abschnitt kennen.

10.3 Tipps und Tricks

In diesem Abschnitt gehen wir auf Best-Practice-Vorgehensweisen im Sicherheitsbereich ein, die das Leben eines Administrators auf längere Sicht stark vereinfachen, Fehler vermeiden helfen und die Sicherheit des Systems erhöhen können. Zusätzlich zeigen wir Ihnen mögliche Lösungen für einige herausfordernde Szenarien, damit Sie ein Gefühl dafür entwickeln, mit welchen Tricks man in MySQL arbeiten kann. Eventuell treffen auch Sie auf derartige Szenarien oder können die beschriebenen Lösungswege für Ihre Herausforderungen adaptieren.

10.3.1 Vorgehen bei der Erstellung von Benutzern

Wir haben Ihnen in den vorangegangenen Abschnitten ausführlich die Berechtigungen und die zugehörigen Befehle zur Verwaltung gezeigt. Im ersten Kontakt mit MySQL reicht es natürlich völlig aus, dass Sie Benutzer einfach erstellen und mit den Berechtigungen experimentieren. In Produktivumgebungen ist ein »Experimentieren« jedoch nicht mehr anzuraten. Allgemein sollten Sie einige Punkte bei der Erstellung von neuen Benutzern in produktiven Umgebungen beachten, um die Sicherheit in Ihrer MySQL-Installation ständig gewährleisten zu können:

- Erstellen Sie einen Benutzer zu Beginn immer ohne jegliche Berechtigungen, wie in Listing 10.37 angegeben.
- Erlauben Sie, wenn dies möglich ist, nur die lokale Verbindung mit dem MySQL-Server (Host `localhost`), wie in Listing 10.37 angegeben.
- Wenn der Zugriff über das externe Netzwerk gestattet wird, grenzen Sie den `Host` ein, und erlauben Sie nicht automatisch alle Hostnamen (`%`).
- Vergeben Sie schrittweise so lange Berechtigungen, bis diese für den Benutzer ausreichend sind.
- Vermeiden Sie die Berechtigung `ALL`, und geben Sie alle Berechtigungen manuell an.
- Versuchen Sie, Berechtigungen möglichst auf Datenbank- oder sogar Tabellenebene zu vergeben, und vermeiden Sie die Vergabe von Rechten auf globaler Ebene.

```
mysql> CREATE USER 'benutzername'@'localhost';
```

Listing 10.37 Benutzer ohne Berechtigungen erstellen

Wenn Sie diese Regeln befolgen, werden Ihre Benutzer immer die minimalen Berechtigungen erhalten und Sie somit die größte mögliche Sicherheit. Natürlich ist diese Art der Rechtevergabe wesentlich aufwendiger als eine einfache Zuweisung der `ALL`-Berechtigung auf globaler Ebene. Eine Sicherheitslücke durch falsche Berechtigungen bedeutet für Sie als Administrator jedoch meist einen wesentlich höheren Zeitaufwand und mehr Arbeit. Wir empfehlen daher, bei der Sicherheit nicht zu sparen und ausreichend Zeit dafür zu investieren. Wie Sie dagegen Zeit einsparen und auch in sehr großen Installationen bei Tausenden Benutzern noch den Überblick bewahren können, zeigen wir Ihnen im folgenden Abschnitt.

10.3.2 Tausende Benutzer und Datenbanken ohne Chaos verwalten

Je größer MySQL-Installationen werden, desto mehr Benutzer müssen Sie als Administrator auch verwalten. Oft beinhalten MySQL-Installationen Hunderte von Benutzern und Tausende Tabellen. Denken Sie an einen Anbieter von Webspace im Internet, der auf einem Datenbankserver oft Tausende Internetdomains und ihre dazugehörigen Datenbanken verwaltet. Hier verliert man als Administrator sehr schnell den Überblick über alle Benutzer und Datenbanken. Leider verfügt MySQL derzeit über keine Gruppierungsmöglichkeiten bei Datenbanken oder Benutzern. Es liegt also bei Ihnen, die Verwaltung von Benutzern und Datenbanken sinnvoll und übersichtlich zu gestalten.

Wir empfehlen Ihnen daher, sich zuerst ein *Sicherheits- und Benutzerkonzept* zurechtzulegen. Dieses Konzept sollte vor allem Namenskonventionen für Benutzer und Datenbanken beinhalten. Natürlich können wir hier keine Musterlösung für jedes mögliche Szenario anbieten, jedoch können Sie im folgenden Beispiel sehen, wie ein mögliches Verwaltungskonzept aussehen könnte. Basierend auf diesen Informationen können Sie dann ein Konzept für Ihren speziellen Anwendungsfall – maßgeschneidert auf Ihre Bedürfnisse als Administrator – entwickeln.

Gehen wir beispielhaft von dem Szenario eines großen Web-Hosters aus, der seinen Kunden Webspace für eine Internetseite bzw. Domain und eine dazugehörige MySQL-Datenbank anbietet und der auch die Website *www.meinkleinerflughafen.de* hostet. Jede Domain erhält dabei einen MySQL-Benutzer, der auch Datenbanken selbst anlegen darf. Da auf einem Datenbanksystem meist auch andere Benutzer existieren, zum Beispiel für interne Verwaltungsprogramme, sollten die Kunden durch ein Präfix gekennzeichnet werden. Zum Beispiel könnten Benutzerkonten für Kunden immer nach dem Schema www_kundenummer oder www_domainname benannt werden. Beachten Sie, dass die Länge von MySQL-Benutzernamen auf 16 Zeichen beschränkt ist. In diesem Fall wäre eine Kürzung des Domainnamens auf 8 Zeichen sinnvoll. An diesen Namen wird dann noch eine dreistellige fortlaufende Nummer gehängt. Der Benutzer der Domain *www.meinkleinerflughafen.de* würde damit www_meinklei001 lauten, und Sie hätten ausreichend Benutzernamen für alle benötigten Kunden.

Wie in den Anforderungen beschrieben, sollen die Benutzer selbstständig Datenbanken anlegen und verwalten können. Damit es zu keinen Überschneidungen oder Namenskonflikten kommt, erhält jeder Benutzer einen eigenen Namensraum zur Verfügung gestellt. Dies kann mit einem einfachen Präfix für die Datenbanken des jeweiligen Benutzers erreicht werden. Dieses Präfix kann nun wiederum dem Benutzernamen entsprechen, um eine direkt ersichtliche Verbindung zwischen jeder Datenbank und dem zugehörigen Benutzer herzustellen. In Listing 10.38 sehen Sie, wie Sie dem Benutzer »www_meinklei001« alle Berechtigungen für seinen Namensraum »meinklei001_« zuweisen. Da der _ in MySQL als Platzhalter für ein beliebiges Zeichen steht, müssen wir den Unterstrich »escaped« (maskiert) als _ angeben.

```
mysql> GRANT ALL PRIVILEGES ON `meinklei001\_%`.*
    -> TO 'www_meinklei001';
```

Listing 10.38 Zuweisung des Namenraums für einen Benutzer

Der Benutzer »www_meinklei001« kann nun nur Datenbanken, die mit dem Text »meinklei001_« beginnen, erstellen und verwalten. Datenbanknamen können in MySQL bis zu 64 Zeichen lang sein und schränken den jeweiligen Benutzer daher auch mit einem derartigen Präfix in der Namensgebung kaum ein. Jeder Benutzer arbeitet so in seinem eigenen Unterbereich der Datenbank, der durch das Präfix definiert ist. Sie können derartige Präfixe selbstverständlich auch für andere Zwecke, wie etwa das Einteilen in Gruppen oder Abteilungen, nutzen und so die fehlende Unterstützung in diesem Bereich durch MySQL einfach und übersichtlich kompensieren. Durch die Verwendung des Benutzernamens als Präfix ist zusätzlich die Verbindung zwischen den jeweiligen Datenbanken und den zugehörigen Benutzern sofort erkennbar. Sie sehen also, dass sich die Planung und Erstellung eines Sicherheitskonzepts bzw. einer Namenskonvention gerade bei großen Installationen bewährt. Die investierte Zeit für das Konzept macht sich durch die stark vereinfachte Verwaltung im laufenden Betrieb schnell bezahlt.

10.3.3 Benutzerverwaltungs-API

In sehr großen Installationen mit sehr vielen Benutzern, wie im letzten Abschnitt erwähnt, werden oft sogar externe Programme zur Benutzerverwaltung eingesetzt. Diese externen Programme erstellen und verwalten die Benutzer und zugehörigen Gruppen selbst, müssen aber selbstverständlich auf das Berechtigungssystem in MySQL zugreifen. In der Softwareentwicklung spricht man hierbei oft von sogenannten APIs (*Application Programming Interfaces*), Schnittstellen, die einen gekapselten Zugriff auf Daten oder Funktionen in Programmen erlauben. MySQL stellt für externe Programme keine eigene Berechtigungs-API zur Verfügung. Dies hat jedoch einen sehr guten Grund, denn MySQL bietet eine viel einfachere Möglichkeit, auf Berechtigungen zuzugreifen. Sie können für diesen Zweck den klassischen Datenbankzugriff auf SQL-Ebene, der beinahe mit jeder Programmiersprache möglich ist, verwenden.

Wie Sie bereits in Abschnitt 10.2.7, »Benutzerverwaltung ohne GRANT – die Datenbank ›mysql‹«, gelernt haben, speichert MySQL alle Berechtigungen in Tabellen, auf die auch mit üblichen SQL-Anweisungen zugegriffen werden kann. Ein externes Programm kann also auf den Berechtigungstabellen wie auf normalen Datentabellen operieren und die Berechtigungen verwalten und verändern. Um einen Benutzer zu erstellen, muss ein externes Verwaltungsprogramm also nur die in Listing 10.39 angeführten Anweisungen ausführen:

```
mysql> INSERT INTO mysql.user (User,Host,Password)
    -> VALUES ('admin', '%', password('geheim'));
mysql> FLUSH PRIVILEGES;
```

Listing 10.39 Manuelles Erstellen eines Benutzers

Das Erlernen von und Programmieren mit einer neuen API entfällt also vollständig, und Sie können mit bestehenden Mitteln auch in großen Installationen direkt auf Ihre Benutzer und Berechtigungen zugreifen und diese verwalten. Beachten Sie aber, dass Sie den zusätzlichen Schutz der `GRANT`-Anweisung verlieren, da Ihre SQL-Anweisungen nicht überprüft werden. Verwenden Sie diese Methode also nur, wenn die automatische Erzeugung von `GRANT`-Befehlen aus technischen Gründen nicht möglich ist. Nähere Details zur Rechteorganisation und Struktur dieser Berechtigungstabellen finden Sie in Abschnitt 10.2.7.

10.3.4 Benutzerverwaltung in der Applikation, nicht in der Datenbank?

Die meisten modernen Applikationen bringen heutzutage ihr eigenes Berechtigungssystem mit. Dies bedeutet, dass zwar die Daten in der Datenbank gespeichert werden, die Sicherheitsüberprüfungen aber in der Applikation ablaufen. Die Applikation verbindet sich daher immer mit demselben Benutzer zur Datenbank und legt in der Applikation selbst eine zusätzliche Sicherheitsschicht über die Datenbank. In dieser Sicherheitsschicht wird dann überprüft, welcher Benutzer welche Daten einsehen, ändern oder löschen darf. Die eigentlichen Endbenutzer sind daher dem Datenbanksystem gar nicht mehr bekannt und werden von der Applikation vor dem Datenbanksystem »versteckt«.

Der Grund für dieses Vorgehen ist sehr einfach zu erklären. Jede Applikation hat eigene Anforderungen an eine Benutzerverwaltung und die Granularität an Berechtigungen. Oft sind diese Anforderungen nur schwer oder sogar gar nicht in Datenbanken umsetzbar. Denken Sie an eine Buchung in unserer Flughafendatenbank. Nehmen Sie an, ein Mitarbeiter einer Fluggesellschaft darf die Personendaten der Buchungen seiner Flughafengesellschaft einsehen. Selbstverständlich soll dieser Mitarbeiter aber nicht alle Personendaten im gesamten System einsehen können. Die Berechtigung auf der Tabelle »passagier« wäre daher pro Zeile abhängig von einer eventuell bestehenden Buchung eines Flugs der Fluglinie des Mitarbeiters. Eine derartige Berechtigungskonstruktion innerhalb der Datenbank wäre nur sehr schwer zu realisieren. In der Applikation können derartige Konstrukte im Normalfall wesentlich leichter umgesetzt werden.

Zusätzlich müssen moderne Applikationen mit möglichst vielen Datenbanken der unterschiedlichsten Hersteller zusammenarbeiten können. Die meisten Datenbanksysteme »sprechen« zwar SQL, doch unterscheiden sie sich gerade beim Berechtigungssystem in sehr großen Teilen. Es ist daher einfacher, die Sicherheitsüberprüfungen in der Applikation zu programmieren und nur die Benutzerdaten bzw. Applikationsberechtigungen in der Datenbank in Tabellen abzuspeichern.

Diese Vorgehensweise zahlreicher Applikationen sorgt immer wieder für zündenden Diskussionsstoff innerhalb der Community. Wir werden uns aber an dieser Diskussion nicht beteiligen und möchten Ihnen nur einen wichtigen Tipp für den Einsatz der oben beschriebenen Applikationen geben.

Wie erwähnt verwendet die Applikation nur einen Datenbankbenutzer, über den alle Datenmanipulationen abgehandelt werden. Oftmals wird hier ein hochprivilegierter Benutzer oder sogar der Benutzer »root« verwendet. Gerechtfertigt wird diese Vorgehensweise damit, dass die Applikation die Berechtigungen überprüft und keine unerlaubten Zugriffe gestattet. Doch kennen Sie eine Software, die keine Fehler hat und unhackbar ist? Gerade bei Web-Applikationen wird hier oft fahrlässig gehandelt. Wird eine Web-Applikation von außen geknackt, kann der Angreifer über den hochprivilegierten Benutzer auf die Datenbank zugreifen und großen Schaden anrichten.

Eine Gegenmaßnahme ist bereits im Vorfeld ohne großen Aufwand möglich. Vergeben Sie jeder Applikation, die nur einen Datenbankbenutzer verwendet, nur die allernötigsten Berechtigungen. Wägen Sie auch ab, ob der jeweilige Benutzer für die Applikation überall Schreibzugriffe benötigt. Oftmals reichen auch Leserechte für bestimmte Bereiche aus.

Überdenken Sie auch andere Berechtigungen, wie `CREATE` oder `DROP`. Diese Berechtigungen sind meist nur für die Installation einer Applikation vonnöten. Im laufenden Betrieb erzeugen die meisten Applikationen eher selten neue Tabellen. Viele Applikationen bieten hierfür auch die Möglichkeit zur Benennung eines speziellen Benutzers für die Installationsphase und eines Benutzers für den laufenden Betrieb. Machen Sie von solchen Angeboten unbedingt Gebrauch, da diese bereits große Sicherheitslücken stopfen können. Wird zum Beispiel eine Web-Applikation angegriffen und die Kontrolle übernommen, sperrt die Sicherungsschicht auf Datenbankebene zumindest andere Bereiche der Datenbank und grenzt so den Schadensbereich auf ein Minimum ein.

Beachten Sie daher, dass eine Berechtigungskontrolle auf Applikationsebene die Sicherheitsmaßnahmen auf Datenbankebene nicht ersetzen kann und die Grundregel »nur die nötigsten Berechtigungen« in diesem Szenario weiterhin ihre Gültigkeit bewahrt.

Wie Sie sehr komplexe und verstrickte Sicherungskonzepte, wie Sie oft in Applikationen realisiert werden, auch auf der Datenbankebene umsetzen können, erfahren Sie im nächsten Abschnitt.

10.3.5 Workaround für Berechtigungen auf Zeilenebene/Kapselung

Wie in Abschnitt 10.2.1, »Die Ebenen der Benutzerberechtigungen«, erwähnt, verfügt MySQL derzeit über keine Möglichkeit, Berechtigungen auf Zeilenebene zu setzen.

Betrachten Sie das Beispiel der Mitarbeiter und deren Gehälter. Ein Abteilungsleiter darf unter Umständen die Gehälter seiner Abteilung einsehen, jedoch auf keinen Fall auf die Gehälter anderer Mitarbeiter zugreifen. Dieses Szenario lässt sich im ersten Moment mit den klassischen Berechtigungen und Sicherheitsmechanismen in MySQL nicht umsetzen, da hier Berechtigungen auf Zeilenebene benötigt werden und diese von MySQL nicht direkt angeboten werden. Es gibt jedoch auch Lösungen bzw. Workarounds, um sogar diese Herausforderung zu bewältigen. Alle benötigten Techniken haben Sie bereits kennengelernt, und Sie müssen sie nur noch in der richtigen Weise kombinieren.

Für dieses spezielle Szenario möchten wir Ihnen zwei mögliche Lösungswege vorstellen, die alle auf dem Kapselungsprinzip basieren. Von einer Kapselung spricht man, wenn der Zugriff auf die eigentlichen Daten durch eine Kapselungsschicht in einer vereinfachten Form erfolgt. Der Benutzer erhält dadurch eine vereinfachte Sicht bzw. Zugriffsmöglichkeit auf die Daten. Dies können Sie durch Sichten oder gespeicherte Prozeduren realisieren, die in Kapitel 11, »Gespeicherte Programme und Events«, vorgestellt werden.

Realisierung mit gespeicherten Prozeduren

Wie Sie bereits in Abschnitt 10.2.4, »Das Sicherheitskonzept von Programmen oder DEFINER vs. INVOKER«, kennengelernt haben, eignen sich Prozeduren sehr gut für die *Kapselung* bzw. das *Information Hiding*. Der Zugriff auf die Daten bzw. eine Tabelle ist dabei nicht direkt möglich. Der jeweilige Benutzer kann nur über vordefinierte Prozeduren auf die Daten in eingeschränkter Form zugreifen. Dieses Vorgehen lässt sich natürlich auch für dieses Szenario gut nutzen. Aufgabe der Prozedur ist es dabei, die jeweiligen Zeilen bzw. Mitarbeiter anderer Abteilungen zu filtern und dem jeweiligen Benutzer nur die erlaubten Daten auszuliefern.

Eine einfache Umsetzung zeigt Listing 10.40, in dem die Prozedur `proc_mitarbeiter_marketing` durch die angegebene SQL-Anweisung nur die Mitarbeiterdaten der Marketingabteilung zurückliefert. Durch die Anweisung `SQL SECURITY DEFINER` wird die Prozedur immer unter dem Benutzer »admin« ausgeführt, der die Zugriffsrechte auf die eigentliche Tabelle »mitarbeiter« benötigt. Der Abteilungsleiter der Abteilung Marketing benötigt daher nur die Ausführungsrechte auf die Prozedur, jedoch nicht auf die Tabelle »mitarbeiter«.

```
mysql> CREATE DEFINER = 'admin'
    -> PROCEDURE proc_mitarbeiter_marketing()
    -> SQL SECURITY DEFINER
    -> SELECT * FROM mitarbeiter WHERE abteilung = 'Marketing';
```

Listing 10.40 Prozedur zur Kapselung des Zugriffs auf Mitarbeiter

Der Nachteil dieser Umsetzung ist die Beschränkung auf das Lesen der Daten. Mit der in Listing 10.40 angegebenen Prozedur ist es dem Abteilungsleiter nicht möglich, die Daten seiner Mitarbeiter zu ändern. Sie müssten daher eine weitere Prozedur erstellen, die als Parameter die jeweiligen Daten zur Änderung übernimmt und dann die Änderungen auf der eigentlichen Tabelle durchführt. So können sehr schnell sehr viele Prozeduren entstehen, und der Verwaltungsaufwand wird dadurch stark erhöht. Eine flexiblere Lösung, basierend auf Sichten, stellen wir Ihnen im Folgenden vor.

Realisierung mit Sichten (Views)

Wie der Name dieser Vorgehensweise beschreibt, wird in diesem Lösungsansatz eine spezielle Sicht auf die Daten erstellt. Diese Sicht versteckt alle Datensätze bzw. in diesem Fall Gehälter aus anderen Abteilungen, die aufgrund sicherheitstechnischer Gründe nicht zugänglich sein sollen. Der Benutzer hat auf der einen Seite keine Zugriffsrechte auf die Mitarbeiter-Tabelle, erhält aber auf der anderen Seite die Zugriffsrechte auf die erstellte Sicht. Diese *Sicht*, oder auch *View* genannt, kann wie eine übliche Tabelle angesprochen werden. Die Tabelle enthält selbst aber keine Daten, sondern greift im Hintergrund auf die Originaltabelle – in diesem Fall »mitarbeiter« – zu und leitet Anfragen an diese Tabelle weiter. Darum spricht man auch oft von »virtuellen« Tabellen. Weitere Details zu Sichten finden Sie in Abschnitt 11.8.

In Listing 10.41 sehen Sie ein Lösungsbeispiel für unser Szenario mit einer Sicht, die nur die Mitarbeiter der Marketingabteilung zur Verfügung stellt. Eine derartige Lösung mit Sichten benötigt aber auch eine sehr genaue Analyse der Berechtigungen. Besonders hier können sich sehr leicht Fehler einschleichen. Beachten Sie daher, dass der `DEFINER` (im Beispiel admin) die ausreichenden Berechtigungen für die Originaltabelle – in diesem Fall »mitarbeiter« – besitzt und Sie die Sicherheitseinstellung `SQL SECURITY DEFINER` angeben. Der eigentliche Zugriff auf die Originaltabelle wird dadurch mit dem angegebenen `DEFINER`-Benutzer durchgeführt. In der `WHERE`-Klausel wird spezifiziert, welche Daten in der Sicht sichtbar sein sollen. In diesem Beispiel sind dies alle Zeilen, die die Ausprägung *Marketing* in der Spalte »abteilung« aufweisen.

```
mysql> CREATE DEFINER = 'admin' SQL SECURITY DEFINER
    -> VIEW mitarbeiter_marketing AS
    -> SELECT * FROM mitarbeiter WHERE abteilung = 'Marketing'
    -> WITH CHECK OPTION;
```

Listing 10.41 Erzeugen der Sicht zur Filterung der Marketingmitarbeiter

Beachten Sie auch unbedingt die unerlässliche Angabe `WITH CHECK OPTION`. Diese Option garantiert auch bei sogenannten *aktualisierbaren Sichten* das sichere Arbeiten. Aktualisierbare Sichten erlauben `UPDATE`-, `DELETE`- und `INSERT`-Operationen und leiten diese an die darunterliegende Tabelle weiter. Aus diesem Grund müssen Sie unbedingt sicherstellen, dass nur Daten gelöscht, geändert oder hinzugefügt werden, die auch der Sicht bzw. deren `WHERE`-Klausel entsprechen. In diesem Fall können also nur Mitarbeiter der Abteilung Marketing aktualisiert oder eingefügt werden.

In Listing 10.42 sehen Sie einen Update-Versuch auf einen Mitarbeiter mit der `mitarbeiter_id=2`, der zwar in der Originaltabelle »mitarbeiter« vorhanden ist, jedoch nicht in der Abteilung Marketing arbeitet. Wie Sie sehen, werden keine Zeilen (`Changed: 0`) aktualisiert, da dieser Mitarbeiter von der Sicht auch bei einer `UPDATE`-Anweisung durch die Option `WITH CHECK` ordnungsgemäß »versteckt« wird.

```
mysql> UPDATE mitarbeiter_marketing SET gehalt = 0
    -> WHERE mitarbeiter_id = 2;
Query OK, 0 rows affected (0.00 sec)
Rows matched: 0  Changed: 0  Warnings: 0
```

Listing 10.42 Update-Versuch auf eine Zeile, die nicht in der Sicht vorhanden ist

Versuchen wir nun, einen neuen Mitarbeiter in der Abteilung Buchhaltung über die Sicht einzufügen (Listing 10.43), erhalten wir die Fehlermeldung, dass `CHECK OPTION` – also die Bedingung in der `WHERE`-Klausel – nicht erfüllt ist und es daher nur möglich ist, Mitarbeiter aus der Abteilung Marketing einzufügen.

```
mysql> INSERT INTO mitarbeiter_marketing
    -> (mitarbeiter_id,abteilung) VALUES (100,'Buchhaltung');
ERROR 1369 (HY000): CHECK OPTION failed
'FlughafenDB.mitarbeiter_marketing'
```

Listing 10.43 Einfügen von ungültigen Werten in eine Sicht

Wichtig ist auch, dass der Benutzer, der auf dieser Sicht arbeitet, selbstverständlich keine Berechtigungen auf der Originaltabelle haben soll. Nur dann funktioniert das ordnungsgemäße Verstecken (Kapseln) von Daten. Sie sehen, dass diese

Variante sehr elegant ist und trotzdem alle Möglichkeiten – sogar `UPDATE`- und `INSERT`-Operationen – auf die eingeschränkte Sicht erlaubt.

Sie haben aber gelernt, dass Sie auf zahlreiche Kleinigkeiten achten müssen, bei denen sich oft Fehler einschleichen, die dann unter Umständen zu großen Sicherheitslücken führen. Entwerfen Sie Ihr Sicherheitskonzept daher mit möglichst viel Sorgfalt, und überprüfen Sie es auch mit diversen Abfragen und von Ihnen angelegten Testbenutzern. Nutzen Sie für diese Tests sowohl Abfragen, die korrekt durchgeführt werden sollen, wie auch Abfragen, die nicht erlaubt sind und mit einer Fehlermeldung abgebrochen werden sollen. Nur durch beide Arten von Abfragen können Sie Ihr Rechtesystem ausreichend testen.

10.4 STOP! – MySQL absichern

Im vorangegangen Abschnitt haben Sie das Sicherheitskonzept und die zugehörigen Berechtigungen innerhalb des MySQL-Servers kennengelernt. In diesem Abschnitt beschäftigen wir uns mit der Sicherheit rund um den Server, der Verbindung nach außen über das Netzwerk, allgemeinen Sicherheitsmaßnahmen und dem sehr häufigen Anwendungsfall »MySQL im Web«.

10.4.1 Allgemeine Sicherheitshinweise – der gewissenhafte Administrator

Wie Sie bereits gesehen haben, bietet MySQL zahlreiche Funktionen, um die Sicherheit in Ihrer MySQL-Installation zu erhöhen. Zahlreiche andere Faktoren – vor allem der Faktor Mensch – beeinflussen aber auch die Sicherheit Ihres Systems. Sie sollten daher auch die Sicherheit auf anderen Ebenen analysieren und Sicherheitslücken gegebenenfalls beseitigen oder schon im Vorfeld verhindern. Im Folgenden zeigen wir Ihnen einige Best-Practice-Vorgehensweisen, die ihren MySQL-Server zusätzlich absichern.

Sicherheitslücke Administrator

Beginnen wir mit dem Faktor Mensch der Administratorenseite. Sie verwalten als Administrator zahlreiche Server und sichern diese mit höchster Sorgfalt ab. Doch wie oft aktualisieren, analysieren und überprüfen Sie Ihre Benutzerkonten, Gruppen und Sicherheitseinstellungen? Haben Sie die Benutzerkonten der ehemaligen Mitarbeiter alle gelöscht oder deaktiviert? Hat ein Mitarbeiter vielleicht einmal die Abteilung gewechselt und hat nun Zugriff auf die alte und neue Abteilung? Dies sind nur einige Beispiele, die Ihnen als Administrator eines MySQL-Servers tagtäglich begegnen können und die Sie vermeiden sollten.

In Kapitel 11, »Gespeicherte Programme und Events«, lernen Sie Trigger kennen, die im Datenbanksystem automatisch auf Aktionen, zum Beispiel das Einfügen einer neuen Zeile, reagieren können. In der Realität müssen Sie als Administrator auf Aktionen selbst reagieren und bestimmte Aufgaben durchführen. Kleine Hilfsmittel, die Sie vielleicht auch bereits benutzen, können das Leben eines Administrators aber erleichtern und Datenbank-Trigger in der Realität ermöglichen.

Eine sehr einfache, aber umso effektivere Methode ist die Definition von sogenannten *Workflows*, die einen Ablauf – angestoßen durch eine reale Aktion – beschreiben. Ein Ablauf könnte zum Beispiel der Austritt eines Mitarbeiters sein. Solche Workflows sollen für Sie eine Art Checkliste sein, die Sie zum Beispiel beim Austritt eines Mitarbeiters Schritt für Schritt abarbeiten können. Ein mögliches Beispiel dazu sehen Sie in Tabelle 10.5. Derartige einfache Auflistungen in beliebiger Form erleichtern Ihnen regelmäßige Tätigkeiten und verhindern das Entstehen von »Systemleichen« oder anderen ungültigen Altbeständen. Für solche Workflows oder Aktionsbeschreibungen eignen sich firmeninterne Wiki-Systeme sehr gut, da diese dann auch im Team verwaltet werden können und Sie somit automatisch über eine gewisse Dokumentation verfügen. Selbstverständlich sind die beste Dokumentation und die Vordefinition von Abläufen nur dann wirksam, wenn Sie diese Hilfestellungen auch bei Bedarf zu Rate ziehen.

Ein anderes häufiges Problem ist die Informationspolitik in Unternehmen. Wenn Sie als Administrator nicht über allgemeine Veränderungen, wie etwa den Austritt eines Mitarbeiters, informiert werden, können Sie auch nicht darauf reagieren. Versuchen Sie daher auch diese Informationskanäle zu nutzen bzw. gegebenenfalls zu optimieren, da ein daraus resultierendes Sicherheitsproblem immer auf den Administrator zurückfällt.

Kontext	Aktion	Kommentar
Datenbank	Benutzer löschen	Berechtigungen überprüfen
Datenbank	Kontaktdaten archivieren	Backup der Daten für Rückfragen an den Mitarbeiter
CMS	Kontaktdaten auf Homepage entfernen	Online-Inhalte aktualisieren

Tabelle 10.5 Workflow der Aktionen beim Austritt eines Mitarbeiters

Sie sehen, dass ein Administrator neben den Kernaufgaben, der Verwaltung der Serversysteme, auch das Umfeld gut im Auge behalten muss, um die größtmögliche Sicherheit gewährleisten zu können.

Sicherheitslücke »Benutzer und ihre Anwendungen«

Sie haben als Administrator tagtäglich mit Benutzern und deren Anwendungen zu »kämpfen«, durch die viele Sicherheitslücken entstehen. Einige grundlegende Tipps zu diesem Thema möchten wir im Folgenden besprechen.

Selbstverständlich müssen wir Ihnen als Administrator nicht erklären, dass Passwörter nicht nur aus Buchstaben, sondern auch aus Sonderzeichen und Zahlen bestehen und in keinem Wörterbuch gefunden werden sollen. Auch die Sicherheitslücke »PostIt« – das Notieren von Passwörtern auf Klebezetteln, die anschließend auf den Monitor geklebt werden – ist Ihnen vermutlich hinreichend bekannt. Diese Probleme sind vielen Anwendern jedoch nicht bewusst. Wir empfehlen Ihnen daher, Ihre Benutzer über diese Problematik regelmäßig zu informieren, sie aufzuklären und zu sensibilisieren. Leider zeigen viele reale Fälle, dass der Faktor Mensch noch immer eine der größten Sicherheitslücken darstellt.

Aber auch die »fremden« Anwendungen Ihrer Benutzer, die Ihre Datenbank benutzen, stellen natürlich ein Sicherheitsrisiko dar. Gleichzeitig kann die unzureichende Absicherung der Datenbank ein Risiko für die Daten der Anwendung darstellen. Um eine möglichst hohe Sicherheit zu erreichen, sollten Sie die folgenden Punkte beachten:

Anwendungen mit einer eigenen Benutzerverwaltung sollten die Passwörter der Benutzer nie im Klartext abspeichern. Wir empfehlen zur Speicherung der Passwörter die Verwendung einer Hashfunktion (zum Beispiel `md5('geheim')`), die statt des Passwortes den Hashwert in der Datenbank abspeichert (Hashing siehe auch Abschnitt 9.4, »Partitionierung«). Bei der Überprüfung wird wiederum der Hashwert des angegebenen Passwortes erzeugt und mit dem gesicherten Hashwert in der Datenbank verglichen. Diese Vorgehensweise hat zwei Vorteile: Der erste Vorteil ist, dass die Passwörter nicht rückführbar sind, wodurch auch ein eventuell erfolgreicher Angriff auf die Datenbank nicht automatisch alle Passwörter der Benutzer offenlegen würde. Der Angreifer hätte dann »nur« die Hashwerte aller Passwörter erbeutet, mit denen er bloß sehr schwer auf die Passwörter rückschließen kann.

```
mysql> SELECT * FROM user WHERE user='test'
    -> AND password = MD5('geheim');
mysql> SELECT * FROM user WHERE user='test'
    -> AND password = 'f14a298bc87fff2cd757f71054fdd94d';
```

Listing 10.44 md5-Passwort-Hashing

In Listing 10.44 sehen Sie zwei Möglichkeiten zur Verwendung des md5-Hashes. In der ersten Zeile wird dabei die von MySQL angebotene md5-Hashfunktion verwendet. Die zweite Variante verwendet bereits den aus dem Passwort berechneten Hashwert. Dieser kann zum Beispiel in den meisten Programmiersprachen über bereits vorhandene Funktionen (zum Beispiel `md5()` in PHP) berechnet werden.

Die Variante der Berechnung des Hashwerts in der Applikation ist dabei zu bevorzugen, da diese den zweiten großen Vorteil der Verwendung von Passwort-Hashing mit sich bringt. Wie Sie sehen, ist in der zweiten Anweisung in Listing 10.44 das eigentliche Passwort nicht mehr zu sehen. Dies bedeutet, dass auch ein eventueller Abhörversuch der zum MySQL-Server übermittelten Anweisungen keinen Zugriff auf die Klartext-Passwörter ermöglicht. Im Gegenzug wird in der ersten Variante in Listing 10.44 das Passwort im Klartext übermittelt und erst auf der MySQL-Serverseite in den Hash umgewandelt. Ein Abhörversuch würde somit Zugriff auf den Benutzernamen und das zugehörige richtige Passwort erhalten.

Sie sehen, dass eine kleine Maßnahme, wie das Client-seitige »Verschlüsseln« (bzw. Hashen) des Passwortes, bereits Abhörversuchen einen Riegel vorschiebt. Bedenken Sie daher immer, welche Daten Sie wirklich im Klartext über die Datenleitung zum Server übertragen müssen.

Natürlich lässt es sich oft nicht verhindern, dass zwischen Client und Server auch sehr kritische Daten im Klartext ausgetauscht werden. Diese sensiblen Daten können aber nicht nur durch Abhören der Datenleitung den Weg zu einem Angreifer finden. SQL-Anweisungen werden auch in vielen Fällen geloggt und in Dateien am Server abgelegt. Denken Sie an die Slow-Query-Log-Funktion, die zu langsame SQL-Anweisungen protokolliert. Sorgen Sie daher immer dafür, dass die Log-Dateien von MySQL durch weitere Schutzmaßnahmen des Dateisystems (zum Beispiel Lese-/Schreibrechte nur für den Systembenutzer, der auch zur Ausführung von MySQL verwendet wird) abgesichert sind. Auch Backups sollten in der gleichen Form vor fremdem Zugriff geschützt werden. Andernfalls können andere Systembenutzer über die Log-Dateien oder Backup-Dateien von MySQL sehr schnell und einfach an sehr sensible Daten gelangen.

Wie Sie Ihre Datenleitung zu Ihrem MySQL-Server zusätzlich durch Verschlüsselung absichern können und wie Sie Ihren MySQL-Server vor Zugriffen von außen über das Netzwerk schützen, erfahren Sie im folgenden Abschnitt.

10.4.2 Zugang beschränken oder verschlüsseln

Als Administrator sind Sie es gewohnt, Ihre Systeme nach außen zum Netzwerk hin abzusichern und die Kommunikation der einzelnen Dienste Ihres Servers zu beschränken. Wir empfehlen Ihnen, diese Vorgehensweise auch bei Ihrem MySQL-Server anzuwenden. In vielen Anwendungsfällen können Sie auf die Kommunikation nach außen in das Netzwerk oder Internet vollständig verzichten. Ist dies der Fall, können Sie den standardmäßigen Serverport 3306 von MySQL mit Ihrer Firewall sperren. Es gibt somit keine direkten Angriffsmöglichkeiten mehr. Die Applikationen greifen dann entweder direkt lokal auf Ihren MySQL-Server zu oder über ein internes Netzwerk, indem die Kommunikation über den Port 3306 ermöglicht wird.

Benötigen Sie jedoch einen Zugriff von außen (Internet oder Netzwerk), bieten sich mehrere Möglichkeiten an, diesen zu schützen:

- Beschränkung der Benutzer
- indirekter Zugriff über SSH
- verschlüsselte Kommunikation (SSL)

Die erste, sehr einfach zu realisierende Möglichkeit zur Erhöhung der Sicherheit ist die *Einschränkung des Benutzerkreises*, der sich von außen mit dem MySQL-Server verbinden darf. Dabei reicht es aus, wenn Sie bei jedem Benutzer kurz über die Möglichkeit nachdenken, die Host-Angabe nicht automatisch mit `%` anzugeben. Nicht jeder Benutzer muss sich von außen verbinden können. Vor allem hochprivilegierte Benutzer mit vielen Berechtigungen sollten sich nur in Ausnahmefällen von außen verbinden können. Wir empfehlen Ihnen daher möglichst oft den Host mit `localhost` anzugeben und daher den Benutzer auf die lokale Kommunikation mit dem Server zu beschränken. Trotzdem ist natürlich der Port nach außen weiterhin geöffnet und bietet Möglichkeiten für Angriffe und Abhörversuche.

In vielen Szenarien ist die Kommunikation nach außen überwiegend für die Administration, Wartung oder andere seltenere Tätigkeiten geöffnet. In diesem Fall lässt sich die Sicherheit drastisch erhöhen, wenn Sie die Kommunikation nach außen vollständig per Firewall sperren. Die Wartungstätigkeiten können Sie dann *indirekt per SSH* (Unix-Systeme) oder mit *Fernwartungssoftware* (Windows) durchführen. Die Verbindung zum Server ist somit abgesichert, und die eigentliche Kommunikation mit dem MySQL-Server erfolgt lokal.

Da diese Variante nicht für alle Szenarien möglich ist und oft auch eine Kommunikation nach außen unabdingbar ist, bietet es sich an, die Kommunikation mit dem MySQL-Server zu verschlüsseln. Die *Verschlüsselung der MySQL-Verbindungen per SSL* stellt dabei die letzte und komplexeste Möglichkeit zum Schutz vor Angriffen dar. Diesen von MySQL selbst angebotenen Schutzmechanismus und alle notwendigen zugehörigen Einstellungen lernen Sie im folgenden Abschnitt im Detail kennen.

MySQL-Verbindungen per SSL

In MySQL besteht die Möglichkeit, verschlüsselte Verbindungen zwischen Client und Server zu nutzen. Dabei wird der gesamte Datenverkehr verschlüsselt und das Abhören des Datenverkehrs verhindert. Wir empfehlen daher – wenn möglich – in öffentlichen Netzwerken (zum Beispiel Internet) eine SSL-Verschlüsselung (Secure Socket Layer) zu nutzen.

Um eine SSL-Verbindung aufbauen zu können, muss Ihre MySQL-Version mit der zugehörigen SSL-Option kompiliert worden sein. Ob das der Fall ist, können Sie mit der Abfrage der Systemvariablen `have_ssl`, wie in Listing 10.45 gezeigt, herausfinden.

```
mysql> SHOW VARIABLES LIKE 'have_ssl';
+---------------+-------+
| Variable_name | Value |
+---------------+-------+
| have_ssl      | YES   |
+---------------+-------+
```

Listing 10.45 Abfrage, ob SSL in MySQL verfügbar ist

Ist der Wert `NO`, wurde MySQL nicht mit der SSL-Option kompiliert. Weitere Informationen zur Kompilierung von MySQL finden Sie auch in Kapitel 6, »Manuelle Installation, Plugins und Upgrades«. `DISABLED` bedeutet, dass MySQL SSL unterstützt, die nötigen Komponenten aber nicht beim Start aktiviert wurden. Für eine Aktivierung müssen Sie, wie in Listing 10.46 dargestellt, die nötigen Zertifikate beim Start von MySQL angeben. Sie können die Optionen natürlich auch in der Datei *my.cnf* angeben, um diese Werte nicht immer bei jedem Start schreiben zu müssen. Wurden beim Start die SSL-Optionen gesetzt, werden die notwendigen Komponenten zur Verschlüsselung geladen und Ihnen die Aktivierung von SSL über die Systemvariable `have_ssl` mit dem Wert `YES` angezeigt.

```
bash# mysqld --ssl-ca=ca.crt --ssl-cert=mysql.crt \
      --ssl-key=mysql.key
```

Listing 10.46 Aktivierung der SSL-Verschlüsselung beim Start des Servers

Um eine SSL-Verbindung zu aktivieren, müssen Sie die in Listing 10.46 angegebenen Optionen nicht nur beim Start des MySQL-Servers, sondern auch beim Start des MySQL-Clients (mysql) angeben. Die SSL-Parameternamen der Optionen sind bei Client und Server dieselben, wobei die Angabe des Zertifikats und des Schlüssels auf Client-Seite, wie in Listing 10.47 angegeben, ausreichend ist.

```
bash# mysql -u admin -p --ssl-cert=client.crt \
      -ssl-key=client.key
```

Listing 10.47 Aktivierung der SSL-Verschlüsselung beim Start des Clients

Bei den Angaben handelt es sich um Zertifikate, die zur Verschlüsselung benötigt werden. Normalerweise werden Zertifikate von einer offiziellen Zertifizierungsstelle (Certificate Authority, kurz CA) signiert. Für erste Testzwecke oder lokale Netze reichen in den meisten Fällen aber auch selbst signierte Zertifikate aus. Eine Schnellanleitung zur Erstellung eines selbst signierten Zertifikats und weitere Informationen zu Zertifikaten finden Sie in der grauen Box weiter unten.

Über den Parameter `ssl-ca` können Sie das Zertifikat der Zertifizierungsstelle angeben. Ihr eigenes Zertifikat geben Sie über `ssl-cert` an, und `ssl-key` spezifiziert Ihren *privaten Schlüssel*.

Wenn Sie nun, wie in Listing 10.47 gezeigt, eine erfolgreiche verschlüsselte Verbindung aufgebaut haben, können Sie die korrekte Verbindung über die Abfrage des sogenannten *Cipher* (Verschlüsselungsalgorithmus) überprüfen. Wird Ihnen nach Eingabe des Befehls aus Listing 10.48 ein Cipher angezeigt, ist die aktuelle Verbindung sicher und verschlüsselt.

```
mysql> SHOW STATUS LIKE 'ssl_cipher';
+---------------+--------------------+
| Variable_name | Value              |
+---------------+--------------------+
| Ssl_cipher    | DHE-RSA-AES256-SHA |
+---------------+--------------------+
1 row in set (0.00 sec)
```

Listing 10.48 Anzeige des Ciphers der aktuellen Verbindung

Erstellen eines Zertifikats mit OpenSSL

Mit OpenSSL, das auf den meisten Linux-Distributionen bereits standardmäßig verfügbar sein sollte, können Sie sich schnell und einfach ein selbst signiertes Zertifikat erstellen.

(1) Im ersten Schritt erstellen Sie sich mit dem nachfolgenden Befehl zuerst einen sogenannten privaten Schlüssel, der mit 2.048 Bit verschlüsselt wird und in die Datei *ca.key* gespeichert wird. Der zweite Befehl erstellt Ihnen das zugehörige Zertifikat mit dem Namen ca.crt. Sie werden während der Schritte des Öfteren nach Dateneingaben (wie zum Beispiel Ländercodes, Adresse usw.) gefragt. Diese können Sie für erste Testzwecke ignorieren und einfach bestätigen.

```
bash# openssl genrsa -out ca.key 2048
bash# openssl req -new -x509 -key ca.key -out ca.crt
```

(2) Im zweiten Schritt erstellen Sie nun eine Signierungsanfrage (Certificate Signing Request, kurz CSR) und einen zweiten privaten Schlüssel für Ihren Server. Die in diesem Schritt abgefragten Daten (Adresse usw.) werden anschließend fest mit Ihrem Zertifikat verknüpft.

```
bash# openssl req -newkey rsa:2048 -nodes \
    -keyout mysql.key -out mysql.csr
```

Diese Datei *mysql.csr* senden Sie im Normalfall an eine offizielle Zertifizierungsstelle, wie A-Trust in Österreich oder D-Trust in Deutschland. Diese Stelle stellt gegen eine Bearbeitungsgebühr anschließend ein Zertifikat aus.

(3) Mit dem folgenden Kommando erstellen Sie ein selbst signiertes und kostenloses Zertifikat, das aber für erste Testzwecke völlig ausreichend ist.

```
bash# openssl x509 -req -days 365 -in mysql.csr \
    -CA ca.crt -CAkey ca.key -out mysql.crt -set_serial 01
```

Die resultierende Datei *mysql.crt* stellt dabei das Zertifikat dar, das Sie nun für Ihre SSL-Verbindung, wie in Listing 10.46 angegeben, nutzen können.

(Client) Für den Client können Sie sich ein weiteres Zertifikat durch Wiederholung der zwei letzten Schritte (2) und (3) erstellen. Wählen Sie dabei statt des Dateinamens *mysql.Endung* (zum Beispiel *mysql.crt*) eine andere Bezeichnung, wie zum Beispiel *client.Endung* (zum Beispiel *client.crt*).

Beachten Sie, dass ein MySQL-Server, bei dem die SSL-Verschlüsselung aktiviert wurde, auch weiterhin unverschlüsselte Verbindungen akzeptiert. Wenn Sie Benutzer zu einer verschlüsselten Verbindung verpflichten wollen, müssen Sie das bei der Erstellung der Benutzer angeben. Zum Beispiel können Sie einem Benutzer die lokale (`localhost`) Verbindung unverschlüsselt und anderen Hosts nur SSL-Verbindungen erlauben. In Listing 10.49 sehen Sie ein Beispiel, wie Sie dem Benutzer »admin« nur mehr SSL-verschlüsselte Verbindungen erlauben können.

```
mysql> GRANT USAGE ON *.* TO 'admin'@'%' REQUIRE SSL;
```

Listing 10.49 Benutzer auf SSL-Verbindungen beschränken

Selbstverständlich gibt es noch weitere Einschränkungen, die Sie bei der Verschlüsselung vornehmen können. X509 setzt zum Beispiel ein gültiges Zertifikat zur Authentifizierung mit dem X509-Standard voraus. Dieses muss – wie in Listing 10.47 angegeben – beim Start des Clients benannt werden. Durch die Angabe von einem oder mehreren Ciphern können Sie für die Verbindungen des jeweiligen Benutzers einen bestimmten Verschlüsselungsalgorithmus (zum Beispiel DHE-RSA-AES256-SHA) voraussetzen. Über die Schlüsselwörter `ISSUER` und `SUBJECT` können Sie einschränken, von welchen Quellen Sie das Zertifikat (X509) des Clients akzeptieren wollen. In Listing 10.50 sehen Sie ein komplexes Beispiel, bei dem ein Cipher und beispielhafte X509-Optionen durch `Issuer` und `Subject` angegeben werden.

```
mysql> GRANT USAGE ON *.* TO 'admin'@'%'
    -> REQUIRE CIPHER 'DHE-RSA-AES256-SHA' AND
    -> ISSUER '/C=GB/ST=Berkshire/L=Newbury/O=My Company Ltd' AND
    -> SUBJECT '/C=GB/ST=Berkshire/L=Newbury/O=My Company Ltd';
```

Listing 10.50 Genaue Angabe der SSL-Optionen

Wie Sie gesehen haben, bietet MySQL also auch zur Verschlüsselung der Verbindung zahlreiche Optionen an. Administratoren sind vom Umgang mit SSL des Öfteren abgeschreckt und auch die Kosten der offiziellen Signierungsstelle werden gerne als Argument gegen den Einsatz von SSL verwendet. Wir können Ihnen aber nur stark dazu raten, SSL einzusetzen, da die gesamte Verbindung verschlüsselt wird und dies daher einen sehr großen Gewinn für die Sicherheit Ihres Systems darstellt. In vielen Fällen ist auch bereits ein selbst signiertes Zertifikat ausreichend und offiziell signierte Zertifikate lassen sich meist auch für andere Dienste am Server (zum Beispiel Webserver) wiederverwenden. Vor allem wenn Sie MySQL im Internet einsetzen und der Datenverkehr durch das Internet geleitet wird, ist eine verschlüsselte Verbindung beinahe unumgänglich. Weitere Punkte, die Sie bei einer Installation von MySQL im Web beachten sollten, besprechen wir im folgenden Abschnitt.

10.4.3 MySQL im Web

Der große Erfolg von MySQL ist unter anderem auf die Verwendung im Web zurückzuführen. Gebündelt mit PHP war MySQL bereits vor vielen Jahren der Standard für die Programmierung von Web-Applikationen.

Wenn Sie MySQL selbst im Web einsetzen wollen, gibt es nur wenige Unterschiede zu einer klassischen Installation im lokalen Netzwerk. In einem abgeschlossenen lokalen Netzwerk ist die Gefahr von Angriffen jedoch meist geringer einzustufen. Im Internet ist Ihr Server für jedermann zugänglich. Durch diese Tatsache wird Ihre Installation weder sicherer noch unsicherer. Sie können aber davon ausgehen, dass Sicherheitslücken im Internet schneller eine Gefahr darstellen und ausgenutzt werden.

Die zwei größten Gefahren liegen dabei im Zugang zu Ihrer Datenbank, der auf zwei verschiedene Arten durchgeführt wird. Einerseits können sich Benutzer klassisch über einen Datenbank-Client mit Ihrem Server verbinden. Die Absicherungsmöglichkeiten dieser Schnittstelle durch eine vollständige Sperre oder die Verwendung einer Verschlüsselung haben Sie bereits im letzten Abschnitt kennengelernt.

Die zweite Verbindungsmöglichkeit besteht über die Web-Applikation (zum Beispiel Ihr Content-Management-System) selbst, die im Internet frei zugänglich ist und sich wiederum mit Ihrer Datenbank verbindet. Natürlich haben Sie auf diese Verbindungsvariante als Administrator nur beschränkte Eingriffsmöglichkeiten. Wie Sie Ihre MySQL-Installation trotzdem vor dieser potenziellen Gefahr schützen können und welche Gefahren diese Schnittstelle birgt, behandeln wir im Detail im folgenden Abschnitt.

SQL-Injections

Die *SQL-Injections*, oder auf Deutsch auch *SQL-Einschleusungen* genannt, sind kein direktes Sicherheitsproblem des MySQL-Servers, sondern gehen vom Benutzer bzw. der Applikation aus. Sie betreffen daher auch nicht nur das MySQL-System, sondern können in jedem SQL-basierten Datenbanksystem auftreten und stellen ein sehr großes Sicherheitsrisiko dar.

Aufgrund der großen Verbreitung der Sicherheitslücke ist diese Thematik auch für Sie als Administrator relevant, obwohl die Problemlösung nur auf Client- bzw. Applikationsseite getroffen werden kann. Das große Problem dieser Sicherheitslücke ist aber nicht die Schwierigkeit, diese zu beseitigen, sondern die Unwissenheit vieler Programmierer über diese Problematik. Sie können daher auch als Administrator helfen, diesen Wissensmissstand zu beseitigen.

Das Problem beruht auf der Tatsache, dass Applikationen meist mit dem Benutzer interagieren und diesem erlauben, diverse Eingaben zu tätigen. Meist muss der Benutzer bereits vor der Verwendung der eigentlichen Applikation einen Benutzernamen und ein Passwort eingeben. In der Welt der Softwareentwicklung gibt es die Grundregel »Traue nie den Eingaben des Benutzers«, und so muss die Applikation jede Benutzereingabe überprüfen. Oft wird dies gerade bei banalen Feldern, wie dem Benutzer- oder Passwortfeld bei der Anmeldung, vergessen.

Betrachten wir das Beispiel einer Internetapplikation, bei der sich Mitarbeiter unseres Flughafens anmelden können, um interne Informationen (zum Beispiel Dienstpläne) zu erhalten. Die Applikation ist selbstverständlich nur nach der erfolgreichen Anmeldung über den Benutzer und das korrekte Passwort zugänglich. Die Anmeldeseite selbst muss aber natürlich im Internet verfügbar sein. In Listing 10.51 sehen Sie eine Abfrage, die während des Anmeldeprozesses an den Datenbankserver gestellt wird, wenn ein Benutzer die Kombination aus dem Benutzernamen admin und dem Passwort geheim eingibt.

```
SELECT * FROM mitarbeiter WHERE benutzername = 'admin'
AND passwort = md5('geheim');
```

Listing 10.51 Abfrage während des Web-Anmelde-Prozesses

Bereits dieser Vorgang könnte ein Sicherheitsrisiko darstellen, wenn die Eingaben des Benutzers nicht ordnungsgemäß überprüft werden. Betrachten Sie das Beispiel in Abbildung 10.2, bei dem ein böswilliger Benutzer statt des eigentlichen Benutzernamens eine SQL-Anweisung `';DELETE FROM mitarbeiter;` in das Feld eingibt.

In Listing 10.52 sehen Sie die resultierende SQL-Anweisung. Die Zeichenfolge `';` ist dabei ausschlaggebend, da diese die umschließende SQL-Anweisung verfrüht abbricht. Für den Datenbankserver handelt es sich nun nicht mehr um eine SQL-Anweisung, sondern um drei aneinandergereihte Anweisungen, die in Listing 10.53 angeführt sind. Die ersten zwei Anweisungen werden dabei im Normalfall korrekt ausgeführt, und die dritte Anweisung wird mit einer Fehlermeldung (falsche Syntax) abgebrochen. Das große Problem ist hierbei die Ausführung der zweiten SQL-Anweisung, die alle Benutzer in der Tabelle »mitarbeiter« löscht.

```
SELECT * FROM mitarbeiter WHERE
benutzername = '';DELETE FROM mitarbeiter;'
AND passwort = md5('geheim');
```

Listing 10.52 Resultierende Anweisung durch SQL-Injection

```
SELECT * FROM mitarbeiter WHERE benutzername = '';
DELETE FROM mitarbeiter;
' AND passwort = md5('geheim');
```

Listing 10.53 Drei resultierende Anweisungen durch SQL-Injection

Abbildung 10.2 Beispiel einer SQL-Injection

Das bedeutet, dass eine SQL-Anweisung in eine bestehende Abfrage eingeschleust wurde und fälschlicherweise vom Datenbankserver ausgeführt wird. Diese Einschleusung ist also besagte SQL-Injection. Gerade bei Web-Applikationen wird meist, wie in Abschnitt 10.3.4, »Benutzerverwaltung in der Applikation, nicht in der Datenbank?«, erwähnt, nur ein Datenbankbenutzer für die gesamte Web-Applikation verwendet. Das eigentliche Rechtesystem wird von der Applikationsebene übernommen. Das bedeutet aber auch, dass der Datenbankbenutzer meist auch kritische `DELETE`-Befehle, wie in Listing 10.53 angegeben, ausführen kann. Gerade durch die stark wachsende Zahl an Web-Applikationen wurde die SQL-Injection-Sicherheitslücke so zu einem Massenproblem im Internet.

Eine derartige Sicherheitslücke kann großen Schaden anrichten, lässt sich aber sehr einfach durch striktes Überprüfen bzw. Maskieren der Benutzereingaben vermeiden. Unter *Escapen* (dt. Maskieren) versteht man die Kennzeichnung von bestimmten Steuersymbolen als »normale« Eingaben.

Betrachten Sie das Beispiel in Listing 10.54, in dem die Benutzereingabe aus Abbildung 10.2 korrekt maskiert wurde. Das kritische Hochkomma-Symbol wird dabei mit einem \ (Escape-Zeichen) maskiert und daher vom MySQL-Server nicht mehr als Steuersymbol, sondern als normales Zeichen interpretiert. Die Abfrage sucht so nach einem Benutzer mit dem Namen `';DELETE FROM mitarbeiter;`. Dieser Benutzer wird nicht gefunden, und die Web-Applikation kann die übliche Fehlermeldung bei einem unbekannten Benutzer anzeigen. Wichtig dabei ist, dass der Versuch, eine SQL-Anweisung einzuschleusen, nicht erfolgreich war. Sie sehen also, dass bereits dieses eine Escape-Zeichen über die Sicherheit einer Applikation entscheiden kann.

```
SELECT * FROM mitarbeiter WHERE
benutzername = '\';DELETE FROM mitarbeiter;'
AND passwort = md5('geheim');
```

Listing 10.54 Maskierte Benutzereingabe

Doch wie können Sie sich vor diesen SQL-Injections am besten schützen? Leider kann man auf der MySQL-Serverseite nicht entscheiden, ob eine SQL-Anweisung einen Angriff beinhaltet oder nicht. Die Absicherung kann daher nur auf der Applikationsseite erfolgen. Hierzu gibt es einige einfache Möglichkeiten, diese SQL-Injections zu verhindern. Die Gegenmaßnahmen können grob in die folgenden drei Ansätze unterteilt werden:

- Überprüfung der Benutzereingaben
- Maskieren von Benutzereingaben
- Prepared Statements

Bei der *Überprüfung der Benutzereingaben* wird von der Applikation zuerst geprüft, ob die Eingaben eventuelle Angriffe beinhalten. Bei unserem Beispiel des Benutzernamens ist dies sehr einfach möglich. Benutzernamen dürfen im Normalfall nur aus Buchstaben und Zahlen bestehen. Eine Prüfung kann daher alle Benutzernamen, die beliebige Sonderzeichen beinhalten (zum Beispiel das Hochkomma), sofort verwerfen. Bei komplexen Benutzereingaben kann eine derartige Prüfung jedoch sehr schnell an die Grenzen stoßen, da die Programmierung zum Abfangen aller Möglichkeiten zu komplex wird.

Die einfachere Möglichkeit ist daher die *Maskierung der Benutzereingaben*. Dabei werden alle »gefährlichen« Symbole maskiert, damit diese nicht von der Datenbank als Steuerzeichen interpretiert werden. Einige Programmiersprachen bieten hierfür bereits vordefinierte Funktionen für diesen Zweck an. In PHP können Sie zum Beispiel die Funktion `mysql_real_escape_string('eingegebener Text')`[1] verwenden, die Ihnen einen »sicheren« String zurückliefert. Dies erspart Ihnen, eine derartige Maskierungsfunktion selbst zu programmieren und zu testen. Den zurückgelieferten String können Sie anschließend ohne Bedenken in einer SQL-Anweisung verwenden.

Die letzte Möglichkeit zur Vermeidung von SQL-Injections besteht in der Verwendung von sogenannten *Prepared Statements* oder *parametrisierten SQL-Anweisungen*. Diese Variante ist ebenfalls in sehr vielen Programmiersprachen verfügbar. Dabei wird im ersten Schritt eine SQL-Anweisung mit sogenannten Parametern versehen. Diese können Sie wie Variablen oder Platzhalter sehen, die Sie zu einem späteren Zeitpunkt mit richtigen Daten füllen.

Listing 10.55 zeigt die Anmelde-Abfrage unseres Beispiels als Prepared Statement. Das `?` steht dabei als Platzhalter für einen später gesetzten Wert. Dieser vorbereitende Schritt hat zusätzlich den Vorteil, dass MySQL bereits bei der Erstellung eines Prepared Statements die Abfrage optimiert und kompiliert. Wird die Anfrage also öfter mit unterschiedlichen Parametern (Werte der `?`) ausgeführt, muss die Abfrage nicht jedes Mal neu optimiert und kompiliert werden. Es können also Berechnungen wiederverwendet werden, was die Abfragegeschwindigkeit bei wiederholter Ausführung erhöht. Nachdem auch bereits im Vorfeld die genaue Struktur der SQL-Anweisung festgelegt wird, erwartet sich MySQL auch bei den Parametern nur mehr Werte, wie zum Beispiel Zahlen, Datumsangaben und Strings, jedoch keine neuen SQL-Anweisungen. Wird also als Parameter eine neue Anweisung eingeschleust, wird diese einfach als Wert interpretiert und nicht ausgeführt.

```
SELECT * FROM mitarbeiter WHERE
benutzername = ? AND passwort = md5(?)
```

Listing 10.55 Beispiel eines Prepared Statements

1 *http://php.net/manual/de/function.mysql-real-escape-string.php*

In Listing 10.56 sehen Sie die Erzeugung und den Aufruf eines Prepared Statements in der MySQL-Konsole. In der Programmiersprache Ihrer Wahl gibt es für Prepared Statements meist eigene Funktionen, die Sie in dem jeweiligen Manual der Programmiersprache oder in Kapitel 12, »Softwareentwicklung mit MySQL«, finden.

```
mysql> PREPARE abfrage1 FROM
    -> "SELECT * FROM mitarbeiter WHERE
    -> benutzername = ? AND passwort = md5(?)";
Query OK, 0 rows affected (0.00 sec)
Statement prepared
mysql> SET @benutzer = 'meinBenutzer';
mysql> SET @passwort = 'geheim';
mysql> EXECUTE abfrage1 USING @benutzer,@passwort;
Empty set (0.00 sec)
mysql> DEALLOCATE PREPARE abfrage1;
```

Listing 10.56 Verwendung von Prepared Statements in der MySQL-Konsole

Der allgemeine Ablauf bei der Verwendung von Prepared Statements ist dabei immer derselbe (siehe Listing 10.56). Zuerst wird das Prepared Statement erzeugt und die Platzhalterpositionen werden mit dem `?` markiert. Beim Aufruf durch `EXECUTE` werden die Werte bzw. in diesem Fall Variablen, die an die jeweilige Platzhalterposition geschrieben werden sollen, mit `USING` übergeben. Der Aufruf resultiert, wie gewöhnlich, beim direkten Aufruf einer Abfrage in einer Ergebnismenge. Wird das Prepared Statement nicht mehr benötigt, sollten Sie es mit `DEALLOCATE PREPARE` löschen. Dieses Kommando entfernt auch alle damit verbundenen Vorberechnungen zur Geschwindigkeitsoptimierung der Abfrage.

Alle drei Gegenmaßnahmen vermeiden SQL-Injections. Die erste Variante der Überprüfung der Benutzereingaben kann aber sehr schnell komplex werden und bietet damit wiederum Potenzial für neue Sicherheitslücken. Wir empfehlen Ihnen daher als einfachste und sicherste Methode, alle Benutzereingaben zu maskieren. Gerade in Programmiersprachen, die bereits Funktionen für diesen Maskierungszweck zur Verfügung stellen, wie zum Beispiel PHP, ist diese Vorgehensweise sehr einfach zu handhaben.

Das Wichtigste ist jedoch, dass Sie die Thematik der leicht entstehenden Sicherheitslücke der SQL-Injections im Kopf behalten. Vielleicht programmieren Sie selbst Software und können eine der besprochenen Gegenmaßnahmen nutzen oder können die Programmierer der eingesetzten Software darüber informieren.

10.5 Zusammenfassung

In diesem Kapitel haben Sie alle wichtigen Aspekte zur Absicherung von MySQL kennengelernt. Die interne Benutzerverwaltung mit all ihren Berechtigungen auf den verschiedenen Ebenen stellt dabei das Kernstück der Sicherheit in MySQL dar. Sie können damit jedem Benutzer Berechtigungen auf globaler, Datenbank-, Tabellen- oder sogar Spalten- und Zeilenebene vergeben. Wir haben Ihnen auch die Berechtigungen von Objekten in MySQL, wie zum Beispiel Events oder gespeicherte Prozeduren, vorgestellt. Sie haben Tipps und Tricks kennengelernt, wie Sie herausfordernde Berechtigungsaufgaben lösen und direkt auf den Berechtigungstabellen von MySQL operieren können.

Der letzte Teil des Sicherheitskapitels hat sich mit dem Schutz rund um MySQL beschäftigt. Dabei haben wir Ihnen die Möglichkeit zur Verschlüsselung von Datenbankverbindungen vorgestellt. Aber auch zahlreiche Aspekte in Bezug auf Ihre Datenbankbenutzer und deren Anwendungen haben Sie kennengelernt. SQL-Injections, ausgehend von »unachtsamen« Anwendungen, sind dabei nur ein Sicherheitsrisiko des MySQL-Administrators.

Die Tipps zur Erstellung von Sicherheitskonzepten oder die Erstellung von regelmäßigen Abläufen (Workflows) sollen Ihnen im Administratorenalltag helfen und die Arbeit erleichtern.

Wenn Sie die innere Sicherheit – die Berechtigungen von MySQL – und die äußeren Einflüsse auf MySQL im Auge behalten, analysieren und gegebenenfalls reagieren, werden Sie mit einem sehr sicheren und stabilen Datenbanksystem belohnt werden, das auch Ihre Benutzer zu schätzen wissen.

TEIL III
Programmierung

In diesem Kapitel lernen Sie, wie die Verwendung von gespeicherten Programmen und Sichten Ihr Leben als Datenbankadministrator erleichtern kann. Vor allem werden Sie sehen, wie auch komplexe Berechnungen, Abfragen und wiederkehrende Wartungsarbeiten in MySQL durch gespeicherte Programme und Sichten einfach realisiert werden können.

11 Gespeicherte Programme und Events

Gespeicherte Programme werden, wie der Name schon sagt, innerhalb der Datenbank gespeichert und dort auch ausgeführt. Gespeicherte Programme und *Sichten (Views)* können die Usability, Performance und auch die Sicherheit Ihrer Datenbank erhöhen. Sie erlauben es Ihnen, verschiedenste Prozesse in der Datenbank zu automatisieren und zusammenzufassen. Damit können Sie unter anderem Benutzern einfachere Zugriffsmöglichkeiten auf die Daten geben und diverse Wartungsarbeiten vereinfachen. Sichten ermöglichen es, für den Benutzer »virtuelle« Sichten auf die Datenbank zu generieren. All dies werden Sie in den folgenden Abschnitten kennenlernen.

11.1 Wozu gespeicherte Programme?

Die Verwendung von gespeicherten Programmen in MySQL bringt sehr viele Vorteile mit sich, auf die wir im Folgenden näher eingehen:

- Gespeicherte Programme können von verschiedenen Anwendungen genutzt werden. Diese *Wiederverwendung von Code* hat den Vorteil, dass bei Änderungen stets nur ein gespeichertes Programm an einem zentralen Ort geändert werden muss, das von allen Benutzern verwendet wird. Zudem reduziert dies auch die Gesamtmenge von Code, wenn dieser sinnvoll mehrfach verwendet wird. Mit dieser Reduktion sinkt auch das Risiko von fehlerhaftem Code.
- Die Sicherheit der Datenbank lässt sich durch das Anbieten von gespeicherten Programmen und Sichten ebenfalls verbessern, da durch den Benutzer kein direkter Zugriff mehr auf die Daten erfolgen kann. Durch das Anbieten von gespeicherten Programmen und Sichten für Anwendungsentwickler und Anwendungen können Sie eine *Kapselung* der Informationen und der Opera-

tionen darauf (*Information Hiding*) realisieren. Dies steht in diesem Fall für das gezielte Verbergen der eigentlichen Tabellen und deren Struktur. Die Benutzer können nur über die gespeicherten Programme über ein einfacheres Interface bzw. über Sichten auf die Daten zugreifen.

- Sie benötigen für die Berechnungen keine Kenntnisse weiterer Programmiersprachen, alles wird in der MySQL-eigenen Programmiersprache MySQL Stored Program Language und in SQL programmiert.
- Gespeicherte Programme sind *programmiersprachenunabhängig*. Das bedeutet, dass die Programme von allen gebräuchlichen Programmiersprachen aufgerufen und verwendet werden können.
- Der gezielte Einsatz von gespeicherten Programmen kann das tägliche Administratorleben vereinfachen, da wiederkehrende Aufgaben in Programmen zusammengefasst werden können. Auch Anwender können komplexe Abläufe in Programmen kapseln und diese dann mit einem einzigen Aufruf des Programms verwenden.
- Sie als Datenbankadministrator haben die größte Kenntnis von der Datenbank. Das bedeutet, dass Sie den Anwendungsprogrammierern mithilfe von gespeicherten Programmen optimierte Prozeduren zur Verfügung stellen können.
- Der Umfang der *Datenkommunikation* wird durch die Verwendung von gespeicherten Programmen reduziert. Stellen Sie sich vor, Sie verwenden eine beliebige Programmiersprache, um Berechnungen basierend auf den Daten in der Datenbank durchzuführen. Dazu müssen Sie sich bei jeder Abfrage mit jedem Rechenschritt mit dem MySQL-Server verbinden, die Abfrage auf den Server übertragen, und in weiterer Folge sendet der Server die Ergebnismenge zurück zum Aufrufer. Bei komplexeren Berechnungen kann dieser Zyklus durchaus einige Male angestoßen werden, bis das endgültige Berechnungsergebnis fertiggestellt ist.

  Nehmen Sie an, Sie würden beispielsweise verschiedene Statistiken in der Applikation berechnen wollen. Dazu müssten Sie zunächst (vermutlich) sehr große Datenmengen an die Applikation übertragen, bevor diese überhaupt mit Berechnungen beginnen könnte. Mit der Verwendung von gespeicherten Programmen werden diese Datentransfers stark minimiert. Das gespeicherte Programm muss nur mehr angestoßen werden, danach werden sämtliche Berechnungen durch das Programm direkt am Server bzw. direkt auf den Daten ohne zusätzliche Datenübertragung ausgeführt, und die Ergebnismenge wird zum Schluss zurückübermittelt. Dieses Einsparen von transferiertem Datenvolumen kann ebenfalls immense Auswirkungen auf die Performance Ihres Gesamtsystems haben.

Doch auch die Nachteile von gespeicherten Programmen sollen hier nicht verschwiegen werden. Die »Auslagerung« von Programmcode in die Datenbank bringt Probleme mit sich. Ohne eine solche Auslagerung wird der Code zentral gehalten, und sämtliche Änderungen müssen nur an einer Stelle durchgeführt werden. Werden Teile der Funktionalität in die Datenbank ausgelagert, wird auch der Code auf zwei verschiedene Orte aufgeteilt: auf die Applikation und auf die Datenbank. Es ist also nicht mehr möglich, den gesamten Code zentral (meist in der Anwendung) zu verwalten. Sämtliche Änderungen müssen gegebenenfalls sowohl in der Applikation als auch in der Datenbank vorgenommen werden.

Der Einsatz von gespeicherten Programmen ist zudem keine Garantie für Sicherheit, Wartbarkeit, Performance oder auch Usability. Gespeicherte Programme müssen effizient und überlegt programmiert werden, um wirklich Vorteile daraus ziehen zu können. Zudem werden Sie bemerken, dass die Programmiersprache für gespeicherte Programme durchaus auch ihre Tücken hat und besonders anfänglich oft Fragen und Unverständnis aufwerfen wird.

In diesem Kapitel werden Sie zunächst gespeicherte Programme kennenlernen, die gespeicherte Prozeduren, Funktionen, Events und Trigger umfassen. Anschließend werden Sichten behandelt, die auch wie gespeicherte Prozeduren eine spezielle Abstraktion – in diesem Fall auf den gespeicherten Daten – bieten.

11.1.1 Arten von gespeicherten Programmen

MySQL stellt vier Arten von gespeicherten Programmen zur Verfügung:

- gespeicherte Funktionen (engl. *Stored Functions*)
- gespeicherte Prozeduren (engl. *Stored Procedures*)
- Trigger
- Events

Zunächst werden wir Ihnen kurz einen Überblick über diese vier Arten geben, die sich in erster Linie durch ihren Einsatzzweck unterscheiden. In weiterer Folge werden Sie dann die Unterschiede und Eigenschaften genauer kennenlernen.

Die meisten Ähnlichkeiten werden Sie zwischen gespeicherten Prozeduren und gespeicherten Funktionen feststellen. Diese beiden Arten gespeicherter Programme verfolgen dasselbe Einsatzziel: das Zusammenfassen und Kombinieren mehrerer Befehle, wie Sie es aus den unterschiedlichsten Programmiersprachen bestimmt bereits kennen.

Trigger hingegen ermöglichen es Ihnen, vor und nach dem Einfügen, Löschen oder Ändern von Daten bestimmte, festgelegte Operationen auszuführen. Dies dient meist dazu, die Konsistenz der Daten weiter sicherzustellen oder auch zum Loggen dieser Ereignisse.

Im Unterschied zu Triggern reagieren Events nicht auf einzelne Manipulationsoperationen (wie etwa das Einfügen oder Ändern eines Datensatzes), sondern werden zu festgelegten Zeitpunkten angestoßen, um beispielsweise Wartungsarbeiten durchzuführen.

Events sind eng verwandt mit sogenannten *Cronjobs*, die Ihnen vielleicht aus der Welt der Betriebssysteme vertraut sind. Tabelle 11.1 enthält weitere Unterscheidungsmerkmale der verschiedenen gespeicherten Programme, wobei Sie diese später noch allesamt im Detail kennenlernen werden.

	Gespeicherte Prozedur	Gespeicherte Funktion	Trigger	Event
Aufruf	manuell (direkt auf der Konsole oder in einem anderen gespeicherten Programm) oder aus der Anwendung heraus	manuell (direkt in einem SELECT-Befehl oder in einem anderen gespeicherten Programm)	automatisch ausgelöst vor bzw. nach einer Operation auf einer Tabelle	automatisch ausgelöst zu bestimmtem Zeitpunkt oder nach festgelegten Intervallen
Parameter	beliebig viele	beliebig viele	---	---
Rückgabe	beliebig viele Ergebnismengen bzw. Skalare	ein Wert (Skalar)	---	---

Tabelle 11.1 Übersicht über die verschiedenen Arten von gespeicherten Programmen

11.1.2 MySQL Stored Program Language

Die von MySQL implementierte Sprache zur Manipulation von gespeicherten Programmen, die *MySQL Stored Program Language*, implementiert einen Teil des ANSI SQL:2003 SQL/PSM (Persistent Stored Module)-Standards. Dieser Standard wurde von MySQL zudem noch etwas erweitert.

Im Gegensatz zu SQL, die bekanntlich eine deklarative Sprache ist, ist die MySQL Stored Program Language eine *prozedurale Programmiersprache*. Das bedeutet, dass Ihnen zusätzliche Programmkonstrukte wie Schleifen, bedingte Anweisungen oder lokale Variablen zur Verfügung gestellt werden. Solche Konzepte sind Ihnen vermutlich bereits aus anderen Programmiersprachen, wie beispielsweise Java oder C, bekannt. Die MySQL Stored Program Language stellt also in Kombination mit SQL sehr mächtige Mittel zur Programmierung von gespeicherten

Programmen zur Verfügung, die Sie in den folgenden Abschnitten näher kennenlernen werden.

11.1.3 Grundlegendes Arbeiten mit gespeicherten Programmen

Die Erstellung und Bearbeitung von gespeicherten Programmen ist mit jedem Texteditor, mit der MySQL Workbench und auch sogar auf der MySQL-Konsole möglich. Die MySQL Workbench, die kostenlos zur Verfügung gestellt wird (siehe auch Abschnitt 7.8.1) bietet jedoch einige sehr hilfreiche (Zusatz-)Funktionalitäten im Zusammenhang mit gespeicherten Programmen, weshalb die Beispiele in diesem Kapitel allesamt über die MySQL Workbench geschrieben, erzeugt und bearbeitet wurden. Daher entfallen bei den Listings auch die `mysql>`-Prompts.

Vor der Erzeugung einer gespeicherten Prozedur und auch einer gespeicherten Funktion müssen Sie stets den *Delimiter*, das Begrenzungszeichen, festlegen bzw. ändern. Im Normalfall ist bei SQL das Semikolon das Begrenzungszeichen, mit dem Sie jeden SQL-Befehl abschließen.

Ein Programm besteht jedoch, wie erwähnt, meist aus mehreren SQL-Anweisungen. Daher unterscheidet man bei der Programmierung von gespeicherten Programmen zwei Arten von Befehlen: den eigentlichen `CREATE`-Befehl des zu erzeugenden Programms und all jene Befehle, die bei der Definition innerhalb des Programms angeführt werden. Damit MySQL bei der Erzeugung zwischen diesen zwei »Befehlsarten« unterscheiden kann, müssen Sie zwei verschiedene Begrenzungszeichen verwenden. Am einfachsten ist es, vor dem Erzeugen des Programms das Begrenzungszeichen beispielsweise auf `$$` zu setzen. Dieses Zeichen können Sie einfach mit dem in Listing 11.1 angeführten Befehl setzen. Wichtig ist dabei, dass Sie diesen Befehl nicht mit einem Semikolon abschließen müssen. Beachten Sie allerdings, dass das Semikolon somit auch nicht mehr zum Abschließen von »normalen« Befehlen zur Verfügung steht, dazu müssen Sie das neu festgelegte Begrenzungszeichen verwenden.

```
mysql> DELIMITER $$
```

Listing 11.1 Festlegen des Delimiters

Dieses neue Begrenzungszeichen dient dann dem Abschluss des `CREATE`-Befehls des gespeicherten Programms. Diese Vorgehensweise ermöglicht es Ihnen gleichzeitig, innerhalb der gespeicherten Prozedur stets das Semikolon als normales Begrenzungszeichen zu verwenden. Dieses Vorgehen werden Sie im Laufe dieses Kapitel immer wieder beobachten können, beispielsweise in Listing 11.2. Erwähnenswert ist auch, dass bei der Wahl des Bezeichners für gespeicherte Programme die Groß- und Kleinschreibung nicht beachtet wird.

Die auf den ersten Blick einfachste Möglichkeit, gespeicherte Programme zu erstellen, ist das direkte, zeilenweise Eintippen des Programms auf der MySQL-Konsole. Listing 11.2 zeigt als erstes Beispiel die Erzeugung einer sehr einfachen gespeicherten Prozedur über die MySQL-Konsole. Die Details des Programms müssen Sie zu diesem Zeitpunkt noch nicht verstehen, Sie lernen sie auf den nächsten Seiten kennen. In diesem Beispiel sehen Sie auch die Handhabung des Delimiters:

```
mysql> DELIMITER $$
mysql> CREATE PROCEDURE anzahl_fluglinien(OUT p_rueckgabe INT)
    -> BEGIN
    ->   SELECT COUNT(DISTINCT fluglinie_id)
    ->   INTO p_rueckgabe
    ->   FROM flug;
    -> END
    -> $$
mysql> DELIMITER ;
```

Listing 11.2 Erzeugen einer gespeicherten Prozedur über die MySQL-Konsole

Diese Vorgehensweise funktioniert zwar grundsätzlich, kann aber gerade bei langen gespeicherten Programmen sehr umständlich und nicht besonders komfortabel sein. Der Quelltext der gespeicherten Programme ist nur in der Datenbank gespeichert und ist daher in weiterer Folge nur über die Abfrage des `CREATE`-Statements verfügbar. So haben Sie zum Beispiel nicht die Möglichkeit, schnell Änderungen in einer bestimmten Zeile des Programms vorzunehmen.

Ein weiterer Weg zur Erzeugung und Bearbeitung von gespeicherten Programmen ist, den Code für ein gespeichertes Programm zunächst mit einem beliebigen Texteditor in eine Datei zu schreiben. In dieser Datei müssen Sie lediglich den `CREATE`-Befehl des gespeicherten Programms anführen. Das hat den Vorteil, dass Sie Änderungen am Quellcode leichter vornehmen können und die Eingabe komfortabler ist. Zudem sind Ihre gespeicherten Programme so zusätzlich als Datei gesichert.

Haben Sie ein gespeichertes Programm in einer Datei verfasst, so können Sie diese mit dem Befehl `SOURCE` in die MySQL-Konsole laden und ausführen. Das folgende Listing zeigt ein Beispiel für die Erzeugung eines gespeicherten Programms, dessen `CREATE`-Befehl in der Datei *meine_prozedur.sql* definiert ist. Der `SOURCE`-Befehl führt dann den Inhalt dieser Datei in MySQL aus. Achten Sie darauf, dass die Datei in diesem Fall in jenem Verzeichnis liegen muss, in dem auch der MySQL-Client gestartet wurde. Liegt die Datei in einem anderen Verzeichnis, müssen Sie den entsprechenden Pfad vor dem Dateinamen angeben.

```
mysql> SOURCE meine_prozedur.sql;
```

Listing 11.3 Erzeugen eines gespeicherten Programms über den Befehl SOURCE

Die dritte und komfortabelste Möglichkeit, gespeicherte Programme zu verwalten und zu editieren, stellt die MySQL Workbench dar. Diese erlaubt es Ihnen, die gespeicherten Programme in dem eingebauten Editor zu erzeugen und zu bearbeiten und diese danach direkt in der Datenbank zu erzeugen.

In Abbildung 11.1 sehen Sie, wie die Workbench eine Übersicht über alle Elemente einer Datenbank geben kann. Dabei stellt die Workbench beim Erzeugen von gespeicherten Programmen direkt eine entsprechende Maske zur Verfügung, die Sie in Abbildung 11.2 sehen.

In dieser Vorlage sind der Delimiter, der Create-Header und der erste Block automatisch von der Workbench vordefiniert worden. Zudem bietet die Workbench *Syntax-Highlighting* (Hervorhebung von Schlüsselwörtern im Quellcode durch farbliche Markierungen) an, was das Schreiben und das Handling von gespeicherten Programmen sehr angenehm gestaltet. Während der Programmierung werden Syntax-Fehler bereits vor dem Speichern bzw. Erstellen angezeigt, was das Verfassen von gespeicherten Programmen zusätzlich erleichtert.

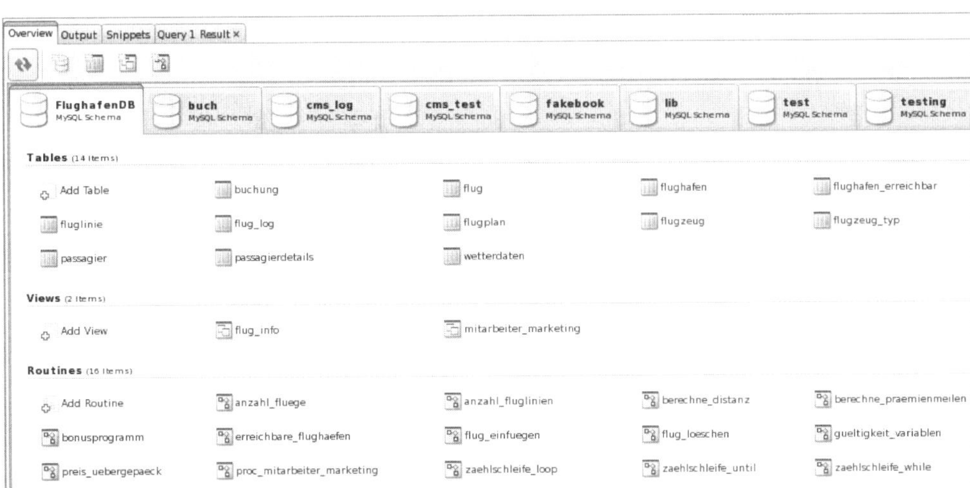

Abbildung 11.1 Übersicht über eine Datenbank, insbesondere über die gespeicherten Programme

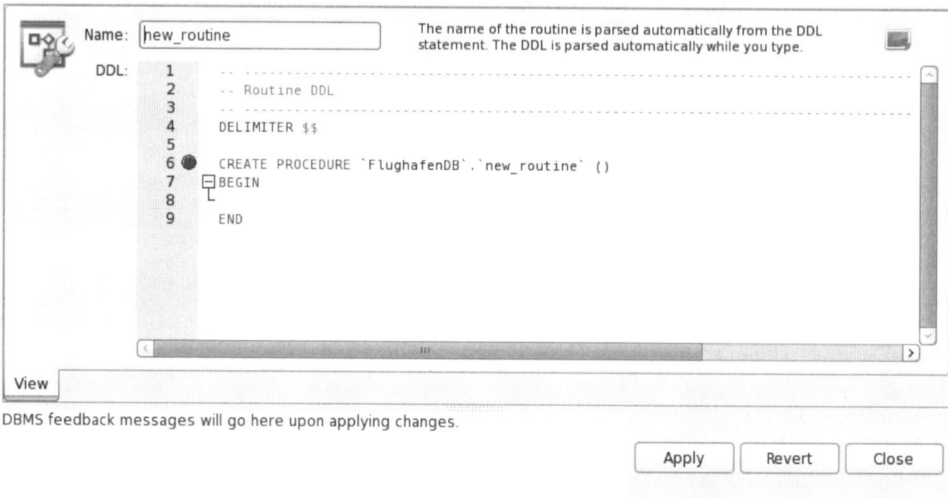

Abbildung 11.2 Erzeugung einer gespeicherten Prozedur in der MySQL Workbench

11.1.4 Kommentare

Bei der Programmierung mit MySQL ist es natürlich auch möglich, *Kommentare* im Code zu verwenden. Diese sollen Ihnen dazu dienen, den Sourcecode sauber und ausführlich zu dokumentieren, wie Sie dies vielleicht bereits von anderen Programmiersprachen her gewohnt sind. Sämtliche als Kommentar identifizierte Codeteile werden beim Ausführen von gespeicherten Programmen ignoriert und dienen allein der Dokumentation der Programme.

Dabei gibt es entweder einzeilige oder mehrzeilige Kommentare. *Einzeilige Kommentare* beginnen stets mit zwei Bindestrichen, gefolgt von einem Leerraum und legen fest, dass jeglicher Code, der in der gleichen Zeile hinter diesen zwei Bindestrichen steht, einen Kommentar darstellt. Dieser Kommentar kann ganzzeilig sein oder auch nach einem Befehl angeführt werden, um diesen Befehl zu dokumentieren. In Listing 11.4 sehen Sie zwei einfache Beispiele für einen einzeiligen Kommentar.

```
-- das ist ein Kommentar
SET @x = 0; -- Zuruecksetzen der Variable x auf 0
```

Listing 11.4 Einzeiliger Kommentar

Mehrzeilige Kommentare erstrecken sich – wie der Name schon sagt – über mehrere Zeilen. Ein solcher Kommentar ist durch /* am Anfang bzw. durch */ am Ende gekennzeichnet, wie Listing 11.5 zeigt. Mehrzeilige Kommentare bieten sich bei ausführlichen Kommentaren an. Auch sollten Sie diese Kommentare für

Header, sogenannte Kommentarköpfe, gleich zu Beginn von gespeicherten Programmen verwenden. Diese Header dienen dazu, eine grundlegende Beschreibung des Programms festzuhalten.

```
/*
   UMKREISSUCHE
   Prozedur berechnet Umkreissuche
   Parameter: umkreis, startpunkt
*/
```

Listing 11.5 Mehrzeiliger Kommentar

Wie bei anderen Programmiersprachen auch ist das Einsetzen von Kommentaren zur Dokumentation sehr zu empfehlen. Sie kennen vielleicht die Situation, wenn Sie (vielleicht sogar unter Zeitdruck) versuchen, sich in eigenem, altem Quellcode wieder zu orientieren. Diese Situation wird noch verschlimmert, wenn der Code, den Sie bearbeiten, nicht aus Ihrer eigenen Feder stammt. Durch Kommentare finden Sie sich schneller wieder in Ihren gespeicherten Programmen zurecht, und andere Administratoren können sich schneller in fremden Code einarbeiten. Arbeiten Sie im Team, ist eine Kommentierung der gespeicherten Programme unerlässlich.

11.1.5 Datentypen

Grundsätzlich können Sie bei der Handhabung von gespeicherten Programmen in MySQL 5.6 auf alle Datentypen zurückgreifen, die Sie auch für Spalten verwenden können. Eine überblicksartige Auflistung und Beschreibung der Datentypen finden Sie in der Referenz am Ende des Buches.

11.1.6 Sicherung und Backup gespeicherter Programme und Sichten

Die gesonderte Sicherung bzw. das Backup von Sichten (Views) und gespeicherten Programmen – egal ob Trigger, Events, gespeicherte Funktionen oder auch Prozeduren – ist selbstverständlich möglich und auch notwendig. Die Erstellung von gespeicherten Programmen kann mitunter sehr zeitintensiv und auch nervenaufreibend sein. Daher sollten Sie gespeicherte Programme – wie selbstverständlich auch Ihre Daten – stets sichern. Damit ersparen Sie sich im Falle eines Datenverlustes viel Ärger und das erneute Verfassen der gleichen Programme.

Wenn Sie Ihre gespeicherten Programme über eigene Dateien und den `SOURCE`-Befehl erzeugen und warten, haben Sie bereits den Quellcode des gespeicherten Programms gesichert. Falls Sie allerdings über die Konsole oder die MySQL Workbench arbeiten, ist eine Sicherung unerlässlich, um für alle Eventualitäten und Fehlerfälle gerüstet zu sein.

Für eine Sicherung der gespeicherten Programme und Funktionen, die im System vorhanden sind, können Sie auf das altbewährte Programm *mysqldump* zurückgreifen (Näheres dazu finden Sie in Abschnitt 7.4.5, »Logische Backups und Wiederherstellung mit mysqldump«). *Sichten* werden dabei standardmäßig wie alle anderen Tabellen gesichert und bedürfen keiner speziellen Maßnahmen, ein simpler `mysqldump` reicht.

Die Sicherung der gespeicherten Prozeduren und Funktionen können Sie dabei durch die Option `--routines` erreichen. Dabei werden die `CREATE`-Statements aller in der Datenbank gespeicherten Funktionen und Prozeduren gesichert und in die entsprechende Datei geschrieben.

Der konkrete Aufruf zur Sicherung ist in Listing 11.6 angeführt. Dabei werden alle Tabellen und auch gespeicherten Funktionen und Prozeduren der durch `bezeichner_datenbank` spezifizierten Datenbank in der Datei *backup_datei.sql* gesichert. Sie müssen auch einen Benutzernamen und ein Passwort spezifizieren, damit die Sicherung reibungslos klappt.

```
bash# mysqldump -u root -p --routines \
      --result-file=backup_datei.sql bezeichner_datenbank
```

Listing 11.6 Backup der gespeicherten Prozeduren und Funktionen

Alternativ können Sie auch einfach die Tabelle »proc« in der Datenbank »mysql« direkt sichern. Damit bleiben auch beim Wiedereinspielen der Daten die ursprünglichen Zeitstempel erhalten. Der entsprechende Befehl ist in Listing 11.7 angeführt. Allerdings benötigen Sie dafür eine Leseberechtigung in der `mysql`-Datenbank bzw. auf der `proc`-Tabelle, was wiederum ein Sicherheitsrisiko darstellt.

```
bash# mysqldump -u root -p --result-file=backup_datei.sql \
      mysql proc
```

Listing 11.7 Sicherung der Tabelle »proc« mit mysqldump

Die in einer Datenbank vorhandenen Trigger können Sie sichern, indem Sie jene Tabellen sichern, mit denen Trigger verknüpft sind. Die Trigger werden dann automatisch auch gesichert. Zur Sicherung von Events können Sie die Option `--events` beim Aufruf von `mysqldump` in Kombination mit einem Datenbank- bzw. Tabellenbezeichner verwenden. Diese stellt sicher, dass auch die Events in die Dump-Datei geschrieben werden.

```
bash# mysqldump -u root -p --events \
      --result-file=backup_datei.sql bezeichner_datenbank
```

Listing 11.8 Backup der Events

11.1.7 Rechte von gespeicherten Programmen

Für die Handhabung von gespeicherten Prozeduren und Funktionen sind einige Berechtigungen erforderlich, die wir im Folgenden kurz beschreiben wollen. Näheres zu diesen Rechten finden Sie in Kapitel 10, »Sicherheit«.

Für die Erzeugung von gespeicherten Prozeduren und auch Funktionen ist das Recht `CREATE_ROUTINE` notwendig. Das Recht `ALTER_ROUTINE` erlaubt es Ihnen, gespeicherte Prozeduren und Funktionen zu ändern und zu löschen. Dieses Recht wird von MySQL im Normalfall dem Ersteller des entsprechenden gespeicherten Programms automatisch gewährt.

Für die Ausführung von gespeicherten Prozeduren oder Funktionen ist das Recht `EXECUTE` Voraussetzung. Dieses wird dem Erzeuger des Programms wiederum automatisch zugestanden. Wichtig ist die Anmerkung, dass Sie dieses `EXECUTE`-Recht auch für jedes gespeicherte Programm einzeln vergeben können, da vor allem andere Benutzer die Programme verwenden sollen und dies nicht ausschließlich dem Ersteller vorbehalten bleiben soll.

Falls in Ihrer MySQL-Installation binäres Logging aktiviert ist, müssen Sie für die Erzeugung und auch Abänderung von gespeicherten Programmen zusätzlich über `SUPER`-Rechte verfügen. Alternativ können Sie die Systemvariable `log_bin_trust_function_creators` auf 1 setzen. Damit werden für das Erzeugen und Abändern von gespeicherten Programmen keine `SUPER`-Rechte benötigt.

Für die Erzeugung von Triggern ist stets das `TRIGGER`-Recht auf der entsprechenden Tabelle Voraussetzung. Analog ist für die Handhabung von Events das `EVENT`-Recht notwendig, das Sie auf Datenbankebene vergeben können. Für die Erzeugung von Sichten benötigen Sie stets die Berechtigung `CREATE VIEW`.

11.1.8 Einschränkungen

Gespeicherte Programme unterliegen allerdings einigen Einschränkungen, die im Folgenden angeführt sind. Einschränkungen, die eine der Arten gespeicherter Programme spezifisch betreffen, werden wir dann im entsprechenden Abschnitt ausführlich behandeln. Grundsätzlich ist es innerhalb von gespeicherten Programmen nicht erlaubt, folgende Befehle zu verwenden:

- `LOCK TABLES`
- `UNLOCK TABLES`
- `ALTER VIEW`
- `LOAD DATA`
- `LOAD TABLE`

- INSERT DELAYED
- Prepared Statements sind nur in gespeicherten Prozeduren zulässig, nicht jedoch in den anderen Arten gespeicherter Programme.

11.2 Gespeicherte Prozeduren

Gespeicherte Prozeduren (engl. *Stored Procedures*) werden dazu verwendet, komplexe und meist wiederkehrende Abläufe direkt in der Datenbank zu programmieren. Mithilfe von gespeicherten Prozeduren können Sie selbst aufwendige, komplexe Berechnungen durchführen und Daten umfassend modifizieren. So könnte im Fall des Flughafen-Beispiels die komplexe Berechnung diverser Statistiken durch eine gespeicherte Prozedur realisiert werden. Auf diese Weise können alle dazu erforderlichen SQL-Anweisungen zusammengefasst bzw. gekapselt werden, und die Befehle müssen nicht mehr einzeln über die Kommandozeile oder auch von Anwendungen aufgerufen werden.

Stellen Sie sich vor, die Berechnung bestimmter Analysen für die Geschäftsführung hat einen Codeumfang von 50 SQL-Anweisungen mit über 150 Zeilen. Das manuelle Ausführen der einzelnen Befehle kann mitunter sehr mühsam und fehleranfällig sein. Mit einer gespeicherten Prozedur können Sie diese Befehle zusammenfassen und kapseln. So muss der Benutzer nur mehr die entsprechende Prozedur aufrufen und erhält dann direkt das Ergebnis der Berechnung zurück. Er muss also weder den Code kennen noch verstehen. Zudem wird Code auf diese Art und Weise einfacher zu verwalten, da Änderungen nur noch in der Prozedur selbst vorgenommen werden müssen. Bei allen Benutzern und Anwendungen, die die Prozedur verwenden, werden Änderungen sofort aktiv. Eine Optimierung oder auch Fehlerbehebung steht so allen Benutzern ohne Update der Anwendung bzw. einer manuellen Änderung umgehend zur Verfügung.

11.2.1 Erzeugung gespeicherter Prozeduren

Im Folgenden lernen Sie, wie Sie eine gespeicherte Prozedur erzeugen können. Die Syntax für den Befehl `CREATE PROCEDURE` ist in Listing 11.9 angeführt. Die einzelnen Bestandteile werden im weiteren Verlauf dieses Abschnitts im Detail behandelt.

```
CREATE
    [DEFINER = { benutzer | CURRENT_USER }]
    PROCEDURE bezeichner_prozedur ([parameter[,...]])
    [optionen ...] rumpf_prozedur
```

```
parameter:
    [ IN | OUT | INOUT ] bezeichner_parameter datentyp

optionen:
    COMMENT 'kommentar'
  | LANGUAGE SQL
  | [NOT] DETERMINISTIC
  | { CONTAINS SQL | NO SQL | READS SQL DATA |
      MODIFIES SQL DATA }
  | SQL SECURITY { DEFINER | INVOKER }

rumpf_prozedur:
    befehle...
```

Listing 11.9 CREATE-Befehl für gespeicherte Prozeduren – Syntax

Das Verhalten dieses CREATE-Befehls soll nun mithilfe eines einfachen Beispiels verdeutlicht werden. Die gespeicherte Prozedur in Listing 11.10 soll dazu dienen, das Grundkonzept und den Aufbau von gespeicherten Prozeduren kennenzulernen. Daher erfüllt die Prozedur keine komplexen Aufgaben und gibt nur die Anzahl verschiedener Fluglinien in der Tabelle »flug« über den Rückgabeparameter p_rueckgabe zurück. Sie müssen die einzelnen Bestandteile noch nicht im Detail verstehen. Diese gespeicherte Prozedur dient lediglich dazu, dass Sie einen ersten Eindruck von der Programmierung einer solchen erhalten.

```
CREATE PROCEDURE anzahl_fluglinien(OUT p_rueckgabe INT)
BEGIN
   SELECT COUNT(DISTINCT fluglinie_id)
   INTO p_rueckgabe
   FROM flug;
END
```

Listing 11.10 Erste, einfache gespeicherte Prozedur

Gespeicherte Prozeduren erzeugen Sie durch das Schlüsselwort CREATE PROCEDURE. Danach folgt der Bezeichner der Prozedur, über den in weiterer Folge die Prozedur identifiziert und aufgerufen werden kann. Im Anschluss erfolgt die Angabe der Parameter in runden Klammern. In diesem Beispiel wird ein OUT-Parameter zur Rückgabe des berechneten Werts verwendet. Näheres zu Parametern von gespeicherten Prozeduren finden Sie in Abschnitt 11.2.6, »Parameter«. Diese erste Zeile des Quellcodes zur Erzeugung einer Prozedur wird auch als »Kopf« der Prozedur bezeichnet.

Nach dem Festlegen des Prozedurkopfs folgt nun der sogenannte *Rumpf* der Prozedur. Besteht dieser Rumpf aus mehr als einem SQL-Befehl, was fast immer der

Fall ist, muss dieser von einem BEGIN-/END-Block umgeben werden. Dieser Block kennzeichnet, dass die darin enthaltenen Befehle zusammengehören, und er enthält den eigentlichen Programmcode der Prozedur. Näheres zu Blöcken finden Sie in Abschnitt 11.5.1, »BEGIN-/END-Blöcke«. Im Fall unseres Beispiels ist in diesem Block nur ein Befehl enthalten, daher wären die BEGIN-/END-Anweisungen nicht zwingend notwendig. Der Block wurde trotzdem verwendet, um in allen gespeicherten Prozeduren durchgängig den gleichen Aufbau zu verwenden. Die SELECT-Anweisung in diesem Beispiel berechnet die Anzahl an unterschiedlichen Ausprägungen der Spalte »fluglinie« in der Tabelle »flug« und speichert das Ergebnis in der Variablen p_rueckgabe ab.

Achten Sie beim Erzeugen von Prozeduren unbedingt darauf, nach der Erzeugung das Semikolon wieder als Delimiter (DELIMITER ;) festzulegen.

Fehler beim Erzeugen von gespeicherten Prozeduren

Beim Ausführen des Statements CREATE PROCEDURE treten durch Tippfehler, fehlende Delimiter oder falsch angeordnete Befehle oftmals Syntax-Fehler auf. Allerdings ist es mit der korrekten Kompilierung bzw. Erzeugung einer gespeicherten Prozedur oftmals noch nicht getan, da bei der Erzeugung der Code eben nur auf Syntax-Fehler getestet wird. So fällt erst beim ersten Aufrufen einer gespeicherten Prozedur auf, dass beispielsweise ein SELECT-Befehl auf einer Tabelle aufgerufen wird, die gar nicht existiert bzw. deren Bezeichner falsch geschrieben ist. Das erfolgreiche Speichern bestätigt Ihnen daher noch nicht, dass die Prozedur bei ihrer Ausführung ordnungsgemäß funktionieren wird. Führen Sie Ihre gespeicherten Prozeduren (und auch Funktionen) also stets auch einmal aus, und überprüfen Sie die Ergebnisse, um sicherzustellen, dass alles reibungslos klappt.

11.2.2 Erweiterte Einstellungen beim Erzeugen von gespeicherten Prozeduren

Im vorigen Abschnitt haben Sie das grundlegende Anlegen von gespeicherten Prozeduren kennengelernt. Der Befehl CREATE PROCEDURE bietet noch weitere Möglichkeiten, um das Verhalten der gespeicherten Prozedur zu beschreiben und beeinflussen zu können. Dazu können Sie folgende Schlüsselwörter verwenden:

- LANGUAGE: Damit legen Sie fest, in welcher Sprache die gespeicherte Prozedur verfasst ist. MySQL sollte ursprünglich Programmierern die Möglichkeit bieten, gespeicherte Prozeduren in verschiedenen Sprachen verfassen zu können. Dieses Vorhaben wurde allerdings bis zur MySQL-Version 5.6 noch nicht umgesetzt, und daher ist die einzige mögliche Sprache SQL. Dementsprechend können Sie nur LANGUAGE SQL angeben.

- `[NOT] DETERMINISTIC`: Mithilfe dieser Option können Sie festlegen, ob die Prozedur *deterministisch* ist oder nicht. Eine Prozedur bzw. eine Funktion gilt genau dann als deterministisch, wenn sie für die gleichen Eingabewerte zu jedem beliebigen Zeitpunkt stets das gleiche Resultat hervorbringt. So ist beispielsweise die Funktion `FLOOR(zahl)`, die die gegebene Zahl abrundet, deterministisch, da sie dieselbe Zahl stets mit dem gleichen Ergebnis abrundet. Im Gegensatz dazu ist die Funktion `NOW()` nicht deterministisch, da der Aufruf dieser Funktion zu verschiedenen Zeitpunkten natürlich verschiedene Ergebnisse zurückliefert. Falls Sie nicht angeben, ob die Prozedur deterministisch ist oder nicht, wird die Default-Einstellung `NOT DETERMINISTIC` gewählt.

  Die `DETERMINISTIC`-Option ist vor allem für die Performance wichtig. Für eine Prozedur, die als deterministisch festgelegt ist, kann der Ausführungsplan optimiert werden bzw. können Ergebnisse zwischengespeichert werden, die somit nicht immer neu berechnet werden müssen. Sie sollten wissen, dass MySQL nicht überprüft, ob eine Prozedur wirklich deterministisch ist; in diesem Fall wird Ihrer Angabe vorbehaltlos Glauben geschenkt. Problematisch ist daher die Festlegung von `DETERMINISTIC`, wenn die entsprechende Funktion nicht deterministisch ist. Dies kann zur Folge haben, dass falsche Ergebnisse berechnet werden.

- Die Art, wie Daten in der Datenbank verändert und verwendet werden, kann durch die Schlüsselwörter `CONTAINS SQL`, `NO SQL`, `READS SQL DATA` und `MODIFIES SQL DATA` beschrieben werden. Dabei beschreibt `CONTAINS SQL` eine Prozedur, die zwar SQL-Befehle beinhaltet, aber nicht aus der Datenbank liest oder Werte in der Datenbank ändert bzw. hinzufügt. `READS SQL DATA` besagt, dass die Prozedur Daten aus der Datenbank ausliest, allerdings keinerlei Änderungen an Daten vornimmt. Diese Option stellt die Standardeinstellung dar. `MODIFIES SQL DATA` legt hingegen fest, dass die Prozedur Daten in der Datenbank ändert bzw. hinzufügt. Die Option `NO SQL` sagt aus, dass in der gespeicherten Prozedur keinerlei SQL-Befehl innerhalb der Prozedur verwendet wird.

  MySQL verwendet diese Schlüsselwörter allerdings nicht, um in weiterer Folge zu überprüfen, ob diese wirklich auf die entsprechende Prozedur zutreffen. Derzeit werden diese Angaben lediglich bei einer Replikation der Datenbank (siehe Kapitel 8) verwendet.

- `SQL SECURITY`: Mit dieser Option können Sie festlegen, wie die Berechtigungen für das Ausführen der Prozedur überprüft werden. Einerseits können Sie `SQL SECURITY DEFINER` verwenden, was bedeutet, dass die Prozedur mit den Rechten jenes Users ausgeführt wird, der die Prozedur auch erzeugt hat. Andererseits können Sie auch `SQL SECURITY INVOKER` spezifizieren. Dabei wird die Prozedur mit den Rechten jenes Benutzers ausgeführt, der die Prozedur aufgerufen hat. Das Standardverhalten für diese Option ist, dass die Berechtigungen für den Erzeuger (Definer) der Prozedur überprüft werden. Näheres zur Sicherheit und zu dieser Einstellung in MySQL finden Sie auch in Kapitel 10.

- `COMMENT 'kommentartext'` bietet die Möglichkeit, die Prozedur mit einem beschreibenden Kommentar zu versehen. Dieser Kommentar kann über vier Milliarden Zeichen (4GB) lang sein, Sie verfügen also über ausreichend Platz für ausführliche Kommentare. Dieser Kommentar eignet sich also sehr gut, um die Funktionsweise von Prozeduren zu beschreiben. Details zur eigentlichen Implementierung sollten Sie aber durch Kommentare direkt im Code anmerken.

11.2.3 Verwendung gespeicherter Prozeduren

Sie haben im vorigen Abschnitt gesehen, wie eine (einfache) gespeicherte Prozedur erzeugt werden kann. Der nächste Schritt ist selbstverständlich die *Ausführung* der erzeugten Prozedur. Diese können Sie über den Befehl `CALL` bewerkstelligen. Dieser kann jederzeit eigenständig aufgerufen werden, indem Sie nach dem `CALL`-Schlüsselwort den Bezeichner der Prozedur und deren Parameter in runden Klammern angeben.

```
mysql> SET @anzahl = NULL;
mysql> CALL anzahl_fluglinien(@anzahl);
mysql> SELECT @anzahl;
+---------+
| @anzahl |
+---------+
|     111 |
+---------+
```

Listing 11.11 Verwendung gespeicherter Prozeduren mittels CALL

Listing 11.11 zeigt den Aufruf der eben erzeugten Prozedur. Da bei der Prozedur `anzahl_fluglinien` ein Parameter erwartet wird, dem der Rückgabewert (das Ergebnis der Berechnung) zugewiesen werden soll, müssen Sie eine Variable beim Aufruf dementsprechend als Parameter anführen. Dazu müssen Sie diese erst mit dem Befehl `SET` erzeugen. Der Bezeichner der Variablen in der Kommandozeile muss stets mit einem @ beginnen. In diesem Fall wird der Variablen zunächst `NULL` zugewiesen. Bei der Ausführung der Prozedur wird `@anzahl` dann der berechnete Wert zugewiesen. Um diesen in weiterer Folge abfragen zu können, müssen Sie nur noch den Inhalt dieser Variable abfragen, wie dies auch in Listing 11.11 angeführt ist.

11.2.4 Löschen von gespeicherten Prozeduren

Das Löschen von gespeicherten Prozeduren können Sie durch den Befehl DROP PROCEDURE erreichen. Dieser Befehl liefert, wie in Listing 11.12 angeführt, einen Fehler zurück, falls die angegebene Prozedur nicht in der Datenbank vorhanden ist. Abhilfe können Sie schaffen, indem Sie die Klausel IF EXISTS an den DROP-Befehl anhängen. Ist die zu löschende Prozedur nicht vorhanden, wird nur mehr eine Warnung erzeugt. Diese Warnung können Sie mithilfe des Befehls SHOW WARNINGS abrufen. Dieses Vorgehen ist in Listing 11.12 zu sehen.

```
mysql> DROP PROCEDURE IF EXISTS anzahl_fluglinien;
Query OK, 0 rows affected (0.00 sec)

mysql> DROP PROCEDURE anzahl_fluglinien;
ERROR 1305 (42000): PROCEDURE FlughafenDB.anzahl_
fluglinien does not exist

mysql> DROP PROCEDURE IF EXISTS anzahl_fluglinien;
Query OK, 0 rows affected, 1 warning (0.00 sec)

mysql> SHOW WARNINGS;
+-------+------+------------------------------------------+
| Level | Code | Message                                  |
+-------+------+------------------------------------------+
| Note  | 1305 | PROCEDURE FlughafenDB.anzahl_fluglinien does |
|       |      | not exist                                |
+-------+------+------------------------------------------+
```

Listing 11.12 Löschen von gespeicherten Prozeduren – Warnung

11.2.5 Bearbeiten gespeicherter Prozeduren

Zwar gibt es auch für Prozeduren einen Befehl ALTER PROCEDURE, diesen können Sie jedoch nicht dazu verwenden, ganze Prozeduren zu bearbeiten. Dieser Befehl dient zum einen dazu, die Beschreibung (COMMENT) der Prozedur zu ändern. Zum anderen können Sie mit dem Befehl ALTER die Merkmale (wie zum Beispiel DETERMINISTC, siehe auch Abschnitt 11.2.2) der gespeicherten Prozedur ändern. Wenn Sie die Prozedur an sich ändern wollen, müssen Sie die alte Version der Prozedur zunächst löschen und Ihre abgeänderte Version mit dem CREATE-Befehl wieder neu erzeugen.

```
ALTER PROCEDURE bezeichner_prozedur [optionen ...]

optionen:
    COMMENT 'kommentar'
```

```
  | { CONTAINS SQL | NO SQL | READS SQL DATA |
      MODIFIES SQL DATA }
  | SQL SECURITY { DEFINER | INVOKER }
```

Listing 11.13 Ändern von Prozedurinformationen mit ALTER PROCEDURE – Syntax

Listing 11.14 zeigt die Verwendung des `ALTER`-Befehls für die Änderung des Kommentars über eine gespeicherte Prozedur. Ein abermaliger Aufruf dieses Befehls führt dazu, dass der aktuell gespeicherte Kommentar überschrieben wird. Zur Überprüfung der Änderung wird danach der Befehl `SHOW CREATE` ausgeführt, der Informationen zur Prozedur ausgibt. Näheres zu diesem Befehl und wie Sie weitere (Meta-)Informationen zu gespeicherten Prozeduren erhalten können, finden Sie auch in Abschnitt 11.4.

```
mysql> ALTER PROCEDURE anzahl_fluglinien
    -> COMMENT 'Dieser Kommentar sollte die Prozedur
    -> beschreiben!';

mysql> SHOW CREATE PROCEDURE anzahl_fluglinien\G
*************************** 1. row ***************************
           Procedure: anzahl_fluglinien
            sql_mode:
    Create Procedure: CREATE DEFINER=`admin`@`localhost` PROCEDURE `
anzahl_fluglinien`(OUT p_rueckgabe INT)
    COMMENT 'Dieser Kommentar sollte die Prozedur
       beschreiben '
BEGIN
     SELECT COUNT(DISTINCT fluglinie)
     INTO p_rueckgabe
     FROM flug;
END
character_set_client: utf8
collation_connection: utf8_general_ci
  Database Collation: latin1_swedish_ci
```

Listing 11.14 Änderung des Kommentars einer gespeicherten Prozedur

11.2.6 Parameter

Parameter dienen dazu, Informationen an die gespeicherte Prozedur zu übergeben bzw. auch Ergebnisse von der Prozedur zum Aufrufer zurückzugeben. So können Sie zum Beispiel bei einer Prozedur zur Buchung eines Flugs mithilfe von Parametern festlegen, welcher Gast auf welchen Flug gebucht werden soll, indem Sie diese Informationen als Parameter an die entsprechende gespeicherte Prozedur übergeben.

Eine Prozedur kann beliebig viele Parameter entgegennehmen und auch zurückgeben. Sämtliche Parameter einer gespeicherten Prozedur müssen Sie stets in runden Klammern nach dem Bezeichner der Prozedur anführen. Dabei müssen Sie für jeden Parameter bei der Erstellung der Prozedur drei Angaben machen: die Art des Parameters (Input, Output oder eine Kombination aus Input- und Output-Parameter), den Bezeichner des Parameters und den Datentyp des Parameters. Als Datentyp sind alle MySQL-Datentypen zulässig. Eine genaue Auflistung und Beschreibung finden Sie in der Referenz am Ende des Buches.

Gespeicherte Prozeduren in MySQL erlauben drei verschiedene Arten von Parametern:

- `IN`-Parameter werden zur Übergabe eines Werts an die Prozedur verwendet (*Eingabeparameter*). Diese dienen der Verwendung innerhalb der Prozedur und können von der Prozedur nicht weiter verändert werden.
- `OUT`-Parameter dienen zur Kommunikation nach außen zum Aufrufer und können nach Abarbeitung der Prozedur vom aufrufenden Prozess abgerufen und weiter verwendet werden (*Ausgabeparameter*).
- `INOUT`-Parameter sind eine Kombination aus den beiden Parameter-Typen Input und Output. Diese Art von Parametern können Sie zur Übergabe eines Werts an die gespeicherte Prozedur verwenden und gleichzeitig auch zur Rückgabe eines Werts.

Im folgenden Abschnitt erhalten Sie nähere Informationen zu den verschiedenen Parameter-Typen und werden auch entsprechende Beispiele kennenlernen.

IN-Parameter

`IN`-Parameter dienen der Übergabe eines Werts an die gespeicherte Prozedur (*Eingabeparameter*). Dieses Verhalten kennen Sie sicher bereits von anderen Programmiersprachen.

Ein einfaches Beispiel, das sich diese Art von Parametern zunutze macht, ist eine gespeicherte Prozedur, die feststellt, wie viele Flüge an eine bestimmte Destination von einer bestimmten Fluglinie durchgeführt werden. Dazu benötigen Sie zwei `IN`-Parameter: die ID der Fluglinie und die gewünschte Destination. Die ID der Fluglinie ist ein Integer-Wert, und die Destination wird durch die ID des angeflogenen Flughafens gekennzeichnet.

Dieses Beispiel ist natürlich sehr einfach gewählt, um Ihnen die Parameter näherbringen zu können.

```
CREATE PROCEDURE anzahl_fluege (IN p_nach INT,
   IN p_fluglinie_id INT)
```

```
BEGIN
   SELECT COUNT(*) AS anzahl
   FROM flug
   WHERE fluglinie_id = p_fluglinie_id AND nach = p_nach;
END
```

Listing 11.15 Erzeugen einer gespeicherten Prozedur mit IN-Parametern

Der Aufruf dieser Prozedur kann auf zwei verschiedene Arten erfolgen: Entweder Sie führen die Parameter direkt an, oder Sie geben Variablen an, welche die Parameter enthalten. So ist ein Aufruf mittels `CALL anzahl_fluege(3,5)` oder auch mit `CALL anzahl_fluege(@nach, @fluglinie)` möglich, wobei die beiden Variablen entsprechende IDs der Destination bzw. der Fluglinie enthalten müssen. Beide Möglichkeiten sehen Sie auch in Listing 11.16. Nach erfolgtem Aufruf wird das Resultat der Abfrage direkt ausgegeben. Mehr zu den Besonderheiten von Resultaten in gespeicherten Prozeduren erfahren Sie später in Abschnitt 11.2.7, »Ergebnismengen«.

Beim Aufruf einer gespeicherten Prozedur müssen Sie stets darauf achten, dass die Datentypen der übergebenen Werte mit den in der Prozedur festgelegten, erwarteten Parametern übereinstimmen. Beim Aufruf in Listing 11.17 wird fälschlicherweise statt des erwarteten Integer-Werts ein Char (3)-Wert mit dem Flughafenkürzel einer Destination übergeben. Dies hat keinen Fehler beim Erzeugen der Prozedur zur Folge, es wird lediglich eine Warnung zurückgeliefert. Die Prozedur und die darin enthaltene `SELECT`-Anweisung werden trotzdem ausgeführt und liefern ein (falsches) Ergebnis. Deshalb ist es für Sie wichtig, unbedingt auf die korrekte Reihenfolge und Übereinstimmung der Parameter zu achten.

```
mysql> CALL anzahl_fluege(7174,101);
+--------+
| anzahl |
+--------+
|     45 |
+--------+
mysql> SET @nach = 7174;
mysql> SET @fluglinie = 101;
mysql> CALL anzahl_fluege(@nach, @fluglinie);
+--------+
| anzahl |
+--------+
|     45 |
+--------+
```

Listing 11.16 Korrekte Aufrufe einer Prozedur mit IN-Parametern

```
mysql> CALL anzahl_fluege(5, 'FRA');
+---------+
| anzahl |
+---------+
|       0 |
+---------+
Query OK, 0 rows affected, 1 warning (0.00 sec)

mysql> SHOW WARNINGS\G
*************************** 1. row ***************************
  Level: Warning
   Code: 1366
Message: Incorrect integer value: 'FRA' for column 'fluglinie_
id' at row 1
```

Listing 11.17 Aufruf einer gespeicherten Prozedur mit IN-Parametern eines falschen Typs

OUT-Parameter

OUT-Parameter dienen dazu, Werte, die in einer gespeicherten Prozedur berechnet werden, zurück an den Aufrufer zu übergeben. Diese Parameter bzw. die übergebene Variable werden im Laufe der Abarbeitung der Prozedur gefüllt, und das entsprechende Ergebnis kann vom Aufrufer nach erfolgter Abarbeitung der Prozedur ausgelesen werden.

In Listing 11.18 wird ein *Rückgabeparameter* – erkennbar am OUT-Schlüsselwort – festgelegt. Dieser Parameter trägt den Bezeichner rueckgabe und ist ein Integer-Wert. Die Prozedur berechnet die Anzahl aller Fluglinien über eine Count-Abfrage in der Flugtabelle. Neu in diesem Beispiel ist, dass es sich nicht um eine einfache SELECT-Anweisung, sondern um ein SELECT INTO handelt. Dieser Befehl ermöglicht es Ihnen, einen Wert (Skalar[1]), der durch eine SELECT-Anweisung erzeugt wurde, in eine Variable schreiben. In Listing 11.18 wird also die berechnete Anzahl an Fluglinien der Variablen p_rueckgabe zugewiesen.

```
CREATE PROCEDURE anzahl_fluglinien(OUT p_rueckgabe INT)
BEGIN
   SELECT COUNT(DISTINCT fluglinie_id)
   INTO p_rueckgabe
   FROM flug;
END
```

Listing 11.18 Erzeugung einer Prozedur mit einem OUT-Parameter

1 Ein Skalar ist eine Größe, die nur durch einen einzigen Zahlenwert (oder eine Zeichenkette) charakterisiert ist. Beispielsweise kann die Temperatur mit einem Skalar, wie zum Beispiel 23° Celsius, angegeben werden.

Beim Aufruf einer gespeicherten Prozedur mit einem oder mehreren OUT-Parametern müssen Sie eine bzw. mehrere Variablen als Parameter übergeben. Die Variablen müssen vor dem Aufrufen der gespeicherten Prozedur bereits erzeugt worden sein. Die Variablen können anschließend in der Abarbeitung der gespeicherten Prozedur mit Werten belegt werden. Diese Variablen können Sie nach dem Aufruf der Prozedur abfragen oder weiter verwenden, wie Listing 11.19 zeigt.

```
mysql> SET @anzahl = NULL;
mysql> CALL anzahl_fluglinien(@anzahl);
mysql> SELECT @anzahl AS anzahl_fluglinien;
+-------------------+
| anzahl_fluglinien |
+-------------------+
|               111 |
+-------------------+
```

Listing 11.19 Aufruf einer gespeicherten Prozedur mit OUT-Parameter

Achten Sie unbedingt darauf, wirklich Variablen zu übergeben. Falls Sie dies vergessen, reagiert MySQL mit der schwer lesbaren Fehlermeldung in Listing 11.20.

```
mysql> CALL anzahl_fluglinien(3);
ERROR 1414 (42000): OUT or INOUT argument 1 for routine
FlughafenDB.anzahl_fluglinien is not a variable or
NEW pseudo-variable in BEFORE trigger
```

Listing 11.20 Aufruf der Prozedur ohne Variable

INOUT-Parameter

Der Typ `INOUT`-Parameter ist – wie der Name bereits verrät – eine Kombination aus den eben gezeigten Typen `IN` und `OUT`. Wie bei `OUT`-Parametern wird auch bei `INOUT`-Parametern stets eine Variable übergeben. Diese kann allerdings bereits zur Übergabe eines Werts an die Prozedur verwendet werden. Allerdings wird diese Art von Parameter nur selten verwendet. Ein `INOUT`-Parameter kann durch die Verwendung eines `IN`- und eines zusätzlichen `OUT`-Parameters meist übersichtlicher realisiert werden. Dies fördert die Lesbarkeit des Programms und erleichtert auch fast immer das Finden von Fehlern (Debugging).

Im Folgenden finden Sie ein Beispiel, das die Verwendung eines `INOUT`-Parameters demonstriert. Die Aufgabe der Prozedur liegt darin, eine angegebene Flugnummer auf ihre Richtigkeit hin zu überprüfen und gegebenenfalls deren Format zu bereinigen. So soll beispielsweise festgestellt werden, dass »AF3830« eine zulässige Flugnummer ist, »af3830« soll zu »AF3830« umgewandelt werden und

»AF8x30« soll als ungültige Flugnummer identifiziert werden. Dazu wird die Flugnummer mit einem INOUT-Parameters übergeben. Dieser wird in weiterer Folge in zwei Teile zerlegt: Die ersten beiden Buchstaben stellen stets das IATA-Kürzel der ausführenden Fluggesellschaft dar. Der Rest der Flugnummer ist die eindeutige Nummer des Fluges, die von der Fluggesellschaft vergeben wird.

Die Prozedur soll zunächst überprüfen, ob das Fluggesellschafts-Kürzel korrekt ist. Ist dies nicht der Fall, wird eine Fehlermeldung zurückgegeben und die Ausführung der Prozedur wird beendet. Danach wird die Überprüfung der restlichen Nummer fortgesetzt. Dazu wird für eine einheitliche Formatierung das Kürzel der Fluggesellschaft in Großbuchstaben geändert. Danach wird noch überprüft, ob die Flugnummer aus vier Ziffern besteht. Ist die Flugnummer falsch formatiert, wird eine Fehlermeldung ausgegeben, und die Ausführung der Prozedur wird abgebrochen.

Die genaue Implementierung bzw. Umsetzung dieser gespeicherten Prozedur ist zum jetzigen Zeitpunkt noch unerheblich. Falls Sie sich trotzdem dafür interessieren, so finden Sie die konkrete Implementierung in Listing 11.91. Wichtig ist lediglich, dass die Prozedur einen INOUT-Parameter erwartet, der die zu bereinigende Flugnummer enthält. Eben dieser Parameter wird dann auch zur Rückgabe der bereinigten Flugnummer benutzt.

Mit der Ausführung der gespeicherten Prozedur bereinige_flugnummer können Sie sehen, dass die Prozedur korrekt arbeitet, wenn dieser beispielsweise »AF3830« übergeben wird.

```
mysql> SET @flugnr='AF3830';

mysql> CALL bereinige_flugnummer(@flugnr);

mysql> SELECT @flugnr;
+---------+
| @flugnr |
+---------+
| AF3830  |
+---------+

mysql> SET @flugnr='af3830';

mysql> CALL bereinige_flugnummer(@flugnr);

mysql> SELECT @flugnr;
+---------+
| @flugnr |
```

```
+---------+
| AF3830  |
+---------+

mysql> SET @flugnr='AF8x30';

mysql> CALL bereinige_flugnummer(@flugnr);
ERROR 1644 (45000): Fehler im Format der Flugnummer.
         Die angegebene Flugnummer ist nicht korrekt!
```

Listing 11.21 Ausführung der gespeicherten Prozedur, Fehlermeldung bei inkorrekter Flugnummer

11.2.7 Ergebnismengen

Der SQL:2003-Standard sieht vor, dass gespeicherte Prozeduren die berechneten Ergebnisse entweder über `OUT`- bzw. `INOUT`-Parameter zurückgeben. Diese beiden Arten von Parametern haben Sie bereits kennengelernt.

Allerdings besteht noch eine weitere Möglichkeit, Resultate an den Aufrufer zu übergeben: MySQL hat den SQL:2003-Standard für sich erweitert und ermöglicht es so, direkt ein oder mehrere Tabellen bzw. Ergebnismengen zurückzugeben. Diese Ergebnismengen können Sie durch das Verwenden von `SELECT`-Befehlen in der gespeicherten Prozedur definieren. Jeder Aufruf eines `SELECT`-Statements resultiert in weiterer Folge in einer Ergebnistabelle, die nach dem Aufruf der gespeicherten Prozedur ausgegeben wird. Bei dieser Art von `SELECT`-Statements spricht man auch von *ungebundenen Selects* (engl. *unbounded Selects*).

Ein Beispiel ungebundener `SELECT`-Statements haben Sie bereits in Listing 11.15 bzw. Listing 11.16 kennengelernt, in denen das Ergebnis nach dem Aufruf der entsprechenden Prozedur direkt ausgegeben wird. Sie sehen also, dass ungebundene Selects direkt in der MySQL-Konsole und auch in der MySQL Workbench möglich sind. Natürlich können Sie ungebundene Selects auch verwenden, um Ergebnismengen an eine aufrufende Anwendung weiterzugeben. Die einzige Voraussetzung dafür ist, dass der Konnektor (siehe dazu auch Kapitel 12, »Softwareentwicklung mit MySQL«) ungebundene Selects unterstützen muss, da dies ein MySQL-spezifisches Feature ist und nicht dem SQL-Standard entspricht.

11.3 Gespeicherte Funktionen

Gespeicherte Funktionen (engl. *Stored Functions*) sind »der kleine Bruder« von gespeicherten Prozeduren, die Sie im vorigen Abschnitt bereits kennengelernt haben. Viele Bereiche ähneln sehr den gespeicherten Prozeduren. Die Unterschiede in der Handhabung lernen Sie in diesem Kapitel kennen.

Zu gespeicherten Funktionen ist prinzipiell zu sagen, dass diese im Unterschied zu gespeicherten Prozeduren einen atomaren Rückgabewert aufweisen müssen. Dies ist wahrscheinlich der größte Unterschied zwischen diesen beiden Arten von gespeicherten Programmen. Anders als bei Prozeduren, die über ungebundene SELECT-Statements und Parameter beliebig viele Ergebnismengen und Werte zurückliefern können, ist also die Rückgabe auf einen einzigen Wert beschränkt. Der Datentyp dieses Werts muss zudem bereits beim Erstellen der Funktion festgelegt werden.

Ein weiterer Unterschied zu gespeicherten Prozeduren ist die Tatsache, dass Funktionen nur IN-Parameter akzeptieren. Das Konzept von OUT- oder INOUT-Parametern kommt bei Funktionen nicht zum Tragen. Der Aufruf von gespeicherten Funktionen kann in jedem beliebigen SELECT-Statement erfolgen, wie Sie im Laufe des folgenden Abschnitts genauer sehen werden.

Grundsätzlich bleibt allerdings zu erwähnen, dass Sie innerhalb des Rumpfs der Funktion die gleichen Konstrukte verwenden können wie auch in gespeicherten Prozeduren. So sind Schleifen, Fallunterscheidungen, Cursor, Handler etc. (siehe Abschnitt 11.5, »Programmieren in MySQL«) auch in Funktionen zulässig. Es gibt nur wenige Einschränkungen in Bezug auf den Funktionsumfang, die Sie in Abschnitt 11.3.5, »Einschränkungen«, nachlesen können.

11.3.1 Erzeugen von gespeicherten Funktionen

Die Erzeugung von gespeicherten Funktionen läuft sehr ähnlich zu jener gespeicherter Prozeduren ab. Im folgenden Listing sehen Sie die Syntax der Anweisung CREATE FUNCTION zur Erzeugung von gespeicherten Funktionen. Die einzelnen Bestandteile werden dann im weiteren Verlauf dieses Abschnitts noch näher behandelt.

```
CREATE
    [DEFINER = { benutzer | CURRENT_USER }]
    FUNCTION bezeichner_funktion ([parameter_funktion[,...]])
    RETURNS type
    optionen rump_funktion

optionen:
    COMMENT 'kommentar'
  | LANGUAGE SQL
  | [NOT] DETERMINISTIC
  | { CONTAINS SQL | NO SQL | READS SQL DATA |
      MODIFIES SQL DATA }
  | SQL SECURITY { DEFINER | INVOKER }
```

```
parameter_funktion:
   bezeichner_datentyp
```

Listing 11.22 CREATE-Befehl zur Erzeugung von gespeicherten Funktionen – Syntax

Nach dem Schlüsselwort `CREATE` sieht MySQL vor, gegebenenfalls einen `DEFINER` für die Funktion festzulegen, analog zur Angabe eines Definers bei gespeicherten Prozeduren. Nähere Informationen dazu finden Sie in Kapitel 10, »Sicherheit«.

Nach dem darauffolgenden Schlüsselwort `FUNCTION` folgt der Bezeichner der Funktion und auf diese folgen innerhalb runder Klammern die Parameter der Funktion. Bei den Parametern entfällt im Gegensatz zu den Parametern einer Prozedur die Angabe der Art des Parameters (`IN`, `OUT` oder `INOUT`), da bei gespeicherten Funktionen nur `IN`-Parameter zulässig sind. Daher beschränkt sich die Festlegung eines Parameters stets auf dessen Bezeichner und den entsprechenden Datentyp, wie zum Beispiel in `p_flugzeug_id INT`.

Die Festlegung des Rückgabewerts bzw. dessen Typs mittels `RETURNS` plus Datentyp (wie zum Beispiel `RETURNS INT`) ist zwingend erforderlich. Dabei können Sie wie auch bei den Parametern auf alle von MySQL angebotenen Datentypen zurückgreifen. Falls Sie diese Angabe vergessen, wird MySQL Sie mit der folgenden, schwer interpretierbaren Fehlermeldung davon abhalten, die Funktion zu erzeugen.

```
ERROR 1064 (42000): You have an error in your SQL syntax; check the
manual that corresponds to your MySQL server version for the right
syntax to use near 'BEGIN DECLARE v_laenge INT; DECLARE v_breite
INT; ' at line 1
```

Listing 11.23 Fehlermeldung bei fehlender RETURNS-Klausel

Nach diesen Angaben folgt nun der eigentliche Inhalt, der *Rumpf* der gespeicherten Funktion. Im Rumpf einer Funktion darf zur Selektion von Daten nur der Befehl `SELECT INTO` ausgeführt werden. Ein normales (ungebundenes) `SELECT` ist im Gegensatz zu gespeicherten Prozeduren nicht erlaubt. Dies würde der Vorschrift widersprechen, dass eine Funktion stets nur einen atomaren Wert zurückliefern darf. Näheres zu ungebundenen `SELECT`-Befehlen finden Sie in Abschnitt 11.2.7, »Ergebnismengen«.

Wichtig bei der Erstellung einer Funktion ist, dass der Rumpf einer Funktion stets mindestens ein `RETURN`-Statement enthalten muss, das einen Wert an den Anrufer zurückgibt. Dabei muss der Datentyp dieses Werts selbstverständlich mit jenem Datentyp übereinstimmen, den Sie im Kopf der Funktion mithilfe des `RETURNS`-Befehls festgelegt haben.

Ein Beispiel für eine gespeicherte Funktion finden Sie in Listing 11.24. Die Funktion berechnet den Preis für Übergepäck abhängig vom Gewicht des Gepäckstücks. Dabei werden Fallunterscheidungen verwendet, die Sie in Abschnitt 11.5.3, »Ablaufsteuerung und konditionale Anweisungen«, noch näher kennenlernen werden. Bei diesem Beispiel ist wichtig, dass abhängig vom Gewicht des Gepäckstücks ein anderer Betrag mittels `RETURN` an den Aufrufer zurückgegeben wird.

```
CREATE FUNCTION preis_uebergepaeck (
   p_gewicht DECIMAL(5,2)) RETURNS DECIMAL(6,2)
BEGIN
   IF p_gewicht < 30 THEN RETURN 0.0;
   ELSEIF p_gewicht < 40 THEN RETURN 100.0;
   ELSEIF p_gewicht < 50 THEN RETURN 150.0;
   ELSE RETURN 250.0;
   END IF;
END
```

Listing 11.24 Gespeicherte Funktion mit mehrfachen RETURN-Befehlen

Best Practice ist die Verwendung genau eines `RETURN`-Statements. Dadurch besitzt jede gespeicherte Funktion genau einen Eintritts- und einen Austrittspunkt. Das hat den Vorteil, dass der Kontrollfluss leichter nachvollziehbar und das Programm besser lesbar ist. Und so wird vermieden, dass gar kein `RETURN`-Befehl ausgeführt wird. Dennoch ist es durchaus auch möglich, mehrere `RETURN`-Statements innerhalb der Funktion zu verwenden. Sobald ein solches `RETURN` erreicht wird, gibt die Funktion den entsprechenden Wert an den Aufrufer zurück, und die Ausführung der Funktion wird beendet. Eine Gegenüberstellung dieser beiden Varianten sehen Sie in Listing 11.24, in dem die Funktion den Preis für das abgegebene Gepäck eines Passagiers berechnet.

Im Beispiel in Listing 11.24 wird in jedem Zweig der Fallunterscheidung eigens ein `RETURN`-Statement angeführt. Im Gegensatz dazu verfügt die Funktion in Listing 11.25 über nur ein `RETURN`-Statement. Diese Version ist leichter lesbar, und das Ergebnis ist nachvollziehbarer. Zudem sind Änderungen einfacher umsetzbar. In diesem Beispiel könnte der Preis beispielsweise am Ende der Prozedur in eine andere Währung umgerechnet werden. Diese Umrechnung muss dann nur einmal erfolgen, und Sie müssen sie nicht in jeder einzelnen Fallunterscheidung vor dem `RETURN`-Befehl einbauen.

```
CREATE FUNCTION preis_uebergepaeck (p_
gewicht DECIMAL(5,2)) RETURNS DECIMAL(6,2)
BEGIN
   DECLARE v_preis INT;
```

```
   IF p_gewicht < 30 THEN SET v_preis = 0.00;
   ELSEIF p_gewicht < 40 THEN SET v_preis = 100.00;
   ELSEIF p_gewicht < 50 THEN SET v_preis = 150.00;
   ELSE SET v_preis = 250.00;
   END IF;
   RETURN v_preis;
END
```

Listing 11.25 Gespeicherte Funktion mit nur einem RETURN-Befehl

11.3.2 Erweiterte Optionen beim Erzeugen von gespeicherten Prozeduren

Sie haben auch die Möglichkeit, diverse weitere Optionen und Charakteristika der Funktion festzulegen. Diese entsprechen wiederum jenen Optionen, die Sie bereits bei der Erzeugung von gespeicherten Prozeduren kennengelernt haben. So ist es auch bei Funktionen möglich, einen Kommentar zur Funktion festzulegen. Analog zu Prozeduren steht es Ihnen auch frei, das Schlüsselwort `DETERMINISTIC` anzugeben und den Umfang bzw. die Art der Änderungen mittels `CONTAINS SQL`, `NO SQL`, `READS SQL DATA` oder `MODIFIES SQL DATA` festzulegen. Auch die Festlegung der Sprache (derzeit nur SQL), in der die Funktion geschrieben ist, ist mittels `LANGUAGE SQL` möglich. Eine nähere Beschreibung dieser Optionen finden Sie in Abschnitt 11.2.2, »Erweiterte Einstellungen beim Erzeugen von gespeicherten Prozeduren«.

Falls Sie Replikation (siehe auch Kapitel 8) verwenden, müssen Sie bei der Erstellung von gespeicherten Funktionen Vorsicht walten lassen, da logisches binäres Logging zusätzliche Anforderungen an die Erzeugung von gespeicherten Funktionen stellt. Logisches binäres Logging dient grundsätzlich dazu, Veränderungen von Datenbankinhalten zu protokollieren.

Dieses Protokoll wird dann genutzt, um Daten basierend auf einem Backup wiederherzustellen, bzw. im Fall von replizierten Daten werden Binär-Logs verwendet, um Änderungen von Daten auf alle Clients »nachzuziehen«. Dabei werden die Aufrufe der gespeicherten Programme und nicht die vorgenommen Änderungen mit protokolliert.

Um solche Änderungen gegebenenfalls mehrfach nachziehen zu können, müssen die vorgenommenen Änderungen deterministisch (siehe auch Abschnitt 11.2.2) sein. Ist dies nicht der Fall, wäre eine Konsistenz der Daten nicht gewährleistet. Daher setzt MySQL voraus, dass im Fall von Binär-Logging gespeicherte Prozeduren entweder deterministisch sind oder keinerlei Daten ändern. Nur so kann garantiert werden, dass sämtliche Daten konsistent sind. Daher müssen Sie beim Binär-Logging bei der Erzeugung von gespeicherten Prozeduren entweder das

Schlüsselwort DETERMINISTIC oder eine der Optionen NO SQL bzw. READS SQL DATA anführen. Tun Sie das nicht, schlägt die Erzeugung der Funktion fehl.

Alternativ können Sie die Systemvariable log_bin_trust_function_creators auf 1 setzen. Damit umgehen Sie diese Einschränkung und müssen nicht angeben, ob die Funktion deterministisch ist bzw. dass die Funktion keinerlei Daten verändert. Diese Option löst aber nicht das eigentliche Problem, und es wird daher nicht empfohlen, diese auf 1 zu setzen.

Betrachten wir nun eine komplexere gespeicherte Funktion in Listing 11.26. Die Funktion berechne_distanz dient dazu, die Distanz (Luftlinie) zwischen zwei Flughäfen zu berechnen. Die beiden Flughäfen werden über ihre IDs identifiziert, diese werden als Parameter an die Funktion übergeben. Die Funktion selbst gibt dann einen Dezimalwert zurück, der die Distanz zwischen den beiden Flughäfen in Kilometern darstellt.

Die Berechnung der Distanz gliedert sich dann in zwei Schritte: Zunächst erfolgt die Abfrage der Längen- bzw. Breitengrade der beiden Flughäfen, die dann in den entsprechenden Variablen gespeichert werden. Der zweite Schritt besteht darin, die Distanz der beiden Flughäfen zu berechnen. In diesem Fall wird die Distanz mit dem Satz von Pythagoras berechnet, was eine sehr vereinfachte Form der Distanzberechnung zwischen zwei Orten darstellt. Näheres zur Berechnung von Distanzen zwischen zwei geografischen Koordinaten finden Sie in Abschnitt 9.2.8, »GIS und raumbezogene Indizes«. Die Distanz wird in die Variable v_distanz gespeichert, welche in weiterer Folge als Rückgabewert der gespeicherten Funktion dient.

```
CREATE FUNCTION berechne_distanz(
   p_von SMALLINT,
   p_nach SMALLINT
)
RETURNS DECIMAL(7,2)
BEGIN
   DECLARE v_von_laenge DECIMAL(11,8);
   DECLARE v_von_breite DECIMAL(11,8);
   DECLARE v_nach_laenge DECIMAL(11,8);
   DECLARE v_nach_breite DECIMAL(11,8);
   DECLARE v_distanz DECIMAL(7,2);

   -- Laenge, Breite der Flughaefen holen
   SELECT laenge,breite INTO v_von_laenge,v_von_breite
   FROM flughafen_geo WHERE flughafen_id = p_von ;
   SELECT laenge,breite INTO v_nach_laenge,v_nach_breite
   FROM flughafen_geo WHERE flughafen_id = p_nach;
```

```
  -- Berechnung der Distanz
   SELECT ROUND((SQRT(POW(ABS(v_von_laenge - v_nach_laenge),2)
   + POW(ABS(v_von_breite - v_nach_breite), 2)) * 111),2) INTO
   v_distanz;

   RETURN v_distanz;
END
```

Listing 11.26 Funktion zur Berechnung der Distanz zweier Flughäfen

Im folgenden Abschnitt werden Sie nun die in der Funktion in Listing 11.26 verwendeten Sprachkonstrukte kennenlernen.

11.3.3 Aufrufen gespeicherter Funktionen

Ihrer Definition nach kann jede Funktion in MySQL in einem einfachen `SELECT`-Statement verwendet werden. Im nachfolgenden Listing 11.27 wird die in Listing 11.26 erzeugte gespeicherte Funktion verwendet. Darin wird die Distanz zwischen den Flughäfen Innsbruck (5486) und Frankfurt (4017) berechnet:

```
mysql> SELECT berechne_distanz(5486, 4017) AS distanz;
+---------+
| distanz |
+---------+
|  435.33 |
+---------+
```

Listing 11.27 Aufruf der Funktion in einem SELECT-Statement

Natürlich ist es – so wie bei den MySQL-eigenen Funktionen – ebenso möglich, den durch die Funktion berechneten Wert direkt einer Variablen zuzuweisen. Diese Vorgehensweise können Sie in Listing 11.28 sehen:

```
mysql> SET @distanz = berechne_distanz(5486, 4017);
mysql> SELECT @distanz;
+----------+
| @distanz |
+----------+
|   435.33 |
+----------+
```

Listing 11.28 Zuweisung des Ergebnisses einer Funktion an eine Variable

Das Kombinieren (auch Verkettung oder »Hintereinanderausführung« genannt) von Funktionen ist selbstverständlich auch erlaubt. So wird in Listing 11.29 die

Funktion zur Berechnung der Distanz mit der CONCAT()-Funktion verknüpft, um den String ' km' an das berechnete Ergebnis anzuhängen:

```
mysql> SELECT CONCAT(berechne_distanz(5486,4017), ' km')
    -> AS distanz_in_km;
+---------------+
| distanz_in_km |
+---------------+
| 435.33 km     |
+---------------+
```

Listing 11.29 Verkettung von Funktionen

Gespeicherte Funktionen können in jeglichen SELECT-Statements verwendet werden, sowohl im SELECT- als auch im WHERE-Teil der Abfrage. So ist beispielsweise auch möglich, eine Auswahl basierend auf dem durch die Funktion berechneten Wert zu treffen. Auf diese Weise könnten Sie alle Langstreckenflüge abfragen. Dies sind Flüge, die über 5.000 km große Entfernungen zurücklegen. Mithilfe der Funktion zur Berechnung der Distanz können Sie dieses Kriterium, wie in Listing 11.30 gezeigt, umsetzen:

```
mysql> SELECT * FROM flug
    -> WHERE berechne_distanz(von, nach) > 5000 \G
*************************** 1. row ***************************
     flug_id: 16
      flugnr: AL1405
         von: 5243
        nach: 3927
     abflug: 2011-07-12 11:30:00
     ankunft: 2011-07-12 16:45:00
fluglinie_id: 17
 flugzeug_id: 441
```

Listing 11.30 Einschränken der Ergebnismenge mit einer Funktion (Auszug)

Bedenken Sie allerdings, dass dabei die Funktion für jede mögliche Kombination aus zwei Flügen berechnet wird und das Ganze daher sehr langsam sein kann. Näheres zur Anfrageoptimierung finden Sie in Kapitel 9.

11.3.4 Bearbeiten gespeicherter Funktionen

Analog zu gespeicherten Prozeduren kann auch eine Funktion nur sehr eingeschränkt im Nachhinein bearbeitet werden. Das bedeutet, dass Sie den von MySQL angebotenen Befehl ALTER FUNCTION lediglich dazu verwenden können, den Kommentar, die Angabe zur SQL-Security oder die Art der SQL-Modifikation (siehe jeweils Abschnitt 11.2.2, »Erweiterte Einstellungen beim Erzeugen von gespeicherten Prozeduren«) zu ändern.

Ein Beispiel für die Verwendung des Befehls `ALTER PROCEDURE` finden Sie in Abschnitt 11.2.5, »Bearbeiten gespeicherter Prozeduren«. Den Befehl `ALTER FUNCTION` können Sie komplett analog dazu verwenden, weshalb hier im Weiteren kein eigenes Beispiel dafür angeführt wird. Falls Sie wirklich den Inhalt oder die Parameter der Funktion abändern wollen, bleibt hier auch wieder nur die Lösung, die Funktion zunächst zu löschen und dann die geänderte Version der Funktion wieder neu anzulegen. Eine direkte Bearbeitung ist dagegen nicht möglich.

11.3.5 Einschränkungen

Gespeicherte Funktionen unterliegen den folgenden Einschränkungen, die hauptsächlich den Inhalt des Rumpfs der gespeicherten Funktion betreffen:

- Es ist nicht zulässig, Transaktionsanweisungen innerhalb von gespeicherten Funktionen zu verwenden. Dazu zählen `COMMIT`, `ROLLBACK`, `START TRANSACTION`, `LOCK` bzw. `UNLOCK TABLES`, `SET AUTOCOMMIT` etc.
- Prepared Statements dürfen in gespeicherten Funktionen nicht verwendet werden. Dazu zählen die Befehle `PREPARE`, `EXECUTE` und `DEALLOCATE PREPARE`.
- Weil ein Großteil der *DDL (Data Definition Language)* – Befehle wie `CREATE`, `ALTER`, `DROP` etc. – mit einem impliziten Commit verbunden ist, sind auch diese Befehle innerhalb des Rumpfs einer gespeicherten Funktion nicht zulässig, da dies wiederum die Verwendung einer Transaktionsanweisung bedeutete.
- Es dürfen keine gewöhnlichen `SELECT`-Statements im Rumpf verwendet werden. Zulässig ist nur `SELECT INTO`, ungebundene Selects sind es im Gegensatz zu gespeicherten Prozeduren bei Funktionen dagegen nicht. Näheres zu ungebundenen Selects finden Sie in Abschnitt 11.2.7, »Ergebnismengen«.
- Gespeicherte Funktionen dürfen nicht rekursiv definiert bzw. aufgerufen werden.
- Es darf kein `FLUSH`-Befehl im Rumpf der gespeicherten Funktion enthalten sein.
- Die Befehle `SHOW`, `EXPLAIN` und `CHECK TABLE` sind in gespeicherten Funktionen nicht zulässig.

11.4 Informationen zu bestehenden gespeicherten Programmen (Metadaten)

Oftmals ist es notwendig, einen Überblick über alle im System gespeicherten Prozeduren und Funktionen zu erhalten. Dafür gibt es in MySQL zwei verschiedene Lösungen: die Abfrage der Tabelle »ROUTINES« in der Datenbank »INFORMATION_SCHEMA« oder die Verwendung der Befehle `SHOW PROCEDURE STATUS` bzw. `SHOW FUNCTION STATUS`.

Die ROUTINES-Tabelle der Datenbank »INFORMATION_SCHEMA« enthält die detailliertesten Informationen zu den im System gespeicherten Prozeduren und Funktionen. Im Folgenden sehen Sie einen Auszug der Ausgabe eines `SELECT`-Befehls auf der ROUTINES-Tabelle. Falls Sie die Ausgabe auf Prozeduren oder Funktionen einschränken wollen, können Sie die Spalte »ROUTINE_TYPE« dementsprechend auf `PROCEDURE` oder `FUNCTION` einschränken, wie dies in Listing 11.31 gezeigt wird:

```
mysql> SELECT * FROM INFORMATION_SCHEMA.ROUTINES
    -> WHERE ROUTINE_TYPE = 'PROCEDURE'\G
*************************** 1. row ***************************
           SPECIFIC_NAME: anzahl_fluege
          ROUTINE_CATALOG: def
           ROUTINE_SCHEMA: FlughafenDB
             ROUTINE_NAME: anzahl_fluege
             ROUTINE_TYPE: PROCEDURE
                DATA_TYPE:
CHARACTER_MAXIMUM_LENGTH: NULL
  CHARACTER_OCTET_LENGTH: NULL
       NUMERIC_PRECISION: NULL
           NUMERIC_SCALE: NULL
      CHARACTER_SET_NAME: NULL
          COLLATION_NAME: NULL
          DTD_IDENTIFIER: NULL
            ROUTINE_BODY: SQL
      ROUTINE_DEFINITION: BEGIN
   SELECT COUNT(*) AS anzahl FROM flug WHERE fluglinie_id =
   p_fluglinie_id AND nach = p_nach;
END
           EXTERNAL_NAME: NULL
       EXTERNAL_LANGUAGE: NULL
         PARAMETER_STYLE: SQL
        IS_DETERMINISTIC: NO
         SQL_DATA_ACCESS: CONTAINS SQL
                SQL_PATH: NULL
           SECURITY_TYPE: DEFINER
```

```
             CREATED: 2011-07-05 13:32:56
        LAST_ALTERED: 2011-07-05 13:32:56
            SQL_MODE:
     ROUTINE_COMMENT:
             DEFINER: admin@%
CHARACTER_SET_CLIENT: latin1
COLLATION_CONNECTION: latin1_swedish_ci
  DATABASE_COLLATION: latin1_swedish_ci
```

Listing 11.31 Tabelle »ROUTINES« der Datenbank »INFORMATION_SCHEMA« (Auszug)

In Tabelle 11.2 finden Sie eine genaue Erklärung der einzelnen Spalten in der ROUTINES-Tabelle. Dabei ist anzumerken, dass die Spalten »DATA_TYPE«, »CHARACTER_MAXIMUM_LENGTH«, »CHARACTER_OCTET_LENGTH«, »NUMERIC_PRECISION«, »NUMERIC_SCALE«, »CHARACTER_SET_NAME« und »COLLATION_NAME« allesamt den Rückgabewert der Funktion betreffen und umschreiben. Falls das entsprechende gespeicherte Programm eine Prozedur ist, lauten diese Werte alle `NULL`. Diese Spalten wurden erst mit MySQL Version 5.5.3 eingeführt.

Spalte	Erklärung
SPECIFIC_NAME	Bezeichner des gespeicherten Programms
ROUTINE_CATALOG	stets mit `def` belegt
ROUTINE_SCHEMA	Datenbank, in der das Programm definiert ist
ROUTINE_NAME	Bezeichner des gespeicherten Programms
ROUTINE_TYPE	Art des Programms, entweder `PROCEDURE` oder `FUNCTION`
DATA_TYPE	`NULL` bei Prozeduren, Datentyp des Rückgabewerts bei Funktionen
CHARACTER_MAXIMUM_LENGTH	`NULL` bei Prozeduren; bei Funktionen stellt dies im Falle eines String-basierten Rückgabewerts die maximale Länge dieses Strings dar.
CHARACTER_OCTET_LENGTH	`NULL` bei Prozeduren; bei Funktionen sollte dieser Wert der gleiche Wert wie `CHARACTER_MAXIMUM_LENGTH` sein (dies ist nur bei Multibyte-Zeichensätzen, wie zum Beispiel bei UTF8 oder chinesischen Zeichen nicht der Fall).
NUMERIC_PRECISION	`NULL` bei Prozeduren; bei Funktionen stellt dies die Gesamtanzahl an Stellen im Falle eines numerischen Rückgabewerts dar.
NUMERIC_SCALE	`NULL` bei Prozeduren; bei Funktionen mit einem numerischen Rückgabewert steht dieser Eintrag für die Anzahl an Nachkommastellen des Rückgabewerts.

Tabelle 11.2 Spalten der ROUTINES-Tabelle (Datenbank »INFORMATION_SCHEMA«)

Spalte	Erklärung
CHARACTER_SET_NAME	NULL bei Prozeduren; bei Funktionen ist dieser Bezeichner des Zeichensatzes von der Spalte COLLATION_NAME ableitbar.
COLLATION_NAME	NULL bei Prozeduren, bei Funktionen die Sortierfolge des Rückgabewerts – sofern diese String-basiert ist
DTD_IDENTIFIER	NULL bei Prozeduren, vollständige Datentypdefinition des Rückgabewerts bei Funktionen
ROUTINE_BODY	Sprache, in der das Programm verfasst ist, stets mit SQL festgelegt
ROUTINE_DEFINITION	Rumpf des gespeicherten Programms
EXTERNAL_NAME	stets mit NULL festgelegt
EXTERNAL_LANGUAGE	stets mit NULL festgelegt
PARAMETER_STYLE	stets mit SQL festgelegt
IS_DETERMINISTIC	YES, falls das Schlüsselwort DETERMINISTIC verwendet wurde, ansonsten NO
SQL_DATA_ACCESS	CONTAINS SQL, NO SQL, READS SQL DATA oder MODIFIES SQL DATA (siehe auch Abschnitt 11.2.2, »Erweiterte Einstellungen beim Erzeugen von gespeicherten Prozeduren«)
SQL_PATH	stets mit NULL festgelegt
SECURITY_TYPE	DEFINER oder INVOKER (siehe auch Kapitel 10, »Sicherheit«)
CREATED	Zeitstempel der Erzeugung des Programms
LAST_ALTERED	Zeitstempel der letzten Änderung des Programms bzw. dessen Metadaten
SQL_MODE	SQL-Modus des Servers: unterstützte SQL-Syntax zum Zeitpunkt der Erzeugung des Programms
ROUTINE_COMMENT	Kommentar zum Programm
DEFINER	Bezeichner des Users, der das Programm erzeugt hat
CHARACTER_SET_CLIENT	Zeichensatz (Wert der Systemvariablen character_set_client) zum Zeitpunkt der Erzeugung des Programms
COLLATION_CONNECTION	Sortierfolge der Connection
DATABASE_COLLATION	Sortierfolge der Datenbank, auf der das Event erzeugt wurde

Tabelle 11.2 Spalten der ROUTINES-Tabelle (Datenbank »INFORMATION_SCHEMA«) (Forts.)

Die Befehle SHOW PROCEDURE STATUS bzw. SHOW FUNCTION STATUS listen alle vorhandenen Prozeduren bzw. Funktionen samt deren Metadaten auf. Listing 11.32 zeigt einen Auszug der Ausgabe dieses Befehls:

```
mysql> SHOW FUNCTION STATUS\G
************************** 1. row **************************
                  Db: FlughafenDB
                Name: berechne_distanz
                Type: FUNCTION
             Definer: admin@%
            Modified: 2011-07-05 13:43:01
             Created: 2011-07-05 13:43:01
       Security_type: DEFINER
             Comment:
character_set_client: latin1
collation_connection: latin1_swedish_ci
  Database Collation: latin1_swedish_ci
```

Listing 11.32 SHOW FUNCTION STATUS – Ausgabe (Auszug)

Um Informationen zum Quellcode einer bestimmten gespeicherten Prozedur zu erhalten, können Sie den Befehl SHOW CREATE PROCEDURE nutzen, wie Listing 11.33 zeigt. Beachten Sie, dass der Quellcode der Prozedur gekürzt dargestellt wird. Voraussetzung für das Ausführen dieses Befehls ist, dass der Benutzer das Recht besitzt, die Tabelle mysql.proc zu lesen. Wiederum finden Sie eine Beschreibung der einzelnen Einträge in Tabelle 11.2.

```
mysql> SHOW CREATE PROCEDURE anzahl_fluege\G
************************** 1. row **************************
           Procedure: anzahl_fluege
            sql_mode:
    Create Procedure: CREATE DEFINER=`admin`@`%` PROCEDURE `anzahl_
fluege`(IN p_nach INT, IN p_fluglinie_id INT)
BEGIN
   SELECT COUNT(*) AS anzahl FROM flug
   WHERE fluglinie_id = p_fluglinie_id AND nach = p_nach;
END
character_set_client: latin1
collation_connection: latin1_swedish_ci
  Database Collation: latin1_swedish_ci
```

Listing 11.33 SHOW CREATE PROCEDURE – Ausgabe (Auszug)

11.5 Programmieren in MySQL

Gespeicherte Prozeduren und gespeicherte Funktionen weisen sehr viele Gemeinsamkeiten auf. Daher werden Sie in den folgenden Abschnitten genau jene Programmierelemente kennenlernen, die Sie sowohl in gespeicherten Prozeduren als auch in gespeicherten Funktionen, Events und Triggern im Rumpf verwenden können. Sie werden sehen, wie Sie – wie in den meisten gebräuchlichen Programmiersprachen auch – Schleifen, Fallunterscheidungen oder auch Methoden zur Fehlerbehandlung anwenden können, um die Programme mit den gewünschten Funktionalitäten zu erstellen.

11.5.1 BEGIN-/END-Blöcke

Für die Programmierung von komplexeren gespeicherten Prozeduren und Funktionen in MySQL ist es oft sehr hilfreich, (verschachtelte) *Blöcke* definieren zu können. Mithilfe von Blöcken können Sie zusammengehörige Befehle gruppieren und (logisch) zusammenfassen. Zudem können Sie Blöcke verwenden, um die Struktur des Programms zu beeinflussen. So sind beispielsweise Blöcke ausschlaggebend für die Gültigkeit von Variablen, wie Sie in Abschnitt 11.5.2 sehen werden.

Für die Behandlung von Fehlern können Blöcke ebenfalls sehr nützlich sein. Ist Ihr Code in Blöcken strukturiert, können Sie beim Auftreten eines Fehlers genau angeben, welcher Block beispielsweise verlassen werden soll. In vielen anderen Programmiersprachen wird das durch die Klammerung (meist mit geschweiften Klammern) der Codeteile erreicht. In MySQL können Sie dies durch die Verwendung von `BEGIN`-/`END`-Blöcken erreichen. Die entsprechende Syntax ist in Listing 11.34 angeführt:

```
bezeichner_block:] BEGIN
   [befehle...]
END [bezeichner_block:]
```

Listing 11.34 BEGIN-/END-Block – Syntax

Der Bezeichner ist ein optionales Element, das hauptsächlich der Übersicht und Lesbarkeit des entsprechenden Programmcodes dient. Falls bei der Erzeugung eines Blocks am Beginn ein Bezeichner angeführt wurde, so müssen Sie diesen auch nach dem `END`-Schlüsselwort nochmals anführen. Ein weiterer Grund für die Verwendung von Bezeichnern ist der Vorteil, dass Blöcke anhand der Bezeichner direkt referenziert werden können. So ist es beispielsweise möglich, einen durch einen Bezeichner gekennzeichneten Block direkt zu verlassen.

BEGIN-/END-Blöcke können beliebig viele SQL-Befehle enthalten, diese müssen allerdings eine vorgegebene Reihenfolge einhalten. So ist es beispielsweise nicht möglich, zunächst Cursor (ein Konzept zum Durchlaufen von Ergebnismengen, das Sie später in Abschnitt 11.5.5, »Cursor«, kennenlernen werden) und dann erst Variablen zu definieren. Die vorgeschriebene Abfolge der verschiedenen Befehle innerhalb eines Blocks lautet wie folgt:

1. Definition von Variablen (Abschnitt 11.5.2) und Conditions (Abschnitt »Conditions« auf Seite 580)
2. Definition von Cursors (Abschnitt 11.5.5)
3. Definition von Handlern (Abschnitt 11.5.6)
4. eigentlicher Programmcode

Solche Blöcke können durchaus auch verschachtelt werden. Das bedeutet, dass innerhalb eines Blocks weitere (gegebenenfalls ebenfalls verschachtelte) Blöcke vorkommen können. Dafür werden Sie im weiteren Verlauf dieses Kapitels noch verschiedenste Beispiele sehen.

Falls Sie beispielsweise versuchen, eine Variable mitten im Programmrumpf der gespeicherten Prozedur – und nicht gleich zu Beginn des Programmrumpfs – zu erzeugen, liefert MySQL eine Fehlermeldung zurück. Dieses Verhalten können Sie auch in Listing 11.35 sehen:

```
mysql> DELIMITER $$
mysql> CREATE PROCEDURE anzahl_fluglinien (OUT p_rueckgabe INT)
    -> BEGIN
    ->  SELECT COUNT(DISTINCT fluglinie)
    ->  INTO p_rueckgabe
    ->  FROM flug;
    ->  DECLARE v_anzahl INT;
    -> END
    -> $$
ERROR 1064 (42000): You have an error in your SQL syntax; check the
manual that corresponds to your MySQL server version for the right
syntax to use near 'DECLARE v_anzahl INT;
END' at line 6
```

Listing 11.35 Erzeugung einer Variable inmitten des Programmrumpfs

11.5.2 Variablen

Variablen gehören zu den Grundpfeilern der Programmierung. Daher ist es selbstverständlich auch möglich, innerhalb eines gespeicherten Programms Variablen zu erzeugen, die dann innerhalb des BEGIN-/END-Blocks gültig sind, in dem sie erzeugt wurden. Die Variablen *deklarieren* (erzeugen) Sie mithilfe des Befehls `DECLARE`. Dazu müssen Sie der Variablen einen eindeutigen Bezeichner und den gewünschten Datentyp zuweisen (siehe Listing 11.36).

MySQL erlaubt es auch, mehrere Variablen gleichzeitig in einem Befehl zu erzeugen, wie Listing 11.36 ebenfalls zeigt. Darin wird zunächst eine INTEGER-Variable mit dem Bezeichner `v_anzahl` erzeugt. In der zweiten Zeile werden gleichzeitig zwei DECIMAL-Variablen erzeugt: `v_gehalt_alt` und `v_gehalt_neu`.

```
DECLARE v_anzahl INT;
DECLARE v_gehalt_alt, v_gehalt_neu DECIMAL(7,2);
```

Listing 11.36 Deklarieren von Variablen

Bei der Wahl der Bezeichner der Variablen ist es wichtig, darauf zu achten, dass Sie für die Variablen nicht Bezeichner wählen, die in der gespeicherten Prozedur in `SELECT`-Anweisungen auch als Spaltenbezeichner vorhanden sind. MySQL kann bei der Abarbeitung einer Prozedur nicht unterscheiden, ob es sich um die Variable oder um die Spalte handelt. Dies kann zu falschen Ergebnissen und zu stundenlanger, nervenaufreibender Fehlersuche führen.

Diese falschen Ergebnisse kommen zustande, weil MySQL eine Reihenfolge definiert hat, in welcher nicht eindeutige Bezeichner interpretiert werden. So wird zum Beispiel bei identischen Bezeichnern stets die lokale Variable für die Berechnung verwendet, auch wenn eine Tabellenspalte oder ein Parameter mit dem gleichen Bezeichner vorhanden sind. Auch hat ein Parameter Vorrang vor einer Tabellenspalte, sofern deren Bezeichner übereinstimmen. Eine solche zweideutige Benennung hat den Nachteil, dass auch Sie den Code nicht mehr einfach »entschlüsseln« und nachvollziehen können. Aus diesem Grund wird im gesamten Kapitel dasselbe Schema für Bezeichner verwendet:

- Bezeichnern von Variablen wird ein `v_` vorangestellt (zum Beispiel `v_anzahl`).
- Bezeichnern von Parametern wird ein `p_` vorangestellt (zum Beispiel `p_fluglinie_id`)
- Bezeichnern von Cursors wird ein `c_` vorangestellt (zum Beispiel `c_flugzeuge`).
- Bezeichnern von Schleifen wird ein `l_` vorangestellt (zum Beispiel `l_fluglinien`).

Sie sollten sich auch für Ihre gespeicherten Programme ein solches Bezeichner- oder Namensschema zurechtlegen, das Sie dann konsistent verwenden, um etwaige Probleme, die auf die Bezeichner zurückzuführen sind, von vorneherein ausschließen zu können.

Mithilfe eines solchen Bezeichnerschemas können Sie den Inhalt bzw. die Bedeutung einer Variablen stets direkt erfassen. Dazu ist es auch sehr nützlich, sogenannte »sprechende« Variablennamen zu verwenden. Das bedeutet, dass Sie die Variablen selbst nicht mit `v_x1`, `v_x2` etc. benennen, sondern beschreibende Bezeichner verwenden, wie beispielsweise `v_anzahl_fluege` oder `v_sitzplatz_nr`. Auch diese Maßnahme erhöht die Lesbarkeit und Verständlichkeit Ihres Codes und kann sogar die erforderliche Dokumentation von Code verringern.

Zusätzlich zu den innerhalb der gespeicherten Prozedur erzeugten Variablen ist es auch möglich, benutzerdefinierte MySQL-Variablen zu verwenden. Dazu müssen Sie diese Variablen beispielsweise mit einem `SET @v_var` erzeugen und einen entsprechenden Wert zuweisen. Diese Variablen sind dann auch innerhalb und nach der Ausführung der gespeicherten Prozedur noch gültig und über ein `SELECT @v_var` abrufbar.

Variablen füllen mittels SET

Die Zuweisung eines (atomaren) Werts an eine Variable erfolgt mithilfe des Befehls `SET`, wie Listing 11.37 zeigt:

```
SET v_anzahl = 3;
SET v_gehalt_alt = 3300, v_gehalt_neu = 3400;
```

Listing 11.37 Füllen einer Variable mittels SET

Dabei muss natürlich der zugewiesene Wert zum Datentyp der Variable kompatibel sein. *Kompatibilität* bedeutet in diesem Fall nicht zwingend, dass Sie exakt den gleichen Datentyp für die Variable und den zugewiesenen Wert verwenden müssen. Teilweise sind die Datentypen in MySQL auch direkt kompatibel. So können Sie beispielsweise auch einen Integer-Wert einer DECIMAL-Variablen zuweisen, da MySQL die Umwandlung des Integer-Werts selbstständig durchführen kann. Ist dies nicht der Fall, wird also beispielsweise einer INTEGER-Variablen ein Character-Wert (in diesem Fall ›ABC‹) zugewiesen und erst bei der Ausführung eine Warnung ausgegeben. Diese Warnung ist in Listing 11.38 angeführt:

```
1366: Incorrect integer value: 'ABC' for column 'v_anzahl' at row 1.
```

Listing 11.38 Warnung bei nicht-kompatiblen Datentypen einer Zuweisung

Beachten Sie unbedingt, dass ein gespeichertes Programm mit einer solchen Warnung nicht abbricht. Im Beispiel aus Listing 11.38 wird der Variablen `v_anzahl` der Wert 0 zugewiesen, und die Ausführung wird fortgesetzt. Daher ist es für ein korrektes Ablaufen des Programms wichtig, dass Sie auf die Kompatibilität von Datentypen achten.

Variablen füllen mittels SELECT INTO

Alternativ besteht auch die Möglichkeit, den SELECT INTO-Befehl zu verwenden, um eine Variable mit einem Wert zu füllen. Dabei wird das Ergebnis einer Abfrage direkt einer oder mehreren Variablen zugewiesen. In Listing 11.39 wird die Anzahl der vorhandenen Fluglinien der Variablen v_anzahl_fluglinien zugewiesen.

```
DECLARE v_anzahl_fluglinien INT;
SELECT COUNT(DISTINCT fluglinie_id)
   INTO v_anzahl_fluglinien
   FROM flug;
```

Listing 11.39 Füllen einer Variable mit SELECT INTO

Mit einer Abfrage können Sie auch mehrere Variablen füllen. Dabei müssen Sie lediglich die gewünschte Anzahl an Variablen über das SELECT-Statement abfragen und für das SELECT INTO die entsprechende Anzahl an zu belegenden Variablen angeben. Diese Vorgehensweise ermöglicht es Ihnen, SQL-Abfragen einzusparen und gespeicherte Prozeduren kürzer zu halten. Ein Beispiel für eine solche Mehrfach-Zuweisung sehen Sie in Listing 11.40:

```
CREATE PROCEDURE berechne_statistiken (
   OUT p_anzahl_fluglinien INT,
   OUT p_anzahl_fluege INT
)
BEGIN
   SELECT COUNT(DISTINCT fluglinie_id), COUNT(DISTINCT flugnr)
   INTO p_anzahl_fluglinien, p_anzahl_fluege
   FROM flug;
END
```

Listing 11.40 Zuweisung mehrerer Variablen mit SELECT INTO

Bei einer Zuweisung mittels SELECT INTO ist es wichtig, dass Sie darauf achten, dass die Ergebnismenge des SELECT-Befehls immer nur eine Zeile umfasst. Das Beispiel in Listing 11.41 entspricht Listing 11.40 mit dem einzigen Unterschied, dass der Variablen p_anzahl_fluege *alle* Flugnummern zugewiesen werden sollen und nicht nur eine einzige:

```
CREATE PROCEDURE berechne_fluege (OUT p_fluege INT)
BEGIN
   SELECT flugnr
   INTO p_fluege
   FROM flug;
END
```

Listing 11.41 Fehlerhafte Definition eines SELECT INTO

Wird die in Listing 11.41 definierte Prozedur aufgerufen, wird eine Fehlermeldung ausgegeben, wie sie in Listing 11.42 angeführt ist:

```
mysql> CALL berechne_fluege(@fluege);
ERROR 1172 (42000): Result consisted of more than one row
```

Listing 11.42 Zuweisung mehrerer Werte an eine Variable

Stellen Sie daher sicher, dass das Ergebnis stets nur aus einer Zeile besteht, beispielsweise mit `LIMIT 1`. Wichtig ist auch, dass das Erzeugen einer Variable nur zu Beginn der gespeicherten Prozedur erfolgen kann. Diese Vorschrift wurde bereits in Abschnitt 11.5.1, »BEGIN-/END-Blöcke« erklärt.

Default-Wert (Standardwert)

Sie können für Variablen bei deren Erzeugung auch einen Standardwert (engl. *default*) angeben. Die Variable besitzt danach von ihrer Deklaration bis zu einer expliziten Zuweisung eines Werts diesen Default-Wert. Falls Sie keinen Default-Wert für eine Variable bei der Deklaration angeben, so wird diese mit `NULL` initialisiert. Dies ist über das Schlüsselwort `DEFAULT`, gefolgt von dem gewünschten Standardwert, möglich. Dieses Verhalten können Sie in Listing 11.43 sehen. Darin wird die Variable `v_anzahl` mit dem Default-Wert 2 erzeugt, ohne dass im weiteren Programm eine Zuweisung erfolgt. Wird dieses gespeicherte Programm dann aufgerufen, so enthält die Variable den Default-Wert, wie Sie in Listing 11.44 erkennen können.

```
CREATE PROCEDURE defaultwert_test()
BEGIN
   DECLARE v_anzahl INT DEFAULT 2;
   SELECT v_anzahl;
END
```

Listing 11.43 Default-Werte bei Variablen

```
mysql> CALL defaultwert_test();
+----------+
| v_anzahl |
+----------+
|        2 |
+----------+
```

Listing 11.44 Abrufen des Default-Werts einer Variable

Gültigkeitsbereiche von Variablen

Die Gültigkeit einer Variable beschreibt jenen Teil des Programms, in dem Sie diese Variable schreiben bzw. lesen können. Dieser Gültigkeitsbereich umfasst in MySQL-Programmen jenen `BEGIN`-/`END`-Block, in dem die Variable am Anfang definiert wurde, und all dessen Unterblöcke. Natürlich ist es innerhalb dieses Blocks erst nach der Definition der entsprechenden Variable möglich, auf diese auch zuzugreifen. Der Gültigkeitsbereich wird oftmals auch als der *Scope* einer Variable bezeichnet.

Zur Verdeutlichung dieses Verhaltens betrachten Sie das Beispiel in Listing 11.45. In dieser gespeicherten Prozedur wird eine Variable (`v_aussen`) im äußersten Block definiert und mit dem Wert 3 belegt. Zusätzlich wird in einem inneren Block eine weitere Variable (`v_innen`) eingeführt und mit dem Wert 4 belegt. Diese beiden Variablen sollen einmal im inneren Block und einmal am Ende der Prozedur im äußeren Block ausgegeben werden.

```
CREATE PROCEDURE gueltigkeit_variablen()
BEGIN
   DECLARE v_aussen INT DEFAULT 0;
   SET v_aussen = 3;

   BEGIN
      DECLARE v_innen INT DEFAULT 0;
      SET v_innen = 4;
      SET v_aussen = 5;
      SELECT v_aussen, v_innen;
   END;

   SELECT v_aussen;
   SELECT v_innen;
END
```

Listing 11.45 Gültigkeitsbereich von Variablen

Wird diese gespeicherte Prozedur ausgeführt, tritt das in Listing 11.46 angeführte Verhalten auf. Dabei sind entsprechend der Regelung der Gültigkeitsbereiche von Variablen in MySQL beide Variablen im inneren Block gültig. Die Variable `v_innen` ist in diesem Block gültig, weil diese darin definiert wurde. Die Variable `v_aussen` ist hingegen gültig, da sie in einem äußeren, umschließenden Block erzeugt wurde.

Bei der abermaligen Ausgabe der beiden Variablen am Ende der Prozedur (im äußersten Block) ist es möglich, `v_aussen` auszugeben, da diese in genau jenem Block definiert wurde. Zudem bleibt die Belegung der Variablen mit dem Wert 5 auch im äußeren Block erhalten. Hingegen ist es nicht möglich, die Variable `v_innen` auszugeben. Diese wurde in einem inneren Block definiert und ist daher laut der Definition des Gültigkeitsbereichs nicht mehr zugänglich. Dementsprechend wird bei der Ausführung der gespeicherten Prozedur auch der Fehler `ERROR 1054 (42S22): Unknown column 'v_innen' in 'field list'` zurückgegeben, wie Sie in Listing 11.46 erkennen können:

```
mysql> CALL gueltigkeit_variablen;
+----------+---------+
| v_aussen | v_innen |
+----------+---------+
|        5 |       4 |
+----------+---------+
1 row in set (0.00 sec)

+----------+
| v_aussen |
+----------+
|        5 |
+----------+
1 row in set (0.00 sec)

ERROR 1054 (42S22): Unknown column 'v_innen' in 'field list'
```

Listing 11.46 Ausgabe der Variablen innerhalb und außerhalb ihres Gültigkeitsbereichs

Ein weiteres Merkmal des Gültigkeitsbereichs für Variablen ist, dass Variablen mit dem gleichen Bezeichner, der jeweils in verschiedenen Blöcken definiert wurde, per Definition verschiedene Variablen sind. Daher sind Änderungen an der inneren Variablen im äußeren Block nicht sichtbar. Im äußeren Block sind nur jene Änderungen sichtbar, die auch dort vorgenommen wurden. Die innen deklarierte Variable ist auch nur dort zugänglich. Man nennt dies oft auch das *Überladen* von Variablen.

```
CREATE PROCEDURE gueltigkeit_variablen2()
BEGIN
   DECLARE v_variable INT DEFAULT 0;
   SET v_variable = 3;

   BEGIN
      DECLARE v_variable INT DEFAULT 0;
      SET v_variable = 4;
      SELECT CONCAT('innen: ', v_variable) AS innen;
   END;
```

```
   SELECT CONCAT('aussen: ', v_variable) AS aussen;
END
```

Listing 11.47 Überladen von Variablen

Bei der Ausführung der in Listing 11.47 angeführten Prozedur wird die in Listing 11.48 angeführte Ausgabe erzeugt. Dabei ist klar ersichtlich, dass die im inneren Block gesetzte Variable im äußeren Block nicht zugänglich ist und dort der Inhalt der im äußeren Block gesetzten Variable ausgegeben wird. Die Ausgabe verwendet die MySQL-eigene Funktion `CONCAT()`, die zwei Strings kombiniert. In diesem Fall wird »innen« bzw. »aussen« und die String-Darstellung der Variablen kombiniert, um eine übersichtlichere Ausgabe zu erhalten.

```
mysql> CALL gueltigkeit_variablen2();
+----------+
| innen    |
+----------+
| innen: 4 |
+----------+

+-----------+
| aussen    |
+-----------+
| aussen: 3 |
+-----------+
```

Listing 11.48 Überladen von Variablen – Ausgabe

11.5.3 Ablaufsteuerung und konditionale Anweisungen

Bisher haben Sie nur gespeicherte Programme kennengelernt, die SQL-Abfragen ausführen und deren Ergebnisse zurückgeben. Die MySQL Stored Program Language ist allerdings viel mächtiger und bietet noch viele weitere Möglichkeiten, um die abgefragten Daten weiter verarbeiten zu können. Solche Konstrukte zur Ablaufsteuerung, wie zum Beispiel Schleifen oder Fallunterscheidungen, ermöglichen es Ihnen, umfangreiche, komplexe Prozeduren zu definieren. Im Folgenden werden Sie diese Befehle näher kennenlernen.

Diese Befehle dienen grundsätzlich dazu, den Ablauf der gespeicherten Prozedur zu beeinflussen. Dies bedeutet, dass Sie – basierend auf bestimmten Bedingungen, wie zum Beispiel Variablenbelegungen – eine unterschiedliche Abarbeitung der Prozedur definieren können. So können Sie beispielsweise abhängig vom Gewicht des Gepäcks eines Passagiers unterschiedliche Preise für das Übergepäck festlegen.

IF-THEN-ELSE-Befehl

Der IF-THEN-ELSE-Befehl, den Sie sicher bereits aus verschiedenen Programmiersprachen kennen, dient dazu, *bedingte Anweisungen* zu definieren. Im Deutschen könnte man diese Anweisung auch mit »wenn-dann-sonst« betiteln. Das bedeutet, dass die angegebene Anweisung abhängig von der angegebenen Bedingung ausgeführt wird oder nicht. Die Syntax dieses Befehls ist in Listing 11.49 angeführt:

```
IF bedingung THEN befehle...
   [ELSE befehle...]
END IF
```

Listing 11.49 IF-THEN-ELSE – Syntax

Für die Ausführung der gespeicherten Prozedur bedeutet eine solche Fallunterscheidung, dass die Befehle (hinter dem THEN-Schlüsselwort) nur dann ausgeführt werden, wenn die angeführte Bedingung erfüllt ist. Falls die angegebene Bedingung nicht erfüllt ist, werden diese Befehle nicht ausgeführt. Falls Sie eine ELSE-Klausel angeben, so wird deren Inhalt genau dann ausgeführt, wenn die Bedingung für die IF-Klausel nicht erfüllt wird. Sofern keine solche optionale ELSE-Klausel angegeben wurde, wird die Ausführung des Programmcodes nach dem END IF weiter ausgeführt. Andernfalls wird die ELSE-Klausel ausgeführt, und die Ausführung des Programms wird anschließend nach dem END IF fortgesetzt.

0 oder 1, wahr oder falsch und die NULL?

Sie haben bestimmt bereits bedingte Anweisungen in verschiedensten Programmiersprachen kennengelernt. Diese sind stets so aufgebaut, dass die Auswertung der Bedingung zwei verschiedene Ergebnisse haben kann: *true* (wahr) und *false* (falsch). Diese beiden Wahrheitswerte legen fest, ob die Aussage der Bedingung wahr (true) oder eben falsch (false) ist und welcher Ausführungszweig gewählt wird. In Datenbanken tritt allerdings ein weiterer Wert zu den beiden Wahrheitswerten: *NULL*. Daher wird jene Logik, die Datenbanken zugrunde liegt, oft auch als *ternäre (dreiwertige) Logik* bezeichnet.

Der NULL-Wert steht in diesem Fall für einen unbekannten Wert und wird immer dann benutzt, wenn der entsprechende Wert nicht feststeht bzw. nicht angegeben wurde. Für die Auswertung jeglicher Bedingungen bedeutet dies, dass solche unbekannten Werte auch gesondert behandelt werden müssen. Diese gesonderte Behandlung wirkt sich insofern aus, als dass die Auswertung für unbekannte (NULL-)Werte zu einem NULL-Wert führen kann. Der Grund für dieses Verhalten ist, dass bei einem NULL-Wert nicht klar ist, welchen Wert dieser annehmen würde, wenn er bekannt wäre. Daher ist keinerlei Aussage über das Ergebnis (true oder false) möglich, und das Ergebnis bleibt daher unbekannt, also NULL.

Das Beispiel in Listing 11.50 soll dieses Verhalten demonstrieren. Dabei wird eine Vergleichsoperation mit NULL durchgeführt. Da dieser unbekannte Wert theoretisch jeden beliebigen Wert annehmen könnte – er kann sowohl größer als auch kleiner als der angegebene Zeitpunkt sein –, ist eine Auswertung nicht möglich, und das Resultat der Abfrage ist NULL.

```
mysql> SELECT '2011-03-15 11:11' < NULL;
+--------------------------+
| '2011-03-15 11:11' < NULL |
+--------------------------+
|                     NULL |
+--------------------------+
```

Listing 11.50 Ternäre Logik in MySQL

Betrachten Sie als Nächstes das Beispiel in Listing 11.51:

```
ankunft < '2011-03-10 11:00' AND preis < 1000
```

Listing 11.51 Logische Verknüpfung von Bedingungen

Diese Bedingung wird genau dann mit wahr (1) ausgewertet, wenn beide durch AND verknüpften Bedingungen wahr sind. In diesem Fall muss daher die Ankunft vor dem angeführten Datum erfolgen *und* der Flug muss günstiger als 1.000 € sein. AND ist ein sogenannter *logischer Operator*. Diese dienen in erster Linie dazu, Wahrheitswerte von Bedingungen zu verknüpfen und zu kombinieren, wie beispielsweise in der oben angeführten Bedingung.

MySQL stellt insgesamt vier verschiedene logische Operatoren zur Verfügung: NOT, OR, AND und XOR. Der NOT-Operator ändert den Wahrheitswert einer Bedingung in sein Gegenteil: Aus wahr wird falsch und aus falsch wird wahr. NULL bleibt hingegen NULL. Statt des Schlüsselwortes NOT können Sie auch den Operator ! verwenden. Bei einer OR-(Oder-)Verknüpfung ist es ausreichend, wenn eine der beiden Bedingungen wahr ist, damit die gesamte Bedingung wahr ist. Daher wird, wenn eine der beiden Variablen wahr ist, auch das Ergebnis der Verknüpfung mit einem NULL-Wert wahr.

Die Kurzschreibweise von OR ist der Operator ||. Der XOR-Operator (XOR steht für eXclusive OR) zeigt ein ähnliches Verhalten – mit der einzigen Einschränkung, dass nur eine der beiden Bedingungen wahr sein darf. Eine XOR-Verknüpfung entspricht also dem umgangssprachlichen »entweder oder«. Eine AND-(Und-)Verknüpfung zweier Werte ist immer genau dann wahr, wenn beide Werte selbst auch wahr sind. Den AND-Operator können Sie auch kurz als && schreiben.

Im Folgenden finden Sie sogenannte Wahrheitstabellen, die das Verhalten der verschiedenen Operatoren beschreiben. Dabei stehen Wert, Wert1 bzw. Wert2 für jene Wahrheitswerte, die mithilfe der angeführten logischen Operatoren verknüpft werden sollen. Der Tabelle können Sie die Ergebnisse der Verknüpfung der verschiedenen Werte mit den entsprechenden Operatoren entnehmen.

Wert	NOT-Wert
falsch	wahr
wahr	falsch
NULL	NULL

Tabelle 11.3 Wahrheitstabelle für den NOT-Operator

Wert1	Wert2	Wert1 OR Wert2	Wert1 XOR Wert2	Wert1 AND Wert2
falsch	falsch	falsch	falsch	falsch
falsch	wahr	wahr	wahr	falsch
wahr	falsch	wahr	wahr	falsch
wahr	wahr	wahr	falsch	wahr
falsch	NULL	NULL	NULL	falsch
NULL	falsch	NULL	NULL	falsch
wahr	NULL	wahr	NULL	NULL
NULL	wahr	wahr	NULL	NULL

Tabelle 11.4 Wahrheitstabelle für die Operatoren OR, XOR und AND

In Listing 11.52 sehen Sie ein Beispiel, wie IF-Befehle in gespeicherten Prozeduren eingesetzt werden können. Das Beispiel zeigt eine gespeicherte Prozedur, welche die Anzahl der Prämienmeilen für einen Flug berechnet. Sogenannte Prämienmeilen werden im Rahmen eines Vielfliegerprogramms, einer Art Stempelpass für Vielflieger, vergeben. Dies bedeutet, dass Teilnehmer eines solchen Programms für jeden Flug »Meilen« gutgeschrieben bekommen. Mit diesen Meilen können dann fleißige Meilensammler beispielsweise Flüge kaufen. Dabei werden für alle Flüge, deren Distanz zwischen dem Start- und Zielflughafen weniger als 1.000 km beträgt, 500 Prämienmeilen vergeben. Für alle Flüge, bei denen die Distanz zwischen Abflugs- und Ankunftsort mehr als 1.000 km beträgt, werden gleich viele Prämienmeilen wie Flugkilometer vergeben.

Beachten Sie dabei, dass bei der Berechnung der Distanz zwischen zwei Flughäfen eine Funktion (berechne_distanz) aufgerufen wird, die die Distanz zwischen zwei übergebenen Flughäfen in Kilometern zurückgibt. Diese Funktion können Sie jederzeit als gegeben annehmen, ihr Quellcode ist in Listing 11.26 angeführt. Diese Distanz wird anschließend gerundet und dient als Basis für die Berechnung der Prämienmeilen.

```
CREATE PROCEDURE berechne_praemienmeilen (
  IN p_von SMALLINT,
```

```
   IN p_nach SMALLINT,
   OUT p_meilen INT
)
BEGIN
   DECLARE v_distanz INT;
   SET v_distanz = ROUND(berechne_distanz(p_von, p_nach));

   IF (v_distanz < 1000) THEN
      SET p_meilen = 500;
   ELSE
      SET p_meilen = v_distanz;
   END IF;
END
```

Listing 11.52 Beispiel für eine Fallunterscheidung mit IF-THEN-ELSE

IF-THEN-ELSEIF-ELSE

Eine Erweiterung des IF-Befehls ist der IF-THEN-ELSEIF-ELSE-Befehl. Dabei wird analog zum IF-Befehl eine Bedingung geprüft, die die weitere Abarbeitung des Programmcodes bestimmt. Neu ist dabei allerdings, dass durch das Hinzufügen von beliebig vielen ELSEIF-Klauseln weitere Bedingungen abgeprüft werden können. Falls diese (IF und ELSEIF) allesamt nicht zutreffen, kann dieser Fall wie vorher gezeigt über den ELSE-Zweig, der optional ist, abgefangen werden. Andererseits kann natürlich auch der Fall eintreten, dass die Bedingung mehrerer Fälle zutrifft. In einem derartigen Fall wird nur der erste Fall, der zutreffen würde, aufgerufen. Die Syntax für eine solche Fallunterscheidung mittels IF-THEN-ELSEIF-ELSE finden Sie in Listing 11.53:

```
IF bedingung1 THEN befehle...
   [ELSEIF bedingung2 THEN befehle...] ...
   [ELSE befehle...]
END IF
```

Listing 11.53 IF-THEN-ELSEIF-ELSE – Syntax

In Listing 11.54 sehen Sie ein Beispiel für den Einsatz dieser Fallunterscheidung. Dabei wird basierend auf dem aktuellen Gewicht des Gepäcks der Preis für das Gepäck berechnet. Ist das Gesamtgewicht des Gepäcks kleiner als 30 kg, so wird kein Zuschlag für das Gepäck verrechnet. Bei einem Übergepäck von bis zu 10 kg, werden 100 € berechnet. Eine Überschreitung von bis zu 20 kg kostet 150 € und Übergepäck höher als 20 kg kostet pauschal 250 €.

```
CREATE FUNCTION preis_uebergepaeck (
   p_gewicht DECIMAL(5,2)) RETURNS DECIMAL(6,2)
```

```
BEGIN
   DECLARE v_preis INT;
   IF p_gewicht < 30 THEN SET v_preis = 0.00;
      ELSEIF p_gewicht < 40 THEN SET v_preis = 100.00;
      ELSEIF p_gewicht < 50 THEN SET v_preis = 150.00;
      ELSE SET v_preis = 250.00;
   END IF;
   RETURN v_preis;
END
```

Listing 11.54 Beispiel für eine Fallunterscheidung mit IF-ELSEIF-ELSE

Beachten Sie auch, dass sämtliche IF-Befehle für komplexe Fallunterscheidungen stets auch verschachtelt werden können. So können Sie in einem IF-Block selbstverständlich noch eine weitere Fallunterscheidung definieren. Daher können Sie die gespeicherte Funktion zur Berechnung des Preises von Übergepäck aus Listing 11.54, wie in Listing 11.55 gezeigt, auch in einfache, verschachtelte IF-ELSE-Statements umformen. Eine solche Verschachtelung von Fallunterscheidungen ist in beliebiger Tiefe möglich – das bedeutet, dass Sie beliebig viele Unterscheidungen verschachteln können. Allerdings werden diese Verschachtelungen schnell sehr unübersichtlich und unlesbar. Daher sollten Sie in solchen Fällen eine grundsätzliche Umstrukturierung des Codes erwägen, um diesen stets leicht wartbar, lesbar und verständlich zu halten.

```
CREATE FUNCTION preis_uebergepaeck (
   p_gewicht DECIMAL(5,2)) RETURNS DECIMAL(6,2)
BEGIN
   IF p_gewicht < 30 THEN RETURN 0.0;
   ELSE
      IF p_gewicht < 40 THEN RETURN 100.0;
      ELSE
         IF p_gewicht < 50 THEN RETURN 150.0;
         ELSE RETURN 250.0;
         END IF;
      END IF;
   END IF;
END
```

Listing 11.55 Verschachtelung von IF-ELSE-Statements

CASE

Der dritte Befehl zur Umsetzung von Fallunterscheidungen ist CASE. Dieser ist besonders nützlich, wenn Sie die gleiche Bedingung auf mehrere bestimmte Ausprägungen hin auswerten wollen. Beispielsweise wenn Sie basierend auf dem

Inhalt einer Variable die weitere Ausführungsreihenfolge beeinflussen wollen. Die Syntax des Befehls sehen Sie in Listing 11.56:

```
CASE
   WHEN bedingung1 THEN befehle...
   [WHEN bedingung2 THEN befehle...] ...
   [ELSE befehle...]
END CASE
```

Listing 11.56 CASE – Syntax

So können Sie, wie in Listing 11.58 gezeigt, anhand der ID der Fluglinie zurückgeben, welches Bonusprogramm für Meilengutschriften anwendbar ist. Der Grund für eine solche Prozedur ist, dass jede Fluglinie bzw. jede Allianz von Fluglinien ein eigenes Bonusmeilen-Programm hat, die nicht kompatibel sind. Für Passagiere ist es daher manchmal entscheidend, welches Bonusprogramm von bestimmten Fluggesellschaften verwendet wird, um diese Vorteile bei der Buchung ausnutzen zu können. Es gilt auch noch anzumerken, dass diese Prozedur nur eine vereinfachte Form eines solchen Programms darstellt, da im fiktiven FlughafenDB-Beispiel nur drei verschiedene Bonusmeilen-Programme verfügbar sind.

Der CASE-Befehl kann einem IF-Befehl sehr ähnlich sein und auch analog verwendet werden. Allerdings können Sie mit dem CASE-Befehl ein und dieselbe Bedingung auf mehrere Ergebnisse bzw. Ausprägungen hin überprüfen, wie die Syntax in Listing 11.57 und das Beispiel in Listing 11.58 zeigen:

```
CASE wert
   WHEN wert1 THEN befehle...
   [WHEN wert2 THEN befehle...] ...
   [ELSE befehle...]
END CASE
```

Listing 11.57 CASE – Syntax

```
CREATE PROCEDURE bonusprogramm (
   IN p_fluglinie_id INT,
   OUT p_bonusprogramm VARCHAR(50)
)
BEGIN
   CASE p_fluglinie_id
      WHEN 3
         THEN SET p_bonusprogramm = 'Supermeilen';
      WHEN 2
         THEN SET p_bonusprogramm = 'Sky Rewards';
```

```
      WHEN 1
         THEN SET p_bonusprogramm = 'Fly High';
      ELSE
         SET p_bonusprogramm = NULL;
   END CASE;
END
```

Listing 11.58 CASE-Statement zum Abprüfen der Ausprägungen einer Bedingung

Wichtig dabei ist, dass bei der Verwendung eines `CASE`-Befehls eine Fehlermeldung geworfen wird, falls keiner der Fälle zutrifft. Daher ist es nötig, sicherzustellen, dass stets ein Fall zutrifft. Die Lösung dieses Problems liegt in der Verwendung der `ELSE`-Klausel. Diese handelt alle Fälle ab, die nicht durch die zuvor angegebenen `CASE`-Befehle abgefangen werden konnten.

Dieses Verhalten bedeutet auch einen fundamentalen Unterschied zu einem `IF`-Statement, da dieses auch problemlos akzeptiert wird, wenn die Bedingung bei keinem der angegebenen Fälle zutrifft. Grundsätzlich gilt, dass Sie jedes `CASE`-Statement auch als (eventuell verschachteltes) `IF`-Statement konstruieren können. Dasselbe gilt auch umgekehrt. Allerdings ist `CASE` oftmals leichter lesbar und schneller zu schreiben. Das Beispiel zur Berechnung des Preises für Übergepäck (siehe Listing 11.54) können Sie auch mit `CASE` umsetzen, wie Listing 11.59 zeigt:

```
CREATE FUNCTION preis_uebergepaeck (
   p_gewicht DECIMAL(5,2)) RETURNS DECIMAL(6,2)
BEGIN
   CASE p_gewicht
      WHEN (p_gewicht < 30) THEN RETURN 0.0;
      WHEN (p_gewicht < 40) THEN RETURN 100.0;
      WHEN (p_gewicht < 50) THEN RETURN 150.0;
      ELSE RETURN 250;
   END CASE;
END
```

Listing 11.59 Verwendung einer CASE-Anweisung zur Fallunterscheidung

11.5.4 Schleifen

Ein weiterer unentbehrlicher Bestandteil der MySQL Program Language sind *Schleifen*. Diese ermöglichen es Ihnen, Befehle wiederholt auszuführen, komplexe Algorithmen zu implementieren, Ergebnismengen Zeile für Zeile zu durchlaufen und diese Zeile für Zeile zu bearbeiten bzw. Berechnungen darauf durchzuführen. Dazu stellt MySQL 5.6 drei verschiedene Schleifenarten zur Verfügung, die wir im Weiteren näher behandeln:

- `LOOP`
- `REPEAT UNTIL`
- `WHILE`

Alle Schleifenarten haben etwas gemeinsam: Sie können abgebrochen werden. Dieser Abbruch erfolgt immer mithilfe des `LEAVE`-Statements. Wird der `LEAVE`-Befehl ohne Angabe eines Schleifen-Bezeichners ausgeführt, wird die umschließende Schleife verlassen. Ist hingegen ein Bezeichner vorhanden, so wird jene Schleife verlassen, die durch den Bezeichner identifiziert werden kann.

Die Abarbeitung der gespeicherten Prozedur wird nach dem `END`-Statement der entsprechenden Schleife fortgeführt. Analog ist auch der `ITERATE`-Befehl allen Schleifenarten gemein. Dieser Befehl bewirkt, dass der aktuelle Schleifendurchlauf umgehend abgebrochen wird und mit dem nächsten Durchlauf der Schleife fortgefahren wird. Diese beiden Befehle sind besonders wichtig im Umgang mit Schleifen, was auch durch die verschiedenen Beispiele demonstriert wird.

Die verschiedenen Schleifenarten und ihre Eigenschaften werden Sie im Folgenden näher kennenlernen. Damit Sie die Unterschiede zwischen den einzelnen Schleifenarten besser erkennen können, werden die Schleifen stets anhand des gleichen Beispiels erklärt. Dabei dient die jeweilige Schleife einfach dazu, von 0 bis 100 zu zählen.

LOOP

Die einfachste Form von Schleifen in gespeicherten Prozeduren in MySQL ist die `LOOP`-Schleife, deren Syntax in Listing 11.60 angeführt ist:

```
[bezeichner_schleife:] LOOP
   befehle...
END LOOP [bezeichner_schleife]
```

Listing 11.60 LOOP – Syntax

Bei diesem Befehl wird der Inhalt der Schleife so lange wiederholt, bis ein `LEAVE`-Statement im Inneren der Schleife ausgeführt wird.

Das folgende sehr einfache Beispiel zeigt die Anwendung einer solchen Schleife. Dabei wird die Variable `v_zaehler` so lange innerhalb der Schleife um eins erhöht, bis diese den Wert 100 erreicht hat. Sobald dies der Fall ist, wird der `LEAVE`-Befehl ausgeführt. Beachten Sie bei diesem Beispiel, dass die Schleife mit einem Bezeichner (`l_zaehlen`) versehen ist. Dies dient zum einen der Übersicht, und zum anderen können Schleifen so direkt angesprochen werden. Dies ist besonders wichtig, wenn Sie gespeicherte Prozeduren mit mehreren verschachtelten Schleifen erstellen. Nur mit einem Bezeichner kann zum Beispiel jene LOOP, die beendet werden soll, direkt »angesprochen« werden. Ist ein solcher Bezeichner nicht vorhanden und wird der LEAVE-Befehl aufgerufen, wird die nächste, außen liegende Schleife beendet. Sie sollten daher stets über die Bezeichner von Schleifen operieren, da Sie so eine weitere Fehlerquelle ausschließen können.

```
CREATE PROCEDURE zaehlschleife_loop()
BEGIN
   DECLARE v_zaehler INT;
   SET v_zaehler = 0;
   l_zaehlen: LOOP
      SET v_zaehler = v_zaehler + 1;
      -- gibt v_zaehler bei jedem Durchgang aus
      SELECT v_zaehler;
      IF v_zaehler = 100
         THEN LEAVE l_zaehlen;
      END IF;
   END LOOP l_zaehlen;
END
```

Listing 11.61 Beispiel einer LOOP-Schleife

Überprüfen des Inhalts von Variablen – Debugging

Oftmals ist es schwierig, den Fehler in einem eben erstellten eigenen gespeicherten Programm zu finden. Ein eventuell noch schrecklicheres Szenario ist das Debuggen (das Auffinden von Fehlern) einer fremden Prozedur. Dabei können Sie sich eines einfachen Tricks bedienen: dem SELECT-Statement.

Wie bereits in Abschnitt 11.2.7, »Ergebnismengen«, beschrieben, erweitert MySQL den SQL:2003-Standard, indem es ungebundene SELECT-Befehle auch in gespeicherten Programmen zulässt. Das gibt Ihnen die Möglichkeit, den Inhalt von Variablen zu Debugging-Zwecken einfach ausgeben zu lassen. Wenn Sie sich also nicht sicher sind, ob eine bestimmte IF-Bedingung erfüllt ist oder wie oft eine Schleife durchlaufen wird, können Sie die Werte der betroffenen Variablen mit einem oder mehreren SELECT-Befehlen ausgeben und somit nachvollziehen, wo der Fehler liegt.

In Listing 11.62 ist die Ausführung der Schleife aus Listing 11.61 angeführt. Beachten Sie, dass aus Debugging-Gründen (siehe grauer Kasten) ungebundene SELECT-Befehle verwendet wurden.

```
mysql> CALL zaehlschleife();
+-----------+
| v_zaehler |
+-----------+
|         1 |
+-----------+
```

```
1 row in set (0.01 sec)
...
...
...

+-----------+
| v_zaehler |
+-----------+
|        98 |
+-----------+
1 row in set (0.01 sec)

+-----------+
| v_zaehler |
+-----------+
|        99 |
+-----------+
1 row in set (0.01 sec)

+-----------+
| v_zaehler |
+-----------+
|       100 |
+-----------+
1 row in set (0.01 sec)
```

Listing 11.62 Überprüfung der Prozedur mit einem SELECT-Befehl (Ausschnitt)

REPEAT UNTIL

Eine weitere Schleifen-Art ist `REPEAT UNTIL`. Diese Schleife läuft so lange, bis eine bestimmte Bedingung erfüllt wird, die mit dem Schlüsselwort `UNTIL` festgelegt wird. Diese Bedingung wird oft auch als Abbruchbedingung bezeichnet. Dabei müssen Sie die Schleife nicht manuell abbrechen, wie beim `LOOP`-Befehl, sondern die Schleife wird automatisch mit dem Eintreten der Bedingung abgebrochen.

Grundsätzlich ist aber zu sagen, dass jede Schleife `REPEAT UNTIL` auch mit dem `LOOP`-Befehl und einem `LEAVE`-Befehl basierend auf der Abbruchbedingung realisierbar ist. Die Syntax der Schleife `REPEAT UNTIL` ist in Listing 11.63 angeführt:

```
[bezeichner_schleife:] REPEAT
   befehle...
UNTIL abbruchbedingung
END REPEAT [bezeichner_schleife]
```

Listing 11.63 REPEAT-UNTIL – Syntax

Wichtig ist, dass eine solche Schleife mindestens einmal durchlaufen wird. Das können Sie daran erkennen, dass die Überprüfung der Bedingung erst am Ende des jeweiligen Schleifendurchlaufs durchgeführt wird. Daher muss die Schleife mindestens einmal durchlaufen werden, um dann die Bedingung überprüfen und die Schleife gegebenenfalls abbrechen zu können.

Im Folgenden sehen Sie das `zaehlschleife`-Beispiel, das in diesem Fall mit einer Schleife `REPEAT UNTIL` gelöst wurde:

```
CREATE PROCEDURE zaehlschleife_until()
BEGIN
   DECLARE v_zaehler INT;
   SET v_zaehler = 0;
   l_zaehlen: REPEAT
      SET v_zaehler = v_zaehler + 1;
      -- gibt v_zaehler bei jedem Durchgang aus
      SELECT v_zaehler;
      UNTIL v_zaehler = 100
   END REPEAT l_zaehlen;
END
```

Listing 11.64 Beispiel einer Schleife REPEAT UNTIL

WHILE

Das letzte Schleifenkonstrukt, das MySQL für gespeicherte Programme zur Verfügung stellt, ist die `WHILE`-Schleife. Diese Art von Schleife kennen Sie bestimmt bereits aus anderen Programmiersprachen. Dabei wird die Schleife so lange durchlaufen, bis die anfangs festgelegte Bedingung nicht mehr erfüllt ist. Dies bedeutet gleichzeitig, dass – sofern die Bedingung bereits zu Beginn nicht erfüllt ist – der Schleifenkörper unter Umständen nie durchlaufen wird. Die entsprechende Syntax ist in Listing 11.65 angeführt:

```
[bezeichner_schleife:] WHILE schleifenbedingung DO
   befehle...
END WHILE [bezeichner_schleife]
```

Listing 11.65 WHILE – Syntax

Listing 11.66 zeigt wieder das entsprechende Zählbeispiel. Beachten Sie dabei allerdings, dass die Schleifenbedingung (`WHILE zaehler < 100`) einen <-Operator enthält und stets *vor* der Ausführung der Schleife überprüft wird. Bei der letzten Überprüfung der Bedingung ist der Wert der Variablen `zaehler` 99. Dementsprechend wird die Schleife noch ein weiteres Mal durchlaufen, und in diesem

Durchlauf wird die Variable nochmals um eins erhöht. Daher ist der Wert von `zaehler` nach der Beendigung der Schleifendurchläufe 100.

Dies ist der große Unterschied zur Schleife `REPEAT UNTIL`, in der die Schleifenbedingung erst *nach* dem Rumpf ausgewertet wird und dementsprechend die Variable auf den Wert 100 überprüft werden muss, um das gleiche Verhalten der Schleife zu erzielen.

```
CREATE PROCEDURE zaehlschleife_while()
BEGIN
  DECLARE v_zaehler INT;
  SET v_zaehler = 0;
  l_zaehlen: WHILE v_zaehler < 100 DO
    SET v_zaehler = v_zaehler + 1;
    -- gibt v_zaehler bei jedem Durchgang aus
    SELECT v_zaehler;
  END WHILE l_zaehlen;
END
```

Listing 11.66 Beispiel einer WHILE-Schleife

11.5.5 Cursor

Sie haben nun die Grundlagen zur Programmierung von gespeicherten Programmen in MySQL kennengelernt. Allerdings war es mit diesen Mitteln noch nicht möglich, die gesamte Ergebnismenge einer Abfrage schrittweise zu bearbeiten. Dazu bietet die MySQL Stored Program Language das Konzept von *Cursors* an.

Mithilfe eines solchen Cursors können Sie zum Beispiel über alle Fluglinien laufen und für jede einzelne Fluglinie komplexe Berechnungen durchführen (mehrere SQL-Anweisungen). So können Sie beispielsweise diverse Statistikdaten berechnen, wie etwa die Anzahl der geflogenen Kilometer oder Buchungs- und Auslastungskennzahlen.

Ein Cursor ist prinzipiell lediglich ein Zeiger auf die (meist mehrzeilige) Ergebnismenge einer SQL-Abfrage. Die Verwendung eines Cursors erlaubt es Ihnen, diese Ergebnismenge zu durchlaufen und die einzelnen Zeilen direkt weiterzuverarbeiten.

Patentrezept Cursor?

Sie sollen bereits zu Beginn dieses Abschnitts wissen, dass Cursor durchaus auch Nachteile mit sich bringen können. Zum einen können gespeicherte Prozeduren, die sich eines Cursors bedienen, sehr tückisch sein, was das Auffinden von Fehlern anbelangt. Zum anderen erfolgt die Verwendung von Cursors oft zu unüberlegt. Häufig könnten die Cursor auch durch ein einziges SQL-Statement ersetzt werden. Oftmals können Sie beispielsweise das zeilenweise Durchlaufen der gesamten Tabelle mit einem Cursor durch eine einzige, simple Join-Operation ersetzen. Das bringt einen großen Performance-Vorteil mit sich, da die Gesamtmenge an Daten auf einmal bearbeitet werden kann und nicht Zeile für Zeile einzeln bearbeitet werden muss.

Was die Performance anbelangt, so gibt es kein Patentrezept, das festhält, ob eine gespeicherte Prozedur mit Cursors die performanteste Lösung ist. Falls Sie bei einer zeitkritischen Berechnung nicht sicher sind, welche Variante die beste ist, probieren Sie beide Varianten aus, und entscheiden Sie sich dann für die für Ihre Aufgabenstellung performantere Variante.

Auf den folgenden Seiten werden Sie sehen, wie man mit Cursors arbeitet und welche Schritte notwendig sind, um diese erfolgreich und effizient einzusetzen.

Erzeugen von Cursors

Bevor Daten über den Cursor überhaupt geladen werden können, müssen Sie diesen wie auch eine Variable deklarieren. Dabei legen Sie neben dem Bezeichner des Cursors jene SQL-Abfrage fest, die in weiterer Folge bestimmt, welche Daten über den Cursor geladen werden. Zum Zeitpunkt der Erzeugung des Cursors werden allerdings noch keine Daten geladen, dies erfolgt erst zu einem späteren Zeitpunkt. Einen Cursor können Sie mit dem Befehl `DECLARE CURSOR`, wie in Listing 11.67 beschrieben, erzeugen.

```
DECLARE bezeichner_cursor CURSOR
FOR select_befehl
```

Listing 11.67 Erzeugung eines Cursors – Syntax

Sie werden sehen, dass in allen Beispielen dieses Buches der Bezeichner eines Cursors stets mit `c_` beginnt. Dies dient allein der Übersicht und hilft dabei, Cursor-Variablen von anderen Variablen zu unterscheiden. Wir empfehlen Ihnen auch hier, eine derartige Konvention einzuhalten, um die Lesbarkeit und Wartbarkeit Ihrer Programme zu vereinfachen.

Wichtig beim Erzeugen eines Cursors ist, dass diese Deklaration erst *nach* der Definition aller Variablen erfolgt (siehe auch Abschnitt 11.5.1, »BEGIN-/END-Blöcke«). Ist dies nicht der Fall, wirft MySQL eine Fehlermeldung, wie Listing 11.68 zeigt:

```
mysql> CREATE PROCEDURE berechne_flugzeit()
    -> BEGIN
    ->     DECLARE v_flugnr INT;
    ->     DECLARE c_fluege CURSOR FOR SELECT * FROM flug;
    ->     DECLARE v_flugzeit TIME;
```

```
    ->     ...
    -> END
    -> $$
ERROR 1337 (42000): Variable or condition declaration after cursor
or handler declaration
```

Listing 11.68 (Falsch platzierte) Deklaration von Cursors vor einer Variablen

Öffnen und Schließen von Cursors

Damit Sie auf der Ergebnismenge des Cursors auch wirklich operieren können, müssen Sie zunächst den Cursor »öffnen«, was Listing 11.69 zeigt. Erst zu diesem Zeitpunkt wird das SQL-Statement des Cursors ausgeführt und werden die Daten in der Datenbank selektiert.

```
OPEN bezeichner_cursor
```

Listing 11.69 Öffnen eines Cursors – Syntax

Beachten Sie dabei unbedingt, den Cursor nach erfolgter Verwendung wieder zu schließen. Nach dem Schließen werden die vom Cursor benötigten Ressourcen wieder freigegeben und sind somit wieder verfügbar. Dies können Sie mit dem Befehl aus Listing 11.70 bewerkstelligen:

```
CLOSE bezeichner_cursor
```

Listing 11.70 Schließen eines Cursors – Syntax

Falls Sie einen Cursor nicht selbst schließen, wird dieser geschlossen, sobald das Ende jenes Blocks erreicht wird, in dem der Cursor definiert wurde. Trotzdem sollten Sie konsequent auf einen sauberen Programmierstil Wert legen und die Cursor stets manuell schließen, sobald Sie diese nicht mehr benötigen.

Verwendung von Cursors

Sie haben nun gesehen, wie Sie einen Cursor definieren und diesen auch öffnen können. Der nächste Schritt ist die Verwendung des Cursors zur Navigation durch dessen Resultatmenge (Ergebnisse). Dazu müssen Sie wissen, dass der Cursor einem Zeiger ähnelt, der auf eine bestimmte Zeile in der Ergebnismenge »zeigt«. Zu Beginn zeigt der Cursor auf die erste Zeile der Ergebnismenge. Über den Cursor können Sie dementsprechend immer jene Zeile aus der Tabelle holen und bearbeiten, auf die der Cursor gerade zeigt. Mithilfe einer Schleife können Sie den Cursor weiter verschieben und durch die gesamte Ergebnismenge »laufen«. Näheres dazu lernen Sie im folgenden Abschnitt kennen.

Fetchen (Laden) einer Zeile

Wie Sie in Abbildung 11.3 sehen können, ist der Zeiger zu Beginn – das heißt nach Öffnen des Cursors – an der ersten Zeile der Ergebnismenge platziert.

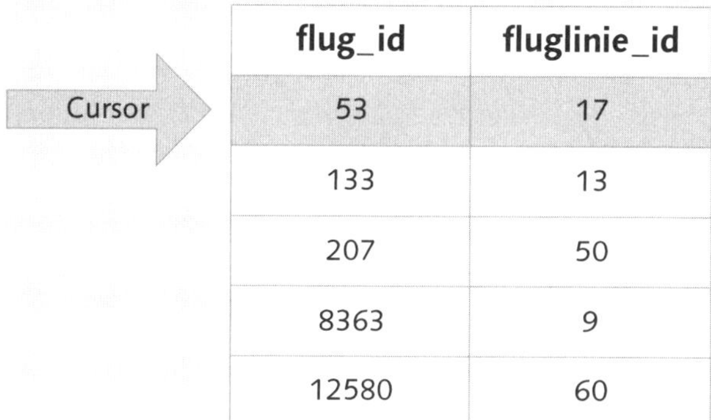

Abbildung 11.3 Funktionsweise von Cursors

Um die Daten in der entsprechenden Zeile verwenden zu können, müssen Sie diese erst »fetchen« (holen). Dies können Sie mithilfe des Befehls `FETCH` bewerkstelligen. Die entsprechende Syntax sehen Sie in Listing 11.71:

```
FETCH bezeichner_cursor
INTO bezeichner_var [,bezeichner_var] ...
```

Listing 11.71 FETCH – Syntax

Dieser Befehl speichert den Inhalt jener Zeile der Ergebnismenge, auf die der Cursor gerade aktuell zeigt, in die mittels `INTO` angegebenen Variablen. Achten Sie daher unbedingt darauf, dass die Anzahl der selektierten Spalten bei der Cursordefinition genau der Anzahl der angegebenen Variablen in der `INTO`-Klausel entspricht. Um eine weitere Fehlerquelle zu vermeiden, achten Sie auch unbedingt auf die korrekte Reihenfolge der Variablen. Diese muss natürlich auch mit den in der `SELECT`-Anweisung definierten, selektierten Spalten übereinstimmen.

Das Beispiel in Listing 11.72 legt einen Cursor fest, dessen Ergebnismenge die Spalten »flugnr« und »fluglinie_id« in der Tabelle »flug« enthält. Dieser Cursor wird nach der Definition geöffnet, und der Inhalt der ersten Zeile der Ergebnismenge wird in die Variablen `v_flugnr` und `v_fluglinie` gespeichert. Achten Sie unbedingt darauf, an Variablen nicht Bezeichner zu vergeben, die bereits als Spaltennamen vorhanden sind.

```
CREATE PROCEDURE liste_fluege()
BEGIN
   DECLARE v_flugnr CHAR(8);
   DECLARE v_fluglinie INT;
   DECLARE v_fertig INT DEFAULT 0;
   DECLARE c_fluege CURSOR
   FOR SELECT flugnr, fluglinie_id
      FROM flug WHERE flug_id;
   -- Handler Definition
   DECLARE CONTINUE HANDLER FOR NOT FOUND SET v_fertig = 1;

   OPEN c_fluege;
   FETCH c_fluege INTO v_flugnr, v_fluglinie;
   SELECT v_fluglinie,v_flugnr;
END
```

Listing 11.72 Fetchen des Cursor-Inhalts

```
mysql> CALL liste_fluege();
+------------+----------+
| v_fluglinie | v_flugnr |
+------------+----------+
|          61 | AF9485   |
+------------+----------+
```

Listing 11.73 Ergebnis des Fetch-Vorgangs aus Listing 11.72

Wie bereits beschrieben, muss bei der Ausführung einer FETCH-Anweisung stets die Anzahl der durch den Cursor selektierten Spalten mit der Anzahl der Variablen übereinstimmen. In Listing 11.74 sehen Sie ein fehlerhaftes Beispiel. Dabei ist der Cursor (wie auch in Listing 11.72) so definiert, dass zwei Spalten selektiert werden. In der entsprechenden Anweisung FETCH INTO ist allerdings nur eine Variable angeführt. Dennoch erzeugt MySQL diese Prozedur ohne jegliche Probleme, was vielleicht etwas erstaunlich ist.

```
CREATE PROCEDURE liste_fluege()
BEGIN
   DECLARE v_flugnr CHAR(8);
   DECLARE v_fluglinie INT;
   DECLARE v_fertig INT DEFAULT 0;
   DECLARE c_fluege CURSOR
   FOR SELECT flugnr, fluglinie_id
      FROM flug WHERE flug_id;
   -- Handler Definition
   DECLARE CONTINUE HANDLER FOR NOT FOUND SET v_fertig = 1;
```

```
    OPEN c_fluege;
    FETCH c_fluege INTO v_flugnr;
    SELECT v_fluglinie,v_flugnr;
END
```

Listing 11.74 Fehlerhaftes FETCH

Nach der Erzeugung dieser gespeicherten Prozedur schlägt allerdings der Aufruf fehl, wie Listing 11.75 zeigt. Der Grund für dieses Verhalten ist, dass MySQL erst beim Ausführen der Prozedur überprüft, ob die Spaltenanzahl des Cursors und die Variablenanzahl des `FETCH`-Statements übereinstimmen. Daher ist es wichtig, dass Sie die gespeicherten Programme stets ausprobieren. Das korrekte Erzeugen einer Prozedur ist noch kein Garant für eine korrekte Ausführung.

```
mysql> CALL liste_fluege();
ERROR 1328 (HY000): Incorrect number of FETCH variables
```

Listing 11.75 Fehlermeldung beim Ausführen eines fehlerhaften FETCH-Statements

Fetchen des gesamten Ergebnisses

Im vorigen Abschnitt haben Sie gelernt, wie Sie den Inhalt der aktuellen Cursor-Zeile (bisher war dies immer die erste Zeile der Ergebnismenge) verwenden können. Im Normalfall ist das Ziel eines Cursors, *mehrere* oder *alle* Zeilen der Ergebnismenge nacheinander zu fetchen und danach entsprechend für weitere Berechnungen zu verwenden. Daher benötigen Sie eine Möglichkeit, mehr als die erste Zeile verarbeiten und eine beliebige Anzahl von Zeilen Schritt für Schritt durchlaufen zu können.

Der `FETCH`-Befehl verschiebt nach dem Laden der Daten den Zeiger auf die nächste Zeile. Mehrfaches Fetchen des Cursor-Inhalts führt also dazu, dass die Ergebnismenge Zeile für Zeile verarbeitet werden kann. Diese Charakteristik kann mithilfe einer Schleife natürlich genutzt werden, um die gesamte Ergebnismenge zu durchlaufen. Listing 11.76 zeigt abermals das Beispiel aus Listing 11.72 mit dem Unterschied, dass dieses Mal eine Schleife verwendet wird, um die gesamte Tabelle »flug« mit dem Cursor durchlaufen zu können. Zudem wurde der Umfang der Ergebnismenge mittels LIMIT 100 eingeschränkt, um die Ausgabe zu verkürzen.

```
CREATE PROCEDURE liste_fluege()
BEGIN
    DECLARE v_flugnr CHAR(8);
    DECLARE v_fluglinie INT;
    DECLARE v_fertig INT DEFAULT 0;
    DECLARE c_fluege CURSOR FOR
```

```
      SELECT flugnr, fluglinie_id
      FROM flug WHERE flug_id < 100;
   OPEN c_fluege;
   l_fetch_daten: LOOP
      FETCH c_fluege INTO v_flugnr, v_fluglinie;
      SELECT v_fluglinie,v_flugnr;
   END LOOP l_fetch_daten;
END
```

Listing 11.76 Fetchen einer Ergebnismenge über eine Schleife

Die gespeicherte Prozedur aus Listing 11.76 lässt sich problemlos erzeugen. Doch wie lange läuft diese Schleife, bzw. wann wird diese beendet? Das sehen Sie, sobald Sie die Prozedur ausführen. Schauen Sie sich Listing 11.77 an:

```
mysql> CALL liste_fluege();
+-------------+----------+
| v_fluglinie | v_flugnr |
+-------------+----------+
|          61 | AF9485   |
+-------------+----------+
...
+-------------+----------+
| v_fluglinie | v_flugnr |
+-------------+----------+
|          73 | AL1608   |
+-------------+----------+
1 row in set (0.00 sec)
ERROR 1329 (02000): No data -
 zero rows fetched, selected, or processed
```

Listing 11.77 Ausgabe bei der Ausführung der Prozedur aus Listing 11.76

In diesem Fall wird diese Prozedur genau dann beendet, wenn der Cursor das Ende der Ergebnismenge erreicht hat, und keine Daten mehr zum Fetchen vorhanden sind. Dies ist keine saubere Lösung, da die Ausführung durch einen Fehler abgebrochen wird. Dabei werden die Variablenbelegungen über die beiden `SELECT`-Statements so lange ausgegeben, bis die gesamte Ergebnismenge durchlaufen wurde. Ist dies der Fall, wird die Fehlermeldung `ERROR 1329 (02000): No data – zero rows fetched, selected, or processed` ausgegeben, und das Durchlaufen der Schleife wird abgebrochen.

Solche Fehler sollten Sie stets abfangen, da die gespeicherte Prozedur so nach den Schleifendurchläufen durch den Fehler abrupt beendet wird. Abhilfe bei dieser Problemstellung schaffen sogenannte *Handler*, die es Ihnen ermöglichen, den

Fehler abzufangen, in weiterer Folge die Schleife ordnungsgemäß zu beenden und die Ausführung der gespeicherten Prozedur fortzusetzen. Diese Handler werden im folgenden Abschnitt im Detail behandelt.

11.5.6 Handler

Trotz sorgfältigsten Programmierens ist man nie vor Fehlern und auftretenden Warnungen gefeit, die während der Ausführung einer gespeicherten Prozedur auftreten können. Ist dies der Fall, wird der auftretende Fehler direkt ausgegeben, und die Ausführung der gespeicherten Prozedur wird abgebrochen. Das gespeicherte Programm wird also nicht weiter ausgeführt. Wie in vielen anderen Programmiersprachen stellt auch die MySQL Stored Program Language einige (rudimentäre) Programmkonstrukte zur Verfügung, die es Ihnen erlauben, mit diesen Fehlern sinnvoll umzugehen, diese abzufangen und selbst über die weitere Vorgehensweise zu entscheiden. Dies ist besonders wichtig, um einen reibungslosen Ablauf der gespeicherten Programme garantieren zu können. Auch die Konsistenz und Korrektheit der Daten kann durchaus von der korrekten Behandlung von Fehlern abhängig sein. Aus diesem Grund stellt MySQL sogenannte *Handler* zur Verfügung.

Ein Handler hat grundsätzlich die Aufgabe, Fehler und Warnungen in gespeicherten Programmen abzufangen und bietet Ihnen die Möglichkeit, darauf zu reagieren und sie entsprechend zu behandeln. Oft werden Handler auch benötigt, um auf gewollte Ereignisse zu reagieren, wie zum Beispiel beim Durchlaufen von Ergebnismengen. So wird ein Handler beispielsweise für eine bestimmte MySQL-Fehlernummer definiert. Tritt dieser bestimmte Fehler dann auf, wird der Handler aktiv. Das bedeutet, dass der von Ihnen für den Handler festgelegte Programmcode ausgeführt wird.

MySQL stellt seinen Benutzern zwei Arten von Handlern zur Verfügung: *Exit-* und *Continue-Handler*. Ein Continue-Handler hat dabei die Eigenschaft, dass das gespeicherte Programm bei Auftreten eines Fehlers nach der Ausführung des Handlers beim nächsten Befehl (nach jenem Befehl, der den Fehler hervorgerufen hat) fortgeführt wird. Ein Exit-Handler hingegen führt das Programm erst im umschließenden Block fort. Falls der aktuelle Block bereits der äußerste Block war, wird das Programm abgebrochen. Jener Block, in dem der Handler definiert ist, wird dabei verlassen.

Theoretisch gibt es auch noch eine dritte Art von Handlern – sogenannte *Undo-Handler*. Diese sind im SQL:2003-Standard zwar vorgesehen, werden allerdings auch in MySQL Version 5.6 noch nicht unterstützt. Für die Continue- und Exit-Handler finden Sie im folgenden Abschnitt Beispiele und auch eine nähere Beschreibung.

Fehler und MySQL

Die wichtigsten und am häufigsten auftretenden Fehlermeldungen finden Sie in der Referenz am Ende des Buches. Diese Liste soll Ihnen einerseits beim Erstellen von Handlern behilflich sein und andererseits ganz allgemein beim Erstellen von gespeicherten Programmen als Referenz dienen, sollten Sie beim Programmieren doch auf Fehler stoßen.

Zur Behandlung von Fehlern ist grundsätzlich festzuhalten, dass Sie Fehler stets dort behandeln sollten, wo sie auftreten. Falls also Fehler in der Datenbank auftreten, sollten Sie diese auch dort behandeln. Das ist natürlich nicht immer möglich. Jedoch sollten Sie im Hinterkopf behalten, jene Fehler, auf die Sie direkt in der gespeicherten Prozedur reagieren können, auch dort zu behandeln. Ist eine solche direkte Fehlerbehandlung nicht ausführbar, ist es am sinnvollsten, eine aussagekräftige Fehlermeldung an das aufrufende Programm (zum Beispiel Ihre Anwendung) zurückzugeben, damit dieses entsprechend reagieren kann.

Erzeugung eines Handlers

Die grundlegende Syntax für den Befehl `DECLARE HANDLER`, der einen entsprechenden Handler deklariert, finden Sie in Listing 11.78:

```
DECLARE handler_art HANDLER
   FOR bedingung [, bedingung] ...
   befehle...

handler_art = EXIT | CONTINUE | UNDO

bedingung = mysql_fehlernummer |
         SQLSTATE sqlstate |
         condition_bezeichner |
         SQLEXCEPTION |
         NOT FOUND |
         SQLWARNING
```

Listing 11.78 DECLARE zur Erzeugung eines Handlers – Syntax

Bei der Erzeugung eines Handlers ist es notwendig, die gewünschte Art des Handlers (Exit oder Continue) festzulegen. Weiter müssen Sie definieren, unter welcher Bedingung bzw. unter welchen Bedingungen der Handler ausgeführt werden soll (`FOR`-Schlüsselwort); dies bedeutet insbesondere, welche Fehler bzw. Warnungen den Handler auslösen. Die entsprechenden Möglichkeiten sind im Folgenden aufgelistet und im Detail erklärt. Zudem ist es auch erforderlich, jene Befehle festzulegen, die vom Handler ausgeführt werden. Falls dies nur ein

Befehl ist, können Sie diesen direkt anführen. Soll der Handler mehrere Befehle beinhalten, müssen Sie diese in einem `BEGIN`-/`END`-Block zusammenfassen.

MySQL-Fehlernummer

Sie können Handler so definieren, dass diese beim Auftreten eines spezifischen Fehlers aktiviert werden. Dabei ist es ausreichend, beim Erzeugen des Handlers die genaue Fehlernummer anzugeben. Sobald dieser Fehler im gespeicherten Programm auftritt, wird der Handler aktiv und kann reagieren.

Mithilfe des folgenden `DECLARE`-Statements können Sie beispielsweise einen Handler erzeugen, der auf den Fehler mit der MySQL-Fehlernummer 1048 reagiert. Dieser Fehlercode tritt auf, wenn versucht wird, den Wert `NULL` in eine Spalte einzufügen, die keine `NULL`-Werte zulässt. In diesem Fall wird auf das Auftreten eines solchen Fehlers reagiert, indem eine aussagekräftige und für den Benutzer verständliche Fehlermeldung ausgegeben wird. Ein Beispiel dafür finden Sie in Listing 11.79:

```
DECLARE EXIT HANDLER
FOR 1048
SELECT 'Spalten dürfen nicht NULL sein!';
```

Listing 11.79 Erzeugung eines Handlers über eine MySQL-Fehlernummer

Eine Liste mit den wichtigsten Fehlern, die in MySQL auftreten können, finden Sie in der Referenz am Ende des Buches.

SQLSTATE

Analog zur Behandlung von MySQL-spezifischen Fehlernummern können Sie auch Fehler über deren SQLSTATE (im SQL-Standard definiert) identifizieren und in weiterer Folge abfangen. Dementsprechend können Sie den Handler für die Fehlernummer 1048 aus Listing 11.79 auch mithilfe des SQLSTATE 23000 realisieren.

Beachten Sie allerdings, dass Sie den SQLSTATE nicht eindeutig einer MySQL-Fehlernummer zuordnen können. So kann zum Beispiel der State 23000 unter anderem den MySQL-Fehlermeldungen 1048 (Feld darf nicht `NULL` sein), 1052 (Feld ist nicht eindeutig) oder auch 1062 (Doppelter Eintrag für Schlüssel) zugeordnet werden.

Dabei gilt es zu beachten, dass eine spezifische Behandlung von einzelnen Fehlern über die MySQL-eigenen Fehlermeldungen meist vorzuziehen ist. Das liegt daran, dass die SQL-States eigentlich dazu dienen sollten, die Portabilität der gespeicherten Prozeduren (und natürlich auch des Gesamtsystems) auf andere

Datenbanksysteme garantieren zu können. Das ist natürlich bei einer Abfrage von MySQL-internen Fehlernummern nicht mehr möglich, mit den standardisierten SQLSTATES ist dies hingegen durchführbar.

Allerdings – wie bereits beschrieben – sind SQLSTATES nicht eindeutig einem bestimmten Fehler zuzuordnen. Daher ist es für eine individuelle Behandlung der Fehler oftmals notwendig, über zusätzliche Abfragen der Fehlernummern den Fehler eindeutig zu identifizieren. Eine direkte Verwendung bzw. Definition des Handlers basierend auf Fehlernummern spart diesen zusätzlichen Schritt ein. Zudem wird eine meist durch viele Faktoren sehr aufwendige Portierung in der Praxis nur selten durchgeführt. Listing 11.80 enthält den Code für jenen Handler, der für den SQLSTATE 23000 definiert wird.

```
DECLARE EXIT HANDLER
FOR SQLSTATE '23000'
SELECT CONCAT('Fehler SQLSTATE 23000 aufgetreten');
```

Listing 11.80 Erzeugung eines Handlers über einen SQLSTATE

SQLEXCEPTION

Die Option `SQLEXCEPTION` ermöglicht es Ihnen, *alle* auftretenden Fehler abzufangen. Damit können Sie auch Fehler abfangen, mit denen Sie nicht gerechnet haben bzw. die Sie nicht spezifisch behandeln möchten. So könnten Sie eine allgemeine Vorgehensweise für das eventuelle Auftreten von Fehlern festlegen. Eine dermaßen allgemeine Behandlung von Fehlern sollte allerdings vermieden werden.

Bestimmt haben Sie sich auch schon einmal über nichtssagende Fehlermeldungen wie »Ein Fehler ist aufgetreten!« geärgert. So ist es beispielsweise nicht möglich, spezifisches Feedback mit weiteren Informationen zum Fehler an die aufrufende Applikation bzw. allgemein an den Aufrufer der Prozedur zu übergeben. Grundsätzlich ist es stets sinnvoller, individuell den Fehlercode, den SQLSTATE oder eine entsprechende, aussagekräftige Fehlermeldung an den Aufrufer bzw. das Programm zu übergeben. Im Folgenden sehen Sie die Definition eines solchen allgemeinen Handlers über `SQLEXCEPTION`:

```
DECLARE EXIT HANDLER
FOR SQLEXCEPTION
SELECT 'Es ist ein Fehler aufgetreten';
```

Listing 11.81 Erzeugung eines Handlers über SQLEXCEPTION

Sie können den Handler `SQLEXCEPTION` allerdings verwenden, um einen Catch-all-Handler zu erzeugen. Falls Sie für andere, spezifische Fehlerfälle bereits eigene Handler erzeugt haben und sichergehen wollen, dass jeglicher andere Fehler ebenfalls behandelt wird, können Sie sich in diesem Fall eines SQLEXCEPTION-Handlers bedienen, der alle »restlichen« Fehlerfälle abdeckt. Dies ist möglich, da MySQL stets den »spezialisierten« Handler zur Behandlung eines Fehlers vorzieht, mehr dazu finden Sie im grauen Kasten auf Seite 589.

Conditions

Conditions (dt. *Bedingungen*) bei Handlern dienen in erster Linie dazu, die Lesbarkeit des Codes zu erhöhen. Dies wird dadurch realisiert, dass Fehlernummern bzw. SQLSTATES mit einer Condition verknüpft werden. Diese Condition verfügt über einen frei wählbaren Bezeichner, den Sie in weiterer Folge bei der Erzeugung von Handlern verwenden können. Wenn Sie für die Bezeichner von Conditions »sprechende« Namen wählen, steigert dies die Lesbarkeit des Codes um einiges. Damit können Sie das ständige, mühsame Nachschlagen von Fehlercodes und SQLSTATES mit einfachen Mitteln vermeiden. Die genaue Syntax für die Erzeugung einer Condition finden Sie in Listing 11.82:

```
DECLARE bezeichner_condition CONDITION FOR condition_wert

condition_wert:
   SQLSTATE [VALUE] sqlstate_nummer
   | mysql_fehlernummer
```

Listing 11.82 Erzeugung einer Condition

Ein Beispiel für eine solche Condition ist in Listing 11.83 angeführt. Dabei wird die Fehlernummer 1048 mit der Condition mit dem aussagekräftigen Bezeichner spalte_null verknüpft. Diese Condition wird dann in weiterer Folge dafür verwendet, einen entsprechenden Exit-Handler zu definieren. Wiederum wird auf einen solchen Fehler (Error 1048) mit der Ausgabe einer Fehlermeldung reagiert:

```
DECLARE spalte_null CONDITION FOR 1048;
DECLARE EXIT HANDLER
FOR spalte_null
SELECT 'Spalten duerfen nicht NULL sein';
```

Listing 11.83 Erzeugung einer Condition und eines entsprechenden Exit-Handlers

NOT FOUND

Diese Bedingung ist vermutlich die am häufigsten verwendete Art von Handlern. Im Speziellen wird diese Bedingung bei Cursors dazu verwendet, das Auftreten des Fehlers NOT FOUND beim Erreichen des Endes der Ergebnismenge abzufangen. In diesem Zusammenhang wird ein Continue-Handler verwendet, der nach dem

Auftreten des Fehlers mit der Ausführung der Prozedur fortfährt. Im Beispiel in Listing 11.84 wird beim Aktivieren dieses Handlers einfach ein Hinweis ausgegeben. Im folgenden Abschnitt »Continue-Handler« werden Sie genauer sehen, wie `NOT FOUND`-Handler für Cursor verwendet werden können.

```
DECLARE CONTINUE HANDLER
FOR NOT FOUND
SELECT 'Ende der Ergebnismenge erreicht';
```

Listing 11.84 Erzeugung eines Handlers über NOT FOUND

SQLWARNING

Mithilfe von `SQLWARNING` können Sie alle Warnungen, die während der Ausführung des gespeicherten Programms auftreten, abfangen und gegebenenfalls behandeln. Eine genaue Angabe der abzufangenden Warnungen ist dabei nicht möglich, alle auftretenden Warnungen lösen diese Handler-Art aus. Daher sollten Sie versuchen, auf diese Handler-Art zu verzichten, da wiederum kein spezifisches Feedback an den Benutzer bzw. die Anwendung weitergegeben werden kann.

```
DECLARE CONTINUE HANDLER
FOR SQLWARNING
SELECT 'Es ist eine Warnung aufgetreten';
```

Listing 11.85 Erzeugung eines Handlers über SQLWARNING

Continue-Handler

Wie bereits beschrieben, stellt MySQL zwei verschiedene Arten von Handlern zur Verfügung. Sogenannte *Continue-Handler* dienen in erster Linie dazu, die Abarbeitung der gespeicherten Prozedur nach dem Auftreten eines Fehlers bzw. einer Warnung weiterzuführen. Dabei werden bei Auftreten des Fehlers der Handler aufgerufen, die darin definierten Befehle ausgeführt und danach die gespeicherte Prozedur fortgesetzt. Continue-Handler sind speziell dann von Vorteil, wenn die Prozedur trotz des aufgetretenen Fehlers ohne sofortigen Abbruch sauber beendet werden kann bzw. soll. Dies setzt meist voraus, dass der Fehler durch den Handler ausreichend behandelt wird und die Korrektheit und Konsistenz der Daten weiterhin gewährleistet ist.

Rufen Sie sich nochmals das Beispiel aus Listing 11.72 ins Gedächtnis. In dieser gespeicherten Prozedur wird ein Cursor erzeugt, über den die beiden Variablen `v_flugnr` und `v_fluglinie` belegt und ausgegeben werden. Die Ausführung dieser Prozedur endet in einer Fehlermeldung, da der Cursor über das Ende der Ergebnismenge hinausläuft. In Listing 11.86 wird eben dieser Fehler behandelt.

Daher wird zusätzlich ein Handler definiert, der auf ein NOT FOUND reagiert. Ist dies der Fall, wird der Wert der Variablen v_fertig auf 1 gesetzt.

Diese Variable wird bei jedem Durchlauf der Schleife fetch_daten überprüft. Falls die Variable schlussendlich beim Erreichen des Endes der Ergebnismenge durch den Hander mit dem Wert 1 belegt ist, wird die Schleife verlassen (über das LEAVE-Statement in der IF-Abfrage), der Cursor wird geschlossen (Freigabe der Ressourcen), und die Prozedur wird beendet.

```
CREATE PROCEDURE liste_fluege()
BEGIN
   DECLARE v_flugnr CHAR(8);
   DECLARE v_fluglinie INT;
   DECLARE v_fertig INT DEFAULT 0;
   DECLARE c_fluege CURSOR
      FOR SELECT flugnr, fluglinie_id
      FROM flug
      WHERE flug_id < 10;
   -- Handler Definition
   DECLARE CONTINUE HANDLER
      FOR NOT FOUND
      SET v_fertig = 1;

   OPEN c_fluege;
   l_fetch_daten: LOOP
      FETCH c_fluege INTO v_flugnr, v_fluglinie;
      SELECT v_fluglinie,v_flugnr;
      -- testen, ob Handler bereits Ende festgestellt hat
      IF v_fertig THEN
         CLOSE c_fluege;
         LEAVE l_fetch_daten;
      END IF;
   END LOOP l_fetch_daten;
END
```

Listing 11.86 Continue-Handler für die Abarbeitung eines Cursors

Exit-Handler

Ein *Exit-Handler* ist restriktiver als ein Continue-Handler, denn beim Aufruf eines Exit-Handlers wird jener BEGIN-/END-Block, in dem der Handler definiert ist, verlassen. Falls der Handler im äußersten Block der gespeicherten Prozedur definiert ist, wird die gesamte Prozedur abgebrochen bzw. verlassen. Ein Exit-Handler wird meist genau dann verwendet, wenn der auftretende Fehler schwerwiegend ist und die Prozedur bzw. der Block nicht korrekt beendet werden kann.

Das Beispiel in Listing 11.87 zeigt eine einfache gespeicherte Prozedur, die grundsätzlich nur dazu dient, das Einfügen neuer Flüge für Benutzer zur Verfügung zu stellen. Damit wird vermieden, dass Benutzer oder Applikationen direkt auf die Tabellen zugreifen und darauf operieren können. Beim Aufruf einer solchen Prozedur kann natürlich der Fall eintreten, dass Benutzer fehlerhafte oder unvollständige Daten angeben.

Im folgenden Beispiel wird ein Exit-Handler definiert, der die Fehler beim Einfügen von doppelten Flügen behandeln soll. Die entsprechende Fehlernummer ist 1062 (Doppelter Eintrag für Schlüssel). Tritt ein entsprechender Fehler auf, soll der Handler eine aussagekräftige Fehlermeldung ausgeben und den entsprechenden Programmblock verlassen. In diesem Fall ist der Handler im äußersten Programmblock definiert. Dies hat zur Folge, dass dieser Block und damit die gesamte Prozedur verlassen werden, sobald der Fehler 1062 auftritt.

Natürlich sollte an dieser Stelle auch noch angemerkt werden, dass bei einer solchen Prozedur auch weitere Fehler auftreten können, die ebenfalls abgefangen werden sollten (zum Beispiel Fremdschlüsselbedingungen, NULL-Werte, usw.).

```
CREATE PROCEDURE flug_einfuegen (
  IN p_flugid INTEGER,
  IN p_flugnr CHAR(6),
  IN p_nach INTEGER,
  IN p_von INTEGER,
  IN p_abflug DATETIME,
  IN p_ankunft DATETIME,
  IN p_fluglinie INTEGER,
  IN p_flugzeug INTEGER
)
BEGIN
   DECLARE EXIT HANDLER
      FOR 1062
      SELECT 'Datensatz schon vorhanden, duplizierter
      Schluesseleintrag!' AS fehler;

   INSERT INTO flug (flug_id,flugnr, nach, von, abflug,
      ankunft,fluglinie_id,flugzeug_id)
   VALUES (p_flugid,p_flugnr, p_nach, p_von, p_abflug,
      p_ankunft, p_fluglinie, p_flugzeug);
END
```

Listing 11.87 Exit-Handler (im äußersten Block definiert)

Listing 11.88 enthält die Ausgabe bei der Ausführung der in Listing 11.87 erstellten Prozedur. Dabei wurde versucht, einen Flug einzufügen, der bereits in der

Tabelle enthalten ist. Das Listing zeigt die entsprechende Fehlermeldung, die vom Exit-Handler erzeugt wurde:

```
mysql> CALL flug_einfuegen(1, 'AF9845', 9089, 818,
    -> '2011-07-10 22:00:00', '2011-07-10 23:15:00', 61, 4651);
+----------------------------------------------------------+
| fehler                                                   |
+----------------------------------------------------------+
| Datensatz schon vorhanden, duplizierter Schluesseleintrag! |
+----------------------------------------------------------+
```

Listing 11.88 Aufruf der Prozedur, Ausgabe der über den Exit-Handler festgelegten Fehlermeldung

Falls ein Fehler einen Exit-Handler in einem inneren BEGIN-/END-Block auslöst, veranlasst der Exit-Handler, dass der innere BEGIN-/END-Block verlassen wird. Die Ausführung des gespeicherten Programms wird dann im Block der übergeordneten Ebene (dem umschließenden Block) fortgesetzt.

Listing 11.89 zeigt ein Beispiel für eben jenes Verhalten. Dabei wird wiederum eine Prozedur erstellt, die einen Flug in die Tabelle »flug« einfügt. Im Gegensatz zur gespeicherten Prozedur in Listing 11.87 wird die Prozedur nicht einfach beendet, falls ein Flug eingefügt werden soll, der bereits in der Tabelle vorhanden ist. Der Einfüge-Versuch soll in der Tabelle »flug_log« protokolliert, der alte Flug gelöscht und danach der Flug neu in die Tabelle »flug« eingefügt werden.

```
CREATE PROCEDURE flug_einfuegen(
   IN p_flugid INTEGER,
   IN p_flugnr CHAR(6),
   IN p_nach INTEGER,
   IN p_von INTEGER,
   IN p_abflug DATETIME,
   IN p_ankunft DATETIME,
   IN p_fluglinie INTEGER,
   IN p_flugzeug INTEGER
)
BEGIN
   DECLARE v_duplikat TINYINT DEFAULT 0;
   DECLARE v_flug_id INT DEFAULT 0;

   BEGIN
      DECLARE EXIT HANDLER FOR 1062 SET v_duplikat = 1;
      INSERT INTO flug (flug_id,flugnr, nach, von, abflug,
         ankunft,fluglinie_id,flugzeug_id)
      VALUES (p_flugid,p_flugnr, p_nach, p_von, p_abflug,
```

```
        p_ankunft, p_fluglinie, p_flugzeug);
    END;

    IF v_duplikat=1 THEN

      INSERT INTO flug_log (
        datum,benutzer,flug_id,kommentar, flugnr_alt,
        nach_alt, von_alt, abflug_alt, ankunft_alt,
        fluglinie_id_alt, flugzeug_id_alt, flugnr_neu,
        nach_neu, von_neu, abflug_neu, ankunft_neu,
        fluglinie_id_neu, flugzeug_id_neu)
       (
       SELECT NOW(), USER(), p_flugid, 'bereits vorhanden,
         ersetzt', flugnr, nach, von, abflug, ankunft,
         fluglinie_id, flugzeug_id, p_flugnr, p_nach, p_von,
         p_abflug, p_ankunft, p_fluglinie, p_flugzeug
      FROM flug WHERE flug_id = p_flugid
      );
    END IF;
END
```

Listing 11.89 Exit-Handler in einem inneren Block

Im Detail wird in dieser umfangreicheren Variante der Prozedur der Handler in einem inneren Block definiert. Der Handler setzt die Variable `v_duplikat` auf 1, sobald er aktiviert wird. Getreu dem Verhalten des Exit-Handlers wird bei Aktivierung des Handlers jener Block verlassen, in dem der Handler definiert wurde, und die Prozedur wird im äußeren Block fortgesetzt. In diesem Fall wird die Abarbeitung der Prozedur mit der `IF`-Bedingung fortgesetzt. Die Fallunterscheidung dient dazu, festzustellen, ob Fehler 1062 aufgetreten ist oder nicht. Ist dies der Fall, wird, wie oben beschrieben, der vorhandene Flug gelöscht, die Vorgänge werden geloggt, und der Flug wird erneut eingefügt.

11.5.7 Selbst definierte Fehlermeldungen mit SIGNAL

In den bisherigen Beispielen haben Sie gesehen, wie Sie Handler dazu verwenden können, um auf Fehler und Warnungen von MySQL reagieren zu können. Diese Fehler waren stets Fehler, die bei Datenbankoperationen auftraten und vom MySQL-Server selbst geworfen wurden. Jedoch können in einem gespeicherten Programm auch Fehler auftreten, die nicht zwingend direkt mit der Datenbank in Verbindung stehen.

Stellen Sie sich vor, in einem Ihrer Programme tritt ein Fehler auf, den Sie an den Aufrufer weitergeben möchten. Beispielsweise könnte ein ungültiger Parameter an die Prozedur übergeben worden sein. Eine Möglichkeit, auf diesen Fehler zu reagieren, wäre, den Rückgabewert beispielsweise mit dem String »Fehler aufgetreten!« zu füllen. Dies ist zwar eine funktionierende Lösung, jedoch entspricht die Lösung sicherlich nicht einem schönen Programmierstil. Denken Sie nur an den Fall, dass jede Prozedur einen Fehler nur durch die eigenen Rückgabewerte weitergibt. Dann kann der Fall eintreten, dass eine Prozedur den Rückgabewert »Error« und eine andere Prozedur den Rückgabewert –1 für die Signalisierung eines aufgetretenen Fehlers verwendet.

Viel eleganter und schöner ist eine Lösung, in der Sie auch selbst definierte Fehler erzeugen und mittels eigener Handler abfangen könnten. Auch sollte eine Möglichkeit bestehen, eine Fehlermeldung an den Aufrufer zurückzugeben – so wie es MySQL selbst auch praktiziert. Mithilfe eines solchen Mechanismus könnte eine einheitliche Fehlerbehandlung nach außen gewährleistet werden. Aus diesem Grund wurden Signals eingeführt, die genau jene Aufgaben übernehmen. Signals in MySQL sind im Folgenden näher beschrieben.

Das Prinzip von Signals war bereits seit einiger Zeit in MySQL vorgesehen, in der MySQL-Version 5.5 wurden diese dann auch implementiert (basierend auf dem SQL:2003-Standard). Zur Definition und Propagation von selbst definierten Fehlermeldungen ist lediglich der Befehl `SIGNAL` notwendig, welche Sie, wie in Listing 11.90 angeführt, verwenden können.

```
SIGNAL condition_wert
    [SET signal_information [, signal_information] ...]

condition_wert:
    SQLSTATE [sqlstate_nummer] sqlstate_wert
  | bezeichner_condition
```

Listing 11.90 SIGNAL – Syntax

Zunächst müssen Sie festlegen, welcher SQLSTATE bzw. welche Condition dem neu erzeugten `SIGNAL` zugewiesen werden soll. Dieser SQLSTATE bzw. die von der Condition festgelegten Informationen werden bei der Ausgabe des erzeugten Fehlers angezeigt. In weiterer Folge können Sie optional auch noch zusätzliche Informationen dem `SIGNAL` mitgeben. Wir empfehlen Ihnen, möglichst viele aussagekräftige Informationen mit einem `SIGNAL` zu verknüpfen, da die aufrufende Applikation mit einer detaillierten Fehlermeldung viel spezifischer reagieren kann.

MySQL stellt zwölf verschiedene Attribute (`signal_information`) zur Verfügung, über die Sie das `SIGNAL` näher spezifizieren können. So können Sie beispielsweise die MySQL-Fehlernummer dem Attribut `MYSQL_ERRNO` zuweisen oder eine aussagekräftige Fehlermeldung in MESSAGE_TEXT schreiben. Mithilfe eines Handlers können Sie dann auf diese Fehlernummer reagieren und den Fehler abfangen.

Die Werte können eine beliebige Variable oder auch ein von Ihnen definierter String bzw. eine Ganzzahl sein. Allerdings ist es nicht zulässig, einem solchen Attribut den NULL-Wert zuzuweisen. Die verschiedenen Attribute sind im Folgenden aufgelistet. In Klammern ist der Datentyp angeführt, den Sie für den damit verknüpften Wert verwenden können:

- CLASS_ORIGIN (String, 64 Zeichen)
- SUBCLASS_ORIGIN (String, 64 Zeichen)
- CONSTRAINT_CATALOG (String, 64 Zeichen)
- CONSTRAINT_SCHEMA (String, 64 Zeichen)
- CONSTRAINT_NAME (String, 64 Zeichen)
- CATALOG_NAME (String, 64 Zeichen)
- SCHEMA_NAME (String, 64 Zeichen)
- TABLE_NAME (String, 64 Zeichen)
- COLUMN_NAME (String, 64 Zeichen)
- CURSOR_NAME (String, 64 Zeichen)
- MESSAGE_TEXT (String, 128 Zeichen)
- MYSQL_ERRNO (Ganzzahl)

Falls Sie mehrere Attribute mit einem Wert versehen möchten, führen Sie diese Paare einfach, durch Beistriche getrennt, hinter dem SET-Schlüsselwort an. Sie können für ein SIGNAL jedes einzelne dieser Attribute mit einem Wert versehen, jedoch ist es nicht zulässig, zwei Werte an dasselbe Attribut zu hängen.

```
CREATE PROCEDURE bereinige_flugnummer(
   INOUT p_flugnummer CHAR(10)
)
BEGIN
   DECLARE v_fluglinie_id SMALLINT DEFAULT NULL;
   DECLARE v_fluglinie_iata CHAR(2) DEFAULT NULL;
   DECLARE v_nummer CHAR(4);
   DECLARE v_nummer_korrekt TINYINT DEFAULT 0;
   DECLARE format_falsch CONDITION FOR SQLSTATE '45000';

   IF LENGTH(p_flugnummer) <> 6 THEN
      SIGNAL format_falsch
      SET MESSAGE_TEXT="Die Laenge der Flugnummer ist nicht
         korrekt!";
```

```
    END IF;

    SET v_fluglinie_iata = SUBSTRING(p_flugnummer, 1, 2);
    SET v_nummer = SUBSTRING(p_flugnummer, 3);
    SELECT fluglinie_id INTO v_fluglinie_id
    FROM fluglinie
    WHERE iata = v_fluglinie_iata;

    IF v_fluglinie_id IS NOT NULL THEN
        SET v_fluglinie_iata = UPPER(v_fluglinie_iata);
        SET v_nummer = TRIM(v_nummer);
        SELECT v_nummer REGEXP '^[0-9]{3,4}$'
        INTO v_nummer_korrekt;

        IF v_nummer_korrekt = 0 THEN
            SIGNAL format_falsch
            SET MESSAGE_TEXT="Fehler im Format der Flugnummer. Die
                angegebene Flugnummer ist nicht korrekt!" ;
        ELSE SET p_flugnummer = CONCAT(v_fluglinie_iata, v_nummer);
        END IF;
    ELSE
        SIGNAL format_falsch
        SET MESSAGE_TEXT="Fehler im Format der Flugnummer. Die
            angegebene Fluggesellschaft existiert nicht!" ;
    END IF;
END
```

Listing 11.91 Selbst definierte Fehlermeldungen mit SIGNAL

Die Verwendung von Conditions hat den Vorteil, dass diese mehrfach genutzt werden können, wie dies auch im oben angeführten Beispiel der Fall ist. Dieselbe Condition wird für zwei Signals verwendet. Für die Wahl des SQLSTATES, den Sie dafür angeben können, finden Sie nähere Informationen in Abschnitt 4.3.1, »Fehlermeldungen und Warnungen«.

Nehmen Sie an, Sie hätten einen Handler für einen selbst definierten Fehler erzeugt. Im Handler selbst haben Sie die Möglichkeit, auf den aufgetretenen Fehler zu reagieren. Oftmals ist es dazu nötig, den Fehler zu behandeln *und* die Fehlerbeschreibung an den Aufrufer weiterzugeben. Mit dem Befehl `RESIGNAL` haben Sie im Handler die Option, den aufgetretenen Fehler direkt an den Aufrufer (zum Beispiel die aufrufende Applikation oder die aufrufende gespeicherte Prozedur) weiterzugeben. Zusätzlich steht es Ihnen frei, die Fehlermeldung zu verändern und den Fehler erst danach weiterzugeben.

Die einzige Einschränkung besteht darin, dass der `RESIGNAL`-Befehl nur innerhalb des Rumpfs eines Handlers aufgerufen werden darf. Der `RESIGNAL`-Befehl bietet Ihnen folgende Möglichkeiten:

- Sie können den Fehler direkt und unverändert weitergeben. Dazu müssen Sie im Handler lediglich `RESIGNAL` aufrufen.
- Sie können den Fehler mit geänderten Informationen weitergeben. Dies können Sie beispielsweise mit dem Befehl `RESIGNAL SET MESSAGE_TEXT= "Neuer Informationstext"` umsetzen. Selbstverständlich können Sie auch die Werte anderer Attribute ändern und hinzufügen. Die Weitergabe des Fehlers kann auch mit geänderten Informationen zum SQLSTATE bzw. zur MySQL-Fehlernummer, wie zum Beispiel mit `RESIGNAL SQLSTATE = '45000' SET MESSAGE_TEXT= "Neuer Informationstext"`, erfolgen.

Für das Beispielprogramm aus Listing 11.91 könnten Sie beispielsweise einen Handler definieren, der den Fehler behandelt und die Fehlermeldung direkt an den Aufrufer weitergibt. Die Fehlermeldung ist informativ genug, um sie ohne eine Veränderung an den Aufrufer weiterzugeben. Die Definition eines solchen Handlers ist in Listing 11.92 angeführt:

```
DECLARE EXIT HANDLER
FOR SQLSTATE '45000'
-- Fehlerbehandlung sollte hier stattfinden
RESIGNAL;
```

Listing 11.92 RESIGNAL-Verwendung in einem Handler

Gültigkeit und Auswahl des aufzurufenden Handlers

Der *Gültigkeitsbereich* eines Handlers ist genau jener Block, in dem der Handler selbst auch definiert ist. Dazu gehören selbstverständlich auch alle darin verschachtelten Codeblöcke. Eine Besonderheit ist dabei, dass der Gültigkeitsbereich auch jene Prozeduren oder Funktionen betrifft, die im Gültigkeitsbereich des Handlers *aufgerufen* werden. Diese Verhaltensweise wird nur dann ausgehebelt, wenn das aufgerufene Programm einen eigenen Handler definiert. Ist dies der Fall, dann »übernimmt« der lokale Handler die Aufgabe des Handlers des ursprünglichen Programms.

Falls es in Ihrem gespeicherten Programm notwendig ist, mehrere Handler zu definieren, sollten Sie die folgenden Punkte beachten: Bei der Definition mehrerer Handler kann natürlich der Fall eintreten, dass Sie mehrere, verschiedene Fehler abfangen und darauf reagieren möchten. Die spezifischste Art, Fehler abzufangen, ist, deren Fehlernummer zu überprüfen. Nehmen Sie an, dass Sie einen Handler A für die MySQL-Fehlernummer 1048 definieren.

Eine weitere Möglichkeit bei der Definition von Handlern ist es – wie Sie bereits kennengelernt haben –, den Handler für einen bestimmten SQLSTATE zu definieren. Nehmen Sie an, dass Sie einen Handler B für den SQLSTATE 23000 definieren (dieser State beinhaltet auch die Fehlermeldung 1048 und noch weitere Fehler, wie zum Beispiel einen doppelten Eintrag in einer Primärschlüsselspalte). In dieser Konstellation kann es theoretisch möglich sein, dass ein Fehler beide Handler auslöst. Beispielsweise würde das Auftreten des Fehlers 1048 die Handler A und B auslösen, da der Fehler 1048 auch den SQLSATE 23000 aufweist. Doch welcher dieser beiden zutreffenden Handler wird wirklich ausgelöst und ausgeführt?

MySQL hat für die Behandlung solcher Fälle eine Abfolge festgelegt, in der die Handler aufgerufen werden, falls diese gleichzeitig ausgelöst werden würden. Im Folgenden ist diese Rangliste aufgeführt, wobei der oberste Eintrag auch die höchste Priorität besitzt und somit zuerst ausgelöst wird:

- Handler für eine spezifische Fehlernummer
- Handler für einen spezifischen SQLSTATE
- Handler für alle auftretenden Fehlermeldungen (`SQLEXCEPTION`)

Die Wahl dieser Rangliste liegt darin begründet, dass es stets besser ist, den Fehler so spezifisch wie möglich behandeln zu können. Ist also ein Handler für eine Fehlermeldung definiert, so wird dieser aufgerufen. Ist ein solcher Handler nicht definiert, wird der definierte Handler für den entsprechenden SQLSTATE aufgerufen. Nach dem Auslösen eines Handlers entsprechend der Abfolge werden die weiteren Handler nicht mehr ausgelöst, da der Fehler bereits behandelt wurde. Zudem ist bei einer solchen Vorgehensweise die Reihenfolge der Definition der Handler nicht erheblich.

11.5.8 Verschachtelte Cursor und deren Handler

In einigen Anwendungsfällen ist es ebenso notwendig, Cursor zu verschachteln. Beispielsweise ist es für den Flughafen auf die Art möglich, diverse Statistiken über die Fluglinien bzw. deren Flugzeuge zu berechnen. In diesem Fall soll die entsprechende Statistik die Flugkilometer pro Flugzeug und die gesamt geflogenen Kilometer pro Fluglinie enthalten. Zur Berechnung wird eine gespeicherte Prozedur verwendet. Diese Prozedur soll für jede Fluggesellschaft und für jedes entsprechende Flugzeug die Zahl der absolvierten Gesamtkilometer berechnen. Dazu werden zwei Cursor verwendet: ein Cursor für die Fluglinien und ein Cursor für alle Flugzeuge der entsprechenden Fluglinie.

Da der Inhalt des Cursors für die Flugzeuge stets vom Inhalt des Cursors für die Fluglinie abhängig ist, müssen die beiden Cursor verschachtelt werden. Dies hat den Grund, dass nur für eine festgelegte `fluglinie_id` (im äußeren Cursor festgelegt) auch alle entsprechenden Flugzeuge (innerer Cursor) geholt werden können. Die Verschachtelung von Cursors kann mitunter knifflig sein. Insbesondere die entsprechenden Handler stellen ein Problem dar.

Eine Lösungsmöglichkeit ist die Definition eines Handlers, der lediglich eine Variable `v_fertig` auf 1 setzt, falls das Ende der Ergebnismenge erreicht ist. Problematisch ist dabei, dass der Handler für beide Cursor gilt, da nicht unterschieden wird, welcher Cursor den Fehler `NOT FOUND` wirft. Dies bedeutet theoretisch, dass, sobald die innere Schleife das Ende der Ergebnismenge erreicht hat, die Variable `v_fertig` auf 1 gesetzt wird. Sowohl die innere Schleife als auch die äußere Schleife überprüfen bei jedem Durchlauf diese Variable. Falls der Wert von `v_fertig` 1 ist, werden beide Schleifen zum Durchlauf der Ergebnismengen beendet. Allerdings ist zu diesem Zeitpunkt die Berechnung der Statistiken noch nicht abgeschlossen.

Das Ziel ist, dass zunächst in der äußeren Schleife (`l_fluglinie`) die erste `fluglinie_id` geholt wird. Basierend darauf wird der zweite Cursor geöffnet und für jedes Flugzeug dieser Fluglinie werden Zeile für Zeile die Flugkilometer berechnet und aufsummiert. Die Gesamtberechnung ist damit allerdings noch nicht beendet. Sobald die innere Schleife beendet ist, soll wieder in die äußere Schleife, `l_fluglinie`, gesprungen werden und die nächste Fluglinie wird gefetcht. Basierend darauf wird wieder die innere Schleife, `l_flugzeug`, in Gang gesetzt. Dieser Ablauf soll so lange fortgesetzt werden, bis auch die äußere Schleife das Ende der Ergebnismenge erreicht hat. Dies bedeutet im konkreten Fall, dass die Statistik für alle vorhandenen Fluglinien berechnet wurde.

Die Lösung des Problems mit dem Handler, der die Variable `v_fertig` auf 1 setzt und der von beiden Cursors ausgelöst werden kann, ist denkbar einfach und wird in Listing 11.93 gezeigt. Grundsätzlich ist es so, dass – sofern Daten im System vorhanden sind – stets der innere Cursor als Erstes den Handler auslöst. Dies ist eben der Fall, wenn die Flugkilometer für das letzte Flugzeug der gerade aktiven Fluglinie berechnet wurden. Der Handler wird in weiterer Folge aktiviert, und `v_fertig` wird auf 1 gesetzt.

Am Ende der Schleife `l_flugzeug` wird genau diese Bedingung überprüft, um dann die Schleife verlassen zu können. Zusätzlich wird aber nun noch die Variable `v_fertig` wieder auf 0 gesetzt. So kann einerseits die innere Schleife abgebrochen werden, aber andererseits wird die äußere Schleife nicht davon betroffen, das Programm läuft wie beabsichtigt weiter.

```
CREATE PROCEDURE erzeuge_flugstatistik()
BEGIN
   DECLARE v_fluglinie_id INTEGER DEFAULT 0;
   DECLARE v_flugzeug_id INTEGER DEFAULT 0;
   DECLARE v_km_fluglinie DECIMAL(11,2) DEFAULT 0;
   DECLARE v_km_flugzeug DECIMAL(11,2)DEFAULT 0;
   DECLARE v_fertig TINYINT DEFAULT 0;
```

```
-- Cursor fuer die Fluglinien
DECLARE c_fluglinie CURSOR
   FOR SELECT fluglinie_id
   FROM fluglinie
   WHERE fluglinie_id;

-- Cursor fuer die Flugzeuge
DECLARE c_flugzeug CURSOR
   FOR SELECT flugzeug_id
   FROM flugzeug
   WHERE fluglinie_id = v_fluglinie_id;

DECLARE CONTINUE HANDLER
   FOR NOT FOUND
   SET v_fertig = 1;

OPEN c_fluglinie;    -- auessere Loop ueber alle Fluglinien

l_fluglinie: LOOP
   FETCH c_fluglinie INTO v_fluglinie_id;
   IF v_fertig THEN
      LEAVE l_fluglinie;
      CLOSE c_fluglinie;
   END IF;

   SET v_km_fluglinie = 0;

   OPEN c_flugzeug;  -- Loop ueber alle Flugz. der Fluglinie
                     -- des auesseren Fluges

   l_flugzeug: LOOP
      FETCH c_flugzeug INTO v_flugzeug_id;

      -- bereits beim letzten Flugzeug angelangt?
      IF v_fertig THEN
         -- = 0, damit aeussere schleife nicht abbricht
         SET v_fertig = 0;
         CLOSE c_flugzeug;
         LEAVE l_flugzeug;
      END IF;

      -- Aufsummieren der km des Flugzeugs
      SELECT SUM(berechne_distanz(von, nach))
      INTO v_km_flugzeug
      FROM flug
```

```
        WHERE flugzeug_id = v_flugzeug_id;

        -- Update des km-Zaehlers der Fluglinie
        IF(v_km_flugzeug IS NOT NULL) THEN
           SET v_km_fluglinie = v_km_fluglinie + v_km_flugzeug;
        END IF;

        -- Ausgabe des Ergebnisses fuer das Flugzeug
        SELECT v_fluglinie_id, v_flugzeug_id, v_km_flugzeug;
        SET v_km_flugzeug = 0;

     END LOOP l_flugzeug;

   END LOOP l_fluglinie;

   -- Ausgabe des Ergebnisses fuer die Fluglinie
   SELECT v_fluglinie_id, v_km_fluglinie;
END
```

Listing 11.93 Verschachtelte Cursor und Handler

Bei der Ausführung dieser Prozedur werden Sie feststellen, dass eine Warnung auftritt. Die Warnung beinhaltet folgende Meldung: `Error 1329: No data – zero rows fetched, selected, or processed`. Das Auftreten dieser Warnung liegt daran, dass einige Fluggesellschaften Flugzeuge besitzen, die gar nicht zum Einsatz kommen. Daher wird beim Aufsummieren der Flugkilometer eines solchen Flugzeugs `NULL` zurückgegeben und `v_km_flugzeug` zugewiesen, da keinerlei Flüge des Flugzeugs im System vorhanden sind.

11.5.9 Temporäre Tabellen

MySQL stellt mit ungebundenen `SELECT`-Statements ein sehr komfortables und effektives Mittel zur Verfügung, mit dem gespeicherte Prozeduren Ergebnismengen zurückgeben können. Doch was passiert, wenn die Ergebnismenge einer gespeicherten Prozedur gleichzeitig die Grundlage für eine weitere gespeicherte Prozedur sein soll, welche die Daten weiterbverarbeiten soll?

Wie Sie bereits wissen, akzeptieren gespeicherte Prozeduren nur atomare Werte als Parameter. Diese Tatsache hindert Sie dementsprechend daran, die Ergebnismenge einer gespeicherten Prozedur direkt an eine weitere Prozedur weiterzureichen. *Temporäre Tabellen* bieten eine Lösung für dieses Problem.

Erzeugung von temporären Tabellen

Temporäre Tabellen sind, wie der Name schon verrät, nur zwischenzeitlich gültig. Konkret bedeutet dies, dass die Tabelle nur während der aktuellen Verbindung besteht und mit Beendigung der Verbindung (Session) wieder gelöscht wird. Die Erzeugung von temporären Tabellen erfolgt mit dem Befehl `CREATE TABLE` (siehe auch Abschnitt 3.5, »Übersicht der wichtigsten Befehle«), dem Sie zusätzlich noch das Schlüsselwort `TEMPORARY` anfügen, wie dies Listing 11.94 demonstriert. Grundsätzlich können Sie temporäre Tabellen wie normale Tabellen behandeln, da sie die gleichen Datentypen und auch die gleichen SQL-Operationen anbieten.

```
CREATE TEMPORARY TABLE tmp_flug(
   flug_id INT PRIMARY KEY,
   von SMALLINT NOT NULL,
   nach SMALLINT NOT NULL
);
```

Listing 11.94 Erzeugung einer temporären Tabelle

Auf eine temporäre Tabelle kann in weiterer Folge von den verschiedenen gespeicherten Prozeduren innerhalb einer Session zugegriffen werden, und so können Daten zwischen Prozeduren ausgetauscht und übergeben werden.

Rechte und Einschränkungen

Für die Erzeugung von temporären Tabellen ist die Berechtigung `CREATE_TEMPORARY_TABLES` notwendig (Näheres zu Rechten in MySQL finden Sie in Abschnitt 10.2, »Priviligiert – die Benutzerrechte im Detail«).

Temporäre Tabellen unterliegen auch einigen Einschränkungen, die im Folgenden aufgezählt sind:

- Temporäre Tabellen können nicht mehrfach in einem SQL-Statement verwendet werden. Sie können innerhalb einer Abfrage nicht zweimal aus der gleichen Tabelle referenziert werden.
- Lediglich Memory, MyISAM, Merge und InnoDB werden als Storage-Engines für temporäre Tabellen unterstützt.
- Der Befehl `SHOW TABLES` führt temporäre Tabellen nicht an.

11.5.10 Rekursion

Eine Prozedur ist genau dann rekursiv, wenn diese durch sich selbst definiert wird und sich bei der Ausführung selbst aufruft. Das bedeutet, dass im Rumpf der

Prozedur dieselbe Prozedur selbst nochmals aufgerufen wird. Standardmäßig ist in MySQL die Möglichkeit zur Rekursion deaktiviert, und sie ist grundsätzlich nur für gespeicherte Prozeduren verfügbar. Sie können Rekursion aktivieren, indem Sie die Systemvariable max_sp_recursion_depth auf einen Wert größer 0 setzen. Diese Variable legt fest, wie oft sich die Prozedur selbst aufrufen darf. Diese Begrenzung wird oft als maximale Rekursionstiefe bezeichnet.

In Listing 11.95 sehen Sie eine einfache, rekursive gespeicherte Prozedur. Diese zählt von einer übergebenen Ganzzahl p_start rückwärts bis 1. Dieses Rückwärtszählen wird durch rekursive Aufrufe der Prozedur erreicht, wobei bei jedem Aufruf der übergebene Wert um 1 vermindert wird. Dabei wird in jedem Durchlauf der Prozedur der aktuelle Wert ausgegeben.

```
CREATE PROCEDURE rekursiv_zaehler(IN p_start INT)
BEGIN
  IF p_start > 0 THEN
    SELECT p_start;
    CALL rekursiv_zaehler(p_start-1);
  END IF;
END
```

Listing 11.95 Einfaches Rekursionsbeispiel

Bei der Verwendung von Rekursion müssen stets alle Aufrufe gehalten werden, was mitunter äußerst Speicherplatz-intensiv sein kann. So müssen bei einem Aufruf der Prozedur aus Listing 11.95, bei dem von 10 rückwärts gezählt wird, bis zum letzten Aufruf zehn offene Prozeduren im Speicher gehalten werden. Daher kann es unter Umständen notwendig sein, den verfügbaren Speicherplatz zu erhöhen, der zur Verfügung steht.

Listing 11.96 zeigt ein Beispiel einer komplexeren, rekursiven Prozedur. Diese berechnet ausgehend von einem Flughafen und einer vorgegebenen maximalen Anzahl von Zwischenlandungen (Hops) alle erreichbaren Flughäfen. Der Parameter p_hop_aktuell dient dabei allein der Koordination der Rekursion. Darin wird gespeichert, wie oft die Prozedur bereits rekursiv aufgerufen wurde (Rekursionstiefe). Dieser Wert wird beim ersten Aufruf mit 0 übergeben.

Zur Berechnung der erreichbaren Flughäfen wird beim ersten Aufruf der Prozedur eine *Memory-Tabelle* angelegt (bzw. vorher gelöscht und dann nochmals angelegt). Solche Hauptspeicher-Tabellen bieten sich als »Zwischenlager« für rekursive Berechnungen sehr an, da die Daten im Hauptspeicher liegen und diese Lösung daher sehr performant ist. Dies gilt natürlich nur so lange, wie die Daten auch im Hauptspeicher Platz finden.

Diese Tabelle wird dann mit all jenen Flügen gefüllt, die vom Startflughafen (p_von) ausgehend mit einem Flug erreichbar sind. Danach wird ein rekursiver Aufruf der Funktion durchgeführt, bei dem die Parameter p_von und p_hops gleich bleiben, lediglich die Anzahl der bereits getätigten Aufrufe (p_hop_aktuell) wird um eins erhöht.

Ab dem zweiten Aufruf der Prozedur (im ELSEIF-Zweig) wird mit jedem Aufruf für jeden im vorigen Schritt erreichbaren Flughafen durch einen Join mit der Tabelle »flug« überprüft, welche Flughäfen durch eine weitere Zwischenlandung erreichbar sind, und diese werden wiederum in die Tabelle »flughafen_erreichbar« eingetragen. Beachten Sie, dass die Route zu den erreichbaren Flughäfen nicht mit gespeichert wird.

```
CREATE PROCEDURE erreichbare_flughaefen(
   IN p_von INT,
   IN p_hops INT,
   IN p_hop_aktuell INT
)
BEGIN
   IF (p_hop_aktuell = 0) THEN
      DROP TABLE IF EXISTS flughafen_erreichbar;
      CREATE TABLE flughafen_erreichbar(
         flughafen_id INTEGER PRIMARY KEY,
         hops INTEGER
      )ENGINE=MEMORY;

      INSERT INTO flughafen_erreichbar
         SELECT DISTINCT nach, p_hop_aktuell
         FROM flug
         WHERE von = p_von;

      CALL erreichbare_flughaefen(p_von, p_hops,
         p_hop_aktuell+1);

   ELSEIF (p_hop_aktuell <= p_hops) THEN
      INSERT IGNORE INTO flughafen_erreichbar
         SELECT DISTINCT f.nach, p_hop_aktuell
         FROM flughafen_erreichbar fh JOIN flug f
            ON (fh.flughafen_id = f.von);

      CALL erreichbare_flughaefen(p_von, p_hops,
         p_hop_aktuell + 1);
   END IF;
END
```

Listing 11.96 Rekursive Flug-Abfrage

Listing 11.97 zeigt die Ausgabe zweier Aufrufe der Prozedur. Der erste Aufruf erlaubt keinerlei Zwischenlandungen, und das Ergebnis umfasst dementsprechend nur alle vom Flughafen 2233 ausgehenden Flüge. Wird die Anzahl der Zwischenlandungen auf 1 gesetzt, können zwei weitere Flughäfen erreicht werden, und mit einer weiteren Zwischenlandung können bereits sechs Flughäfen erreicht werden.

```
mysql> CALL erreichbare_flughaefen(2233, 0, 0);
mysql> SELECT * FROM flughafen_erreichbar;
+--------------+------+
| flughafen_id | hops |
+--------------+------+
|         9341 |    0 |
|         1072 |    0 |
+--------------+------+

mysql> CALL erreichbare_flughaefen(2233, 1, 0);
mysql> SELECT * FROM flughafen_erreichbar;
+--------------+------+
| flughafen_id | hops |
+--------------+------+
|         9341 |    0 |
|         1072 |    0 |
|         7298 |    1 |
|         7663 |    1 |
+--------------+------+

mysql> CALL erreichbare_flughaefen(2233, 2, 0);
mysql> SELECT * FROM flughafen_erreichbar;
+--------------+------+
| flughafen_id | hops |
+--------------+------+
|         9341 |    0 |
|         1072 |    0 |
|         7298 |    1 |
|         7663 |    1 |
|         7505 |    2 |
|         3242 |    2 |
+--------------+------+
```

Listing 11.97 Aufruf einer rekursiven gespeicherten Prozedur

11.5.11 Transaktionen

Das Konzept von *Transaktionen* und *Nebenläufigkeit* kennen Sie bereits aus Abschnitt 5.3. Dieses kann auch in gespeicherten Prozeduren Anwendung finden (nicht jedoch in gespeicherten Funktionen, Triggern oder Events).

Betrachten Sie eine Prozedur, die die Buchung eines Kunden durchführen soll. Dabei muss zunächst die Anzahl an freien Sitzplätzen in der entsprechenden Maschine festgestellt werden. Falls noch Plätze verfügbar sind, kann dann die Buchung durchgeführt werden. Dabei ist es zwingend erforderlich, dass diese Befehle allesamt gemeinsam ausgeführt werden und zudem keine weitere Operation »dazwischenfunkt«. Daher darf während der Überprüfung der freien Sitzplätze keine andere Buchung durchgeführt werden, um Überbuchungen bzw. Doppelbelegungen zu vermeiden. Zum Schutz vor solchen Szenarien stehen auch in gespeicherten Prozeduren Transaktionen zur Verfügung. Sie können innerhalb von gespeicherten Prozeduren Transaktionen im vollen Funktionsumfang verwenden.

Eine (vereinfachte) Umsetzung des oben genannten Szenarios finden Sie in Listing 11.98. Darin wird die Buchung eines Kunden mit einer Transaktion durchgeführt. Dazu wird vor der Speicherung der Buchung mittels `START TRANSACTION` die Transaktion begonnen. Danach folgen die einzelnen Befehle zur Durchführung der Buchung (Bestimmung des Preises und Informationen über den Passagier, Speicherung der Buchung). Sobald die Buchung fertiggestellt wurde, werden die Befehle mittels `COMMIT` commited. Näheres zum Transaktionskonzept finden Sie in Abschnitt 5.3.

```
CREATE PROCEDURE buchung (
   IN p_flug_id INT,
   IN p_passagier_id INT,
   IN p_preis DECIMAL(10,2),
   OUT p_buchung_id INT
)
BEGIN
   DECLARE v_kapazitaet INT;
   DECLARE v_gebucht INT;
   START TRANSACTION;
   SELECT kapazitaet INTO v_kapazitaet
   FROM flug JOIN flugzeug USING (flugzeug_id)
   WHERE flug_id = p_flug_id;

   SELECT COUNT(*) INTO v_gebucht
   FROM buchung
   WHERE flug_id = p_flug_id;
```

```
    IF v_kapazitaet > v_gebucht THEN
       INSERT INTO buchung (flug_id,passagier_id,preis)
       VALUES (p_flug_id,p_passagier_id,p_preis);
       SELECT LAST_INSERT_ID() INTO p_buchung_id;
    ELSE
       SELECT 'Dieser Flug ist bereits ueberbucht!';
     END IF;
  COMMIT;
END
```

Listing 11.98 Einsetzen von Transaktionen in gespeicherten Prozeduren

Falls beim Durchführen einer Buchung mithilfe der Prozedur `buchung` wirklich eine Überbuchung festgestellt werden sollte, wird eine Fehlermeldung ausgegeben. Dies ist in Listing 11.99 ersichtlich:

```
mysql> CALL buchung(10101, 383, 500.90, @buchung_id);
+-------------------------------------+
| Dieser Flug ist bereits ueberbucht! |
+-------------------------------------+
| Dieser Flug ist bereits ueberbucht! |
+-------------------------------------+
```

Listing 11.99 Überbuchung einer Maschine

11.6 Trigger

Trigger werden in Datenbanken dazu genutzt, um auf bestimmte auftretende Ereignisse zu reagieren. So können Sie beispielsweise einen Trigger dazu verwenden, die Konsistenz von neu eingefügten oder veränderten Daten zu überprüfen. Oftmals werden Trigger auch eingesetzt, um bestimmte Veränderungen in der Datenbank mit loggen zu können.

Ein Trigger wird stets durch bestimmte Ereignisse automatisch angestoßen. Diese Ereignisse können von einfachen `INSERT`-, `SELECT`-, `UPDATE`- oder `DELETE`-Operationen bis hin zu komplexeren Konstrukten mithilfe von Cursors und Handlern reichen.

11.6.1 Trigger erstellen

Ein Trigger ist stets an eine bestimmte Tabelle gebunden. Das bedeutet, dass der Trigger nur auf Operationen, die auf dieser Tabelle ausgeführt werden, reagiert. Sie können allerdings keine Trigger auf Sichten (Views) oder temporären Tabellen erstellen. Wichtig ist auch, dass ein Trigger stets für jeden betreffenden Datensatz ausgeführt wird. Werden also zum Beispiel drei Datensätze gelöscht, wird ein DELETE-Trigger dreimal ausgeführt.

Ein sehr einfaches Beispiel für einen Trigger sehen Sie in Listing 11.100. Dieser Trigger prüft vor dem eigentlichen Einfügen der Daten, ob der Preis einer Buchung eine negative Zahl ist. Falls dies der Fall ist, wird der Preis durch den Trigger auf 0 gesetzt und erst danach eingefügt.

```
CREATE TRIGGER check_buchung
BEFORE INSERT ON buchung
FOR EACH ROW
BEGIN
   IF NEW.preis < 0
      THEN SET NEW.preis = 0;
    END IF;
END
```

Listing 11.100 INSERT-Trigger zur Kontrolle des Buchungspreises

Die Erzeugung eines Triggers werden Sie nun im Detail kennenlernen. Die genaue Syntax des CREATE-Statements ist in Listing 11.101 angeführt.

```
CREATE
    [DEFINER = { benutzer | CURRENT_USER }]
    TRIGGER bezeichner_trigger {BEFORE | AFTER}
      {INSERT | UPDATE | DELETE}
    ON bezeichner_tabelle FOR EACH ROW befehle...
```

Listing 11.101 CREATE-Befehl für Trigger – Syntax

Wie bereits erwähnt, werden Trigger in Reaktion auf bestimmte Datenbankoperationen ausgeführt, welche im Folgenden nochmals aufgelistet sind:

- INSERT – der Trigger wird bei jeder Einfügeoperation in die Tabelle ausgeführt. Dazu zählen auch die Operationen LOAD DATA und REPLACE.
- UPDATE – mit jeder UPDATE-Operation, die auf einem Datensatz ausgeführt wird, wird der Trigger gestartet.
- DELETE – wird ein Datensatz in der Tabelle gelöscht, wird auch der Trigger angestoßen.

Grundsätzlich können Sie Trigger – abhängig von den Anforderungen – entweder vor (BEFORE) oder nach dem Ausführen (AFTER) einer bestimmten Operation aktivieren. Einen Trigger können Sie also beispielsweise vor oder nach dem Einfügen einer neuen Zeile aktivieren.

Wie Sie bereits in den Abschnitten zu gespeicherten Prozeduren und gespeicherten Funktionen erfahren haben, ist es oftmals notwendig, mehrere SQL-Befehle bei einem Aufruf ausführen zu können. Auch bei Triggern ist dies des Öfteren notwendig, und Sie können das analog zu den bisherigen Verwendungen über einen `BEGIN`-/`END`-Block lösen. Natürlich können Sie in Triggern auch gespeicherte Prozeduren oder Funktionen aufrufen, um Code wiederzuverwenden.

Sie haben bereits bei den gespeicherten Prozeduren und Funktionen den `DEFINER` kennengelernt (siehe Abschnitt 11.2.2, »Erweiterte Einstellungen beim Erzeugen von gespeicherten Prozeduren«). Diesen können Sie auch bei der Erzeugung von Triggern verwenden, um einen bestimmten Benutzer-Account angeben zu können. Der Account wird dann zur Ausführung des Triggers herangezogen. Dementsprechend werden auch die Rechte des Accounts geprüft.

Im Fall von Triggern können Sie als `DEFINER` entweder einen bestimmten Benutzer-Account angeben (zum Beispiel admin@localhost), oder Sie verwenden `CURRENT_USER`. Dies stellt auch die Default-Einstellung dar und bedeutet, dass für die Ausführung die Rechte jenes Benutzers überprüft werden, der den Trigger auch *erzeugt* hat. Für die Erzeugung von Triggern ist stets das `TRIGGER`-Recht Voraussetzung. Um einen fremden Benutzeraccount als `DEFINER` angeben zu können, benötigen Sie `SUPER`-Berechtigungen.

Beim Arbeiten mit Triggern gilt es zu beachten, dass Sie pro Datenbanktabelle stets maximal sechs Trigger erzeugen dürfen. Der Grund ist, dass es sechs mögliche Trigger-Arten gibt (`BEFORE UPDATE`, `BEFORE INSERT`, `BEFORE DELETE`, `AFTER UPDATE`, `AFTER INSERT`, `AFTER DELETE`) und für jede dieser Kombinationen nur ein zugehöriger Trigger erzeugt werden darf. Falls Sie trotz dieser Vorgabe probieren sollten, mehrere Trigger für die gleiche Kombination aus Ausführungszeitpunkt und auslösender Operation zu erstellen, gibt MySQL die in Listing 11.102 angeführte Fehlermeldung zurück:

```
ERROR 1235 (42000): This version of MySQL doesn't yet support
'multiple triggers with the same action time and event for one table'
```

Listing 11.102 Fehlermeldung bei mehrfacher Definition von Triggern

Diese Einschränkung können Sie umgehen, indem Sie einen Trigger für die gewünschte Kombination aus Ausführungszeitpunkt und auslösender Operation definieren, der mehrere Aufgaben übernimmt. Dazu können Sie in diesem Trigger einfach mehrere gespeicherte Prozeduren aufrufen, die die gewünschten Operationen ausführen. Das hat den Vorteil, dass der Trigger kurz und übersichtlich bleibt und trotzdem alle gewünschten Funktionalitäten erfüllt. Zudem ist der Code in einer Prozedur gekapselt, zentral gespeichert und kann gegebenenfalls wiederverwendet werden. Allerdings sollten Sie bei der Verwendung von gespeicherten Prozeduren in Triggern darauf achten, dass diese nicht zu zeitintensive Berechnungen durchführen. Doch dazu später mehr.

In Listing 11.103 wird ein Trigger erstellt, der jegliche Änderungen an der Tabelle »flug« samt ausführendem Benutzer in eine Log-Tabelle schreibt. Dies ist wichtig, um im Nachhinein etwaige fehlerhafte Änderungen feststellen zu können. Dieser Trigger wird per Definition *nach* dem eigentlichen Update des Datensatzes ausgeführt.

```
CREATE TRIGGER log_aenderungen
AFTER UPDATE ON flug
FOR EACH ROW
   INSERT INTO flug_log (datum, benutzer, flug_id,
      flugnr_alt, flugnr_neu, von_alt, von_neu, nach_alt,
      nach_neu, abflug_alt, abflug_neu, ankunft_alt,
      ankunft_neu, fluglinie_id_alt, fluglinie_id_neu,
      flugzeug_id_alt, flugzeug_id_neu)
   VALUES (
      current_timestamp(), user(), OLD.flug_id,
      OLD.flugnr, NEW.flugnr, OLD.von, NEW.von, OLD.nach,
      NEW.nach, OLD.abflug, NEW.abflug, OLD.ankunft,
      NEW.ankunft, OLD.fluglinie_id, NEW.fluglinie_id,
      OLD.flugzeug_id, NEW.flugzeug_id
  );
```

Listing 11.103 Erstellung eines einfachen Triggers

In diesem Beispiel werden für die Flugnummer, den Ankunfts- und den Abflughafen und auch die Fluglinie sowohl der alte Wert vor dem Update, als auch der neue Wert nach dem Update mit geloggt. Dies ist möglich, da MySQL für Trigger die Schlüsselwörter `NEW` und `OLD` zur Verfügung stellt. Diese werden oft auch als Alias bezeichnet und referenzieren jeweils alle alten bzw. neuen Werte der Spalten. In diesem Beispiel wird `OLD` verwendet, um den ursprünglichen, möglicherweise geänderten Wert speichern zu können. `NEW` wird verwendet, um die neuen, upgedateten Werte der jeweiligen Spalten zu speichern.

Beachten Sie dabei allerdings, dass bei einem Trigger `BEFORE INSERT` keine `OLD`-Referenz zur Verfügung steht, da kein alter Datensatz verfügbar ist. Analog gibt es auch keinen `NEW`-Wert bei `AFTER`-Triggern. Dieses Verhalten von Aliases ist in Tabelle 11.5 noch einmal zusammengefasst.

Sie können einen `NEW`-Alias in einem `BEFORE`-Trigger auch dazu verwenden, um den Wert vor der Einfüge- oder Änderungsoperation zu verändern. So können Sie beispielsweise Werte, die der Benutzer eingibt, direkt abfangen, überprüfen und noch vor dem Einfügen oder Update entsprechend verändern.

Trigger	OLD	NEW
BEFORE INSERT	Es gibt keinen OLD-Wert bei einer Einfügeoperation.	Referenz auf die einzufügenden Werte
AFTER INSERT	Es gibt keinen OLD-Wert bei einer Einfügeoperation.	Referenz auf die eingefügten Werte
BEFORE UPDATE	Damit werden jene »alten« Werte referenziert, die upgedated werden.	Damit werden die neuen Werte referenziert, die nach dem Update gültig sind.
AFTER UPDATE	OLD referenziert die ursprünglichen Werte (vor dem Update).	NEW referenziert die neuen, upgedateten Werte.
BEFORE DELETE	die Werte des zu löschenden Datensatzes	Vor einer Löschoperation gibt es keinen NEW-Wert.
AFTER DELETE	die Werte des gelöschten Datensatzes	Nach einer Löschoperation gibt es keinen NEW-Wert.

Tabelle 11.5 Übersicht über alle Trigger-Aliases

Verwenden Sie Trigger sehr sparsam, da Sie meist große Performance-Einbußen in Kauf nehmen müssen (siehe grauer Kasten).

Trigger und Performance

Beachten Sie beim Erstellen von Triggern unbedingt, dass Trigger bei jedem UPDATE, INSERT oder DELETE ausgeführt werden und somit die Performance dieser Operationen stark einschränken können. So kann ein Trigger, der umfangreiche, zeitintensive und komplexe Abfragen und gegebenenfalls Berechnungen durchführt, die Performance Ihres Systems stark einschränken. Bedenken Sie, dass diese komplexen, zeitintensiven Operationen für jede einzelne eingefügte, geänderte oder gelöschte Zeile ausgeführt werden. Gerade bei Tabellen, die oft geändert werden, ist dies ein nicht zu unterschätzender Faktor. Stellen Sie sich vor, für eine Tabelle, in der einige hundert Zeilen eingefügt werden, muss für jedes INSERT der entsprechende Trigger aufgerufen werden. Ist der Trigger-Code umfangreich und rechenintensiv, leidet zwangsläufig die Einfüge-Performance.

Stellen Sie sich vor, ein Trigger führt nach einem INSERT in einer bestimmten Tabelle beispielsweise drei SQL-Befehle aus. Werden also 10.000 Datensätze eingefügt, so werden insgesamt 10.000 Inserts ausgeführt, die 30.000 durch den Trigger durchgeführte Operationen nach sich ziehen. Sie sehen schon, dieser durch den Trigger hervorgerufene »Overhead« ist enorm. Meist kann dies ganz einfach vermieden werden, da diese 30.000 Operationen oftmals durch eine simple Operation (beispielsweise durch ein UPDATE) ersetzt werden können.

Zudem leidet die *Transparenz* von Operationen unter Triggern. Falls Sie viele Trigger verwenden, ist es zunehmend schwierig, Änderungen an den Daten nachvollziehen zu können, da die Änderungen durch Trigger automatisch erfolgen und daher leicht außer Acht gelassen werden. Wenn Sie also viele komplexe Trigger in Ihrem System verwenden, kann es sehr schwer werden, den Überblick zu behalten und bestimmte Änderungen in der Datenbank können nicht mehr nachvollzogen werden.

11.6.2 Löschen und Bearbeiten von Triggern

Sie können Trigger durch den Befehl `DROP TRIGGER` löschen, wie das Beispiel in Listing 11.104 zeigt. Dabei wurde zusätzlich die Klausel `IF EXISTS` verwendet, um etwaigen Warnungen vorzubeugen, die auftreten würden, falls der zu löschende Trigger nicht existiert.

```
mysql> DROP TRIGGER IF EXISTS log_aenderungen;
```

Listing 11.104 Löschen eines Triggers

MySQL stellt keinen `ALTER`-Befehl für Trigger zur Verfügung. Daher müssen Trigger zur Änderung bzw. Aktualisierung stets zuerst gelöscht und dann neu erzeugt werden.

11.6.3 Informationen über bestehende Trigger (Metadaten)

Sie können auf zwei verschiedene Arten Daten über die aktuell in der Datenbank vorhandenen Trigger abrufen: Einerseits steht Ihnen auch für Trigger der Befehl `SHOW TRIGGERS` zur Verfügung, andererseits gibt es auch eine Tabelle »TRIGGER« in der Datenbank »INFORMATION_SCHEMA«.

Listing 11.105 zeigt einen Auszug der Ausgabe des Befehls `SHOW TRIGGERS`. Dieser beinhaltet alle vorhandenen Trigger, wobei in diesem Fall aus Platzgründen nur die Informationen zum ersten Trigger angeführt sind:

```
mysql> SHOW TRIGGERS\G
*************************** 1. row ***************************
             Trigger: check_buchung
               Event: INSERT
               Table: buchung
           Statement: BEGIN
   IF NEW.preis < 0
      THEN SET NEW.preis = 0;
    END IF;
END
              Timing: BEFORE
             Created: NULL
```

```
           sql_mode:
            Definer: admin@%
character_set_client: utf8
collation_connection: utf8_general_ci
  Database Collation: latin1_swedish_ci
```

Listing 11.105 Ausgabe des Befehls SHOW TRIGGERS (Auszug)

Die Spalten der Ausgabe `SHOW TRIGGERS` werden in Tabelle 11.6 näher beschrieben:

Spalte	Beschreibung
Trigger	Bezeichner des beschriebenen Triggers
Event	Art der Operation, auf die der Trigger reagiert (`INSERT`, `UPDATE` oder `DELETE`)
Table	Tabelle, auf der der Trigger definiert ist
Statement	Befehl(sfolge) zur Erzeugung des Triggers
Timing	Zeitpunkt der Ausführung des Triggers (`BEFORE` oder `AFTER`)
Created	Diese Spalte ist stets `NULL`.
sql_mode	SQL-Modus des Servers: unterstützte SQL-Syntax zum Zeitpunkt der Erzeugung des Triggers
Definer	Benutzername jenes Benutzers, der den Trigger erzeugt hat
character_set_client	Zeichensatz (Wert der Systemvariablen `character_set_client`) zum Zeitpunkt der Erzeugung des Triggers
collation_connection	Sortierfolge der Connection
Database Collation	Sortierfolge der Datenbank, auf der der Trigger erzeugt wurde

Tabelle 11.6 Beschreibung der Ausgabe SHOW TRIGGERS

Nun zum anderen Weg, um Informationen über die vorhandenen Trigger zu erhalten, über die Tabelle »TRIGGER« in der Datenbank »INFORMATION_SCHEMA«.

Listing 11.106 zeigt einen Auszug des Ergebnisses eines `SELECT`-Statements auf diese Tabelle. In diesem Fall wird nur die erste Zeile der Ergebnismenge – der erste Trigger – angezeigt.

```
mysql> SELECT * FROM INFORMATION_SCHEMA.TRIGGERS\G
*************************** 1. row ***************************
           TRIGGER_CATALOG: def
            TRIGGER_SCHEMA: FlughafenDB
```

```
              TRIGGER_NAME: check_buchung
        EVENT_MANIPULATION: INSERT
      EVENT_OBJECT_CATALOG: def
       EVENT_OBJECT_SCHEMA: FlughafenDB
        EVENT_OBJECT_TABLE: buchung
              ACTION_ORDER: 0
          ACTION_CONDITION: NULL
          ACTION_STATEMENT: BEGIN
   IF NEW.preis < 0
      THEN SET NEW.preis = 0;
    END IF;
END
        ACTION_ORIENTATION: ROW
             ACTION_TIMING: BEFORE
ACTION_REFERENCE_OLD_TABLE: NULL
ACTION_REFERENCE_NEW_TABLE: NULL
  ACTION_REFERENCE_OLD_ROW: OLD
  ACTION_REFERENCE_NEW_ROW: NEW
                   CREATED: NULL
                  SQL_MODE:
                   DEFINER: admin@%
      CHARACTER_SET_CLIENT: utf8
      COLLATION_CONNECTION: utf8_general_ci
        DATABASE_COLLATION: latin1_swedish_ci
```

Listing 11.106 Auszug aus der Tabelle INFORMATION_SCHEMA.TRIGGERS

Die in der Trigger-Tabelle angeführten Spalten werden in Tabelle 11.7 näher beschrieben:

Spalte	Beschreibung
TRIGGER_CATALOG	stets auf def gesetzt
TRIGGER_SCHEMA	Bezeichner der Datenbank, auf der der Trigger definiert wurde
TRIGGER_NAME	Bezeichner des Triggers
EVENT_MANIPULATION	auslösendes Event (INSERT, DELETE oder UPDATE)
EVENT_OBJECT_CATALOG	stets auf def gesetzt
EVENT_OBJECT_SCHEMA	Datenbank, auf der der Trigger definiert wurde
EVENT_OBJECT _TABLE	Tabelle, auf der der Trigger definiert wurde

Tabelle 11.7 Spalten der Trigger-Tabelle – Beschreibung

Spalte	Beschreibung
ACTION_ORDER	stets auf 0 gesetzt (wäre nur notwendig, wenn es erlaubt wäre, zwei Trigger für die gleiche Aktion und den gleichen Ausführungszeitpunkt zu definieren)
ACTION_CONDITION	stets auf NULL gesetzt
ACTION_STATEMENT	im Trigger auszuführendes SQL-Statement
ACTION_ORIENTATION	stets auf ROW gesetzt
ACTION_TIMING	Ausführungszeitpunkt des Triggers (BEFORE oder AFTER)
ACTION_REFERENCE_OLD_TABLE	stets auf NULL gesetzt
ACTION_REFERENCE_NEW_TABLE	stets auf NULL gesetzt
ACTION_REFERENCE_OLD_ROW	stets auf OLD gesetzt
ACTION_REFERENCE_NEW_ROW	stets auf NEW gesetzt
CREATED	stets auf NULL gesetzt
SQL_MODE	SQL-Modus des Servers: unterstützte SQL-Syntax zum Zeitpunkt der Erzeugung des Events
DEFINER	Username des Erzeugers des Triggers
CHARACTER_SET_CLIENT	Zeichensatz (Wert der Systemvariablen character_set_client) zum Zeitpunkt der Erzeugung des Triggers
COLLATION_CONNECTION	Sortierfolge (Wert der Session-Variable character_set_client)
DATABASE_COLLATION	Sortierfolge der Datenbank, auf der der Trigger erzeugt wurde

Tabelle 11.7 Spalten der Trigger-Tabelle – Beschreibung (Forts.)

Zusätzlich gibt es auch noch die Möglichkeit, Informationen über einen bestimmten Trigger anzuzeigen, indem Sie den Quellcode des Triggers abrufen. Dies können Sie mittels SHOW CREATE TRIGGER bewerkstelligen. Die Beschreibung der Spalten, die durch diesen Befehl ausgegeben werden, können Sie der Beschreibung des Befehls SHOW TRIGGER entnehmen, da diese analog verwendet werden.

11.6.4 Einschränkungen

Bei der Erzeugung von Triggern sollten Sie auf einige Einschränkungen Rücksicht nehmen, die im Folgenden aufgelistet sind:

- Trigger dürfen keine *Transaktions-Befehle* beinhalten, das heißt, Sie dürfen innerhalb eines Triggers keine Transaktionen starten oder auch beenden.
- In einem Trigger dürfen keine gespeicherten Prozeduren aufgerufen werden, die Daten direkt mit einem *ungebundenen SELECT* zurückgeben. Eine Übergabe über `OUT`- bzw. `INOUT`-Parameter ist allerdings möglich.
- Trigger dürfen nicht auf *temporären Tabellen* oder *Sichten (Views)* erzeugt werden.
- Trigger werden nicht aktiviert, wenn durch kaskadierende Änderungen an *Fremdschlüsseln* diese geändert bzw. gelöscht werden. Falls also in einer anderen Tabelle durch ein `DELETE` der Fremdschlüssel, der sich in der aktuellen Tabelle befindet, auch gelöscht wird, wird der Trigger nicht aktiviert.
- Trigger verfügen nicht über einen eigenen Rückgabewert.

Zusätzlich zu den Trigger-spezifischen Einschränkungen gelten natürlich auch die Einschränkungen aller gespeicherten Programme, die Sie in Abschnitt 11.1.8 finden.

11.7 Events

Für Sie als Administrator sind Cronjobs (in der Linux-Welt) bzw. geplante Tasks (in der Windows-Welt) bestimmt ein Begriff. *Events* stellen seit der Version 5.1 das gleiche Konstrukt für die MySQL-Welt zur Verfügung – ohne dabei von dem zugrunde liegenden Betriebssystem abhängig zu sein.

Im vorigen Abschnitt haben Sie bereits Trigger kennengelernt. Trigger reagieren auf bestimmte Ereignisse in der Datenbank mit festgelegten Operationen. Events stellen eine ähnliche Funktionalität zur Verfügung – mit dem Unterschied, dass zur Ausführung nicht bestimmte Ereignisse auftreten müssen. Events werden stets zeitgesteuert automatisch von MySQL aufgerufen. Dies kann entweder periodisch, wie zum Beispiel einmal pro Woche, oder einmalig zu einem bestimmten Zeitpunkt erfolgen. So können Sie beispielsweise ein Event definieren, das regelmäßig die im System vorhandenen Tabellen optimiert. Dieses Vorgehen nimmt Ihnen als Administrator Arbeit ab und wird zudem zuverlässig und automatisch an den von Ihnen festgelegten Zeitpunkten ausgeführt.

Listing 11.107 zeigt ein einfaches Beispiel eines Events. Dieses Event wird jede Woche einmal automatisch ausgeführt und ruft den Befehl `OPTIMIZE TABLE` auf der Tabelle »flug« auf.

```
CREATE EVENT optimiere_tabellen
ON SCHEDULE EVERY 1 WEEK
```

```
DO
   OPTIMIZE TABLE flug;
```

Listing 11.107 Erzeugung eines einfachen Events

Die Verwendung von Events kann für verschiedene Zwecke äußerst nützlich sein. So können Sie mit Events viele Aufgaben in der Administration der Datenbank, die ohnehin regelmäßig ausgeführt werden müssen, automatisieren. Ein großer Vorteil ist, dass die gesamte Abwicklung dieser Aufgaben direkt in der Datenbank erfolgen kann und keinerlei Abhängigkeiten von Skripten oder dem zugrunde liegenden Betriebssystem besteht. Hier einige Beispiele für solche Aufgaben, die Sie über Events optimal planen können:

- Archivieren alter Daten
- Backups
- Überprüfung der Konsistenz der Daten
- Löschen alter Partitionen
- Erzeugen neuer Partitionen (zum Beispiel jeweils zu Beginn eines neuen Jahres)
- regelmäßiges Aufrufen des Befehls `OPTIMIZE TABLE` oder anderer Befehle zur Wartung der Datenbank

11.7.1 Event-Scheduler

Der *Event-Scheduler* ist sozusagen das Herzstück der Event-Verwaltung von MySQL. Der Scheduler ist dafür verantwortlich, dass die geplanten Events tatsächlich zum korrekten Zeitpunkt ausgeführt werden. Sie können den Scheduler als einen Prozess ansehen, der die auszuführenden Events überwacht und zum gegebenen Zeitpunkt startet.

Der Event-Scheduler wird von MySQL in einem eigenen Thread ausgeführt. Dieser Thread läuft nach einer Standardinstallation nicht, Sie müssen den Thread also erst starten. Nur wenn dieser Event-Scheduler-Thread läuft, können geplante Events und Aufgaben ausgeführt werden. Den aktuellen Status des Event-Schedulers können Sie über die globale Variable `event_scheduler` abfragen, wie Listing 11.108 zeigt:

```
mysql> SHOW GLOBAL VARIABLES LIKE 'event_scheduler';
+-----------------+-------+
| Variable_name   | Value |
+-----------------+-------+
| event_scheduler | OFF   |
+-----------------+-------+
```

Listing 11.108 Überprüfung des Event Schedulers

Den Thread können Sie mittels `SET GLOBAL event_scheduler = 'ON'` bzw. in der Konfigurationsdatei *my.cnf* über die Variable `event_scheduler = 'ON'` starten. Der laufende Event-Scheduler-Thread scheint auch in der Prozessliste von MySQL auf, wie Listing 11.109 zeigt:

```
mysql> SHOW PROCESSLIST\G
*************************** 1. row ***************************
     Id: 1
   User: event_scheduler
   Host: localhost
     db: NULL
Command: Daemon
   Time: 362
  State: Waiting on empty queue
   Info: NULL
```

Listing 11.109 SHOW PROCESSLIST mit laufendem Event-Scheduler-Thread

In dieser Prozessbeschreibung können Sie erkennen, dass der Daemon `event_scheduler` läuft. Der Status `Waiting on empty queue` bedeutet, dass keinerlei Events definiert sind und daher auch keine Ausführung von Events eingeplant ist.

Grundsätzlich besteht auch noch die Möglichkeit, dass die Variable `event_scheduler` den Wert `DISABLED` aufweist. Ist dies der Fall, so wurde der Event-Scheduler-Thread beim Start von MySQL nicht geladen. Dies kann zwei Gründe haben: Der Server wurde mit der Option `--event_scheduler=DISABLED` gestartet, oder in der MySQL-Konfigurationsdatei ist `event_scheduler=DISABLED` eingetragen. Um den Event-Scheduler-Thread zu starten, müssen Sie dementsprechend den Server ohne die Option für den Event-Scheduler neu starten bzw. die entsprechende Zeile aus der Konfigurationsdatei löschen und dann den Server neu starten.

11.7.2 Erzeugung von Events

Sie haben nun mit dem Starten des Event Schedulers alle Voraussetzungen geschaffen, um Events definieren und deren Ausführung festlegen zu können. Für die Erzeugung eines Events müssen Sie dessen Bezeichner, den Ausführungszeitpunkt und die auszuführenden Operationen festlegen. Der Bezeichner ist dabei innerhalb der Datenbank gültig. Die Syntax des Befehls `CREATE EVENT` finden Sie in Listing 11.110:

```
CREATE
   [DEFINER = { benutzer | CURRENT_USER }]
```

```
  EVENT
  [IF NOT EXISTS]
  bezeichner_event
  ON SCHEDULE zeitplan
  [ON COMPLETION [NOT] PRESERVE]
  [ENABLE | DISABLE | DISABLE ON SLAVE]
  [COMMENT 'kommentar']
  DO befehle...;

zeitplan:
    AT zeiteinheit]  [+ INTERVAL zeiteinheit] ...
  | EVERY zeiteinheit]
    [STARTS zeiteinheit] [+ INTERVAL zeiteinheit]] ...]
    [ENDS zeiteinheit] [+ INTERVAL zeiteinheit]] ...]

zeiteinheit:
    anzahl {YEAR | QUARTER | MONTH | DAY | HOUR | MINUTE |
            WEEK | SECOND | YEAR_MONTH | DAY_HOUR | DAY_MINUTE|
            DAY_SECOND | HOUR_MINUTE | HOUR_SECOND |
            MINUTE_SECOND}
```

Listing 11.110 CREATE EVENT – Syntax

Wie bereits beschrieben, können Events entweder zu einem fixierten Zeitpunkt oder regelmäßig periodisch ausgeführt werden. Dies müssen Sie bei der Erzeugung des Events festlegen. Die Ausführung des Events zu einem bestimmten Zeitpunkt können Sie über die AT-Klausel realisieren. Diese erlaubt es Ihnen, einen *Zeitstempel* für die Ausführung des Events festzulegen.

Ein solcher Zeitstempel kann auf zwei verschiedene Arten erzeugt werden: Sie können den Zeitpunkt selbst definieren oder eine Funktion verwenden, die beispielsweise den aktuellen Zeitstempel berechnet. Ein Zeitstempel ist im Grunde ein String, der einen Zeitpunkt definiert. Dieser String hat stets das folgende Format: YYYY-MM-DD HH:MM:SS, er besteht also aus einer vierstelligen Jahreszahl, gefolgt von einer zweistelligen Angabe des Monats und einer zweistelligen Angabe des Tages. Diese Angaben werden durch Bindestriche getrennt. Nach einem Leerzeichen erfolgt noch die Festlegung der Uhrzeit, wobei zunächst zwei Stellen für die Stunde, danach zwei Stellen für die Minuten und zwei Stellen für die Sekunden verwendet werden können. Diese Angaben sind jeweils durch Doppelpunkte getrennt.

Wenn Sie also einen Zeitstempel definieren wollen, können Sie dies beispielsweise mit »2013-01-01 00:00:00« machen, wie es auch in Listing 11.111 gezeigt wird. Die andere Art, einen Zeitpunkt anzugeben, ist die Verwendung der Funktion CURRENT_TIMESTAMP(). Diese gibt den Zeitstempel des aktuellen Zeitpunkts in dem eben beschriebenen Format zurück.

Listing 11.111 zeigt beispielsweise die Erzeugung eines Events, das zum Jahreswechsel 2013 eine Stored Procedure aufruft, die alte Daten in den Tabellen archiviert. Meist werden die bei einem Event auszuführenden Befehle in einer Stored Procedure zusammengefasst. Dies hat den Vorteil, dass beim Erzeugen des Events nur diese eine Procedure aufgerufen werden muss. In diesem Event wird nur ein Befehl aufgerufen, daher entfällt das Umsetzen des Delimiters.

```
CREATE EVENT archivierung
ON SCHEDULE AT '2013-01-01 00:00'
DO
    CALL archiviere_daten();
```

Listing 11.111 Erzeugung eines einmalig aufgerufenen Events

Wenn Sie ein Event beispielsweise eine Woche nach dessen Erzeugung aufrufen wollen, können Sie die AT-Klausel erweitern. Auf diese Art und Weise können Sie festlegen, dass Events eine gewisse Zeitdauer nach einem fixierten Zeitpunkt ausgeführt werden. Dies können Sie mithilfe der Klausel + INTERVAL festlegen, die einfach das angeführte Intervall zu dem angeführten Zeitstempel addiert. Ein Beispiel dafür wäre AT CURRENT_TIMESTAMP + INTERVAL 3 WEEK. Damit wird das Event genau drei Wochen nach dem Zeitpunkt der Erzeugung ausgeführt. Für die Festlegung eines solches Intervalls müssen Sie die Zeiteinheit und die entsprechende Anzahl festlegen, wie zum Beispiel drei Tage oder vier Wochen.

Als Zeiteinheiten können Sie folgende Einheiten verwenden, dabei ist jeweils eine kurze Erklärung und ein Beispiel in Klammern angeführt:

- YEAR (Jahr, '2013')
- QUARTER (Vierteljahr, '3')
- MONTH (Monat, '12')
- DAY (Tag, '23')
- HOUR (Stunde, '15')
- MINUTE (Minute, '48')
- WEEK (Woche, '17')
- SECOND (Sekunde, '34')
- YEAR_MONTH (Jahr und Monat, '2011-06')
- DAY_HOUR (Tag und Stunde, '23 15')
- DAY_MINUTE (Tag und Minute, '3')
- DAY_SECOND (Tag, Stunde und Sekunde, '23 15:48')

- HOUR_MINUTE (Stunde und Minute'15:48')
- HOUR_SECOND (Stunde, Minute und Sekunde, '15:48:34')
- MINUTE_SECOND (Minute und Sekunde, '48:34')
- Zudem können Sie solche Intervalle auch kombinieren, indem Sie einfach weitere Klauseln + INTERVAL anhängen.

Für das Erzeugen von Events, die in regelmäßigen Abständen automatisch aufgerufen werden, steht die EVERY-Klausel zur Verfügung. Mit dieser können Sie festlegen, in welchen Abständen das Event ausgeführt werden soll.

```
CREATE EVENT check_tabellen
ON SCHEDULE EVERY 1 WEEK
DO
   CALL check_tabellen();
```

Listing 11.112 Erzeugung eines periodisch aufgerufenen Events

Listing 11.112 zeigt, wie ein Event mithilfe der EVERY-Klausel erzeugt wird. In diesem Beispiel wird die Stored Procedure check_tabellen() einmal pro Woche ausgeführt. Für das Festlegen der Zeitabstände stehen Ihnen wieder die oben genannten Zeiteinheiten zur Verfügung.

Bei der Verwendung von EVERY besteht zudem die Möglichkeit, einen Beginn- und Endtermin für die regelmäßige Ausführung des Events zu fixieren. Dazu können Sie mittels Zeitstempeln und der Angabe eines Intervalls festlegen, in welcher Zeitspanne das Event regelmäßig ausgeführt werden soll. Listing 11.113 zeigt die Erzeugung des gleichen Events wie bereits in Listing 11.112, wobei dieses Mal das Event ab dem Zeitpunkt der Erzeugung genau ein Jahr lang einmal pro Woche aufgerufen wird. Grundsätzlich ist es auch möglich, nur einen Startzeitpunkt oder nur einen Endzeitpunkt festzulegen – Sie müssen nicht zwingend beide Zeitpunkte festlegen.

```
CREATE EVENT check_tabellen
ON SCHEDULE EVERY 1 WEEK
STARTS current_timestamp
ENDS current_timestamp + INTERVAL 1 YEAR
DO
   CALL check_tabellen();
```

Listing 11.113 Erzeugung eines Events mit Start- und Endzeitpunkt

Die bisher angeführten Beispiele für Events haben stets eine Stored Procedure aufgerufen, die mehrere Operationen kapselt. Diese Vorgehensweise ermöglicht es, Events sehr übersichtlich definieren zu können.

Es ist natürlich auch möglich, in der DO-Klausel mehrere Operationen festzulegen, die ausgeführt werden sollen. Dazu müssen Sie sich – wie bereits bei Stored Procedures und Funktionen – eines BEGIN-/END-Blocks bedienen. In diesem Block können Sie einen oder mehrere Befehle festlegen. Diese Befehle werden dann bei der Ausführung des Events abgearbeitet. Achten Sie unbedingt darauf, dass Sie den Delimiter der Befehle vor der Erzeugung des Events ändern und danach unbedingt auch wieder zurücksetzen.

Listing 11.114 zeigt die Erzeugung eines Events, bei dessen Ausführung mehrere Befehle ausgeführt werden. Dies wird mit einem BEGIN-/END-Block realisiert. In diesem speziellen Fall wird dieses Event zum Beginn des Jahres 2013 ausgeführt, um die Partitionen der Wetter-Tabelle zu aktualisieren. Dabei wird die Partition, die alle Daten aus dem Jahre 2010 enthält, samt ihren Daten gelöscht. Gleichzeitig wird eine neue Partition für die Wetterdaten des Jahres 2013 erzeugt.

```
CREATE EVENT neue_partition
ON SCHEDULE AT '2013-01-01 00:00'
ON COMPLETION PRESERVE
DO
BEGIN
   ALTER TABLE wetter DROP PARTITION part2010;
   ALTER TABLE wetter
      PARTITION BY RANGE(YEAR(zeitpunkt))(
      PARTITION part2010 VALUES LESS THAN (2011),
      PARTITION part2011 VALUES LESS THAN (2012),
      PARTITION part2012 VALUES LESS THAN (2013),
      PARTITION part2013 VALUES LESS THAN (MAXVALUE)
   );
END
```

Listing 11.114 Erzeugung eines Events mit mehreren Operationen

Beachten Sie, dass ein Event standardmäßig nach dessen letzter Ausführung aus dem System gelöscht wird. So wird ein einmalig auftretendes Event direkt nach dem Ausführen gelöscht.

Bei periodisch ausgeführten Events werden diese nach dem Enddatum gelöscht, falls ein solches vorhanden ist. Daher ist es ratsam, den auszuführenden Code in eine gespeicherte Prozedur auszulagern, da der Code so nicht gelöscht und daher wiederverwendet werden kann. Dieses Standardverhalten können Sie verändern, indem Sie beim Anlegen eines Events das Schlüsselwort ON COMPLETION PRESERVE nach dem Schlüsselwort ON SCHEDULE anführen, wie es auch in Listing 11.114 gezeigt ist. Das bewirkt, dass Events trotz bereits erfolgter und abgeschlossener Ausführung im System bestehen bleiben.

Events können beim Erzeugen auf DISABLED, also auf inaktiv gesetzt werden. Sie pausieren und werden nicht ausgeführt. Ein solches inaktives Event können Sie dann zu einem späteren Zeitpunkt manuell aktivieren (siehe folgenden Abschnitt). Standardmäßig werden alle Events als ENABLED erzeugt. Das bedeutet, dass sie ab der Erzeugung auch sofort aktiv sind und ausgeführt werden können.

11.7.3 Löschen und Bearbeiten von Events

Events können Sie einfach durch den Befehl DROP EVENT wie in Listing 11.115 löschen.

```
DROP EVENT bezeichner_event
```

Listing 11.115 Löschen von Events

Die Bearbeitung von Events erfolgt durch den Befehl ALTER EVENT. Dieser Befehl funktioniert vollkommen analog zum Befehl CREATE EVENT. Über den ALTER-Befehl können Events zudem umbenannt werden. So können Sie beispielsweise mit dem Befehl in Listing 11.116 ein bereits erzeugtes Event umbenennen.

```
mysql> ALTER EVENT optimiere_tabellen
    -> RENAME TO tabellenoptimierung;
```

Listing 11.116 Umbenennen eines Events

Zusätzlich ermöglicht der ALTER-Befehl, ein Event zu aktivieren (ENABLED) bzw. zu deaktivieren (DISABLED), wie Sie in Listing 11.117 sehen können. Beachten Sie aber, dass deaktivierte Events nicht mehr ausgeführt werden, bis sie wieder aktiviert werden.

```
ALTER EVENT tabellenoptimierung DISABLE;
```

Listing 11.117 Deaktivieren eines Events

11.7.4 Informationen zu bestehenden Events (Metadaten)

Im folgenden Abschnitt wird kurz darauf eingegangen, wie Sie Daten über die definierten Events und deren Ausführung im System abrufen können.

Event-Metadaten

Eine einfache Übersicht über alle Events im System können Sie mit dem Befehl SHOW EVENTS erhalten. Listing 11.118 zeigt einen Ausschnitt aus der Liste der Events, die in diesem Kapitel erzeugt wurden:

```
mysql> SHOW EVENTS\G
*************************** 1. row ***************************
```

```
                  Db: FlughafenDB
                Name: archivierung
             Definer: admin@%
           Time zone: SYSTEM
                Type: ONE TIME
          Execute at: 2013-01-01 00:00:00
      Interval value: NULL
      Interval field: NULL
              Starts: NULL
                Ends: NULL
              Status: ENABLED
          Originator: 0
character_set_client: utf8
collation_connection: utf8_general_ci
  Database Collation: latin1_swedish_ci
```

Listing 11.118 SHOW EVENTS – Ausgabe (Auszug)

Die Ausgabe des Befehls `SHOW EVENTS` enthält folgende Spalten:

Spalte	Beschreibung
Db	Datenbank, auf der das entsprechende Event definiert ist
Name	Bezeichner des Events
Time zone	Zeitzone, auf deren Basis die Events ausgeführt werden (Wert der Session-Variable `time_zone`)
Definer	Benutzername jenes Benutzers, der das Event erzeugt hat
Type	Art des Events (einmalig (`ONE TIME`) oder periodisch wiederholend (`RECURRING`))
Execute At	Im Fall eines einmaligen Events ist dies der Ausführungszeitpunkt, ansonsten `NULL`.
Interval Value	Im Fall von wiederholten Events ist dies die Anzahl der Zeiteinheiten (siehe `Interval Field`) zwischen den Wiederholungen, ansonsten `NULL`.
Interval Field	Im Fall von wiederholten Events ist dies die Zeiteinheit zwischen den Wiederholungen, ansonsten `NULL`.
Starts	Im Fall von wiederholten Events ist dies der Zeitpunkt der ersten Ausführung, `NULL` falls dies nicht spezifiziert wurde.
Ends	Im Fall von wiederholten Events ist dies der Zeitpunkt der letzten Ausführung, `NULL` falls dies nicht spezifiziert wurde.
Status	Status des Events – `ENABLED` falls das Event aktiv ist, `DISABLED` falls das Event nach der Ausführung noch beibehalten wird

Tabelle 11.8 Ausgabe des Befehls SHOW EVENTS

Spalte	Beschreibung
Originator	ID des MySQL-Servers, auf dem das Event erzeugt wurde
character_set_client	Zeichensatz (Wert der Systemvariablen `character_set_client`) zum Zeitpunkt der Erzeugung des Events
collation_connection	Sortierfolge der Connection
Database Collation	Sortierfolge der Datenbank, auf der das Event erzeugt wurde

Tabelle 11.8 Ausgabe des Befehls SHOW EVENTS (Forts.)

Details zum Quellcode eines speziellen Events können Sie über den Befehl `SHOW CREATE EVENT` erhalten.

Event-Scheduler-Status

Sie haben bereits in Listing 11.109 gesehen, dass der Event-Scheduler-Thread in der Prozessliste aufscheint. Über `SHOW PROCESSLIST` können Sie den Status des Threads überprüfen. Diese Status weisen die in Tabelle 11.9 erklärten Zustände auf.

Status	Bedeutung
`Clearing`	Ein Event wurde ausgeführt und wird gerade beendet.
`Initialized`	Die Ausführung eines Events wurde soeben begonnen.
`Waiting for next activation`	Es gibt geplante Events, die in Zukunft ausgeführt werden müssen. Der Event-Scheduler wartet auf den Ausführungszeitpunkt.
`Waiting for scheduler to stop`	Der Event-Scheduler wurde soeben beendet, die Variable `event_scheduler` wurde auf `OFF` gesetzt.
`Waiting on empty queue`	Es sind keine Events definiert, der Thread »schläft«.

Tabelle 11.9 Mögliche Status des Event-Scheduler-Threads

Weitere Informationen zur Abarbeitung von Events können Sie dem Mysql Error Log entnehmen, da alle Events auch dort mitgeloggt werden. Dies ist vor allem nützlich, wenn Sie überprüfen wollen, ob ein bestimmtes Event wirklich korrekt ausgeführt wurde.

11.7.5 Sicherheit, Rechte und Einschränkungen

Selbstverständlich gelten auch bei Events all jene Einschränkungen, die in MySQL generell für alle Arten von gespeicherten Programmen (siehe Abschnitt

11.1.8, »Einschränkungen«) gelten. Bei der Erzeugung eines neuen Events bestehen zudem einige Einschränkungen, die vor allem die `DO`-Klausel betreffen:

- Ein Event kann nicht von einem anderen gespeicherten Programm erzeugt oder modifiziert werden. Im Gegenzug darf ein Event auch keine Events, gespeicherten Funktionen, Prozeduren oder Trigger erzeugen.
- `ON SCHEDULE` darf keine Aufrufe von gespeicherten Programmen enthalten.
- Events können nur bis zum Jahre 2038 festgelegt werden, da die Unix-Zeitstempel nur bis zum 19. Januar 2038 reichen.
- Falls gerade ein Befehl `LOCK TABLES` aktiv ist, sind `DDL`-Befehle innerhalb des Events nicht zulässig.

Aus Berechtigungssicht ist für die Erzeugung von Events das Recht `EVENT` notwendig. Bei der Ausführung eines Events ist es wichtig, dass die Operationen, die innerhalb der `DO`-Klausel angeführt werden, für den ausführenden Benutzer zulässig sind.

Wie bereits bei Stored Procedures, Funktionen und auch Triggern besteht in diesem Fall allerdings die Möglichkeit, einen `DEFINER`, also einen Benutzerkontext des Events zu definieren (siehe auch Abschnitt 11.2.2, »Erweiterte Einstellungen beim Erzeugen von gespeicherten Prozeduren«). Dieser legt fest, für welchen Benutzer die Rechte bei der Ausführung des Events überprüft werden sollen. Dabei können Sie entweder einen bestimmten Benutzer angeben (zum Beispiel admin@localhost) oder die Option `CURRENT_USER` verwenden. Diese hat zur Folge, dass die Rechte jenes Benutzers überprüft werden, der den Trigger erzeugt hat.

11.8 Sichten (Views)

Sogenannte *Sichten* (engl. *Views*) definieren *»virtuelle« Tabellen*, die Sie grundsätzlich gleich wie normale Tabellen verwenden können. Konkret liegt der Unterschied darin, dass Sichten im Grunde gespeicherte Abfragen sind. Die Daten einer Sicht liegen also nur »virtuell« in der View-Tabelle, die Sie abfragen können. Unter dieser Sicht, in der die Daten nur logisch durch eine SQL-Anweisung zusammengefasst werden, liegen die Daten in einer oder mehreren normalen Tabellen.

Sichten können verschiedene Zwecke erfüllen. So können sie dazu beitragen, komplexe und oft verwendete Abfragen zu kapseln und so dem Benutzer die Arbeit mit diesen Abfragen zu erleichtern. Er muss diese Abfragen nicht mehr stellen, sondern kann direkt auf der Sicht arbeiten, die die Ergebnismenge dieser Abfrage beinhaltet.

Beispielsweise könnten Sie eine Sicht dazu verwenden, alle Abflüge einer bestimmten Fluggesellschaft samt allen dazugehörigen Daten in einer virtuellen Tabelle zur einfachen Abfrage zur Verfügung zu stellen. In diesem Fall müssen die Daten über mehrere Joins aus verschiedenen Tabellen »zusammengesammelt« werden. Eine Sicht bietet sich an, um die Abfrage zu kapseln und dem Benutzer – beispielsweise für eine Veröffentlichung auf der Website der Fluglinie – als eine virtuelle View-Tabelle zur Verfügung zu stellen.

Sie können Sichten auch dazu verwenden, die Sicherheit Ihres Systems zu verbessern bzw. die Vergabe von Berechtigungen zu vereinfachen. So können Sie für Benutzer, die nur eingeschränkte Lese- und Schreibrechte auf bestimmten Tabellen bzw. Spalten haben, eigene Sichten erzeugen und die Berechtigungen auf diese Sichten vergeben. Der Benutzer erhält eine *eingeschränkte Sicht* auf die Daten in der Datenbank – daher auch der Name Sicht bzw. View.

11.8.1 Erzeugung und Verwenden von Sichten

Sie können Sichten mithilfe des Befehls `CREATE VIEW` erzeugen. Grundsätzlich müssen Sie dazu nur einen Bezeichner für die Sicht angeben und den entsprechenden `SELECT`-Befehl. Ein Beispiel dafür sehen Sie in Listing 11.119, in dem eine Sicht für Flüge samt allen relevanten Informationen (Flugzeugtyp, Fluglinie etc.) erzeugt wird. So können diese Informationen, die aus insgesamt vier Tabellen extrahiert werden, für den Benutzer virtuell in einer Sicht abgelegt werden, und der Benutzer muss nur mehr diese Sicht abfragen (siehe Listing 11.120), was die Handhabung stark vereinfacht. Für die Erzeugung von Sichten ist stets die Berechtigung `CREATE VIEW` Voraussetzung.

```
CREATE VIEW flug_info AS
  SELECT f.flugnr, f.von, f.nach, f.abflug, f.ankunft,
    fl.firmenname, fl.iata, fzt.bezeichnung AS flugzeug
  FROM flug f
    LEFT JOIN fluglinie fl ON (f.fluglinie_id = fl.fluglinie_id)
    LEFT JOIN flugzeug fz ON (f.flugzeug_id = fz.flugzeug_id)
    LEFT JOIN flugzeug_typ fzt ON (fz.typ_id = fzt.typ_id)
  WHERE f.fluglinie_id = 42;
```

Listing 11.119 Erzeugung einer Sicht für Fluginformationen der Fluglinie 42

```
mysql> SELECT * FROM flug_info WHERE abflug BETWEEN
    -> '2011-07-22' AND '2011-07-29' LIMIT 1 \G
************************* 1. row *************************
    flugnr: CE8260
       von: 13426
      nach: 4821
```

```
    abflug: 2011-07-22 12:15:00
   ankunft: 2011-07-22 14:45:00
firmenname: Haiti Airlines
      iata: HA
  flugzeug: McDonnell Douglas DC-10
```

Listing 11.120 Abfrage der in Listing 11.119 erzeugten Sicht mit WHERE-Klausel

Bei der Erstellung einer Sicht haben Sie einige Einstellungsmöglichkeiten, die die Eigenschaften der Sicht und deren Handhabung beeinflussen. Die Syntax des gesamten Befehls `CREATE VIEW` ist in Listing 11.121 angegeben und wird im Folgenden im Detail erklärt:

```
CREATE
    [OR REPLACE]
    [ALGORITHM = {UNDEFINED | MERGE | TEMPTABLE}]
    [DEFINER = { benutzer | CURRENT_USER }]
    [SQL SECURITY { DEFINER | INVOKER }]
    VIEW bezeichner_view [(column_list)]
    AS select_statement
    [WITH [CASCADED | LOCAL] CHECK OPTION]
```

Listing 11.121 Erzeugung einer Sicht

Grundsätzlich können Sie eine Sicht stets neu erzeugen oder eine bereits bestehende mit der neuen Definition ersetzen (über die Klausel `OR REPLACE`). Wie Sie bereits wissen, basieren Sichten stets auf einer `SELECT`-Abfrage, die Sie in `select_statement` festlegen können. Sie haben – wie auch bei den anderen Arten von gespeicherten Programmen – die Möglichkeit, die Art der Sicherheitsprüfung mit `SQL SECURITY` festzulegen. Hier wird ebenfalls das `DEFINER`-/`INOVKER`-Sicherheitskonzept, das Sie bereits kennengelernt haben, angewendet. Weitere Informationen zum `DEFINER`-/`INVOKER`-Konzept, zur Sicherheit von Sichten und deren Verwendung finden Sie im Detail in Kapitel 10, »Sicherheit«.

Mithilfe des Schlüsselwortes `ALGORITHM` können Sie festlegen, welcher Algorithmus für die Sicht verwendet wird. Diese Einstellung beeinflusst, wie das System die Sicht erstellt und im weiteren Verlauf handhabt. Dabei stehen Ihnen die Optionen `MERGE`, `TEMPTABLE` und `UNDEFINED` zur Verfügung. Die Option `TEMPTABLE` erzeugt für eine Sicht eine temporäre Tabelle, auf der dann die Abfrage ausgeführt wird. Die Option `MERGE` hingegen bedeutet, dass all jene Abfragen, in denen die Sicht verwendet wird, automatisch (für Sie nicht erkennbar) so umgeformt werden, dass in der Abfrage jedes Auftreten der Sicht durch die Abfrage, die der Sicht zugrunde liegt, ersetzt wird.

Betrachten Sie das Beispiel in Listing 11.120, das eine Abfrage auf der Sicht durchführt. Zur Bearbeitung dieser sehr einfachen Abfrage werden die gestellte Abfrage und die SQL-Anweisung, die der Sicht zugrunde liegt, zusammengefügt (MERGE) und ausgeführt. Die resultierende gemergte Abfrage, die anschließend auch wirklich am Datenbanksystem ausgeführt wird, sehen Sie in Listing 11.122. Sie können erkennen, dass diese umgeformte resultierende SQL-Anweisung schon wesentlich komplexer ist und die Verwendung von Sichten in diesem Fall die Abfragen stark vereinfacht und übersichtlicher macht.

```
SELECT f.flugnr, f.von, f.nach, f.abflug, f.ankunft,
    fl.firmenname, fl.iata, fzt.bezeichnung AS flugzeug
  FROM flug f
    LEFT JOIN fluglinie fl ON (f.fluglinie_id = fl.fluglinie_id)
    LEFT JOIN flugzeug fz ON (f.flugzeug_id = fz.flugzeug_id)
    LEFT JOIN flugzeug_typ fzt ON (fz.typ_id = fzt.typ_id)
  WHERE f.fluglinie_id = 42
    AND abflug BETWEEN '2011-07-22' AND '2011-07-29' LIMIT 1;
```

Listing 11.122 SQL-Abfrage nach MERGE von Sicht und Abfrage aus Listing 11.120

Die Option `UNDEFINED` stellt die Standardoption von MySQL dar, in der versucht wird, möglichst den `MERGE`-Algorithmus anzuwenden. Der `MERGE`-Algorithmus kann allerdings nicht bei Sichten verwendet werden, deren SQL-Statement folgende Konstrukte beinhaltet: Aggregatfunktionen wie `MAX()`, `MIN()` etc., `DISTINCT`, `GROUP BY`, `HAVING`, `LIMIT`, `UNION` und `UNION ALL`. Bei Verwendung dieser Konstrukte wird – alternativ zu `MERGE` – eine temporäre Zwischentabelle mit der SQL-Anweisung der Sicht aufgebaut, auf die anschließend die eigentliche Abfrage gestellt wird.

Die `CHECK OPTION` trifft auf Update-fähige Sichten (auch aktualisierbare Views genannt) zu und legt fest, wie Einfüge- und Änderungsoperationen auf der Sicht gehandhabt werden (siehe den nächsten Abschnitt).

Einschränkungen auf Sichten

Das einer Sicht zugrunde liegende `SELECT`-Statement ist von folgenden Einschränkungen betroffen:

- Es dürfen keine System- oder Benutzervariablen, Parameter oder lokale Variablen enthalten sein.
- Im `FROM`-Teil der Abfrage darf keine Unterabfrage (Subquery) vorhanden sein.
- Temporäre Tabellen dürfen nicht abgefragt oder verwendet werden.
- Es dürfen keine Prepared Statements verwendet werden.
- Trigger können nicht auf Sichten definiert werden.

11.8.2 Updates auf Sichten

Sichten können aber nicht nur zur Abfrage von Daten verwendet werden, sondern auch zur Aktualisierung der Daten auf den darunterliegenden Tabellen. Ist dies der Fall, spricht man von aktualisierbaren oder Update-fähigen Sichten.

Änderungen durch `UPDATE`-Anweisungen auf einer aktualisierbaren Sicht werden dann – sofern der Benutzer über die entsprechenden Berechtigungen verfügt – auch auf den der Sicht zugrunde liegenden Tabellen durchgeführt. Eine derartige Aktualisierung ist aber nur möglich, wenn die Datensätze in der Sicht direkt auf Datensätze in den zugrunde liegenden Tabellen zurückzuführen sind. Denken Sie nur an eine Sicht, die Daten aus den darunterliegenden Tabellen aggregiert. Hier ist eine genaue Zuordnung nicht mehr möglich, wenn Aktualisierungen auf Datensätze der Sicht durchgeführt werden sollen. Daher sind die folgenden Elemente in Update-fähigen Sichten nicht zulässig:

- Aggregatsfunktionen, wie zum Beispiel `AVG()`, `MAX()`
- `DISTINCT`
- `GROUP BY`
- `HAVING`
- `UNION` und `UNION ALL`
- Subqueries
- Selektionen aus darunterliegenden, nicht aktualisierbaren Sichten
- Verwendung des Temptable-Algorithmus (siehe oben)
- mehrfache Verwendung einer Spalte einer Tabelle

Für aktualisierbare Sichten bestehen Einstellungsmöglichkeiten, die Sie bei der Erstellung (siehe vorheriger Abschnitt 11.8.1) angeben können. `WITH CHECK OPTION LOCAL` legt dabei fest, dass alle Änderungs- und Einfügeoperationen nur dann durchgeführt werden, wenn die geänderten bzw. neuen Daten mit der `WHERE`-Klausel der Sicht übereinstimmen. Betrachten Sie zum Beispiel eine Sicht, die nur Flüge einer gewissen Fluglinie anzeigt. Mit der `CHECK`-Option ist es dementsprechend auch nur möglich, neue Flüge für diese eine Fluggesellschaft einzufügen. Die Option `WITH CHECK OPTION CASCADED` (Standard-`CHECK`-Option) erweitert diese Überprüfung auf alle darunterliegenden Sichten, falls diese verschachtelt sind und eine Sicht Daten einer anderen Sicht verwendet.

Falls Sie neue Datensätze in eine Sicht einfügen wollen, müssen Sie auch noch folgende Punkte sicherstellen:

- In der Sicht dürfen keine Spaltennamen mehrfach auftreten.
- Alle Spalten der Ursprungstabellen, die keinen Default-Wert zugewiesen haben, müssen in der Sicht enthalten sein. Andernfalls sind die Werte dieser Spalten nicht definiert, und ein neuer Datensatz wird verweigert.

11.8.3 Löschen und Bearbeiten einer Sicht

Sichten können mit dem Befehl `DROP VIEW` gelöscht werden, der in Listing 11.123 angeführt ist. Die Schlüsselwörter `RESTRICT` oder `CASCADE` sind derzeit nicht in Verwendung und werden ignoriert. Der `ALTER`-Befehl zum Abändern einer Sicht entspricht genau dem `CREATE`-Befehl (siehe Listing 11.121).

```
DROP VIEW [IF EXISTS] bezeichner_view [,bezeichner_view]...
[RESTRICT | CASCADE]
```

Listing 11.123 Löschen einer bzw. mehrerer Sichten

11.8.4 Informationen zu bestehenden Sichten (Metadaten)

Informationen über alle bereits angelegte Sichten können Sie über die VIEWS-Tabelle der Datenbank »INFORMATION_SCHEMA« sammeln, wie Listing 11.124 zeigt. Die Beschreibung der Einträge finden Sie in Tabelle 11.10.

```
mysql> SELECT * FROM INFORMATION_SCHEMA.VIEWS\G
*************************** 1. row ***************************
       TABLE_CATALOG: def
        TABLE_SCHEMA: FlughafenDB
          TABLE_NAME: flug_info
     VIEW_
DEFINITION: select `f`.`flugnr` AS `flugnr`,`f`.`von` AS `von`,`f`.
`nach` AS `nach`,`f`.`abflug` AS `abflug`,`f`.`ankunft` AS `ankunft`,
`fl`.`firmenname` AS `firmenname`,`fl`.`iata` AS `iata`,`fzt`.
`bezeichnung` AS `bezeichnung` from (((`FlughafenDB`.`flug` `f` left
join `FlughafenDB`.`fluglinie` `fl` on((`f`.`fluglinie_id` = `fl`.
`fluglinie_id`))) left join `FlughafenDB`.`flugzeug` `fz`
on((`f`.`flugzeug_id` = `fz`.`flugzeug_id`))) left join
`FlughafenDB`.`flugzeug_typ` `fzt` on((`fz`.`typ_id` = `fzt`.
`typ_id`))) where (`f`.`fluglinie_id` = 1)
        CHECK_OPTION: NONE
        IS_UPDATABLE: YES
             DEFINER: admin@%
       SECURITY_TYPE: DEFINER
CHARACTER_SET_CLIENT: utf8
```

Listing 11.124 View-Tabelle der Datenbank »INFORMATION_SCHEMA«

Spalte	Beschreibung
TABLE_CATALOG	immer def
TABLE_SCHEMA	Datenbank, in der die Sicht definiert ist
TABLE_NAME	Bezeichner der Sicht
VIEW_DEFINITION	SQL-Statement, mit dem die Sicht erzeugt wurde
CHECK_OPTION	NONE (keine CHECK-Option), CASCADE (Check aller darunterliegenden Sichten) oder LOCAL (Check der direkt darunterliegenden Sicht)
IS_UPDATEABLE	YES, falls Sicht updatebar ist, andernfalls NO
DEFINER	Benutzername des Erzeugers der Sicht
SECURITY_TYPE	SQL Security (DEFINER oder INVOKER)
CHARACTER_SET_CLIENT	Zeichensatzsortierung (Wert der Systemvariablen character_set_client)

Tabelle 11.10 Beschreibung der Spalten der Tabelle »INFORMATION_SCHEMA.VIEWS«

Zudem können Sie sich auch des Befehls SHOW CREATE VIEW bedienen, der Informationen spezifisch für eine Sicht ausgibt. So können Sie das Statement zur Erzeugung und Informationen zum Zeichensatz einsehen. Ein Beispiel des Befehls sehen Sie in Listing 11.125:

```
mysql> SHOW CREATE VIEW flug_info\G
```

Listing 11.125 SHOW CREATE VIEW

11.9 Zusammenfassung

In diesem Kapitel haben Sie die verschiedenen gespeicherten Programme und auch Sichten kennengelernt. Sie haben gesehen, wie Sie gespeicherte Prozeduren und Funktionen dazu nutzen können, Prozesse und Abläufe innerhalb eines Programms zusammenzufassen. Sie haben die verschiedenen (prozeduralen) Sprachkonstrukte der MySQL Stored Programm Language im Einsatz gesehen und gelernt, welche Möglichkeiten diese bieten.

Neben den klassischen gespeicherten Prozeduren und Funktionen haben Sie aber auch noch Triggers und Events kennengelernt und gesehen, wie Sie damit entweder durch den Eintritt eines Ereignisses (Trigger) oder zeitgesteuert (Events) verschiedenste Aufgaben automatisieren können. Abschließend haben Sie sich auch noch mit Views vertraut gemacht, die Ihnen »virtuelle Sichten« auf den Datenbestand zur Verfügung stellen.

Ein Datenbanksystem wird nie isoliert oder eigenständig verwendet. Die eigentliche Anwendersoftware knüpft die Verbindung zwischen Benutzer und Daten in der Datenbank. Das dafür notwendige Knüpfhandwerk lernen Sie in diesem Kapitel.

12 Softwareentwicklung mit MySQL

12.1 Einleitung

Zu einem funktionierenden Softwaresystem gehören immer mehrere Komponenten. Eine davon ist das Datenbankmanagementsystem, wie zum Beispiel MySQL, das sich um die sichere und schnelle Speicherung der Daten kümmert. Dazu haben Sie in den letzten Kapiteln zahlreiche Details zu MySQL und der Administration des MySQL-Servers kennengelernt. Eine Datenbank wäre jedoch keine Datenbank, wenn Sie keine Daten enthielte. Diese Daten werden meist von Benutzern oder von Software erzeugt und in der Datenbank abgelegt. Die Anwender haben dabei aber in der Regel keinen direkten Zugriff (per SQL) auf die Datenbank selbst. Die Kommunikation mit dem Anwender wird von der Anwendung übernommen, die anschließend die Daten der Benutzer zur Datenbank sendet beziehungsweise die bereits gespeicherten Daten abfragt.

Sprache	Mai 2011	Mai 2006	Mai 1996	Mai 1986
Java	1	1	3	–
C	2	2	1	1
C++	3	3	2	5
C#	4	7	–	–
PHP	5	4	–	–
Objective-C	6	43	–	–
Python	7	8	–	–
(Visual) Basic	8	5	4	6
Perl	9	6	6	–
Ruby	10	18	–	–

Tabelle 12.1 Rangliste der Programmiersprachen (Quelle: tiobe.com)

Sprache	Mai 2011	Mai 2006	Mai 1996	Mai 1986
Lisp	15	14	9	3
Ada	16	16	8	2

Tabelle 12.1 Rangliste der Programmiersprachen (Quelle: tiobe.com) (Forts.)

Anwendungssoftware wird in den verschiedensten Programmiersprachen erstellt. Jede davon hat ihre eigene Herangehensweise, um sich mit der Datenbank zu verbinden und mit der Datenbank zu kommunizieren. Auf diese Schnittstellen, die Ihnen ermöglichen, aus den verschiedensten Programmiersprachen Abfragen an Ihren MySQL-Server zu senden, möchten wir in diesem Kapitel genauer eingehen.

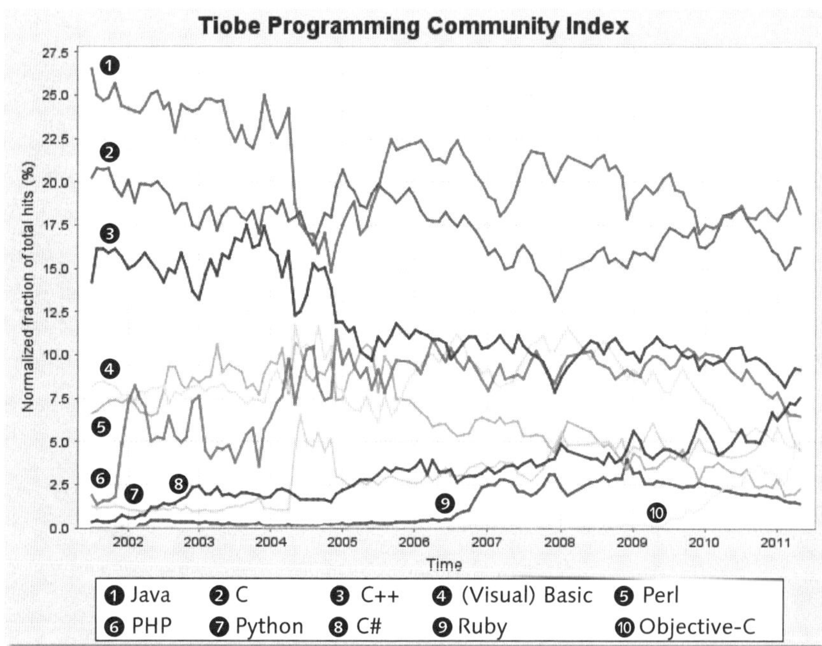

Abbildung 12.1 Entwicklung der Top 10 der Programmiersprachen (Quelle: tiobe.com)

In Tabelle 12.1 sehen Sie eine Rangliste der aktuell populärsten Programmiersprachen, die von der Firma Tiobe[1] regelmäßig erhoben wird. In Abbildung 12.1 sehen Sie zusätzlich die Entwicklung der Programmiersprachen. Da wir in einem Buch nicht alle Programmiersprachen genau betrachten können, haben wir versucht, jene zu beleuchten, die Ihnen im täglichen Administratorenleben am häufigsten begegnen. Gerade dynamisch typisierte Skriptsprachen, wie PHP oder

1 *http://www.tiobe.com*

Python sind in der Server-Welt aufgrund ihrer Einfachheit sehr stark verbreitet. Aber natürlich auch Programmiersprachen-Klassiker, wie Java, werden wir im Folgenden betrachten.

Jede Programmiersprache unterscheidet sich im Umgang mit einer Datenbank. Oft existieren sogar innerhalb einer Programmiersprache mehrere Möglichkeiten, mit der Datenbank zu kommunizieren. So kann die Kommunikation über Funktionen, komplexe Objekte oder sogar ganze Frameworks realisiert werden. Sogenannte *Object-Relational-Mapping-Frameworks* ermöglichen zum Beispiel die direkte Übersetzung von Objekten in der Anwendung zu Einträgen (Zeilen) in der Datenbank. Werden derartige Frameworks verwendet, müssen Sie sich als Programmierer nur noch um sehr wenige Details kümmern. Die gesamte Kommunikation mit der Datenbank wird vom Framework übernommen, und Sie können direkt auf Objekten operieren, ohne eine Zeile SQL zu schreiben. Natürlich verwenden diese Frameworks auch im Kern wiederum SQL zur Interaktion mit der Datenbank.

12.2 Konnektoren/Programmiersprachen

12.2.1 Allgemeines

Die Kommunikation zwischen einer Applikation und dem MySQL-Server wird über sogenannte *Konnektoren* (engl. *Connectors*) ermöglicht. Die Konnektoren kann man als Übersetzer sehen, die zwischen der verwendeten Programmiersprache und der Sprache von MySQL übersetzen. Die übertragenen Daten sind SQL-Anweisungen in die eine Richtung oder die Ergebnismengen von SQL-Abfragen in die andere Richtung. Die beschriebene Kommunikation zwischen einer Applikation und dem MySQL-Server ist in Abbildung 12.2 dargestellt.

Der Vorteil von Konnektoren liegt in ihrer Flexibilität. Der MySQL-Server muss nicht direkt mit jeder Programmiersprache kommunizieren können und kann sich auf die Hauptaufgabe, die sichere Verwaltung der Daten, konzentrieren. Der Server spricht daher nur eine »Sprache«, die dann jeweils von einem Konnektor an die Programmiersprache angepasst wird.

Für MySQL existiert beinahe für jede bekanntere Programmiersprache ein Konnektor. Sie sind daher in der Wahl der Programmiersprache kaum eingeschränkt. Die Konnektoren werden teilweise von MySQL-Entwicklern selbst oder von der Community der Programmiersprache entwickelt bzw. gewartet. Für manche Programmiersprachen, wie zum Beispiel PHP, existieren auch gleich mehrere Konnektoren.

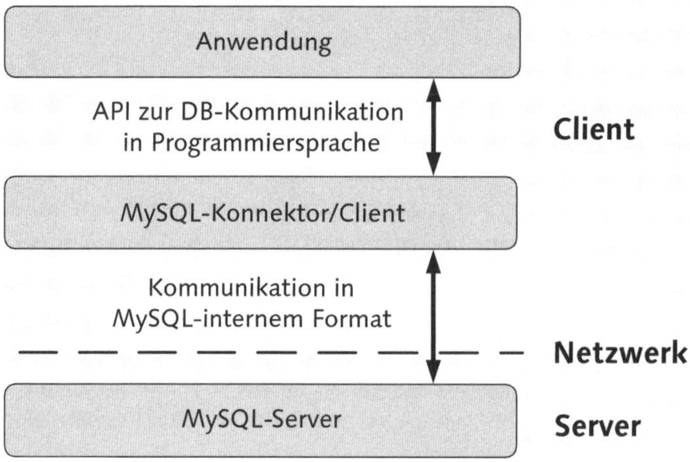

Abbildung 12.2 Kommunikation über MySQL-Konnektoren

Oft spricht man auch von sogenannten *Treibern* für Datenbankabstraktionsschichten. Dies ist eine spezielle Art von Konnektoren, die als Treiber (Modul) in einer Datenbankabstraktionsschicht arbeiten. Der entsprechende Kommunikationsablauf ist in Abbildung 12.3 dargestellt. In der Applikation verwendet man dabei nur die einheitliche Schnittstelle der Datenbankabstraktion. Welches Datenbanksystem anschließend zum Einsatz kommt, ist vom Treiber abhängig.

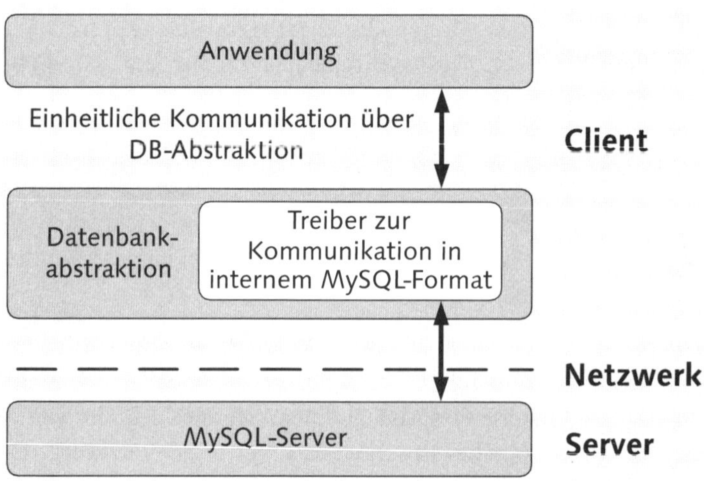

Abbildung 12.3 MySQL über Treiber in DB-Abstraktion ansprechen

Der große Vorteil besteht darin, dass das Datenbankmanagementsystem mit einer kleinen Änderung der Einstellung beliebig gewechselt werden kann, solange die SQL-Anweisungen allgemein gehalten werden, so dass diese auch von der jeweilig verwendeten Datenbank verstanden werden. In JAVA ermöglicht zum Beispiel die Datenbankabstraktionsschicht JDBC einen einheitlichen Zugriff auf Datenbanken.

Wie genau Sie in den jeweiligen Programmiersprachen auf die Datenbank über sogenannte native Interfaces/Konnektoren oder Abstraktionsschichten zugreifen, lernen Sie in den folgenden Abschnitten. Von nativen Konnektoren spricht man, wenn keine Abstraktionsschicht verwendet und keine externen allgemeingültigen Bibliotheken eingebunden werden, sondern der Konnektor in der jeweiligen Sprache nativ genau für diesen Anwendungszweck optimiert entwickelt wurde. Aus diesem Grund sind die nativen Konnektoren auch meist schneller als andere Anbindungsvarianten. In den folgenden Abschnitten lernen Sie die folgenden Konnektoren bzw. Treiber kennen:

- *Connector/NET* (.NET Framework)
- *Connector/ODBC*
- *Connector/J* (Java)
- *mysqli* und *PDO_MYSQL* (PHP)
- *DBD:mysql* (Perl)
- *ruby-mysql* (Ruby)
- *MySQLdb* (Python)

Wir zeigen Ihnen die Funktionsweise der einzelnen Konnektoren jeweils anhand desselben Szenarios, in das die folgenden Aufgaben eingebettet sind und das auf unserem Flughafenbeispiel aufbaut:

1. Installation des Konnektors bzw. Treibers
2. Verbindung zum MySQL-Datenbankserver aufbauen
3. Abfrage der Buchungen in der Beispieldatenbank »FlughafenDB«
4. Ausgabe der Buchungen im Format »Buchung 1 auf Flug 100 um 99.99 EUR«
5. Einfügen einer neuen Fluglinie in die Tabelle »fluglinie«, wobei – sofern verfügbar – Prepared Statements verwendet werden
6. Zugriff auf den nächsten automatisch erzeugten Wert einer Auto-Increment-Spalte
7. Fehlerbehandlung eventuell auftretender Fehler in der jeweiligen Programmiersprache

8. Maßnahmen zum Schutz vor SQL-Injections (siehe auch Abschnitt 10.4.3, »MySQL im Web«)
9. Die gezeigten Programmcodes finden Sie zusätzlich in vollständiger Form auf der Begleit-DVD des Buches im Ordner *12_SoftwareEntwicklungMitMySQL* und dort im jeweiligen Ordner der Programmiersprache (zum Beispiel *php* oder *perl*).

Installation

Die meisten Konnektoren – wenn in den Installationsabschnitten der Programmiersprachen nicht anders erwähnt – können Sie sehr einfach über den Paketmanager Ihrer Linux-Distribution nachinstallieren. Die Namen der Pakete finden Sie jeweils im Abschnitt »Installation« der jeweiligen Programmiersprache. Sollten Sie das Paket nicht unter diesem Namen finden, empfehlen wir Ihnen, eine etwas unschärfere Suche mit Ihrem Paketverwalter. Suchen Sie zum Beispiel nach Paketen mit dem Namen »mysql« oder zum Beispiel bei der Programmiersprache PHP nach dem Namen »php«.

Auch wenn die Listen der gefundenen Pakete länger sind, lässt sich das nötige Paket meist schnell identifizieren. Halten Sie Ausschau nach einem Paket, das möglicherweise das Wort »mysql« und in diesem Fall »php« – also die Programmiersprache oder den Namen der Abstraktionsschicht (zum Beispiel »pdo« bei PHP) – enthält.

Einen weiteren guten Anlaufpunkt – auch für Windows und andere Betriebssysteme – stellt die Seite der Konnektoren von MySQL zur Verfügung.[2] Dort finden Sie meist die Konnektoren selbst bzw. auch weiterführende Links. Informationen zur Installation und Verwendung finden Sie im MySQL-Online-Manual unter der Sektion »Konnektoren«.

Prepared Statements

Wie bei der Beschreibung des Szenarios erwähnt, versuchen wir in den Anwendungsbeispielen – sofern verfügbar – sogenannte *Prepared Statements* zum Einfügen neuer Datensätze zu verwenden. Diese Prepared Statements oder *parametrisierte Anweisungen* bestehen aus einer SQL-Anweisung mit Platzhaltern. In Listing 12.1 sehen Sie zwei Beispiele von möglichen Prepared Statements. Die Platzhalter werden in vielen Programmiersprachen durch ein ? gekennzeichnet, können aber auch in anderer Form angegeben werden. Diese variablen Elemente können Sie anschließend über einen weiteren Befehl binden – also mit Werten füllen – und an den Server senden.

2 *http://www.mysql.com/products/connector/*

```
SELECT * FROM buchung WHERE buchung_id = ?;
INSERT INTO fluglinie VALUES (?,?,?,?);
```

Listing 12.1 Beispiel für Prepared Statements

Ein Prepared Statement wird bei der Erstellung – dem Prepare (dt. Vorbereitung) – bereits voranalysiert. Daher kann genau bestimmt werden, welchen Typ ein bestimmter Parameter (eine variable Stelle mit ? gekennzeichnet) aufweisen muss. Bei der anschließenden Bindung werden daher auch nur noch die möglichen Typen akzeptiert. Dadurch werden auch SQL-Injections (siehe Abschnitt 10.4.3, »MySQL im Web«) verhindert, da bei der Bindung zum Beispiel ein Integer erwartet wird. Wird hingegen eine eingeschleuste SQL-Anweisung übergeben, wird die Aktion abgebrochen.

Die Vorbereitung bzw. Analyse der Anweisung hat aber auch den Vorteil, dass die Anweisung öfter wiederverwendet werden kann. Speziell wenn Sie sehr viele gleiche Anweisungen, die sich nur in den Werten unterscheiden, ausführen wollen, ermöglichen Ihnen Prepared Statements einen sehr großen Geschwindigkeitsvorteil. Je nach Treiber bzw. Konnektor werden die SQL-Anweisungen im Vorbereitungsschritt bereits an den MySQL-Server gesendet. Dieser analysiert die Anweisung und speichert sich das Ergebnis der Voranalyse ab. Wird nun dieselbe parametrisierte Anweisung mit unterschiedlichen Werten erneut an den Server gesendet, werden auch auf Server-Seite die gespeicherten Analyseergebnisse wiederverwendet.

Gerade bei komplexen Anweisungen, bei denen zum Beispiel die schnellste Abarbeitungsmöglichkeit durch den Optimierer bereits errechnet wurde, spart sich der MySQL-Server so viel Zeit bei der Abarbeitung der Anweisung. Wird die Anweisung nur ein- bis zweimal benötigt, wird sich die Geschwindigkeit natürlich nur in geringen Maße erhöhen. Denken Sie jedoch an eine Schleife, in der zum Beispiel tausendmal eine `INSERT`-Anweisung mit verschiedenen Werten erzeugt bzw. ausgeführt wird. Gerade in diesem Fall sollten Sie – wenn verfügbar – unbedingt auf Prepared Statements setzen. Welche Konnektoren Prepared Statements unterstützen, erfahren Sie in den folgenden Abschnitten.

Grundregeln

Es gibt auch einige Grundregeln zu beachten, die für jede Programmiersprache bzw. jeden Konnektor gültig sind. Wie Sie die folgenden Regeln in der jeweiligen Programmiersprache beachten können, sehen Sie anschließend in den jeweiligen Abschnitten und Beispielen:

- Geben Sie alle Ressourcen frei, sobald Sie diese nicht mehr benötigen. Schließen Sie daher Datenbankverbindungen, oder geben Sie auch erhaltene Ergebnismengen (Result-Sets) möglichst rasch wieder frei.
- Programmieren Sie defensiv. Das bedeutet, dass Sie stets auf eventuell aufgetretene Fehler hin prüfen und auf diese reagieren sollten. Diese Fehler können zum Beispiel Fehler im Programmcode sein, Fehler in SQL-Anweisungen, fehlerhafte oder ungültige Daten, die gespeichert werden sollen, Fehler in der Kommunikation mit dem MySQL-Server oder Constraints (wie zum Beispiel Foreign-Key-Constraints), die verletzt werden.
- In Abschnitt 10.4.3, »MySQL im Web«, haben wir Sie über die Sicherheitslücke der SQL-Injections informiert. Achten Sie besonders auf diese Gefahrenquelle, und versuchen Sie, entweder Prepared Statements zu verwenden oder alle Benutzereingaben ordnungsgemäß zu escapen, bevor Sie diese in SQL-Anweisungen übernehmen.

12.2.2 ODBC

Beginnen wir zunächst mit einer der ältesten Datenbankverbindungs-Varianten. *Open Database Connectivity* (kurz ODBC) wurde ursprünglich von Microsoft entwickelt und hat sich in den letzten Jahrzehnten zu einem sehr weit verbreiteten Standard etabliert und läuft auch auf Unix-/Linux-Plattformen.

Ziel von ODBC war es, eine Vermittlerschicht zwischen beliebigen Anwendungen und Datenbanken zu erstellen. Beide Seiten müssen dazu nur das ODBC-Protokoll »sprechen« und können daher unabhängig von den jeweiligen Implementierungen miteinander kommunizieren und Daten austauschen. Mittlerweile unterstützt diesen Standard beinahe jedes größere relationale Datenbanksystem, und es gibt Hunderte Treiber am Markt für die diversesten Anwendungsszenarien.

Durch die zusätzliche Vermittlungsschicht, die jeweils noch einmal zwischen der Anwendung bzw. Datenbank in das ODBC-Format übersetzt, ist ODBC in einigen Anwendungsfällen nicht sehr schnell. Bevorzugen Sie daher einen nativen Konnektor, wenn dieser für Ihre Programmiersprache verfügbar ist.

Da ODBC vor allem in der Windows-Welt sehr verbreitet ist, möchten wir Ihnen die Verwendung anhand eines Windows-Beispiels zusammen mit Microsoft Access 2010 vorführen. Beginnen wir dazu im nächsten Abschnitt mit der Installation des Konnektors.

Installation

Auf der Download-Seite für Konnektoren von MySQL, wie in der Einleitung angegeben, finden Sie die ODBC-Konnektoren für zahlreiche Betriebssysteme und Versionen. Laden Sie sich zuerst den ODBC-Konnektor für Ihre Windows-Version herunter, oder verwenden Sie die auf der DVD des Buches beigelegten ODBC-Konnektor-Installer. Die Installation benötigt keine besonderen Einstellungen, und Sie können den Konnektor wie ein übliches Programm mit ein paar Klicks im Installer auf Ihrem Windows-Rechner installieren.

Nach erfolgreicher Installation haben Sie also nun jenes Stück Software, das ODBC-Anfragen in die native MySQL-Sprache transformieren, Abfragen bzw. Befehle an einen MySQL-Server senden und Rückmeldungen und Resultate empfangen bzw. verstehen kann.

Verbindung aufbauen

Im nächsten Schritt müssen Sie eine ODBC-Datenquelle in Windows einrichten. Dazu müssen Sie in der Systemsteuerung von Windows die ODBC-Verwaltung öffnen, wie in Abbildung 12.4 gezeigt. Die Verwaltung finden Sie am einfachsten über eine Suche nach »odbc« im Suchdialog rechts oben, wie in Abbildung 12.4 gezeigt. Anschließend öffnen Sie mit dem Knopf HINZUFÜGEN den Dialog zur Erstellung einer neuen Benutzerdatenquelle.

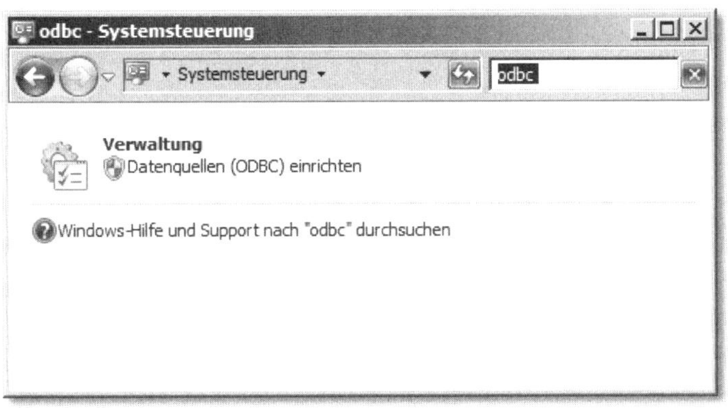

Abbildung 12.4 Systemsteuerung von Windows mit ODBC-Verwaltung

Wie in Abbildung 12.5 gezeigt, wählen Sie dann in der Liste den »MySQL ODBC Driver« aus und klicken auf FERTIGSTELLEN. Nun öffnet sich, wie in Abbildung 12.6 dargestellt, ein Dialog zur Eingabe der Daten Ihres MySQL-Servers. Geben Sie in diesem Dialog die nötigen Zugangsdaten zu Ihrem Server an, und wählen Sie eine Datenbank – in unserem Beispiel die »FlughafenDB« – aus. Nach der Bestätigung der Daten ist die Verbindung zu Ihrem MySQL-Server über ODBC eingerichtet.

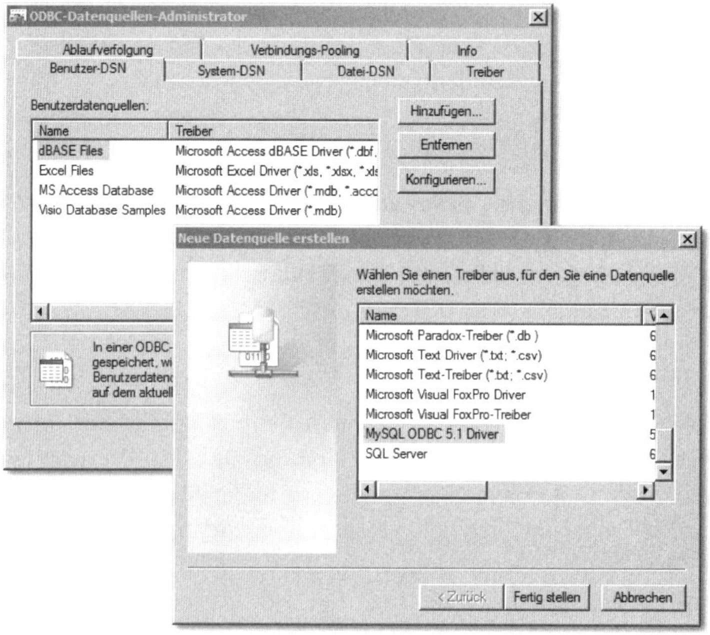

Abbildung 12.5 Hinzufügen einer neuen ODBC-Datenquelle

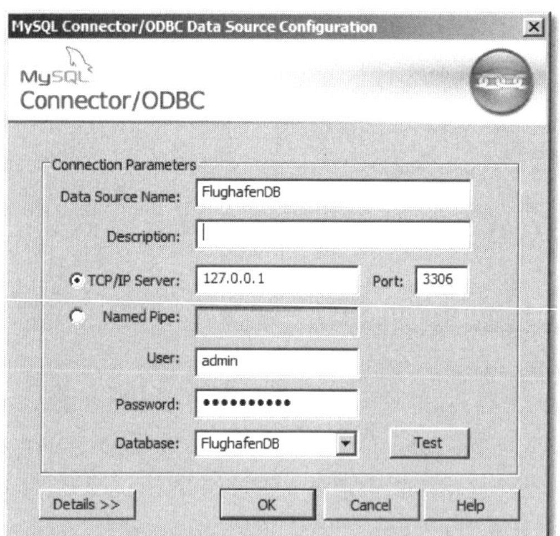

Abbildung 12.6 Einstellung der Zugangsdaten der ODBC-Datenquelle

Abfragen stellen/Tabellen einbinden

Anhand von Microsoft Access möchten wir Ihnen noch präsentieren, wie einfach sich nun Ihre Daten importieren bzw. verknüpfen lassen. Alternativ können Sie natürlich auch zum Beispiel die kostenlose Software OpenOffice-Base verwenden. Starten Sie zuerst Microsoft Access und erstellen Sie eine neue LEERE DATENBANK. Klicken Sie anschließend, wie in Abbildung 12.7 gezeigt, im Register EXTERNE DATEN auf ODBC-DATENBANK. Im folgenden Dialog können Sie entscheiden, ob Sie eine Tabelle importieren wollen oder die Tabelle in Access verknüpfen und dadurch auch Änderungen in MySQL übernommen werden sollen. Wir haben in unserem Beispiel die Verknüpfung gewählt und können anschließend im Register COMPUTERDATENQUELLE aus den verfügbaren Datenquellen wählen. Wählen Sie Ihre erstellte Datenquelle und darauffolgend eine oder mehrere Tabellen, die Sie in Access verknüpfen wollen.

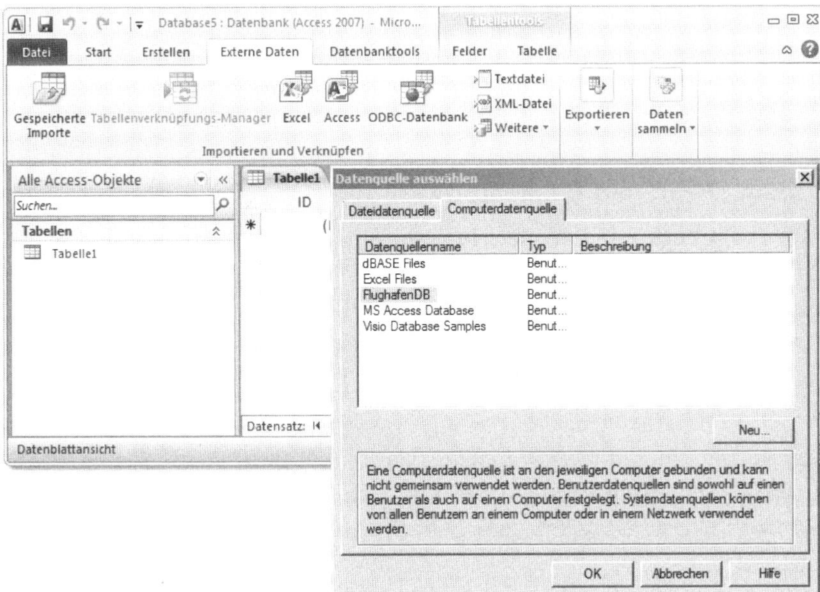

Abbildung 12.7 Einbinden einer ODBC-Datenquelle in Microsoft Access

Als Ergebnis haben Sie nun die gewählten Tabellen in Access verknüpft und können so per Mausklick auf der Tabelle die Daten anzeigen lassen und gegebenenfalls auch verändern (siehe Abbildung 12.8). Beachten Sie, dass bei einer verknüpften Tabelle auch alle Änderungen und Löschungen an den MySQL-Server übertragen und sofort übernommen werden.

Sie sehen also, dass Ihre MySQL-Datenbank per ODBC mit wenigen Klicks in Microsoft Access integriert werden kann. Dies ermöglicht Ihnen auch bestehende Access-Anwendungen auf MySQL umzustellen oder einfache Oberflächen in Access mit MySQL als professionellem Datenspeicher im Hintergrund zu realisieren.

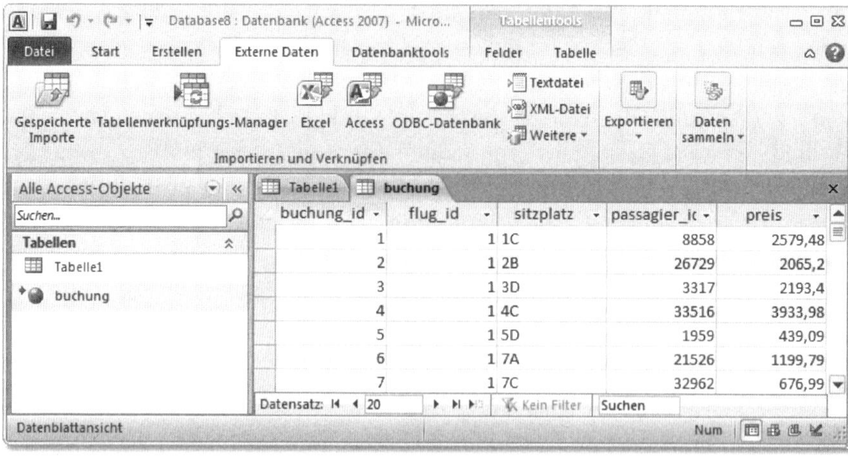

Abbildung 12.8 Daten aus Tabelle »buchung« anzeigen

12.2.3 Java, JDBC und Connector/J

Die in *Java* verwendete Datenbankschnittstelle nennt sich *Java Database Connectivity* (JDBC) und ermöglicht mit dem jeweiligen Treiber die Kommunikation mit den verschiedensten Datenbanken. Auch für JDBC bietet MySQL einen Treiber an, dessen Installation wir Ihnen im Folgenden erklären.

Installation

Um eine Verbindung zu MySQL aufzubauen, benötigen Sie zuerst den JDBC-Treiber für MySQL, in diesem Fall den Konnektor Connector/J, den Sie auf der Konnektoren-Seite von MySQL zum Download oder auf der DVD des Buches erhalten.

Das heruntergeladene Connector/J-Archiv (*tar* oder *zip*) enthält neben dem Source-Code den JDBC-Treiber als jar-Datei. Die Datei *mysql-connector-java-5.1.13-bin.jar* müssen Sie in Ihr Java-Projekt einbinden. Dies können Sie über die Angabe des `classpath`, wie in Listing 12.2 gezeigt, erreichen. Die verschiedenen Pfade, hinter denen sich die nötigen Dateien für den Programmaufruf befinden, werden jeweils durch einen : getrennt. In diesem Beispiel wird der aktuelle Pfad durch ./ gefolgt vom JDBC-Treiber mysql-connector-java-5.1.13-bin.jar in dem Klassen-Pfad angegeben. Verwenden Sie eine Entwicklungsumgebung, wie zum Beispiel Eclipse, dann können Sie meist in den Projekteinstellungen externe Bibliotheken und damit auch den Konnektor einbinden. Wie Abbildung 12.9 zeigt, gelingt das auch mit dem JDBC-Treiber, indem Sie in Eclipse in den Projekteigenschaften unter BIBLIOTHEKEN den Button EXTERNE JARS HINZUFÜGEN... wählen.

```
bash# javac MySQLConnectionTest.java
bash# java -classpath ./:./mysql-connector-java-5.1.13-
bin.jar MySQLConnectionTest
```

Listing 12.2 Kompilierung und Aufruf mit Einbindung des JDBC-Treibers

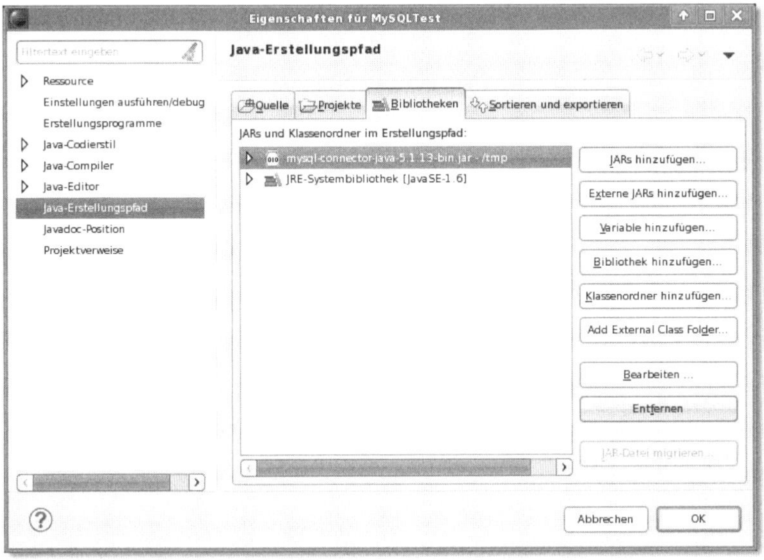

Abbildung 12.9 Einbindung des JDBC-Treibers in Eclipse

Verbindung aufbauen

Um eine Verbindung zu Ihrem MySQL-Server in einem Java-Programm aufzubauen, müssen Sie dem SQL-DriverManager bei der Verbindungserzeugung nur die Art der Verbindung mitteilen. Wie in Listing 12.3 gezeigt, können Sie die Verbindung über den Connector/J durch die Angabe von `jdbc:mysql` spezifizieren. Zusätzlich zum Verbindungstyp müssen Sie die Hostadresse (`127.0.0.1`), die Datenbank (»FlughafenDB«) und die Benutzer-/Passwort-Kombination (admin und geheim) beim Verbindungsaufbau angeben. Im Catch-Block sehen Sie bereits die nötigen Funktionen zur Ausgabe der Fehlertexte und Codes, um bei eventuellen Fehlern genauere Informationen zu erhalten. Näheres zur Fehlerbehandlung erfahren Sie auch im nächsten Abschnitt.

```
import java.sql.Connection;
import java.sql.DriverManager;
import java.sql.PreparedStatement;
import java.sql.ResultSet;
import java.sql.SQLException;
import java.sql.Statement;
```

```
public class MySQLTest {
  private Connection conn;

  public static void main(String args[]) {
    MySQLTest test = new MySQLTest();
    test.setUpConnection();
  }

  public void setUpConnection(){
    try {
      conn = DriverManager.getConnection(
        "jdbc:mysql://127.0.0.1:3306/FlughafenDB",
        "admin", "geheim"
      );
    } catch (SQLException e) {
        System.out.println("SQLException: " + e.getMessage());
        System.out.println("SQLState: " + c.gctSQLState());
        System.out.println("VendorError: " + e.getErrorCode());
        e.printStackTrace();
    }
  }
}
```

Listing 12.3 Verbindungsaufbau mit JDBC zum MySQL-Server

Abfragen stellen

Um eine Abfrage zu erstellen, müssen Sie von der Verbindung zuerst ein Statement-Objekt anfordern, wie in Listing 12.4 gezeigt. Auf diesem Statement-Objekt (stmt) können Sie anschließend durch die Methode `executeQuery` eine Abfrage starten. Wie üblich gibt die einfache `SELECT`-Abfrage ein `ResultSet` bzw. einen Cursor zurück. Durch dieses `ResultSet` können Sie durch das Weitersetzen des Cursors die einzelnen Zeilen des Ergebnisses abfragen. Das Verschieben des Cursors realisieren Sie durch die Methode `next()` am `ResultSet`-Objekt.

Innerhalb der `while`-Schleife können Sie die jeweiligen Daten (Spalten) der aktuellen Zeile bzw. Cursor-Position auslesen. Dazu bietet das `ResultSet`-Objekt einige Methoden an, die je nach Datentyp der Spalte variieren. Mit der Methode `getInt()` erhalten Sie einen numerischen Wert, während `getString()` einen Textwert einer Spalte zurückliefert. Eine mögliche Ausgabe des Programmcodes aus Listing 12.4 sehen Sie in Listing 12.5.

```
public void testQuery() {
  Statement stmt;
  try {
```

```
    stmt = conn.createStatement();
    ResultSet resultSet = stmt.executeQuery(
       "SELECT buchung_id, flug_id, preis" +
       " FROM buchung LIMIT 100;"
    );
    while(resultSet.next()) {
      System.out.println(
        "Buchung " + resultSet.getInt("buchung_id") +
        " auf Flug " + resultSet.getInt("flug_id") +
        " um " + resultSet.getDouble("preis") + " EUR"
      );
    }
    resultSet.close();
    stmt.close();
  } catch (SQLException e) {
    System.out.println("SQLException: " + e.getMessage());
    System.out.println("SQLState: " + e.getSQLState());
    System.out.println("VendorError: " + e.getErrorCode());
    e.printStackTrace();
  }
}
```

Listing 12.4 Abfrage über JDBC senden und Ergebnis ausgeben

```
Buchung 1 auf Flug 1 um 2579.48 EUR
Buchung 2 auf Flug 1 um 2065.2 EUR
Buchung 3 auf Flug 1 um 2193.4 EUR
```

Listing 12.5 Ausgabe der Abfrage aus Listing 12.4

Beachten Sie auch den Catch-Block in Listing 12.2, der bei einem eventuell auftretenden Fehler aufschlussreiche Details zum Fehler ausgibt. So erhalten Sie zum Beispiel bei der Angabe eines ungültigen Tabellenbezeichners die Fehlermeldungen, die Listing 12.6 zeigt. Die SQLException enthält eine textuelle Beschreibung des Fehlers, während die Abfrage des SQL-States und der Fehlernummer Ihnen durch die Methoden `getSQLState()` und `getErrorCode()`die bereits bekannten Fehlernummern von MySQL ausgibt. Eine Übersicht der Fehlercodes finden Sie in der Befehls-Referenz im Anhang.

Beachten Sie, dass Sie alle geöffneten Objekte bzw. Ressourcen auch wieder schließen, wenn Sie diese nicht mehr benötigen, da die geöffneten Ressourcen Speicher belegen und damit auch den jeweiligen Rechner belasten. Wie in Listing 12.4 angegeben, können Sie die Objekte mit der Methode `close()` schließen und die damit verbundenen Ressourcen wieder freigeben.

```
SQLException: Table 'FlughafenDB.buchlung' doesn't exist
SQLState: 42S02
VendorError: 1146
```

Listing 12.6 Ausgabe der Fehlercodes bei ungültigem Tabellenbezeichner

Natürlich unterstützt JDBC auch Prepared Statements, um Abfragen vorzukompilieren und anschließend mit Werten zu füllen. Ein Beispiel eines Prepared Statements sehen Sie in Listing 12.7, dessen Code zum Einfügen einer neuen Fluglinie in die Tabelle »fluglinie« verwendet wird. Natürlich können Sie auch `INSERT`-Anweisungen ohne Prepared Statement lösen und über die Methode `execute()`eines Statement-Objekts an den Server senden. Die Angabe der Variablen in einem Prepared Statement erfolgt über das Fragezeichen.

Beachten Sie zudem, dass bei Prepared Statements auch String-Werte nicht in Hochkomma gesetzt werden müssen. Durch die Vorkompilierung entfällt dies, da der Typ bereits im Vorfeld genau ermittelt werden kann. Die Werte der variablen Stellen in der `INSERT`-Anweisung werden dann mithilfe der verschiedenen `set`-Methoden je nach Datentyp gesetzt. Das abschließende `execute()` führt das Prepared Statement mit den gesetzten Variablen-Werten aus.

```
public void testInsertQuery() {
  try {
    PreparedStatement stmt = conn.prepareStatement(
      "INSERT INTO fluglinie (iata,firmenname,heimat_flughafen)"
      + " VALUES (?,?,?)"
    );
    stmt.setString(1, "MF");
    stmt.setString(2, "Meine Fluglinie");
    stmt.setInt(3, 1);
    stmt.execute();
    stmt.close();

    Statement stmtLast = conn.createStatement();
    ResultSet resultSet = stmtLast.executeQuery(
      "SELECT LAST_INSERT_ID() as id"
    );
    resultSet.first();
    System.out.println("Id meiner Fluglinie " +
      resultSet.getInt("id"));
    resultSet.close();
    stmtLast.close();
  } catch (SQLException e) {
```

```
    System.out.println("SQLException: " + e.getMessage());
  }
}
```

Listing 12.7 Einfügen, Prepared Statements und Last Insert ID

Da die in MySQL sehr häufig verwendete Spalte »Auto-Increment« nicht dem SQL-Standard entspricht, bietet die JDBC-Schnittstelle auch keine einfache Methode zum Abrufen der `LAST_INSERT_ID` nach einem `INSERT`-Statement an. Wie Sie dennoch zu der verwendeten ID einer Auto-Increment-Spalte gelangen, sehen Sie ebenfalls in Listing 12.7. Dabei wird einfach eine normale Abfrage `SELECT LAST_INSERT_ID()` auf die MySQL-eigene Funktion `LAST_INSERT_ID` abgesetzt, deren Ergebniswert – der letzte vergebene Auto-Increment-Wert der Verbindung – wie auch bei allen anderen `SELECT`-Abfragen über das `ResultSet` eingeholt werden kann. Die Methode `first()` setzt dabei den Cursor auf die erste Stelle des ResultSets und hat die gleiche Funktion wie ein einmaliger Aufruf von `next()` am `ResultSet` einer Abfrage.

`DELETE`-Anweisungen lassen sich ebenfalls analog zu den erklärten Abfragen verwenden. Beachten Sie jedoch, dass das Aufrufen einer gespeicherten Prozedur nicht einfach mit dem Befehl `CALL` auf einem Statement-Objekt funktioniert. Hierfür bietet die JDBC-Schnittstelle die sogenannten CallableStatements, deren genaue Verwendung Sie dem Java- oder MySQL-Online-Manual entnehmen können.

12.2.4 PHP, mysqli, PDO_MYSQL

In puncto Web-Programmierung ist PHP wohl die am weitesten verbreitete Skriptsprache. Sie belegt derzeit auch Platz 5 in der Programmiersprachen-Rangliste (Tabelle 12.1) und steht auf dem ersten Platz unter den nicht-typisierten Skriptsprachen. PHP hat zusätzlich noch einen besonderen Stellenwert, da es seit Jahren mit MySQL bereits in der Standardkonfiguration zusammenarbeitet. Das schlagkräftige Team PHP und MySQL stellt daher das Fundament für zahlreiche Webprojekte zur Verfügung, und so bestehen in PHP auch mehrere Möglichkeiten zur Kommunikation. Ein wichtiger Grund für die immense Verbreitung von PHP und MySQL ist sicherlich dieser guten Zusammenarbeit zwischen beiden zu verdanken.

Grundsätzlich unterscheidet man in PHP zwischen den nativen Treibern und Treibern für die Datenbankabstraktionsschicht von PHP, die sich *PHP Data Objects* (PDO) nennt. Es bestehen in PHP derzeit noch zwei native Treiber – *mysql* und *mysqli* – wobei *mysql* mittlerweile von *mysqli* ersetzt wurde und auch nicht mehr weiterentwickelt wird. Aus diesem Grund konzentrieren wir uns in diesem Buch nur auf den Zugriff mit PDO und über den nativen Treiber *mysqli*.

Wenn Sie die Abstraktionsebene von PDO nicht benötigen und nicht den Einsatz von mehreren Datenbanksystemen planen, empfehlen wir die Verwendung von *mysqli*. Dieser sehr neue Treiber wurde speziell für PHP entwickelt und ist hochoptimiert. Er unterstützt alle wichtigen Funktionen von MySQL und beschleunigt unter anderem durch Caches die Arbeit mit der Datenbank. Zusätzlich bietet Ihnen der Treiber eine objektorientierte, aber auch eine klassische prozedurale Schnittstelle zur Verwendung an.

In den folgenden Code-Beispielen verwenden wir die objektorientierte Schnittstelle. Für jede der im Folgenden gebrauchten Methoden existieren aber auch analog die passenden Funktionen für eine prozedurale Verwendung. Die Namen und Verwendung der Prozeduren und Methoden sind dabei sehr ähnlich, um auch die Schnittstelle möglichst einheitlich zu halten.

Installation

Durch die starke Verbindung zwischen PHP und MySQL sind in vielen Standardkonfigurationen von PHP die Zugriffsmöglichkeiten auf eine MySQL-Datenbank bereits standardmäßig installiert. Andernfalls lassen sich diese über den Paketmanager Ihrer Linux-Distribution sehr einfach nachinstallieren. Sie finden das nötige Paket meist unter dem Namen php-mysql. Haben Sie Ihre PHP-Version selbst kompiliert, müssen Sie die jeweiligen Module bereits bei der Kompilierung aktivieren bzw. mit kompilieren. Auch für Windows und Mac finden Sie die nötigen Pakete auf der PHP-Download-Seite.[3]

Verbindung aufbauen

Um eine Verbindung zum MySQL-Server aufzubauen, müssen Sie ein sogenanntes Verbindungsobjekt erzeugen. Bei der Verwendung des nativen Treibers *mysqli* können Sie, wie in Listing 12.8 angegeben, über die Eigenschaft `connect_error` des Objekts `$conn` auf etwaig aufgetretene Fehler und deren Fehlermeldung zugreifen.

```
<?php
$conn = new mysqli('127.0.0.1',
                   'admin', 'geheim','FlughafenDB');
if ($conn->connect_error) {
  printf("Verbindungsfehler: %s\n", $conn->connect_error);
  exit();
}
?>
```

Listing 12.8 Verbindungsaufbau mit nativem Treiber »mysqli«

3 *http://www.php.net/downloads.php*

Bei der Verwendung von PDO geben Sie bei der Erzeugung des Verbindungsobjekts neben den üblichen Verbindungdaten wie Hostname, Benutzer und Passwort auch den jeweiligen Treiber der Datenbank an. Wie in Listing 12.9 gezeigt, wird dieser über den String `'mysql:host=127.0.0.1'` angegeben. Alle darauffolgenden Befehle sind unabhängig von der angesprochenen Datenbank.

Im Unterschied zu *mysqli* können Sie bei der Verwendung mit PDO die Fehlerbehandlung mit Exceptions realisieren. Damit PDO auch bei allen Fehlern (siehe Beispiel in Listing 12.10) ordnungsgemäß Exceptions wirft, müssen Sie diese Option mit dem Befehl `setAttribute(PDO::ATTR_ERRMODE, PDO::ERRMODE_EXCEPTION);` einmalig bei der Verbindung aktivieren.

```
<?php
try {
  $conn = new PDO(
    'mysql:host=127.0.0.1;port=3306;dbname=FlughafenDB',
    'admin','geheim'
  );
  $conn->setAttribute(PDO::ATTR_ERRMODE, PDO::ERRMODE_EXCEPTION);
} catch (PDOException $e) {
  echo "Datenbankfehler: " . $e->getCode() .
       " -> " . $e->getMessage() . "\n";
  exit();
}
?>
```

Listing 12.9 Verbindungsaufbau über PDO-Treiber PDO:mysql

```
Datenbankfehler: 1045 -
> SQLSTATE[28000] [1045] Access denied for user
'admin_falsch'@'127.0.0.1' (using password: NO)
```

Listing 12.10 Fehlerausgabe des Programmcodes aus Listing 12.9

Abfragen stellen

Die Abfrage von Daten erfolgt bei beiden Konzepten ebenfalls in ähnlicher Weise über die Erzeugung von Cursors, die anschließend über eine Schleife zeilenweise durchlaufen werden. Die Daten der jeweiligen Zeile werden in dem Beispiel in Listing 12.11 (*mysqli*) und Listing 12.12 (PDO) einfach ausgegeben. Beachten Sie auch die Aufräumarbeiten nach den Schleifen, um belegte Ressourcen wieder sauber freizugeben.

```
$cursor = $conn->query(
  'SELECT buchung_id, flug_id, preis FROM buchung LIMIT 100;');
while ($row = $cursor->fetch_object()) {
```

```
  echo "Buchung $row->buchung_id auf Flug ".
       "$row->flug_id um $row->preis EUR\n";
}
$cursor->close();
```

Listing 12.11 Abfrage mit »mysqli« an Server senden und Ergebnis ausgeben

```
$cursor = $conn->query(
  'SELECT buchung_id, flug_id, preis FROM buchung LIMIT 100;');
foreach($cursor as $row) {
  printf("Buchung %d auf Flug %d um %f EUR\n",
         $row['buchung_id'], $row['flug_id'], $row['preis']);
}
$cursor->closeCursor();
$cursor = null;
```

Listing 12.12 Abfrage mit PDO an den Server senden und Ergebnis ausgeben

Im Folgenden fügen wir nun neue Datensätze in die Tabelle »fluglinie« ein. Natürlich ist dies mit einer einfachen `INSERT`-Anweisung und dem Aufruf der Methode `$conn->query()`ohne Weiteres möglich. In Listing 12.13 sehen Sie ein Beispiel zum Einfügen einer neuen Fluglinie mit Prepared Statements. Die variablen Bereiche, die anschließend mit den eigentlichen Werten ersetzt werden, werden mit dem `?` gekennzeichnet. Mit der Methode `bind_param()` werden die Parameter an die Variablen gebunden.

Beachten Sie, dass Sie dieser Methode Variablen übergeben müssen. Sie können nicht direkt einen Wert, wie zum Beispiel `'MF'`, übergeben, da die Parameter wirklich direkt mit den Variablen verknüpft werden. Zur Wiederverwendung und zum Einfügen eines weiteren Datensatzes müssen Sie daher nur, wie in Listing 12.14 angegeben, die gebundenen Variablen ändern und das Prepared Statement erneut aufrufen. Bei der Bindung müssen Sie zusätzlich als ersten Parameter die Typen der Parameter angeben. Im Beispiel steht das `'ssi'` zum Beispiel für String, String und Integer und entspricht den Spaltentypen der Flugliniendaten, die eingefügt werden sollen. Für Double-Werte verwenden Sie `d` und für binäre Daten (zum Beispiel Dateien und Bilder in Blob-Spalten) den Wert `b`.

```
$stmt = $conn->prepare(
  'INSERT INTO fluglinie (iata,firmenname,heimat_flughafen)' .
  ' VALUES (?,?,?)');
$iata = 'MF';
$name = 'Meine Fluglinie';
$id = 1;
// Binden der Parameter des Prepared Statements
```

```
$stmt->bind_param('ssi',$iata,$name,$id);
if (!$stmt->execute()) {
  echo "Fehler: $stmt->errno -> $stmt->error " .
       "(SQLState: $stmt->sqlstate)\n";
} else {
  echo "Id meiner Fluglinie $conn->insert_id\n";
}
```

Listing 12.13 Einfügen über ein Prepared Statement mit »mysqli«

```
$iata = 'IHR';
$name = 'Ihre Fluglinie';
$id = 2;
$stmt->execute();
```

Listing 12.14 Gebundene Variablen ändern und Statement erneut senden

Für die Fehlerbehandlung können Sie direkt den Erfolg einer Abfrage durch den Rückgabewert der Methode `execute()` bestimmen. Ist dieser `false`, ist ein Fehler aufgetreten, den Sie dann über die Eigenschaften des Statements-Objekts `error` (textuelle Fehlerbeschreibung) und `errno` (Fehlernummer) abfragen bzw. wie im Beispiel ausgeben können.

Sollten Sie keine Prepared Statements verwenden, müssen Sie zum Schutz vor *SQL-Injections* (siehe Abschnitt 10.4.3, »MySQL im Web«) unbedingt String-Werte escapen. In PHP können Sie dies über die Funktionen `mysqli_real_escape_string( $conn, "gefaehr'lich")` bzw. `$conn->escape_string( "gefaehr'lich" )` erreichen. Sie sollten jeden Text, der in einer SQL-Anweisung verwendet wird, an eine dieser Funktionen übergeben und nur den Rückgabewert – den sicheren Text – in der Anweisung verwenden.

12.2.5 .NET

Das *.NET Framework* (gesprochen »dot net«) von Microsoft dient als Grundgerüst zur Entwicklung von Anwendungen für Windows. Dementsprechend existiert auch speziell für dieses Framework ein MySQL-Konnektor, der *Connector/NET*. Natürlich ist es möglich, auch den ODBC-Konnektor zu verwenden, aufgrund der höheren Geschwindigkeit sollten Sie jedoch – wenn möglich – den speziellen Konnektor für das .NET-Framework bevorzugen. Im Folgenden erläutern wir Ihnen die Einbindung einer MySQL-Datenbank in Microsofts hauseigene Entwicklungsplattform Visual Studio 2008.

Installation

Der Konnektor lässt sich von der in der Einführung angegebenen MySQL-Download-Seite für Konnektoren herunterladen. Der Konnektor-Installer benötigt während der Installation keine weiteren Einstellungen. Auf unserem Testsystem mit Windows 7 und Visual Studio 2008 brach der Installer jedoch ohne Angabe einer weiteren Fehlermeldung ab. Wir konnten das Problem durch die Installation der neuesten .NET-Framework-Version 4.0 lösen. Den Installer zum .NET-Framework 4.0 finden Sie auf der Download-Seite[4] von Microsoft. Nach der Installation der neuesten Version des .NET-Frameworks ließ sich auch der Connector/NET problemlos ohne weitere Störungen installieren.

Verbindung aufbauen

In dieser Anleitung erfahren Sie, wie Sie in Visual Studio 2008, der hauseigenen .NET-Entwicklungsplattform von Microsoft, eine MySQL-Datenbank einbinden und in Ihre Applikation integrieren können.

Im ersten Schritt müssen Sie die Datenbank als Datenquelle einbinden. Öffnen Sie dazu im Menü ANSICHT den SERVER-EXPLORER. Wie in Abbildung 12.10 gezeigt, können Sie über einen Rechtsklick auf DATENVERBINDUNGEN und HINZUFÜGEN eine Datenquelle auswählen. Wählen Sie in der Liste »MySQL Database«, und klicken Sie auf WEITER. Im folgenden Formular (Abbildung 12.11) können Sie nun Ihre Zugangsdaten zur Datenbank eingeben und bereits die gewünschte Datenbank (zum Beispiel »FlughafenDB«) auswählen.

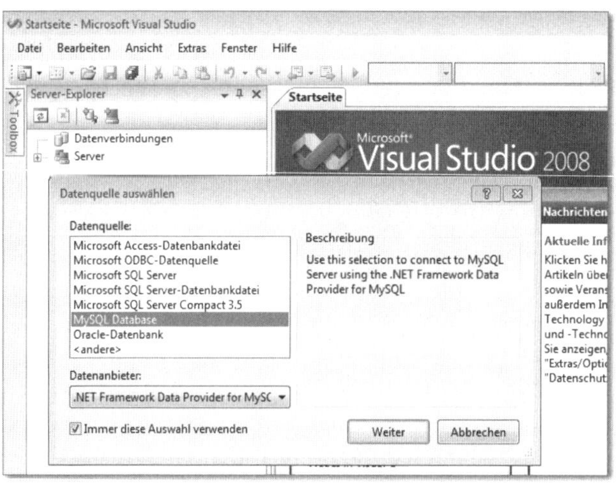

Abbildung 12.10 Einbinden einer neuen MySQL-Datenbank als Datenquelle

4 *http://www.microsoft.com/net/*

Nach der erfolgreichen Einbindung sollten Sie wie in Abbildung 12.12 alle Tabellen, Prozeduren usw. sehen und auch editieren können. Ähnlich zur MySQL Workbench können Sie in dieser Ansicht bereits einige Administrationstätigkeiten durchführen.

Abbildung 12.11 Zugangsdaten der Datenquelle angeben

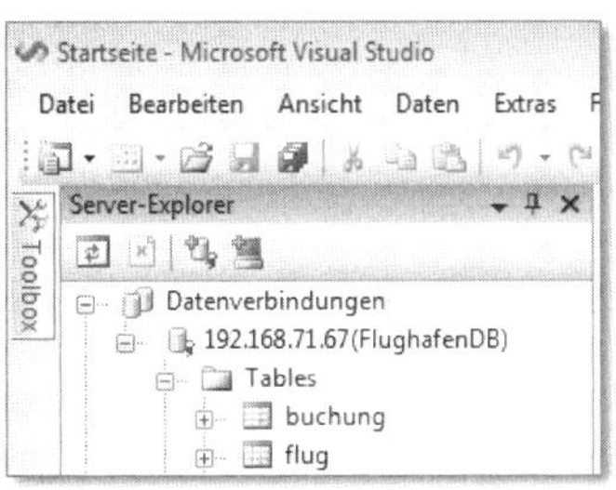

Abbildung 12.12 Anzeige der Tabellen bei erfolgreicher Einbindung

Abfragen stellen

Natürlich gibt es in Visual Studio zahlreiche Möglichkeiten, die eingebundene Datenquelle zu nutzen und in Ihre Applikation einzubinden. Wir zeigen Ihnen hier nun eine schnelle Möglichkeit zur Einbindung einer Tabelle in eine C#-Applikation.

Erstellen dazu ein neues C#-Windows-Forms-Projekt in Visual Studio, und wählen Sie im Menü DATEN den Menüpunkt NEUE DATENQUELLE HINZUFÜGEN. Im folgenden Fenster wählen Sie, wie in Abbildung 12.13 dargestellt, DATENBANK aus. In der nächsten Ansicht (Abbildung 12.14) können Sie in der Liste Ihre bereits eingebundene MySQL-Datenbank, im Beispiel die »FlughafenDB«, auswählen.

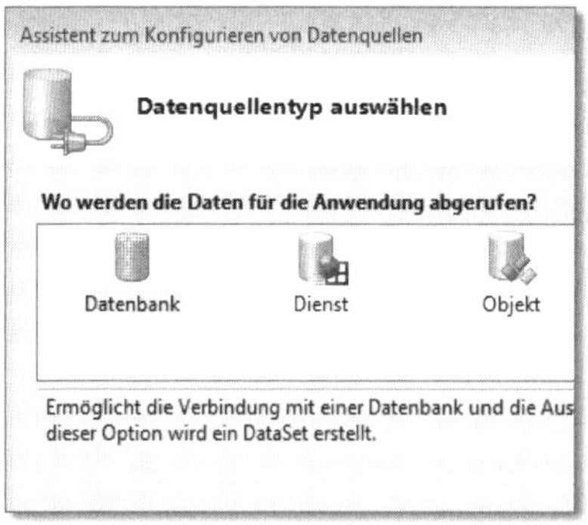

Abbildung 12.13 Einbindung einer Datenquelle in eine Applikation

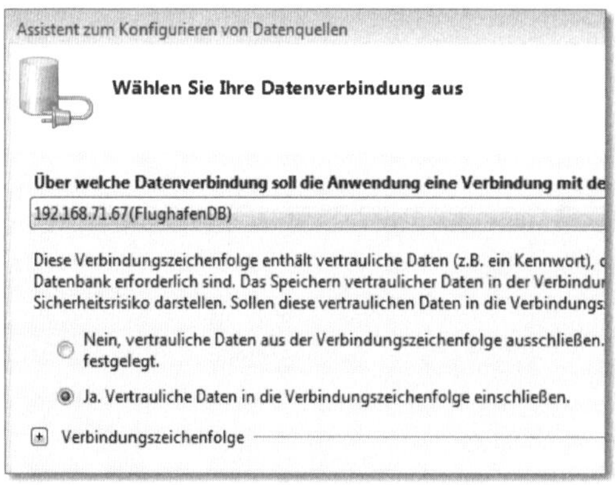

Abbildung 12.14 Auswahl der bereits eingebundenen Datenbanken

Nach der Speicherung der Verbindung können Sie Tabellen oder auch ganze Datenbanken auswählen (Abbildung 12.15), die Sie anschließend in der Applikation benötigen. Für unsere Testzwecke wählen Sie hier nur die Tabelle »buchung« aus. Auf der linken Seite sehen Sie nun, wie in Abbildung 12.16 dargestellt, die verfügbaren Datenquelle inklusive der Buchungstabelle.

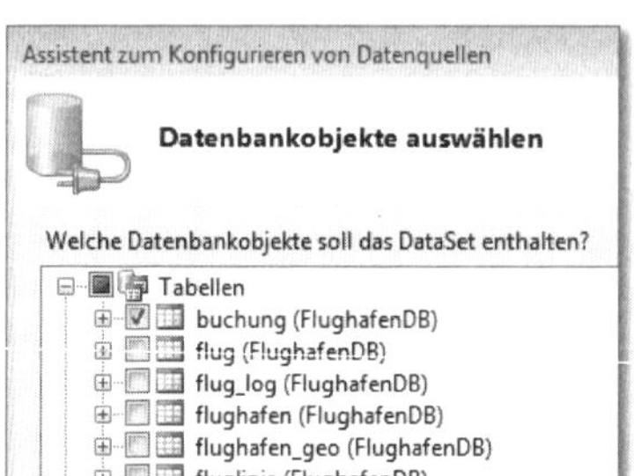

Abbildung 12.15 Auswahl der Tabellen, die verwendet werden sollen

Sie können nun einfach bei gedrückter Maustaste die Buchungstabelle von der Datenquellenübersicht auf der linken Seite in das Entwurfsfenster Ihrer Applikation ziehen. In der Voransicht der Applikation sollten nun eine Steuerungsleiste und eine Tabellenansicht erscheinen, wie Sie sie in Abbildung 12.16 sehen können.

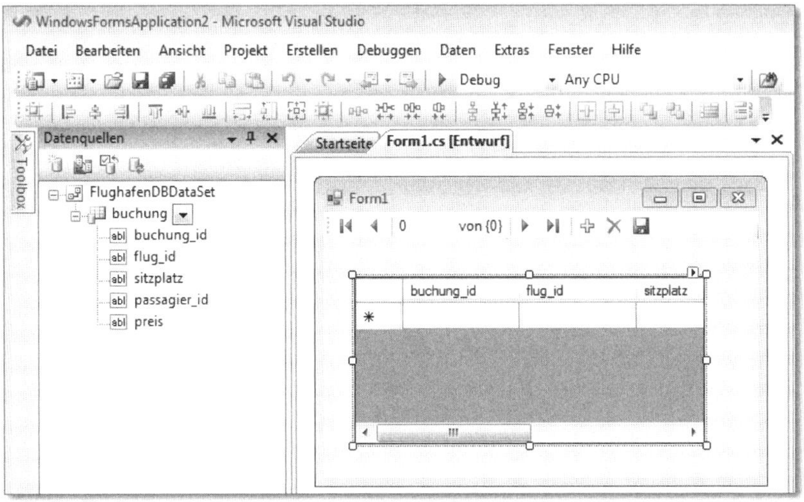

Abbildung 12.16 Einbindung der Tabelle »buchung« in die Applikation

Wenn Sie nun die Applikation über das Menü Debuggen und Debugging starten starten, können Sie die Applikation bedienen, wie in Abbildung 12.17 gezeigt. Sie können in der Applikation nun direkt die Daten der Tabelle »buchung« anzeigen und editieren. Sollte ein Fehler auftreten, zum Beispiel bei der Verletzung eines Foreign-Key Constraints, werden Sie im Debugging-Modus informiert, und es werden weitere Details zur Exception bzw. zur möglichen Fehlerbehandlung angezeigt (siehe Abbildung 12.18). Sie können dann dementsprechend eine Behandlung der Exception in Ihrer Applikation hinzufügen.

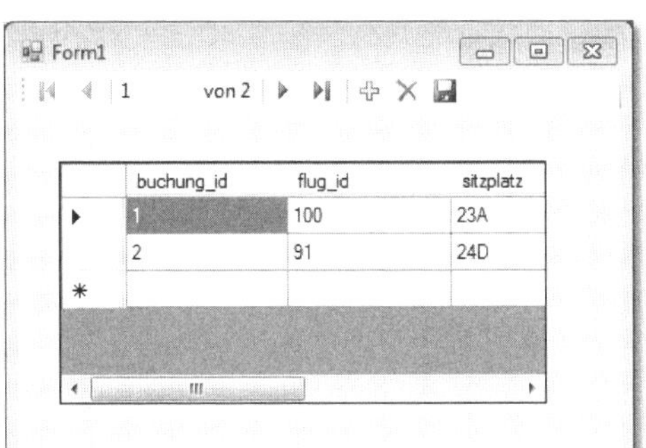

Abbildung 12.17 Start der Test-Applikation

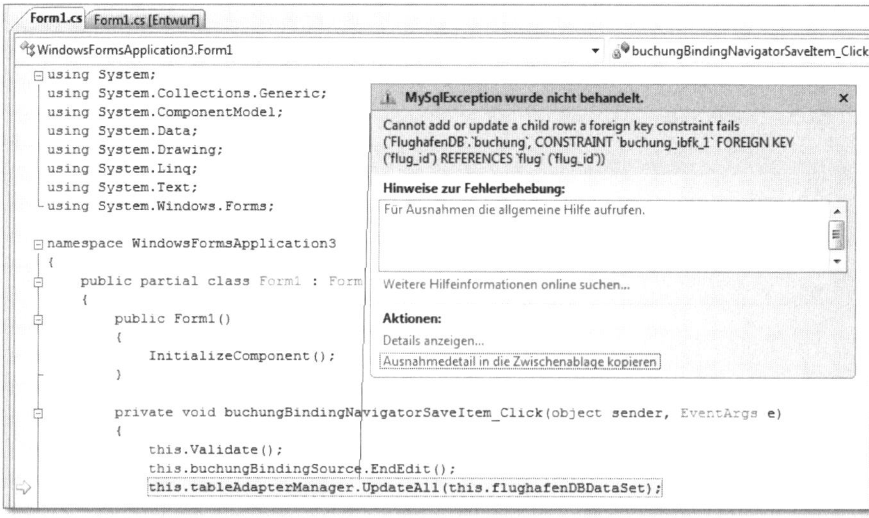

Abbildung 12.18 Visual Studio weist auf einen Fehler bzw. dessen Behandlung hin.

12.2.6 Perl, DBD:mysql

Einen wirklichen Klassiker im Linux- und Unix-Umfeld stellt die Skriptsprache Perl dar. Auch wenn die Nutzung von Perl (siehe Abbildung 12.1) zurückgeht, ist die Chance als Server-Administrator sehr hoch, dass Sie mit Perl-Skripten in Kontakt kommen. Aus diesem Grund möchten wir auch den Zugriff auf MySQL mithilfe von Perl-Skripten genauer behandeln.

Auch in Perl existiert eine Datenbankabstraktionsschicht, die sich *Perl's Database Interface* (DBI) nennt und mit den Datenbank-Treibern – den DBD (Database Driver) – an die jeweilige Datenbank angepasst werden kann. Dabei ist der Umfang der Treiber für die DBI sehr groß und reicht von der einfachen Anbindung per ODBC über MySQL bis hin zu exotischeren Anbindungen wie Google als Datenquelle.

Installation

Perl ist normalerweise auf beinahe jeder Linux-Standardinstallation verfügbar. Das benötigte Modul *DBD:mysql* für die Kommunikation mit MySQL muss jedoch meist nachinstalliert werden. Dies können Sie in den meisten Fällen sehr einfach über Ihren Paketmanager erledigen. Das Paket wird üblicherweise unter dem Namen perl-DBD-MySQL geführt. Weiterführende Links finden Sie auch auf der Seite zum Perl's Database Interface von MySQL.[5]

5 *http://dev.mysql.com/downloads/dbi.html*

Verbindung aufbauen

Um eine Verbindung in Perl über das DBI auszubauen, müssen Sie das zugehörige Modul zuerst mit dem Befehl `use DBI;` laden. Die Auswahl des jeweiligen Treibers erfolgt, wie bei den Datenabstraktionsschichten üblich, beim Verbindungsaufbau durch die Angabe des Strings `"dbi:mysql:FlughafenDB..."`, wie in Listing 12.15 angegeben.

Über das `OR`-Konstrukt können Sie bei einem eventuellen Problem während des Verbindungsaufbaus reagieren und, wie in diesem Beispiel gezeigt, das Programm vorzeitig mit `die` beenden und den Fehlertext ausgeben. Durch die zusätzlichen Parameter `RaiseError => 0, PrintError => 0` bei Erstellung der Verbindung legen Sie fest, dass Fehler nicht sofort ausgegeben werden und Sie die Behandlung (zum Beispiel über das `OR`-Konstrukt) selbst übernehmen. Die Option `AutoCommit => 1` aktiviert den Auto-Commit-Modus und führt ein `Commit` nach jeder SQL-Anweisung aus.

```
#!/usr/bin/perl
use DBI;
my $conn = DBI->connect(
  "dbi:mysql:FlughafenDB:127.0.0.1:3306",
  "admin","geheim",
  { RaiseError => 0, PrintError => 0, AutoCommit => 1 })
    or die "Fehler beim Verbindungsaufbau zum MySQL Server:" .
           " $DBI::err -> $DBI::errstr \n";
```

Listing 12.15 Erstellen einer Verbindung über den DBD:mysql-Treiber

Abfragen stellen

Um eine Abfrage absetzen zu können, müssen Sie vom Verbindungsobjekt `$conn` durch die Methode `prepare()` ein Statement-Objekt anfordern, das Sie in Folge mit der Methode `execute()` ausführen und an den MySQL-Server übermitteln können. Wie in Listing 12.16 gezeigt, können Sie direkt am gleichen Statement-Objekt, das auch den Cursor repräsentiert, mithilfe einer `while`-Schleife über die Ergebnisse iterieren. In der Schleife werden die einzelnen Spalten anschließend ausgegeben:

```
my $stmt = $conn->prepare(
  "SELECT buchung_id, flug_id, preis FROM buchung LIMIT 100;");
$stmt->execute();

while(@row = $stmt->fetchrow_array()) {
  printf "Buchung %d auf Flug %d um %f EUR\n",
         $row[0], $row[1], $row[2];
```

```
}
$stmt->finish();
```

Listing 12.16 Abfrage stellen und Ergebnisse ausgeben

Auch Perl unterstützt Prepared Statements, die wir im folgenden Beispiel in Listing 12.17 zum Einfügen einer neuen Fluglinie verwenden. Die variablen Bereiche der `INSERT`-Anweisung werden dabei mit dem `?` gekennzeichnet. Beim eigentlichen Aufruf der Anweisung mit dem `execute()`-Befehl werden dann die konkreten Werte für die Parameter übergeben.

```
$stmt = $conn->prepare(
  "INSERT INTO fluglinie (iata,firmenname,heimat_flughafen) " .
  " VALUES (?,?,?)");
$stmt->execute("MF","Meine Fluglinie",1)
  or die "Fehler bei der Ausfuehrung: " .
         "$DBI::err -> $DBI::errstr (SQLState $DBI::state)\n";
printf("Id meiner Fluglinie %d\n",
       $conn->last_insert_id(
         undef,undef,"fluglinie","fluglinie_id")
       );
$stmt->finish();
# Datenbank sauber schliessen
$conn->disconnect();
```

Listing 12.17 Einfügen einer neuen Fluglinie mit einem Prepared Statement

Beachten Sie, dass DBI im Normalfall nicht automatisch ein Commit durchführt und dass `execute()` nicht automatisch zu einer Speicherung auf der Datenbankseite führt. Durch die Option des Auto-Commits bei der Erstellung der Verbindung wird hier jedoch implizit ein Commit nach dem `execute()`-Aufruf durchgeführt und die Daten werden persistent in die Tabelle eingefügt.

Über die `OR`-Schreibweise können Sie wiederum beim Auftreten eines Fehlers reagieren. In diesem Beispiel geben wir den Fehlercode (`$DBI::err`), den Fehlertext (`$DBI::errstr`) und den SQLState (`$DBI::state`) aus, wie in Listing 12.18 gezeigt.

```
Fehler beim Verbindungsaufbau zum MySQL Server: 1045 -> Access
denied for user 'root'@'127.0.0.1' (using password: YES)
```

Listing 12.18 Fehlerausgabe des Codes aus Listing 12.17

Selbstverständlich können Sie mit dem DBI auch einen automatischen Wert einer Auto-Increment-Spalte nach einer Einfügeoperation abfragen. Im Gegensatz zu zahlreichen anderen Datenbankabstraktionsschichten müssen Sie beim Aufruf der Methode `last_insert_id()` im DBI zusätzlich noch mehrere Parameter übergeben. Die allgemeingültige Methode nimmt in dieser Reihenfolge den Katalog, das Schema, die Tabelle und die Spalte auf. Wie im Beispiel in Listing 12.17 gezeigt, fallen bei der Verwendung des DBI mit MySQL der Katalog und das Schema weg. Sie müssen nur die Tabelle und die Spalte angeben, um den Auto-Increment-Wert zu erhalten.

Durch die Verwendung der Prepared Statements können Sie auch das Sicherheitsproblem der SQL-Injections (siehe Abschnitt 10.4.3, »MySQL im Web«) verhindern. Sollten Sie jedoch String-Werte direkt in einer SQL-Anweisung verwenden, müssen Sie diese unbedingt escapen, um eventuelle Angriffe (zum Beispiel SQL-Injections) zu blockieren. In Perl können Sie die Funktion `quote` in der Form von `$conn->quote("gefaehr'lich")` verwenden, um Strings ordnungsgemäß in eine für Datenbanken ungefährliche Form zu transformieren. Verwenden Sie daher in SQL-Anweisungen nur die ungefährlichen Rückgabewerte dieser Funktion.

Beachten Sie auch, wie in den Beispielen gezeigt, alle angeforderten Ressourcen, wie zum Beispiel ein Statement-Objekt oder das Verbindungsobjekt, wieder freizugeben bzw. zu schließen, um Ressourcen zu sparen und diese nicht unnötig lange zu blockieren.

12.2.7 Ruby

Ruby ist eine sehr junge, dynamisch typisierte Programmiersprache, die in den letzten Jahren auch durch *Ruby on Rails* stark an Bedeutung gewonnen hat (siehe auch Abbildung 12.1). Dementsprechend gibt es natürlich auch für Ruby eine einfache Möglichkeit, mit MySQL zu kommunizieren.

Installation

Das Modul zur Verwendung von MySQL nennt sich ruby-mysql und ist vollständig in Ruby geschrieben. Sie müssen es daher nicht kompilieren und können es direkt von der Projektseite[6] herunterladen und einbinden (detaillierte Erklärung zur Einbindung[7]). Das Modul lässt sich aber auch über Ihren Linux-Paketmanager sehr einfach installieren. Suchen Sie dazu einfach nach dem Paket ruby-mysql in Ihrem Paketmanager, und installieren Sie dieses.

6 *http://raa.ruby-lang.org/project/ruby-mysql/*
7 *http://www.kitebird.com/articles/ruby-mysql.html*

Verbindung aufbauen

Um eine Verbindung mit Ihrem MySQL-Server in Ruby aufbauen zu können, müssen Sie zuerst mit der Zeile `require "mysql"` das nötige MySQL-Modul einbinden. Anschließend können Sie, wie in Listing 12.19 angegeben, ein Verbindungsobjekt `conn` unter Angabe der nötigen Verbindungsparameter erstellen. Die Fehlerabfrage wird in diesem Beispiel über das Rescue-Konstrukt realisiert und gibt im Fall eines Fehlers die Fehlernummer `e.errno`, die Fehlermeldung `e.error` und – falls verfügbar – den SQLState `e.sqlstate` aus.

```
#!/usr/bin/ruby -w
require "mysql"
begin
  conn = Mysql.real_connect(
    "127.0.0.1", "admin", "geheim", "FlughafenDB")
  res = conn.query(
    "SELECT buchung_id, flug_id, preis FROM buchung LIMIT 100;")
  while row = res.fetch_row do
    printf "Buchung %d auf Flug %d um %f EUR\n",
           row[0], row[1], row[2]
  end
  res.free()
rescue Mysql::Error => e
  puts "Mysql error code: #{e.errno}"
  puts "Error message: #{e.error}"
  puts "Error SQLSTATE: #{e.sqlstate}" if
        e.respond_to?("sqlstate")
ensure
  conn.close if conn
end
```

Listing 12.19 Verbindungsaufbau, Abfrage stellen und Ergebnisse ausgeben

Abfragen stellen

Auf dem erstellten Verbindungsobjekt `conn` können Sie über die Methode `query()` direkt Abfragen stellen. Sie erhalten dabei als Rückgabewert, wie in Listing 12.19 gezeigt, ein `ResultSet`-Objekt, mit dem Sie über die Ergebnisse iterieren können. Im Beispiel wird mithilfe der `while`-Schleife das Ergebnis zeilenweise ausgegeben.

```
# String escapen um SQL Injections zu vermeiden
iata = conn.escape_string("MF")
name= conn.escape_string("Meine Fluglinie");
# Einfuegen eines Datensatzes
conn.query(
```

```
  "INSERT INTO fluglinie (iata,firmenname,heimat_flughafen) " +
  "VALUES ('" + iata + "','" + name + "',1)"
)
printf("Id meiner Fluglinie %d\n",conn.insert_id())
```

Listing 12.20 Einfügen einer neuen Fluglinie

Um nun einen neuen Datensatz in die Tabelle »fluglinie« einzufügen, müssen Sie sich eine `INSERT`-Anweisung zurechtlegen, die Sie anschließend direkt mit `query()` an den MySQL-Server senden können. Das MySQL-Modul in Ruby verfügt derzeit über keine Möglichkeit, Prepared Statements zu nutzen. Escapen Sie daher unbedingt alle Zeichenketten (Strings), wie auch im Beispiel in Listing 12.20 gezeigt, mit der Methode `conn.escape_string("gefaehr'lich")`, um eventuelle Angriffe durch SQL-Injections (siehe Abschnitt 10.4.3, »MySQL im Web«) zu vermeiden.

Den Auto-Increment-Wert nach einer Einfügeoperation erhalten Sie ganz einfach durch den Aufruf der Methode `insert_id()` auf dem Verbindungsobjekt. Denken Sie auch daran, alle Ressourcen, wie in Listing 12.19 angegeben, durch `free()` freizugeben bzw. durch `close()` wieder zu schließen.

12.2.8 Python

Python hat sich in den letzten Jahren einen stabilen Rang in der Welt der Skriptsprachen gesichert und findet vor allem im Server- und Web-Bereich viele Anhänger. Das MySQL-Modul, das es Python erlaubt, auch mit MySQL zu kommunizieren, bietet dem Programmierer zwei Schnittstellen an. Auf der einen Seite verfügt das Modul über Funktionen, die an die Schnittstelle des MySQL-C-Clients angelehnt sind.

Python besitzt jedoch auch eine spezifizierte Datenbankschnittstelle, an der sich ein Wrapper mit dem Namen *MySQLdb* orientiert. Dieser Wrapper, der im MySQL-Modul enthalten ist, bietet so die Möglichkeit, mit MySQL über eine standardisierte Python-Schnittstelle zu kommunizieren. In diesem Kapitel behandeln wir nur die Schnittstelle MySQLdb, Informationen zur nativen Schnittstelle erhalten Sie ebenfalls auf der Projekthomepage[8].

Installation

Das für die Kommunikation mit MySQL benötigte Modul für Python nennt sich MySQL-Python, und Sie können es manuell über die Projektseite herunterladen und installieren. Eine Anleitung zur manuellen Installation finden Sie ebenfalls

8 *http://mysql-python.sourceforge.net/*

auf der Projektseite zu MySQL-Python. Natürlich lässt sich das Modul auch sehr einfach über den Linux-Paketmanager installieren. In den meisten Paket-Repositories ist das notwendige Paket unter dem Namen MySQL-python verfügbar.

Verbindung aufbauen

Um in Python eine Verbindung zu MySQL aufzubauen, müssen Sie zuerst den Wrapper `MySQLdb` des MySQL-Python-Moduls importieren. Wie in Listing 12.21 gezeigt, erhalten Sie über den Aufruf der Methode `connect()`und die Angabe der notwendigen Verbindungsinformationen ein Verbindungsobjekt, auf dem Sie weitere Befehle absetzen können. Zusätzlich aktivieren wir im Beispiel durch den Befehl `autocommit(1)` auf dem Verbindungsobjekt die Funktion, dass nach jeder abgesetzten SQL-Anweisung ein automatisches Commit durchgeführt wird. Andernfalls müssten Sie dieses Commit über die Funktion `commit()` am Verbindungsobjekt `conn` manuell nach jeder Abfrage aufrufen.

```
import MySQLdb
try:
  conn = MySQLdb.connect (host="127.0.0.1", user="admin",
                          passwd="geheim", db="FlughafenDB")
  conn.autocommit(1)
except MySQLdb.Error, e:
  print "Error %d: %s" % (e.args[0],e.args[1])
finally:
  if vars().has_key('conn'):
    conn.close()
```

Listing 12.21 Verbindung in Python über MySQLdb herstellen

Über den Block `try/except` können Sie eventuell auftretende Fehler abfangen und darauf reagieren. Im Beispiel in Listing 12.21 geben wir Fehlercode und Fehlermeldung auf der Konsole aus. Die Ausgabe des SQL-States ist leider nicht möglich, da diese Information über das Exception-Objekt nicht verfügbar ist.

Abfragen stellen

Um eine Abfrage abzusetzen, benötigen Sie zuerst einen Cursor, mit dem Sie durch die Methode `execute()` die eigentliche Abfrage an den MySQL-Server senden können. Wie in Listing 12.22 gezeigt, können Sie anschließend über den Cursor iterieren und Datensatz für Datensatz ausgeben.

```
cursor = conn.cursor()
cursor.execute(
  "SELECT buchung_id, flug_id, preis FROM buchung LIMIT 100;"
)
```

```
while (1):
  row = cursor.fetchone();
  if row == None:
    break
  print "Buchung %d auf Flug %s um %f EUR" %
        (row[0],row[1],row[2])
cursor.close()
```

Listing 12.22 Abfrage stellen und Ergebnisse ausgeben

Die in Listing 12.22 angegebene Variante überträgt jeden Datensatz einzeln vom Server in die Applikation. Dies ist vor allem bei sehr großen Ergebnismengen sinnvoll, da nicht automatisch alle Daten übertragen werden. Ist die Ergebnismenge jedoch nicht sehr groß, ist die Variante in Listing 12.23 oft die schnellere Lösung. Durch die Methode `fetchall()` werden zuerst alle Datensätze zur Applikation übertragen. Durch diese Ergebnismenge können Sie dann mit einer `foreach`-Schleife (`for row in rows`) iterieren und die einzelnen Datensätze ausgeben.

```
# Alle Ergebnisse zuerst holen und danach ausgeben
rows = cursor.fetchall()
for row in rows:
  print "Buchung %d auf Flug %s um %f EUR" %
        (row[0],row[1],row[2])
```

Listing 12.23 Alle Ergebnisse fetchen und ausgeben

Um in Python einen neuen Datensatz in MySQL einzufügen, kennt auch Python eine Art von Prepared Statements. Die Parameter werden dabei unabhängig vom eigentlichen Typ der Spalte immer als `%s` angegeben. Hier gibt es keine Unterscheidung zwischen numerischen Werten und Strings.

Ein Beispiel zum Einfügen einer Fluglinie sehen Sie in Listing 12.24. Die einzufügenden Werte werden zusätzlich direkt beim Aufruf der Methode `execute()`als Tupel übergeben. Achten Sie darauf, dass auch bei der Übergabe eines einzigen Werts, zum Beispiel nur `("MF",)`, ein zusätzlicher Beistrich zur Kennzeichnung als Tupel benötigt wird. Durch diese Vorgehensweise und der Übergabe der Parameter über das zusätzliche Tupel wird Ihre Applikation auch vor SQL-Injections (siehe Abschnitt 10.4.3, »MySQL im Web«) geschützt, da die Werte automatisch escaped werden und keine Gefahr mehr für Ihre Datenbank darstellen. Verwenden Sie daher immer die gezeigte Schreibweise bei der Verwendung von Strings, die in irgendeiner Form von Benutzereingaben stammen.

```
cursor.execute("INSERT INTO fluglinie " +
  " (iata,firmenname,heimat_flughafen) VALUES (%s,%s,%s)",
  ("MF","Meine Fluglinie",1))
print "Id meiner Fluglinie %d" % conn.insert_id()
```

Listing 12.24 Einfügen eines neuen Datensatzes

Den Wert der Auto-Increment-Spalte nach einer Einfügeoperation erhalten Sie über den Aufruf der Methode `insert_id()`am Verbindungsobjekt, wie in Listing 12.24 angegeben.

TEIL IV

Anhang

»Intelligent ist, wer weiß, wo er nachschlagen muss.«
– Alle wichtigen Befehle zur Steuerung und Verwendung von MySQL im Überblick.

A Referenz

In diesem Teil des Buches können Sie die erlernten Funktionen und Befehle noch einmal nachlesen und deren Syntax bzw. Bedeutung nachschlagen. Jeder Befehl wird in einer Box erklärt, wobei – wie in folgender Box ersichtlich – zunächst die Syntax des Befehls angeführt wird und der Befehl dann in der nächsten Zeile detailliert erklärt wird.

Befehl

`Syntax des Befehls`

detaillierte Erklärung

Die Syntax jedes Befehls unterliegt einer bestimmten Notation, die im Folgenden näher beschrieben wird. Beachten Sie dabei, dass in dieser Referenz bzw. im gesamten Buch alle Elemente des MySQL-Sprachstandards in Großbuchstaben angegeben sind.

- `element:`
      `weitere Anweisungen`
  Ist ein Element mit Doppelpunkt versehen, so dient dieses im eigentlichen Befehl als Platzhalter und wird erst nach dem Befehl näher aufgeschlüsselt.
- `...`
  Die drei Punkte stellen Platzhalter für Anweisungen dar, die aus Platzgründen nicht angeführt werden. Zusätzlich können die Punkte auch eine Wiederholung von Anweisungen darstellen.
- `| oder-Operator`
  Die sogenannte Pipe steht für ein »oder«. Das heißt, dass Sie bei durch die Pipe getrennten Elementen eines dieser Elemente auswählen können.
- `[optionales_element]`
  Alle Elemente, die innerhalb eckiger Klammern stehen, sind optionale Elemente. Das bedeutet, dass Sie die innerhalb der Klammern angeführten Ele-

mente verwenden können, Sie müssen diese aber nicht spezifizieren. Ein Beispiel dafür ist `CREATE [OR REPLACE]`. In diesem Fall steht es Ihnen frei, das Statement `OR REPLACE` an den Befehl `CREATE` anzufügen.

- `{auswahlliste}`
  Innerhalb geschweifter Klammern werden stets mehrere Elemente angeführt, die durch die sogenannte Pipe (das |-Zeichen) getrennt sind. Dabei gilt zu beachten, dass Sie eines dieser Elemente auswählen müssen. Ein Beispiel dafür ist `{READ UNCOMMITTED | READ COMMITTED | REPEATABLE READ | SERIALIZABLE}`. In diesem Fall müssen Sie eine der vier Optionen auswählen, ansonsten schlägt die Ausführung des Befehls fehl.
- `bash#`
  Alle Befehle, die auf der Konsole (zum Beispiel Bash) ausgeführt werden müssen, sind durch den `bash#`-Propt gekennzeichnet.

A.1 Datentypen

Im Folgenden finden Sie alle Standarddatentypen, die Ihnen in MySQL bei der Erstellung einer Tabelle zur Verfügung stehen.

Numerische Datentypen (Ganzzahlen)

Typ	Bytes	Minimalwert (»unsigned«)	Maximalwert (»unsigned«)
`TINYINT`	1	–128 (0)	127 (255)
`SMALLINT`	2	–32768 (0)	32767 (65535)
`MEDIUMINT`	3	–8388608 (0)	8388607 (16777215)
`INT`	4	–2147483648 (0)	2147483647 (4294967295)
`BIGINT`	8	–9223372036854775808 (0)	9223372036854775807 (18446744073709551615)

Die angegebenen numerischen Datentypen können Ganzzahlen zwischen dem angegebenen Wert aufnehmen. Wird der Datentyp mit dem Schlüsselwort `unsigned` versehen, fällt der negative Bereich weg, dafür wird der mögliche positive Bereich verdoppelt.

Numerische Datentypen (reelle Zahlen)

Typ	Bytes	Beschreibung
`FLOAT[(B)]`	4	B...Genauigkeit (0–23 4 Byte, 24–53 8 Byte)
`DOUBLE`	8	Fließkommazahl mit doppelter Genauigkeit
`FLOAT(M,D)`	4	M...Anzahl der Stellen, D...Stellen nach dem Komma

REAL(M,D)	4	M...Anzahl der Stellen, D...Stellen nach dem Komma
DOUBLE PRECISION(M,D)	8	M...Anzahl der Stellen, D...Stellen nach dem Komma
DECIMAL(M,D) NUMERIC(M,D)	variabel	M...Anzahl der Stellen, D...Stellen nach dem Komma, maximale Anzahl der Stellen: 65

Die angegebenen numerischen Datentypen können reelle Zahlen aufnehmen. Die Zahlen werden dabei als Fließkommazahl mit 4 oder 8 Byte abgespeichert und können Ungenauigkeiten bzw. Rundungsfehler beinhalten. Verwenden Sie für eine genaue Zahlendarstellung DECIMAL oder NUMERIC, da hier kein Fließkommaverfahren verwendet wird und keine Rundungsfehler auftreten können.

Zeit und Datum

Typ	Bytes	Beschreibung
DATETIME	8	Beinhaltet Datum und Zeit in der Form von 'YYYY-MM-DD HH:MM:SS'.
DATE	3	Beinhaltet Datum in Form von 'YYYY-MM-DD'.
TIMESTAMP	4	Wird intern als Unix-Timestamp gespeichert. Möglicher Bereich von '1970-01-01 00:00:01' bis '2038-01-19 03:14:07'
TIME	3	Beinhaltet Zeit in Form von 'HHH:MM:SS' im Bereich von '-838:59:59' bis '838:59:59'.
YEAR	1	Beinhaltet Jahr in Form von 'YYYY' im Bereich von '1901' bis '2155'.

Die angegebenen Datentypen dienen zur Speicherung von Zeit und Datum-Werten. Beachten Sie vor allem die Limitierung des TIMESTAMP-Datentyps auf das Jahr 2038.

String/Text-Datentypen

Typ	Bytes	Beschreibung
CHAR(M)	M x W	M...maximale Anzahl an Zeichen (0–255), W...Anzahl der Bytes für ein Zeichen (je nach Zeichensatz)
VARCHAR(M)	L+S	M...maximale Anzahl an Zeichen (0–65.535) L...Anzahl der gespeicherten Zeichen/Bytes S...1 oder 2 Bytes (dient der Längenspeicherung)
BINARY(M)	M	M...maximale Anzahl an Bytes (0–255)
VARBINARY(M)	L+S	M...maximale Anzahl an Bytes (begrenzt durch maximale Zeilenlänge von 65.535 Bytes) L...Anzahl der gespeicherten Bytes S...1 oder 2 Bytes (dient der Längenspeicherung)
TINYTEXT	L+1	L...Anzahl der gespeicherte Zeichen/Bytes, kleiner 2^8
TEXT	L+2	L...Anzahl der gespeicherte Zeichen/Bytes, kleiner 2^{16}

`MEDIUMTEXT`	L+3	L...Anzahl der gespeicherte Zeichen/Bytes, kleiner 2^{24}
`LONGTEXT`	L+4	L...Anzahl der gespeicherte Zeichen/Bytes, kleiner 2^{32}
`TINYBLOB`	L+1	L...Anzahl der gespeicherte Zeichen/Bytes, kleiner 2^{8}
`BLOB`	L+2	L...Anzahl der gespeicherte Zeichen/Bytes, kleiner 2^{16}
`MEDIUMBLOB`	L+3	L...Anzahl der gespeicherte Zeichen/Bytes, kleiner 2^{24}
`LONGBLOB`	L+4	L...Anzahl der gespeicherte Zeichen/Bytes, kleiner 2^{32}
`ENUM('wert1', 'wert2',...)`	1 –2	maximale Anzahl an Ausprägungen/String-Werten 65.535
`SET('wert1', 'wert2',...)`	1 –8	maximal 64 Werte, Speicherverbrauch abhängig von Werten

Die angegebenen Datentypen dienen zur Speicherung von Text (Character) und Binär-Werten. Beachten Sie, dass je nach Kodierung (zum Beispiel UTF-8) mehr als ein Byte pro Zeichen zur Speicherung benötigt wird.

`ENUM` wird wie eine String-Spalte verwendet, speichert den gewählten Wert aber als numerischen Wert ab. `SET` erlaubt die Auswahl mehrerer String-Werte pro Datensatz. Bei beiden Datentypen müssen Sie die auswählbaren Strings bereits bei der Erstellung ('wert1', 'wert2', ...) angeben.

A.2 Datendefinition, Datenmanipulation und Abfragen

Die in diesem Abschnitt erklärten Befehle sind notwendig, um Datenbanken und Tabellen anzulegen und die darin enthaltenen Daten zu bearbeiten.

CREATE DATABASE

```
CREATE DATABASE bezeichner_datenbank
```

Legt eine neue, leere Datenbank an.

DROP DATABASE

```
DROP DATABASE bezeichner_datenbank
```

Löscht die angegebene Datenbank, alle enthaltenen Tabellen und die darin gespeicherten Daten.

SHOW DATABASES

```
SHOW DATABASES
```

Zeigt alle vorhandenen Datenbanken an.

USE

```
USE bezeichner_datenbank
```

Setzt die angegebene Datenbank als aktiv. Alle Bezeichner von Tabellen, die nun ohne vollqualifizierenden Namen angegeben werden, beziehen sich auf diese Datenbank.

CREATE TABLE

```
CREATE [TEMPORARY] TABLE [IF NOT EXISTS] bezeichner_tabelle
    { LIKE bezeichner_vorlagetabelle ) }

tabellen_definition:
    bezeichner_spalte spalten_definition
  | [CONSTRAINT [bezeichner_constraint]] PRIMARY KEY
    [index_typ] (bezeichner_indexspalte,...)
      [index_option] ...
  | {INDEX|KEY} [bezeichner_index] [index_typ] (bezeichner_indexspalte,...)
      [index_option] ...
  | [CONSTRAINT [[bezeichner_constraint]] UNIQUE [INDEX|KEY]
      [bezeichner_index] [index_typ] (bezeichner_indexspalte,...)
      [index_option] ...
  | {FULLTEXT|SPATIAL} [INDEX|KEY] [bezeichner_index] (
    bezeichner_indexspalte,...)
      [index_option] ...
  | [CONSTRAINT [[bezeichner_constraint]] FOREIGN KEY
      [bezeichner_fremdschlüssel] (bezeichner_bezugsspalte,...)
      referenz_definition
  | CHECK (ausdruck)

spalten_definition:
    daten_typ [NOT NULL | NULL] [DEFAULT vorgabe_wert]
      [AUTO_INCREMENT] [UNIQUE [KEY] | [PRIMARY] KEY]
      [COMMENT 'kommentar_string']
      [COLUMN_FORMAT {FIXED|DYNAMIC|DEFAULT}]
      [referenz_definition]

data_type: siehe Anhang DATENTYPEN
bezeichner_indexspalte:
    bezeichner_spalte [(länge)] [ASC | DESC]

index_typ:
    USING {BTREE | HASH}

index_option:
    KEY_BLOCK_SIZE [=] wert
  | index_typ
  | WITH PARSER bezeichner_parser
```

```
  | COMMENT 'kommentar'

referenz_definition:
    REFERENCES bezeichner_tabelle (bezeichner_indexspalte,...)
      [MATCH FULL | MATCH PARTIAL | MATCH SIMPLE]
      [ON DELETE referenz_option]
      [ON UPDATE referenz _option]

referenz_option:
    RESTRICT | CASCADE | SET NULL | NO ACTION

tabellen_optionen:
    tabellen_optionen [[,]tabellen_optionen] ...

tabellen_optionen:
    siehe CREATE TABLE in Abschnitt A.32 (Storage Engines)

partitionierungs_optionen:
    siehe CREATE TABLE in Abschnitt A.23 (Partitionierung)
select_statement:
    [IGNORE | REPLACE] [AS] SELECT ...   (Auswahlanfrage)
```

Legt eine neue Tabelle mit den angegebenen Spalten an. Durch das Schlüsselwort TEMPORARY erzeugen Sie eine temporäre Tabelle, die nur für die aktuelle Verbindung existiert. Mit dem Befehl CREATE TABLE bezeichner_tabelle LIKE bezeichner_vorlagetabelle können Sie die Struktur einer vorhandenen Tabelle samt Indizes kopieren.

Die Spalten einer Tabelle können je einen speziellen Datentyp in sich aufnehmen. Eine Auflistung der Datentypen finden Sie in Abschnitt A.1. Jede dieser Spalten kann als Primär- oder Fremdschlüssel dienen und mit Constraints an bestimmte Bedingungen geknüpft werden. Dazu zählt beispielsweise auch das kaskadierende Löschen, das insbesondere für die referentielle Integrität von Bedeutung ist. Die Einstellungen dafür stehen im Block referenz_option. Die Optionen RESTRICT und NO ACTION sind identisch und bewirken, dass sich keine Änderungen oder Löschungen auf die Elterntabelle beziehen. Die Option CASCADE bewirkt, dass auch Kindeinträge gelöscht werden, falls der Elterneintrag gelöscht wird. SET NULL setzt die Fremdschlüsselspalte des gelöschten Elterneintrags in der Kindtabelle auf NULL. Beachten Sie, dass dies nur von Storage-Engines unterstützt wird, die referentielle Integrität anbieten.

Die Einstellung NOT NULL bzw. NULL einer Spalte legt fest, ob diese NULL-Werte annehmen darf oder nicht. Mit DEFAULT können Sie einen Vorgabewert angeben, der automatisch gewählt wird, falls diese Spalte beim Einfügen keinen expliziten Wert zugewiesen bekommt. Die Option AUTO_INCREMENT legt fest, dass diese Spalte einen automatisch generierten, hochgezählten nummerischen Wert enthält. Mit jeder Einfügeoperation wird diese Zahl erhöht. Mit UNIQUE legen Sie fest, dass ein bestimmter Wert in dieser Spalte nur ein einziges Mal in der gesamten Tabelle vorkommen darf.

Sie können eine neue Tabelle mit den Daten einer existierenden Tabelle füllen, indem Sie den Befehl CREATE TABLE bezeichner_neue_tabelle SELECT * FROM bezeichner_original_tabelle verwenden. Hier müssen natürlich die Spalten in Anzahl und Typ kompatibel sein, damit die Daten eingefügt werden können.

SHOW TABLES

```
SHOW TABLES
```

Zeigt alle Tabellen der aktuellen Datenbank.

DROP TABLE

```
DROP TABLE bezeichner_tabelle
```

Löscht die angegebene Tabelle und alle darin enthaltenen Daten.

SELECT

```
SELECT
    [ALL | DISTINCT | DISTINCTROW ]
    [HIGH_PRIORITY]
    [STRAIGHT_JOIN]
    [SQL_SMALL_RESULT] [SQL_BIG_RESULT] [SQL_BUFFER_RESULT]
    [SQL_CACHE | SQL_NO_CACHE] [SQL_CALC_FOUND_ROWS]
    select_expr [, select_expr ...]
    [FROM bezeichner_tabelle
    [WHERE where_bedingung]
    [GROUP BY {bezeichner_spalte | ausdruck| position}
      [ASC | DESC], ... [WITH ROLLUP]]
    [HAVING having_bedingung]
    [ORDER BY { bezeichner_spalte | ausdruck | position}
      [ASC | DESC], ...]
    [LIMIT {[offset,] anzahl_zeilen | anzahl_zeilen OFFSET offset}]
    [PROCEDURE bezeichner_prozedur (argumente)]
    [INTO OUTFILE 'datei_name'
        [CHARACTER SET bezeichner_zeichensatz]
        export_optionen
      | INTO DUMPFILE 'datei_name'
      | INTO bezeichner_variable [,bezeichner_variable]]
    [FOR UPDATE | LOCK IN SHARE MODE]]
```

Führt Abfragen durch und gibt dabei entweder alle (`ALL`) oder nur einzelne Zeilen zurück (`DISTINCT`, `DISTINCTROW` – diese beiden Optionen sind identisch). Die Option `HIGH_PRIORITY` gibt an, dass dieser `SELECT`-Befehl bevorzugt wird und keine Aktualisierungen durch andere Anfragen möglich sind. Mit `STRAIGHT_JOIN` legen Sie fest, dass der Optimierer die Tabellen in der Reihenfolge joint, wie in der `FROM`-Klausel angegeben, egal, ob eine andere Reihenfolge eventuell schneller wäre. Mit den Optionen `SQL_SMALL_RESULT` und `SQL_BIG_RESULT` geben Sie dem Optimierer Hinweise, ob es sich um viele Daten oder eher um kleine Tabellen handelt. Mit `SQL_BUFFER_RESULT` zwingen Sie MySQL, die Ergebnisse in temporären Tabellen zwischenzuspeichern. Die Optionen `SQL_CACHE` und `SQL_NO_CACHE` bestimmen das Caching-Verhalten, das in Abschnitt 5.2.1, »Der Query-Cache – das Kurzzeitgedächtnis von MySQL«, genauer beschrieben ist. Mit FROM legen Sie die Tabellen fest, von denen die Daten ausgewählt werden sollen. WHERE dient dabei als Filter und GROUP BY bzw. ORDER BY aggregieren Daten bzw. beeinflussen das Sortierverhalten.

Die Option LIMIT, gefolgt von einem Wert (Anzahl der zurückgelieferten Zeilen, beginnend mit der ersten) oder zwei Werten (die erste Zahl gibt den Offset an, die zweite die Gesamtanzahl der Ergebnismenge), beschränkt die Anzahl der zurückgelieferten Datensätze.

Mit INTO geben Sie an, dass Sie das Resultat in eine (CSV-)Datei schreiben möchten (OUTFILE). Für Blobs verwenden Sie DUMPFILE (hier wird nur ein Datensatz ohne Trennzeichen abgespeichert), und um das Ergebnis in Variablen zu schreiben, können Sie diese ebenfalls angeben.

INSERT INTO

```
INSERT [LOW_PRIORITY | DELAYED | HIGH_PRIORITY] [IGNORE]
    [INTO] bezeichner_tabelle [PARTITION (bezeichner_partition,...)]
    [(bezeichner_spalte,...)]
    {VALUES | VALUE} ({ausdruck| DEFAULT},...),(...),...
    [ ON DUPLICATE KEY UPDATE
      bezeichner_spalte=ausdruck
        [,bezeichner_spalte=ausdruck] ... ]
```

Fügt Daten in die angegebene Tabelle ein. Mit ON DUPLICATE KEY UPDATE geben Sie an, dass MySQL eine Aktualisierung in den angegebenen Spalten durchführt, wenn eine Zeile mit dem Schlüssel bereits vorhanden ist (zum Beispiel zaehlerspalte+1).

UPDATE

```
UPDATE [LOW_PRIORITY] [IGNORE] bezeichner_tabelle
    SET bezeichner_spalte={ausdruck|DEFAULT} [,
    bezeichner_spalte2 ={ausdruck2|DEFAULT}] ...
    [WHERE where_bedingung]
    [ORDER BY ...]
    [LIMIT anzahl_zeilen]
```

Aktualisiert alle Werte der angegebenen Spalte in der Tabelle, auf welche die WHERE-Klausel zutrifft, und aktualisiert diese auf den angegebenen Ausdruck oder den voreingestellten Wert.

DELETE

```
DELETE [LOW_PRIORITY] [QUICK] [IGNORE] FROM bezeichner_tabelle
    [WHERE where_bedingung]
    [ORDER BY ...]
    [LIMIT anzahl_zeilen]
```

Löscht alle Zeilen in der Tabelle, auf welche die WHERE-Klausel zutrifft.

TRUNCATE

```
TRUNCATE [TABLE] bezeichner_tabelle
```

Löscht alle Daten der Tabelle (entspricht dem Löschen einer Tabelle mit einem anschließenden `CREATE TABLE` derselben Tabelle, sofern diese keine Fremdschlüssel enthält; sind Fremdschlüssel vorhanden, wird zeilenweise unter Berücksichtigung der Contraints gelöscht).

ALTER TABLE ADD FOREIGN KEY

```
ALTER TABLE bezeichner_tabelle
    ADD [CONSTRAINT
    bezeichner_fremdschlüssel] FOREIGN KEY [id] (bezeichner_indexspalte, ...)
    REFERENCES bezeichner_referenz_tabelle (bezeichner_indexspalte, ...)
    [ON DELETE {RESTRICT | CASCADE | SET NULL | NO ACTION}]
    [ON UPDATE {RESTRICT | CASCADE | SET NULL | NO ACTION}]
```

Fügt der angegebenen Tabelle einen Fremdschlüssel hinzu und stellt dadurch eine Beziehung mit der angegebenen Referenztabelle her. Gleichzeitig können Sie das Löschverhalten und das Updateverhalten bei Änderungen der Elterntabelle festlegen. Beachten Sie, dass die angegebenen Spalten der Referenztabelle einen Index aufweisen müssen und dieser vor dem Anlegen des Fremdschlüssels existieren muss. Diese Optionen benötigen eine Storage-Engine mit referentieller Integritätsunterstützung und werden ansonsten ignoriert.

ALTER TABLE DROP FOREIGN KEY

```
ALTER TABLE bezeichner_tabelle DROP FOREIGN KEY bezeichner_fremdschlüssel
```

Entfernt den angegebenen Fremdschlüssel.

A.3 Index

Weitere Details zu Indexstrukturen und Ihrer Anwendung finden Sie in den Kapiteln 5, »Architektur«, und 9, »Anfrageoptimierung«.

CREATE INDEX

```
CREATE [UNIQUE|FULLTEXT|SPATIAL] INDEX bezeichner_index
    [indextyp]
    ON bezeichner_tabelle (bezeichner_spalte,...)
    [indexoption] ...
```

```
spaltenangabe:
    spaltenbezeichner [(länge)] [ASC | DESC]

indextyp:
    USING {BTREE | HASH}

indexoption:
    KEY_BLOCK_SIZE [=] wert
  | indextyp
  | WITH PARSER bezeichner_parser
  | COMMENT 'kommentar'
```

Der Befehl legt einen Index auf der angegebenen Tabelle an. Sie können angeben, welche Indexstruktur und welche Länge der Spalte für die Indizierung verwendet werden soll und in welcher Reihenfolge die Sortierung vorgenommen werden soll. Über die zusätzlichen Indexoptionen können Sie Einstellungen der jeweiligen Indexstrukturen treffen.

DROP INDEX

```
DROP INDEX bezeichner_index ON bezeichner_tabelle
```

Der Befehl entfernt einen vorhandenen Index auf der angegebenen Tabelle mit dem spezifizierten Namen (Bezeichner).

A.4 Boolesche Operatoren

Näheres zu logischen Verknüpfungen finden Sie in Abschnitt 11.5.3, »Ablaufsteuerung und konditionale Anweisungen«.

NOT-Verknüpfung

```
NOT bedingung
```

Der NOT-Operator dient der Negation (der Verneinung) einer bestimmten Bedingung. Als Kurzschreibweise können Sie auch einfach das Ausrufezeichen ! verwenden, indem Sie dieses vor die zu verneinende Bedingung stellen.

AND-Verknüpfung

```
bedingung1 AND bedingung2
bedingung1 && bedingung2
```

Die Und-Verknüpfung zweier Bedingungen können Sie über den AND-Operator (Kurzschreibweise &&) realisieren.

OR-Verknüpfung

```
bedingung1 OR bedingung2
bedingung1 || bedingung2
```

Dieser Befehl verbindet die beiden angeführten Bedingungen mittels der logischen Oder-Verknüpfung. Alternativ können Sie den Operator `OR` auch als `||` schreiben.

XOR-Verknüpfung

```
bedingung1 XOR bedingung2
```

Dieser Befehl verbindet die beiden angeführten Bedingungen mittels des logischen `XOR`-Operators (eXclusive OR).

A.5 Mathematische Funktionen

Im Folgenden stellen wir alle mathematischen Funktionen, die MySQL 5.6 zur Verfügung stellt, vor.

Winkelfunktionen

```
ACOS(x)
ASIN(x)
ATAN(x), ATAN2(x), ATAN(x,y)
COS(x)
COT(x)
DEGREES(x)
RADIANS(x)
SIN(x)
TAN(x)
```

Die angegebenen Funktionen stellen Winkelfunktionen bereit.

Funktion	Bedeutung
`ACOS(x)`	Arkuskosinus
`ASIN(x)`	Arkussinus
`ATAN(x), ATAN2(x), ATAN(x,y)`	Arkustangens
`COS(x)`	Kosinus
`COT(x)`	Kotangens
`DEGREES(x)`	Wandelt Radiant in Grad um.
`RADIANS(x)`	Wandelt Grad in Radiant um.
`SIN(x)`	Sinus
`TAN(x)`	Tangens

Logarithmen

```
LN(x)
LOG10(x)
LOG2(x)
LOG(y, x)
```

logarithmische Funktionen

Funktion	Bedeutung
`LN(x)`	natürlicher Logarithmus
`LOG10(x)`	Logarithmus zur Basis 10
`LOG2(x)`	Logarithmus zur Basis 2
`LOG(y, x)`	Logarithmus von x zur Basis y

Zahlensysteme

```
CONV(x, ursprung_basis, ziel_basis)
OCT(x)
```

Funktionen zum Umwandeln zwischen Zahlensystemen.

Funktion	Bedeutung
`CONV(x, ursprung_basis, ziel_basis)`	Umwandlung von Zahlensystemen
`OCT(x)`	Wandelt Dezimalzahl in Oktalzahl um.

Standardfunktionen

```
ABS(x)
CEIL(x), CEILING(x)
EXP(x)
FLOOR(x)
MOD(x,y)
PI()
POW(x,y), POWER(x,y)
RAND(x)
ROUND(x, y)
SIGN(x)
SQRT(x)
TRUNCATE(x,y)
```

mathematische Standardfunktionen

Funktion	Bedeutung
`ABS(x)`	Betrag von x
`CEIL(x), CEILING(x)`	Aufrunden
`EXP(x)`	Exponentialfunktion

FLOOR(x)	Abrunden
MOD(x,y)	Rest von x nach Division durch y (Modulo)
PI()	Konstante Pi
POW(x,y), POWER(x,y)	Potenz (x hoch y)
RAND(x)	Liefert eine zufällige Gleitkommazahl zwischen 0 und 1.
ROUND(x, y)	Rundet x auf y Dezimalstellen genau.
SIGN(x)	Gibt das Vorzeichen von x zurück.
SQRT(x)	Quadratwurzel von x
TRUNCATE(x,y)	Schneidet y Stellen von x ab, ohne zu runden.

A.6 Zeit- und Datumsfunktionen

MySQL bietet eine Vielzahl von Funktionen, um mit Datums- und Zeitangaben umzugehen.

Zeiteinheiten

Zeiteinheiten in MySQL und deren erwartetes Format

Zeiteinheit	Bedeutung/Format
MICROSECOND	Mikrosekunde
SECOND	Sekunde
MINUTE	Minute
HOUR	Stunde
DAY	Tag
WEEK	Woche
MONTH	Monat
QUARTER	Quartal
YEAR	Jahr
SECOND_MICROSECOND	'sekunde.mikrosekunde'
MINUTE_MICROSECOND	'minute:sekunde.mikrosekunde'
MINUTE_SECOND	'minute:sekunde'
HOUR_MICROSECOND	'stunden:minuten:sekunden.mikrosekunde'
HOUR_SECOND	'stunden:minuten:sekunden'
HOUR_MINUTE	'stunden:minuten'
DAY_MICROSECOND	'tage stunden:minuten:sekunden.mikrosekunde'
DAY_SECOND	'tage stunden:minuten:sekunden'
DAY_MINUTE	'tage stunden:minuten '
DAY_HOUR	'tage stunden'

Zeitformate

Formatangabe	Bedeutung
`%a`	Wochentag (kurz)
`%b`	Monatsname (kurz)
`%c`	Monat (numerisch)
`%D`	engl. Tages-Suffix (0th, 1st, 2nd, 3rd ...)
`%d`	Tag des Monats (numerisch, beginnt mit 00)
`%e`	Tag des Monats (numerisch, beginnt mit 0)
`%f`	Microsekunden (000000..999999)
`%H`	Stunde (00..23)
`%h`	Stunde (01..12)
`%I`	Stunde (01..12)
`%i`	Minuten (00..59)
`%j`	Tag im Jahr (001..366)
`%k`	Stunde (0..23)
`%l`	Stunde (1..12)
`%M`	Monatsname (engl.)
`%m`	Monat (00..12)
`%p`	AM bzw. PM
`%r`	Zeit im 12-Stundenformat (AM bzw. PM)
`%S`	Sekunden (00..59)
`%s`	Sekunden (00..59)
`%T`	Zeit (hh:mm:ss)
`%U`	Woche (00..53, erster Tag Sonntag)
`%u`	Woche (00..53, erster Tag Montag)
`%V`	Woche (01 ... 53, erster Tag Sonntag)
`%v`	Woche (01 ... 53, erster Tag Montag)
`%W`	engl. Wochentagsname (Sunday ... Saturday)
`%w`	Wochentag numerisch (0=Sonntag ... 6=Samstag)
`%X`	Jahr (wochentagsbezogen)
`%x`	Jahr (wochentagsbezogen)
`%Y`	Jahr numerisch (vier Stellen)
`%y`	Jahr numerisch (zwei Stellen)
`%%`	Prozentsymbol als Zeichen

Datums- und Zeitarithmetik

```
ADDDATE(datum, INTERVAL [+/-] zeiteinheit)
ADDDATE(datum, tage)
DATE_ADD(datum, INTERVAL [+/-] zeiteinheit)
ADDTIME(zeit_oder_datum, zeit_angabe)
DATEDIFF(datum1, datum2)
DATE_SUB(datum, INTERVAL [+/-] zeiteinheit)
PERIOD_ADD(periode,monate)
PERIOD_DIFF(periode1,periode2)
SEC_TO_TIME(sekunden)
SUBDATE(datum,INTERVAL [+/-] zeiteinheit)
SUBDATE(datum , tage)
SUBTIME(datum,zeit)
TIMEDIFF(zeitangabe1,zeitangabe2)
TIMESTAMPADD(zeiteinheit,intervall,datetime_ausdruck)
TIMESTAMPDIFF(zeiteinheit,datetime1,datetime2)
TIME_TO_SEC(zeitangabe)
TO_DAYS(datum)
TO_SECONDS(datumsangabe)
```

Rechnen mit Zeiteinheiten

Funktion	Bedeutung
`ADDDATE`	Addiert das angegebene Zeitintervall hinzu.
`ADDTIME`	Addiert die Zeitangabe zum Datum.
`DATEDIFF)`	Bildet die Differenz zwischen den Zeitangaben.
`DATE_SUB`	Zieht das Zeitintervall vom Datum ab.
`PERIOD_ADD`	Addiert Monate zu einem gegebenen Jahr im Format `JJMM` oder `JJJJMM`.
`PERIOD_DIFF`	Berechnet die Differenz in Monaten zwischen zwei Angaben im Format `JJMM` oder `JJJJMM`.
`SEC_TO_TIME`	Rechnet Sekunden in `HH:MM:ss` um.
`SUBDATE`	Subtrahiert Zeiteinheiten bzw. Tage.
`SUBTIME`	Zieht einen Zeitausdruck von einer Datumsangabe ab.
`TIMEDIFF`	Subtrahiert zwei Zeitangaben im identischen Format.
`TIMESTAMPADD`	Addiert die Zeiteinheit so oft wie im Intervall angegeben zu dem Ausdruck `DATETIME` dazu.
`TIMESTAMPDIFF`	Liefert die in `zeiteinheit` angegebene Zeiteinheit zwischen den beiden Argumenten `DATETIME` zurück.
`TIME_TO_SEC`	Rechnet die Zeitangabe in Sekunden um.
`TO_DAYS`	Liefert die Tage seit dem Jahr 0 (für Datumsangaben nach 1582).
`TO_SECONDS`	Liefert die Sekunden seit dem Jahr 0 (für Datumsangaben nach 1582).

Umwandlungen und Erzeugung

```
CONVERT_TZ(datum,quell_zeitzone,ziel_zeitzone)
DATE(datums_ausdruck)
EXTRACT(x)
FROM_DAYS(x)
FROM_UNIXTIME(zeitstempel) FROM_UNIXTIME(zeitstempel,format)
LAST_DAY(x)
MAKEDATE(jahr,tag_des_jahres)
MAKETIME(stunde, minute, sekunde)
TIME(datum)
```

Datums- und Zeitangaben umwandeln und erzeugen

Funktion	Bedeutung
CONVERT_TZ	Wandelt Zeitzonen um.
DATE	Liefert nur die Datumsangabe aus einem DATE- oder DATETIME-Ausdruck.
EXTRACT	Extrahiert Zeiteinheiten (siehe Tabelle).
FROM_DAYS	Liefert das Datum aus der Anzahl der Tage seit 1582.
FROM_UNIXTIME, FROM_UNIXTIME	Wandelt Unix-Zeitstempel in ein Datum um.
LAST_DAY	Liefert die letzten Tage des Monats (Schaltjahre).
MAKEDATE	Erzeugt ein Datum aus dem Jahr und dem Tag eines Jahres.
MAKETIME	Erzeugt eine Zeitangabe aus den Parametern.
TIME	Extrahiert eine Zeitangabe aus dem Datum.

Aktuelles Datum und Zeit

```
CURDATE()
CURRENT_DATE
CURRENT_DATE()
CURTIME()
CURRENT_TIME
NOW()
CURRENT_TIME()
LOCALTIME
LOCALTIME()
CURRENT_TIMESTAMP
CURRENT_TIMESTAMP()
UNIX_TIMESTAMP()
UTC_DATE
UTC_DATE()
UTC_TIME
UTC_TIME()
UTC_TIMESTAMP
UTC_TIMESTAMP()
```

aktuelle Zeitangaben

Funktion	Bedeutung
CURDATE(), CURRENT_DATE, CURRENT_DATE()	Gibt das aktuelle Datum zurück.
CURTIME(), CURRENT_TIME, NOW(), CURRENT_TIME(), LOCALTIME, LOCALTIME()	Gibt die aktuelle Systemzeit zurück.
CURRENT_TIMESTAMP, CURRENT_TIMESTAMP()	Gibt den aktuellen Unix-Zeitstempel zurück.
UNIX_TIMESTAMP()	Unix-Zeitstempel
UTC_DATE, UTC_DATE()	aktuelles UTC-Datum
UTC_TIME, UTC_TIME()	aktuelle UTC-Zeit
UTC_TIMESTAMP, UTC_TIMESTAMP()	aktueller UTC-Zeitstempel

Tag , Monat und Jahr

```
MICROSECOND(x)
SECOND(x)
MINUTE(x)
HOUR(x)
DAY(x),DAYOFMONTH(x)
DAYNAME(x)
DAYOFMONTH(x)
DAYOFWEEK(x)
DAYOFYEAR(x)
MONTH(x)
MONTHNAME(x)
QUARTER(x)
UNIX_TIMESTAMP(x)
WEEK(x)
WEEKDAY(x)
WEEKOFYEAR(x)
YEAR(x)
YEARWEEK(x)
```

Funktionen zur Bestimmung von Zeit- und Datumsangaben aus einem Datum oder einer Zeitangabe

Funktion	Zeiteinheit
MICROSECOND	Mikrosekunde
SECOND	Sekunde
MINUTE	Minute
HOUR	Stunde
DAY, DAYOFMONTH	Wochentag (1..31)
DAYNAME	Name des Tages
DAYOFMONTH	Tag des Monats

DAYOFWEEK	Wochentag, numerisch (1 Sonntag .. 7 Samstag)
DAYOFYEAR	Tag des Jahres
MONTH	Monat von x
MONTHNAME	engl. Monatsname
QUARTER	Quartal (1 .. 4)
UNIX_TIMESTAMP	Zeitstempel
WEEK	Wochennummer
WEEKDAY	Tag als Nummer (0 Montag .. 6 Sonntag)
WEEKOFYEAR	Kalenderwoche
YEAR	Jahr
YEARWEEK	Jahr und Kalenderwoche

Formatierung von Datums- und Zeitangaben

```
DATE_FORMAT(datum, format_string)
STR_TO_DATE(datums_String,format)
GET_FORMAT({DATE|TIME|DATETIME}, {'EUR'|'USA'|'JIS'|'ISO'|'INTERNAL'})
TIME_FORMAT(zeit,format)
```

Zeitangaben formatieren

Funktion	Format
DATE_FORMAT	Formatiert das Datum entsprechend der Angabe (siehe Tabelle).
STR_TO_DATE	Wandelt den Datums-String mithilfe des Format-Strings in DATETIME um.
GET_FORMAT	Gibt den Formatierungs-String für verschiedene Länder zurück.
TIME_FORMAT	Formatiert Zeitangaben.

A.7 String-Funktionen

Im Folgenden finden Sie eine Auflistung und Erklärung aller String-Funktionen, die MySQL 5.6 zur Verfügung stellt.

ASCII

```
ASCII(string)
ORD(string)
```

Diese Funktionen geben die numerische Präsentation des ersten Zeichens in `string` zurück. Die `ORD`-Funktion kann dabei auch den Zeichencode für Multibyte-Zeichen zurückgeben, `ASCII` funktioniert nur für Byte-Zeichen. Falls der String `NULL` ist, ist auch der Rückgabewert `NULL`.

BIN

```
BIN(zahl)
```

Diese Funktion berechnet die Binärdarstellung der übergebenen Zahl und gibt diese als String zurück. Falls `NULL` übergeben wird, ist der Rückgabewert ebenfalls `NULL`.

BIT_LENGTH

```
BIT_LENGTH(string)
```

Diese Funktion gibt die Länge des übergebenen Strings in Bits zurück.

CHAR

```
CHAR(zahl, ... [USING bezeichner_charset])
```

Diese Funktion berechnet für die übergebenen Zahlen jene Buchstaben, die dem Zahlencode entsprechen, und gibt den daraus entstehenden String zurück. Dabei kann für die »Übersetzung« der Zahlen auch ein Charset angegeben werden.

CHAR_LENGTH und CHARACTER_LENGTH

```
CHAR_LENGTH(string)
CHARACTER_LENGTH(string)
```

Diese Funktionen geben die Länge der Anzahl der Zeichen des übergebenen Strings zurück.

CONCAT und CONCAT_WS

```
CONCAT(string1, string2, ...)
CONCAT_WS(trennzeichen, string1, string2, ...)
```

Die `CONCAT`-Funktion »hängt« alle übergebenen Strings zu einem zusammenhängenden Gesamt-String zusammen. Falls einer der übergebenen Werte `NULL` ist, wird auch der Gesamt-String zu `NULL`. Mit der `CONCAT_WS`-Funktion können Sie zusätzlich ein Trennzeichen festlegen, das zwischen den einzelnen Teil-Strings eingefügt wird.

ELT

```
ELT(position, string1, string2, string3, ...)
```

Diese Funktion wählt aus den angegebenen Strings den String an der Position `position` aus und gibt diesen zurück.

EXPORT_SET

```
EXPORT_SET(bits, on, off [, trennzeichen [, anzahl_bits]])
```

Diese Funktion berechnet für den Bit-Wert der Zahl `bits` einen maskierten String. Das bedeutet, dass für jede 0 im berechneten Bit-String das `off`-Zeichen in den String eingefügt wird und für jede 1 im berechneten Bit-String das `on`-Zeichen an den String angefügt wird. Optional können noch das Trennzeichen und die Anzahl der Bits (die Länge) des Bit-Strings bestimmt werden.

FIELD

```
FIELD(input_string, string1, string2, string3, ...)
```

Diese Funktion gibt die Position jenes Strings in der übergebenen Liste von Strings (`string1`, `string2`, ...) zurück, der mit `input_string` übereinstimmt. Falls der gesuchte String nicht in der Liste enthalten ist, wird `0` zurückgegeben. Diese Funktion stellt den »Gegenspieler« zur `ELT`-Funktion dar.

FIND_IN_SET

```
FIND_IN_SET(string, stringliste)
```

Die String-Liste ist ein String, der durch Kommata getrennte Teil-Strings enthält. Die Funktion sucht die Position des Strings `string` in der String-Liste und gibt diese zurück. Ist der gesuchte String nicht enthalten, wird `0` zurückgegeben. Falls der String oder die Liste `NULL` sind, wird `NULL` zurückgegeben.

FORMAT

```
FORMAT(zahl, dezimalstellen [,lokaleinstellungen])
```

Diese Funktion formatiert die übergebene Zahl `zahl` dahingehend, dass die Zahl auf `dezimalstellen` gerundet wird und gegebenenfalls die durch `lokaleinstellungen` übergebenen Spracheinstellungen anpasst (zum Beispiel verwendet ›de_DE‹, den Punkt als Tausender-Trennzeichen).

FROM_BASE64

```
FROM_BASE64(string)
```

Diese Funktion berechnet für den Base64-codierten String den entsprechenden Binärstring und gibt diesen zurück.

HEX

```
HEX(zahl)
HEX(string)
```

Diese Funktion berechnet die Hexadezimaldarstellung der übergebenen Zahl bzw. des übergebenen Strings und gibt diese als String zurück.

INSERT

```
INSERT(string, position, laenge, string_neu)
```

Diese Funktion ersetzt im String `string` an der angegebenen Position `position` eine durch `laenge` spezifizierte Anzahl von Zeichen mit `string_neu`. Falls einer der Parameter `NULL` ist, wird `NULL` zurückgegeben.

LEFT und RIGHT

```
LEFT(string, laenge)
RIGHT(string, laenge)
```

Diese Funktionen geben die durch `laenge` angegebene Anzahl an Zeichen vom linken (`LEFT`) bzw. rechten (`RIGHT`) Rand des Strings `string` zurück. Falls `string` oder `laenge` `NULL` sind, ist auch die Rückgabe `NULL`.

LENGTH und OCTET_LENGTH

```
LENGTH(string)
OCTET_LENGTH(string)
```

Diese Funktionen berechnen die Länge des angegebenen Strings in Bytes.

LIKE und NOT LIKE

```
ausdruck1 LIKE ausdruck2
ausdruck1 NOT LIKE ausdruck2
```

Mittels des `LIKE`-Operators können Sie zwei Ausdrücke (Strings, Inhalt von Tabellenspalten etc.) vergleichen. Das Ergebnis ist `0`, falls die Strings unterschiedlich sind, und `1`, falls die Strings gleich sind. Falls einer der Ausdrücke `NULL` ist, ist auch das Ergebnis `NULL`.

LOAD_FILE

```
LOAD_FILE(bezeichner_datei)
```

Diese Funktion liest die angegebene Datei aus und gibt den Inhalt als String zurück.

LOCATE und POSITION

```
LOCATE(teilstring, string)
LOCATE(teilstring, string, position)
POSITION(teilstring IN string)
INSTR(string, teilstring)
```

Mit diesen Funktionen können Sie die Position des ersten Auftretens des Teil-Strings `teilstring` im Gesamt-String `string` bestimmen. Optional können Sie auch mit `position` festlegen, ab welcher Position in `string` die Suche begonnen werden soll. Falls der Teil-String nicht enthalten ist, wird `0` zurückgegeben.

LPAD und RPAD

```
RPAD(string, laenge, fuellstring)
LPAD(string, laenge, fuellstring)
```

`RPAD` hängt an den übergebenen String `string` so lange den spezifizierten `fuellstring` an, bis die Länge `laenge` erreicht wurde. Ist die Länge des erweiterten Strings (`string` + `fuellstring`) größer als die spezifizierte Länge, so wird der String hinten entsprechend abgeschnitten. `LPAD` erfüllt die gleiche Aufgabe mit dem Unterschied, dass der ursprüngliche String nach links erweitert wird – der `fuellstring` wird also vorne an `string` gehängt.

LTRIM und RTRIM

```
LTRIM(string)
RTRIM(string)
```

Diese Funktionen entfernen alle Leerzeichen am Anfang (`LTRIM`) und am Ende (`RTRIM`) des angegebenen Strings.

MAKE_SET

```
MAKE_SET(bits, string1, string2, ...)
```

Diese Funktion gibt jene Strings aus der übergebenen Liste zurück, die mit dem Bitmuster `bits` übereinstimmen (jene Strings, deren Position im Bitmuster gesetzt, also `1`, ist). Die betreffenden Strings werden in einem String, der alle Teil-Strings durch Kommata trennt, zurückgegeben.

QUOTE

```
QUOTE(string)
```

Diese Funktion versieht den übergebenen String mit Quotes und escaped die Zeichen `'`, `\` , `ASCII NULL` und [Strg] + [Z] (Windows EOF) mit einem Backslash.

REGEXP, RLIKE und NOT REGEXP

```
ausdruck REGEXP pattern
ausdruck RLIKE pattern
ausdruck NOT REGEXP pattern
```

Diese Funktionen führen für `ausdruck` ein Pattern-Matching anhand der Regular Expression `pattern` durch. Das Ergebnis ist `0`, falls die Strings unterschiedlich sind, und `1`, falls die Strings gleich sind. Falls einer der Ausdrücke `NULL` ist, ist auch das Ergebnis `NULL`. Die Funktion `NOT REGEXP` entspricht einem `NOT` (`ausdruck REGEXP pattern`).

REPEAT

```
REPEAT(string, anzahl)
```

Diese Funktion erzeugt einen String, der aus `anzahl` Wiederholungen des Strings `string` besteht. Der erzeugte String ist leer, falls `anzahl` < 1 ist, und `NULL`, falls entweder `string` oder `anzahl` `NULL` sind.

REPLACE

```
REPLACE(string, teilstring_alt, teilstring_neu)
```

Dieser Befehl ersetzt im String `string` alle Teil-Strings `teilstring_alt` durch `teilstring_neu`.

REVERSE

```
REVERSE(string)
```

Mittels dieser Funktion können Sie die Reihenfolge der Zeichen des gegebenen Strings umdrehen.

SOUNDEX

```
SOUNDEX(string)
```

Diese Funktion berechnet den Soundex (die Aussprache) des angegebenen Strings.

SOUNDS LIKE

```
string1 SOUNDS LIKE string2
```

Diese Funktion überprüft die Gleichheit der Soundexes (entspricht ähnlich klingenden Wörtern) von `string1` bzw. `string2`.

SPACE

`SPACE(anzahl)`

Diese Funktion gibt einen String zurück, der aus `anzahl` Leerzeichen besteht.

SUBSTR und SUBSTRING

```
SUBSTRING(string, position)
SUBSTRING(string FROM position)
SUBSTRING(string, position, laenge)
SUBSTRING(string FROM position FOR laenge)
MID(string, position, laenge)
```

Diese Funktionen geben einen Teil-String der ursprünglichen Strings `string` zurück. Dabei können Sie angeben, mit welcher Position der Teil-String beginnen soll (`position`). Wird `position` mit einer negativen Zahl angegeben, so startet der Teil-String `position` Zeichen vom hinteren Ende des Strings `string`. Das erste Zeichen des Strings besitzt die Position 1. Zusätzlich kann noch spezifiziert werden, wie viele Zeichen dieser Teil-String umfassen soll (`laenge`). `SUBSTR` ist nur ein Alias für `SUBSTRING`, und Sie können es analog einsetzen.

SUBSTRING_INDEX

`SUBSTRING_INDEX(string, trennzeichen, anzahl)`

Diese Funktion gibt einen Teil-String des originalen Strings `string` zurück. Dabei wird bei einem positiven `anzahl`-Wert genau jener String zurückgegeben, der `anzahl` mal das Auftreten des Trennzeichens `trennzeichen` beinhaltet. Ist `anzahl` negativ, wird das Auftreten des Trennzeichens von rechts gezählt.

TO_BASE64

`TO_BASE64(string)`

Diese Funktion berechnet die Base64-codierte Form des übergebenen Strings. Falls `NULL` übergeben wird, wird auch `NULL` zurückgegeben.

TRIM

`TRIM([[BOTH | LEADING | TRAILING] [geloeschte_zeichen] FROM] string)`

Diese Funktion entfernt (Leer-)Zeichen vor und nach einem gegebenen String. Die zu entfernende Zeichenkette können Sie durch `geloeschte_zeichen` angeben. Wird diese Option nicht angegeben, werden standardmäßig Leerzeichen vom String entfernt. Zudem können Sie festlegen, ob diese Zeichen nur am Anfang des Strings (`LEADING`), am Ende (`TRAILING`) oder an beiden Enden entfernt werden sollen. Wird dies nicht spezifiziert, werden die Zeichen an beiden Enden des Eingabe-Strings entfernt.

UNHEX

```
UNHEX(string)
```

Diese Funktion berechnet für jeweils zwei Zeichen des übergebenen Hexadezimal-Strings die entsprechenden Zeichen und gibt diese dann aus (Gegenspieler zur Hex-Funktion).

UPPER, UCASE, LOWER und LCASE

```
UPPER(string)
UCASE(string)
LOWER(string)
LCASE(string)
```

Die Funktionen `UPPER` und `UCASE` wandeln alle Zeichen des Strings `string` in Großbuchstaben um. `LOWER` und `LCASE` verwandeln die Zeichen des Eingabe-Strings analog in Kleinbuchstaben.

STRCMP

```
STRCMP(string1, string2)
```

Diese Funktion vergleicht die angegebenen Strings und gibt `0` zurück, falls diese gleich sind. Die Rückgabe ist `1`, falls `string2` kleiner ist, und `-1`, falls `string1` kleiner ist.

WEIGHT_STRING

```
WEIGHT_STRING(string [AS {CHAR|BINARY} (laenge) ]
[LEVEL levels] [optionen])

levels: N [ASC | DESC | REVERSE][, N [ASC, DESC | REVERSE]] ...
```

Diese Funktion berechnet den sogenannten Weight-String, der der Sortierung von Strings dient. Falls der Weight-String eines Strings `string1` kleiner als der Weight-String eines weiteren Strings `string2` ist, so ist bei einer Sortierung basierend auf der verwendeten Sortierfolge `string1` vor `string2` einsortiert.

Die Optionen `AS CHAR (N)` bzw. `AS BINARY (N)` wandeln `string` in einen binären bzw. nicht-binären String um und füllen diesen bis zu einer Länge `laenge` auf. Zusätzlich können Sie auch den Level für den Zeichensatz (Server, Datenbank, Tabelle oder Spalte) und die Sortierung angeben.

A.8 Transaktionen

Nähere Informationen zu Transaktionen finden Sie in Abschnitt 5.3.2.

BEGIN

```
BEGIN [WORK]
```

Dieser Befehl ist ein Alias für den Befehl `START TRANSACTION`.

START TRANSACTION

```
START TRANSACTION [WITH CONSISTENT SNAPSHOT]
```

Dieser Befehl beginnt eine neue Transaktion. Die Option `WITH CONSISTENT SNAPSHOT` sorgt bei der Verwendung einer transaktionssicheren Storage-Engine (zum Beispiel InnoDB) für eine konsistente Leseoperation.

COMMIT

```
COMMIT [WORK] [AND [NO] CHAIN | [NO] RELEASE]
```

Dieser Befehl beendet die aktuelle Transaktion und schreibt die Änderungen persistent in die Datenbank. Die Option `AND CHAIN` bestimmt, dass nach der Beendigung der aktuellen Transaktion eine neue Transaktion begonnen wird bzw. dass keine weitere Transaktion begonnen wird (`AND NO CHAIN`). Die Option `RELEASE` gibt an, ob die Verbindung zum Server nach dem Ende der Transaktion beendet werden soll bzw. ob diese aufrechterhalten bleiben soll (`NO RELEASE`). Das Schlüsselwort `WORK` ist zwar im SQL-Standard enthalten, hat in MySQL allerdings keine Funktion.

SET AUTOCOMMIT

```
SET autocommit = {0 | 1}
```

Aktiviert (`1`) bzw. deaktiviert (`0`) den Autocommit Modus.

ROLLBACK

```
ROLLBACK [WORK] [AND [NO] CHAIN | [NO] RELEASE]
```

Mittels des Befehls `ROLLBACK` können Sie alle Änderungen, die in der aktuellen Transaktion vorgenommen wurden, rückgängig machen. Die Option `AND CHAIN` bestimmt, dass nach der Beendigung der aktuellen Transaktion eine neue Transaktion begonnen bzw. keine weitere Transaktion begonnen wird (`AND NO CHAIN`). Die Option `RELEASE` gibt an, ob die Verbindung zum Server nach dem Beenden der Transaktion beendet werden soll bzw. ob diese aufrechterhalten bleiben soll (`NO RELEASE`). Das Schlüsselwort `WORK` ist zwar im SQL-Standard enthalten, hat in MySQL allerdings keine Funktion.

SAVEPOINT

```
SAVEPOINT bezeichner_sp
```

Erstellt einen SAVEPOINT mit dem angeführten Bezeichner. Dies wird nur von transaktionssicheren Storages-Engines (zum Beispiel InnoDB) unterstützt.

RELEASE SAVEPOINT

```
RELEASE SAVEPOINT bezeichner_sp
```

Dieser Befehl löscht den SAVEPOINT mit dem angegebenen Bezeichner.

ROLLBACK TO SAVEPOINT

```
ROLLBACK [WORK] TO [SAVEPOINT] bezeichner_sp
```

Dieser Befehl macht alle Operationen rückgängig, die nach dem SAVEPOINT mit dem angegebenen Bezeichner durchgeführt wurden.

SET TRANSACTION ISOLATION LEVEL

```
SET [SESSION | GLOBAL] TRANSACTION ISOLATION LEVEL
  {READ UNCOMMITTED |
   READ COMMITTED |
   REPEATABLE READ |
   SERIALIZABLE}
```

Mithilfe dieses Befehls können Sie den Isolationslevel für Transaktionen festlegen. Diesen können Sie entweder für die Session (SESSION) oder für alle neuen Verbindungen (GLOBAL) als Standardisolationslevel festlegen. Eine Erklärung der verschiedenen Isolationslevel finden Sie in Abschnitt 5.3.2, »Transaktionen«.

A.9 Sperren

Sperren und die dazugehörigen Befehle sind in Abschnitt 5.3.3, »Lock-Management«, näher beschrieben.

LOCK TABLES

```
LOCK TABLES
    bezeichner_tabellen [[AS] alias] sperrenart
    [,bezeichner_tabellen [[AS] alias] sperrenart] ...
```

```
sperrenart:
    READ [LOCAL]
  | [LOW_PRIORITY] WRITE
```

Der Befehl LOCK TABLES legt Sperren für die angeführten Tabellen an. Den Alias für eine Tabelle sollten Sie verwenden, falls Sie mehrere Sperren auf eine Tabelle anlegen wollen, da es nicht zulässig ist, die gleiche Tabelle mehrfach zu sperren. Mit verschiedenen Aliases für die gleiche Tabelle wird dies möglich. Die Art der Sperre kann entweder eine Lese- (READ) oder eine Schreibsperre (WRITE) sein. Die Option LOCAL legt fest, dass andere Einfügeoperationen, die nicht in Konflikt mit den Leseoperationen stehen, durchgeführt werden können. Die Option LOW_PRIORITY bestimmt, dass – im Gegensatz zum Standardverhalten – Lesesperren Vorrang vor der angeführten Schreibsperre haben. Die Schreibsperre wird also erst angelegt, falls alle Lesesperren beendet wurden.

UNLOCK TABLES

```
UNLOCK TABLES
```

Dieser Befehl hebt alle Sperren von Tabellen der laufenden Session auf.

A.10 Sichten (Views)

Sichten (Views) und deren Handhabung sind in Abschnitt 11.8 ausführlich beschrieben.

CREATE VIEW

```
CREATE
    [OR REPLACE]
    [ALGORITHM = {UNDEFINED | MERGE | TEMPTABLE}]
    [DEFINER = { benutzer | CURRENT_USER }]
    [SQL SECURITY { DEFINER | INVOKER }]
    VIEW bezeichner_view [(column_list)]
    AS select_statement
    [WITH [CASCADED | LOCAL] CHECK OPTION]
```

Dieser Befehl erzeugt eine Sicht und ist in Abschnitt 11.8.1, »Erzeugung und Verwenden von Sichten«, näher beschrieben.

ALTER VIEW

```
ALTER
    [ALGORITHM = {UNDEFINED | MERGE | TEMPTABLE}]
    [DEFINER = { benutzer | CURRENT_USER }]
    [SQL SECURITY { DEFINER | INVOKER }]
```

```
    VIEW view_name [(column_list)]
    AS select_statement
    [WITH [CASCADED | LOCAL] CHECK OPTION]
```

Mithilfe dieses Befehls können Sichten verändert werden. Dieser Befehl entspricht dem Befehl `CREATE`, der in Abschnitt 3.5, »Übersicht der wichtigsten Befehle«, näher erklärt ist.

DROP VIEW

```
DROP VIEW [IF EXISTS]
    bezeichner_view [,bezeichner_view] ...
    [RESTRICT | CASCADE]
```

Dieser Befehl löscht eine Sicht. Die Optionen `RESTRICT` und `CASCADE` sind derzeit nicht implementiert und werden ignoriert. Die Option `IF EXISTS` bewirkt, dass keine Warnung erzeugt wird, falls die Sicht im System nicht existiert.

A.11 MySQL-Client

Über die grundlegenden Anwendungen des MySQL-Clients lesen Sie in Kapitel 3, »Schnellstart-Tutorial«, und in Kapitel 7, »MySQL administrieren«.

Anmeldung

```
bash# mysql -u benutzername -p -h hostname
```

Mit diesem Befehl melden Sie sich mit einem gültigen Benutzernamen und dem Passwort am angegebenen Hostnamen, auf dem der MySQL-Dienst läuft, an.

DESCRIBE

```
{DESCRIBE | DESC} bezeichner_tabelle [bezeichner_spalte | stellvertreter]
```

Dieser Befehl zeigt Details zu den Spalten der angegebenen Tabelle an. Sie können auch einzelne Spalten angeben oder auch das Stellvertretersymbol % (engl. *wildcard*) verwenden, um ein Muster anzugeben (zum Beispiel '`prefix%`').

EXECUTE

```
bash# mysql -u root -p --execute="abfrage_statement"
```

Mit diesem Befehl können Sie eine beliebige Abfrage von der Kommandozeile aus absetzen. Das Ergebnis wird direkt in der Shell ausgegeben.

SHOW VARIABLES

```
SHOW [GLOBAL | SESSION] VARIABLES
   [LIKE 'muster' | WHERE bedingung]
```

Mit dem Befehl SHOW können Sie sich die aktuelle Belegung von globalen und sitzungsbezogenen Variablen anzeigen lassen. Mithilfe der LIKE- und der WHERE-Anweisungen können Sie die Ausgabe nach den gesuchten Variablen filtern.

SET

```
SET variablen_zuweisung [,variablen_zuweisung] ...

variablen_zuweisung:
      benutzerdefinierte_variable = ausdruck
    | [GLOBAL | SESSION] system_variable = ausdruck
    | [@@global. | @@session. | @@]system_variable= ausdruck
```

Setzt den Wert von benutzerdefinierten Variablen und Systemvariablen auf einen neuen Wert. Bei Systemvariablen können Sie zusätzlich den Kontext, also die globale Gültigkeit oder die sitzungsbezogene Gültigkeit (engl. *scope*) angeben.

SELECT VERSION

```
SELECT VERSION()
```

Zeigt die aktuelle Serverversion von MySQL an.

STATUS

```
STATUS
```

Dieser Befehl zeigt aktuelle Informationen über die eingesetzte MySQL-Version und weitere Parameter an, wie etwa die Anzahl der langsamen Anfragen, die Laufzeit, die Anzahl der offenen Tabellen etc.

SHOW OPEN TABLES

```
SHOW OPEN TABLES
```

Zeigt alle offenen Tabellen an.

A.12 Gespeicherte Prozeduren

Weitere und detailliertere Informationen zu gespeicherten Prozeduren finden Sie in Abschnitt 11.2.

CREATE PROCEDURE

```
CREATE
    [DEFINER = { benutzer | CURRENT_USER }]
    PROCEDURE bezeichner_prozedur ([parameter[,...]])
    [optionen ...] rumpf_prozedur

parameter:
    [ IN | OUT | INOUT ] bezeichner_parameter datentyp

optionen:
    COMMENT 'kommentar'
  | LANGUAGE SQL
  | [NOT] DETERMINISTIC
  | { CONTAINS SQL | NO SQL | READS SQL DATA |
      MODIFIES SQL DATA }
  | SQL SECURITY { DEFINER | INVOKER }

rumpf_prozedur:
    Beliebige SQL-Statements
```

Dieser Befehl erzeugt eine gespeicherte Prozedur. Da sämtliche Optionen bereits in Abschnitt 11.2 im Detail behandelt wurden, seien Sie an dieser Stelle dorthin verwiesen.

CALL

```
CALL bezeichner_prozedur([parameter[,...]])
CALL bezeichner_prozedur[()]
```

Mit dem Befehl CALL werden gespeicherte Prozeduren aufgerufen. Die von der Prozedur festgelegten Parameter können in runden Klammern nach dem Bezeichner übergeben werden.

DROP PROCEDURE

```
DROP PROCEDURE [IF EXISTS] bezeichner_prozedur
```

Dieser Befehl löscht die durch den Bezeichner identifizierte Prozedur. Die Option IF EXISTS bewirkt, dass keine Warnung erzeugt wird, falls die Prozedur im System nicht existiert.

ALTER PROCEDURE

```
ALTER PROCEDURE bezeichner_prozedur [optionen ...]

optionen:
    COMMENT 'kommentar'
  | { CONTAINS SQL | NO SQL | READS SQL DATA |
      MODIFIES SQL DATA }
  | SQL SECURITY { DEFINER | INVOKER }
```

Der Befehl ALTER PROCEDURE dient nicht direkt der Änderung der Prozedur, sondern nur der Abänderung der Eigenschaften der Prozedur. Falls Sie wirklich den Rumpf (oder auch den Namen) der Prozedur ändern wollen, müssen Sie die aktuelle Prozedur löschen und diese mit den gewünschten Änderungen neu erzeugen. Durch den Befehl ALTER PROCEDURE ist es möglich, den der Prozedur zugeordneten Kommentar zu ändern. Auch die Festlegung, für welchen Benutzer die Berechtigungen überprüft werden (SQL SECURITY), und der Umfang, in dem die Daten von der Prozedur verändert bzw. verwendet werden (CONTAINS SQL etc.), können Sie verändern.

SHOW PROCEDURE STATUS

```
SHOW PROCEDURE STATUS
    [LIKE 'muster' | WHERE bedingung]
```

Dieser Befehl gibt die Metadaten von gespeicherten Prozeduren zurück. Mittels der LIKE- bzw. der WHERE-Klausel können Sie die Auswahl jener Prozeduren, für die Sie die Metadaten abfragen wollen, weiter einschränken. Mittels LIKE können Sie die Prozeduren anhand des Namens einschränken, und über die WHERE-Klausel können Sie die Prozeduren anhand ihrer Eigenschaften auswählen.

SHOW CREATE PROCEDURE

```
SHOW CREATE PROCEDURE bezeichner_prozedur
```

Mithilfe dieses Befehls können Sie den Quellcode der angeführten Prozedur abfragen.

A.13 Gespeicherte Funktionen

Gespeicherte Funktionen werden in Abschnitt 11.3 im Detail behandelt.

CREATE FUNCTION

```
CREATE
    [DEFINER = { benutzer | CURRENT_USER }]
    FUNCTION bezeichner_funktion ([parameter_funktion[,...]])
```

```
    RETURNS type
    optionen rump_funktion

optionen:
    COMMENT 'kommentar'
  | LANGUAGE SQL
  | [NOT] DETERMINISTIC
  | { CONTAINS SQL | NO SQL | READS SQL DATA |
      MODIFIES SQL DATA }
  | SQL SECURITY { DEFINER | INVOKER }

parameter_funktion:
bezeichner datentyp
```

Dieser Befehl wurde bereits in Abschnitt 11.3 ausführlich beschrieben, daher sei an dieser Stelle auf das entsprechende Kapitel verwiesen.

ALTER FUNCTION

```
ALTER FUNCTION bezeichner_funktion [optionen ...]
optionen:
    { CONTAINS SQL | NO SQL | READS SQL DATA |
      MODIFIES SQL DATA }
  | SQL SECURITY { DEFINER | INVOKER }
  | COMMENT 'kommentar'
```

Dieser Befehl funktioniert analog zum Befehl `ALTER PROCEDURE`. Daher sei an dieser Stelle auf die Beschreibung dieses Befehls in Abschnitt »ALTER PROCEDURE« in Abschnitt A.12 verwiesen.

RETURN

```
RETURN wert
```

Diese Anweisung ist nur für gespeicherte Funktionen zulässig und gibt den Rückgabewert `wert` an den Aufrufer zurück.

DROP FUNCTION

```
DROP FUNCTION [IF EXISTS] bezeichner_funktion
```

Mit diesem Befehl können Sie die gespeicherte Funktion mit dem angeführten Bezeichner löschen.

SHOW FUNCTION STATUS

```
SHOW FUNCTION STATUS
    [LIKE 'muster' | WHERE bedingung]
```

Dieser Befehl gibt die Metadaten der gespeicherten Funktionen zurück. Mittels der `LIKE`- bzw. der `WHERE`-Klausel können Sie die Auswahl jener Funktionen, für die Sie die Metadaten abfragen wollen, weiter einschränken. Mittels `LIKE` können Sie die Funktionen anhand des Namens einschränken, und über die `WHERE`-Klausel können Sie die Funktionen anhand ihrer Eigenschaften auswählen.

SHOW CREATE FUNCTION

```
SHOW CREATE FUNCTION bezeichner_funktion
```

Mithilfe dieses Befehls können Sie den Quellcode der angeführten Funktion abfragen.

A.14 Triggers

Trigger und die dazugehörigen Befehle sind in Abschnitt 11.6 ausführlich beschrieben.

CREATE TRIGGER

```
CREATE
    [DEFINER = { benutzer | CURRENT_USER }]
    TRIGGER bezeichner_trigger {BEFORE | AFTER}
      {INSERT | UPDATE | DELETE}
    ON bezeichner_tabelle FOR EACH ROW befehle...
```

Dieser Befehl erzeugt einen Trigger. Näheres zu den einzelnen Komponenten des Befehls finden Sie Abschnitt 11.6.

DROP TRIGGER

```
DROP TRIGGER [IF EXISTS] [bezeichner_db.]bezeichner_trigger
```

Der Befehl `DROP` löscht den angeführten Trigger, dieser wird durch dessen Namen und gegebenenfalls die entsprechende Datenbank identifiziert. Die Option `IF EXISTS` bewirkt, dass keine Warnung erzeugt wird, falls der Trigger nicht existiert.

SHOW TRIGGERS

```
SHOW TRIGGERS [{FROM | IN}  bezeichner_db]
    [LIKE 'pattern' | WHERE bedingung]
```

Diesen Befehl können Sie zum Auflisten aller vorhandenen Trigger verwenden. Dabei können Sie die Ausgabe mittels FROM oder IN auf eine bestimmte Datenbank einschränken. Ist keine Datenbank spezifiziert, werden die Trigger der Standarddatenbank ausgegeben. Dabei können Sie mithilfe der WHERE-Klausel die Abfrage genauer einschränken (zum Beispiel auf eine bestimmte Tabelle, auf der der gesuchte Trigger definiert ist). Mittels der LIKE-Klausel können Sie mithilfe eines Patterns nach Triggern mit dem angeführten Bezeichner suchen. Eine genaue Erklärung der Ausgabe finden Sie in Abschnitt 11.6.3, »Informationen über bestehende Trigger (Metadaten)«.

A.15 Events

Nähere Informationen zu Events, ihrer Erzeugung und dem Umgang mit ihnen finden Sie in Abschnitt 11.7.

CREATE EVENT

```
CREATE
    [DEFINER = { benutzer | CURRENT_USER }]
    EVENT
    [IF NOT EXISTS]
    bezeichner_event
    ON SCHEDULE zeitplan
    [ON COMPLETION [NOT] PRESERVE]
    [ENABLE | DISABLE | DISABLE ON SLAVE]
    [COMMENT 'kommentar']
    DO befehle...;

zeitplan:
    AT zeiteinheit] [+ INTERVAL zeiteinheit] ...
  | EVERY zeiteinheit]
    [STARTS zeiteinheit] [+ INTERVAL zeiteinheit]] ...]
    [ENDS zeiteinheit] [+ INTERVAL zeiteinheit]] ...]

zeiteinheit:
    anzahl {YEAR | QUARTER | MONTH | DAY | HOUR | MINUTE |
            WEEK | SECOND | YEAR_MONTH | DAY_HOUR | DAY_MINUTE|
            DAY_SECOND | HOUR_MINUTE | HOUR_SECOND |
            MINUTE_SECOND}
```

Der Befehl CREATE EVENT dient zur Erzeugung von Events. Eine genaue Beschreibung dieses Befehls finden Sie in Abschnitt 11.7.2, »Erzeugung von Events«.

ALTER EVENT

```
Syntax ALTER
    [DEFINER = { benutzer | CURRENT_USER }]
```

```
EVENT bezeichner_event
[ON SCHEDULE zeitplan]
[ON COMPLETION [NOT] PRESERVE]
[RENAME TO neuer_bezeichner]
[ENABLE | DISABLE | DISABLE ON SLAVE]
[COMMENT 'kommentar']
[DO befehle...]
```

Dieser Befehl ermöglicht es Ihnen, Daten über ein bestimmtes Event zu ändern. Mittels der Option RENAME TO können Sie den Bezeichner des Events ändern. Alle anderen Optionen entsprechen genau jenen Optionen, die Sie auch bereits beim Erzeugen eines Events kennengelernt haben. Daher sei an dieser Stelle auf den Befehl CREATE EVENT verwiesen.

DROP EVENT

```
DROP EVENT [IF EXISTS] bezeichner_event
```

Dieser Befehl löscht das angeführte Event aus dem System. Mit der Klausel IF EXISTS können Sie Warnungen vermeiden, die entstehen, falls das angegebene Event nicht existiert.

SHOW CREATE EVENT

```
SHOW CREATE EVENT bezeichner_event
```

Mithilfe dieses Befehls können Sie den Quellcode des angeführten Events abfragen.

SHOW EVENTS

```
SHOW EVENTS [{FROM | IN} bezeichner_datenbank]
    [LIKE pattern | WHERE bedingung]
```

Dieser Befehl ermöglicht es Ihnen, die im System gespeicherten Events aufzulisten. Dabei können Sie die Auflistung auf eine bestimmte Datenbank (über die Einschränkung FROM bzw. IN schema_bezeichner) begrenzen. Alternativ können Sie über die LIKE- oder die WHERE-Klausel auch den Bezeichner des gesuchten Events einschränken. Eine genaue Erklärung der Ausgabe dieses Befehls finden Sie in Abschnitt 11.7.4, »Informationen zu bestehenden Events (Metadaten)«.

A.16 Kontrollfluss-Elemente

Die angeführten Kontrollfluss-Elemente sind in Abschnitt 11.5, »Programmieren in MySQL«, näher beschrieben und erklärt.

BEGIN/END-Blöcke

```
[bezeichner_block:] BEGIN
    [befehle...]
END [bezeichner_block:]
```

Blöcke ermöglichen es, mehrere zusammengehörige Statements zu definieren. Das Schlüsselwort BEGIN kennzeichnet den Beginn eines solchen zusammengehörigen Blocks, welchen Sie mit dem END-Schlüsselwort wieder beenden bzw. schließen können. Optional können Sie auch einen Bezeichner für den Block angeben, mit dem Sie den Block direkt referenzieren können (beispielsweise um diesen zu verlassen).

LEAVE

```
LEAVE bezeichner_block
```

Mittels des Befehls LEAVE können Sie einen Block bzw. eine Schleife mit dem angeführten Bezeichner verlassen. Die Ausführung des Programms wird dann nach dem verlassenen Block bzw. der Schleife fortgeführt.

IF-THEN-ELSEIF-ELSE

```
IF bedingung1 THEN befehle...
    [ELSEIF bedingung2 THEN befehle...] ...
    [ELSE befehle...]
END IF
```

Das Konstrukt IF-THEN-ELSEIF-ELSE bietet die Möglichkeit, Fallunterscheidungen zu treffen. Dabei sind die Angabe einer Bedingung (bedingung1) und jener Befehle (befehle), die ausgeführt werden, falls die Bedingung erfüllt wird, zwingend vorgeschrieben. Die weitere Angabe einer ELSEIF-Klausel zur Festlegung einer weiteren Bedingung, die geprüft wird, sofern die erste Bedingung nicht erfüllt wird, ist optional. Auch müssen Sie nicht zwingend eine ELSE-Klausel anführen, die ausgeführt wird, sofern die erste Bedingung nicht erfüllt wird.

CASE

```
CASE
    WHEN bedingung_1 THEN befehle...
    [WHEN bedingung_2 THEN befehle...] ...
    [ELSE befehle...]
END CASE

CASE wert
    WHEN wert1 THEN befehle...
    [WHEN wert2 THEN befehle...] ...
    [ELSE befehle...]
END CASE
```

Die CASE-Anweisung dient der Fallunterscheidung. Dabei können Sie zwei Ausprägungen dieser Anweisung verwenden. Einerseits können analog zur Fallunterscheidung mittels IF (siehe Abschnitt »SELECT INTO« in Abschnitt A.17) mehrere Bedingungen abgeprüft werden und dementsprechend ein oder mehrere Befehle ausgeführt werden, sofern die entsprechende Bedingung erfüllt wird. Andererseits kann – wie im zweiten Teil der Syntax-Auflistung des Befehls – auch eine Variable auf ihre Ausprägungen hin untersucht und können anschließend die entsprechenden Befehle ausgeführt werden.

LOOP

```
[bezeichner_schleife:] LOOP
    befehle...
END LOOP [bezeichner_schleife]
```

Der LOOP-Befehl ermöglicht es, einen oder mehrere Befehle in einer Schleife wiederholt auszuführen. Diese werden so lange wiederholt durchlaufen, bis die Schleife mit einem LEAVE-Statement verlassen wird.

REPEAT UNTIL

```
[bezeichner_schleife:] REPEAT
    befehle...
UNTIL abbruchbedingung
END REPEAT [bezeichner_schleife]
```

Die Schleife REPEAT UNTIL läuft so lange, bis die Abbruchbedingung der Schleife erfüllt wurde. Während jedes Schleifendurchlaufs werden die Befehle befehle ausgeführt. Sie können für die Schleife auch einen Bezeichner angeben, mithilfe dessen Sie die Schleife gegebenenfalls gezielt »ansprechen« können (beispielsweise um diese frühzeitig zu beenden).

WHILE

```
[bezeichner_schleife:] WHILE schleifenbedingung DO
    befehle...
END WHILE [bezeichner_schleife]
```

Diese Schleife wird wiederholt ausgeführt, bis die Schleifenbedingung »falsch« ist. Optional besteht die Möglichkeit, einen Bezeichner für die Schleife anzuführen, um diese direkt referenzieren zu können (zum Beispiel für ein LEAVE-Statement).

ITERATE

```
ITERATE bezeichner_schleife
```

Diesen Befehl können Sie nur in Zusammenhang mit einer Schleife verwenden und bestimmen, dass die Schleife nochmals durchlaufen wird.

A.17 Variablen in Programmen

Näheres zu der Handhabung von Variablen in Programmen finden Sie in Abschnitt 11.5.2, »Variablen«.

DECLARE

```
DECLARE bezeichner_var_ [bezeichner_var] ... datentyp [DEFAULT wert]
```

Dieser Befehl erzeugt eine Variable mit dem angeführten Bezeichner (`bezeichner_var`). Dieser Variablen wird der Datentyp `datentyp` zugewiesen. Optional können Sie auch einen Standardwert für die Variable mittels `DEFAULT wert` festlegen. Die zu verwendenden Datentypen finden Sie zu Beginn der Referenz in Abschnitt A.1.

SET

```
SET bezeichner_var = wert [bezeichner_var = wert] ...
```

Die `SET`-Anweisung belegt die angegebene Variable mit dem Bezeichner `bezeichner_var` mit dem angeführten Wert. Auch ist es möglich, gleich mehrere Variablen gleichzeitig zu belegen, indem die Variablen und die entsprechenden Werte durch Kommata getrennt angeführt werden.

SELECT INTO

```
SELECT bezeichner_spalte [,bezeichner_spalte] ...
    INTO bezeichner_var [,bezeichner_var] ...
    WHERE bedingung
```

Der Befehl `SELECT INTO` ermöglicht es, die Ergebnisse eines `SELECT`-Befehls direkt in Variablen zu speichern. Dabei müssen selbstverständlich die angeführten Variablen in Datentyp und Anzahl mit den ausgewählten Spalten übereinstimmen. Eine weitere Voraussetzung dafür ist, dass die Ergebnismenge des `SELECT`-Befehls nur eine Zeile umfasst. Sie können dies zum Beispiel mit `LIMIT 1` sicherstellen.

A.18 Cursors

Weitere Details und nähere Beschreibungen zu Cursors finden Sie in Abschnitt 11.5.5.

DECLARE CURSOR

```
DECLARE bezeichner_cursor CURSOR
FOR select_befehl
```

Dieser Befehl erzeugt einen Cursor mit dem angeführten Bezeichner bezeichner_cursor. Dabei wird der Cursor auf jenen Daten erzeugt, die durch das SELECT-Statement ausgewählt werden.

OPEN CURSOR

```
OPEN bezeichner_cursor
```

Öffnet den angeführten Cursor.

CLOSE CURSOR

```
CLOSE bezeichner_cursor
```

Schließt den angeführten Cursor.

FETCH INTO

```
FETCH bezeichner_cursor
INTO bezeichner_var [,bezeichner_var] ...
```

Schreibt jene Werte, die aktuell im Cursor bezeichner_cursor gehalten werden, in die angeführten Variablen. Wichtig ist dabei, dass die Anzahl der angeführten Variablen der Anzahl der durch den Cursor selektierten Spalten entspricht.

A.19 Handlers

Handler werden in Abschnitt 11.5.6 detailliert beschrieben.

DECLARE HANDLER

```
DECLARE handler_art HANDLER
    FOR bedingung [, bedingung] ...
    Befehle...

handler_art: EXIT | CONTINUE | UNDO

bedingung:
   mysql_fehlernummer |
   SQLSTATE sqlstate |
   condition_bezeichner |
   SQLEXCEPTION |
   NOT FOUND |
   SQLWARNING
```

Der Befehl zur Erzeugung von Handlern wird in Abschnitt 11.5.6 im Detail erklärt.

DECLARE CONDITION

```
DECLARE bezeichner_condition CONDITION FOR condition_wert

condition_wert:
   SQLSTATE [VALUE] sqlstate_nummer
   | mysql_fehlernummer
```

Dieser Befehl erzeugt eine Condition, mit deren Hilfe Sie einen eigenen, verständlicheren Bezeichner (`bezeichner_condition`) für die weitere Verwendung in Handlern (siehe Abschnitt 11.5.6) für SQL-States oder für MySQL-Fehlermeldungen festlegen können.

SIGNAL

```
SIGNAL condition_wert
    [SET signal_information [, signal_information] ...]

condition_wert:
    SQLSTATE [sqlstate_nummer] sqlstate_wert
  | bezeichner_condition

signal_information:
    condition_information = wert

condition_information:
{
    CLASS_ORIGIN
  | SUBCLASS_ORIGIN
  | CONSTRAINT_CATALOG
  | CONSTRAINT_SCHEMA
  | CONSTRAINT_NAME
  | CATALOG_NAME
  | SCHEMA_NAME
  | TABLE_NAME
  | COLUMN_NAME
  | CURSOR_NAME
  | MESSAGE_TEXT
  | MYSQL_ERRNO
}
```

Die genauen Details zum `SIGNAL`-Befehl finden Sie allesamt in Abschnitt 11.5.7.

RESIGNAL

```
RESIGNAL [condition_wert]
    [SET signal_information [, signal_information] ...];

condition_wert:
    SQLSTATE [VALUE] sqlstate_wert
   | bezeichner_condition

signal_information:
    condition_information_item = wert

condition_information_item:
{
    CLASS_ORIGIN
  | SUBCLASS_ORIGIN
  | CONSTRAINT_CATALOG
  | CONSTRAINT_SCHEMA
  | CONSTRAINT_NAME
  | CATALOG_NAME
  | SCHEMA_NAME
  | TABLE_NAME
  | COLUMN_NAME
  | CURSOR_NAME
  | MESSAGE_TEXT
  | MYSQL_ERRNO
}
```

Dieser Befehl ist in Abschnitt 11.5.7 genau beschrieben.

A.20 Volltextsuche

Näheres zu allen Varianten der Volltextsuche finden Sie in Abschnitt 9.2.9, »Volltextindex«.

Volltextsuche

```
SELECT bezeichner_spalten
FROM bezeichner_tabelle
WHERE MATCH (bezeichner_spalten...) AGAINST (suchbegriffe [suchart])

suchart:
  { IN BOOLEAN MODE |
    IN NATURAL LANGUAGE MODE |
    IN NATURAL LANGUAGE MODE WITH QUERY EXPANSION |
    WITH QUERY EXPANSION }
```

Die Volltextsuche ist grundsätzlich nur eine Erweiterung der normalen SELECT-Anweisung. In der WHERE-Klausel wird allerdings das Statement MATCH() AGAINST() verwendet, das festlegt, welche Begriffe in den angegebenen Spalten gesucht werden sollen. Optional können Sie noch die Art der Suche angeben, wobei BOOLEAN MODE die Standardsuchart darstellt.

A.21 Replikation

Nähere Informationen zur Replikation in MySQL finden Sie in Kapitel 8, »Replikation und Hochverfügbarkeit«.

CHANGE MASTER TO

```
CHANGE MASTER TO option [, option] ...

option:
    MASTER_BIND = 'bezeichner_interface'
  | MASTER_HOST = 'bezeichner_host'
  | MASTER_USER = 'benutzername'
  | MASTER_PASSWORD = 'passwort'
  | MASTER_PORT = portangabe
  | MASTER_CONNECT_RETRY = intervall
  | MASTER_RETRY_COUNT = anzahl
  | MASTER_DELAY = intervall
  | MASTER_HEARTBEAT_PERIOD = intervall
  | MASTER_LOG_FILE = 'bezeichner_master_log'
  | MASTER_LOG_POS = master_log_position
  | RELAY_LOG_FILE = 'bezeichner_relay_log'
  | RELAY_LOG_POS = relay_log_position
  | MASTER_SSL = {0|1}
  | MASTER_SSL_CA = 'bezeichner_ca_file'
  | MASTER_SSL_CAPATH = 'bezeichner_ca_directory'
  | MASTER_SSL_CERT = 'bezeichner_cert_file'
  | MASTER_SSL_KEY = 'bezeichner_key_file'
  | MASTER_SSL_CIPHER = 'cipher_liste'
  | MASTER_SSL_VERIFY_SERVER_CERT = {0|1}
  | IGNORE_SERVER_IDS = (server_id_liste)

server_id_liste:
    [server_id [, server_id] ... ]
```

Dieser Befehl dient dazu, am Slave die Einstellungen für die Verbindung zum Master-Knoten zu setzen. MASTER_BIND legt fest, mit welchem Netzwerk-Interface die Verbindung hergestellt werden soll. MASTER_HOST und MASTER_PORT legen die Adresse des Master-Servers und den entsprechenden Port fest. Mittels MASTER_USER und MASTER_PASSWORD können Sie die Benutzerdaten für die Verbindung festlegen. MASTER_CONNECT_RETRY legt den Abstand zwischen zwei Verbindungsversuchen fest (in Sekunden), und MASTER_RETRY_COUNT bestimmt die Anzahl an Verbindungsversuchen. MASTER_DELAY legt fest, wie viele Sekunden der Datenbestand des Slaves hinter dem des Masters liegen darf. MASTER_HEARTBEAT_PERIOD bestimmt, in welchen Abständen der Slave upgedated werden soll. MASTER_LOG_FILE und MASTER_LOG_POS bestimmen das Master-Binärlog und die entsprechende Position darin. Falls bereits ein Relay-Log am Slave besteht und dieses verwendet werden soll, können Sie dieses mittels RELAY_LOG_FILE und RELAY_LOG_POS spezifizieren. Mit IGNORE_SERVER_IDS können Sie Master-Server angeben, die bei der Replikation ignoriert werden sollen. Die anderen Parameter betreffen allesamt die SSL-Einstellungen zur Verbindung. Näheres zu SSL finden Sie in Abschnitt 10.4.2, »Zugang beschränken oder verschlüsseln«.

START SLAVE

```
START SLAVE [thread_typ [, thread_typ] ... ]
START SLAVE [SQL_THREAD] UNTIL
   MASTER_LOG_FILE = 'bezeichner_log_datei',
   MASTER_LOG_POS = log_pos
START SLAVE [SQL_THREAD] UNTIL
   RELAY_LOG_FILE = 'bezeichner_log_datei',
   RELAY_LOG_POS = log_pos

thread_typ: IO_THREAD | SQL_THREAD
```

Der Befehl START SLAVE dient dazu, einen replizierten Slave zu starten. Falls Sie keinen Thread-Typ explizit angeben, werden sowohl der IO-Thread (IO_THREAD) als auch der SQL-Thread (SQL_THREAD) gestartet. Der IO-Thread holt die Logs des Masters und schreibt diese in das Relay-Log des Slaves. Der SQL-Thread holt die Daten aus dem Relay-Log und aktualisiert damit den Datenbestand der Datenbank. Sie können dabei über das Schlüsselwort UNTIL den Namen und die Position des Master-Binärlogs bzw. des Relay-Logs angeben (MASTER_LOG_FILE und MASTER_LOG_POS bzw. RELAY_LOG_FILE und RELAY_LOG_POS). Die Daten werden dann bis zu dieser Position des entsprechenden Logs repliziert.

STOP SLAVE

```
STOP SLAVE [thread_typ [, thread_typ] ... ]
thread_typ: IO_THREAD | SQL_THREAD
```

Dieser Befehl beendet den Replikations-Thread am Slave. Dabei können Sie angeben, ob der IO-Thread (IO_THREAD) oder der SQL-Thread (SQL_THREAD) beendet wird (siehe auch START SLAVE).

SHOW MASTER STATUS

```
SHOW MASTER STATUS
```

Dieser Befehl liefert Informationen über den Status des Binärlogs des Servers zurück (Position, Binärlog-Datei etc.).

SHOW SLAVE STATUS

```
SHOW SLAVE STATUS
```

Dieser Befehl liefert Informationen über den Status des Slaves (Position im Relay-Log, Verbindungsparameter zum Master etc.).

A.22 GIS-Funktionen

Die GIS-Erweiterung (Erweiterung für Geoinformationssysteme) von MySQL ist in Abschnitt 9.2.8, »GIS und raumbezogene Indizes«, näher beschrieben.

POINT

```
POINT(X, Y)
```

Diese Funktion erzeugt einen WKB-Punkt, basierend auf den durch X und Y gegebenen Koordinaten.

GeomFromText

```
GeomFromText(wkt [, srid]))
```

Diese Funktion erzeugt aus dem übergebenen WKT-String ein Geometrieobjekt. Zudem kann der SRID (Spatial Reference Identifier), der das Georeferenzsystem des Koordinatenraums beschreibt, übergeben werden.

ASTEXT

```
ASTEXT(geometrieobjekt)
```

Diese Funktion gibt eine textuelle WKT-Darstellung des übergebenen Geometrieobjektes zurück.

ENVELOPE

`ENVELOPE(geometrieobjekt)`

Diese Funktion berechnet das kleinste begrenzende Rechteck für das mit des Parameters übergebene Geometrieobjekt. Das Ergebnis wird als Polygon zurückgegeben.

MBRContains

`MBRContains(geometrieobjekt1, geometrieobjekt2)`

Diese Funktion berechnet, ob das kleinste begrenzende Rechteck von `geometrieobjekt1` das kleinste begrenzende Rechteck `geometrieobjekt2` enthält.

A.23 Partitionierung

Eine genaue Beschreibung von Partitionen und den zugehörigen Befehlen finden Sie in Abschnitt 9.4.

CREATE TABLE mit Partitionen

```
CREATE TABLE ...
    PARTITION BY
        { [LINEAR] HASH(hashausdruc)
        | [LINEAR] KEY(spaltenliste)
        | RANGE{(expr) | COLUMNS(spaltenliste)}
        | LIST{(expr) | COLUMNS(spaltenliste)} }
    [PARTITIONS anzahl]
    [SUBPARTITION BY
        { [LINEAR] HASH(hashausdruck)
        | [LINEAR] KEY(spaltenliste) }
      [SUBPARTITIONS anzahl]
    ]
    [(definition_partition [,definition_partition] ...)]

definition_partition:
    PARTITION bezeichner_partition
        [VALUES
            {LESS THAN {(ausdruck | werteliste) | MAXVALUE}
            | IN (werteliste)}]
        [[STORAGE] ENGINE [=] bezeichner_engine]
        [COMMENT [=] 'kommentar' ]
        [DATA DIRECTORY [=] 'daten_verzeichnis']
        [INDEX DIRECTORY [=] 'index_verzeichnis']
```

```
        [MAX_ROWS [=] max_anzahl_zeilen]]
        [MIN_ROWS [=] min_anzahl_zeilen]]
        [(definition_subpartition [, definition_subpartition] ...)]

definition_subpartition:
    SUBPARTITION bezeichner_subpartition
        [[STORAGE] ENGINE [=] bezeichner_engine]
        [COMMENT [=] 'kommentar' ]
        [DATA DIRECTORY [=] 'daten_verzeichnis']
        [INDEX DIRECTORY [=] 'index_verzeichnis']
        [MAX_ROWS [=] max_anzahl_zeilen]
        [MIN_ROWS [=] min_anzahl_zeilen ]
```

Hier ist lediglich jener Teil des Befehls CREATE TABLE angeführt, der auch wirklich für Partitionierungen ausschlaggebend ist. Den genauen Aufbau des Befehls CREATE TABLE finden Sie in Abschnitt 3.5.2, »Tabellen anlegen, Daten einfügen und löschen«.

ALTER TABLE ADD PARTITION

```
ALTER TABLE bezeichner_tabelle
ADD PARTITION (definition_partition)
```

Dieser Befehl fügt einer Tabelle eine neue Partition hinzu. Dabei entsprechen die Optionen für die definition_partition genau jenen Optionen, die auch bei der Erzeugung einer partitionierten Tabelle mittels CREATE TABLE zur Verfügung stehen. Daher sei an dieser Stelle auf diesen Eintrag der Referenz verwiesen.

ALTER TABLE DROP PARTITION

```
ALTER TABLE bezeichner_tabelle
DROP PARTITION bezeichner_partition
```

Mithilfe dieses Befehls werden die angeführten Partitionen (bezeichner_partition) gelöscht. Beim Löschen mehrerer Partitionen werden diese durch Kommata getrennt angeführt.

ALTER TABLE COALESCE PARTITION

```
ALTER TABLE bezeichner_tabelle
COALESCE PARTITION neue_anzahl
```

Dieser Befehl verringert bei Hash- oder Key-Partitionen die Anzahl der vorhandenen Partitionen auf die angegebene Anzahl (neue_anzahl).

ALTER TABLE REMOVE PARTITIONING

```
ALTER TABLE bezeichner_tabelle
REMOVE PARTITIONING
```

Dieser Befehl löscht die Partitionierung der angegebenen Tabelle. Die enthaltenen Daten werden dabei nicht gelöscht.

ALTER TABLE ANALYZE PARTITION

```
ALTER TABLE bezeichner_tabelle
ANALYZE PARTITION {bezeichner_partition | ALL }
```

Dieser Befehl führt eine Analyse der angegebenen Partitionen (bezeichner_partition, durch Kommata getrennt) oder aller vorhandenen Partitionen (ALL) durch. Der Befehl entspricht dem ANALYZE-Befehl für Tabellen (siehe auch Abschnitt 5.2.2, »Der Optimierer – die Intelligenz von MySQL«).

ALTER TABLE CHECK PARTITION

```
ALTER TABLE bezeichner_tabelle
CHECK PARTITION {bezeichner_partition | ALL }
```

Dieser Befehl entspricht dem allgemeinen CHECK-Befehl (siehe Abschnitt 7.5.1, »MyISAM-Tabellen überprüfen und reparieren«), mit dem Unterschied, dass dieser Befehl für bestimmte Partitionen (bezeichner_partition, durch Kommata getrennt) oder alle (ALL) Partitionen ausgeführt wird.

ALTER TABLE OPTIMIZE PARTITION

```
ALTER TABLE bezeichner_tabelle
OPTIMIZE PARTITION {bezeichner_partition | ALL }
```

Den Befehl OPTIMIZE können Sie dazu verwenden, um nach großen Löschoperationen und Änderungen in einer oder allen Partition(en) den Speicherplatz wieder zu optimieren (Defragmentierung etc).

ALTER TABLE REBUILD PARTITION

```
ALTER TABLE bezeichner_tabelle
REBUILD PARTITION { bezeichner_tabelle | ALL }
```

Mit diesem Befehl werden die Daten der angeführten Partitionen (bezeichner_tabelle, durch Kommata getrennt) oder aller (ALL) Partitionen neu eingefügt. Siehe auch den Befehl REBUILD für Tabellen.

ALTER TABLE REORGANIZE PARTITION

```
ALTER TABLE bezeichner_tabelle
REORGANIZE PARTITION bezeichner_partition
INTO (definition_partition)
```

Der Befehl REORGANIZE kann bestehende Partitionen verändern, ohne dass Daten verloren gehen. Sie können eine einzelne Partition (bezeichner_partition) weiter unterteilen, zusammenfassen oder die Wertebereiche der Partitionen ändern. Die neue Definition der Partition können Sie einfach in definition_partition anführen.

ALTER TABLE REPAIR PARTITION

```
ALTER TABLE bezeichner_tabelle
REPAIR PARTITION {bezeichner_partition | ALL }
```

Der Befehl REPAIR wird dazu verwendet, Fehler in den angegebenen Partitionen (bezeichner_partition, durch Kommata getrennt) oder in allen (ALL) Partitionen zu beheben. Näheres dazu finden Sie auch in Abschnitt 7.5.1, »MyISAM-Tabellen überprüfen und reparieren«, zum REPAIR-Befehl für Tabellen.

ALTER TABLE EXCHANGE PARTITION

```
ALTER TABLE bezeichner_tabelle
EXCHANGE PARTITION bezeichner_partition
WITH TABLE bezeichner_tabelle
```

Mit diesem Befehl können Sie Daten, die in einer (sub-)partitionierten Tabelle gespeichert sind, in eine unpartitionierte Tabelle verschieben. Dabei müssen Sie lediglich die zu verschiebende Partition (bezeichner_partition) und die Zieltabelle (bezeichner_tabelle) anführen.

ALTER TABLE TRUNCATE PARTITION

```
ALTER TABLE bezeichner_tabelle
TRUNCATE PARTITION {bezeichner_partition | ALL }
```

Dieser Befehl leert entweder alle Partitionen (ALL) oder jene Partitionen, die im Befehl namentlich angeführt sind (bezeichner_partition). Sollen mehrere Partitionen geleert werden, werden die entsprechenden Bezeichner durch Kommata getrennt angeführt.

EXPLAIN PARTITIONS

```
EXPLAIN PARTITIONS select_befehl
```

Diese Option des Befehls `EXPLAIN` (siehe Abschnitt 9.3.1) berücksichtigt die Verteilung der Daten auf die Partitionen bei der Analyse des `SELECT`-Statements.

A.24 Administrationsaufgaben

Wichtige Befehle für die Erledigung administrativer Aufgaben mit `mysqladmin` und dem Client finden Sie hier, Details in Abschnitt 7.2.

CREATE DATABASE

```
bash# mysqladmin create bezeichner_datenbank -u benutzername -p
```

Legt eine neue, leere Datenbank an.

DROP DATABASE

```
bash# mysqladmin drop bezeichner_datenbank -u benutzername -p
```

Löscht die angegebene Datenbank.

FLUSH HOSTS

```
bash# mysqladmin flush-hosts -u benutzername -p
```

Dieser Befehl bewirkt, dass die Tabelle mit den Verbindungsdaten der Clients neu geladen wird. Dieser Befehl ist besonders dann notwendig, wenn ein Host sich zu oft erfolglos verbinden wollte und dadurch gesperrt wurde.

REFRESH

```
bash# mysqladmin refresh
```

Mit dem Befehl `refresh` werden die Tabellen-Caches geleert und danach neu aufgebaut. Alle Log-Dateien werden ebenfalls neu geladen.

PASSWORD

```
mysqladmin -u root -p password neuesPasswort
```

Dieser Befehl setzt das Root-Passwort auf das angegebene Passwort. Sie werden nach dem aktuellen Root-Passwort gefragt, um diesen Befehl durchführen und damit das Root-Passwort neu setzen zu können.

PING

```
bash# mysqladmin ping
```

Prüft, ob der MySQL-Serverdienst läuft.

STATUS

```
bash# mysqladmin status -u benutzername -p
```

Zeigt Informationen zum laufenden MySQL-Serverdienst an.

EXTENDED STATUS

```
bash# mysqladmin extended-status u benutzername -p
SHOW STATUS
```

Liefert alle Servervariablen und die gesetzten Werte zurück.

PROCESSLIST

```
bash# mysqladmin processlist -u benutzername -p
SHOW PROCESSLIST
```

Gibt alle aktuell durchgeführten Querys samt der ID-Nummer zurück. Der erste Befehl wird von der Kommandozeile aus eingesetzt, der zweite innerhalb des Clients.

KILL QUERY

```
KILL QUERY id_abfrage
```

Bricht die laufende Query mit der angegebenen ID ab. Sie erhalten diese ID innerhalb des Clients mit `SHOW PROCESSLIST` oder mit `bash# mysqladmin processlist`.

KILL CONNECTION

```
KILL CONNECTION id_abfrage
```

Bricht die gesamte Verbindung des Threads ab, der die angegebene Abfrage ausführt. Die dazu notwendige ID erhalten Sie mit SHOW PROCESSLIST.

SHOW

```
SHOW AUTHORS
SHOW {BINARY | MASTER} LOGS
SHOW BINLOG EVENTS [IN 'bezeichner_
log'] [FROM position] [LIMIT [offset,] anzahl_zeilen]
SHOW CHARACTER SET [like_oder_where]
SHOW COLLATION [like_oder_where]
SHOW [FULL] COLUMNS FROM bezeichner_tabelle [FROM bezeichner_db]
     [like_oder_where]
SHOW CONTRIBUTORS
SHOW CREATE DATABASE bezeichner_db
SHOW CREATE EVENT bezeichner_event
SHOW CREATE FUNCTION bezeichner_funktion
SHOW CREATE PROCEDURE bezeichner_prozedur
SHOW CREATE TABLE bezeichner_tabelle
SHOW CREATE TRIGGER bezeichner_trigger
SHOW CREATE VIEW bezeichner_view
SHOW DATABASES [like_oder_where]
SHOW ENGINE bezeichner_engine {STATUS | MUTEX}
SHOW [STORAGE] ENGINES
SHOW ERRORS [LIMIT [offset,] anzahl_zeilen]
SHOW EVENTS
SHOW FUNCTION CODE bezeichner_funktion
SHOW FUNCTION STATUS [like_oder_where]
SHOW GRANTS FOR benutzerangabe
SHOW INDEX FROM bezeichner_tabelle [FROM bezeichner_db]
SHOW MASTER STATUS
SHOW OPEN TABLES [FROM bezeichner_db] [like_oder_where]
SHOW PLUGINS
SHOW PROCEDURE CODE bezeichner_prozedur
SHOW PROCEDURE STATUS [like_oder_where]
SHOW PRIVILEGES
SHOW [FULL] PROCESSLIST
SHOW PROFILE [typen] [FOR QUERY n] [OFFSET n] [LIMIT n]
SHOW PROFILES
SHOW SLAVE HOSTS
SHOW SLAVE STATUS
SHOW [GLOBAL | SESSION] STATUS [like_oder_where]
SHOW TABLE STATUS [FROM bezeichner_db] [like_oder_where]
SHOW [FULL] TABLES [FROM bezeichner_db] [like_oder_where]
SHOW TRIGGERS [FROM bezeichner_db] [like_oder_where]
```

```
SHOW [GLOBAL | SESSION] VARIABLES [like_oder_where]
SHOW WARNINGS [LIMIT [offset,] anzahl_zeilen]

like_oder_where:
    LIKE 'pattern'
  | WHERE ausdruck
```

Mit dem Befehl SHOW können Sie die verschiedensten Informationen zum aktuellen Zustand und der Konfiguration Ihres MySQL-Servers einholen.

Viele der SHOW-Befehle dienen dazu, nähere Informationen zu im System vorhanden Objekten einzuholen:

SHOW DATABASES (Datenbanken)

SHOW TABLES (Tabellen)

SHOW TRIGGERS (Trigger)

SHOW EVENTS (Events)

SHOW PLUGINS (Plugins)

SHOW PRIVILEGES (Berechtigungen)

SHOW ENGINES (Speicher-Engines)

SHOW CHARACTER SET (Zeichensätze)

SHOW COLLATION (Sortierfolgen)

SHOW PROFILES (Profiling-Informationen)

SHOW VARIABLES (Systemvariablen)

Nähere Informationen zu den Tabellen können Sie mit dem Befehl SHOW TABLE STATUS abrufen. Falls Sie Informationen zu den Indizes einer bestimmten Tabelle benötigen, können Sie diese mit dem Befehl SHOW INDEX abrufen. Näheres zu den Spalten einer Tabelle können Sie mit SHOW COLUMNS erfahren.

SHOW GRANTS erlaubt es Ihnen, die GRANT-Befehle und somit die vorhandenen Berechtigungen von Benutzern einzusehen.

Die SHOW CREATE-Befehle erlauben es Ihnen, den Code, der zur Erzeugung des angegebenen Objekts (Datenbank, Tabelle, Event, gespeicherte Funktion bzw. Prozedur, Trigger oder Sicht) abzurufen.

Das Statement SHOW WARNINGS listet die im letzten abgesetzten Befehl aufgetretenen Fehler und Warnungen auf. SHOW ERRORS bewirkt grundsätzlich dasselbe, schränkt aber die Ausgabe auf Fehler ein.

SHOW PROCESSLIST gibt eine Übersicht über die aktuell laufenden Threads aus. Die Option FULL bedeutet, dass die Angabe der gerade ausgeführten Abfragen nicht (wie üblich) nach 100 Zeichen abgeschnitten wird, sondern dass die Befehle vollständig ausgegeben werden.

SHOW ENGINE erlaubt es Ihnen, nähere Informationen zum Status der angegebenen Storage-Engine einzuholen.

SHOW OPEN TABLES gibt alle Tabellen aus, die aktuell im Tabellen-Cache enthalten sind.

Detaillierte Statistiken und Informationen zum aktuellen Zustand des MySQL-Servers können Sie mit SHOW STATUS erhalten.

`SHOW PROFILE` erlaubt es Ihnen, Details zu den Profiling-Informationen einzuholen.

Mittels `SHOW PROCEDURE STATUS` bzw. `SHOW FUNCTION STATUS` können Sie nähere Informationen zur angegebenen Prozedur bzw. Funktion einholen.

Die Befehle `SHOW PROCEDURE CODE` bzw. `SHOW FUNCTION CODE` sind nur für Server mit Debugging-Unterstützung verfügbar. Sie können so Einblicke in die interne Implementation der angegebenen Prozedur bzw. der angegebenen Funktion erhalten.

Die Befehle `SHOW MASTER LOGS` bzw. `SHOW BINARY LOGS` listen die Binärlog-Dateien am Server aus. `SHOW BINLOG EVENTS` gibt den Inhalt der Binärlogs aus. Mittels `SHOW MASTER STATUS` können Sie nähere Informationen zum Binärlog des Replikations-Master-Servers einsehen. Nähere Informationen zum aktuellen Status des Slave-Servers können Sie mit `SHOW SLAVE STATUS` einholen. Eine Liste aller replizierenden Slaves eines Masters erhalten Sie mittels `SHOW SLAVE HOSTS`.

`SHOW AUTHORS` gibt Informationen über die Autoren von MySQL aus und `SHOW CONTRIBUTORS` liefert Informationen zu weiteren Unterstützern von MySQL.

Wie Sie in der Syntax erkennen, können Sie bei einigen `SHOW`-Befehlen die Ausgabe auf bestimmte Objekte (über die `like_oder_where`-Klausel) bzw. auf eine bestimmte Anzahl von Zeilen (`anzahl_zeilen`) einschränken. So können Sie beispielsweise über `SHOW FUNCTION STATUS WHERE Name LIKE 'berechne_distanz';` Informationen für die angeführte Funktion einholen oder mittels `SHOW OPEN TABLES LIKE 'flugzeug_typ';` die Ausgabe auf eine bestimmte Tabelle einschränken.

A.25 Benutzerverwaltung und Sicherheit

Nähere Informationen zur Sicherheit und Benutzerverwaltung finden Sie in Kapitel 10.

CREATE USER

```
CREATE USER benutzerangabe [,benutzerangabe] ...

benutzerangabe:
    'benutzername'[@'hostname']
    [
        IDENTIFIED BY [PASSWORD] 'passwort'
        | IDENTIFIED WITH auth_plugin [AS 'auth_text']
     ]
```

Legt einen oder mehrere Benutzer in MySQL an.

DROP USER

```
DROP USER benutzerangabe [,benutzerangabe] ...

benutzerangabe:
    'benutzername'[@'hostname']
```

Löscht den angegeben Benutzer.

GRANT

```
GRANT
    berechtigung [(spaltenliste)]
      [, berechtigung [(spaltenliste)]] ...
    ON [objekttyp] berechtigungsebene
    TO benutzerangabe [,benutzerangabe] ...
    [REQUIRE {NONE | SSLoption [[AND] SSLoption] ...}]
    [WITH zusatzoption ...]

GRANT PROXY ON benutzerangabe
    TO benutzerangabe [,benutzerangabe] ...
    [WITH GRANT OPTION]

objekttyp:
    TABLE
  | FUNCTION
  | PROCEDURE

berechtigungsebene:
    *
  | *.*
  | bezeichner_datenbank.*
  | bezeichner_datenbank.bezeichner_tabelle
  | bezeichner_tabelle
  | bezeichner_datenbank. bezeichner_tabelle

benutzerangabe:
  'benutzername'[@'hostname']
  [
      IDENTIFIED BY [PASSWORD] 'passwort'
      | IDENTIFIED WITH auth_plugin [AS 'auth_text']
   ]

SSLoption:
    SSL
  | X509
  | CIPHER 'cipher_text'
  | ISSUER 'issuer_text'
```

```
  | SUBJECT 'subject_text'

zusatzoption:
    GRANT OPTION
  | MAX_QUERIES_PER_HOUR numerischer_wert
  | MAX_UPDATES_PER_HOUR numerischer_wert
  | MAX_CONNECTIONS_PER_HOUR numerischer_wert
  | MAX_USER_CONNECTIONS numerischer_wert
```

Der GRANT-Befehl ist der Hauptbefehl zum Setzen von Benutzerberechtigungen. Wenn der angegebene Benutzer noch nicht existiert, wird dieser auch erstellt, bevor die Berechtigungen zugewiesen werden. Eine vollständige Erläuterung des Befehls und die Auflistung aller Berechtigungen finden Sie in Abschnitt 10.2, »Privilegiert – die Benutzerrechte im Detail«. Die Proxy-Option dient zur Erstellung von Proxy-Benutzern. Diese werden für spezielle Authentifizierungs-Module benötigt und stellen ein Mapping zwischen MySQL-Benutzern und den Benutzern des Authentifizierungsmoduls dar.

REVOKE

```
REVOKE
    berechtigung [(spaltenliste)]
      [,berechtigung [(spaltenliste)]] ...
    ON [objekttyp] berechtigungsebene
    FROM benutzerangabe [,benutzerangabe] ...

REVOKE ALL PRIVILEGES, GRANT OPTION
    FROM benutzerangabe [,benutzerangabe] ...

REVOKE PROXY ON user
    FROM benutzerangabe [,benutzerangabe] ...
```

Der Befehl REVOKE dient zum Löschen von Benutzerberechtigungen. Die Angabe der Benutzerberechtigungen erfolgt dabei analog zum GRANT-Befehl.

SHOW GRANTS

```
SHOW GRANTS FOR 'benutzername'[@'hostname']
```

Der Befehl listet alle Benutzerberechtigungen auf, die ein angegebener Benutzer besitzt. Die Ausgabe entspricht dabei den GRANT-Anweisungen, die zur Vergabe der Berechtigungen benötigt werden.

FLUSH PRIVILEGES

```
bash# mysqladmin flush-privileges -u benutzername -p
bash# mysqladmin reload
FLUSH PRIVILEGES
```

Alle diese Befehle fordern MySQL dazu auf, die Benutzer und Berechtigungstabellen in der Datenbank »mysql« neu einzulesen. Dieser Befehl muss durchgeführt werden, um manuelle Änderungen auf Tabellen der Datenbank »mysql« zu aktivieren.

PREPARE

```
PREPARE bezeichner_abfrage FROM prep_abfrage

prep_abfrage:
    'beliebige Abfrage mit ?'
  | variable
```

Die Anweisung PREPARE bereitet ein Prepared Statement (parametrisierte Anweisungen) vor. Den Bezeichner können Sie frei wählen. Als Abfrage kann ein String oder eine Variable, die die Abfrage enthält, angegeben werden. Die Variablen in der Abfrage werden durch das ? gekennzeichnet.

EXECUTE

```
EXECUTE bezeichner_abfrage
    [USING @var_name [, @var_name] ...]
```

Führt das Prepared Statement aus und bindet alle variablen Stellen, die in der Anweisung durch ein ? gekennzeichnet wurden, mit den angegebenen Variablen.

DEALLOCATE PREPARE / DROP PREPARE

```
{DEALLOCATE | DROP} PREPARE bezeichner_abfrage
```

Löscht das Prepared Statement und gibt alle belegten Ressourcen der parametrisierten Anweisung wieder frei.

A.26 Wartungsarbeiten

Mit den folgenden Befehlen können Sie Tabellen überprüfen und reparieren.

CHECK TABLE

```
CHECK TABLE bezeichner_tabelle [,bezeichner_tabelle2] ... [optionen] ...

optionen:
FOR UPGRADE | QUICK | FAST | MEDIUM | EXTENDED | CHANGED
```

Überprüft die angegebenen Tabellen. Die Option FOR UPGRADE prüft, ob die angegebenen Tabellen mit der aktuellen MySQL-Version kompatibel sind. QUICK ist die schnellste Überprüfung. Sie testet keine Datensätze auf falsche Verlinkungen. FAST hingegen testet nur Tabellen, die nicht korrekt geschlossen wurden, während MEDIUM einzelne Zeilen auf korrekt gelöschte Verknüpfungen prüft. Die Option EXTENDED überprüft alle Verbindungen und ist die genaueste, aber auch langsamste Methode. CHANGED prüft nur Tabellen, die sich seit dem letzten Mal geändert haben.

REPAIR

```
REPAIR [NO_WRITE_TO_BINLOG | LOCAL] TABLE
    bezeichner_tabelle [,bezeichner_tabelle2] ...
    [QUICK] [EXTENDED] [USE_FRM]
```

Repariert die angegebenen Tabellen. Die Option QUICK repariert nur die Index-Datei, nicht die Datendateien. EXTENDED erzeugt den Index Zeile für Zeile. USE_FRM sollten Sie dann verwenden, wenn die Index-Datei einer MyISAM-Tabelle zerstört ist und komplett neu erzeugt werden soll.

OPTIMIZE

```
OPTIMIZE [NO_WRITE_TO_BINLOG | LOCAL] TABLE
    bezeichner_tabelle [,bezeichner_tabelle2] ...
bash# mysqlcheck -u root -p --optimize --all-databases
```

Optimiert und defragmentiert Tabellen. Führen Sie diesen Befehl aus, wenn Sie große Datenmengen aus einer Tabelle gelöscht oder geändert haben.

Myisamchk

```
bash# myisamchk [optionen]

optionen:
--analyze
--backup
--check
--check-only-changed
--correct-checksum
--extend-check
--extended-check
--fast
--quick
--read-only
--recover
--safe-recover
```

Repariert MyISAM-Tabellen, siehe Abschnitt 7.5.2, »Die Erholungsphase – Crash Recovery«.

UPGRADE

```
bash# mysql_upgrade -u benutzername -p
```

Dieser Befehl wird nach einem Versions-Upgrade von MySQL durchgeführt und überprüft die Kompatibilität der Ausgangsversion aller Tabellen zu der aktualisierten Version.

A.27 Backups, Wiederherstellung und Logfiles

Die folgenden Befehle benötigen Sie, um Sicherungskopien Ihrer Daten anzulegen.

Mysqldump

```
mysqldump [optionen] bezeichner_datenbank [bezeichner_tabelle ...]

optionen:
--all-databases
--complete-insert
--databases
--delayed-insert
--fields-enclosed-by=string
--fields-escaped-by
--fields-optionally-enclosed-by=string
--fields-terminated-by=string
--flush-logs
--flush-privileges
--lines-terminated-by=string
--lock-all-tables
--max_allowed_packet=value
--no-data
--no-set-names
--no-tablespaces
--opt
--quick
--quote-names
--replace
--routines
--set-charset
--single-transaction
--triggers
```

Führt ein logisches Backup der angegebenen Datenbank samt allen Tabellen oder auch von einzelnen Tabellen durch. Mit `--all-databases` werden alle in der MySQL-Instanz abgespeicherten Daten auf einmal gesichert. Mit der Option `--no-data` sichern Sie nur das Datenbankschema, jedoch keine Daten.

Import

```
bash# mysql -u benutzername -p < dateiname_backup
```

Spielt ein mit `mysqldump` angelegtes Backup in eine MySQL-Instanz zurück.

Import komprimiert

```
bash# gunzip < dateiname_backup.sql.gz | mysql -u benutzername \
-p bezeichner_datenbank
```

Spielt ein mit `mysqldump` angelegtes und mit gzip komprimiertes Backup in eine MySQL-Instanz zurück.

Mysqlhotcopy

```
bash# mysqlhotcopy db_name [zielverzeichnis]
```

Führt ein Warm Backup von MyISAM-Tabellen durch, in dem es die physischen Daten auf dem Server sperrt und kopiert. Sie können die so gesicherten Tabellen-Dateien einfach zurückkopieren.

Xtrabackup

```
bash# xtrabackup --backup --datadir=daten_verzeichnis \
--target-dir=ziel_verzeichnis
```

Erzeugt eine Sicherung aller Tabellen, die mit der InnoDB-Engine betrieben werden. Es werden die physischen Daten auf dem Server gesichert. Diese können bei Bedarf einfach zurückkopiert werden. Es handelt sich um ein externes Tool, das nicht bei einer Standardinstallation von MySQL 5.6 enthalten ist.

Mysqlbinlog

```
bash# mysqlbinlog [optionen] log_file ...

optionen:
--database=bezeichner_datenbank
--offset=#
--raw
--read-from-remote-server
--server-id=id
--set-charset=charset_name
--start-datetime=datetime
--start-position=#
--stop-datetime=datetime
--stop-never
--stop-position=#
```

Dient zur Anzeige des Binärlogs in einem für Menschen lesbaren Format. Wird ebenfalls für zeitpunktbezogene Wiederherstellung verwendet, siehe Abschnitt 7.4.9, »Recovery von Bedienfehlern – zeitpunktbezogene Wiederherstellung«.

A.28 Import und Export

Hier finden Sie Befehle für das Exportieren von Tabellendaten und das Einlesen von CSV-Dateien und SQL-Skripten.

LOAD DATA

```
LOAD DATA [LOW_PRIORITY | CONCURRENT] [LOCAL] INFILE 'datei_name'
   [REPLACE | IGNORE]
   INTO TABLE bezeichner_tabelle
   [CHARACTER SET bezeichner_charset]
   [{FIELDS | COLUMNS}
       [TERMINATED BY 'trennungs_zeichen']
       [[OPTIONALLY] ENCLOSED BY 'markierungs_zeichen']
       [ESCAPED BY 'maskierungszeichen']
   ]
   [LINES
       [STARTING BY 'präfix']
       [TERMINATED BY 'zeilen_umbruch_zeichen']
   ]
   [IGNORE anzahl LINES]
   [(bezeichner_spalten |bezeichner_variable,...)]
   [SET bezeichner_spalte = ausdruck,...]

bezeichner_charset:

maskierungszeichen:
SteuerzeichenBedeutung
\0          ASCII NUL (0x00) Symbol
\b          Backspace (Rücktaste)
\n          Zeilenumbruch
\r          Carriage return (Wagenrücklauftaste)
\t          Tabulator
\Z          ASCII 26 (Steuerung+Z)
\N          NULL
bash# mysqlimport [optionen] bezeichenr_datenbank datei_name [datei_name2...]

optionen:
--columns=column_list
--delete
--fields-enclosed-by=string
--fields-escaped-by
--fields-optionally-enclosed-by=string
```

```
--fields-terminated-by=string
--ignore-lines=#
--lines-terminated-by=string
--local
```

Importiert Daten aus einer CSV-Datei in eine bestehende Tabelle. Beachten Sie, dass Sie die Option `local` setzen müssen, wenn Sie eine lokale Datei vom Client aus einlesen möchten, die nicht auf demselben Server liegt, auf dem MySQL läuft.

SELECT INTO OUTFILE

```
SELECT * INTO OUTFILE 'datei_
name' FIELDS TERMINATED BY 'trennzeichen' LINES TERMINATED BY
'zeilenumbruchs_symbol' FROM bezeichner_tabelle
```

Mit dem angegebenen Befehl können Sie alle Daten aus der angegebenen Tabelle in eine Datei exportieren. Dazu verwenden Sie den Befehl `SELECT`, mit dem Sie die zu exportierenden Daten auswählen können. Achten Sie auf die notwendigen Dateiberechtigungen. Der Benutzer, unter dem MySQL läuft, muss Schreibrechte für die entsprechende Datei haben.

SOURCE

```
SOURCE 'datei_name'
```

Mit dem Befehl `SOURCE` können Sie SQL-Statements, die in einer Datei gespeichert sind, laden. Verwenden Sie einen absoluten Pfad für Ihre Angaben. Andernfalls verwendet MySQL das Hauptverzeichnis der Installation als Ausgangsort.

A.29 Benchmarking, Monitoring und Profiling

Die in diesem Abschnitt vorgestellten Befehle dienen dazu, MySQL und seine Leistungsfähigkeit zu überprüfen und zu optimieren. Nähere Informationen finden Sie in Abschnitt 7.9, »Optimierungstechniken«.

BENCHMARK

```
BENCHMARK(anzahl_durchläufe,ausdruck)
```

Misst die Zeit, die MySQL für das Ausführen von `anzahl_durchläufe` Wiederholungen des Ausdrucks benötigt.

Mysqlslap

```
bash# mysqlslap [optionen]

optionen:
--auto-generate-sql
--concurrency= anzahl_gleichzeitige_verbindungen
--iterations= anzahl_wiederholungen
```

Führt Abfragen durch und misst die benötigte Zeit.

Mytop

```
bash# mytop -ubenutzername -ppasswort
```

Zeigt die aktuelle Auslastung an. Den Benutzernamen und das Passwort müssen Sie ohne Leerzeichen nach den Parametern angeben. Dieses Tool müssen Sie aus den Paketquellen für Linux separat installieren.

SHOW PROFILE

```
SHOW PROFILE [typ [, typ] ... ]
    [FOR QUERY query_id]
    [LIMIT anzahl_zeilen [OFFSET offset]]

typ:
    ALL
  | BLOCK IO
  | CONTEXT SWITCHES
  | CPU
  | IPC
  | MEMORY
  | PAGE FAULTS
  | SOURCE
  | SWAPS
```

Nachdem Sie das Profiling mittels `SET profiling = 1` eingeschaltet haben, können Sie sich die Details einer Anfrage mit diesem Befehl anzeigen lassen.

Maatkit mk-query-profiler

```
bash# mk-query-profiler --user=root --ask-pass --database=bezeichner_
datenbank datei_name
```

Mit dem Zusatzpaket Maatkit können Sie sich das Profil der in der Datei gespeicherten Anfrage anzeigen lassen.

A.30 Query-Cache

Weitere Informationen zum Query-Cache finden Sie in Abschnitt 5.2.1.

SQL_CACHE / SQL_NO_CACHE

```
SELECT SQL_CACHE * FROM table WHERE ...
SELECT SQL_NO_CACHE * FROM table WHERE ...
```

Bit den beiden Schlüsselwörtern kann die Aufnahme der Abfrage in den Query-Cache verhindert bzw. ausdrücklich empfohlen werden. Die Verwendung von `SQL_CACHE` setzt voraus, dass Sie die Einstellung `query_cache_type` auf `DEMAND` gesetzt haben.

FLUSH QUERY CACHE

```
FLUSH QUERY CACHE
```

Defragmentiert den Query-Cache und füllt freie Blöcke im Cache-Speicherbereich.

RESET QUERY CACHE

```
RESET QUERY CACHE
```

Leert den Query-Cache und entfernt alle gespeicherten Abfragen im Query-Cache-Speicher.

A.31 Plugins

Im folgenden Abschnitt finden Sie Befehle zum Aktivieren und Deaktivieren von Plugins. Informationen über das Plugin-System von MySQL finden Sie in Kapitel 5, »Architektur«.

SHOW PLUGINS

```
SHOW PLUGINS
```

Listet alle verfügbaren Plugins auf und zeigt deren Status (`aktiv | inaktiv`) an.

INSTALL PLUGIN

```
INSTALL PLUGIN bezeichner_plugin SONAME 'shared_library_datei'
```

Installiert ein Plugin, das im Plugin-Verzeichnis unter der angegebenen *so*-Datei (*shared object*) abgespeichert wurde.

UNINSTALL PLUGIN

```
UNINSTALL PLUGIN bezeichner_plugin
```

Deinstalliert das angegebene Plugin.

A.32 Storage-Engines

Details zu Storage-Engines finden Sie in Abschnitt 5.4.

SHOW ENGINES

```
SHOW ENGINES
```

Listet alle verfügbaren Storage-Engines und ihre Eigenschaften auf (zum Beispiel ob Transaktionen unterstützt werden).

myisampack (Komprimierung)

```
bash# myisampack bezeichner_tabelle
```

Die Kommandozeilenanweisung komprimiert die angegebene MyISAM-Tabelle. Anschließend müssen Sie `myisamchk` zur Aktualisierung der Indizes aufrufen. Alle Parameter können Sie sich mit der Option `myisampack --help anzeigen lassen.`

myisamchk (Komprimierung)

```
bash# myisamchk [option] ...

option:
-rq bezeichner_tabelle
--unpack t bezeichner_tabelle
```

Die hier angegebenen Optionen dienen zum Aktualisieren (`-rq`) der Indizes einer angegebenen Tabelle. Diese Aktualisierung sollten Sie zum Beispiel nach der Komprimierung einer Tabelle durchführen. Die Option `-unpack` hingegen deaktiviert die Komprimierung einer Tabelle und stellt die Tabelle inklusive der zugehörigen Indizes wieder her. Alle Parameter können Sie sich mit der Option `myisamchk --help anzeigen lassen.`

CREATE SERVER

```
CREATE SERVER bezeichner_server
    FOREIGN DATA WRAPPER bezeichner_wrapper
    OPTIONS (option [, option] ...)

option:
  { HOST 'hostname'
  | DATABASE 'datenbank'
  | USER 'benutzername'
  | PASSWORD 'passwort'
  | SOCKET 'socketangabe'
  | OWNER 'owner derzeit nicht genutzt in MySQL'
  | PORT 'portangabe'}
```

Erstellt eine Verbindung zu einem externen Server, die anschließend für die Storage-Engine FEDERATED verwendet werden kann.

DROP SERVER

```
DROP SERVER [ IF EXISTS ] bezeichner_server
```

Löscht eine Verbindung zu einem externen Server, die zur Verwendung mit der Storage Engine FEDERATED erstellt wurde.

CREATE TABLE (Storage-Engine-Einstellungen)

```
CREATE TABLE (
...
) tabellenoptionen

tabellenoptionen:
    ENGINE [=] storage_engine_bezeichner
  | AUTO_INCREMENT [=] numerischer_wert
  | AVG_ROW_LENGTH [=] numerischer_wert
  | [DEFAULT] CHARACTER SET [=]bezeichner_charset
  | CHECKSUM [=] {0 | 1}
  | [DEFAULT] COLLATE [=] bezeichner_collation
  | COMMENT [=] 'ihr Kommentar'
  | CONNECTION [=] 'verbindungsdaten'
  | DATA DIRECTORY [=] 'absoluter Verzeichnispfad'
  | DELAY_KEY_WRITE [=] {0 | 1}
  | INDEX DIRECTORY [=]'absoluter Verzeichnispfad'
  | INSERT_METHOD [=] { NO | FIRST | LAST }
  | KEY_BLOCK_SIZE [=] numerischer_wert
  | MAX_ROWS [=] numerischer_wert
  | MIN_ROWS [=] numerischer_wert
  | PACK_KEYS [=] {0 | 1 | DEFAULT}
  | PASSWORD [=] 'geheim'
```

```
  | ROW_FORMAT [=] {DEFAULT|DYNAMIC|FIXED|COMPRESSED|
                    REDUNDANT|COMPACT}
  | UNION [=] (tabellenbezeichner
               [,tabellenbezeichner]...)
```

Tabellenoption	**Beschreibung**
ENGINE	Gibt an, welche Storage-Engine (zum Beispiel MyISAM) zur Speicherung der Tabelle verwendet werden soll.
AUTO_INCREMENT	Gibt den Startwert (zum Beispiel 130) für die Auto-Increment-Spalte an.
AVG_ROW_LENGTH	Schätzung der durchschnittlichen Zeilenlänge für MyISAM-Tabellen
CHARACTER SET	Standardmäßiger Zeichensatz (zum Beispiel `latin1` für Westeuropäisch) für die Tabelle; können Sie pro Spalte abändern.
CHECKSUM	Über die MyISAM-Tabelle wird eine Prüfsumme zum schnelleren Aufspüren von Fehlern gelegt (verlangsamt Tabellenupdates).
COLLATE	standardmäßige Sortierreihenfolge (zum Beispiel `latin1_german2_ci`) für die Tabelle
COMMENT	Hängt einen Kommentar an die Tabelle.
CONNECTION	Gibt die Verbindung zum externen Server bzw. der gewünschten Tabelle an (FEDERATED).
DATA DIRECTORY / INDEX DIRECTORY	Legt den Speicherort von MyISAM-Tabellen bzw. deren Indizes fest.
DELAY_KEY_WRITE	Speichert Index-Updates von MyISAM-Tabellen erst beim Schließen der Tabelle (standardmäßig `aktiv=1`).
INSERT_METHOD	Gibt an, in welcher darunterliegenden Tabelle einer MERGE-Tabelle neue Datensätze eingefügt werden.
KEY_BLOCK_SIZE	Spezifiziert die Blockgröße der Indexstruktur (InnoDB).
MAX_ROWS	Schätzung der maximal benötigten Zeilen (MyISAM)
MIN_ROWS	Schätzung der minimal benötigten Zeilen (MyISAM)
PACK_KEYS	Aktiviert die Komprimierung aller Indizes (MyISAM).
PASSWORD	Wird derzeit von MySQL nicht verwendet und ignoriert.
ROW_FORMAT=COMPACT|REDUNDANT|COMPRESSED	Aktiviert jeweiliges InnoDB-Speicherformat.
ROW_FORMAT=FIXED|DYNAMIC|COMPRESSED	Wird von MyISAM automatisch je nach Schema oder Verwendung von Kompression automatisch gesetzt.
UNION	Angabe von mehreren Tabellen bei Verwendung von MERGE-Tabellen.

A.33 Hilfe, Warnungen und Fehler

Der folgende Abschnitt listet jene Befehle auf, die Sie zum Anzeigen von Syntaxinformationen und zur weiteren Anzeige von Informationen zu Warnungen und Fehlern benötigen.

HELP

```
HELP suchbegriff
```

Zeigt Informationen zum angezeigten Begriff an.

SHOW ERRORS

```
SHOW ERRORS
```

Zeigt den letzten aufgetretenen Fehler an.

SHOW WARNINGS

```
SHOW WARNINGS
```

Zeigt die letzte aufgetretene Warnung an.

A.34 Fehlernummern und SQL-States

In der folgenden Tabelle finden Sie alle Fehlernummern und die zugeordneten SQL-States, die von MySQL bei der Fehlerbehandlung verwendet werden.

Fehlernummern und SQL-States

Fehlernr	Sqlstate	Meldung
1105	HY000	unbekannter Fehler
1106	42000	unbekannte Prozedur %s
1107	42000	falsche Parameterzahl für Prozedur %s
1108	HY000	falsche Parameter für Prozedur %s
1011	HY000	Fehler beim Löschen von %s (Fehler: %d)
1021	HY000	Festplatte voll (%s). Warte, bis jemand Platz schafft ...
1022	23000	Kann nicht speichern, Grund: doppelter Schlüssel in Tabelle %s.
1025	HY000	Fehler beim Umbenennen von %s in %s (Fehler: %d)
1029	HY000	Sicht (View) '%s' existiert für %s nicht.

1037	HY001	Kein Speicher vorhanden (%d Bytes benötigt). Bitte Server neu starten.
1038	HY001	Kein Speicher zum Sortieren vorhanden. sort_buffer_size sollte im Server erhöht werden.
1041	HY000	Kein Speicher mehr vorhanden. Prüfen Sie, ob mysqld oder ein anderer Prozess den gesamten Speicher verbraucht. Falls nicht, sollten Sie mit 'ulimit' dafür sorgen, dass mysqld mehr Speicher benutzen darf, oder mehr Swap-Speicher einrichten
1048	23000	Feld %s darf nicht NULL sein.
1058	21S01	Die Anzahl der Spalten entspricht nicht der Anzahl der Werte.
1061	4200	doppelter Name für Schlüssel vorhanden
1062	23000	doppelter Eintrag %s für Schlüssel %d
1097	HY000	zu viele Strings für Feld %s und SET angegeben
1114	HY000	Tabelle %s ist voll.
1122	HY000	Kann Funktion %s nicht laden.
1123	HY000	Kann Funktion %s nicht initialisieren: %s.
1124	HY000	keine Pfade gestattet für Shared Library
1125	HY000	Funktion %s existiert schon.
1126	HY000	Kann Shared Library %s nicht öffnen (Fehler: %d %s).
1127	HY000	Kann Funktion %s in der Library nicht finden.
1128	HY000	Funktion %s ist nicht definiert.
1172	42000	Ergebnis besteht aus mehr als einer Zeile.
1242	21000	Unterabfrage lieferte mehr als einen Datensatz zurück.
1264	22003	Out of range value for column %s at row %ld
1265	01000	Daten abgeschnitten für Feld %s in Zeile %ld
1312	0A000	Procedure %s kann im gegebenen Kontext keine Ergebnismenge zurückgeben.
1313	42000	RETURN ist nur innerhalb einer Funktion erlaubt.
1314	0A000	%s ist in gespeicherten Prozeduren nicht erlaubt.
1317	70100	Ausführung der Abfrage wurde unterbrochen.
1318	42000	Falsche Anzahl von Argumenten für %s %s; erwarte %u, erhalte %u.
1319	42000	undefinierte Condition: %s
1320	42000	Kein RETURN in Function %s gefunden.
1321	2F005	Function %s endete ohne RETURN.
1322	42000	Cursor-Anweisung muss ein SELECT sein.
1323	42000	Cursor-SELECT darf kein INTO haben.
1324	42000	undefinierter CURSOR: %s

1325	24000	Cursor ist schon geöffnet.
1326	24000	Cursor ist nicht geöffnet.
1327	42000	nicht deklarierte Variable: %s
1328	HY000	falsche Anzahl von FETCH-Variablen
1329	02000	keine Daten – null Zeilen geholt (fetch), ausgewählt oder verarbeitet
1336	0A000	%s ist in gespeicherten Funktionen und in Triggern nicht erlaubt.
1337	42000	Deklaration einer Variablen oder einer Bedingung nach der Deklaration eines Cursors oder eines Handlers
1338	42000	Deklaration eines Cursors nach der Deklaration eines Handlers
1339	20000	Fall für CASE-Anweisung nicht gefunden
1357	HY000	Kann eine %s nicht von innerhalb einer anderen gespeicherten Routine löschen oder ändern.
1358	HY000	GOTO ist im Handler einer gespeicherten Prozedur nicht erlaubt.
1452	23000	Kann Kindzeile nicht hinzufügen oder aktualisieren: Eine Fremdschlüsselbedingung schlägt fehl (%s).

A.35 Escape-Sequenzen

Die folgende Tabelle listet alle Escape-Sequenzen auf, die zur Verwendung besonderer Zeichen und Steuersymbole benötigt werden.

Escape Sequenzen

Zeichen	Beschreibung
\0	ASCII-Zeichen 0 (NULL)
\'	einfaches Anführungszeichen
\"	doppeltes Anführungszeichen
\b	Rückschritt (Backspace)
\n	Zeilenvorschub/neue Zeile
\r	Wagenrücklauf
\t	Tabulator
\z	ASCII 26 (Strg-Z), wird in Windows als EOF-(End-Of-File-)Zeichen verwendet.
\\	das Zeichen \ (Backslash)
\%	das Zeichen % (wenn in einem Suchmuster verwendet)
_	das Zeichen _ (wenn in einem Suchmuster verwendet)

Die angegebenen Escape-Sequenzen dienen zur Speicherung von speziellen Zeichen in Datenbankfeldern oder zur Verwendung in MySQL-Anweisungen. Wollen Sie zum Beispiel einen Tabulator in einem Feld speichern, müssen Sie diesen mit `\t` angeben.

A.36 Zeichensätze und Sortierfolgen (Character Sets und Collations)

Die folgende Auflistung enthält gebräuchliche Zeichensätze (engl. *character sets*) und Sortierfolgen (engl. *collations*), die Sie in MySQL serverweit, in einer Verbindung, in Datenbanken oder auch Tabellen bzw. Spalten verwenden und festlegen können. Eine vollständige Auflistung erhalten Sie mit den folgenden Befehlen.

SHOW CHARACTER SET

```
SHOW CHARACTER SET [LIKE 'muster' | WHERE bedingung]
```

Zeigt alle verfügbaren Zeichensätze im MySQL-System an. Mit den Einschränkungen bzw. Bedingungen können Sie die Auflistung filtern. Die folgende Auflistung zeigt die verfügbaren Zeichensätze einer Standardinstallation von MySQL 5.6.

```
mysql> SHOW CHARACTER SET;
+----------+---------------------------+
| Charset  | Description               |
+----------+---------------------------+
| big5     | Big5 Traditional Chinese  |
| dec8     | DEC West European         |
| cp850    | DOS West European         |
| hp8      | HP West European          |
| koi8r    | KOI8-R Relcom Russian     |
| latin1   | cp1252 West European      |
| latin2   | ISO 8859-2 Central European |
| swe7     | 7bit Swedish              |
| ascii    | US ASCII                  |
| ujis     | EUC-JP Japanese           |
| sjis     | Shift-JIS Japanese        |
| hebrew   | ISO 8859-8 Hebrew         |
| tis620   | TIS620 Thai               |
| euckr    | EUC-KR Korean             |
| koi8u    | KOI8-U Ukrainian          |
| gb2312   | GB2312 Simplified Chinese |
| greek    | ISO 8859-7 Greek          |
| cp1250   | Windows Central European  |
| gbk      | GBK Simplified Chinese    |
| latin5   | ISO 8859-9 Turkish        |
| armscii8 | ARMSCII-8 Armenian        |
| utf8     | UTF-8 Unicode             |
| ucs2     | UCS-2 Unicode             |
```

```
| cp866    | DOS Russian                 |
| keybcs2  | DOS Kamenicky Czech-Slovak  |
| macce    | Mac Central European        |
| macroman | Mac West European           |
| cp852    | DOS Central European        |
| latin7   | ISO 8859-13 Baltic          |
| utf8mb4  | UTF-8 Unicode               |
| cp1251   | Windows Cyrillic            |
| utf16    | UTF-16 Unicode              |
| utf16le  | UTF-16LE Unicode            |
| cp1256   | Windows Arabic              |
| cp1257   | Windows Baltic              |
| utf32    | UTF-32 Unicode              |
| binary   | Binary pseudo charset       |
| geostd8  | GEOSTD8 Georgian            |
| cp932    | SJIS for Windows Japanese   |
| eucjpms  | UJIS for Windows Japanese   |
+----------+-----------------------------+
```

SHOW COLLATION

```
SHOW SHOW COLLATION [LIKE 'muster' | WHERE bedingung]
```

Zeigt alle verfügbaren Sortierfolgen im MySQL-System an. Mit den Einschränkungen bzw. Bedingungen können Sie die Auflistung filtern. Die folgende Auflistung zeigt einen Auszug der verfügbaren Sortierfolgen einer Standardinstallation von MySQL 5.6.

```
mysql> SHOW COLLATION LIKE 'utf8\_%';
+--------------------+---------+
| Collation          | Charset |
+--------------------+---------+
| utf8_general_ci    | utf8    |
| utf8_bin           | utf8    |
| utf8_unicode_ci    | utf8    |
| utf8_icelandic_ci  | utf8    |
| utf8_latvian_ci    | utf8    |
| utf8_romanian_ci   | utf8    |
| utf8_slovenian_ci  | utf8    |
| utf8_polish_ci     | utf8    |
| utf8_estonian_ci   | utf8    |
| utf8_spanish_ci    | utf8    |
| utf8_swedish_ci    | utf8    |
| utf8_turkish_ci    | utf8    |
| utf8_czech_ci      | utf8    |
| utf8_danish_ci     | utf8    |
| utf8_lithuanian_ci | utf8    |
| utf8_slovak_ci     | utf8    |
| utf8_spanish2_ci   | utf8    |
| utf8_roman_ci      | utf8    |
| utf8_persian_ci    | utf8    |
| utf8_esperanto_ci  | utf8    |
```

```
| utf8_hungarian_ci   | utf8    |
| utf8_sinhala_ci     | utf8    |
| utf8_german2_ci     | utf8    |
| utf8_croatian_ci    | utf8    |
| utf8_unicode_520_ci | utf8    |
| utf8_vietnamese_ci  | utf8    |
+---------------------+---------+
```

Index

D

E

F

J

K

L

M

N

O

P

S

T

X

Y

Z

BizTalk einführen, administrieren, Anwendungen entwickeln

SharePoint-, SQL-Server- und CRM-Anbindung, Überwachung

Mit zahlreichen Praxisszenarien: Webservices integrieren und bereitstellen, FTP-Server ansprechen u.v.m.

Markus Widl

BizTalk Server 2010

Administration, Entwicklung und Einsatz

Wenn Sie Anwendungen für den Microsoft BizTalk Server 2010 programmieren wollen oder auch eine kompakte Einführung in die Administration des Servers wünschen, dann ist dieses Buch Ihr idealer Begleiter. Mithilfe leicht nachvollziehbarer und direkt einsetzbarer Praxisbeispiele erlangen Sie schnell das notwendige Know-how, um eigene Projekte mit dem BizTalk Server zu realisieren. So optimieren Sie künftig die Integration, Verwaltung und Automatisierung von Geschäftsprozessen noch leichter.

456 S., 2011, 59,90 Euro
ISBN 978-3-8362-1545-9

>> www.galileocomputing.de/2311